SEVEN PILLARS OF WISDOM

阿拉伯的
劳伦斯回忆录

上

[英]托马斯·爱德华·劳伦斯◎著　李茜◎译

致S.A[①]

我爱你，故我将这千军万马掬于手中
长书我愿于满天星斗
誓为你谋自由，那七根巨柱擎起的华宇
当我长驱直入
你的眼睛将因此熠熠生辉

死神一路如影随形，直至你触手可及
见你在翘首以待：
你的微笑令其妒从悲起，抛下我
将你掳走：
囚入他死寂的幽冥

[①] 应指达霍姆（Dahoum），全名塞利姆·阿赫迈德（Selim Ahmed）。

爱的旅途精疲力竭,只为摸索找寻你的身躯

大地如绵之手探察着你的血肉

盲目的蠕虫在你遗骸之上日渐丰腴

在那之前,唯希冀片刻温存

让我们聊以慰藉

人们向我祈求祷祝,以这神圣之屋的功绩

把你深深缅怀

但我却将它毁作齑粉,重筑名副其实的丰碑

却未尝夙愿:

如今,纷杂琐碎踯躅爬出

在这赠礼支离破碎的影子里

为自己拼凑

摇摇欲坠的窝棚

杰弗里·道森①（Geoffrey Dawson）先生说服万灵学院②（All Souls College）于1919年至1920年间给予我充分空闲，撰写关于阿拉伯大起义的文章。赫博特·贝克爵士③（Sir Herbert Baker）则让我在其位于西敏寺（Westminster）的私宅内起居工作。

于是本书就此完稿并于1921年进行校对，且有幸得到诸多友人的针砭指正。本书尤其需要感谢萧伯纳（Bernard Shaw）④伉俪的鼎力支持，提出了无数宝贵的建议和不同意见，并为此书做出了巨大的贡献。

本书无意故作超然客观，我只是在泥沼中为自己的利益奋起而战，不妨将其视为我根据回忆碎片连缀而成的自述之作。我的笔记并非精确完整：事实上，当阿拉伯人正在浴血奋战的当口我还专注于遣词造句，应属玩忽职守。我的上级长官，威尔森（Wilson）、乔伊斯（Joyce）、道内（Dawnay）、纽康贝（Newcombe）以及达文波特（Davenport）都能讲述类似的故事；对斯特林（Stirling）、杨（Young）、罗伊德（Lloyd）和梅纳德（Maynard）而言亦然。同样的还有巴克斯顿（Buxton）、温特顿（Winterton）、罗斯（Ross）、斯滕特（Stent）、希登斯（Siddons）、皮克（Peake）、霍恩比（Hornby）、司格特-希金斯（Scott-Higgins）、加兰德（Garland）、沃狄（Wordie）、本内特（Bennett）、麦金杜（Macindoe）、巴塞特（Bassett）、司格特（Scott）、高斯列特（Goslett）、伍德（Wood）、格雷（Gray）、海因德（Hinde）、史宾斯（Spence）、布莱特（Bright）、布罗狄（Brodie）、帕斯科（Pascoe）、吉尔曼（Gilman）、葛里森斯威特

---

① 时为《泰晤士报》（The Times）主编。
② 牛津大学的一个学院。
③ 英国建筑师，于1892—1912年间主导了南非的建筑。
④ 全名George Bernard Shaw，著名爱尔兰剧作家，伦敦政治经济学院联合创始人，1925年诺贝尔文学奖获得者，曾于1933年到中国访问。代表作《皮格马里翁》（Pygmalion, 1913），后被改编为音乐剧及奥黛丽·赫本主演的同名电影《窈窕淑女》（My Fair Lady）。

（Grisenthwaite）、格林希尔（Greenhill）、道萨特（Dowsett）、韦德（Wade）、亨德森（Henderson）、李森（Leeson）、梅金斯（Makins）和努兰（Nunan）等人。

对其他诸多领袖，抑或孤军奋战的斗士来说，这样自说自话描绘的场景难免有失偏颇。当然，和其他战争故事一样，本书对那些蹑足行伍的无名小卒而言更不公平：如不能建功立业，必将永远寂寂无名。

T.E.S.

于克伦威尔1926年8月15日

目 录

前　言		1
简介	抗暴的基础	1
卷一	发现费萨尔	43
卷二	阿拉伯攻势的展开	101
卷三	袭扰铁路线	161
卷四	远征亚喀巴	233
卷五	标志性时刻	327
卷六	破坏桥梁	407
卷七	死海战役	487
卷八	希望破灭	547
卷九	最后的僵持	583
卷十	华厦终成	637
后　记		729

前　言

　　本书初稿于"巴黎和会"期间在巴黎完成，以行军时草草书就的日记为蓝本，附加发送给开罗长官的报告作为补充材料。此后在1919年秋，这份初稿及若干笔记不慎遗失。出于历史角度的考虑，我认为有必要重现这段往事，因为当时在费萨尔（Feisal）①营中，也许只有我一人想到过要把每天的感受、期望和尝试记录下来。于是我怀着万般无奈，于1919年至1920年冬季，借助往昔记忆和残留的笔记在伦敦重著了此稿。翻看记录，往事犹历历在目，应或鲜有出入——除了日期或数字的细节——但时过境迁，心随

---

　　① 费萨尔·伊本·侯赛因，哈希姆王朝成员，为阿拉伯大起义领导者麦加谢里夫侯赛因·伊本·阿里（Sharif Hussein Ibn Ali）的第三子，1920年短暂统治过大叙利亚，1921—1933年在位为伊拉克国王。

境转，它们的轮廓和意义业已模糊。

只要记录在册，所有的日期和地点都是准确的，唯有人员名字例外。与我出生入死的战友中有些已马革裹尸，葬身沙场，姓名也是随意取之。而其他尚健在人世的，为保护隐私则隐去姓名。有时一个人物身背数名，这样可能会淡化书中个体形象，成为面目模糊的傀儡，而有失血肉之躯的鲜活；但人生总是毁誉参半，无论我对其或褒或贬，某些人都不会因此心生感激。

围绕个人经历对事件展开叙述难免过于主观孤立，且对我的英国同僚并不公平，尤其那些无名小卒的英雄事迹无法一一详述更令我抱憾。他们不像上级军官那样满腹雄心壮志，对这场战争的终极愿景也不甚了了，但却表现杰出，令人钦佩。遗憾的是我只能将关注点放在全局目标，而本书也旨在再现阿拉伯人从麦加（Mecca）至大马士革（Damascus），一路循序渐进争取自由的历史进程。其用意正是将这场运动合理化，让世人认识到这一胜利是历史的必然，如水到渠成，沛然莫之能御，而非归功于某个智慧的头脑或高明的指点，更不是依赖一小撮英国人的外部协助。这是一场由阿拉伯人领导和参与，以在阿拉伯半岛实现全体阿拉伯民族复兴为目标的阿拉伯之战。

我个人置身其中，无非沧海一粟，不过凭借生花妙笔，三寸巧舌外加一点头脑，方如前文所述，僭越头筹。严格来说，我并未在阿拉伯军中担任一官半职，也未曾主导过任何一场与阿拉伯合作的英军任务。威尔森、乔伊斯、纽康贝、道内以及达文波特都是我的顶头上司，我也常用自己尚且年轻，故而不能像其他人那样对这份任务倾注更多的心力作为借口聊以自慰，只要尽力便问心无愧。威尔森、纽康贝、道内、达文波特、巴克斯顿、马歇尔（Marshall）、斯特林、杨、梅纳德、罗斯、司格特、温特顿、罗伊德、沃狄、希登斯、高斯列特、斯滕特、亨德森、史宾斯、吉尔曼、加兰、布罗狄、梅金斯、努兰、李森、霍恩比、皮克、司格特-希金斯、拉姆齐（Ramsay）、伍德、海因德、布莱特、麦金杜、格林希尔、葛里森斯威特、道萨特、本内特、韦德、格雷、帕斯科等人亦同样尽忠职守。

由我来颂扬他们实属孟浪。谈及局外人的种种过失，我总是不吝批评；虽然日记中对此有大量记录，但本书仅略有提及，因为人们的污点总是随着时间的流逝逐渐被淡忘。如有需要，我也毫不保留对局外人的称颂，但我们这个大家庭的内部事务他人无权置喙。如何行事我们自有谋划，并保有共识。其他人如果某天灵光一现，大可提笔书写自己类似的传奇①，将我本人和上述人物如蜻蜓点水般一笔带过。因为人各有志，分谋其道，无暇一一兼顾周遭友人。

此书描述的并非阿拉伯的革命历史，而是置身其中的我。这是对日常生活，悲惨事件，卑微竖子的陈述。书中既没有令人警示的教训，也无意揭示惊天内幕，有的只是充斥于字里行间的繁冗琐事。部分原因是微不足道的小人物有朝一日也会创造历史，另一部分原因是想借此纪念乱世中和我同甘共苦的同袍。广袤天地，风餐露宿，同心协力，尽情逐梦，这样的际遇令我们快意平生。即将形成的新世界让我们精神振奋，难以名状，亦真亦幻而有待为此而战的理念令我们心情跌宕。枪林弹雨中共同出生入死，绝不苟且偷生；然而当达成所愿，新世界冉冉升起之际，老贼们又重出江湖将功劳据为己有，并把这世界打回他们所熟悉的旧模样。年轻人善于攻城略地，却疏于保住江山，面对长者又畏首畏尾

---

① 劳伦斯曾经的同僚和助手，有"伊拉克女王"之称的格特鲁德·贝尔（Gertrude Bell, 1868—1926）的确写了一本相仿的书，书名为《从欧麦赖到欧麦赖》，只不过故事发生在1921年，贝尔协助埃米尔·费萨尔荣登伊拉克国王之位。

成了可悲的懦夫，讷口拙舌地描述那个我们为之奋斗的新天地，他们和善地道谢，然后坐享其成。

人皆有梦，却不尽相同。梦于夜者藏身灰烬，光明之下皆化幻泡影；梦于昼者凶猛可畏，不惜赴汤蹈火将其实现。而我正是后者。我要的是建立一个新的国度，再度找回那式微已久的影响力，为两千万闪族人提供基石，重筑其民族精神的梦之殿堂。这样崇高的理想方能召唤起他们内在的高贵情怀，并勇于承担这一伟大使命；但当胜利在握，我再度沦为众矢之的，指责我导致英国在美索不达米亚地区[①]的采油特许权悬而未决，同时使得法国在黎凡特[②]的殖民政策全盘覆灭。

这一局面恐怕正中我的下怀。为了得到这些权利，我们不惜玷污名誉，涂炭生灵。我曾与一百名来自德文郡地方自卫队的士兵沿底格里斯河（Tigris）而上，他们都是年轻、清俊、开朗的小伙子，浑身充满着快乐的能量，能让女子和儿童一展笑颜。看着他们，不禁让人以身为他们的英国同胞为荣。然而我们却将成千上万的他们驱赶入那万劫不复的死亡火坑，并非为了赢得这场战争，而是为了争夺美索不达米亚的石油和粮田。打败包括土耳其在内的敌人才是我们唯一所需，且凭借艾伦比将军（General Allenby）[③]的睿智，策动饱受土耳其奴役的民众为我们效力，最终在不到四百人伤亡的情况下完成任务。我为自己所参与的三十场战斗均未折一兵一卒而深深自豪，对我而言，再多的领地也不值得牺牲任何一个英国人的性命。

如今战争已过去三年，对很多事我依然只能三缄其口。即便如此，

---

① 即今日的伊拉克。历史上则是对两河流域的代称，即幼发拉底河和底格里斯河平原。
② 历史上一个模糊的地理名称，广义上指地中海东部地区。
③ 即Edmund Allenby，英国陆军元帅，绰号"流血公牛"，第一次世界大战期间担任英国埃及远征军统帅并迫使奥斯曼土耳其帝国谋求停战。

对所有读者而言，书中的部分内容依然是闻所未闻的。也有很多人想要在其中挖掘自己熟悉的情节，却一无所获。我曾经对我的上级进行详尽的汇报，最后发现他们把功劳都归于我个人，这是极不合理的。于一支专业队伍而言荣誉固然重要，各类褒扬嘉奖就是对其地位的着重强调。但一旦投身戎伍，无论个人意愿如何，都理当慷慨以赴。

我已决意不为自己在阿拉伯前线的表现接受任何嘉奖。内阁曾许诺战后支持阿拉伯人建立政权，以作为其替我们卖命征战的条件。阿拉伯人惯于相信个体而非组织，将我视为英国政府的全权代表，要求我白纸黑字为此背书。于是我就这样介入了一场阴谋，信誓旦旦地保证他们一定会得偿所愿。在共同出生入死的两年间，他们对我的信任与日俱增，并真诚地对我的政府一视同仁。抱着这样的夙愿，他们建立了可圈可点的功绩，但随之必然，我非但不能因与之共同作战而感觉荣耀，反倒饱尝羞愧的苦涩。

一旦我们赢得了战争，这些许诺就将化为一纸空文，一开始这点就昭然若揭。如果我真是阿拉伯人忠实的顾问，我早就该建议他们解甲还乡，不要为这种空话搭上性命，但我最终还是臣服于自己一厢情愿的幻想，以为只要带领阿拉伯人奋不顾身杀出一条血路，获得最终胜利，我就能够让他们在手握军权的情况下进一步巩固地位，即使不具备绝对优势，仍能够胁迫列强大国与之共商权宜，确保利益公平。换言之，我设想自己能在战役中保全性命（放眼望去，其他领袖并无此等意志及能耐），并不仅仅满足于在战场上击败土耳其人，更希望能在议会厅内与我的祖国及其联盟一决雌雄。这全是我自欺欺人的假设——无论我成功与否——这一点至今尚无法定论；但显然，我并不想将蒙在鼓里的阿拉伯置于如此险境。所以我甘愿冒着背信弃义的风险，对阿拉伯人协助我们在中东地区取得廉价、快速胜利的必要性坚信不疑，而且认为取胜之后再出尔反尔总好过一败涂地。

亨利·麦克马洪爵士（Sir Henry McMahon）[①]被免职，进一步证实了我们本质上是多么轻诺寡信。但战争期间我无法向温盖特将军（General Sir Reginald Wingate）[②]吐露我的观点，因为名义上我只是他麾下一员，而他似乎也对自身虚伪的立场浑然不觉。我唯一能做的，只能是拒绝接受因作为一个成功的骗子而获得的全部荣誉。以免更多的良心自责，我开始在报告中隐瞒事件真相，并说服少数几个了解事实的阿拉伯人保持缄默。同样，在本书中，最后一次，我也将为自己该说什么自作主张。

[①] 1914年12月起担任英国驻开罗总督，1916年12月遭撤职。由于麦克马洪爵士被撤职前几个月一直采取亲阿拉伯人立场，故而劳伦斯认为他无故被撤职，必是法国与伦敦方面亲印度派从中作梗。
[②] 1916年12月起取代亨利·麦克马洪爵士担任英国驻开罗总督。

简介　抗暴的基础

第一章至第七章

以基奇纳（Kitchener）[①]为首的一些英国人相信，英国利用阿拉伯人反抗土耳其的大起义，可以在对德作战的同时，一举击败其盟国土耳其。

基于自己对阿拉伯民族的天性、能力和国家的了解，这些人对发动这场起义盲目乐观，并着手对其性质和方式做出了定义。

在他们争取到英国政府的正式支持后，一切就这样发生了。即便如此，麦加谢里夫（Sherif of

[①]　即Horatio Herbert Kitchener，生于爱尔兰，1914年起任英国陆军元帅，1916年6月5日搭乘"汉普郡号"（*Hampshire*）巡洋舰时，由于舰船在奥克兰群岛误触水雷炸沉而溺毙。

Mecca）①在各盟邦尚未准备就绪的情况下便揭竿而起，仍让大多数人深感诧异。此举引发了错综复杂的情绪，也使得敌友阵营严重分化。在敌对势力强烈的挞伐下，此事终告流产。

第一章

我故事里的一些邪恶或许深深植根于我们的环境中。几年来，我们不得不与他人一道，身栖贫瘠沙漠为席，头顶无情苍穹作被。白天被烈日烤炙的唇焦口裂，被劲风鞭策的头晕眼花。到了夜晚，露水沾湿全身，在浩渺沉寂的星空下瑟缩作微不足道的一团。我们是一支自发成立的军队，没有阅兵和致敬，誓愿追求自由。这本是人类生存的第二信条，此时却无限膨胀，让我们不遗余力，昔日种种雄心壮志皆相形见绌。

随着时间的推移，我们更加坚定了为理想而战的念头，并视为不容置疑的当务之急，驱策着我们，也驱散了疑虑。无论个人愿意与否，这都已经成为一种信念。我们甘愿心受其枷，身受其役，竭尽所能任这神圣使命差遣。一般人类奴隶的精神状态相当糟糕——他们没有自己的世界——对胜利贪婪的渴求已经让我们俯首称臣，不单是肉体，还有心灵。但这样的狂热也掏空了我们的道德感、意志力和责任心，使人犹如风中残叶。

旷日持久的战争使我们视自己和他人的性命如草芥。我们的脖子上套着夺命索，首级被敌人标价悬赏，一旦身陷囹圄，必将遭受酷刑折

---

① 阿拉伯血统称谓，意为"圣裔"，用以称呼伊斯兰教先知穆罕默德外孙哈桑·伊本·阿里的后代。其家族自1201—1925年一直拥有"麦加谢里夫"的头衔，即管理麦加和麦地那这两座圣城的贵族领袖。

磨。每天都有战友阵亡，而苟且活命者也深知，自己无非是上帝操控于舞台之上的傀儡。是的，我们的主宰冷酷无情，只要我们肿胀的双腿还能挣扎前行，就不会有丝毫怜悯。成功仿佛遥不可及，失败总是唾手可得，精疲力竭者开始艳羡累死之人，若能求得速死，反而是一种解脱。每天情绪起伏不定，不是紧张亢奋就是萎靡不振。这种无力感让我们万分煎熬，只为眼前而活，不在乎被人冒犯还是冒犯他人，喜怒哀乐皆转瞬即逝。突如其来的残暴、扭曲、淫欲对我们而言都不足为道，因为任何用以对抗这些愚蠢行为的道德法则此时都苍白无力。我们经历过太多的撕心之痛，丧魂之悲和狂乱之喜，身心早已不堪负荷。过度强烈的感情让心灵窒息，头脑空白，直至一切再度归于平静。

过于强烈的思想刺激令精神无所适从，无法像昔日那样不厌其烦地掌控躯体，气氛也随之变得怪异。日渐迟钝的身体对喜怒哀乐麻木不仁，终于被我们弃如敝履：列队前进时如行尸走肉，独自挣扎时喘若泥牛，受到外力影响时，甚至不愿本能地保护自己，唯有逆来顺受。弟兄们个个年轻力壮，不是因血气方刚而欲火难耐，就是因食不果腹而饥肠辘辘。物资短缺，危机四伏，更是为这种煎熬火上浇油，令人心力交瘁。我们没有遮风之檐可供独处，没有蔽体之衣可供遮羞，男人与男人之间只能毫无保留地坦诚相见。

阿拉伯人有禁欲的天性，且各部族之间互相通婚，遏制了出轨的可能。在四处征战期间，我们也曾在仅有的几个殖民据点遇到过风尘女子，但都对其视若无睹。虽然她们红润的娇躯如此秀色可餐，让所有正常男人蠢蠢欲动，但因不愿染指这肮脏的交易，年轻的弟兄们开始无所顾忌地互相以洁净之躯发泄欲望——相较之下，这种冷酷的便利近乎纯洁到无欲无求。后来，有人开始为这种乏味的行为进行辩护，赌咒发誓说：朋友间炽热的躯体紧紧纠缠，在柔若无骨的沙地上共同翻滚战栗，能最大限度发掘那隐于暗处不为人知的情欲，直达精神的高潮，宛若熊熊烈焰将我们的灵魂浇铸在一起。也有一些人，醉心于惩罚自己无法遏制的欲念，残暴地对躯体进行蹂躏，在对肉体痛楚的折磨与污秽的凌虐中彻底沉沦。

我被派遣至这些阿拉伯人中，人生地疏，无从了解他们的想法，或认同他们的信仰，却奉命率领他们一往直前，不遗余力地煽动其开展任何可以使英军在战时坐收渔利的活动。如果我不能揣摩他们的性格，至少要藏起自身锋芒，混迹其中免生事端，既不会格格不入，也不会引发矛盾，只是潜移默化地发挥影响。我既然身为其中一分子，便不会为他们的行为辩护或宣扬。如今我已经恢复本来身份，可以扮演旁观者的角色，站在我们的立场作壁上观……但我应当坦白承认，这些想法和行动在当时都是那么的自然而然。在今天看来放荡和淫虐的行为在战场上都是顺理成章，又或是例行公事，不足为道。

我们的双手永远沾满鲜血：这就是我们的使命。创伤和杀戮不过是转瞬即逝的疼痛，我们的生命也同样短暂而苦涩。活得越是放浪形骸，惩罚就越是铁面无情。每天的生死都在翻覆之间，只要有一点儿施暴的机会和念头，我们就毫不犹豫地用枪炮和鞭子在倒霉鬼的身上刻下血淋淋的教训，让其永世不得翻身。寸草不生的荒漠里，没有法庭与监狱这种温吞刑罚的容身之地。

当然，我们得到的嘉奖和快乐，同苦恼一样如过眼云烟，但对我个人而言，总是悲比喜多。贝都因人（Bedouin）①的生活无比艰辛，即便

---

① 以氏族部落为基本单位在阿拉伯半岛、叙利亚、约旦、伊拉克以及中东沙漠地区过游牧生活的阿拉伯人，自称"驼民"，使用阿拉伯语。

是土生土长的他们都不堪其苦，对异乡人来说更是人间地狱般可怖。每当行军或勤务告一段落，我总是精疲力竭到无法提笔记录；抑或沿途略有赏心乐事，也无片刻闲情逸致去品味着墨。我的笔下永远书写着残忍暴虐，而非良辰美景。吉光片羽的温馨时刻对我们无疑是一种享受，并念念不忘；但挣扎、惊怖和错误更令人刻骨铭心。我记录的并不是我的一生（且有些事羞于启齿，连冷血之人都耻于重述），而是其中的点点滴滴。祈求上帝，让读到这本书的人不会因为对异国情调的痴迷而转投异族门下效力，向其出卖自己的尊严与才智。

向异族俯首称臣者，其命运卑贱如人皮之兽（Yahoo），唯有向其粗野的主人出卖灵魂。主人凌驾其上，倒行逆施，受他人之命，尽殴打胁迫之能，置之于惨境而不顾。驱赶其背井离乡，为自己开疆拓土。又或者，效仿我的伎俩，惟妙惟肖地模仿他们，使其不知不觉反效于他。然后主人彻底放弃了自己的立场，满口空虚无用的托词，自谓与之打成一片。这两者到头来都只是黄粱一梦，既不能遂自己半分所愿，也无法彻底拥有什么（囿于思维定式），只能作为一个呆若木鸡的偶像，任其效仿或取悦。

就我而言，多年来费尽心机穿着阿拉伯服饰过活，并模仿他们的思维方式，逐渐脱离了英国式的自我，从而能够用全新的眼光来看待西方世界及其风俗：这也全盘颠覆了我之前的认知。同时，我又无法心安理得接受自己的阿拉伯化：因为这不过是掩护和伪装。一个人要离经叛道并不困难，困难的是接受新的信仰。我已经放弃了一种生活方式，却无法接受另外一种，于是我就像传说中的穆罕默德之棺（Mohammed's Coffin）①那样，被生命无尽的空虚感牢牢摄住，外加对他人强烈的鄙

---

① 传说穆罕默德的棺椁是悬浮在空中的。

视，这种鄙视并非针对人格，而是其所作所为。当一个人苦苦挣扎后精疲力竭而又孤立无援时，这种疏离感就会出现。机械的身躯依然在蹒跚而行，理智的心灵却早已弃他而去，外界嗤之以鼻地俯瞰着他，不明白这副臭皮囊为何而存在。有时这些自我会在虚无中戚戚交谈，人便濒临疯狂的边缘，因为我相信一个能同时透过两种文化，两种风俗，两种环境的面纱看待事物的人，都业已走向癫狂。

第二章

"阿拉伯大起义"（Arab Movement）的第一个难题，是厘清何谓"阿拉伯民族"（Arabs）。作为一个在外力作用下逐渐融合的族群，他们的称谓也随之不停演变。它一度指代过阿拉伯人，曾经有个国家也名为阿拉伯，但都与我们的讨论无关。有一种语言称为阿拉伯语，也尚存诸多争议。它是叙利亚、巴勒斯坦、美索不达米亚，以及地图上一块被称作阿拉伯半岛地区目前通用的语言。这些地区在被穆斯林征服之前，居住着许多不同的民族，其语言同属阿拉伯语系。我们将其统称为闪族语，但正如大部分的科学术语那样，这一称谓并不正确。然而，阿拉伯语、亚述语（Assyrian）、巴比伦语、腓尼基语（Phoenician）、希伯来语、阿拉米语（Aramaic）①、古叙利亚语（Syriac）皆一脉相承，在发展过程中互相影响，有些甚至衍生自同一语源。我们发现在亚洲，虽然阿拉伯语地区领地繁杂、民族众多，但其在外貌、风俗上，皆如此地随处可见的罂粟花一般大同小异，这也为上述观点提供了强有力的佐证。

---

① 最古老的闪族语言之一，被认为是耶稣时代犹太人的日常用语，据说至少有3000年历史，至今仍被一些小族群使用。

我们可以恰如其分地称他们为表兄——且毫无疑问，悲观点说，表兄弟之间总免不了互生嫌隙，煮豆燃萁。

以这一标准来看，亚洲的阿拉伯语地区大致是一个平行四边形。北起地中海沿岸的亚历山大勒塔（Alexandretta），向东横贯美索不达米亚平原直达底格里斯河；南跨印度洋海岸自亚丁（Aden）至马斯喀特地区；西部以地中海、苏伊士运河、红海至亚丁为界；东至底格里斯河、波斯湾直至马斯喀特（Muscat）。这块与印度面积相当的方形之地即是今日闪米特人的家园，外族从未能在此长居一席之地。虽然埃及人、赫梯人（Hittites）、腓力斯丁人（Philistines）、波斯人、希腊人、罗马人、土耳其人、法兰克人（Franks）多次尝试，最终皆功败垂成，残留的影响也被强大的闪族特性所吞噬。闪米特人也曾进行版图扩张，同样遭受了外界的鲸吞蚕食，其殖民地被埃及、阿尔及尔、摩洛哥、马耳他、西西里、西班牙、西里西亚（Cilicia）、法国瓜分殆尽，唯在非洲的的黎波里（Tripoli），以及奇迹般永存的犹太人居留区，尚残余远古闪族人的若干遗迹。

这些民族的起源属于学术问题；但了解他们现有的社会差异和政治分歧，对了解这场起义有着重要意义，且只能通过观察其地理位置方能抓住此中要领。他们把这块大陆划分为几个大区域，不同地区的居民拥有各自的风序良俗。在平行四边形的西侧，从亚历山大勒塔到亚丁，有一条山脉，山脉北侧区域被称作叙利亚。由此往南的地方，分别是巴勒斯坦、米甸（Midian）、汉志（Hejaz），最后到达也门（Yemen）。该区域平均海拔约为三千英尺，最高峰海拔十万至十二万英尺，地形朝西，因近海而云层浓密，雨水充沛，且人口稠密。

另一块广布人烟的丘陵地带面朝印度洋，位于平行四边形的南侧。

东界一开始是块冲击平原,叫作美索不达米亚;不过巴士拉(Basra)以南则是平坦的沿海区域,称为科威特和哈萨(Hasa),一路直至戈塔(Gattar)。这块平原上的大部分地区都有人居住。在丘陵和平原的环抱之中,是贫瘠干涸的沙漠,唯有核心腹地卡西姆(Kasim)与阿里德(Aridh)是一片水源丰盛、人口密集的绿洲。阿拉伯半岛真正意义上的中心便深藏于此,这里保留着最为纯粹的本土精神和最为强烈的自我意识,在大漠的拱卫中与世隔绝。

对绿洲而言,沙漠是完美的天然屏障,从而也造就了阿拉伯半岛千差万别的特性。茫茫沙海封锁了绿洲以南,几乎延伸到印度洋沿岸人口稠密的陡坡,截断了其与阿拉伯民族的历史联系,也摒除了来自阿拉伯民族在道德和政治方面的影响。在这片被他们称作哈德拉毛(Hadhramaut)的南方海岸,形成了荷属印度的部分历史,其思想更偏似爪哇而非阿拉伯。绿洲以西至汉志丘陵之间,横亘着内志(Nejd)沙漠,地质成分为熔岩和碎石,几乎没有沙。绿洲以东直至科威特,也有约同样面积的碎石区域,但其间混有大量的柔沙,增加了交通的不便。绿洲的北部依然是一片沙带,遍布碎石与熔岩的空旷平原与之相接,直抵叙利亚东界及幼发拉底河河岸这一美索不达米亚文明发源地。由于这片北部沙漠便于人马通行,使得阿拉伯大起义易如反掌。

西部的丘陵和东部的平原向来是阿拉伯半岛人口最多,最为繁荣的区域。尤其在西部,叙利亚、巴勒斯坦、汉志、也门的山民与欧洲往来频繁。平心而论,这些富饶的山丘位于欧洲而非亚洲;同理,阿拉伯人在寻求文化共鸣、商业发展,尤其是版图扩张时,总是将眼光盯住地中海而非印度洋,皆因为移民迁徙是阿拉伯半岛影响最广,也最为复杂的问题。放眼望去，整个阿拉伯半岛虽分而治之，却无一不面临着这种困境。

在北部的叙利亚，由于卫生条件落后且操劳过度，城市人口的出生率大大低于死亡率。随之引发了农村剩余人口的拥入，为了寻找生存机遇而被城市吞并。在卫生状况略有改善的黎巴嫩，每年都有大量年轻人移民美国，迫使自希腊时代以来就形成的区域格局，在外观上产生了前所未有的剧变。

也门的解决方式则有所不同。这里没有对外贸易，也没有大型工业可以积聚人口并引发卫生问题。城镇仅依靠集市生存，和普通村庄一样简洁单纯，因此当人口稍有增长，便进一步降低了生活水平，常有不堪重负之虞。他们无法移民海外，因为与之相望的苏丹更为贫瘠，也有少数孤注一掷的部族，漂洋过海之后为求得生存，不得不彻底放弃了自己的生活习惯和闪族文化。如想往北迁徙至丘陵地带，又受到圣城麦加及其卫星港吉达（Jidda）阻隔：外国人从印度、爪哇、布哈拉（Bokhara）[①]、非洲等地源源不断迁徙至此，并发展壮大成一条带状外族区域。他们精干强悍，对闪米特人抱有强烈的敌意，以共同宗教为维系纽带，无视经济、地理和气候等条件的差异，顽强地定居了下来。也门的人口问题从而日趋严峻，只能向东寻求出路，逐渐将边界沿着维狄安（Widian）的坡地向下推移，经由比沙（Bisha）、达瓦瑟（Dawasir）、瑞雅（Ranya）、塔拉巴（Taraba）这些夹杂在水源充足山谷间的半荒芜地带，直至内志沙漠。这些羸弱的族群在水源枯竭，粮草短缺之后，只得逐水草而徙，直至踏上不宜耕作的贫瘠之地。作为对

[①] 1500年至1920年间位于中亚河中地区的伊斯兰教封建国家，1920年被当时的苏联吞并，现为乌兹别克斯坦西部城市。

歉收的补充，他们开始饲养绵羊和骆驼维持生计，而这些牲畜逐渐演变为他们赖以生存的经济支柱。

最终，迫于人口压力，这些本过着农耕生活的边境居民只能将绿洲最最遥远的边界抛在身后，游牧于人迹罕至的蛮荒之地。如今，透过那些在迁徙中留有确切姓名和日期记录的家族和部落个体进行回顾，可以看出这一进程自也门建立之日起就业已开始。位于麦加和塔义夫（Taif）之下的维狄安处处可见数十个自此迁出的部落留下的痕迹和地名，在今日的内志、沙马尔（Jebel Sham-mar）山脉、哈马德（Hamad），甚至在叙利亚和美索不达米亚的边境，或许还能找到其曾经的足迹。这里是迁徙者的启程之处，游牧人的兴起之地，亦是波斯湾沙漠流浪者的源泉。

沙漠民族的生活与山民一样充满了动荡。骆驼是沙漠生活的经济支柱，高原环境严峻，荆棘植被遍布，但却是它们最富养料的食物。这一产业养活了贝都因人，左右了其生活方式，划分了部落之间的范围，让他们依春夏秋冬有规律地迁徙往复，好让牲畜能在贫瘠的牧草中周而复始地觅食。叙利亚、美索不达米亚、埃及等地骆驼市场的需求决定了沙漠里的人口数量，并严格制约着他们的生活标准。所以沙漠同样会面临人口过剩的情况，出于生存的本能，人满为患的部落只能挣扎着向外开拓。南部荒凉的沙漠和大海不是他们的栖身之地，西边陡峭的汉志山脉业已被山地部族捷足先登，并对领地严防死守。他们有时也尝试进入阿里德和卡西姆的中央绿洲，如果自己足够强悍，或能为生存拼得一小片立锥之地。但如果，自己技不如人败下阵来，则只能被驱赶至更北的地方，在汉志的麦地那（Medina）与内志的卡西姆（Kasim）之间落脚，直至又一次站在命运的岔路口。他们要么朝东进发，沿着瓦迪拉姆

（WadiRumh）①或沙马尔山脉，通过夏米亚（Shamiya）最终到达巴登（Batn），成为幼发拉底河下游傍水而居的阿拉伯人。要么缓慢地沿着西部绿洲高地推进——汗纳奇亚（Henakiya）、开伯尔（Kheibar）、天马（Teima）、焦夫（Jauf）、席热汗（Sirhan）——直到在命运安排下接近叙利亚境内的德鲁士山脉（Jebel Druse），或在前往阿勒颇（Aleppo）或亚述的途中，在北方沙漠的泰德穆尔（Tadmor）找到适宜放牧的水源地。

但压力并未因此得到缓解，东迁的势头愈演愈烈。这些部落最终被放逐到了叙利亚或美索不达米亚农耕区域的最边缘。天时所趋外加急于果腹，他们开始豢养山羊，接着是绵羊；最后也尝试播种，即使收获仅够饲养家畜。他们不再是曾经的贝都因人，而是和村民一样，饱受野蛮游牧民族的劫掠之苦。他们在不知不觉中和当地人融合，发现自己也变成了靠天吃饭的农民。由此可以看出也门高原的族群是如何被更强大的对手驱逐到沙漠，并为了求生不得已成为游牧民族的。我们看着他们流浪四方，屈服于命运的摆布，一点点朝北或朝东艰难地前进，远离康庄大道进入不毛之地，直到又一次在外力的逼迫下，和当初成为游牧民族一样，极不情愿地离开沙漠，重返农耕生活。这样的轮回让闪米特人永葆活力。仅有为数不多的闪米特人，或更确切地说，仅有一个北方闪米特族群从未经历过暗无天日的沙漠时光。游牧历史作为一场刻骨铭心的社会历练，在每个闪族人的身上，都不同程度地留下了深深烙印。

---

① 约旦最为壮观的沙漠景观，又称"月亮谷"。

第三章

在亚洲的阿拉伯语地区，如果部落人和城镇人没有种族上的差异，仅是社会和经济阶层的不同，他们的思想应当极其类似，民族产物亦当异曲同工，包含相同的要素。甫一开始，只要我们对其略有接触，就能发现他们的信仰纯净而决绝，个中教条严苛到几近数学化的地步，且具有极强的排他性，容不得半点瑕疵。闪米特人眼中不存在半调色，他们是原色的民族，世界在他们眼中非黑即白，轮廓分明。他们教条而武断，对我们现代人奉为棘冠的存疑之心嗤之以鼻。他们不明白我们那些形而上学的难题，拷问内心的反思自省；他们只知道真理和非真理，信仰或不信仰，不像我们在未知阴影里总是踌躇不前，上下求索。

这种民族的黑白性不但体现在视觉上，还是内心深处的映射：泾渭分明不仅是界限的澄清，更是圈子的认同。唯有极端的思想令人高枕无忧，世界对他们青眼有加，至高无上与生俱来。有时他们似乎也会反复无常，摇摆不定；但绝不屈服：他们会荒谬至极地在几种完全相左的意见中寻求逻辑，并漠然无视他们的矛盾之处。靠着冷静的头脑和理性的判断，以及对冲突的视若无睹，他们从一条渐近线泰然自若地荡向另一条渐近线。

这是一个充满局限、刚愎自用的民族，迟钝的心智在缺乏好奇心的泥潭里酣睡。他们的想象力不失鲜活，却无半点创新。虽然他们各阶级都是自由人，也鼓励民众充分发挥他们在建筑、陶艺、手工业等方面所拥有的天赋才智，并支持他们积极参与其他邻邦及奴隶的交流，但亚洲的阿拉伯艺术依然枯竭到可以忽略不计。他们也无力掌控大型产业：因为他们的身心皆缺乏组织性。他们不曾发展出自己的哲学体系，也没有复杂的整套神话谱系，只会依照部落或岩洞生活创造出的偶像按图索骥。他们很少怨天尤人，心安理得地接受上天的馈赠，仿佛理所应当。对他们来说，人生一世，生死有命，富贵在天，不必假以思索，只要听之任之。自杀不可能存在，死亡亦无需悲伤。

这是一个会突然痉挛动荡，激进冲动，且不乏个人天才的民族。他们的革命起义较之一潭死水的日常生活，显得格外令人震惊；他们中的栋梁之材较之草莽匹夫，显得尤其伟大辉煌。直觉主宰着他们的信念，指挥着他们的行动。他们最大的产出即是信仰：几乎任何宗教的神谕天启都是他们的专利，而最终他们保留了其中三种：这三种中又有两种，经过形式上的修改，外销给了非闪米特民族。基督教经由民情截然不同的希腊、拉丁及条顿语系国家吸收转化后，最终征服了欧洲和美洲。伊斯兰教几经消化改进，占领了非洲及部分亚洲地区。这些都是闪米特人的成就，而他们的失败则留给了自己，各类七零八落的信仰在大漠边缘散落一地。

这些没落的宗教残支分布在沙漠和农耕的交织地带，自有其重要意义。它们说明了所有这些宗教发展迭代的过程——没有争辩，只有论断，故此需要一位先知将其晓谕众生。阿拉伯人自称有四万先知：留下记录的至少就有数百名。虽然没有一名先知来自荒漠戈壁，但他们的生活模式皆如出一辙。他们生于市井嘈杂之中，却在不可名状之激情的驱使下再度投身沙漠。他们在这里停留的时间长短不一，过着舍弃肉体的冥想生活；就这样某一天，他们带着想象出来的消息回归，口若悬河地对半信半疑的昔日同伴大肆宣扬。世界三大宗教的创立者无一不遵守这个循环：这一巧合历经无数类似先知前赴后继之实践，已成为颠簸不破的铁则；若有不幸失败者，生不逢时，没能抓住时机引发苦海中芸芸众生的追随，但依然不妨碍我们将其教义奉为圭臬。对身居闹市的思想家而言，动身前往尼帝亚（Nitria）是一种无法抗拒的冲动，这或许不是因为他们发现神就住在这里，而是在这寂寂空冥中能更清晰地听到其传来的切切之嘱。

无论成功与否，尘世不值得眷恋的思想是所有闪族宗教永恒的基石。这一理论对其行为产生了深远的影响，大力宣扬布衣粝食，清心寡欲，安贫乐道；沙漠民族的心智就在这样的理念氛围里被无情扼杀了。我对他们的淡泊之道有初步的了解，还是在早年穿越北叙利亚崎岖荒原途中，抵达一座罗马时代的废墟，阿拉伯人认为这是某位边境王子为其王后修建的沙漠行宫。据说该建筑使用的黏土揉制极其讲究，调和时用的不是水，而是百花提炼出的香精。我的向导带领我一间一间地穿越已成残垣断壁的房间，如狗一般在空气中深嗅着，说道："这个是茉莉，这个是紫罗兰，这个是玫瑰。"

但最后达赫姆（Dahoum）拉住了我："来闻闻最香的气味。"于是我们来到主卧室，站在东面的窗户缺口前，张嘴啜饮那空洞恣意、亘古不休的沙漠来风，感受着历史的悸动。这悠然的气息发源于遥远的幼发拉底河，夜以继日地跋涉过枯萎的草原，直至遇见第一道屏障，这破败宫殿的人造墙壁。它围着这些墙壁如婴孩般喃喃私语，愁思缱绻，徘徊流连。"这个，"他们告诉我，"才是最好的：无味无臭。"我的阿拉伯朋友甘愿抛弃香水和奢侈品，转而选择那些未经人工雕琢的事物。

贝都因人生于沙漠，长于沙漠，灵魂亦与这常人难以忍受的艰苦融为一体，并从中求得无限的解脱，这种感受只可意会而难以言传。他挣脱了物质的枷锁，享乐的诱惑，尘世所有浮华的牵绊，杂念的喧扰，方能在贫病死亡的缝隙中实现个体的自由。他并不将贫穷视为美德：小小的堕落和奢侈令他甘之如饴——咖啡，清水，女人——这些他仍想拥有。他的生活里只有空气和长风，骄阳和黑夜，旷野与孤寂。这里没有人工产品，环境一片贫瘠：唯有头顶的天空和脚下的土地一成不变。置身其间，不知不觉便接近了神，因为对他而言，神不可人格化，没有形体，无关道德或伦理，超乎这个世界及他自身之外，不是自然存在：而是万源之本（希腊语 $\mathit{\dot{\alpha}\chi\rho\acute{\omega}\mu\alpha\tau o\varsigma, \dot{\alpha}\sigma\chi\eta\mu\acute{\alpha}\tau\iota\sigma\tau o\varsigma, \dot{\alpha}\nu\alpha\varphi\acute{\eta}\varsigma}$）[①]，因此唯有不必索取而遍施于人，包容万物且无所不成方可为神，任何自然或物质皆是其映射。

贝都因人不会去寻找神：他确信神与自己同在。他想象不出哪些是神哪些不是，因为他就是至高无上；但这高高在上的阿拉伯神祇也有平凡、朴素的一面，就在他们的饮食起居里、争吵打斗中、爱欲情思间，那是他们日常的所想所念，眼前的一草一木，熟悉的伴侣亲人。对于那些处心积虑为自己的神披上面纱以保持距离，将凡胎肉身视为草芥，拘泥于顶礼膜拜形式的信众而言，这种信仰简直不可理喻。阿拉伯人不觉得把神带入卑微有任何不妥，将其视为日常琐事乐趣之所在。神是他们最耳熟能详的字眼；而且确实，人类所有的华章丽藻在形容他时都黯然失色，唯有代以最简短丑陋的音节。

这样的沙漠宗教似乎难以用言语描述，却根深蒂固于思想中。这是一种显而易见的影响力，当人进入沙漠够久，久到足以忘却这里的广袤和空寂时，难免会身不由己地将神祇视为唯一存在的庇护和力量。贝达威人（Bedawi）可以是名义上的逊尼派（Sunni）[②]，或名义上的瓦哈比

[①] 意思是"无色，无形，不可触摸"。
[②] 原意为"遵循圣训者"，为伊斯兰教中最大的派别，自称"正统派"，承认最初的四个哈里发为正道，以《古兰经》为其立法的依据，与什叶派对立。一般认为全世界80%~90%的穆斯林属于这一派系。

派（Wahabi）①，或任何一支闪族派系，他对此不甚在意，这有点像锡安教会（Zion）的看门人，一边喝着啤酒一边大肆嘲笑锡安教徒都是犹太复国主义者。每个游牧民族都有自己的宗教，且无需采用口耳相传或传统沿袭或其他传达方式，是与生俱来的；所以我们发现，所有的闪族宗教（在特征和本质上）都强调尘世的虚无和神的全能，而根据能力和机遇的不同，每位信徒对其各有不同的表达。

沙漠居民并不因自己的信仰而居功自傲，他既不是福音宣扬者，也不是衣钵传承人。他只是闭上了双眼，不去看这世界和蛰伏在内心对财富欲望的杂念，借此达到全身心的虔诚。这信仰如此坚定，如此强大，却又如此的狭隘！这贫乏的经历剥夺了他的恻隐之心，将他人性中的善良活活扭曲，化作现在这副百无一用的模样。就这样他戕害着自己，不仅仅为了解脱，更为了自娱。痛苦过后总尾随着喜悦，这样的自残对他而言甚至比财产更重要。对沙漠阿拉伯人来说，再没有什么乐趣能胜过自我压抑。他在个人放逐、弃绝享受和节制克己中能获得莫大的快感。对他而言，思想的赤裸和身体的赤裸应当并驾齐驱。他无需冒任何风险，仅凭借无情的自私就能拯救自己的灵魂。沙漠即是他精神的冷藏室，将一统之神的形象完好无损地长久保存下去，永无改变。正因如此，有时候，外界来的求道者才能将此作为短暂的逃避，以一种置身事外的态度，对自己想要改变的那一代人的本质进行观望。

这样的沙漠信念在城镇没有容身之地。它集过于怪异、过于简单、过于玄奥于一身，难以推广和普及。这一思想作为所有闪族宗教的信仰

---

① 兴起于18世纪中期的原教旨主义，以首倡者穆罕默德·伊本·阿布多·瓦哈比（Muhammad Ibn Abd-al-Wahhab）而得名，自称"认主独一"，即自己为唯一真神教徒。该派在教义上极端保守，最初禁戒音乐、舞蹈、诗歌、丝绸、黄金和珠宝；到了20世纪，其弟兄会还抨击电话、广播和电视，认为这些标新立异是真主所不允许的。

基础，已静候多时，但需加以稀释方能被我们理解。一只蝙蝠的尖叫对许多耳朵来说过于高频：我们天资愚钝，无法领会沙漠精神的奥义。先知们带着对神的浮光一瞥从沙漠返回，再通过自己的渠道一番渲染（恰似透过一层深色玻璃），展示出那真身无比的威严与辉煌，足以令人目不能视，耳不能闻，口不能言，像对待贝都因人一样，让我们弃绝文明，与世隔绝。

信徒们依照真主之言，竭尽全力要将自己和邻居们的身外之物一一剥除，却总因为无法摆脱人性的弱点而失败。村民和城镇人的生活之道，就是每天在财富积累和金钱消费的乐趣中满足自己，同时也被这样的环境影响，堕落成最粗鄙不堪，耽于物质的人。别人通过对俗世高洁的蔑视达到难能可贵的清心寡欲，在他看来却如临绝境。他挥金如土，虚掷光阴：人生何其苦短，唯有纵情声色。布莱顿大都会里的犹太人，锱铢必较的守财奴，对美男子的龙阳之癖，大马士革妓院中的好色之徒，都是闪米特人醉心享乐的有力佐证，彻底显示出与自律自省精神，或那些认为精神朴素者最容易上天堂的早期基督徒和正统哈里发（Khalifas）们背道而驰的极端一面。闪米特人就这样在纵欲和戒欲的两极间游荡徘徊。

阿拉伯人可以被一种思想来回抛弄，仿佛被绳索吊住；因为逆来顺受的心灵使他们成为卑顺谦恭的仆人。在成功来临前，没人能逃出这桎梏；而成功之后，责任、义务和约定也随之而至。然后思想离去，苦役结束——灰飞烟灭。如果没有宗教，他们可以阅遍天涯海角（除了上天堂），享尽繁华喜悦；但途中一旦让这模式带路，遇见那无处栖身，乞讨为生，食鸟果腹，怀抱思想的先知，便会抛下荣华富贵，追随其启示而去。他们是意念的子民，无可救药，一无是处，五色皆盲，精神和肉体永远势不两立。他们的精神怪异而阴暗,填满了萎靡不振和趾高气扬,混乱不堪,而在信仰上的狂热和产出又远非世上其他人所能及。他们永远跃跃欲试,虚无抽象是其最强的驱策,一路行来,经变幻莫测,虽百折不挠,却一无所获。他们如同水一般没有定势,亦如水一般或能蚀壁穿岩。自混沌初开,他们便前赴后继冲击那血肉之躯的彼岸。每一道浪花都粉身碎骨,但和大海一样,虽然没有成功,但只要将那顽石磨损哪怕毫厘,经年累月,终有朝一日或能越过物质世界的藩篱,看见神在风浪中闲庭信步。我激起的这道浪花(且不算最小的)身先士卒,为精神理念开路,直至巅峰,然后颓然轰塌在大马士革。前浪的冲击因既得利益者的抵抗而受挫,但却能号召后浪一往无前,当时机成熟,大海将再度扬波。

第四章

在地中海的首度扬威向世界展示了一个激奋的阿拉伯在短时间内的强大爆发力;但当热力燃烧殆尽,闪米特民族缺乏耐性这一特质便显露无疑。纯粹出于对制度的厌恶,他们将占领的城池弃置不顾,为了管理自己规划不周、发育不良的帝国,甚至还要向臣服于自己的属地或更强大有序的外邦寻求帮助。所以,早在中世纪,土耳其人就在阿拉伯国家安营扎寨,先是作为仆人,接着充当助手,然后如同寄生虫般将宿主老朽的政治机体扼杀于无形。最终,当旭烈兀(Hulagus)①与帖木儿

---

① 亦作 Hulegu,意为"勇士",1218—1265年,蒙古人,伊儿汗国的建立者,西南亚的征服者。成吉思汗之孙,托雷之子。在他的领导下,蒙古人摧毁了伊斯兰文明的两大中心:巴格达和大马士革,有些历史学家认为他是摧毁中世纪伊朗文化的第一人。

（Timur）①的嗜血杀戮结束，带着不可一世的优越感将一切悉数焚烧摧毁之后，他们化身敌人粉墨登场了。

抽象是阿拉伯文明的一贯特征，讲究道德与知性甚于实用；由于缺乏公共精神，使得人民杰出的个人品质毫无用武之地。他们只是时代的幸运儿：欧洲沦陷在蛮族铁蹄之下，人们不习希腊和拉丁文化久矣。阿拉伯人相较之下，反倒青出于蓝而胜于蓝，精神探索更为积极，国力民生更为繁荣。他们以实际行动将一部分往昔的古典财富保存了起来，使之免遭黑暗中世纪的浩劫。

随着土耳其人的到来，曾经的幸福安乐都化作泡影。亚洲的闪族人逐步被征服，过着生不如死的生活。他们的财富被洗劫一空，精神在军政府的淫威之下也逐渐枯萎。土耳其采取宪兵统治制度，其政治理论和实践措施都极尽粗鄙。土耳其人教导阿拉伯人，宗派的利益高过爱国主义，地方琐事重于国家大业。他们挑拨离间，让阿拉伯人互相猜忌，从而独揽大权。法庭、公共机构、政府部门及高等学府里甚至禁止使用阿拉伯语言。阿拉伯人想要在政府机构里效力，只能放弃民族属性。阿拉伯人对这些手段并非默默忍受，闪米特人在叙利亚、美索不达米亚和阿拉伯半岛进行了多次顽强的反抗，在抵御土耳其的低俗文化和渗透阴谋的同时，尽展不屈不挠的民族特质。阿拉伯人也不愿放弃自己优美丰富的语言，改学粗鲁的土耳其语：反而让土耳其语里的词汇慢慢阿拉伯化，从而使自己的文学财富得以保留。

他们丧失了地理上的感知，以及种族、政治和历史的记忆；但依然牢牢抓住自己的语言，将其发展壮大成一个繁荣丰富的王国。每个穆斯

---

① 亦作Tamerlane或Tamburlaine，意为"铁"，1336年—1405年，绰号"跛子帖木儿"（Timur Lenk）。鞑靼征服者，帖木儿帝国的奠基人，1369年登撒马尔罕王位。曾夺得大马士革和叙利亚，并于1402年打败土耳其人，俘其苏丹。

林的首要任务便是学习《可兰经》，这既是伊斯兰的圣典，也是阿拉伯文学中最伟大的丰碑。这是仅属于他的宗教，且只有他具备足够聪颖的天资去理解和实践：每个阿拉伯人一旦认识到这一点，便能以此作为衡量标杆，来评判土耳其成就的平庸。

土耳其革命接踵而来，阿卜杜拉·哈米德[①]（Abdul Hamid）王朝垮台，青年土耳其党（The Young Turks）随之掌权。阿拉伯人的天空随之豁然开朗。青年土耳其党运动（Young-Turk Movement）即针对伊斯兰政教合一理念和泛伊斯兰主义发起的革命，老苏丹希冀凭借自己作为穆斯林世界精神领袖这一地位，顺理成章掌控帝国大权。年轻的政治家们则怀抱维护主权国家宪政理念的一腔赤诚，发动叛乱将其投入监狱。因此，当西欧刚刚开始脱离国家主义进入国际主义，并已经不再为了种族问题争斗不休之时，西亚则刚从天主教主义跨入国家主义的行列，且梦想通过战争，而非信仰或教义来争取国家主权和自治。这趋势在近东的巴尔干半岛各小国最早爆发，也为势最烈，并一路蔓延，在经历了惨烈的牺牲后，最终得以脱离土耳其的统治。稍后在埃及、印度、波斯，以及最后的君士坦丁堡（Constantinople）都爆发了国家主义运动，并且在新式美国教育思潮的指引下得以强化：这思潮在东方孤高古板氛围中引发了巨大的轰动。美国的学校采用发问教学的方式，鼓励独立的科学精神和观点的自由交换，倡导起一场革命实为无心之举。因为在当代的土耳其、希腊、阿拉伯、库尔德（Kurds）、亚美尼亚或阿尔巴尼亚这些种族既长期受制于人，同时也是土耳其政府一直借以巩固统治的工具——其人民一旦接受了现代化思想就很难继续保持为国效忠。

初试啼声便获得胜利让青年土耳其党人充满了信心，同时也被纲领

[①] 1876年—1909年任奥斯曼帝国的苏丹和哈里发，在位期间推行泛伊斯兰主义，迫害少数民族。

方针冲昏了头脑，大力倡导奥斯曼兄弟会（Ottoman Brotherhood）以对抗泛伊斯兰主义。受统治民族人口众多——远超土耳其人，亦过于轻信，将之视为建立一个新中东的号召，迫不及待且呕心沥血地投入到赫伯特·史宾赛和亚历山大·汉密尔顿（Herbert Spencer and Alexander Hamilton）的研究学习中，将自己翻天覆地的新思想悉数公布发表，并称土耳其为盟友。青年土耳其党人为他们所鼓动的这股力量感到惊骇万分，急切地想要扑灭自己当初激动点燃的火焰。他们将口号改作"Yeni-Turan"，即"土耳其替土耳其人塑造土耳其风格"（Turkey made Turkish for the Turks）。这一政策在后来使其致力于拯救自己的同胞——那些在中亚臣服于俄罗斯统治的土耳其人；但他们目前的当务之急，则是肃清那些奋起反抗自己帝国统治的异族臣民。阿拉伯人作为土耳其最大的外来民族，则首当其冲成为标靶。阿拉伯人的议会因此被解散，集会结社被取缔，名流显要遭到打压。当权者恩维尔·帕夏①（Enver Pasha）对阿拉伯人的示威活动和阿拉伯语给予了强力镇压，其手段比起前任阿布杜拉·哈米德有过之而无不及。

纵使如此，阿拉伯人业已尝到自由的滋味：他们虽行为多变，却矢志不移，且向来具有不屈不挠的顽强精神。他们阅读土耳其的文件，将爱国口号中的"土耳其"替换成"阿拉伯"。随着镇压的加剧，他们的反抗也越发暴力极端。由于无法在体制内找到出路，他们转而发动革命。阿拉伯人的组织结社纷纷走入地下，并由原本的自由俱乐部演变成阴谋集团。作为阿拉伯社团的先驱，阿克华社（Akhua）被公开解散，取而代之的，是在美索不达米亚成立的更具威胁性的阿哈德

---

① 1881年—1922年，是第一次世界大战同盟国阵营的奥斯曼帝国三巨头之一，奥斯曼帝国青年土耳其党人的领袖。"帕夏"为旧时奥斯曼帝国和北非高级文武官员的称号，置于姓名后，在波斯文中为"国王"或"总督"的意思。

社（Ahad）。这是一个高度隐秘的兄弟会，成员几乎仅限于在土耳其军队中任职的阿拉伯军官，他们发誓将尽其所能从自己的上司处套取军事情报，以便于在反叛时机成熟之际用来对抗土耳其，报效阿拉伯民族。

这个组织规模庞大，在伊拉克南部的不毛之地有个很安全的据点，赛义德·塔列布（Sayid Taleb），这位阿拉伯大起义中的年轻版约翰·威尔克斯①（John Wilkes）即在此随心所欲地指点江山。组织里十位军官当中，有七人均出生于美索不达米亚，由于保密工作相当彻底，直至起义末期仍有人在土耳其军队中担任高阶军官。起义爆发后，艾伦比将军越过亚美吉登②（Armageddon），土耳其溃不成军之际，是该组织的一位副主席率领巴勒斯坦的残兵败将撤退；另一位副主席则指挥土耳其军队在安曼地区（Amman）横越约旦。到更后来，在停战后，仍有很多阿拉伯军官潜伏在土耳其军队中，随时听候组织的号令。但他们大多数人都没有接到命令，因为这些组织只支持阿拉伯人，只愿意为争取阿拉伯独立而战，在他们看来，支持盟国还不如支持土耳其更有利可图，他们不相信我们可以让其获得自由的承诺。的确，他们当中的许多人宁愿屈从在土耳其的统治下，成立统一的阿拉伯联邦，也不愿在列强的瓜分下成为四分五裂的傀儡国家。

比阿哈德社更庞大的组织，是叙利亚境内争取自由的菲塔社（Fetah）。这个组织通过共同的誓言、密码、暗号、出版社，及由中央保管的资金，将作为社员的地主、作家、医生、高级公务员紧密联系起来，致力于推翻土耳其帝国。由于叙利亚人生性好热闹——像猿猴一般

---

① 1725年—1797年，18世纪英国新闻工作者及伦敦政治家，因屡遭议会排挤而被视为争取自由的先锋人物。
② 今日以色列的泰勒美吉多（Tel Megiddo）。

易于激动，又兼有日本人的敏捷——这个组织迅速发展壮大。他们向外界乞求帮助，期盼着祈求能带来自由，而不用流血牺牲。他们与埃及、阿哈德社（其成员都具有真正美索不达米亚人的顽强意志，对菲塔社的摇尾乞怜嗤之以鼻）、麦加谢里夫以及英国都有联络往来：四处寻求盟友，以期尽快得到帮助。该组织同样保持高度隐秘；政府虽然怀疑他们的存在，但却找不到任何关于其领袖及成员的确凿证据。由于英法两国的外交官的意见在土耳其有着举足轻重的作用，故在没有找到足够多让他们满意的证据之前，官方亦不敢轻举妄动。1914年战争爆发后外交官被撤回，土耳其政府便肆无忌惮地展开了对异议分子的铲除。

官方一声令下，将生杀予夺的大权交付给青年土耳其党中最冷酷、最理智、最野心勃勃的成员——恩维尔，塔拉特（Talaat）[①]和贾玛尔（Jemal）。他们毫不留情地铲除境内所有非土耳其的思潮，尤其是阿拉伯与亚美尼亚的国家主义。行动一开始，他们便在叙利亚的法国领事馆找到了一些模棱两可但颇为可用的资料，那是一位领事遗留下来的与一个阿拉伯秘密组织的往来信函（谈论阿拉伯建国运动）。这组织与菲塔社无关，成员都是高谈阔论、不足为惧的叙利亚沿岸知识分子。毋庸置疑，这让土耳其人如获至宝，法国由于在北非的"殖民"侵略行为，已在穆斯林世界的阿拉伯语地区中恶名昭彰；贾玛尔于是以这些信函为佐证，向穆斯林教友展示这些阿拉伯国家主义分子是多么的异端叛教，宁可与法国勾结也不愿意襄助土耳其。

当然，在叙利亚，这样的揭露已是老生常谈；但该组织的成员纵使只会纸上谈兵，亦都是德高望重之士；但如果他们遭到逮捕控告，被判驱逐出境、流放处决，则会让这个国家风声鹤唳。这也使得菲塔社的阿

---

① 1874年—1921年，奥斯曼政治家，青年土耳其党领导人。1909年被任命为内政部长。

拉伯成员领悟到，如不吸取前车之鉴，这些亚美尼亚人的命运必会降临到他们头上。亚美尼亚人曾经全副武装，组织有序，却因为领导人的不力而未战先败。他们被解除了武装，分散瓦解，男人遭到集体屠杀，妇孺则被流放千里，在时值寒冬的沙漠里饥寒交迫，自生自灭，沦为过路野兽的猎物。青年土耳其党人对亚美尼亚人的屠杀并非因为他们是基督徒，而是因为其是亚美尼亚人；出于同样的理由，他们将阿拉伯穆斯林和阿拉伯基督徒一并投入了监狱，并在同一座绞刑台上将他们集体处死。贾玛尔惨无人道的铁血镇压让叙利亚境内不同阶级、不同背景，不同教派的人同仇敌忾，从而使得联合起义成为可能。

土耳其对军中的阿拉伯官兵也心存怀疑，并打算以对付亚美尼亚人的策略来分化瓦解其力量。一开始他们面临运输的困难；随后在1915年，叙利亚北方出现阿拉伯官兵汇集的危险局势（土耳其军队中有将近三分之一人说阿拉伯语）。他们设法将这些军队分散，将他们调遣至欧洲、达达尼尔（Dardanelles）、高加索或运河区——无论何处，只要他们能迅速奔赴火线，或与同胞疏散分离，无法协同起义。宣告发起一场圣战（Holy War），可以使"统一与进步"这面旗帜在老一辈穆斯林眼中平添几分哈里发战争号令般的传统神圣色彩；而麦加谢里夫也受邀——或者更像是受命——附和呐喊。

第五章

长久以来，麦加谢里夫的地位都非比寻常。谢里夫（Sherif）这一头衔，意指从先知穆罕默德传给女儿法蒂玛（Fatima），再由她长子哈桑（Hassan）继承并一脉相传的嫡系后代。真实可考的谢里夫在族谱中皆有记录——厚厚一卷存放在麦加，由麦加的埃米尔（Emir）①负责保管。这一职位由谢里夫中最德高望重的显贵担任。先知穆罕默德的家族在最近九百年来一直统治着麦加，族裔多达两千人。

老奥斯曼政府对这个显要的贵族宗室既敬畏又忌惮。由于他们势力过于强大，难以动摇，苏丹为了保全自己的颜面，只好通过隆重的仪式认可埃米尔的地位。这一无实质作用的空洞仪式，经年累月后逐渐有了权威，成为新埃米尔就任不可或缺的最后一步。终于，土耳其人发觉必须将汉志作为其刚刚萌芽的泛穆斯林理念范畴的一部分，纳入自己的控制版图。因缘际会地借助苏伊士运河开放这一契机，他们得以派兵进驻这座圣城，修建了汉志铁路，并在各部族之间遍撒金钱，出谋划策，派兵效力，逐步扩大土耳其的影响力。

苏丹在势力逐渐增强后，便试图让自己与麦加谢里夫平起平坐，甚至会铤而走险干预麦加，将一个在他看来过于强大的谢里夫罢黜，再从其宗室的敌对家族中提名一位继任人，以期鹬蚌相争，渔翁得利。最后，阿卜杜拉·哈米德将若干家族送至君士坦丁堡软禁，后来成为领导者的侯赛因·伊本·阿里（Hussein Ibn Ali）②就是其中一员。他在将近十八年的软禁生涯中，让儿子——阿里（Ali）、阿布杜拉（Abdullah）、费萨尔（Feisal）、扎伊德（Zeid）——接受现代教育与实践，为其后来有能力领导阿拉伯军队获得胜利奠定了基础。

阿卜杜拉·哈米德垮台后，权谋略逊一筹的青年土耳其党推翻了他的政策，将谢里夫侯赛因送回麦加担任埃米尔。侯赛因立即着手暗中巩

---

① 阿拉伯国家一种担任军事高级职务的贵族头衔，意味"统帅"、"将军"或"王子"，一般指哈里发派驻在外的军事统帅或各地城邦的总督，后随着阿拉伯世界权力的分裂，逐渐演变成君主称号。
② 1908年—1917年为麦加的埃米尔及麦加谢里夫，1916年在作者的帮助下发动了反抗奥斯曼帝国的阿拉伯大起义，并宣布自己为汉志国王。1924年他被伊本·沙特率兵驱除，被迫传位给儿子阿里。

固壮大昔日人马,重建其酋长国的势力,同时通过在土耳其议会担任副议长的儿子阿卜杜拉和担任吉达议员的费萨尔,与君士坦丁堡保持亲密友好的关系。这两人一直向他汇报首都的政治情势,直至战争爆发才匆匆赶回麦加。

战争的爆发使汉志陷于混乱。朝圣者的队伍裹足不前,圣城的税收和商业亦随之萧条。人们开始担心印度的运粮船队将会中断(因为谢里夫侯赛因已经成为敌人);这并非杞人忧天:由于汉志本土并不产粮,只得唯唯诺诺看土耳其的脸色,一旦他们封锁汉志铁路,圣城将饿殍满地。但侯赛因从未向土耳其摇尾乞怜过;而在这剑拔弩张的时刻,土耳其更是需要他投入"Jehad",即全体穆斯林对抗基督徒的圣战。

想要扩大圣战的号召力,必须得到麦加的支持;然而一旦麦加参与,中东地区将极有可能血流成河。侯赛因正直磊落,精明强干,不劣方头,且极为虔诚。他认为从教义上而言,圣战绝对不能以侵略为宗旨,且与德国这个基督教国家结盟更是荒谬至极。他拒绝了土耳其的要求,同时对各盟邦发表了一份义正词严的声明,表示错不在其子民,不要因此断绝圣城的粮食供应。作为回应,土耳其立即封锁了汉志部分地区,控制了朝圣必经的铁路交通。英国则开放口岸以供特别调遣的舰队运送粮草。

然而,谢里夫面临的不单是土耳其的威胁。1915年1月,美索不达米亚的统帅易辛(Yisin),大马士革的统帅阿里·黎萨(Ali Riza),还有代表叙利亚人民的阿贝德·加尼·阿雷西(Abdel Ghani el Areisi),联名要求在叙利亚发动对土耳其的兵变。美索不达米亚与叙利亚被压迫的人民,以及阿哈德社与菲塔社两个革命组织,都将侯赛因视为阿拉伯的国父、穆斯林的中坚、他们最伟大的王子和最资深的长老,呼吁其出面拯救他们逃离塔拉德与贾玛尔的毒手。

身为一名政治家、王子、穆斯林、现代主义者,以及国家主义者,侯赛因不得不为民请命。他派遣第三个儿子费萨尔前往大马士革,作为代表与之共商大计,并向他回报。他又派遣长子阿里前往麦地那,在汉志的部族和村落间暗中招兵买马,以各类名义组建军队,静待费萨尔方面的指示。最具政治手腕的次子阿卜杜拉,则负责就此事致函英国,以了解英方对阿拉伯起兵反抗土耳其所持的态度。

费萨尔于1915年回报,地方上的情况不错,但整体战局并未朝他们所期望的方向发展。在大马士革,已有三个师的阿拉伯军队在集结待命。阿勒颇也有另外两个师,满怀阿拉伯建国的赤诚,一旦其他地方率先发动,必将积极响应。托鲁斯(Taurus)山脉①这一侧仅有土耳其一个师,一旦揭竿而起,有望一举攻下叙利亚。另外,舆论对采取如此极端的手段仍无心理准备,军方则坚信德国必胜且能速战速决。然而,如果协约国愿意将其正在埃及受训的澳大利亚远征军借调至亚历山大勒塔,以掩护叙利亚侧翼,则可谓一箭双雕,即可以和德国背水一战,还能提前与土耳其单方面达成议和。

但协约国并没有派遣兵力到亚历山大勒塔,而是先去攻打达达尼尔,致使计划延迟。费萨尔尾随这支队伍,以便取得加里波利(Gallipoli)②战况的第一手情报,因为一旦土耳其战败,便是阿拉伯人起兵的信号。达达尼尔战事一度数月胶着,几经血洗,奥斯曼残余的前锋部队终于被击溃。由于土耳其伤亡惨重,费萨尔认为时机已到,遂赶回叙利亚,不料发现地方上的局势已发生了逆转。

---

① 土耳其中南部主要山脉,靠近地中海,右下角则为叙利亚。
② 即加里波利之战,也称达达尼尔战役,为第一次世界大战期间最著名的战役之一,也是最大的一次海上登陆作战。英法联军想借此进入达达尼尔海峡,并打通博斯普鲁斯海峡,占领奥斯曼帝国首都伊斯坦布尔。

他的叙利亚支持者不是身陷囹圄便是四处躲藏，并牵连大批亲友遭受迫害，作为政治犯被绞死。他还发现昔日精心部署的阿拉伯军队要么被流放至边远的前线，要么被分散瓦解，安插入土耳其部队。土耳其军方对阿拉伯农民力量严防死守，整个叙利亚已在贾玛尔无情的铁腕下俯首称臣。费萨尔两手空空，只得致函他的父亲，建议将行动再度延期，静待英国准备就绪，且土耳其穷途末路。但事与愿违，英国的情况也在恶化。达达尼尔一役让英军元气大伤，库特（Kut）的拉锯战临近尾声，赛努西教团（The Senussi）①又发动战事；加之此时保加利亚的参战，使得英国腹背受敌。

费萨尔的处境危在旦夕。他由于在战前曾担任某秘密组织的主席，方才受到组织成员的庇护。由于他的兄长阿里已在汉志起兵，托词称自己将与费萨尔一道，率领这支军队在苏伊士运河协助土耳其作战，因此他必须以贾玛尔客人的身份住在大马士革，以便出谋划策。于是乎，作为一名优秀的奥斯曼人兼土耳其军官，费萨尔不得不身居总部，默默忍受蛮横的贾玛尔在醉酒后对阿拉伯人变本加厉地侮辱与谩骂。

贾玛尔屡次召请费萨尔，派他去给自己的叙利亚盟友执行绞刑。这些为正义献身的人假装不知道费萨尔的真实意图，费萨尔也同样不敢露半分声色，唯有噤若寒蝉，因为一旦走漏风声，将会牵连家人，甚至株连九族，难逃一死。唯有一次他忍不住爆发了，称贾玛尔必将为这样的暴行付出血的代价；最后是他在君士坦丁堡几位身居显要的土耳其朋友出面求情，才免于因一时逞口舌之快而遭祸端。

费萨尔与父亲通信本身就已冒了极大风险。他们通过家族的老仆

---

① 19世纪30年代由阿尔及利亚苏菲派学者穆罕默德·伊本·阿里·赛努西（Muhammad Ibn Ali as-Senussi）在麦加附近创立，主张恢复早期伊斯兰教的质朴，后发展成政治运动。第一次世界大战期间，该教团站在同盟国那边，曾对英属埃及发动攻击，但最后以失败告终。

人传信，这些人不会引人怀疑，将信藏在剑柄、糕点内，缝在鞋底里，或用隐形墨水写在普通包裹的包装纸上，在汉志铁路线上来回奔波。费萨尔在信中皆是对不利形势的汇报，并请求父亲按兵不动，以待良机。

然而，埃米尔费萨尔的悲观并未让侯赛因有半分动摇。青年土耳其党在他眼中只是一群渎神的宗教犯人和害群的社会渣滓——背叛了当下的时代精神和穆斯林最高利益。他虽已五十六岁高龄，仍雄心勃勃决意要与之兵戎相见，期冀正义能得到伸张，苦难能得到回报。侯赛因将一切托付给神，把实际军情抛诸脑后，认为汉志能够与土耳其一决雌雄。于是他派阿贝德·卡达·阿布杜拉（Abdel Kader el Abdu）带信给费萨尔，表明万事已备，只等他在麦地那阅兵结束后即可起义。于是费萨尔向贾玛尔要求前往麦地那，但令他大吃一惊的是，贾玛尔回答说最高元帅恩维尔帕夏正好也要前往该省，他将与之同行并一道参与阅兵。费萨尔本打算抵达麦地那后立即祭出父亲旗号，给土耳其一个措手不及，如今却被两个不速之客辖制，且根据阿拉伯的待客之道，他不得伤害他们。这样一来，他的行动极有可能遭到延误，并使得秘密被曝光！

虽然整个阅兵过程俨然一出闹剧，但最终事情得以圆满结束。恩维尔、贾玛尔和费萨尔一同观看了部队在城门外沙尘飞扬的平地上来回冲刺模拟骆驼战，或策马进行阿拉伯传统的标枪比赛。"他们都是自愿参与圣战的吗？"恩维尔最后转向费萨尔问道。"是的。"费萨尔说。"誓死反抗穆斯林的敌人，甘愿同归于尽？""是的。"费萨尔再度回答。此时阿拉伯长老们依次上前接受引见，莫迪格谢里夫（Sherif Ali Ibn el Hussein, of Modhig）将费萨尔拉至一旁，低声说："大人，是否要现在杀了他们？"费萨尔说："不行，他们是我们的客人。"

谢赫①们（Sheikhs）纷纷表示反对；因为他们相信若此时下手，只需两发子弹就可结束这场战争。他们决定逼费萨尔动手；费萨尔别无他法，只能在众目睽睽之下，用几乎听不见的声音在族长面前替两位曾经绞死他最好朋友的土耳其领导人请命。最后他不得不编造借口，火速返回麦地那举办欢迎会，并派自己的仆从在宴会厅进行警戒，接着护送恩维尔和贾玛尔返回大马士革，以免途中被狙杀。对这一番大费周章，他解释说此举正是阿拉伯人极尽礼数侍奉座上宾的表现；但恩维尔和贾玛尔早深觉狐疑，立即将汉志铁路死死封锁，并调派大批军力前来支援。他们想将费萨尔留在大马士革，但麦地那传来电报要求他立即回去，以防止发生动乱。贾玛尔只得极不情愿地放走了费萨尔，但将其随从扣押为人质作为交换条件。

费萨尔发现麦地那已驻满土耳其军队，其中包括由法赫里帕夏（Fakhri Pasha）领导的陆军第十二军，这支骁勇凶残的屠夫部队曾血腥"净化"了扎伊通（Zeitun）和乌尔法（Urfa）的亚美尼亚种族。土耳其显然已经警觉，费萨尔希望不费吹灰之力便出奇制胜的如意算盘落空。但无论如何，箭在弦上，不得不发。四天后，他的随从逃出大马士革，骑马往东进入沙漠，得到贝都因酋长努里·夏兰②（Nuri Shaalan）的庇护，费萨尔亦在同一天采取行动。当他举起阿拉伯旗帜的那一刻，阿卜杜拉·哈米德耗尽毕生精力，不择手段建立起来的泛伊斯兰超级大国，连同德皇希望通过与穆斯林联手，从而征服世界的愿望，一并归于幻灭。仅凭谢里夫揭竿而起这一举动，即在史卷中为这浓墨重彩的两章画下了句点。

---

① 也作"沙伊赫"，阿拉伯语中的常见尊称，意指"长老""教长""有智慧的男子"，通常用于40岁以上博学的男性，为阿拉伯半岛部落首领头衔。
② 沙漠地区排名第四的长老。

反抗是政治人物最为伟大之举，且阿拉伯人起义的成败悬于一线，即便先知也不敢妄断。然而，有志者事竟成，破釜沉舟者得到了幸运之神的眷顾，阿拉伯历史终于摆脱自诞生之日起便积弱不振，悲苦犹疑的的命运，昂头踏上充满未知风暴的道路，奔向鲜红的胜利。这是勇于冒险者应得的回报，但胜利之后，理想却逐渐破灭，然后，在某个夜晚，那些身经百战的斗士发现所有的期望全都落空。现在，我们终于认识到他们完成的是一桩永垂不朽的壮举，激励万代子孙的事业，愿他们在纯洁安息中，得到永宁。

第六章

战前我曾在闪米特的中东地区活动过多年，了解学习叙利亚和美索不达米亚乡村、部落及城镇人民的风俗礼仪。由于囊中羞涩，我只得与下层阶级为伍。这些人难以被欧洲游客接触到，我故而能从中得到与众不同的观察视角，让我能跳出那些想法更被重视的有识之士的格局，从愚昧大众的视角理解和思考问题，且并非仅仅考虑眼前，更多的是着眼于未来。此外，我亦见识过政治力量对中东人民思想产生的影响，尤其注意到土耳其帝国在各地都显示出确实的衰落迹象。

土耳其已是强弩之末，仍试图以日渐拮据的资源来维系这个陈腐的庞大帝国。剑曾经是奥斯曼儿童的勋章，如今已被时代抛弃，取而代之的是更致命也更科学的武器。这个孩子气的民族朴素单纯，富有耐心，且勇于牺牲，生活对其而言已变得过于复杂。作为西亚地区反应最为滞后的民族，他们难以适应新的政府制度和生活方式，更不用提对艺术的独立创新与发展。他们的行政部门也必然沦为文件电报、高等财务、优生优育、数据计算等例行公事。老派当权者通过高压手段或个人意志维持统治，浅薄无知，粗暴直接，假公济私，将不可避免地被淘汰。权力转移到更加灵活应变，善于适应机器时代的新人手中。青年土耳其党委员会肤浅而青涩，成员皆为希腊、阿尔巴尼亚、切尔克斯①（Circassians）、保加利亚、亚美尼亚和犹太后裔——就是没有赛尔柱人②（Seljuks）或奥斯曼人。政府官员受黎凡特文化熏陶，沿袭法国政治理论，与广大群众格格不入。也许只有大刀阔斧的改革，方能一挽土耳其分崩离析之颓势。

安纳托利亚③（Anatolia）人钟爱旧式的稳定生活，对繁重严苛的农事和兵役任劳任怨，而人口占帝国十分之七的其他种族由于缺乏传统文化和责任感，没有成见，脑子灵活，则更易于接受新思想，因而日渐开明进步并发展壮大，使得原先那些至高无上，令人望而生畏的土耳其名流逐渐相形见绌。土耳其和从属行省之间这一势力均衡的改变，令帝国必须通过增加驻军巩固其统治地位。的黎波里、阿尔巴尼亚、色雷斯（Thrace）、也门、汉志、叙利亚、美索不达米亚、库尔德斯坦（Kurdistan）、亚美尼亚都需要大笔维稳支出，徭役全落在安纳托利亚农民的头上，征兵人数连年增加。越是贫困的村落越不堪重负，境况越发雪上加霜。

入伍的士兵对自己的命运并无半分异议：依照土耳其农民的习性，一味逆来顺受。他们是温顺的绵羊，既不邪恶，也无美德。若任之独处，他们便无所事事，或许就呆坐于地。如命令其友善，他们会即刻

---

① 西北高加索民族，原信基督教，16—18世纪改信伊斯兰教，属逊尼派。
② 突厥的一支，曾于1037年建立强大的赛尔柱帝国，一统东部伊斯兰世界，后分裂为三个小国。1243年，蒙古入侵小亚细亚，至1307年，赛尔柱人的政权彻底消失。
③ 又称小亚细亚（Asia Minor），为亚洲西南部的一个半岛，位于博斯普鲁斯海以东，黑海与地中海之间，占现土耳其疆域的绝大部分。由于其地理位置处于欧亚地区交接处，历史上一直是各民族聚居地及各大帝国争夺的要塞。

成为最好的朋友，最大度的敌人。如令其对父亲拳脚相向，或将母亲剖心挖肝，他们亦能若无其事地圆满完成。他们不思进取，淡漠麻木，无可救药，使得他们成为世界上最驯良顺服、最吃苦耐劳，也最无斗志的士兵。

这种人对残暴的黎凡特长官而言是天然的牺牲品，可以毫无顾忌地派去送死或草菅其命。是的，在我们看来，他们就是长官施展淫威，鱼肉民众时的砧板。由于被视为牛溲马勃，长官甚至不会给他们提供最基本的预防措施。在对几批土耳其战俘体检的过程中，我们发现他们几乎有半数感染了性病。这个国家对梅毒等类似疾病尚一无所知，就这样任其从一个军营蔓延至另一个军营，士兵们就这样服役六到七年，直至幸存到退伍之日。如果他们出身自清白门户，往往羞于归家，要么转投宪兵队伍，或自暴自弃，在城镇里打零工为生，从而导致出生率的下降。安纳托利亚的土耳其农民阶层就这样因为兵役而逐渐萎缩凋零。

我们可以看出，东方需要一个新元素，某种势力或某一种族，能够在数量、生产力和智力上都胜过土耳其人。纵观历史，我不认为欧洲可以提供现成的帮助。欧洲列强为了在亚洲黎凡特地区立足，虽极尽其功，皆以惨败收场，我们亦不忍再诱骗其他西方人重蹈覆辙。后继之人必须来自当地，解决方案也当因地制宜；且幸运的是，这一任务的开展效率也是以本土标准来衡量。我们的竞争对手是土耳其，而土耳其已行将就木。

我们当中有些人认为，阿拉伯人民作为土耳其帝国最繁盛的民族，拥有足够的智慧才干、强大的闪族凝聚力、杰出的宗教思想、勤劳奋进、有商业头脑、富于政治手腕，却又平易近人，不骄横妄为。他们在土耳其犁轭下耕劳了五百年，渴望得到自由；故而当英国与土耳其最终决裂，战争即刻在东西方同时爆发之际，我们这些自诩看清了未来趋势的人便开始设法引导英国的策略朝向，以期在亚洲培植出全新的阿拉伯世界。

我们人数不多，且几乎都是英国驻埃及情报局局长克莱顿①（Clayton）的手下。对于我们这群放任不羁的人而言，克莱顿是最佳的领导人选。他冷静而客观，明察秋毫，勇于承担责任。他放权让下属自由发挥，拥有兼容并包的观点和才学；且他善于以身作则，潜移默化，而非吼叫责难，发号施令。他的影响力难以言表，他就像水，或是扩散迅速的油，悄然无声且持之以恒地进行渗透。克莱顿可谓无处不在，但也很难分清到底哪些是他的功劳。他的领导看似无形，但他的理念早深入人心：他的冷静稳健、平和庄重，以及坚定信念皆令人肃然起敬。在实际事务上他自由放任，不循规蹈矩，不拘小节，足以让不爱受管束的人与之共事。

我们小组的首位成员，是英总督府的东方事务秘书，近东最聪明的英国人，罗纳德·史铎斯（Ronald Storrs）。虽然他花费了不少精力在钟爱的音乐、文学、雕塑、绘画等世间一切美好文明成就上，但丝毫不影响他的办事效率。尽管如此，他依然一马当先，苦心耕耘，让我们坐享其成，是我们当中最了不起的人物。如果他能抛弃自己的其他爱好，像一个即将投身激烈赛事的运动员一般身心全力以赴，其成就必将令我们的业绩和英国在东方的政策皆相形见绌。

乔治·罗伊德（George Lloyd）也是我们当中的一分子。他让我们充满信心，且借助他在金钱方面的学识，我们方得以对中东商界及政界

---

① 全名Sir Gilbert Falkingham Clayton。

内幕了如指掌，并能够预测中东未来走向。如果没有他的参与，我们绝对无法迅速在短时间内就完成这么多任务；但他是个闲不住的人，什么都想尝试一番。对他而言很多事都非做不可，因此他和我们相处的时间并不长。他并不知道我们有多么喜欢他。

接下来是满脑子不切实际宏图伟业的马克·塞克斯（Mark Sykes）：同时兼具偏见、直觉和半科学。他的理念全是拾人牙慧；只选择精神大厦的样式，从没耐心了解其内涵。他对事实管窥蠡测，不顾环境背景将其孤立，夸大之、扭曲之、重塑之，直至变成引人发噱的四不像；而哄堂大笑最令他得意扬扬。插科打诨是他的天赋所在：如果有选择，他宁可做一个漫画家而非艺术家，即使从政也如出一辙。在他眼里，万事皆有离奇之处，而失之公平。他只需匆匆几笔便能勾勒出一个新世界，全都比例不当，却也把我们在某些方面的憧憬和期待描摹得活灵活现。他的帮助对我们而言各有利弊，因此他在巴黎的最后一周试图为自己赎罪。彼时他刚从在叙利亚的一次政治任务中返回，终于深刻看清自己迷梦的全貌，勇敢地说："我错了，以下才是真相。"昔日旧友不会了解他这份新的诚挚，只会认为他反复无常且一错再错。他不久之后便去世了，对阿拉伯人而言，那是悲剧中的悲剧。

霍加斯（Hogarth）文质彬彬，是我们众人的精神导师，告解神父和意见顾问，他让我们从历史中吸取经验和教训，保持不偏不倚和勇气。对外人来说，他是和事佬（我则是张牙舞爪的恶魔），能让我们对他的决断裁定心悦诚服。他有敏锐的价值观，能向我们精准地揭示出那些我们司空见惯的，衣衫褴褛且伤痕累累的阿拉伯人身上蛰伏的潜力。霍加斯是我们的裁判，也是诲人不倦的历史老师，事无巨细，用其渊博的学识和缜密的智慧予以支持，因为他对我们的目标坚信不疑。接着是康沃利斯（Cornwallis），他虽然外表粗鲁，但整个人却有如为熔点高达数千度的超级金属所锻造。在其他人都失去斗志的时候，依然能持续数月昂扬的热力，且外表仍保持冷漠和顽固。还有其他成员，纽康贝、帕克（Parker）、赫伯特（Herbert）、格雷夫（Graves），全都坚守信念，奋斗不懈。

我们这一群人称自己为"管闲士"（Intrusive）；因为虽然前人已铺设好了轨道，我们仍想打破英国既定外交政策的陈规，在东方培养一个新的民族。于是在开罗那间不伦不类的办公室（一个摇摇欲坠的地方，门铃聒噪，人头攒动，被奥布里·赫伯特比喻为一座东方火车站）内，我们开始对所有领导人下功夫，无论远近。英国驻埃及高级专员，亨利·麦克马洪爵士自然首当其冲；他目光敏锐，饱经历练，第一时间就明白了我们的意图并给予了肯定。其他人，如威姆斯（Wemyss）、尼尔·马尔科姆（Neil Malcolm）、温盖特也乐意助我们一臂之力，以期战争取得更建设性的结果。几年前在埃及，面对谢里夫阿卜杜拉的求助，基奇纳勋爵曾允诺施以援手，而这些人的助力进一步为勋爵奠定了良好的形象；就这样，麦克马洪最终与麦加谢里夫达成共识，从而为我们的事业奠定了基础。

不过在此之前，我们曾对美索不达米亚寄予一线希望。在充满激情但不择手段的赛义德·塔列布的领导下，阿拉伯大起义在此爆发，后来改由亚辛·哈希米（Yasinel Hashimi）与军方掌权。我们设法把阿齐兹·马斯里（Aziz el Masri）安置在埃及，他对此相当感激。作为恩维尔的死对头，阿拉伯军官将他奉为偶像。战争刚爆发数天，基奇纳勋爵便前去游说他，希望土耳其驻美索不达米亚的军队能加入我们的阵营。不幸的是，由于战争初期赢得太过轻松和迅速，英国表现得过于乐观：

把击溃土耳其比作"军事散步"①（Promenade）。因此，印度政府反对任何对阿拉伯国家主义者的帮助行为，认为此举会影响大局，对他们将美索不达米亚占为殖民地的野心造成阻碍，唯恐其成为另一个具有自我牺牲精神的缅甸。就这样，谈判破裂，阿齐兹被拒之门外，自愿投入我们阵营的赛义德·塔列布也遭到拘禁。

于是大军强行推进巴士拉。位于伊拉克的敌军几乎都是进退维谷的阿拉伯人，只得身不由己地代表压迫奴役他们的统治者，前去反击长久以来被自己视为解放者的一方，而对方亦拒绝扮演救星这一角色。他们的敷衍了事可想而知，我们的军队百战百胜，甚至开始认为印度部队比土耳其军队更精良善战。我们就这样轻而易举地抵达了泰西封（Ctesiphon）②，在那里遭遇了土耳其军队的顽强抵抗，攻势骤然受挫。我们铩羽而归，惶然无措；库特地区从此拉开了长期沦陷的序幕。

与此同时，英国政府心生悔意，并为了不重蹈埃尔祖鲁姆③（Erzerum）沦陷的覆辙，派遣我到美索不达米亚，设法采取迂回策略以化解胶着的战况。当地英国人对我的到来给予了强烈反对；其中两位足够好心的将军还向我解释，我的任务（虽然他们并不知晓）对一个军人（其实我不是）而言是一种耻辱。事实上采取行动为时已晚，库特已回天乏术；因此我虽权力在握，有心一搏，却仍无所建树。

当时情况对阿拉伯起义非常有利。位于哈利勒帕夏（Halil Pasha）部队大后方的纳杰夫④（Nejef）和卡尔巴拉⑤（Kerbela）两地民众已经

---

① 出自1870年普法战争中的"色当会战"。时任法国皇帝的拿破仑三世对普鲁士宣战后，自信地称这次战争"不过是到普鲁士做一次军事散步"并亲任总司令，结果遭遇惨败，被迫向威廉一世递交了投降书，表示愿"将他的佩剑交至陛下手中"，10万法军连同他们的皇帝皆成为普鲁士的俘虏。
② 位于今日伊拉克首都巴格达东南底格里斯河河畔，是古代美索不达米亚的一座伟大的城市，萨珊王朝的首都。
③ 土耳其东部埃尔祖鲁姆省首府及最大城市。波斯语指"罗马人的地方"。
④ 位于伊拉克南部幼发拉底河河岸，为纳杰夫省首府，距巴格达约160公里。
⑤ 伊拉克城市，位于巴格达西南约100公里，为卡尔巴拉省首府。

倒戈。且哈利勒本人也承认，他部队中残余的阿拉伯士兵也公开表示不愿继续效忠土耳其。只要英国有示好的迹象，海伊（Hai）与幼发拉底的部落便会投诚。只要我们把对谢里夫的承诺昭示天下，甚至只需在占领巴格达后就此发布公告，则会有大批当地士兵加入我们的阵营，破坏巴格达与库特之间的交通。只需几周时间，就可逼得敌军仓皇撤离，否则就会被我们包围在库特城外，落得和被他们包围在城内的汤森德①（Townshend）将军一个下场。我们有充足的时间策划此事，只要英国驻美索不达米亚总部能向指挥部（War Office）再争取八架飞机，向库特守军增加粮草空投，使汤森德将军可以继续坚守下去。他的防御对土耳其而言无懈可击；只因内外交困，方才黯然投降。

然而，这套方案并未被当地的领导集团采用，我便即刻返回了埃及；直至战争结束，在美索不达米亚的英军，本质上仍是侵略敌方领土的外国部队，面对当地人民或消极中立，或厌恶排斥的态度，行动自然不如艾伦比将军在叙利亚那样收放自如，因为他是以友军的身份前来，受到当地人民箪食壶浆的支持。在美索不达米亚，我们在人数、气候、交通等要素上都比叙利亚有利；且从一开始，我们的高级将领在能力和经验上也毫不逊色。但他们与艾伦比将军相较，伤亡名单更长，战术更为拙劣，将不利的政治局势对纯粹军事行动造成的沉重打击展露无遗。

---

① 即General Charles V. Townshend，1915年他率领特遣队，沿底格里斯河挥军深入土耳其占领区内的战略要地库特阿马拉（Kut al-Amara），并于同年9月即攻陷库特阿马拉。随后他往北长驱直入，11月23日在距巴格达仅20英里处与阿拉伯守军大战。然而，训练精良的土耳其援军陆续到达，取代了无心恋战的阿拉伯守军，汤森德不得不撤退至库特阿马拉，近17000人马遭到围困。英印联军的其余部队当时仍在南方200英里外，他们因而死守了几个月仍孤立无援。

第七章

我们对美索不达米亚的挫败大失所望；但麦克马洪与麦加方面的谈判仍在继续，尽管在当时英国从加里波利撤败，库特也缴械投降，且整体战况不利的情况下，最终顺利完成任务。很少有人——甚至包括那些对整个谈判过程了如指掌者——相信谢里夫真的愿意参战；因此当他终于发动反叛，向我们的舰船开放口岸并予以协助的时候，令我们大感意外。

此时我们才发现困难刚刚开始。新的问题来自麦克马洪与克莱顿：两人总是同行相忌。自然，阿齐巴德·穆瑞爵士①（Sir Archibald Murray）作为驻埃及总指挥官，不希望自己的阵营里有人勾心斗角。他对一直在自己和麦斯威尔②（Maxwell）将军之间担任鲁仲连的民事官员极端嫌恶。阿拉伯事务不宜交付给他处理；因为他和他的部下都不具备足以处理此类错综复杂民族问题的专业能力。另一方面，他也会加剧英国各方在这个外交事务中荒谬的明争暗斗。他相当神经质，异想天开，且争强好胜。

他从自己的参谋长（Chief of Staff）林登·贝尔将军（Lynden Bell）处得到了帮助。贝尔是个激进的军人，对政治家本能的敬而远之，并竭力营造古道热肠的形象。

总参谋部的两位军官全身心响应长官的号召；于是可怜的麦克马洪发现自己失去了军方的援助，只能依靠自己在外交部的随从人员来进行这场阿拉伯战争。

---

① 时为地中海远征军指挥官，1915年春天，该远征军由加里波利撤退，移师埃及。1916年3月中旬，地中海远征军与在埃及的英军合并，穆瑞接掌兵权，麦斯威尔则打道回府。
② 指Sir John Grenfell Maxwell，曾担任英国驻埃及军队总指挥官。

这些随员中的一些人，显然对允许外人插手自己的战争事务相当反感。此外，他们被训练的对强权俯首帖耳，长期压抑磨炼下来，使得日常琐碎的外交工作在其眼里亦极具派头，这一观念如此根深蒂固，以至于有更重要的事来临时，他们反而不屑一顾。他们言辞怯懦，互相倾轧，被军方憎恶；同时也对我们造成了影响，因为他们显然让高级专员蒙羞，这些蝇营狗苟的家伙甚至不配给他擦鞋。

温盖特对自己掌控中东局势的能力相当自信，预测阿拉伯大起义将给这个国家带来声誉和利益；但随着对麦克马洪的批评之声渐起，他也与之划清了界限，此时伦敦也暗示，要解开一团乱麻之现状，非洞悉个中微妙的经验老手不能胜任。

纵使如此，汉志的形势业已江河日下。阿拉伯部队在战场上没有联络官，谢里夫们无从获悉军情，没人对战略战术提供建议，也没人尝试了解当地实际情况，因地制宜对协约国现有的资源整合利用。法国军事代表团（出于谨慎，克莱顿建议将他们派至汉志，给他们在幕后找点事做，借此安抚我们那疑心重重的盟邦）受命在吉达和麦地那，针对谢里夫侯赛因执行一桩精心策划的阴谋，向他及英国当局提出一些措施建议，从而摧毁他在全体穆斯林心目中的名誉。温盖特此时担任我方与谢里夫合作机构的军事指挥官，在法国诱骗下派遣一些外国军队在麦地那和麦加中间的拉比格（Rabegh）登陆，以防卫麦加，并阻止重整旗鼓的土耳其人从麦地那再次反扑。麦克马洪已被诸多顾问的唇枪舌剑弄昏了头，穆瑞抓住这一把柄，对他的朝令夕改大肆抨击。阿拉伯起义前途堪忧；驻埃及的参谋全都幸灾乐祸地向我们预言其命不久矣，而谢里夫侯赛因的脖子也会被吊上土耳其的绞刑架。

我个人的日子也不太好过。作为阿齐巴德·穆瑞爵士情报部下辖的克莱顿小组的上尉参谋，我奉命搜集土耳其军队的"部署情况"并绘制地图。出于个人偏好，我还另外附上了一份自己编撰的《阿拉伯快报》（Arab Bulletin），即对中东政治局势的秘密周报；这些资料的必要性使得克莱顿对我在阿拉伯局（Arab Bureau）军事部的工作日渐倚重，因为这个负责外交事务的情报与参谋小机构，正是他在替麦克马洪筹备的。最终克莱顿被逐出总参谋部；穆瑞驻伊斯梅利亚（Ismailia）的情报官霍狄齐上校（Colonel Holdich）接替他领导我们。克莱顿原本想留我在他身边；但他显然没有合适的职位给我，我看出他是一番好意，想设法将我调离阿拉伯事务的工作。我决定立即采取行动，退步抽身。由于直接提请调任被拒，我只好采取迂回策略。我开始在电话中（总部在伊斯梅利亚，我在开罗）对运河区的参谋们吹毛求疵，抓住一切机会对他们在情报部门的过失和低效喋喋不休（轻而易举！），并进一步对他们的文学水平进行抨击，在他们的报告中大挑修辞与文法的毛病，以激怒他们。

不几天他们便对我怨声载道，终于决定不再容忍我。我趁机请了十天假，称史铎斯在大谢里夫的陪同下正前往吉达考察，我正好与之一起前往红海度假。他们不喜欢史铎斯，也巴不得对我眼不见心不烦，便立即批准了，并开始策划阻止我返回，让我停职赋闲。毋庸置疑，我不想让他们得逞；因为我虽然乐得清闲，但却也不愿荒废自己的聪明才智。于是我找到克莱顿，向他坦白了自己的意图。他安排总督府替我打电报给外交部，申请将我调至阿拉伯局。由于外交部可以直接与陆军部交涉；故埃及指挥部在尘埃落定之前都毫不知情。

于是我欣然和史铎斯同行。东方人深信，穿越一座广场最好的方式便是沿着其三条边前行；以此观之，我脱身的伎俩亦入东方之道。但我这样做是因为深信，如果阿拉伯人得到良好的建言，阿拉伯起义终将获得成功。从一开始，我就是幕后推手，并满怀期待。职业军人以服从为天职（英国军方对法国的阴谋依然蒙在鼓里），却可能导致一个称职的军官眼睁睁看着自己的作战计划被那些置身事外，漠不关心之人毁于一旦。上主啊，光荣不要归于我们！①

---

① 原句为拉丁文，"Non nobis, domine."为圣殿骑士团的口号。这句祷词意为期冀主庇佑自己，且所有功绩都应归于上帝，而非自己。

卷一 发现费萨尔

第八章至第十六章

我一直深信起义以悲剧收场主要应归咎于领导不当,或者更应该称之为缺乏领导——无论是阿拉伯方面还是英国方面。于是我深入阿拉伯半岛,与那些大人物会面并进行评估。首先是麦加的谢里夫,众所周知,他年事已高。我认为阿卜杜拉过于精明,阿里太单纯,扎伊德又太缺乏热情。

就这样我千里迢迢找到了费萨尔,并从他身上发现了作为一个领袖需具备的热忱,同时亦具备将我们的理念付诸实施的能力。他的族人看起来足堪托付,他所在的山脉则是天然屏障。于是我心满意足地返回埃及，并告知我的上级，麦加真正的防御并非拉比格这一天堑，而是费萨尔在苏孛山脉（Jebel Subh）侧翼产生的威胁。

第八章

泊在苏伊士运河上等待的是"拉玛号"（Lama），一艘改装的小型定期班轮；并在我们登船后便立即起航。对我们这些旅客而言，搭乘军舰做短途航行实为一段妙趣横生的插曲。然而，此时此刻，场景却颇有几分尴尬。我们这群由各路英雄好汉组成的队伍，似乎打乱了船上官兵原有的作息。下级军官们（Juniors）不得不将他们的床位让给我们过夜，白天我们则挤在他们的客厅内侃大山。挑剔的史铎斯向来看不起船员们，但今日他比平常更为狂傲。两度环视甲板后，他不屑道："没有一个值得交谈的。"并从两张舒适的扶手椅中选了一张坐下，开始与阿齐兹·马斯里（坐在另一张上）畅谈起德彪西①（Debussy）来。阿齐兹是切尔克斯阿拉伯人（Arab-Circassian），曾在土耳其军中官拜上校，如今则在谢里夫麾下担任将军，此行前往麦加，要就他正在拉比格组建的阿拉伯正规军的装备和地位一事，与麦加埃米尔进行磋商。几分钟后他们便撇下德彪西，将瓦格纳②（Wagner）贬得一文不值：阿齐兹说一口流利的德语，而史铎斯则同时使用德语、法语和阿拉伯语。舰上的官兵都觉得他们的谈话毫无意义。

我们如往常般平稳地驶向吉达，红海上一片风和日丽，船航行起来

---

① 指法国作曲家Achille-Claude Debussy，1862年—1918年。代表作为管弦乐《大海》《牧神午后前奏曲》；钢琴组曲《意象集》《版画集》；而歌剧《佩利亚斯与梅丽桑德》为其创作生涯的最高峰。
② 指德国作曲家Wilhelm Richard Wagner，1813年—1883年。他不但为歌剧作曲，还亲自编撰歌剧剧本，为德国歌剧史上最重要的人物之一。代表作有歌剧《漂泊的荷兰人》《唐怀瑟》《罗恩格林》，及歌剧四联剧《尼伯龙根的指环》。但他也因反犹太，亲纳粹的思想饱受政治争议。

丝毫不觉燥热。白天我们躺在阴影里乘凉；而当美妙的夜色降临，最令人陶醉的便是在漫天繁星下，一边沐浴着蒸腾的南风，一边在潮湿的甲板上四处闲逛。但当我们最终在外港下锚时，看见这座白色城镇在炙热的晴空中投射出自己的蜃楼之影，幕天席地在宽阔的潟湖上铺将开来，此时阿拉伯半岛的热气方如利剑出鞘，逼得人说不出话。日正当中，而东方的正午骄阳宛如月光，照得一切尽失颜色。眼前只余光亮和阴影，白色的房子和黑洞洞的街道：前方，内港弥散出惨白耀眼的雾气；后方，令人目眩神迷的沙丘连绵不绝，一直延伸到远方那在苍茫热气中若隐若现的一座座小山脚下。

紧挨吉达北面的，是另一片黑白相间的建筑，在时断时续、不停搅乱空中热浪的阵风里，随着船只此起彼伏的下锚声，活塞般在海市蜃楼间上下浮动。无论在视觉上还是感受上，这一景象都令人生怖。恶劣的天气和有害健康的环境造成的交通不便，是汉志起义军高枕无忧的避风港，但此时却让我们顿生悔意。

尽管如此，新到任的英国驻阿拉伯代表威尔森上校（Colonel Wilson）已经派他的汽艇前来迎接我们；我们直到登岸，方才发觉之前看到的人全是悬于半空的幻影。半小时后，领事馆的东方事务助理鲁希（Ruhi）满脸堆笑地上前迎接老长官史铎斯，令人心生愉悦（鲁希的巧妙伶俐不同常人，仿佛曼陀铃一样令人陶醉而不觉做作）。而新派任的叙利亚警察和港口军官，连同一支仪仗队，则在海关码头上列队向阿齐兹·马斯里致敬。我们想要与之会面的人，麦加老谢里夫的次子谢里夫阿卜杜拉也刚刚进城，故我们的到来可谓正是时候。

我们经过静静伫立的白色砖石水门，穿越菜市场逼仄狭小的街道，向领事馆走去。日光从头顶的木板及麻布遮阳篷的破洞处射入阴暗的小摊角落，成群的苍蝇如灰尘般在空中上下飞舞，从人们身上飞向椰枣再扑向肉块。整个环境仿佛一间浴室。由于在"拉玛号"甲板上的猩红皮革扶手椅内汗流浃背地坐了四天，史铎斯的白色短上衣和长裤皆染上颜色，被汗水一浸，这些鲜红的斑点更是有如涂过清漆一般闪亮无瑕。他这副尊容如此引人注目，以至于我没有注意到自己的卡其衫也在汗水的映衬下变成深褐色，紧紧地贴在身上。史铎斯很想知道，如果前往领事馆的路程够远，我的衣服是否能湿得更全面彻底，从而使得颜色更加均匀。我则在想，凡他坐下之处是否会和他一样化作红色。

在我们的期望得到验证前，领事馆很快就到了；威尔森坐在一间阴凉的房间内，身后一扇格子窗洞开，以迎接久违多日海风的吹拂。他态度拘谨地接待了我们，作为一个率直典型的英国人，他对史铎斯身上的艺术气息持怀疑态度：我们在开罗接触时，曾对穿本地传统服装是否有失身份产生了短暂的分歧。我只说它们穿起来不大舒适，对他而言，则是一种错误行为。尽管如此，威尔森还是抛开了个人感受，公事公办。他已经把和阿卜杜拉的会面安排妥当，并愿意竭尽全力帮助我们。更何况我们亦算他的客人；而孟公投辖的东方之道正合他意。

阿卜杜拉骑着一匹白色牝马，带领一队全副武装的奴仆，在满城居民鸦雀无声的致敬礼中，轻柔地向我们行来。由于在塔义夫打了胜仗，他容光焕发，喜气洋洋。这是我首次与他会面，史铎斯则和他是老朋友，且交情深厚；然而，他们交谈后不久，我便怀疑他一贯如此笑口常开。他眼光闪烁不定，虽然年仅三十五岁，业已发福。这或许算得上心宽体胖。阿卜杜拉的生活似乎相当惬意，他身材矮壮，皮肤白皙，褐色胡须精心修剪整齐，覆盖在他光滑的圆脸和小嘴周围。他态度坦率，或有刻意造作之嫌，初见时极富魅力。他不摆架子，轻松地与众人谈笑风生：然而一旦涉及严肃的话题，便褪去了幽默的面纱，开始字斟句酌，据理力争。当然，与他交谈的，是对对手要求极高的史铎斯。

阿拉伯人认为阿卜杜拉是一个高瞻远瞩的国士和智谋多端的政客。智谋多端他当之无愧，但却尚不足以瞒天过海，让我们相信他的诚意。他的野心昭然若揭，传闻中他是他父亲及阿拉伯起义的军师；但这似乎远不止他所求。他的目标当然是要为阿拉伯争取独立，并建立主权国家，但他也有意将这新生国家纳为自己家族的掌中玩物。所以他对我们察言观色，并通过我们向英国政府尽展逢迎之意。

而在我们这一方，则尽可能实事求是地对他进行观察、评估。谢里夫的起义近几个月来发展得不尽如人意（非常规战争中，按兵不动是惨败之兆），我怀疑问题在于缺乏领导：不是因为缺乏才智，也不是因为缺乏判断力或政治智慧，而是缺乏足以燎原的热忱之火。我此行的目的，正是旨在发掘出那不为人知的精神领袖，衡量他领导反叛的能力是否能达到我所预期。随着谈话的深入，我也越来越确信阿卜杜拉过于沉稳、过于冷静、过于诙谐，无法扮演先知的角色：尤其是武装起来，领导革命胜利的先知（如果这个传说是真实的话）。如果天下平定，他或许能在安邦治国上大有建树。但时值乱世，需要一个愿意牺牲奉献，众望所归的人，阿卜杜拉复杂的个性使他无法安于这样目的单纯的投入——纵使现在的他已不容小觑。

我们首先与他讨论吉达的情形，为了让他打消初次与我们会面的顾虑，我们先聊了一会儿大谢里夫的施政管理这样无关紧要的话题。他回答说，对于他们这样的文官政府，这场战争打得非常吃力。他们的城镇沿袭土耳其的体系，并在一个较为合理的范畴内推行。土耳其政府对有权有势者礼遇有加，给予他们很多特权，结果便导致汉志地区许多特权拥有者对阿拉伯人的掌权心有不甘。尤其在麦加和吉达，民意对阿拉伯建国呈现一边倒的反对。这里大量居民都是埃及人、印度人、爪哇人、非洲人等外国人，对阿拉伯人建国的诉求，尤其是由贝都因人来倡导这一行动，都无法认同；因为贝都因人靠勒索过路的陌生人，或打劫村落为生；素来与城里的居民水火不容。

但贝都因人是大谢里夫唯一可用的军事力量；且反叛也必须依靠他们的帮助。他对这些人敞开军备供应，向为他效力的士兵发放可观的军饷，并在他们离家服役期间供养其家人，还租用他们的骆驼作为交通工具向战场运输补给。于是，乡野地区变得繁荣富足，而城镇则日渐萎靡凋败。

让城镇人民愤懑不平的另一点则是法律。土耳其民法已经被废除，取而代之的是昔日的宗教法律，阿拉伯卡迪①（Kadi）严格依照《可兰经》行事。阿卜杜拉嗤笑着对我们解释说，若假以时日，他们应当能从《可兰经》中找到适用于现代商业行为的观点和论据，例如银行和证券业。当然，在这个摸索过程中，都市居民因为废除民法而导致的损失，也正是贝都因人的获利来源。谢里夫侯赛因已经默许恢复旧式的部落秩序，贝都因人之间发生争执时，可向部落里的执法者申请仲裁，这是由最具声望的家族世袭的职位，每年向每户人家征收一头羊作为酬金。仲裁以习俗惯例为基础，并以著名判决先例为参照。审判过程向全体公开，不收取任何费用。如果不同部落的人发生纠纷，则由双方共同推举并认可的仲裁者进行审判，或由第三方部落的仲裁者主持公道。如果案情过于复杂且相持不下，则由四人陪审团共同判案——被告方和原告方家族各任命两人参与。如全体对裁决无异议通过，方可结案。

---

① 即伊斯兰教法官。

我们思索着阿卜杜拉描绘的情景，悲伤地想念起伊甸园以及夏娃，如今的她长眠于伊甸园墙外的墓地中，早已被芸芸众生所忘却；此时史铎斯为了让我加入谈话中来，要求阿卜杜拉就战况向我们发表看法，既利于我掌握情况，也便于向埃及总部汇报。阿卜杜拉立即变得严肃起来，并表示他希望敦促英国方面对此事予以立即且密切的关注，并将自己的想法陈列如下：

由于我们未能切断汉志铁路，导致土耳其得以重新集合交通工具和军需供应进行增援，并在麦地那重整旗鼓。

费萨尔已被逐出麦地那；而敌军正在组建一支装备齐全的机动部队，准备进军拉比格。

由于我们的疏忽，守卫在道路两侧山区的阿拉伯部队缺乏补给，机枪和火炮，无法支撑太久。

马斯路哈伯族（Masruh Harb）的族长侯赛因·马贝里格（Hussein Mabeirig）已投效土耳其。如果麦地那的土耳其机动部队开拔，他们也会同行。

唯有他父亲方能领导麦加人民，为圣城作殊死战。

这时电话铃响了：大谢里夫想要与阿卜杜拉通话。阿卜杜拉将刚才谈话的要点向他做了禀报，他也即刻表态言出必行。土耳其要想进入麦加，需先踏过他的尸体才行。电话挂断后，阿卜杜拉面带微笑，问道：为了避免这一惨剧的发生，如可能，请英国抽调一个旅的，最好是由穆斯林组成的兵力，在苏伊士集结待命，以便土耳其从麦地那发起进攻时，能够借助运河交通迅速赶至拉比格进行支援。不知我们意下如何？

我回答：首先，回顾历史，谢里夫侯赛因曾要求我们不要切断汉志的交通线，因为他自己在得胜后，亦可能需要由这条铁路进军叙利亚；其次，我们运送给他进行爆破的炸药皆被悉数退回，并附有字条说明这对于阿拉伯人而言过于危险；最后，确切地说，我们未曾接到费萨尔提出的任何关于装备的需求。

至于为拉比格调派一个旅的力量，是个很复杂的问题。由于船只紧缺，我们不能把船无限期地空置在苏伊士待命。英军中没有穆斯林组成的队伍。要组建一个旅的军队是项繁重的工作，装载和登陆也要很长时间。拉比格周围的阵地相当庞大，仅凭一旅进行防守只是杯水车薪，而如果土耳其机动部队从内陆绕过拉比格，我们亦无法分出力量进行围堵。他们充其量可以在舰船炮火掩护下防守海滩，但舰船的火力已足以防御，再派军队是画蛇添足。

阿卜杜拉回答说，舰船并不可靠，达达尼尔一役早已粉碎了英国海军所向披靡的神话。土耳其部队也不可能绕过拉比格；因为那是当地唯一的水源，他们必须到水井取水。专门组建和运输一个旅只是权宜之计；因为他已经将他在塔伊夫取胜的军队自麦加向东移师至麦地那。一旦他的部队到位，他便会传令给阿里和费萨尔，自南面和西面包抄，三路会师后重拳出击，那时候麦地那便可——愿老天保佑——一举拿下。在此期间，阿齐兹·马斯里也在加紧从美索不达米亚与叙利亚招募志愿军的组建工作，以备投入拉比格的战斗。如果我们能将印度和埃及战场的阿拉伯战俘也调来支援，便足以在这一个英国旅的暂调期结束后接掌整个战局了。

我表示将把他的观点向埃及汇报，但埃及的防线至关重要，英国恐怕不愿从中抽调力量（纵使不认为土耳其能威胁到苏伊士运河），此外，派遣基督徒去保卫圣城人民更是强人所难，而在印度一些穆斯林看来，统治"哈拉美茵"①（Haramein）是作为敌方的土耳其政府神圣不可侵犯的权利，从而误解我们的动机和行为。我认为如果我能在上报拉比格问题时，依照我对战争局势和当地情形的感受加以说明，则可能使得他的观点更有说服力，从而得到采信。同时我也希望能和费萨尔会面，了解他的需求，以及如果我们加强补给，他的部落长期防守山区的可行性将大大增加。我愿意自拉比格出发，沿苏丹尼路（Sultani Road）至麦地那，直到费萨尔的营地。

史铎斯此时也插进来，对我的话表示全力支持，强调一个训练有素的观察员提供的完整及时的信息对英军驻埃及总司令而言是至关重要的，并表示他将我这个幕僚中资历最深厚、最不可或缺的军官派去，是阿齐巴德·穆瑞爵士对阿拉伯事务高度关切的有力证明。于是阿卜杜拉致电他的父亲，为我的前往征求同意。谢里夫对这个提案满心猜疑，阿卜杜拉就关键几点进行了辩述，取得了一点儿进展，然后把话筒交给史铎斯，由他鼓动三寸不烂之舌向老谢里夫展开了游说。史铎斯滔滔不绝，光他用阿拉伯语发表这一通雄辩已让人听得全神贯注，在如何应付多疑猜忌且毫不情愿的东方人这方面，更是给当代的所有英国人都上了一课。只要听他谈上几分钟，便使对方难以拒绝，此次也毫不例外。大谢里夫再次和阿卜杜拉通话，授权他写信给阿里，建议在如果他也认为合适且局势平稳的情况下，可以同意我前往沙布山脉会见费萨尔。而阿卜杜拉在史铎斯进一步影响下，将这仍持保留态度的口信，转化成白纸黑字，指示阿里尽快护送我安全抵达费萨尔营地，不得有误。这样我的目的全部达到，史铎斯的愿望也实现了一半，于是全体休会享用午餐。

---

① 阿拉伯语，意指"圣城"。

第九章

　　领事馆沿途的吉达景致令人心旷神怡：因此在午饭后，当天气稍微凉些，或至少日头略低的时候，我们便在威尔森副官杨（Young）的引导下，四处观赏闲逛。杨是对古物情有独钟的人，不喜欢现代制品。

　　这的确是一座引人入胜的城镇。街道都是小巷，闹市的屋顶皆为木质，但其余地方高大的白墙房屋则都没有屋顶，向天空大开着。这些建筑四五层楼高，横梁上系着珊瑚红的布条，并饰有灰色木质面板的弓形窗，从地面一直通到顶层。吉达不使用玻璃，但有很多精美的格子窗，窗框的嵌板上还有细腻的浮雕。门作双开，以厚重的柚木制成，雕刻繁复，且通常还带有小门；铰链和叩门环都是铸铁制成，极尽讲究。许多房子都有浇铸或切凿成的石膏饰面，较古老的房子里那些可俯瞰内庭的窗户，从顶部到侧壁都贴满了精细的碎石。

　　这些建筑样式好像狂野伊丽莎白时代的半露木（Half-Timber）作品，极富雕梁画栋的柴郡（Cheshire）风格，但却华而不实到更为夸张的地步。房屋正面被千雕百琢，镂刻穿孔，再涂上一层灰泥，看起来仿佛是用厚纸板裁切后，搭建出来的浪漫舞台剧布景。每一层楼都有突出隆起，每一扇窗都要歪斜扭曲；连墙壁通常都是倾斜的。这里宛若死城，地面一尘不染，且落脚无声。蜿蜒平坦的街道上覆有一层湿沙，经年累月后凝固变硬，踏上去如地毯一样安静。格栅窗户和回墙削弱了一切回声。街道上没有车辆，也没有哪条街道宽度足以行车，不见钉了铁掌的牲畜，也没有喧哗忙碌的人群。一切都沉寂缄默，肃穆紧张，甚至有些鬼鬼祟祟。我们经过时，家家户户的房门立即轻轻合起。鲜有猛犬高吠，不闻幼童长啼：是的，除了市集，其他地区仿佛昏昏欲睡。路上几乎看不到人迹；偶遇个把人，全都瘦削羸弱，仿佛久病缠身，满脸伤疤，没有胡须，眯起双眼，小心翼翼地从我们身边匆匆溜过，绝不瞧我们一眼。他们清一色简朴的白袍，无檐便帽下修剪着一样的发型，红色棉布披肩，打着赤脚，雷同的有如制服。

气氛压抑而呆滞，仿佛没有活物。此处并不算酷热，但充满其他地方所没有的潮湿、沧桑和疲惫：不是士麦那①（Smyrna）、那不勒斯②（Naples）、马赛③（Marseilles）那样充满激情的气息，而是一种众人身上蒸发弥散出来的，经年累月久遭役用的澡堂热气和汗腻之感。有人会说，那是因为吉达多年来都没有经过强风透彻的吹拂；所以街道自建立那天起，就年复一年积累着同样的空气，直至这里倒塌消亡，都不会改变。在集市里，无物可买。

傍晚时电话响了，大谢里夫请史铎斯听电话，问我们想不想听他的乐队演奏。史铎斯瞠目结舌，问是什么乐队，并盛赞了一番他的风流高雅。大谢里夫解释说，土耳其统治时期，汉志的总司令部曾有一支军乐队，每天晚上为统帅演奏乐曲；后来统帅在塔义夫被阿卜杜拉生擒，这支乐队也一道被俘。其他战俘都被送至埃及关押，唯有这支乐队例外，被留在麦加向征服者献艺。谢里夫侯赛因将听筒放在会客厅的桌上，而我们则一个个被叫去，郑重其事地聆听话筒里传来的四十五英里外麦加宫殿中的演奏。史铎斯代表众人表达了享受之情；大谢里夫则进一步慷慨地表示，将由军队把这支乐队护送至吉达，在我们的庭院中演奏。"而且，"他还说，"请你们到时候也打电话给我，让我与你们共享这一快乐。"

---

① 即今日的伊兹密尔，土耳其西部的港口城市。
② 意大利西南部港口城市。
③ 法国港口城市。

第二天，史铎斯到位于夏娃墓园旁（Ev's Tomb）的阿卜杜拉营地去拜访他；他们一道视察了医院、军营、市政办公室，并得到了市长和其他官员热情的款待。公务闲暇之余他们聊起资金，大谢里夫的影响力，与其他阿拉伯王子的关系，以及这场战争的大体情况：皆是两国使节间的陈词滥调，味如嚼蜡。大部分时间我都借故溜走，因为经过那天早上与阿卜杜拉的交谈，我已认定他不适合担任领袖。我们曾要求他简述一下阿拉伯起义的起源：而他的回答充分显露出他的个性，开场便洋洋洒洒描述了一番塔拉特，即第一个向他表达对汉志动乱担忧的土耳其人。塔拉特希望对此予以镇压，并像土耳其帝国的其他地方一样派兵驻守。

为了制止他的行动，阿卜杜拉草拟了一份汉志和平起义的计划，但在探知基奇纳对此并无兴趣后，只得将执行日期定在了1915年。他打算在宴会期间召集各部落，并拦截所有的朝觐者。到时候许多土耳其领导人，包括埃及、印度、爪哇、厄立特里亚①（Eritrea）和阿尔及利亚等地的穆斯林领袖都将被羁押。他希望借着挟持这数千名人质的机会引发列强的关注，从而对高门②（Porte）施压，以确保自己国民的安全。由于高门无法和汉志直接进行军事对抗，要么只能对大谢里夫做出让步，要么向外国承认自己的无能。如果后一种情况发生，阿卜杜拉则会直接与高门接洽，若对方保证能提供土耳其帝国方面的豁免，则满足他们的要求。我不喜欢这个计划，在听到他几乎以讥笑的口吻描述费萨尔惊恐地恳求父亲不要这么做时，我反倒暗自窃喜。这对费萨尔而言是件好事，因为我已经将寻找伟大领袖的期望逐渐转移至他的身上。

---

① 非洲东北部国家，濒临红海。
② 即Sublime Porte，为1923年前奥斯曼帝国政府的名称，这一名字来源于奥斯曼皇宫托普卡帕宫宏伟的高门。

当晚阿卜杜拉前来与威尔森上校共进晚餐。我们在庭院内的屋前台阶上迎接了他的到来。一群卓尔不凡的家臣与仆役簇拥在他身后，再后面则跟着一群胡子拉碴、憔悴寒酸、愁眉苦脸的男人，穿着褴褛不堪的军服，拎着黯淡无光的管乐器。阿卜杜拉朝他们挥挥手，眉开眼笑地说："我的乐队。"我们让他们在前院的长椅上就坐，威尔森给他们递烟，而我们则走向餐厅，那里阳台的百叶窗全部打开，饥渴地吞吐着海风。我们就坐停当，乐队就在阿卜杜拉家臣刀枪棍棒的戒护下，演奏起令人心碎了一地的土耳其曲子，每种乐器都各自为政，吵得我们耳朵生疼；但阿卜杜拉却乐在其中。

这是一场奇特的宴会。阿卜杜拉自己原本是土耳其下议院的名誉副主席，如今则是阿拉伯反叛政府的外交部长；威尔森则是苏丹红海行省总督，及英国驻麦加公使；史铎斯，是继戈斯特（Gorst）、基奇纳和麦克马洪之后在开罗新上任的东方事务大臣（Oriental Secretary）；杨、科克伦（Cochrane）以及我都是幕僚跟班；萨耶德·阿里（Sayed Ali）为埃及陆军上将兼分遣队指挥官，奉"瑟达"①（The Sirdar）之命第一时间前来协助阿拉伯；阿齐兹·马斯里，现任阿拉伯正规军总参谋长，以前是恩维尔的死敌，曾率领土耳其和赛努西的军队合力对抗意大利，还曾是秘密领导土耳其军中的阿拉伯军官对抗"统一与进步委员会"（Committee of Union and Progress）的首脑人物。后来他因服从《洛桑条约》②（Treaty of Lausanne）而被土耳其判处死刑，在《泰晤士报》和基奇纳勋爵的援救下方逃过一劫。

---

① 旧时埃及军队中的英国总司令。
② 即第一次《洛桑条约》，又被称为《乌希条约》（Treaty of Ouchy），为土耳其与意大利于1912年10月18日在瑞士洛桑附近的乌希签署的条约。该条约标志着意土战争的结束，土耳其将的黎波里和昔兰尼加等省份割让给意大利，从而丧失了其在非洲的最后一块领土。通常所说的《洛桑条约》是指第二次《洛桑条约》。

我们被土耳其音乐弄得不胜其烦，要求他们改奏德国曲目。阿齐兹走上阳台，用土耳其语向下面的乐队高叫，要他们演奏些外国曲子。他们便底气不足地演奏起《德意志高于一切》①（*Deutschland uber Alles*）来，此时大谢里夫正好从麦加打电话过来加入我们的音乐飨宴，我们便要求多加几首德国曲子，于是他们又演奏了《一座坚固的堡垒》②（*Einefeste Burg*）。但演奏到中途，音乐便在有气无力乱敲的鼓点中衰弱下去。由于鼓皮被吉达潮湿的空气弄得发涨了，他们要求生火；威尔森的仆人和阿卜杜拉的侍卫便给他们取来了一堆干草和纸箱。他们将鼓拿到火堆前来回滚动烘烤，然后放声高奏他们所谓的《仇恨圣歌》③（*Hymn of Hate*），但没人能听得出这首歌中有任何欧洲旋律。萨耶德·阿里转向阿卜杜拉说道："这是死亡进行曲。"阿卜杜拉瞪大了眼睛；史铎斯立即插嘴讲了几个笑话圆场，方引得大家一笑置之。作为奖励，我们将宴会剩余的菜肴赏给了这群悲恸的音乐家，但他们无意享用，苦苦哀告，一心只想回家。第二天早上我便搭船离开吉达，前往拉比格。

第十章

印度军舰"诺斯布鲁克号"（*Northbrook*）停泊在拉贝格，船长帕克上校（Colonel Parker）作为我方和谢里夫阿里的联络官，替阿卜杜拉送信给阿里，传达他父亲的"指示"，要求立即护送我去见费萨尔。阿

---

① 即《德意志人之歌》，为德意志联邦共和国国歌，其首句歌词为"德意志胜过一切"，故常被用来作为这首歌的代称。
② 德国作曲家卡尔·奥托·埃亨弗里德·尼古拉为国王山大学200周年纪念日而写的节日序曲。他最著名的作品为歌剧《温莎的风流娘儿们》。
③ 第一次世界大战时期在德军中广为传唱的反英歌曲，为犹太裔德国诗人兼戏剧家恩斯特·黎萨尔（Ernst Lissauer）的作品，后被翻译成英语并在英军中流行起来。当唱到"咱们恨谁"这句的时候，整个队伍就会高声齐呼"英格兰！"。

里对此举棋不定，但又进退维谷；因为从舰船发送电报是他与麦加联络的唯一途径，而让我们替他传达反对意见又着实尴尬羞愧。于是他只得尽力为之，给我准备了他最出色的骆驼，并配上自己的驼鞍，套着内志出产的豪华皮革鞍套及坐垫，上面笼着带金线织绣的罩网，还有五彩缤纷的镶嵌。他挑选了哈瓦辛姆哈伯族（HawazimHarb）的塔法斯·拉什德（Tafasel Rashid）及其儿子，作为值得信赖的人选，带领我前往费萨尔的营地。

他尽心尽力地替我打点这一切，也是因为曾在巴格达担任参谋的努里·赛德（Nuri Said）的情面。努里在开罗养病期间我曾照顾过他，如今在阿齐兹·马斯里筹备训练的正规军中，他已位居副指挥官了。我另一位在阿里手下谋事的朋友，是秘书费兹·古赛因（Faizel Ghusein），他是来自豪兰（Hauran）①地区苏鲁特（Sulut）族的谢赫，也曾任土耳其官员，战时取道亚美尼亚，逃至在巴士拉的格特鲁德·贝尔②（Gertrude Bell）小姐处。她写了一封信热心地向我举荐他。

我对阿里本人极有好感。他中等个头，瘦骨嶙峋，看上去比实际年龄三十七岁还要苍老。他微微驼背，肤色蜡黄，褐色的大眼睛深深凹陷下去，细薄的鼻子近乎鹰钩，嘴角悲伤地下垂着。他蓄着稀疏的黑胡须，手非常纤细。他虽然举止雍容华贵，令人生敬，却为人坦诚；在我看来，他是一位翩翩君子，富有良知，性格过于温和和敏感，以至于显得无精打采。由于身体虚弱（罹患肺病），故而他多愁善感，优柔寡断。他满腹经纶，精研法律和宗教知识，虔诚得近乎狂热。贵族血统让

---

① 《圣经》中也作"浩兰"，意思是"空洼"，为叙利亚境内大马士革以南的一片高原地区。
② 美国旅行家，（1868—1921）。曾于1897年—1898年以及1902年—1903年进行过两次环球之旅。1899年—1904年间攀登阿尔卑斯山的事迹，更使她博得登山家之名。19世纪末20世纪初，她的生活重心开始转向阿拉伯民族，学习他们的语言，考察阿拉伯地区的古迹，更在只有男仆的陪伴下深入沙漠旅行。她对阿拉伯地区和民族的丰富知识，使她于第一次世界大战期间被英国情报局延揽入局，稍后更成为巴格达最高指挥官的东方秘书。

他谨小慎微，以免显得招摇跋扈；他的本性亦过于纯洁，无法看出或怀疑身边的人是否居心叵测，所以总是被熟人利用。且他过于敏感的个性不适合担任领导人，尽管凡与之接触过的人，都会因为他纯洁的心灵和磊落的作为而对其爱戴有加。如果费萨尔不能担任先知，则起义的重任必会落在阿里肩上。我觉得他与他的兄弟阿卜杜拉，或更年幼的扎伊德相比，更具有阿拉伯特性。扎伊德是阿里同父异母的兄弟，也来到拉比格协助他，并陪着阿里、努里和阿齐兹一起到棕榈林给我送行。他是个羞涩白皙的十九岁少年，尚未蓄须，举止安静而性格轻浮，对起义兴趣索然。实际上，他的母亲是土耳其人；他自小在后宫长大，所以对阿拉伯反抗运动毫无共鸣；不过他今天竭尽所能表现得讨人喜爱，甚至超过了阿里，这大概是因为一个基督徒居然在麦加埃米尔的资助下前往圣城，在他看来并无任何冒犯。当然，扎伊德甚至比阿卜杜拉更不适合担任我心目中的领袖。但我很喜欢他，并看得出一旦他发现和认清了自己，将会是个果敢坚决的人。

阿里不允许我在天黑前动身，以免我离开营地的时候被他的手下看见。他对我此次行程守口如瓶，甚至没有向家奴透露半点风声，还给了我一套阿拉伯长袍和头巾，让我把自己及身上的制服裹住，如此我骑骆驼的身影在黑暗中看起来不会招人怀疑。我没有带食物；所以他叮嘱塔法斯带我到距此六十英里处的第一个落脚点谢赫井（Bir el Sheikh）找吃的，同时严格吩咐他路上不得让人起疑和盘问我，并避开所有的营地与旅人。生活在拉比格地区的马斯路哈伯族只听命于大谢里夫的口头差遣，真正效忠的却是侯赛因·马贝里格，他是王族中极具野心的谢赫，一直觊觎麦加埃米尔的宝座，并为此与之公开决裂。如今他已成亡命之徒，住在东部的山区，据称一直和土耳其互通款曲。他的族人并非对土耳其心有所向，但只得唯其马首是瞻。如果让他得知我的行程，则极有可能令人在我通过其地盘时将我拦截。

塔法斯是哈伯族（Harb）本尼沙列姆（Beni Salem）支系的哈兹密（Hazimi）族人，故和马斯路族不共戴天。这样一来，他便和我站在了同一阵线；他一旦受命护送我去见费萨尔，便值得充分信赖。对阿拉伯部落人民而言，旅伴的忠诚至关重要。导游必须以生命来保护跟随他的人，否则将会饱受道德舆论的制裁。曾有位哈伯族的人承诺护送一位名叫休伯（Huber）的人至麦地那，但在发现他是名基督徒后，便违背誓言在拉比格附近的途中将他杀害，结果众口铄金，积毁销骨，尽管在宗教偏见对其有利的情况下，他依然被驱逐至山区孤独终老，亲友皆与他断绝往来，也不准他娶族人的女儿为妻。所以塔法斯和他儿子阿卜杜拉是我们坚实的倚靠，更不用说阿里对他不厌其详的耳提面命，以确保他全力以赴完成使命。

我们穿越过如篱笆般环抱着拉比格村落中疏落屋舍的棕榈林，在星光下沿着特哈马（Tehama）前进，这条平坦无垠的沙漠带夹于阿拉伯西岸的海滩与山丘之间，绵延数百英里而不绝。白天的酷热难耐尚不足挂齿，而水源匮乏才真的让人寸步难行；然而这条路是唯一的选择，因为那些水源充沛的山头太过崎岖，没法让辎重的牲畜通行。

在拉比格经过一整天烦冗的打点叮咛后，凉意袭人的夜晚令人愉悦。塔法斯一言不发在前带路，骆驼无声地踏过柔软平整的沙地。我不禁想起脚下这条路，正是千秋万代人自北前往圣城的朝觐之途，满怀对圣殿的虔诚；而阿拉伯起义在某种意义上说，可谓是朝觐的返程，向北方推进，直至叙利亚，以一个理想回报另一个理想，用对自由的信仰答复昔日对宗教的虔诚。

我们持续走了好几个小时，除了骆驼偶尔会因为趔趄而略作挣扎，同时坐鞍也随之咯吱作响：这表示该地已形成吹积沙床，并遍布细小的灌木植物，但因植物根部得不到足够的支撑，且沙面又被涡状海风吹出很多空洞，因而坑洼不平。骆驼在黑暗中行走不稳，脚下的沙漠亦反射不出阴影，很难发现途中的沙堆和坑洞。我们在午夜之前停下来，我裹紧身上的长袍，找了一个适合我身材的洞钻进去，沉沉睡去，直至日将破晓。

塔法斯察觉空气转凉，是变天之兆，便即刻起身，两分钟后我们便再次摇摇摆摆上了路。一小时后，我们从一座几乎全被黄沙掩埋的火山岩岩颈处越过，天色业已大亮。海岸边的小块火山岩就通过这样的岩颈与汉志大片的火山岩地质相连，滨海道路只能沿着广袤的火山岩区建立，我们的右侧即可见火山岩的西界。岩颈全是石块，但距离很短：蓝色的火山岩在岩肩两侧隆起，按塔法斯的说法，站在这些隆起上便能看到海中的航船。朝觐者会在这里的路边搭建石界标。有时是个人做的小堆，仅由三块石头依次交叠垒成；有时则是众人共同出力——每个想要参与的行人都可以添砖加瓦。这样做似乎毫无意义，也不知用意何在，或许只是看别人做也依葫芦画瓢，或者说不定真有其特殊意义。

越过岩脊道路便逐渐降低，延伸进开阔空旷的马斯杜拉（Masturah）区域，富拉河谷（Wadi Fura）就在这里奔流入海。无数纵横交错的沟渠乱石遍布，深仅数英寸，仿佛地表密密麻麻的缝合线，塔雷夫（Tareif）难得一遇下雨时，这些沟渠就会化作洪水之池，河流般气势汹汹地奔向大海。眼前这块三角洲宽约六英里，其下游某些地区，每隔多年才会被水淹没一两个小时，甚至一两天。由于层层沙土隔绝了太阳的热度，地底水分充沛；充分滋养了荆棘植物和灌木丛。有些树干直径甚至长达一英尺；高度可达二十英尺。这些植物和灌木互不干扰，各自丛生，较低的枝条都被饥饿的骆驼啃秃了，所以看起来好像经过刻意设计修剪一般，在荒野里，尤其是在特哈马这样贫瘠的不毛之地里，显得十分怪异。

塔法斯告诉我说，往上游走两小时，便是富拉河谷从最后一座花岗岩山区流出的河口，那里有一座名叫科雷巴（Khoreiba）的小村落，有引水的河渠、水井和棕榈树林，居民不多，都是种植椰枣为生的自由民。这个信息非常重要。我们之前并不知道富拉河谷的河床可以作为从麦地那附近直接通往拉比格周边的捷径。此地位于费萨尔的山区营地东南方甚远，他难以顾及。且这一发现将对拉比格派兵问题产生极大的影响，但阿卜杜拉从来没有对我们警示过科雷巴的存在，这里给敌军提供了水源，安全不受干扰，英国军舰的炮火也鞭长莫及。土耳其可以在科雷巴集结大批兵力，对我们调至拉比格的一个旅发起攻击。

在我进一步的询问下，塔法斯透露，在拉比格东部的哈贾尔（Hajar）山区还有另一处水源地，掌握在马斯路人手中，他们亲土耳其派的族长侯赛因·马贝里格就将大本营驻扎于此。土耳其可将此处作为他们由科雷巴向麦加推进的中继站，丝毫不会惊动侧翼的拉比格。这就意味着土耳其进攻麦加时阿卜杜拉要求的英军完全派不上用场。想要防住他们，势必得有一支作战半径达二十英里区域的部队，才能切断这三条水源对敌方的供给。

我们在朝阳中一边交谈一边催促骆驼提速，加紧穿越过树林间的碎石道，这条易于行走的路正是为前往马斯杜拉的水井所铺设的，也就是从拉比格出发的朝觐之路上的第一个休息站。我们可以在那里补充饮水并稍事休息。作为一个从来没骑过骆驼的人，我对我的骆驼非常满意。

埃及没什么像样的骆驼，西奈沙漠（Sinai Desert）①里的骆驼倒是壮硕强健，不畏艰苦，却没有训练得像阿拉伯王子这华贵的坐骑一般，步伐平稳，动作轻柔，且不失迅速。

但今日对它而言实为大材小用，因为它们的乘骑者应当是深谙驾驭诀窍和口令之人，而不是我这种只需要被驮运，毫无驾驭技巧的人。要坐在骆驼背上不跌下来并不难，但要了解它们的特性，充分善用它们的才能，使得长途跋涉中人驼皆不会疲劳，却非常不易。塔法斯边走边传授我窍门；事实上，这也是他仅愿意开口谈及的少数话题之一。他奉命不得让我与他人交谈，似乎自己也必须闭嘴不言。我很惋惜，因为他的方言令我很感兴趣。

我们在贴近马斯杜拉北岸的地方找到了水井。井旁有几片已成废墟的小屋石墙，墙对面有几处可供遮阳的棕榈树，下面坐着几个贝都因人。我们没有上前打招呼。反之，塔法斯转身骑到墙内一侧方才从骆驼上下来；当他和阿卜杜拉牵骆驼去饮水的时候，我就躲在他们的影子里，舀水给他俩和我自己喝。这是一口宽大的老井，井口用石头砌得整整齐齐，并在顶端加盖增其牢固。井深约十二英尺；为了方便像我们这样没有携带绳子的旅客，还设计了一条烟囱状的方形石道，沿壁角有扶手和阶梯，可以让人下去汲水，并灌满羊皮袋。

很多人无聊的时候就朝通道乱投石块，堵塞了井底一半的面积，因此水量不太充足。阿卜杜拉将他宽大的袖口绑在肩头，长袍下摆塞进腰带，灵活地上下攀爬，每次都带来四五加仑的水，倾倒入井边的石槽内让骆驼饮用。由于前一天在拉比格喂过了水，每只骆驼只喝五加仑左右便够了。然后我们放它们去溜达片刻，自己则安然地坐下，呼吸着海边

---

① 位于埃及和巴勒斯坦之间，以色列人自公元前1250年出埃及后曾流落此地四十年。

拂来的轻风。阿卜杜拉抽了一支香烟作为对自己勤劳的嘉奖。

几个哈伯人赶着一大群用以繁衍的骆驼走了过来，并派一个人下到井里将一口皮质的大水桶装满，其他人则此起彼伏大声喊着号子，依次接力将桶提了上来。我们默然旁观着，因为他们是马斯路族，而我们是本尼沙列姆族；虽然两族目前尚相安无事，也可以在对方的地盘内通行无阻，但亦只是为了让大谢里夫得以继续对抗土耳其达成的暂时和解，并非双方已化干戈为玉帛。

就在我们观望的当口，有两个人骑着纯种的骆驼由北方朝我们轻快地疾驰而来。两人都很年轻，一个穿戴着昂贵的克什米尔羊绒长袍与带刺绣的丝质厚头巾。另一个则较为朴素，仅着白色棉质长袍，红色棉布头巾。他们在井边停下来，衣着华丽那位不必使骆驼跪下便优雅地翻身下地，把缰绳递给同伴，漫不经心地说："喂它们喝水，我到那边休息一下。"接着便优哉游哉地踱了过来，坐在我们这片墙下，并装作若无其事地瞄了我们一眼。然后他卷了一支烟递给我，说："您是叙利亚过来的游客吗？"我客气地回避了他的问题，反问他是否从麦加前来，他也没有给我正面的回答。我们便淡淡聊了些关于战争和马斯路母骆驼太瘦这样的问题。

这时他的同伴站在一旁，茫然地挽着缰绳，大概是在等那些哈伯族人喂完他们的骆驼。那年轻的贵族便叫道："怎么回事，穆斯塔法（Mustafa）？还不赶紧给它们喂水。"那仆人沮丧地上前回答："它们是不会让我喂的。""真主保佑！"他的主人怒不可遏地咆哮着，一跃而起，扬起驼鞭朝可怜的穆斯塔法的头和肩膀上猛敲了三四下："去求它们。"穆斯塔法满脸伤心，惊愕，还有愤怒，仿佛想要还手，但思量了片刻还是改变了主意，朝水井跑去。

震惊的哈伯族人同情地让出一个位置，让两只骆驼在他们的水槽里饮水。他们低声问："他是何人？"穆斯塔法说："我们老爷是麦加的表亲。"那些人立即跑去从自己的座鞍上解下一个包裹，将里面荆棘植物的绿叶和嫩芽摊在两匹骆驼面前。他们经常在灌木下面铺一块布，再用重物击打低处的树枝使枝叶摇落，收集起来作为骆驼的饲料。

这位年轻的谢里夫满意地看着他们，待他的骆驼吃饱喝足之后，缓缓攀住骆驼的脖子，不费吹灰之力便跨上了座鞍，他悠然而坐，油腔滑调地向我们道别，并请求真主赐福阿拉伯人。他们也祝他旅途愉快；然后他向南继续进发，阿卜杜拉也牵来骆驼，我们继续向北而行。十分钟后我听见老塔法斯咯咯地窃笑着，满脸斑白的胡须间尽是笑纹。

"你怎么了，塔法斯？"我问。

"大人，你可看到井边那两人？"

"是那个谢里夫和他的仆人吗？"

"是的，不过他们是封邑在莫迪格的谢里夫阿里·伊本·侯赛因（Ali Ibn el Hussein）以及他封邑在哈里施（Harith）的表兄，谢里夫莫辛（Mohsin）。他们都是马斯路族人的世仇，因担心那些阿拉伯人认出他们，故意拖延不让他们饮水，或者干脆把他们赶走，故而装扮成麦加来的主仆。你可看到莫辛被阿里鞭打时多么恼羞成怒吗？阿里是个小魔头，十一岁便离家出走投奔他的叔叔，一个靠打劫朝觐者并贩卖赃物为生的大盗；他跟着他干了好几个月，直到被父亲抓住。麦地那一开战，他就投靠了我们的费萨尔大人，率领艾提巴族（Ateiba）在阿尔（Aar）与德威希井（Bir Derwish）附近的平原征战。他们打的都是骆驼战；阿里可以跟在骆驼身边奔跑，一只手拿着来复枪，单靠另一只手就翻身上鞍，凡做不到这一点的人就不能加入他的队伍。哈里施那里的孩子都是战斗之子。"这位老人第一次打开了话匣子，滔滔不绝说个没完。

第十一章

他一边说，我们一边在这片刺眼的平原上奔行，此时几乎已看不见树木，脚下也益发变得柔软。起初地面都是灰色的砾石，像沙砾般铺排开来。然后沙砾逐渐增加，石块慢慢变少，到后来我们只能靠颜色才能分辨出偶尔冒出的几块碎石片：斑岩、绿片岩、玄武岩。终于，茫茫白沙倾覆而至，将坚实的地表彻底吞没。这样的地面一路行来，仿佛为骆驼铺了地毯。沙砾晶莹剔透，像钻石般在日头下强烈地反射出耀眼金光，只消片刻就刺得人无法忍受。我紧蹙眉头，将头巾拉下来遮住眼睛，缩在下面像只海狸，试图挡住那从地面蒸腾而起，扑面袭来的透明热浪。前方八十英里开外，鲁达瓦（Rudhwa）峰在延布①（Yenbo）城后方若隐若现，山脚则被炫目的蒸汽所遮蔽。近旁是轮廓模糊的黑斯纳（Hesna）山丘，仿佛拦住了我们的去路。本尼阿尤布（Beni Ayub）山锯齿般尖锐的脊线在我们右侧陡然屹立，这便是特哈马与麦地那周边高原陡坡间群山的第一片危崖。本尼阿尤布山往北延伸后，逐渐变成一列低矮、柔和的蓝色小山丘，后方则又是阶梯般次第隆起，一峰高过一峰的群山，红彤彤的太阳此时低悬在山腰，向着苏孛山脉那怪石嶙峋的花岗岩主峰逐渐攀升。

稍后不久我们便离开朝觐之路，掉转向右，并抄捷径沿一道玄武岩缓升坡面爬行，这片岩石掩埋在沙下，仅余顶峰露在外面。由于能保留住足够的水分，坡道上下布满了旺盛的坚韧细草和灌木丛，中间零散放

---

① 沙特阿拉伯西部一座重要的港口城市，面向红海，是麦地那的出海港。

牧着几只绵羊和山羊。塔法斯指着那边的一块岩石，苦笑着告诉我那便是马斯路族地盘的界石，他现在已置身家土，踏上本族的领地，终于可以卸下戒备了。

　　人们将沙漠视为不毛之地，可任意长驱直入，坐地为营；但事实上，这里每一座山丘，每一条峡谷都各有其主，并迅速演变成其家族或部落不可侵犯的领地。即便是水井和树木都有主人，众人可以按需取用，但主人会随时巡查，防止有人将其纳为私有，开发利用，或借此牟利。沙漠世界以极端的共产方式维系，自然资源皆对认识的友人免费开放，满足所需，但不得逾越。这样必然造成特权集中在沙漠居民手中，公共安全是亲族之间的公共责任，对那些未经介绍或未得到担保而来的陌生人则毫不留情。塔法斯一旦回到家乡，保护我安全这一重担便可稍微得到减轻。

　　此时山谷的线条已清晰可辨，铺满整洁的沙砾和碎石，偶尔还能见到大洪水带来的巨型圆石。灰绿相间的金雀花丛在这里随处可见，令人满眼宁意，它们也是良好的柴薪，但不适宜放牧。我们平稳地向上攀爬，直到再度踏上朝觐的主路。我们沿着这条路一直走到日头偏西，谢赫井所在的那座小村庄便跃入了眼帘。晚餐的炊火在初垂的暮色中跳动，我们骑着骆驼走进那宽阔的街道，在村子里停了下来。这里有二十间破旧的小屋，塔法斯走进其中一间，一番低声细语和长长的沉寂之后，他取来了一些面粉，掺水揉成一块两英寸厚八英寸宽的面饼。一位似与塔法斯相识的苏亨妇人给了他一堆灌木生火，他便把这块面饼埋在柴灰下面。待面饼烘热后，塔法斯将其从火中掏出来，抖落上头的灰烬，然后我们一起分享；阿卜杜拉则自顾自去买烟草。

　　他们告诉我，南面山坡的谷底有两口石砌的水井，但我不愿前去一探究竟，因为尚未骑惯骆驼，长途跋涉一整天已腰酸背疼，还被沙漠的热气灼得苦不堪言。我的皮肤被烧出了水泡，眼睛被银色沙地及光滑卵石反射出的强烈光线刺得生疼。过去的两年来我一直待在开罗，整日坐在办公桌前案牍劳形，或者窝在一间拥挤嘈杂的办公室里苦苦思索，虽日理万机，但除了在办公室和酒店之间两点一线地来回，再无更多的体力运动。所以这一变化对我而言是严峻的考验，毫无任何准备就要面对阿拉伯毒辣的阳光暴晒，以及长时间枯燥的骆驼骑行。今晚我们还得赶赴另一个休息点，然后再骑一整天才能抵达费萨尔的营地。

所以这一小时的烹饪和采购间歇令我深感庆幸，大家还一致决定再休息一小时；这一小时过去后，我只能悻悻地登鞍上驼，在伸手不见五指的黑夜里翻山越岭，交替穿行过闷热的逼仄峡谷区和清新的开阔旷野地。脚下踏着的想必该是沙地，因为一路行来过于安静，已经让我警觉地竖了一路的耳朵变得迟钝；且这沙地必是平坦无疑，因为我总是在鞍上睡了过去，几秒钟后又因为野兽随意发出的声音而猛然惊醒，下意识地抓紧座鞍方能勉强维持平衡。夜色浓重，地貌单调，令我再也无法睁开沉重的眼皮。午夜过后很长时间，我们终于停了下来；塔法斯还没把骆驼安置停当，我就已经裹紧长袍钻进一个最舒适的小沙洞里呼呼大睡了。

三小时后我们借着残月投下的光线再度出发。我们沿着马瑞德河谷（Wadi Mared）继续前行，这里的夜死板、闷热、寂静，两侧陡峭的丘陵在令人窒息的空气里黑白分明地伫立着。树木林立。我们穿过狭长之地进入开阔地带，终于看到了一丝曙光，一股令人不安的风挟着沙尘，在平坦的地面上飘忽不定地打转。天色一如往常开始放亮，哈桑尼井（Bir Ibn Hassani）就出现在我们正右方。褐色和白色的小屋出于安全的目的被整整齐齐建在一起，看起来仿佛玩具一般荒诞不经，在后方苏宇山崖壁无边阴影的衬托下，显得比沙漠还要孤独。就在我们四下张望，希望看到有人活动的同时，太阳已经高高升起，头顶高达数千英尺的悬崖峭壁折射着万丈金光，在依然残留一丝黯淡曙光的苍穹的映衬下，显得格外突出。

我们开始穿过这座宏伟的山谷。一个唠唠叨叨的老人走出房来，骑着骆驼摇摇摆摆地加入了我们的队伍。他友善的过了头，自称名叫哈拉夫（Khallaf），一大番陈词滥调的客套之后，方才向我们致敬问好；当得到我们的回礼之后，他便想方设法要与我们攀谈。然而塔法斯不想与他为伍，因此只简短地回应着。哈拉夫还不死心，最后，为了表达诚意，弯腰在他的鞍袋内掏摸了一阵，拿出一口上了釉的有盖铁锅，里面装着足够一路吃到汉志的口粮。这种口粮便是昨天我们吃的那种未经发酵的面饼，但趁热被捏得碎碎的，然后再以融化的黄油充分浸润，使其不会继续碎裂。接着掺上砂糖，吃的时候像抓湿锯木屑一样抄一把起来，在手中捏成小球食用。

我吃了一点点，和我的浅尝辄止相比，塔法斯和阿卜杜拉则开始大快朵颐，这样慷慨的哈拉夫只得委屈自己的肚子；活该，因为在阿拉伯人看来，区区一百英里的旅途还要带食物上路根本就是娘娘腔的表现。我们就这样打成一片，哈拉夫又主动拾起了话头，谈起最近的一场战事，以及前一天费萨尔的败仗。听起来，费萨尔似乎被逐出了沙法拉河谷（Wadi Safra）上游的海夫（Kheif），如今就驻扎在我们前方不远的哈姆拉（Hamra）；至少哈拉夫认为他就在那里：待我们抵达下一个村子瓦斯塔（Wasta）之后，也许就能得到确切的消息。这场战役并不激烈；仅有少数伤员，都是塔法斯与哈拉夫的族人；哈拉夫甚至逐一报出了他们的姓名和伤势。

此时我环顾四周,兴味盎然地发现自己已置身于一个新的环境中。昨晚谢赫井那种细沙与碎石已经消失了。我们正在一座宽达两百至五百码的山谷中前进,地面尽是碎石和光亮的泥土,且相当坚硬,偶尔冒出堆满绿色碎石的小丘。这里有很多荆棘植物,其中有些是阿拉伯橡胶树,高达三十余英尺,绿意盎然,在茂盛的怪柳和柔软灌木的陪衬下,营造出一种精心打理过的迷人的园林气氛,全都沐浴在晨光那柔和悠长的阴影里。清扫过的道路平坦整洁,布满了花花绿绿的卵石,它们的颜色如此调和,仿佛是刻意设计出来的景观一般;而路旁山丘尖锐的顶峰和平直的线条更加深了这一感觉。山势在道路两旁有规律地爬升,峭壁高达上千英尺,皆为褐色花岗岩和斑驳的深色岩块,并夹杂着粉色的斑点;最神奇的是,这些艳丽山丘仅坐落在百英尺宽的斜纹石上,而这种罕见的色彩则意味着上面附有一层薄薄的苔藓。

我们沿着这片美景走了约七英里,到达一处低矮的分水岭,由一条细长的花岗岩墙隔开,这堵墙如今已化作乱石堆,但可以看出以前必是一道屏障。它由一座峭壁横跨至另一座峭壁,甚至一路远达那些不太陡峭的山坡。在中央道路经过之处,有两道像畜栏般的小围栏。我问哈拉夫这道墙的用途。他回答说,他曾到过大马士革、君士坦丁堡、开罗,和不少埃及名流成为朋友。问我在那里可有认识的英国人?哈拉夫似乎对我的来意与背景颇感兴趣。他试着以埃及当地的俗语来考我。当我以阿勒坡的方言回答后,他便说出几个熟识的叙利亚要人。这些人我也认识;接着他将话题转向地方政治,谨慎巧妙地旁敲侧击,问我对大谢里夫及其儿子的看法,以及认为费萨尔下一步会作何打算。我对此并不了解,便避重就轻不作回答。此时塔法斯过来解围,扯开了话题。后来我们才知道哈拉夫早已被土耳其收买，经常向他们汇报经过哈桑尼井地区的阿拉伯军队的情况。

越过围墙我们便踏入了沙法拉河丰沛的水流，它从不起眼的山丘间流过，沿途荒凉而多石。水流的西头远远与另一座山谷的相接处，有一片茂密的棕榈林，阿拉伯人称之为杰狄达（Jedida），是沙法拉谷中几座奴隶居住的村庄之一。我们向右走，越过另一座鞍状山包，然后下坡走几英里到达一座高耸的峭壁角落处。绕过峭壁，猛然发现这里正是我们苦苦寻觅已久的沙法拉河谷，且正好置身于这里最大的村落瓦斯塔。这里的屋舍鳞次栉比，以河岸冲击出的泥床为基，紧紧依附在山腰两侧；或者修建在无数深深沟渠之间突起若孤岛的岩堆上，这些沟渠最终汇聚到一起，形成了河谷的源头。

我们在三三两两修着房子的岩岛间穿行，向山谷远端的对岸骑去。这条路是冬汛期的河床，遍布大大小小的白色卵石，相当平坦。在两侧长满棕榈树的河床中间，有一泓清水，约两百码长，十二英尺宽，沙底明澈可见。水的两旁都被长达十英尺的绿草鲜花地所环抱。我们便在这里停了片刻，让骆驼俯身饮水。青翠的草地给遭受一整天卵石强烈反光刺激的眼睛带来了清凉，这一抚慰如此突然，以至于我不由抬头查看是否云层遮住了太阳。

顺着这片水域便来到一处繁花似锦的园地，水在这里顺着石渠奔流而去，四下飞溅；然后我们绕过花园掩映在棕榈林下的泥墙到达另一座隐秘的村落。塔法斯领头走在羊肠小径上（这些房子低得从骆驼上都能俯瞰到黏土屋顶），并在几间较大的房屋中的一间附近停下来，上前敲那露天院落的大门。一个奴隶出来开门，我们也各自下了骆驼。塔法斯将骆驼拴好，卸下它们身上的物品，从门旁一堆芬芳的饲料中取来一些撒在它们面前。接着他领着我们进入了屋内的客房,这是一个泥砖修筑的,阴暗整洁的小间,屋顶由劈成两半的棕榈圆木制成,上面另加盖一层锤制坚实的硬土块。我们在棕榈叶编制的地席上坐下来,室闷山谷里的白天炎热万分;我们便纷纷躺倒成一排。屋外蜜蜂在花园里嗡嗡飞舞,屋内苍蝇在面纱上来回盘旋,都如催眠曲一般,引我们进入梦乡。

第十二章

在我们醒来前,屋内的人已经替我们准备好了面包和椰枣做午餐。椰枣是刚采摘的,入口即化,甜美多汁,我之前吃到的都无法与之相比。房子的主人是一个哈尔比人,和其他邻居一样,在此地为费萨尔效劳;他的妻子和孩子带着骆驼住在山中的帐篷里。沙法拉谷的阿拉伯部族每年最多在村子里待五个月,其余时间把家园交由奴隶照料。奴隶都是像刚才端食盘给我们的少年一样的黑人,他们四肢粗壮,肌肉发达,皮肤闪闪发亮,置身于猎鹰般敏捷的阿拉伯人之间,颇为异样。哈拉夫告诉我这些黑奴都来自非洲,从小被自称是其父亲的塔克鲁里人[①](Takruri)带来此地,于朝觐期间在麦加卖掉。待其成年,每个奴隶价值五十至八十磅,身价越高者也越会得到主人的优待。有些黑奴能够成为主人的家仆或贴身随从;但大部分都被派到村外河水流经的酷热山谷里劳作,阿拉伯劳工无法忍受如此恶劣的环境,但黑奴们却可以在那里繁衍生息,修筑屋宇,与女奴结婚,依靠双手养家糊口。

他们人数极为可观,举个例子,沙法拉河谷就并排坐落有十三座奴

---

① 曾居于塞内加尔河一带,于11世纪初开始信奉伊斯兰教,并建立有塔克鲁里王国,即现毛里塔尼亚的一部分。

隶聚居的村庄——从而形成了自己独有的社区形式，自得其乐。他们虽然工作艰苦，但却监管松散，容易逃脱。他们毫无法律地位，无权向部落执法者或大谢里夫的法庭请求公道；但无论是出于公共舆论还是个人利益，都不支持主人虐待他们，且教义认为宽待奴隶是积德行善，这就意味着实际上几乎所有的奴隶都能重获自由。如果他们足够精明，还可以在奴役期积攒下私房钱。我曾见过拥有私产的奴隶，他们也认为日子过得令人满意。他们除了种植椰枣，也种一些甜瓜、西葫芦、黄瓜、葡萄和烟草。过剩的作物会用帆船送至海对岸的苏丹，换回谷物、服装和非洲或欧洲的奢侈物品。

待正午的热度稍退，我们便再次出发，沿一条澄明的小溪前行，直到溪水隐入一座用晒干的黏土修筑的矮界墙围起来的棕榈园。棕榈树根之间，纵横交错挖出许多一两英尺深的小沟槽，人为将溪流从石渠引至树林，使得每棵树都得到灌溉。小溪的源头属于公共资源，然后依照传统惯例，在地主间分配好一周或一天可以使用的时间段。溪水含有一点盐分，这正是培植上好棕榈树不可或缺的条件；但林中的私人水井里却都是甜水。这些水井星罗棋布，地表下三四英尺即可挖出水源。

我们走的这条路穿过村子正中直达市集。商店里没什么货品；整个地方看起来腐朽不堪。一代人以前瓦斯塔曾人丁兴盛（据说有上千栋房屋）；但有一天洪流顺沙法拉河谷直下，大量棕榈园的护堤被冲毁，棕榈树也被连根拔起。数个世纪以来都修建着房子的岩岛被洪水吞没，用黏土修筑的房子亦被打回原形，不幸的奴隶家毁人亡。本来居民可以重新安家，树林也可以保持水土；但人们经年累月挖取正常河道的土壤用以修建家园，导致规划好的河道无法承受这股高达八英尺洪流三天三夜连续不断的奔袭，终于淹没了原本的石头河堤。

瓦斯塔上行不远即是喀马（Kharma），一个棕榈林茂密的小聚居地，一条支流自其北面穿入。过了喀马，山谷开阔了些，平均宽度约有四百码，谷底满是玲珑的卵石和细沙，在冬雨的冲刷下铺陈得极为平整。山壁是光秃秃的红色与黑色岩石，石头的边缘和棱角都如刀刃般锐利，金属般反射着阳光。看到这样的景色，益发觉得清新饱满的绿树青草弥足珍贵。此时我们已看见费萨尔手下的一队士兵，以及他们那一大群装有座鞍正在吃草的骆驼。在通往哈姆拉的沿途，每块山岩的隐匿处，每丛树林的遮蔽下，都有军队扎营。他们欢快地高声向塔法斯致敬，塔法斯这时也生龙活虎起来，一边加速护送我这最后一程，一边挥着手大声应答他们。

哈姆拉就在左侧迎接我们的到来。这座村落看起来似有上百户人家，都建在约二十英尺高的土丘上，被葳蕤的园林所遮盖。我们涉过一道小溪，然后沿林木间一条带围墙的小路而上，直达一座土丘的顶端，并在一栋有着低矮迂长房子的院门前让骆驼跪下。塔法斯对门口一个手握银质剑柄的奴隶说了几句话，他便引我们进入内院，院子另一头镶有立柱的黑色屋门前站着一个白色的身影，全神贯注地等待我的到来。我看到他的第一眼就认定这就是我远赴阿拉伯想要寻找的男人——那个率领阿拉伯起义取得辉煌胜利的领袖。费萨尔看起来如立柱般高挑，身材纤细，玉树临风，穿着丝质白色长袍，褐色头巾用一条金红相间的艳丽绳带系住。他眼睑低垂；黑色的胡子与苍白的脸庞在陌生人面前仿佛一张面具，整个人依然保持高度戒备状态。他的双手在身前交叉，按在匕首上。

我向他致敬。他领我进入房间，并坐在他门附近的地毯上。等我的眼睛逐渐适应了房内的阴暗，才发现房间内有许多默不作声的人影，凝神盯住我或费萨尔。费萨尔则一直目光下视，看着自己缓缓拧绕匕首的双手。终于他柔声问起我此次旅程有何收获。我提到了酷热的天气，他问我出发地距拉比格有多远后，认为在这个季节里，我这趟行程已经很快了。

"你可喜欢我们沙法拉河谷这地方？"

"喜欢，就是离大马士革太远了。"

这句话如一把利刃掷入他们中间，引发了一阵骚动。然后房内每个人又僵坐不动，屏息静气沉默良久。有人或许在憧憬那遥远的胜利；其他人或许在反思最近那次失利。最后费萨尔抬起目光，对我微笑着说："赞美真神，土耳其人比大马士革更靠近我们。"我们都与他会心一笑；我便起身暂且告退。

第十三章

走在棕榈树穹顶般高高擎起的繁盛枝干下，如同置身拱廊，在一片柔软的草地上，我发现了一座整饬的埃及陆军营地，指挥官是埃及少校纳菲·贝（Nafi Bey），不久前刚被雷金纳德·温盖特爵士从苏丹派遣至此地协助阿拉伯起义。他们配有山炮和一些机枪，看起来也相当精锐。纳菲是个和蔼可亲的人，虽然身体抱恙，而且对远派至荒漠之地来打这场极不必要又艰苦异常的战争愤愤不平，却依然态度亲切热诚。

埃及人安土重迁，眷恋家园，背井离乡对其而言是种不幸。这次调令让他们吃尽苦头，还得慈悲为怀替他人作战，更是雪上加霜。他们虽代表阿拉伯人和土耳其交战，却反而对土耳其人抱有好感。因为阿拉伯虽和他们语言相近，但在民族特性上却截然不同，生活方式也极为粗放。阿拉伯人反感来自文明世界的物质恩赐，不愿享受这种怜悯。好意想要改善他们贫瘠的生活，反而会引来不屑的叱责。

英国人对自己的出类拔萃充满信心，认为自己坚持不懈地施以援手绝对不会让人怨声载道；但埃及人却已经心灰意冷。他们既没有对自己国家尽义务的集体情操，也没有乐于助他人一臂之力的个人胸怀。英国人以国际警察自居，积极参与纷争调解，而埃及人对这类事情却是避之唯恐不及。所以，虽然这支部队已万事俱备，粮草充足，兵强马壮，没有伤员，大家还是怨天尤人，并希望我这个半路杀出来的英国人可以重振士气。

有人通报费萨尔带着毛路德·穆克胡斯（Maulud el Mukhlus）前来见我。他是提克里特①（Tekrit）的阿拉伯狂热分子，在土耳其军队服役期间，由于宣扬极端民族主义而被两度降职，并作为伊本·拉希德（Ibn Rashid）的秘书，和他一道在内志度过了两年的流放生涯。他曾在沙巴特（Shaiba）之前担任过土耳其骑兵队的指挥官，后被我们策反。他一听说大谢里夫发动了起义，便即刻前去投效，他也是第一个加入费萨尔军队的正规军军官，如今是费萨尔名义上的副官（A.D.C）。

毛路德对他们装备的匮乏大吐苦水。这也是他们目前面临困境的主要原因。大谢里夫每月拨给他们三万英镑的军饷，但却只有极少的面粉和大米、一点点大麦、几杆来复枪，供不应求的弹药，没有机枪、火炮，没有技术支持，也没有情报。

我打断毛路德的抱怨，表示我此次前来正是为了搞清楚他们缺乏什么并向上汇报，但如果不能帮助我搞清楚目前的局势，我什么忙也帮不上。费萨尔表示同意，开始原原本本向我描述起义的经过。

---

① 位于伊拉克境内底格里斯河畔，距离巴格达西北约140公里。

麦地那倒戈实属孤注一掷。当时阿拉伯人武器匮乏，弹药紧缺，土耳其则力量强大，在法赫里率领援兵抵达的同时，原本要护送冯·史托岑根①（Von Stotzingen）前往也门的部队也尚未离城。在这紧要关头，本尼阿里族（Beni Ali）首先发难，阿拉伯人随之突破重围，杀出城去。土耳其人用大炮轰击他们，阿拉伯人从未见识过这样的新式武器，万分惊惧。艾戈利（Ageyl）族与艾提巴族纷纷找地方躲藏，再也不肯出来应战。费萨尔和阿里·伊本·侯赛因策马在空地上来回奔驰，向其族人表示震耳欲聋的炮弹并不像他们想象的那样可怕，却只是徒劳。士气就这样消沉下去。

本尼阿里族的一个部落暗通土耳其司令部，表示只要能放过自己的村落，他们便投降。但法赫里玩弄了他们，待他们放下防备后派兵围住阿瓦利（Awali）周边地区：接着他突然下令发起攻击，凡有活口皆格杀勿论。数百居民惨遭强暴和屠戮，房屋化作火海，村民不论死活统统一并焚烧。法赫里和他的部下曾镇压过北方的亚美尼亚人，无论是凌迟折磨还是速杀速决都手到擒来。

土耳其这种惨无人道的战争模式在阿拉伯人中引发了极大的震惊；因为阿拉伯人作战的第一法则便是不可侵犯妇女，第二法则是对尚无战斗力的儿童统统放生，第三不能劫掠带走的财物需要完好留下。费萨尔带领的阿拉伯军队发觉自己对抗的是截然不同的风俗，因此纷纷打起退堂鼓，回去调整心态。投降绝无可能：阿瓦利村的毁灭已种下血海深仇，为之倾力奋战是每个阿拉伯人义不容辞的使命。但显而易见，这将是一场旷日持久的苦战，他们仅依靠前装枪这一种老式武器，将无半分

---

① 即奥特马·冯·史托岑根（Othmar von Stotzingen），德国陆军少校。第一次世界大战期间为德国十二军第二十七师高级军官，曾领导了"史托岑根军事代表团"以对抗中东地区的英军，后遭遇失败。

胜算。

就这样他们从麦地那平原撤退至苏丹尼路之外的山区，并在阿尔、拉哈（Raha）和阿巴斯井（Bir Abbas）稍事休整了一阵，同时阿里和费萨尔一再派信使前往他们的海军基地拉比格，打听何时可以送来新鲜粮草、军饷和装备。由于他们父亲圣意已决，起义发动的太过仓促，而老人向来一意孤行，对儿子们盲目乐观，从未与他们讨论过长期抗战的部署和规划。于是他们得到的仅是少量的食物。后来也收到一些日制步枪，大都残破不堪。有些枪管尚保持完整，枪膛也已经污秽不堪，心急的阿拉伯士兵刚上手试射便炸膛报销了。军饷毫无着落：为了稳住军心，费萨尔在一口精美的箱子里填满石头，加上大锁后还以绳索五花大绑，每日行军时由他的私人随从亲自押运，每夜再小心翼翼地抬入他的帐篷。两兄弟就靠着这种自欺欺人的表演，设法维系住快要瓦解崩塌的部队。

最后阿里亲自前往拉比格，探寻到底是何处组织不力。他发现当地的酋长侯赛因·马贝里格坚信土耳其终将胜利（他得出这一结论是因为两度与之交手都惨败而归），决意追随土耳其。当英国提供给大谢里夫的补给运达后，他便中饱私囊偷偷移送到自己家里。阿里立即一展军力，并火速派人通知他同父异母的弟弟扎伊德从吉达赶来增援。马贝里格吓得逃入山区，成为法外之徒。两位谢里夫占领了他的村庄，并在其中搜出了大量的粮草和武器，足够他们部队一个月的消耗。悠闲安逸的生活对他们而言是无法抵御的诱惑，因此他俩在拉比格定居下来。

这样使得费萨尔只能在旷野孤军奋战，不久便发现自己孤立无援，坐吃山空，只得依赖当地资源苦苦支撑。他对此颇为烦扰了一阵，但8月威尔森上校前去视察新占领的延布港，他抓住这一机会与之会面，并充分表达了自己迫切的诉求。威尔森对他和他的经历留下了极深的印象，立即许诺提供给他一个山炮连和一批马克沁重机枪，由驻苏丹的埃及卫戍部队协助操作。这也就是为何纳菲·贝的部队会出现在此的缘由。

他们刚调来时，阿拉伯人大喜过望，相信从此可以与土耳其抗衡了；但四架克虏伯炮都已经二十四高龄，射程仅为三千码；且这支部队从精神到肉体都对此类非常规战役毫无斗志。不管怎样，他们还是跟着阿拉伯的大军向土耳其前哨突进，而他们的增援让法赫里极为担忧，亲自前来督战并视察前线，还即刻将受到威胁的阿巴斯井阵地的兵力增至三千余名。土耳其军队配有野战炮和榴弹炮，且占据了制高点利于观察。他们的间接火力攻击让阿拉伯人束手无策，有次费萨尔正与全体要员商议军情，一颗炮弹差点就落到他的帐篷上。埃及炮手被下令还击以压制土耳其的炮火，但他们推说自己的武器毫无用场，因为射程根本到不了九千码。他们被嘲讽是窝囊废；而阿拉伯人只得再度躲回山中。

费萨尔深觉气馁，他的手下疲惫不堪，人马损失甚众。他唯一有效的制敌战术是以绕至敌军背后，以骑兵发动快速突袭，但此举要么造成许多骆驼死亡和负伤，要么就是被这种代价高昂的方式累垮。阿卜杜拉滞留在麦加，阿里和扎伊德待在拉比格，费萨尔对自己一人扛起整场战争的重担表示极为不满。最终他自己也被这样的游击战搞得难以支持，便撤走了主力部队，只留原本就住在哈巴斯井的几个哈伯族的小支系，继续不断发起奇袭，以保持对土耳其的补给队和交通线的威胁。

然而他并不惧怕土耳其会再度突然发起反扑。他并未因自己的失败而对土耳其产生过丝毫的敬重。他近期在哈姆拉休整也并非被逼无奈：他只是对自己的无能为力深感厌倦和憎恶，并决定休养一阵以维护自己的尊严。

毕竟双方尚未正式交锋。土耳其的装备使其在远距离作战时占据上风，阿拉伯人一直无法接近，这样大部分的白刃战都发生在枪炮无法有效瞄准的夜间。我听说过他们一种怪异而原始的骂战，双方先斗智斗勇，通过滔滔不绝的唇枪舌战作为热身，并以大家所能想到的最不堪入耳的污言秽语互相攻击，而当土耳其人疯狂大骂阿拉伯人"英国佬"，阿拉伯人则尖叫着用"德国佬"回击时，标志着骂战进入了最高潮。当然，汉志并没有德国人，而我是第一个到达此地的英国人；但双方都对这样的咒骂钟爱有加，而这些骂人大师无论什么样的绰号都想得出来。

我问费萨尔目前有何计划。他说只要麦地那一天不被攻下，他就一天无法撤离汉志，只能任凭法赫里摆布。在他看来，土耳其意在夺回麦加，他们的主要兵力已经集结成一支机动纵队，有很多条路径可向拉比格推进，使得阿拉伯人寝食难安。阿拉伯人在苏孛山脉的消极防守已被证实无济于事，当敌人发动攻势时，必须迎头痛击。

费萨尔意欲继续后撤，前往延布河谷边界将强大的朱罕纳族（Juheina）招致麾下。有了这支生力军的加入，他便可以在阿卜杜拉从东借道火山岩戈壁区攻击麦地那时，朝东往麦地那后方的汉志铁路推进。他希望到时候阿里也能在拉比格同时发兵，而扎伊德则向沙法拉河谷进发，以牵制住阿巴斯井的土耳其大军，使其无法投入主战场。按照这一计划，麦地那将立即陷入四面楚歌，无论是否能一举夺城，集结这三路人马至少可以击溃原本打算从另一路出击的土耳其部队，从而给拉比格和汉志南部争取到喘息的空间，有机会做好有效的防御或还击准备。

这场慢条斯理的长时间谈话让毛路德如坐针毡，终于按捺不住自己大声叫道："不用帮我们书写历史。我们需要做的就是战斗战斗再战斗，把他们统统杀光。给我一个施耐德山炮连和一批机关枪，我就能帮你解决一切。我们谈来谈去，还不是一事无成。"我和颜悦色地安抚他；但毛路德身为一员猛将，认为挂彩负伤是参战的证明，不然就算打了胜仗也只是浪得虚名，惹得我极为不快。我们争论起来，费萨尔则坐在旁边笑着观战。

这次谈话对他而言算是消遣。连我的来访这种无足轻重的小事都会让他受到鼓舞；作为一个情绪化的人，他时而踌躇满志，时而垂头丧气，此时则显得心力交瘁。他看起来比实际年龄三十一岁成熟许多；迷人的深色眼睛在脸庞上微凸，满是血丝，他一旦陷入沉思，凹陷的双颊上便皱起深深的纹路。他不爱思考，认为那会阻碍自己的雷厉风行，且思索会劳其体肤。他外形高挑，举止高雅，精力充沛，步态优美，举手投足间都散发出贵胄风仪。他当然也明白这一点，故而在公开谈话时总是借助大量的手势与体态。

费萨尔行事冲动，展示出自己暴躁敏感，有时甚至不可理喻的特质，经常偏离正题。他食欲不振，体质虚弱，但却胆识过人。他的个人魅力，鲁莽轻率和抱病犹怜与王者风范结合在一起，使他成为万人景仰的偶像。从未有人问过他是否讲究诚信，但稍后他便展示出自己是个以德报德，以怨报怨的人。与其说他幽默，不如说他机智。

费萨尔在担任阿卜杜拉·哈米德随从期间所受的历练，使他谙熟纵横捭阖之道。在土耳其军队中的服役经历，使他饱学运筹帷幄之策。在君士坦丁堡和土耳其议会的生涯，使他对欧洲问题和礼仪了如指掌。他不轻易对人下论断。如果有能力实现梦想，他将会一往无前，因为他生来就是为了全力以赴；但令人担忧的是，他的目标总有点儿超越现实之上，往往让他不堪重负，或者会因操劳过度而死。他的手下告诉我，在一场长时间的战斗中，他一边厮杀搏斗保护自己，一边率领士卒冲锋陷阵，其间还不停引导和鼓舞他们，在获胜后终于体力不支倒地，口吐白沫，不省人事地被抬走。

此时此刻，在这里，如我们所见，一位先知被交付到我们手中，而我们亦需要一双大手才能将其托住。如果给他蒙上面纱，便是阿拉伯大起义行动背后一个具有说服力的精神化身。他就是我们一直所期待的，也远胜于我们所期待的，更是远超我们在此逗留所预期的收获。我已不虚此行。

如今，我的职责便是带着这一讯息抄最近的路赶回埃及：那晚在棕榈林中的所知所获已经在我心中生根发芽，吐露芬芳，进而展开千枝万叶，硕果累累，荫泽万里。我坐在这林荫下，耳畔似听非听，眼前似幻非幻，直至暮光渐浓，夜色深重；直至一列奴隶提着灯，随着夜风从林间小径蜿蜒走来。我于是和费萨尔、毛路德一道穿过花园走回小屋，庭院内仍挤满了等候的人。当我们再度跨入闷热的小屋，熟悉的亲友们业已齐聚一堂；于是我们便同席而坐，共享食毯上奴隶奉来的，热气腾腾的米饭和肉肴。

第十四章

谢里夫们、麦加人、朱罕纳和艾提巴族的谢赫们、美索不达米亚人、艾格利族人，各路英雄齐聚一堂，我只要抛出引发争端的苹果①，

---

① 原文即"apples of discord"，为古希腊神话演变的俗语。传说天后赫拉、智慧女神雅典娜和爱与美之神阿弗洛狄忒争夺一个刻有"属于最美者"字样的金苹果，请特洛伊王子帕里斯做裁判。王子将苹果判给了阿弗洛狄忒，雅典娜和赫拉怀恨在心，从而引发了长达十年的特洛伊战争。

众人立即展开激烈的辩论，毫不迟疑地展示自己的勇气和信念。费萨尔抽了无数的香烟，即使在争论最白热化阶段也依然主导着话题，而他这种掌控力也令见者欣慰。他展现出八面玲珑的机智，善于按自己的需要引导他人的感受。史铎斯对此也相当在行；但总是带着炫耀的心理，展示他摆布对方所使用的技巧和手段。费萨尔则似乎在不知不觉中便操控了他人：浑然不知他是如何将自己的想法灌输给别人的，也无所谓对方是否服从他的意志。这是一种与史铎斯平分秋色的艺术；且丝毫不露痕迹，这是费萨尔与生俱来的天赋。

阿拉伯人毫不掩饰对费萨尔的爱戴：实际上，这次会面已经清楚地揭示出大谢里夫及其儿子在阿拉伯部落眼中是何等的英雄人物。谢里夫侯赛因［他们称其为"赛义德纳"（Sayidna）］外表如此纯洁温和，近乎到软弱的地步；但其下隐藏着政治手腕，勃勃野心和一般阿拉伯人所不具备的先见之明，傲骨铮铮，顽强不屈。他对博物学的兴趣加强了他的运动本能，使得他（在高兴时）成为一个名副其实的贝都因王子。而他从自己切尔克斯血统的母亲那里，又继承到了土耳其人与阿拉伯人所没有的特质。他足智多谋，懂得如何灵活交替利用这些特质，以左右逢源，谋取利益。

然而土耳其政界如此卑鄙下流，即便是最高洁的人也无法出淤泥而不染。年轻的侯赛因也曾正直敢谏……后来他不但学会如何三缄其口，更善于巧言令色。他滥用这门艺术，最终成为自己无法摆脱的恶习。当他老了之后，与人沟通的任何措辞都模棱两可。这片乌云遮住了他的果敢决断，他的处世之机，以及他的朝气活力。有许多人或许不认为他具备这些品质，但历史自有其证。

儿子们的教育方式便是他处世智慧的一个绝佳例子。当时苏丹将他们软禁在君士坦丁堡接受土耳其教育。谢里夫侯赛因便亲自确认教育的全面性和正确性。当他们重回汉志时,俨然已是穿着欧洲服装的年轻绅士,举手投足都是土耳其派头,这位父亲又要求他们换上阿拉伯服装;而且,为了让他们熟练流利地使用阿拉伯语,安排麦加人做他们的同伴,并派他们随骆驼军团一道前往荒原,在朝觐之路上巡逻。

几个年轻人认为这将是场有趣的旅途,但在发现父亲不准他们享受特殊的食物、床铺,甚至不得使用软垫座鞍时,心情跌落到谷底。他不准他们返回麦加,一连数月在朝觐道路上守卫,无论寒暑,不计日夜;让他们与各式各样的人打交道,学习全新的战技和骑术。很快他们便饱经磨砺,足以自力更生,集聪颖的天资和旺盛的活力于一身,仿佛是两大世系优异的混血后代。他们强大的家族受人景仰,权倾朝野,但却奇怪地遗世而独立。他们是没有国度的民族,不钟爱任何一片私土。他们没有真正的心腹或侍从;甚至彼此之间亦不会坦诚相待,包括令他们敬而远之的父亲。

这场晚餐后的辩论热闹非凡。我总是站在叙利亚人的立场,对那些在大马士革被贾玛尔处决的阿拉伯领袖表示同情。他们立即尖锐地驳斥我:报纸上都已经揭露了,这些人私通外国政府,只要能得到法国或英国的帮助,便愿意向其俯首称臣。这是违背阿拉伯民族主义的大罪,且贾玛尔只是借其他罪名处死他们。费萨尔微笑着,像是在对我使眼色。"看见了吧,"他解释说,"我们如今必须与英国站在同一战线了。我们很高兴与之为友,对他们的帮助也心怀感激,也希望未来能共享其利。但我们不是英国的臣民,如果这个盟友和我们的地位不是如此悬殊,我们或许能更泰然处之。"

我告诉他在前来哈姆拉途中塔法斯儿子阿卜杜拉·拉什德的一则轶

事。他曾对我抱怨拉比格每天都有英国水手登岸。"很快他们就会留下过夜，然后长期居住，并占领整个国家。"为了安慰他，我说现在法国内陆也住着数百万英国人，但法国人并不会感到担忧。

随即他轻蔑地转向我，问我是想将法国与汉志相提并论吗。

费萨尔听完沉吟了片刻方才说："我并非在汉志长大；但对真神发誓，我很羡慕汉志人。虽然我知道英国人不想占领汉志，但英国在占领苏丹前，不也是这样说的吗？我又能说什么呢？他们对荒芜之地尚垂涎三尺，想要开发建设；所以，或许有朝一日，他们也会将阿拉伯半岛视作盘中美餐。你所谓的善良和我所谓的善良可能截然不同，而万事无论善恶，凡强行为之皆会让人民受苦受难。矿石会对将它百炼成钢的火焰赞誉有加吗？冒犯无处不在，越是弱小无能的民族越会敝帚自珍。我们的民族在真正站起来之前，只会像个跛子一样总疑人笑瘸。"

与我们一起进餐的部落民族虽衣衫不整，蓬头垢面，但他们对国家政体这种深奥抽象的理论如此了解，令我刮目相看，因为汉志本地的知识分子阶层都是印度人、爪哇人、布哈拉人、苏丹人、土耳其人，排斥阿拉伯的精神理念，不可能传授他们这些内容。而也正因为未被当地民情所同化，他们一旦脱离了土耳其的桎梏便激情难抑。世事洞明的谢里夫侯赛因将自己的训令建立在对阿拉伯人本能的信任之上，坚信他们是俗世的中流砥柱，坚信他们能披荆斩棘自给自足。然后，他通过与我们结盟，反过来以武器和金钱支撑他的信条，坚信自己能取得成功。

当然，这种成功不可一概而论。谢里夫的主要族裔有八九百人，都了解他的国家主义理念并积极宣扬，多亏他们是先知的后代，宣传布道是拿手好戏，将人们的思想牢牢掌握，心甘情愿跟从他们的指引。

部落人追随的则是种族主义的狂热云烟。城镇人民或许会对奥斯曼帝国陈腐僵化的法令报以长吁短叹；部落人则确信自己已经建立了一个自由的阿拉伯政权，而他们每一个人都是这个政权的化身。他们独立自主，无拘无束——如果没有家庭力量和亲族之间责任感的约束，这种信念和决心或将导致无政府状态的混乱。但这一关系模式从诞生之日起就排斥中央集权。在外国看来，大谢里夫或许是合法的主权国领袖——如果他愿意，大可以把这名头作为哗众取宠的玩具；但国内事务还是得依照惯例执行。外国理论家面临的问题——是大马士革想要统治汉志，还是汉志能够统治大马士革——对他们而言不值一提，因为他们根本不会这么问。闪米特人的国家主义，即是派系和村落的各自独立，而他们所谓的国家统一，则是偶尔团结起来抵御外敌的入侵。建设性的政策、有组织的国家、幅员辽阔的帝国对他们而言都只是昔日荣光，早已厌倦憎恶。他们如今是为摆脱帝国而战，而不是为了建立帝国。

阿拉伯部队中的叙利亚人和美索不达米亚人的感受则更为间接。他们相信通过在本国部队里效力，即使身在汉志，也是在为维护全体阿拉伯人民的民族权力而战；他们从未想过一个国家，甚至是一个联邦，只将眼光投向北方，希望阿拉伯大家族里能容得下一个自治的大马士革与巴格达。他们物质资源贫乏，就算胜利之后也不会得到改善，因为他们是一个农业和畜牧社会，没有矿产，也永远无法和现代的军事力量相抗衡。若不是如此，将会引发更多像阿拉伯人这样激烈的民族运动，使得我们在中东的战略中心无法继续运转。

这里没有宗教狂热的迹象。大谢里夫拒绝将他的反抗行为扭曲附会成宗教问题。他是为了国家主义而战。部落人知道土耳其是穆斯林，认为德国人很可能是伊斯兰的好朋友。他们也知道英国人是基督徒，而英国人又是自己的盟友。以此观之，他们的宗教并不能帮上什么忙，所以他们只能将其搁置一旁。"基督徒和基督徒都可以互相斗争，那我们穆斯林为什么不能？我们要的是一个可以说自己的阿拉伯语言，让我们安定生活的政府。而且我们也痛恨那些土耳其人。"

第十五章

第二天我起了个大早，只身跟着费萨尔的部队一道，向海夫一侧进发。我利用前一晚和他们族长周旋问话的技巧，试图马上从士兵处打听到一些意见。我此行最关键的一点便是把握时间，才能在十天内，通过旁敲侧击的方式，获得通常需要数周观察才能得到的印象。通常我在行军时会埋头走上一天，只听声音，不去观察细节，只大概知道周围有红色或灰色的物体，或是发光的东西。但今天，我的眼睛必须和大脑高度配合，打破以前的朦朦胧胧，希望能清楚地分辨出一两样东西。这些东西几乎都是大体积的：岩石和树木，或定或行的人影；而不是花朵这样的小物体，或者仅是颜色这一种单纯的特性。

然而此地紧缺一个实时报道战况的通讯员。这是一场枯燥的战争，越少节外生枝，越让大家高兴，而麦克马洪也一心想开发总参部的想象力。我对阿拉伯大起义很有信心，甚至在我来前，就坚信此举能将土耳其势力彻底粉碎；但在埃及的其他同僚却缺乏信心，对阿拉伯人在实战中的才干亦一无所知。如果将圣城附近山区这些浪漫主义者的伟大情怀记载下来，我或许能进一步打动开罗，向他们提供更多必要的协助。

这些战士热情地接纳了我。他们如懒洋洋的蝎子在每块巨石下，或每个僻静之处随意躺卧着，以避开暑热，借着清晨石块的凉意，让褐色的四肢得到舒展放松。因为我穿着卡其制服，他们把我视作从土耳其军队中叛逃至此的军官,开心地大放厥词,就我被抓回去将会有何等下场做出种种毛骨悚然的揣测。虽然在汉志,任何年纪在十二岁到六十岁之间,智商足够开枪射击的人都被称作"战士",他们大都依然非常年轻。这群人外表强悍,肤色黝黑,有些带着黑人血统。他们个个身材精瘦,体格匀称,动作如行云流水,令人大饱眼福。这个世界上似乎再也没有比他们更强健坚毅,吃苦耐劳的人了。他们可以日复一日地长途骑行,连续数小时赤脚穿越滚烫的沙漠与岩地而丝毫不觉艰苦,翻山越岭如山羊般敏捷迅速。他们的衣服通常是一件宽大的衬衣,有时会有棉质内裤,外加一条通常为红色的棉质头巾,可以根据不同的需要用来充当毛巾、手帕或布袋。他们身上背满了子弹带,一高兴就找机会开枪庆祝。

他们狂野不羁,大叫着这场战争或许要打上十年,这是居于山中的人所经历过的最长时间。大谢里夫不只供养着这些士兵,还有他们的家人,每个月每人两英镑,骆驼四英镑。想要让部落人在战场上奋斗五个月,唯有金钱才能一展神通。我们惯于对东方士兵的贪财之性冷嘲热讽;但汉志之役是反击这一论调的绝好例证。土耳其提供了大笔贿赂,只买来少量的阳奉阴违。阿拉伯人收了钱,信誓旦旦将有所回报;但这些部落同时会与费萨尔互通款曲,当然费萨尔也付他们军饷,但得到的是真正的效忠。土耳其将战俘统统割喉处死,就像屠杀羔羊一般。而费萨尔对每个战俘出价一镑,很多人被毫发无伤地押解给他。他还出价购买缴获的骡子和来复枪。

这些士兵以家庭为单位不停轮换。一个家庭拥有一把来复枪,每个儿子轮流依序服役数天。已婚士兵则在部队和老婆之间轮流调换,有时候某一族觉得厌烦了,就集体告假休息。这样就造成领军饷的人比实际动员来的人要多；而为了博得谢赫们的支持和亲善，还要按例向他们支付酬金。费萨尔率领的八千士兵中，有十分之一是骆驼骑兵，其余的皆为山区部族。这些人只听命于自己部落的谢赫，只在自己宗族地盘附近服役，自备粮草，自己运输。一个谢赫名义上掌管有一百名手下，各谢里夫们根据自己身份地位的不同，担任不同的团队领袖，这样使得他们不会像部落首领之间那样，因为嫉妒而互相倾轧挟制。

各族之间的世仇名义上都已经化解，且在谢里夫的势力范围内确实也暂且言和：必利族（Billi）与朱罕纳族，艾提巴族和艾格利族，全都在费萨尔的军中并肩作战，生死与共。尽管如此，不同部落之间的人依然无法推心置腹，同一部落的人互相之间也不一定毫无戒心。他们每个人或许，一如既往地，全心全意想要打倒土耳其，但却还不足以让他们在战场上将家族纷争暂时搁置。这就造成他们无法齐心协力展开攻势。旷野里，只要有一个连的土耳其军队在掘壕固守，就足以顶住整支阿拉伯部队；而只要稍遇挫折，有人伤亡，就会吓得阿拉伯人鸣金收兵。

我由此得出结论，部落民族只能用于防守。他们贪得无厌，见钱眼开，所以特别适合从事捣毁铁路、劫掠车队、偷盗骆驼等任务；但他们过于我行我素，无法服从指挥，或协同作战。一个单枪匹马表现出色的勇士，置身行伍就成了蹩脚的丘八，而且在我看来，这支部队即使接受我们的训练，也毫无可造之处；但如果我们能给他们配备像刘易斯（Lewis）这样的轻机枪，让他们学会自行操作，他们或许能守住自己的山头，形成良好的防御屏障，使得我们在后方如拉比格这样的地方，能建立起一支阿拉伯正规军的机动部队，足以与土耳其军队相抗衡（同时以游击战分散他们的精力），甚至将其逐个击破。这样一支军队不可能在汉志招募，只能从已被我们占领的叙利亚和美索不达米亚地区那些不善战争的城镇人口中征集，并由像阿齐兹·马斯里或毛路德这样，有在土耳其军中受训服役的经历，且会讲阿拉伯语的军官进行统领。如此他们才能在部落民族到处打游击战，牵制和扰乱土耳其的同时，真枪实弹地正面迎战，结束这场战争。

目前的汉志战争，只是一群沙漠苦行僧与正规军队的对抗。是一群爬山能手骑着野马，依赖多石崎岖、山高路远、荒芜贫瘠的地形地貌，去迎战被德国先进武器装备到牙齿，早已不知近身肉搏为何物的现代化敌军。山脉是狙击手的天堂；而阿拉伯人个个都是射击天才。只要两三百熟悉地形的精兵，就足以牵制千军万马；因为这里山势过于陡峭，难以攀登，而唯一可以通行的山谷，很多地方绵延数英里都是狭缝和隘口，有时宽达两百码，有时却仅有十二码，曲折迂回，纵深达一千至四千英尺，毫无任何掩护，两侧全被冰冷的花岗岩、玄武岩、斑岩死死夹住，没有一点儿光滑的坡面，成千上万突起的碎石犬牙交错，参差不齐，层层堆叠，如金属般坚硬锋利。

以我外行之见，如没有事先买通山地部落，土耳其军队绝对不敢突进此地。即使有叛徒的协助，想要翻山越岭也是险象丛生。而且这些民族反复无常，保不齐他们会突然变节；此外，这峡谷迷宫在后方横越其补给线，比在前方遇到还要糟糕。如果没有部落人民的友好合作，土耳其士兵只能在这片方寸之地作困兽之争；且这条战线如此绵长复杂，轻而易举便能消耗数千人，从而大大削弱了前线的兵力。

土耳其唯一的成就，是成功地利用巨炮给阿拉伯人造成了极大的恐慌。阿济兹·马斯里在的黎波里参加土耳其对意大利的战争时，也曾对此惊骇不已，但同时也发现习惯了也就那么回事儿。我们希望这里的阿拉伯人也能克服这种恐惧，但现在所有人只要耳朵扫到一点儿炮声便缩进掩体里。他们认为武器的杀伤力与发出的声响是成正比的。他们不惧怕子弹，实际上也并不贪生怕死；只是受不了被炮弹炸得血肉横飞的惨状。在我看来，想要重振他们的信心，唯一的办法就是给他们提供大炮，无论有用没用，只要他们的阵地上也能发出噪声就行。军中从威仪赫赫的费萨尔到没裤子穿的毛头小鬼，每个人谈论的主题都是大炮、大炮、大炮。

当听我提到五英寸榴弹炮业已运抵拉比格港，他们全都欣喜若狂。这一消息足以抚平他们心中因最近在沙法拉河谷失利而产生的阴影。其实这些炮对他们毫不实用：实际上我认为那反而会给阿拉伯人带来不利影响；因为灵活敏捷和以智取胜是阿拉伯人的特长，如果供应给他们大炮，反而会阻碍他们的行动和效率。但为了不让他们打退堂鼓，我们别无他法。

这场以大规模短兵相接形式发起的起义令我动容。这个省份人口稠密，从恩姆勒吉（Um Lejj）到库菲达（Kunfida），即便骑骆驼也要走上两周时间，从四处游荡的剪径蟊贼的窝点，瞬间摇身一变，成为对抗土耳其的大本营。他们的抗争方式显然与我们不同，但亦毫不手软，而不是像土耳其那样妄图打着宗教的幌子，将东方世界卷入一场圣战。世世代代遭受压迫的苦难，让反对土耳其的情绪一经释放便如脱缰之马，千金不换，难以扑灭。我猜测，那些处于纷争中的部落如同所有正在抗争崛起的民族一样，具有一种神经质的普遍性狂热。作为一个长年国破家亡之人，对民族自由的需要如同渴人求水，但奇怪的是，水喝到嘴里总是了然无味。

稍后我再度与费萨尔碰面，承诺我将竭尽所能地协助他。我的上司会在延布港设立一处基地，专门在那里卸载他所需要的补给和储备。我们会设法从美索不达米亚或苏伊士战场上擒获的战俘中，寻觅有志投效于他的军官。我们还会从战俘营中挑选士兵组建机枪和炮兵部队，并配备埃及可调拨到的山炮和轻机枪。最后，我还会建议派遣英国陆军军官和专家前来担任他的顾问和联络官。

这次我们谈的极为投机，谈话结束他热诚地表示感谢，并邀请我尽快返回。我解释说我在开罗的任务不包括战地工作，但或许在他目前需求得到满足，战局能顺利推进之后，我的上司会批准我再度来访。在此期间，我会要求将各项装备运至延布，至于埃及那边，我也会尽力抓紧落实推进各项工作。他立即指派了一支由十四位朱罕纳谢里夫组成的护卫队，这些人全是朱罕纳的埃米尔，穆罕默德·阿里·伊本·贝达威（Mohamed Ali Ibn Beidawi）的亲戚。他们将把我安全护送至延布，与最高长官谢赫阿布德·卡迪尔·阿卜杜（Sheikh Abdel Kadir el Abdo）会面。

第十六章

暮色降临时我们离开哈姆拉朝沙法拉河谷返程，直至抵达喀马对面，才转入右侧的山谷。这里密密麻麻满是坚硬的矮树丛，骆驼从中间穿过颇费了一番周章，还得随时小心摇晃的鞍袋被荆棘刮破。走了两英里后，我们开始顺着狄夫兰（Dhifran）狭窄的山间小路向上攀登，即使在夜色中，也能看出开凿这条道路花费了不少心血。路面被人工磨平，两旁用石块砌成坚实的围墙，以抵御雨水的冲刷。有些路段筑有阶梯，偶尔有些地方的阶梯高六或八英尺，以整块未切割的巨石制成，以起到护堤的作用；但护堤的每个转弯处都已被流水冲蚀出缺口，崩塌损毁得非常严重。

上坡的路段大概持续了一英里；另一侧也有差不多距离的向下陡坡。然后我们到达平地，发现自己置身于一处更为破败荒芜的山谷，谷地干涸的河道纵横交错，最后汇成一股指向西南。这段路对骆驼来说很轻松，我们在黑暗里骑了约七英里，便来到了穆拉井（Bir el Murra）。它位于两片低矮断崖之间的河床上，断崖顶上有一座方石建成的小碉堡，方方正正地屹立在星空之下。显然，这碉堡和护堤都是埃及的马木留克①（Mameluke）修建的，以便延布来的朝觐队伍通行。

我们在此停下过夜，虽然强盗的马队两度在暗处骚扰我们的营地，但我们依然睡了六个小时，这在旅途中已是无比奢侈的体验。随后我们沿着更低矮的山脊前行，直至曙光在这片温柔的沙谷中升起，奇形怪状的火山岩小丘在四周将我们环绕。这里的熔岩不像拉比格那种蓝黑色的火山岩渣，而是由岩浆流淌覆盖而成的，高耸的红褐色峭壁，布满扭曲的纹理，仿佛在未凝固之前被人揉捏拧卷过一般。地面的沙起初像地毯般铺在玄武岩的山脚下，然后逐渐向上堆积。随着沙堆的推移，逐渐向山头挺进，最后连峰顶也风沙肆虐，直至淹没不见。所以，随着日渐高升，强烈的光线开始灼痛肌肤，我们也走入荒芜的沙丘，向着南边数英里外，在热气造成的距离错觉中忽隐忽现的灰蓝色大海前进。

沙丘很狭窄。早上七点半，我们已到达一片由光亮的沙粒和砾石组成的耀眼平原，那里遍布大型灌木和荆棘植物，还有一些漂亮的金合欢树。我们迅速通过了此地，由于骑术不精，我觉得不太舒服：骑行的颠簸让我精疲力竭，前额汗水涔涔，不偏不倚滴入我沾满沙粒，被阳

---

① 也译作马穆鲁克，指公元9至16世纪服务于阿拉伯哈里发和阿尤布王朝的苏丹奴隶兵。后来，随着哈里发的势微和阿尤布王朝的解体，他们逐渐成为强大的军事统治集团，并建立了自己的伯海里王朝与布尔吉王朝。

光晒到开裂的眼睑。如果是满头大汗淋漓，冷不丁泼洒到面颊上倒不失为一种畅快，而这种细水长流对于消暑而言根本无济于事。我们加快了速度，脚下的细沙逐渐变成碎石，延伸入一座巨大山谷，成为坚实的地表，载着无数浮浅交错的河道通向大海。

我们越过一座山头，另一侧视野顿时开阔，延布河谷三角洲尽收眼底。这也是北汉志最大的河谷，怪柳林和荆棘植物旺盛繁茂。山谷右侧往前数英里，是纳赫穆巴拉克（Nakhl Mubarak）葱茏的棕榈林，贝尼易卜拉欣朱罕纳族（Beni Ibrahim Juheina）的庄园就坐落在那里。我们正前方的远处，是巍峨的鲁达瓦山脉，虽然离延布有十二英里之遥，却看起来仿佛直接盘踞在延布头顶。这座山是汉志境内最雄伟的山脉之一，在马斯杜拉便能看到，由于它从泰哈马的平原孤峰崛起，更显得鹤立鸡群，尤为壮观。看到它，我的同伴就仿佛看到了家乡一般安心；于是我们在路边金合欢树茂密的枝叶下乘凉休息，稍稍午睡片刻，以避开平原上张牙舞爪的热气。

下午，我们先将骆驼牵到一条支流河道的沙质河床上，让它们在整饬的怪柳丛间残留的小盐水坑里饮水，然后又轻快地往前走了两小时。夜晚时分我们在泰哈马郊外停下，缓缓隆起的沙地与光秃秃的山脊，低浅的山谷，是这里典型的地质特色。

护送我的谢里夫们用一种芬芳的木柴生火，用来烤面包和煮咖啡；带着咸味的沁凉海风轻拂过我们被晒伤的脸颊，让睡眠无比香甜。我们凌晨两点起身，骑着骆驼穿过一片常见的硬砾石与湿沙混杂的平原，直达延布。它二十英尺高的城墙与塔楼高耸在一片珊瑚礁上，护卫带着我直接穿过城门，沿着残败空寂的街道——自汉志铁路开辟以来，延布便几乎成了半死之城——直达阿布德·卡迪尔的宅邸。他是费萨尔在延布的代理人，见多识广，颇有才干，沉稳安静，仪表堂堂。他刚被调派到此地，他在麦加担任邮局局长时，曾与我有书信往来，而且英国驻埃及的勘测队还替这个新独立的国家设计过邮票。

阿布德·卡迪尔·阿卜杜的宅子景色如画，浪漫无比，可以俯瞰荒凉的广场，许多麦地那商队从前便自这里启程。我在那里等了四天船，生怕他们不会如约出现。所幸"苏瓦号"（*Suva*）与海军上校博伊尔（Boyle）①最终一同前来，将我送回吉达。这是我第一次见到博伊尔，他在起义初期曾立下过汗马功劳，日后也同样功绩赫赫；但我给他的印象却没有这么好，长途跋涉让我邋遢不堪，随身没有半件行李。最糟糕的是，我为了向阿拉伯人表示敬意，还戴了条当地人的头巾，让他颇为反感。

我们英国人无论走到哪里总是戴着帽子（因为总是误认为会中暑），这在东方人看来颇为扎眼，玩味再三后，他们当中最聪明的人得出结论，基督徒之所以要顶着这个丑玩意儿，是想用那宽宽的边沿将他们脆弱的眼睛与神愠怒的目光隔开。所以穆斯林一看到帽子，就立马想起基督徒是被神所斥责，所不喜的。英国人谴责这种偏见（我们虽然不喜欢头巾，但还不至于这样），应当不惜一切代价加以纠正。如果这里的人不肯让我们戴帽子，那就干脆大路朝天，各走一边。但战前我在叙利亚，曾被教导过在必要的时候如何穿着整套阿拉伯服装，所以既不会感觉突兀怪异，也不认为这是卑躬屈膝想要讨好当地人。阿拉伯长袍的下摆在上楼梯时的确相当碍事，但头巾在当地气候下却极为实用。于是我在横越内陆时都戴着头巾，即使面对海军的严厉批评，也只能硬着头

---

① 全名为威廉·亨利·杜德利·博伊尔（William Henry Dudley Boyle），时任皇家海军红海巡逻分舰队的指挥官，后来在1938年被提升为海军元帅，并从堂兄弟那里继承了柯克和奥瑞里伯爵的头衔。

皮坚持下去，直至找到商店买一顶帽子替换。

"尤里阿勒斯号"（*Euryalus*）停泊在吉达港，海军中将威姆斯（Admiral Wemyss）①，即罗斯林爵士，要前往苏丹港与雷金纳德·温盖特爵士在喀土穆（Khartum）进行会谈。温盖特爵士作为英属埃及军队的瑟达，已奉命接掌亨利·麦克马洪爵士的职务，担任与阿拉伯合作的英方军事指挥官，而麦克马洪爵士继续主导政治事务；因此我必须与温盖特爵士会面，将我此行的印象进行汇报。于是我请求威姆斯中将捎我一程，并在他换乘火车前往喀土穆时也让我搭个便车。对我详尽地盘问再三之后，他爽快地答应了。

我发现威姆斯中将积极主动，睿智博学，因此在阿拉伯大起义一开始便倾注了极大的热情，每到危急关头，都是他的舰队多次前来增援，甚至不下二十次超出自己的职责范畴，离船登岸帮助我们，实际这本该是陆军的任务。他向阿拉伯人提供大炮、机枪、登陆部队和技术支持，以及有求必应的运输支援和海上联合行动，将阿拉伯人的求助视为自己的荣幸，且提供的帮助总是远超他们的预期。

如果不是威姆斯中将的宅心仁厚和先见之明，以及博伊尔上校鞠躬尽瘁地履行他的命令，谢里夫的起义或许刚发起就会在善妒的阿奇巴德·穆瑞爵士手中折戟。正因如此，罗斯林·威姆斯爵士（Sir Rosslyn Wemyss）在阿拉伯人能独立战斗之前都一直扮演着教父的角色，直到后来被调往伦敦；而此刻刚调任至埃及的艾伦比将军，亦发现阿拉伯人是他前线战场必不可少的关键力量，并调动陆军的的力量和资源任他

---

① 全名为罗斯林·厄金斯·威姆斯（Rosslyn Erskine Wemyss），时任东印度及埃及舰队的指挥官，他于1916年12月6日被晋升为海军中将（Vice Admiral），后来在1919年2月21日被晋升为海军上将（Admiral），同年11月1日他又被晋升为海军元帅（Admiral of the Fleet），并被封为韦斯特·威姆斯男爵。劳伦斯在这里简写了他的军衔。

们使用。这是命运的眷顾，抽动了幸运的陀螺；艾伦比接替威姆斯中将担任英国驻埃及海军司令，在其他军种看来并没什么两样，虽然他待他们如自己部下般一视同仁。因为威姆斯手中交出来的，的确是一副千钧重担。

我们在苏丹港看到两位在埃及军队中服役的英国军官正等船前往拉比格，他们要前往汉志的埃及部队，全力协助阿齐兹·马赫里组建阿拉伯正规军，并希望这支军队能够打出拉比格，结束这场战事。这就是我首次与乔伊斯和达文波特的碰面，亦是阿拉伯大起义最需要感谢的两个英国人。乔伊斯后来常年与我并肩作战，达文波特则调去了南部，亦是捷报频传。

离开阿拉伯半岛后，在喀土穆顿觉凉意，而要将我借延布候船期间写成的长篇报告提交给温盖特爵士过目，更令我紧张。我在报告中极力强调了整体局势的乐观，阿拉伯目前最需要的是专业人才的支持；如果能由具备专业素养且能说阿拉伯语的英国正规军军官担任阿拉伯领袖的联络官和技术顾问，并与英军保持良好联络，这场战役将大有可为。

乐观的论调让温盖特甚为欣慰。阿拉伯人的起义是他多年夙愿。当我来到喀土穆时，正好给了他一个在起义中担任重要角色的机会；因为此时对亨利·麦克马洪爵士的打压势头已达到顶峰，并成功地迫使他被召回英国，改由雷金纳德·温盖特爵士继任。我就这样在喀土穆这热情好客的官邸内舒舒坦坦待了两三天，阅读《亚瑟之死》（*Morte D'Arthur*）作为消遣，估摸着命令已经传达至相关负责人手中，便起身前往开罗。而这次前往尼罗河的旅程，俨然如同度假。

埃及一如往昔，被拉比格问题搞得焦头烂额。几架飞机已经被调派前来，大家正就是否要派一个旅尾随他们前往拉比格争论不休。法国驻吉达的军事代表团领导人布雷蒙德上校（Colonel Bremond）[地位与威尔森相仿，但更具威信，因为他在当地有丰富的实战经验，在法属非洲战功彪炳，还曾在索姆河（Somme）战役中担任过一个军的参谋长]极力主张协约国部队在汉志登陆。他为了引诱我们上钩，还将大炮机枪运至苏伊士运河，并调来了一些骑兵和步兵，他们全是由法国军官指挥的阿尔及利亚籍穆斯林大兵。如果这些人加入英军，整个部队便平添了几分国际化的风味。

布雷蒙德对危险的阿拉伯局势所持的论调只是哗众取宠，想要压过雷金纳德·温盖特爵士的风头。温盖特是一名英国将军，也是"汉志部队"这支有名无实的远征军的指挥官。该部队仅由少数几个联络官和一些库管与教官组成，如果让布雷蒙德得逞，他很可能把英法联军的实际总指挥权揽于自己名下，按自己的意愿分派装备和任务，以及未来可能的增援许可和人员任命。于是温盖特写了一封措辞谨慎的公文，暗示自己倾向于直接参与阿拉伯起义。

由于我在哈伯族地区亲身体验过阿拉伯生活，使得我在拉比格问题上具有很大的发言权（实际上，我大部分意见都很强势）。由于我现在已经正式调入他的阿拉伯事务局任职，我便就整个事件起草了一份言辞尖锐的备忘录提交给克莱顿将军，我提出，如果部落民族得到了顾问和枪炮支持便能在拉比格坚守数月，但如果外国军事力量登陆干涉必将让他们失去斗争主动性，这一观点令他大为赞许。此外，军事干预阿拉伯大起义尚不具备技术可能，一个旅的部队远不足以拉开防御战线，切断土耳其军队周边区域的水源并堵截他们进攻麦加的路线。我指责布雷蒙德上校居心叵测，既不是真心出于军事需要，也没有顾及阿拉伯人的利益，更没有考虑到起义对我们的重要性；并引述了他在汉志的言行作为反面例证，使得我的谴责更加无懈可击。

克莱顿将我的备忘录呈给阿奇巴德·穆瑞爵士，他也对这痛快淋漓的控诉相当欣赏，立刻将这份备忘录以电报形式发回伦敦当证词，表示甚至连阿拉伯问题专家就出兵阿拉伯这一军事请求的合理性及意图都有所怀疑。伦敦当局要求进一步解释，局势终于缓缓拨云见日，拉比格问题上的分歧虽然得到减轻，也还是持续争论了两个多月。

由于我半路杀出给阿齐巴德爵士帮了一个忙，使得我在英国驻埃及参谋部的人气大涨，其夸张程度令人受宠若惊。他们对我礼敬有加，赞赏我明察秋毫，风格犀利，个性十足。还指出将我派去处理阿拉伯问题这一烫手山芋是他们最为明智的举措。阿齐巴德总司令也点名召见我，但我走到半路就被他守候多时的副官激动拦下，先将我引至总参谋长林登·贝尔将军处。因为他对乖张暴戾的阿齐巴德爵士无条件地支持服从，所以大家通常把他视为阿齐巴德大魔王的分身。当我刚走进办公室，他便跳起向我冲来，牢牢揪住我的肩膀，咬牙切齿地说："现在你可给我记好了：千万别惊吓冲撞了他！"把我弄得瞠目结舌。

可能因为我满脸惶恐，他赶紧收敛了狂热的眼神，并让我坐下，亲切地聊了些牛津求学时期的快乐往事，并表示我那份费萨尔军队生活的体验报告很有意思，既然我已经开了一个好头，他希望我能再度返回继续执行这一使命，在这友好的交谈中还穿插提醒我总司令是多么殚精竭虑，对任何事情都忧心忡忡，我必须做出乐观的描述以宽慰他，但是也不能说得太天花乱坠，因为这又走上了另一个让他无法承受的极端。

这让我暗地里乐不可支，并保证自己一定会好好表现，但同时也指出我的目的是确保阿拉伯人得到必要的物资、库存、军火和军官，为了实现这一目标，如必要（我会不择手段达成任务），我也会尽一切所能调动激发总司令对此的关注,甚至可能刺激他。此言一出林登·贝尔将军立马表示补给由他全权负责,将全力支持我们,并可以立即开仓,就地兑现。

我相信他会从此保守承诺。在和他的上司交谈时极尽温和。

卷二　阿拉伯攻势的展开

第十七章至第二十七章

　　如此有利的消息让我的上级大为惊讶，但依然答应提供协助，同时不顾我的意愿将我送回阿拉伯。我到达费萨尔营地当天，土耳其便突破了苏亨山脉的防线，彻底粉碎了我想利用部落民族打仗的信心。

　　我们在延布附近滞留了一段时日，期盼能收复阵地；但最后证明部落民族在攻击时完全一无是处，我们从而看出如果想要将起义发展下去，必须立刻拟定新的作战计划。

　　由于许诺的英国军事专家尚未抵达，此时采取行动无疑过于冒险。但我们为了重新掌握主动，决定不理会敌军的主力部队，全力攻击他们深远后方的铁路线两侧。为达此目的，第一步便是将基地转移到沃季赫①（Wejh）。我们便大张旗鼓地实施这一行动。

第十七章

几天后，克莱德让我返回阿拉伯协助费萨尔。我的个性并不适合这一任务，所以拼命强调自己不是合适人选：我声称讨厌承担责任——显然身为一个尽职的顾问是必须负责的——而且相对于人际周旋，我更乐意从事现有的工作，而让我出谋划策带来的乐趣，则更甚于现在的工作。所以这种需要与人融洽合作，调度差遣的任务对我而言是强人所难。我不适合这种环境，也没有这方面的专长。我不是军人；我也讨厌当兵。当然，我和其他牛津学生一样，读过常见的兵书（还读得不少），什么克劳塞维茨②（Clausewitz）和约米尼③（Jomini）啦、马汉④（Mahan）和福煦⑤（Foch）啦，也模拟过拿破仑的战役，研究过汉尼拔⑥（Hannibal）和贝利萨留斯⑦（Belisarius）的用兵之道；但我从未想

---

① 沙特阿拉伯西北部的小城，坐落于红海沿岸。
② 卡尔·冯·克劳塞维茨（Carl Von Clausewitz），1781年至1831年，普鲁士将军，军事理论家。他撰写的《战争论》是西方战争艺术的奠基石。
③ 安东尼·亨利·约米尼男爵（Antoine-Henri, baron Jomini），1779年至1869年，拿破仑时期的瑞士军事家，后曾服务于沙俄部队。他著述丰富，建立了较为完善的军事理论体系，和克劳塞维茨并列为西方军事思想两大权威。
④ 阿尔弗雷德·赛耶·马汉（Alfred Thayer Mahan），1840年至1914年。他出身军事世家，是一名美国海军上校及预备役少将，曾任美国海军学院教授，首先提出海权论，强调国家应掌握制海权，在海军方面有大量论著。
⑤ 斐迪南·福煦（Ferdinand Foch），1851年至1929年，法国陆军统帅。第一次世界大战后期担任协约国联军总司令，为战胜德国为首的同盟国军做出了巨大贡献，他在1918年被晋升为元帅，并在战后荣获英国陆军元帅和波兰元帅称号，代表作为《作战原则》。
⑥ 汉尼拔·巴卡（Hannibal Baraca），公元前247年—前183年，北非古国迦太基著名军事家。在第二次布匿战争中率领军队从西班牙翻越比利牛斯山和阿尔卑斯山，进入意大利北部，并三次重创罗马军队。尤其是坎尼会战中以巧妙的战术围歼了两名罗马执政官统率的大军，成为世界战争史上最著名的经典战役之一。但他最终在和罗马人的交战中失败，并在罗马人追捕下被迫服毒自杀。
⑦ 弗拉维乌斯·贝利萨留斯（Flavius Belisarius），东罗马皇帝查士丁尼一世麾下名将，意大利的征服者，先后击败汪达尔人和东哥特人，重新征服了北非和意大利，后因查士丁尼的猜忌被罢黜，被史学家列为最后的罗马人之一。

过要担任真正的指挥官，亲自投身战场。

最后我还提醒克莱顿，"瑟达"已经发电报至伦敦，要求派遣合格的正规军军官直接参与阿拉伯人的战争。得到的回答是这些人要几个月后才能到达，这段时间之内我们必须和费萨尔保持联系，将他的需求立即上报埃及。所以我非去不可；只得依依不舍地将我创办的《阿拉伯快报》，倾注满腔热情绘制的地图，以及土耳其军队动向的档案，这些我擅长而痴迷的工作全部转手他人，转而担任起我毫无兴趣的工作。在外人看来，大起义的成功是因为领导有方；实际在幕后却充斥着外行的蹩脚领导、试验性的委员会、意见分歧和反复无常的朝令夕改。

我此次旅程的目的地是已成为费萨尔部队专属基地的延布，加兰①（Garland）只身一人在那里教谢里夫们如何使用炸药捣毁铁路，以及如何制度化管理军需库存。第一项工作开展得较为顺利。加兰是物理专家，在爆破方面有多年的实践经验。他在炸毁火车、破坏通信线路及切割金属方面都有自己的独门秘籍；加之通晓阿拉伯语，教学手段灵活，跳出了普通工兵学院那一套刻板的模式，使得那些目不识丁的贝都因人很快就掌握了这门艺术。他从未失手的纪录让所有学员都心悦诚服。

他也顺便教我熟悉强力炸药。普通的工兵在处理这种炸药时如临大敌，但加兰却一股脑将雷管、导火线、引信、保险丝大把塞进口袋，然后在骆驼上颠簸一个星期抵达汉志铁路。他身体不好，恶劣的气候更是让他经常病倒。由于心脏衰弱，一有繁重的工作或紧急情况发生，他便饱受折磨；但他依然像对待炸药那样若无其事坚持下来，直到在阿拉伯半岛将第一列火车炸出轨，并破坏了第一条电报线路之后才松了一口

---

① 即赫伯特·加兰（Herbert Garland），1880年—1921年，英国军官及冶金学家，皇家陆军军需部队成员。他于1916年指派为劳伦斯及阿拉伯大起义部队的爆破培训官，汉志铁路上第一辆火车就是在他的协助下炸毁的。

气。不久他便撒手人寰。

近几个月来，汉志的局势发生了巨大的变化。费萨尔已按预定计划移防至延布河谷，尝试在大规模破坏铁路前先确保自己后方的安全。为了替他分忧，谢里夫阿里已经任命他们同父异母的弟弟扎伊德为名义上的助手，由拉比格赶往沙法拉河谷，接手率领哈伯族作战这一重担。哈伯族对麦地那和阿巴斯井之间交通联络的打击给土耳其造成了极大的困扰，几乎每天都有一支小特遣队给费萨尔送来缴获的骆驼、来复枪、战俘或逃兵。

11月17日，拉比格上空因第一次出现土耳其飞机而产生了极大的恐慌，直至罗斯（Major Ross）上校率领四架B.E.型飞机[①]前来增援，方人心安定。罗斯上校阿拉伯语极为流利，具有出色的领导才能，是此次任务的不二人选。每周运达的大炮数量都在增加，迄今已达二十三门，共计十四个型号，大部分是老式的。阿里大约有三千阿拉伯步兵；其中两千人为阿齐兹·马斯里率领的正规军，穿统一制服。这两千人中有九百骆驼骑兵，及三百埃及部队。法国也承诺将提供炮兵支援。

谢里夫阿卜杜拉终于在11月12日离开麦加，并于两周后在他想要的地方，即麦地那南部、东部及东北部都完成了部署，可以切断土耳其从卡西姆至科威特的补给。阿卜杜拉手下约有四千人，但仅有三挺机枪，以及在塔义夫和麦加缴获的十门老旧山炮，因此没有足够的实力按原定计划与阿里和费萨尔三面夹击麦地那，而只能加以封锁。因此他戍守在汉纳奇亚（Henakiyeh），这片沙漠地带位于麦地那东北八十英里，距离

---

① B.E.飞机是英国皇家飞机制造厂在第一次世界大战前就开始生产的一种双翼飞机，在第一次世界大战结束之后退役。由于飞机的布局借鉴了法国飞行家兼飞机制造商路易·布莱里奥（Louis Blériot）所生产的布莱里奥式飞机，故此飞机的型号取Blériot Experimental这两个词的首字母B.E.命名。各种型号的B.E.飞机可以胜任侦察机、轻型轰炸机、战斗机、教练机、海岸巡逻机等角色。其中以B.E.2型飞机应用最为广泛，先后生产超过三千五百架，在中东战场服役的正是这种飞机。

遥远，发挥不了太大作用。

延布基地的补给管理反响不错。加兰将这一任务移交给费萨尔在延布的主管阿布德·卡迪尔，他做事有条不紊、干脆迅速。这样的效率让我们大为赞赏，使得我们能临变不乱，毫无后顾之忧。费萨尔也效仿阿齐兹在拉比格的正规军组建模式，将他手下的农夫、奴隶和贫民编成正式部队。加兰开设了培训课程，传授爆破技巧、操作大炮、修理机枪、车轮和马具，是大家的军械士。这种感觉令人忙碌而充满信心。

费萨尔尚未对我们寄予厚望的沃季赫采取行动，打算派朱罕纳族作为先遣队前去占领。同时他还与沃季赫当地族人众多的必利族联系，希望争取到他们的支持。必利族的首席沙伊赫苏莱曼·里法达（Suleiman Rifada）对此虽表面敷衍，但内心敌意深重；因为土耳其人已经授予他帕夏称号并举行了授勋仪式；但他的堂兄哈米德（Hamid）已经投效费萨尔麾下，并且刚缴获了一支由七十只骆驼组成的，自乌拉（El Ula）向沃季赫运送补给的土耳其车队，大快人心。就在我刚要前往海夫侯赛因再度敦促费萨尔尽快向沃季赫进发时，捷报传来说哈桑尼井附近的土耳其军队被击退。一支由他们的骑兵和骆驼部队组成的侦察分队由于过于深入山区，遭到了阿拉伯部队的围歼。局势已渐入佳境。

第十八章

于是我愉快地与资助人谢里夫阿布德·克利姆·贝达威一起上路。他是朱罕纳的埃米尔同父异母的兄弟，但令我诧异的是，他外貌看起来是典型的阿比西尼亚[①]人（Abyssinian）。后来他告诉我，他的母亲是

---

① 埃塞俄比亚的旧称。

个黑奴，在老埃米尔晚年嫁之为妻。阿布德·克利姆中等个头，体型瘦削，黑如煤炭，但文质彬彬；他看起来比实际年龄二十六岁还要年轻，尖下巴上仅有一点稀疏的胡须。他精力充沛，闲不下来，满口黄色段子。他痛恨鄙视黑人的土耳其人（阿拉伯人不抵触非洲人，但对印度人相当歧视），和我相处极为融洽。他同行带有三四名随从，全都骑着骆驼；因为阿布德·克利姆以骑术精湛出名，并为能较常人三倍的速度赶路而自豪，所以我们走得很快。骆驼是别人的，天气凉爽多云，略带雨意，所以我也悉听尊便。

一口气跑了三小时让我们饥肠辘辘，便停下来慢慢享用面包咖啡直至日落，阿布德·克利姆还不时在毯子上与随从扭打嬉戏，直到精疲力竭之后才坐下来，说故事，开玩笑，等休息够了又起身开始跳舞。他无拘无束，性格随和，没有架子。

我们再度启程，在尘土飞扬中狂奔了一小时，直抵特哈马布满岩石和沙粒的边缘地带。一个月前我从特哈马方向来时，曾经过这座平原的南侧：如今我们已经从南面穿越，前往山中蜿蜒狭长的沙质峡谷阿吉达（Wadi Agida）。由于此地几天前曾洪水泛滥，干燥的地表相当坚实，适宜骆驼奔跑；但上坡路段太陡，只能慢步缓行。这让我很高兴，但阿布德·克利姆却很是气恼，故而在忍受了一小时的慢行后，刚来到分水岭地带便不顾夜色已深，带着我们向下扬鞭冲刺了半小时（幸好路面的卵石和沙粒相当平坦）进入平原地带。此时我们便来到了奈赫勒穆巴拉克远郊的种植场，也是朱罕纳族南部最大的椰枣园。

待我们走近，方觉棕榈林间火光冲天，烟雾腾腾，大地伴随着数千只骆驼激烈的嘶鸣和枪炮声，以及迷途者在黑暗中呼朋引伴的叫喊声发出空洞的回响。我们在延布时就听说奈赫勒已经成为弃土，这阵骚乱意味着情况有异，抑或是敌情。于是我们悄悄地从狭窄街道上一人高的土墙之间通过，潜行至树林另一端一排静悄悄的屋舍。阿布德·克利姆撞开左手第一间房子的院门，将骆驼牵入挨着墙根跪下，以免暴露行踪。然后他在来复枪内塞入一发子弹，蹑手蹑脚沿着街道返回现场一探究竟。我们在原地观望等候，奔驰时的大汗淋漓已在凉飕飕的夜里逐渐风干。

半小时后阿布德·克利姆返回说费萨尔带领骆驼军团刚刚抵达此地，我们要前去与之会合。于是我们跨上骆驼，列队穿过房屋和一片低洼的棕榈林间的另一条小巷。小巷尽头挤满了阿拉伯人和骆驼，乱成一团，吆喝声四起。我们费力地从中穿过，沿着一条坡道，转眼就来到延布河谷开阔的河床中，由于这里过于空旷，只能通过远方摇曳的火把才能推测出宽度。潮湿的河床满是前两天发洪水留下的烂泥，将石头全部裹住。骆驼感觉到脚下湿滑，走得战战兢兢。

我们顾不上这许多，眼前满坑满谷，全是费萨尔声势浩大的队伍。数百堆用荆棘架起的篝火烧得正旺，阿拉伯士兵要么围在火边煮咖啡或进餐，要么将长袍裹紧，挨着吵吵嚷嚷的骆驼睡得如死尸一般。这么多骆驼在一起的混乱场景简直难以形容，在营区内或卧或拴，还不断地有新骆驼被牵进来，原来的便伸出三条腿儿去迎接，又饿又急地嘶鸣着。巡逻队已经出发，营房尚未被卸下，更有数十头埃及骡子混在其中愤怒地四下踢腾。

我们努力在喧闹声中开出一条道来，终于在山谷正中央最安静的区域找到了谢里夫费萨尔。我们将骆驼停在他身旁，他的毯子铺在石堆上，两侧分别坐着他的表兄弟谢里夫夏拉夫，伊马雷特（Imaret）兼塔义夫的卡伊穆卡姆①（Kaimmakam），以及他的副官，不屈不挠的美索不达米亚爱国斗士毛路德。费萨尔面前跪着一位正在俯首记录的秘书；身后另一位秘书正借着奴隶手中银灯的光亮高声朗读着报告。当晚没有风，空气浊重，未加遮掩的灯火笔直地蹿向空中。

费萨尔镇定如常，对秘书口述结束后，微笑着起身迎接我。接着他对接待不周表示歉意，挥手让奴隶退下，和我们私下交谈。就在奴隶和其他旁观者离去时，一头野性难驯的骆驼突然在我们面前的空地上一跃而起，嘶鸣着四处冲撞。毛路德一个箭步上前，想把它拉走，却反被骆驼拖出去老远。骆驼身上还未卸下的草料也松开了，在沉默的夏拉夫和我面前抛撒得到处都是。"感谢神，"费萨尔严肃地说，"幸好撒的不是黄油或金子。"然后他开始向我解释前线这二十四小时以来突发的情况。

原来土耳其部队绕过阿拉伯人布置在沙夫拉河谷的正面防线，由一条小路自侧翼进入山区，并切断了他们的退路。哈伯族人惊慌失措，急着赶回家保护老婆孩子，纷纷作鸟兽散。土耳其骑兵杀进山谷如入无人之境，从狄夫兰直抵赛德井（Bir Said）。浑然不觉的扎伊德当时尚在自己营房内酣睡，差点就要被土耳其指挥官加里卜·贝（Ghalib Bey）生擒。所幸千钧一发之际有人及时来报，埃米尔扎伊德在哈里施族老将谢里夫阿卜杜拉·伊本·塔瓦布（Sherif Abdulla Ibn Thawab）的协助下竭力抵挡了一阵，争取到足够时间将他的几座营帐和部分行李打包让骆驼运走。然后他自己也设法脱困；但他的部队已溃不成军，游兵散勇在夜色里没命地向延布逃窜。

通往延布的道路就这样被土耳其人轻取，在我们到达前一小时，费

---

① 奥斯曼土耳其帝国的官职称呼，指一个地区或省份的管理者，意思是"副总督"。

萨尔才率领五千人马前来保护他的基地,以便合理部署,加强防御。他的情报系统已全面瘫痪:哈伯族在黑暗中阵脚大乱,关于土耳其行动和企图的报告纷至沓来,互相矛盾。他搞不清楚土耳其到底是想攻打延布,还是会按兵不动,守住延布河谷通往沙法拉河谷的道路,然后将大军朝沿海的拉比格及麦加推进。两种情形都相当危急:最好的情况是,如果费萨尔的出现可以牵制住他们,使得他们多耗费几天时间才能稳住阵地,我们便能借机加强延布的防御。此时,费萨尔正聚精会神处理部下匆忙呈上来的战报、请愿、意见和困难,我也坐在一旁聆听。

油光满面的夏拉夫坐在我身边忙着剔牙,一小时里偶尔说上一两句话,将那些操之过急的请愿者一一驳回。毛路德在我和费萨尔身边不停转悠,迫不及待地将呈上来的消息中任何有利于立刻发动反攻的内容复述给我们听。

我们一直工作到凌晨四点半。山谷的潮气穿透毛毯浸湿我们的衣服,寒意彻骨。疲惫的人马逐渐进入梦乡,营地最终一片寂静;淡淡的白雾轻柔地笼罩在人们上方,篝火也仅余袅袅青烟。紧贴我们身后的鲁达瓦山脉从雾气中突起,在静谧的月色里显得比往常更为陡峭,仿佛触手可及。

费萨尔终于将手头的紧急事务处理完毕,和我们一起吃了几个椰枣,方稍感舒畅,然后在潮湿的毛毯里蜷缩着躺下。当我躺在那里发抖时,看到必阿夏族(Biasha)的卫兵在确定费萨尔已经睡着后,悄然附身过来,将他们的长袍轻轻盖在他身上。

一小时后我们在若有若无的曙光中全身僵硬地爬起来(因为实在冷的无法继续躺着装睡),奴隶用棕榈枝叶生火给我们取暖,夏拉夫和我则去寻找足够当前使用的食物和柴火。信使依然不停地从四面八方传来情报，土耳其即将展开攻击的可怕谣言甚嚣尘上；营区内亦风声鹤唳。于是费萨尔决定转移阵地，一是因为如果再下起雨来，我们将会被洪水冲走；二是给手下人一些事情做，免得他们焦躁不安。

于是他传令击鼓开拔，大家火速给骆驼装上行李。二通鼓过后，所有人便跃上座鞍，左右排开，给费萨尔骑的那匹雌骆驼让出一条大道。夏拉夫紧跟在费萨尔后面，接着是狂野的内志旗手阿里，乌黑的发辫垂在猎鹰般英武的脸庞两侧。他衣着华丽，骑在一头高大的骆驼上，在他身后的谢里夫们、沙伊赫们、奴隶们——还有我——乱成一团。那天早上仅侍卫就多达八百人。

费萨尔骑着骆驼四处寻找扎营地点，最后停在奈赫勒穆巴拉克村正北面的一条小山谷远端；村子里的屋舍都深藏在树林中，难以从外部发现。山谷的南岸有几座岩石小山，费萨尔便将自己的两座帐篷安扎在下面。夏拉夫也在附近驻扎起自己的营帐；其他的几个族长也过来驻扎在我们旁边。卫兵搭起了自己的哨岗和雨亭，埃及炮兵则在我们一侧的低地上扎营，二十座帐篷漂亮地一字排开，极具军容。不消片刻，此地已人满为患，凌乱不堪。

第十九章

我们在此驻扎了两天，大部分时间我都和费萨尔待在一起，时逢北哈伯族倒戈叛变，不断传来的噩耗令他的将士信心大失，也让我对他的领导方式有了更深的体验。费萨尔以身作则，替身边每一个人打气，努力重振军心。每个前来他帐外等候的人都可以见他，且无论他们如何哭天抢地围在一起哀号，他也绝不打断，总是洗耳恭听，如果自己无暇处理，便换来夏拉夫或法伊兹（Faiz）替他打点。这种耐性十足的风格让我对阿拉伯本土领导方式有了更深的了解。

费萨尔的自制力也令人钦佩。有一次他的宾客主管米祖克·提克赫米（Mirzuk el Tikheimi）从扎伊德处前来，向他解释惨败的始末，费萨尔在众目睽睽之下嘲笑了他，当该为此次事件负责的哈伯族和艾格利族的沙伊赫前来时，便打发米祖克去一旁候着。他亲切地鼓励这些沙伊赫们，聊聊他们做了什么，伤亡是否惨重。然后他将米祖克叫回来并将营帐帘子放下：这表示事关机密。我从费萨尔名字的含义（表示向下猛劈的利剑）推测，恐怕有血腥场面发生，但他只是让米祖克在他的地毯上坐下，说："来！跟我们讲讲你的'天方夜谭'和激烈战事，让大家乐一乐。"米祖克这个俊秀而聪颖的少年（五官轮廓过于分明）被这样轻松的氛围所感染，操着特有的鼻音，将扎伊德和大名鼎鼎的伊本·塔瓦布联手御敌的场景一一道来；以及，最丢脸的一幕是，哈里施族谢里夫阿里的父亲，尊贵的侯赛因大人，竟然吓得连咖啡壶都掉了！

费萨尔说话语调抑扬顿挫，在训示部下时也充分利用这一特长，但此时他用族里的方言进行交谈，显得颇为犹疑，仿佛在字斟句酌，痛苦地寻找最合适的措辞。他的思绪仿佛也随之迟缓下来，因为最后出口的字眼都极其简单，传递出强烈的情感和赤诚。也只有最质朴的语言，方能展现出纯洁意志最耀眼的一面。

其他时候费萨尔相当诙谐风趣——这是阿拉伯人表达善意的一贯方式。某天晚上，他派瑞法族（Rifaa）去戍守法戈里井（Bir el Fagir）一带的平原，那是一个被金合欢与柽柳交杂的灌木丛林所湮没的，荒凉的水源地，只有布鲁卡（Bruka）和赛德井附近才有人烟。他温和地对这一族的沙伊赫说，土耳其人已经打过来了，前去阻击并在真神的庇佑下取得胜利是他们不可推卸的责任；然后又补上一句，如果他们睡过头了可就赢不了了。那些长者——阿拉伯人一向尊敬他们——都开怀大笑并畅所欲言起来，说真神会保佑他们旗开得胜，说不定还会二度夺魁。费萨尔最后祝他们百战百胜，万寿无疆，这更大大激励了他们的士气，恪尽职守整夜巡防。

军营中的生活作息很单纯。每日破晓前，军中的伊玛目①（Imam）便会爬上一座小山顶端，在沉睡将士的头顶大声呼号祷告。他的声音粗粝洪亮，回声在如共鸣板一般的空旷的山谷间震荡反射，听起来颇有种对骂的意趣。这招很管用，大家都纷纷起身跟着祈祷，或者骂娘。祷告完毕后，费萨尔的伊玛目便会来到他帐篷外柔声轻唱。费萨尔五个贴身奴隶（都是自由人，但这职位是个肥差，所以谁也不想恢复自由）中的一个便会立即给我和夏拉夫端来加糖的咖啡。他们都认为寒冷清晨的第一杯咖啡应该加糖。

大约一小时后，费萨尔寝帐的帐幕便会掀开：示意他的家人可以前来觐见。通常会来四五个人；听完早报便会送上早餐。早餐的主食通常是延布谷产的椰枣；有时费萨尔的切尔克斯外婆会从麦加给他送来一盒自己最拿手的辣糕饼；有时费萨尔的奴隶保镖赫吉里斯（Hejris）会给我们吃他自己做的稀奇古怪的饼干和麦片粥。早餐后我们便交替喝苦咖啡和甜茶来找乐子，费萨尔则向秘书口述信函。爱冒险的法伊兹·古赛因（Faiz el Ghusein）便是他的秘书之一；另一个秘书则是伊玛目，他总是愁眉苦脸，座鞍下挂着一把鼓鼓囊囊的大伞，在军中极为醒目。偶尔费萨尔会在此时私下接待宾客，但这种情况很少见，因为寝帐是他的私人居所，不得擅入。这是一种普通的钟形帐篷，帐内摆满了香烟，一张行

---

① 即伊斯兰教仪式上的领拜人。阿拉伯语中原意是领袖、师表、表率、楷模、祈祷主持的意思。

军床,一张上等库尔德①(Kurd)地毯,一张廉价的设拉子②(Shirazi)地毯,还有一张漂亮的祈祷用的老俾路支③(Baluch)地毯。

清晨八点左右,费萨尔会配上礼刀,来至迎宾帐内,那里铺有两张破烂不堪的基里姆地毯④(Kilim)。费萨尔便坐在最里面一端,面向打开的帐门,我们便在他身边围成半圆,靠墙而坐。奴隶们则聚在帐门口,负责控制那些在门口沙地上死缠烂打想要进来,或者远远排队等着上前的请愿者。如果午饭前公事办理的颇为顺利,这位埃米尔便会起身休息。

我们与家属及客人此时便聚集在充当客厅的帐篷内;赫吉里斯与塞勒姆(Salem)将午餐端来,菜品丰盛程度视实际情况而定。费萨尔烟抽得很凶,但饭量很小,他经常用手抓取或者勺子舀取大豆、扁豆、菠菜、米饭和甜饼,以制造吃得很多的假象,待估摸着我们吃得差不多了便大手一挥,餐盘立即被收拾的无影无踪,其他奴隶则走到帐篷门口倒水给我们洗手。但穆罕默德·伊本·谢菲亚(Mohammed Ibn Shefia)这样的胖子不免对费萨尔这种速战速决的吃法和清淡的饮食满腹牢骚,因此还会专门备一些食物给他们带走。饭后我们闲聊一阵,喝两杯咖啡,品两盅糖浆似的绿茶。到下午两点,客厅帐篷的帐幕便会放下,表示费萨尔正在午休,或阅读,或处理一些私事。之后他会再度回到迎宾帐篷内,一一接见所有前来求见的人。我从未见任何一个阿拉伯人在会见结束后愤愤不平地离开——这便是费萨尔手段高明,记忆过人之处;因为他似乎从未因为忘记哪件事情或弄混互相之间的关系而犹豫迟疑。

---

① 生活于中东的游牧民族,为西南亚库尔德斯坦地区主要居民,如今主要分布在土耳其、叙利亚、伊拉克、伊朗境内。
② 伊朗西南部城市,古波斯文化中心。以产葡萄、皮毛、手工羊毛织品、银器、拼花编织品而著名。
③ 分布于巴勒斯坦、伊朗、阿富汗和印度的民族,以毛毯和刺绣闻名于世。
④ 产自土耳其、高加索附近地区的织绣地毯。

如果接见完第二拨请愿者后还有时间，他便会和朋友们散散步，聊聊马匹或种植，看看骆驼，抑或是问问视野内地貌的名称。有时候会举行集体晚祷，虽然费萨尔表面看上去似乎并不虔诚。晚祷结束后他会在客厅帐内分别会见手下，安排当夜的侦察和巡逻——因为大部分的交火都是在入夜后发生的。晚饭在六七点之间，奴隶会把所有指挥部成员都请来。晚餐与午餐菜色类似，唯一不同的是一道广受好评的配煮羊肉块的抓饭（Medfa el Suhur）①，大家吃的时候都顾不上说话。

这顿饭象征着一天的结束，之后只有赤脚的奴隶偶尔偷偷送来一盘茶。费萨尔睡得很晚，也从未表露出想催我们及早离去的神情。他在晚上尽可能地放松精神，避免工作，还会找一些当地的沙伊赫前来，讲述这一地区的逸事，部族的历史和谱系；或是听部落诗人吟唱他们的战争故事：内容繁复冗长，辞藻堆砌修饰，情绪百转千回的传统模式，在一代又一代人的传承下赋予了新的生命。费萨尔热爱阿拉伯诗歌，经常鼓励大家吟诵并进行评比，选出当晚的最佳诗篇。他偶尔会下下棋，落子时如剑客般不假思索，且招式高明。有时候，或许是为了开阔我的见识，他会讲述自己在叙利亚的见闻和土耳其不为人知的秘史，或是家族事务。我从他口中得知了不少汉志地区的人物和组织的内幕。

第二十章

费萨尔冷不丁问我，在营地里是否愿意像他一样穿阿拉伯服装。这正合我意，因为我们现在按阿拉伯方式生活，穿这样的衣服也最为便

---

① "medfa"阿拉伯语意为"炉子"，"suhur"阿拉伯语指"封斋饭"。这里即指这是一天中最后一顿饭，之后便不再开炉生火，大家停止进食，直至第二天早上。

利。此外，部族战士也可以对我一视同仁。因为在他们的生活经历中，唯一穿卡其制服的只有土耳其军人，而他们对这些人怀有本能的戒备。如果我穿上麦加本地服饰，他们会自然而然将我视为领袖之一；而且我还能自由出入费萨尔的营帐不会引起注意，免得他总是费尽唇舌向陌生人解释。于是我毫不犹豫地答应了，满心赞成；因为我的军服在骑骆驼或席地而坐时相当不舒适；且我在战前就学会了如何穿戴阿拉伯服装，也知道这种着装在沙漠生活中更为得体舒适。这让赫吉里斯大为欢喜，施展出浑身解数，给我挑了一件带华丽金线刺绣的纯白真丝结婚礼服，那是费萨尔的姑姥姥刚从麦加给他送来的（似乎在暗示着什么？）。我便穿上它飘飘荡荡地绕着穆巴拉克和布鲁卡的棕榈林散步，希望早日适应这种感觉。

这些小小的村子相当惬意，泥砖的房子全建在高高的土丘上，将棕榈林围在中间。奈赫勒穆巴拉克位于北边，布鲁卡则隔着一道荆棘山谷在南面与之相望。房子都很小巧，内壁上涂了泥，凉爽而整洁，铺有一两张垫子，一个咖啡研磨钵，盛食物的锅盘等物。一株难得一见的参天巨树伸出枝条将狭窄的街道盖住。耕地周围建有土堤，有些土堤高达五十英尺，通常是用树木间挖掘出来的余土、家庭垃圾及河谷外收集来的石头人工堆砌而成。

这些土堤主要用于保护农作物不受洪水侵袭。否则此处地势低于山谷河床，延布河谷的水将会倒灌至园中。狭小的地块被棕榈枝条或泥墙进行分割，周围环绕着水质甘甜的涓涓溪流。每座庄子的大门都建在溪上，门前是三四根棕榈圆木并列搭建而成的便桥，以供骡马和骆驼通行。每个田庄都有闸门，洪水来时可以开闸放水。棕榈树通常排列得整整齐齐，因为是主要作物，人们都会精心照料；但林间也种有大麦、萝卜、西葫芦、黄瓜、烟草及凤仙花。地势高于延布河谷的村落由于气候凉爽，还适宜种植葡萄。

奈赫勒穆巴拉克注定不是费萨尔的长久之地，我也觉得自己最好返回延布，认真研究制定水陆并举的港口防守计划，海军也已答应给予全力的支援。经过商议，大家觉得我应当去辅佐扎伊德，且和他共事似乎是现在最好的选择。费萨尔给我一头高大健美的枣色骆驼骑回延布。我们沿着美沙里河谷（Wadi Messarih）这条新开辟的道路越过阿吉达山（Agida），以避开主路上的土耳其巡逻队。在贝德·伊本·谢菲亚（Bedr Ibn Shefia）的陪同下，我花了六小时平安走完全程，于拂晓前抵达延布。由于总是被营地的警报和惊嚷声吵醒，我已连续三天没有睡好，所以直接前往加兰的空屋（他此时住在停泊在港内的船上），在一张长椅上倒头便睡；但后来又被谢里夫扎伊德前来的消息唤醒，便来到城墙边观看这支败军的进城情况。

这支队伍约八百人，默不作声，但并不因战败而有丝毫的羞愧。扎伊德本人看起来更是若无其事。他进得城来，转身朝骑在他身后的总督阿布德·卡迪尔高叫："我的天，你这座城真破！我必须给父亲发电报，让他派四十个泥瓦工来修补公共设施。"他也真的这么做了。我已给博伊尔海军上校发过电报，告诉他延布港情形危急，博伊尔立即表示他的舰队会尽快赶来支援。这一及时雨让我们大感欣慰，但第二天便有坏消息传来。土耳其派出一支精锐部队从赛德井直扑奈赫勒穆巴拉克，打了费萨尔的部队一个措手不及。费萨尔在短暂交火后败走，现在正朝我们这里撤退。看起来我们似乎要背水一战了。我拿起相机，从麦地那城门的矮护墙上拍下了一张弟兄们进城的精彩照片。费萨尔队伍有近两千将士，但其中没有一个朱罕纳人。显然这一族叛变了，虽然我们谁都认为这种事不可能发生。

我立即前去他的居所拜访,听他将经过原原本本道来。土耳其集结了三个营的兵力,以及一些乘骡步兵和骆驼部队,由治兵严格的加里卜·贝指挥。法赫里帕夏也私下参与了这次征战,他的向导兼阿拉伯联络人,是朱罕纳族的法官达克希安拉·卡迪(Dakhil-Allah el Kadhi),他是继族长谢里夫穆罕默德·阿里·贝达威后的二号领袖,且两个人互为死敌。

土耳其初次进攻便穿过了延布河谷,推进到布鲁卡的树林区域,这样便给阿拉伯和延布之间的交通造成了威胁,同时还用七门火炮朝奈赫勒穆巴拉克随意开火。费萨尔并未乱了阵脚,派遣朱罕纳族去攻打左翼的山谷,中路和右翼部队留守奈赫勒穆巴拉克阵地,并让埃及炮兵在阿吉达山就位,朝土耳其人反击。然后他下令自己的两门十五磅炮朝布鲁卡开火。

负责操作这两门炮的是叙利亚军官拉希姆(Rasim),他曾在土耳其军队中担任炮兵指挥官;他利用这两门炮大展神威。这两门炮是埃及赠送的,连同还有给大谢里夫的六万支步枪,这堆所谓的"武器"都是拿加里波利之战(Gallipoli Campaign)①剩下的破铜烂铁敷衍打发这群阿拉伯蛮族。所以拉希姆没有任何瞄准镜、测距器仪、射表,或者高爆弹。

火炮的射程约为六千码;但炮弹全是布尔战争②(Boer War)时期留下的古董,长满绿霉,就算成功爆炸,要么在空中提前开花,要么则是

---

① 加里波利战役又可被称为达达尼尔战役(Dardanelles Campaign),土耳其方面则称此役为恰纳卡莱之战(Battle of Çanakkale)。战役从1915年2月27日开始,持续至1916年1月9日。以英法为主的协约国军队登陆加里波利半岛,试图迫使土耳其退出战争并支援俄国,战役最后以协约国的败退而告终。
② 英国与南非布尔人建立的共和国之间的两次战争。分别发生于1880年—1881年,和1899年—1902年。

在擦过目标之后。反正一旦战况吃紧，他也不打算带着这些破烂转移，因此便不顾一切地猛烈轰击起来，并对自己这一打法大笑不已；他的欢乐让部落人也受到了感染，"我的神啊，"其中一人说，"这些可是货真价实的大炮，听这声音有多厉害！"拉希姆信誓旦旦地称土耳其人已经横尸遍野；阿拉伯人闻言纷纷冲锋陷阵。

局势进展得相当顺利，就在费萨尔也认为可以取得胜利之际，他在山谷的左翼部队突然收缩，最后干脆抛下敌人，乱哄哄地朝营地撤退。位于中路的费萨尔立即飞奔向拉希姆，高声通知他朱罕纳族的战线已被击破，需要赶紧转移大炮。拉希姆立即集合人马朝阿吉达山前进，那里的埃及部队正在互相探听前线消息。艾格利和艾特班族（Atban）的部队、伊本·谢菲亚的人马、哈伯族和必阿夏（Biasha）族的部队随后也撤退至此，费萨尔带着家属断后，有条不紊地组织大家朝延布转移，将朱罕纳族和土耳其人抛在战场上。

听到这凄凉的结尾，我与他一道连声咒骂起贝达威兄弟的叛变来，此时门外传来一阵骚动，阿布德·克利姆推开奴隶们，冲上前来亲吻费萨尔的头巾表示致敬，然后坐在我们身旁。费萨尔急切地看着他说："怎么了？"阿布德·克利姆便解释说费萨尔的突然撤退让他们大惊失色，他和他兄弟一道带领自己族里的勇士们和土耳其人鏖战了一夜，在没有炮火掩护的情况下孤军奋战，直到那片棕榈林也失守才迫不得已朝阿吉达河谷撤退。他的兄弟带着一半的族人，也正要入城。其余的人马不得不撤往延布河谷取水。

"你们为什么在战斗中途退回后方的营地去？"费萨尔问。"只是想去煮咖啡，"阿布德·克利姆说，"我们从天亮打到黄昏，已经又累又渴。"我和费萨尔笑得东倒西歪，然后继续研究如何守住延布这座城。

第一步非常简单。我们将所有朱罕纳族人遣回延布谷，令其在海夫集合，持续向土耳其人的交通线施压，同时安排部队向阿吉达山脉派出狙击队伍。这一支力量将牵制土耳其人，使其向延布推进的部队无法在数量上压倒我们的防守，而延布的守军还占据着有利的地形，更是额外的优势。延布位于一片平坦的珊瑚礁顶端，约高出海平面二十英尺，两面环海，另外两侧则是一望无垠的柔软沙海，难以找到合适的掩护，且没有水源。白天只要有火炮和机枪的掩护，可谓固若金汤。

火炮不停地运来；博伊尔总是言出必行，且更进一步，在二十四小时内就为我们集结了五艘战舰。他将"M31号"这艘浅水炮舰调作警戒船，派至港口东南海湾的尽头，这样便能最大范围监测到土耳其军队的动向并随时以六英寸炮展开攻击。舰长克罗克（Crocker）摩拳擦掌，急切地想要这些蓄势待发的大炮一展雄风。其余大一些的舰船则泊在城外远一些的港湾，以远程火力进行掩护，防御可能从延布北方包抄过来的敌军。"达芙琳号"（*Dufferin*）和"M31号"的探照灯也在城外的平原上来回交叉照射。

港内如此多的战舰让阿拉伯人大受鼓舞，也兴冲冲地参与到这场夜间备战中来。他们的表现让我们相信他们不会再度陷入恐慌；但为了让他们彻底放下心来，还需要修筑一些防御工事，中世纪风格那种：挖战壕肯定不可取，一方面因为地表是珊瑚礁，更何况他们毫无挖战壕的经验，搞不好反而会弄巧成拙。于是我们将已经被海盐侵蚀得千疮百孔的城墙加以利用，将其加厚为两层，中间以土填实，使得这座建于16世纪的堡垒至少能抵挡住来复枪的子弹，或者也能抵挡住土耳其山炮的攻击。在堡垒墙外的各个雨水收集池之间设满了密密麻麻的带刺铁丝网。

我们在最佳的射击角度挖好了机枪巢,并配有费萨尔的正规枪手。埃及人虽然无所事事,但和其他肩负重任的人一样,颇为振奋。加兰则担任总工程师和首席顾问。

入夜后,整座城市极力压制住蠢蠢欲动的激情而微微战栗。白天众人吵嚷高喊,对天鸣枪取乐,工人之间会突然爆发斗殴;但当天色渐暗,大家回去用餐休息,寂静再度降临。当晚几乎每个人都辗转难眠。十一点左右有一次警报。我们的前哨在城外三英里处与敌军遭遇。加兰带着一个传令兵穿过几条街道,叫来卫兵。他们直接冲出城外,静悄悄地各就各位,没有人胡乱发枪,也没有人发出一丝异响。光塔①上的水兵朝舰船发出了警报,船上的探照灯立即交错着缓缓扫过平原,在进攻的必经区域投下一轮轮光圈。但没有发现任何需要开火的迹象。

战争结束后,达克希安拉告诉我,他在当晚引导土耳其人杀往延布,打算将费萨尔的军队连根铲除;但当身处一片死寂之中,看见港内密布的军舰,探照灯的阴森光线如刀刃四处划过必须穿越的那片荒芜平原,吓破了胆的他们终究还是打了退堂鼓:而那一夜,我相信,注定了土耳其日后的失败。我个人为了不被打扰,当时身处"苏瓦号"上,一觉酣睡到天亮;因此我感谢达克希安拉在土耳其面前的小心谨慎,虽然我们可能为此错失了一次辉煌的胜利,但光是那八小时完整的美梦已让我感激不尽。

第二十一章

第二天危机解除:土耳其人显然已经撤退。朱罕纳族在延布河谷侧

---

① 清真寺旁的尖塔,为报告祷告时的人所用。

翼频繁发起攻击。加兰在城内的防御工事令人折服。阿奇巴德·穆瑞爵士应费萨尔要求，在西奈大展军威，以牵制土耳其将兵力调去支援麦地那，这一喜讯传来，众人都松了一口气。几天后，博伊尔将舰队撤走，并许诺如再有任何异动，必会火速来救；我借此机会搭船前往拉比格，与法国军事代表团总指挥官布雷蒙德上校这位汉志地区唯一的真正军人会晤。他仍然在利用法国驻苏伊士运河的一支特遣舰队，想要诱使英国派出一个旅前往拉比格；而且他怀疑我并未和他站在同一战线，所以一直试图说服我。

于是我和他展开了辩论，我指出立即攻打麦地那的必要性；因为我与其他英国人一样，认为攻占麦地那是阿拉伯大起义想要取得进展的必要先决条件。他严词驳斥了我，表示攻下麦地那对阿拉伯人而言毫无助益。依他之见，将阿拉伯人的起义囿于麦加才能最大限度地发挥其作用；而对抗土耳其的军事重任，最好交由法国和英国处理，无需他人染指。他希望协约国联军可以在拉比格登陆，这样部落民族就会怀疑大谢里夫的动机，进而浇灭他们的战斗热情。那时大谢里夫只得求助于外国军队保护自己，他的安危从此便操纵在我们手中，等到战争结束，土耳其战败后，我们作为胜利方便可和苏丹签订条约要求割占麦地那，再转手授予谢里夫侯赛因，认可他在汉志的统治权，作为其驯顺效忠的奖赏。

我并不像布雷蒙德这般轻狂，认为自己强大到可以任意玩弄弱小盟邦；便简明扼要地回答自己持反对意见。我将战略重心放在立即攻占麦地那，并建议费萨尔占领沃季赫，以扩大他对铁路线的威胁。总而言之，我认为如果阿拉伯人未能借助起义的一腔热忱挺进大马士革，则根本称不上一次成功的起义。

这一态度让布雷蒙德大为反感；因为法国和英国在1916年签订的《塞克斯皮科协定》①（Sykes-Picot Treaty）中，起草者塞克斯就已经提出了这种可能性；而且作为交换条件，该协定明确指出要在大马士革、阿勒颇、摩苏尔（Mo-Sul）等地建立独立的阿拉伯政权国家，以防止这些地区落入贪得无厌的法国人手中。虽然塞克斯和皮科都不相信阿拉伯人真的能拿下大马士革；但我却知道此举必将成功，并坚信这之后，借助阿拉伯大起义的狂潮，可以制止由英国和其他列强策划的，在西亚建立臭名昭著的剥削殖民地的阴谋。

布雷蒙德利用自己的专业背景找各种借口搪塞，并以他参谋官的身份向我保证，费萨尔离开延布进军沃季赫可谓军事自杀；虽然他振振有词，但我却觉得他的论点站不住脚；并毫不掩饰地告诉了他。这是一次奇特的会面，发生在一位饱经沙场的老将和一位衣着怪异的年轻人之间；并给我留下了极为恶劣的印象。这位上校和他的国人如出一辙，在面对爱情和战争时都是彻底的现实主义者。即便是吟诗作对这种事，在积习难改的法国人笔下也能变成一篇散文，他们对看待和理解事物的眼光过于直白，而非如想象力丰富的英国人那样，半睁起眼睛雾里看花，发现事物由内而外散发出的独有魅力；所以这两个民族很难携手完成重大使命。但无论怎样，我还是极力自制，没有将此次会谈的内容透露给任何阿拉伯人，只是撰写了一份详尽的报告给威尔森上校，他不久便会前来会晤费萨尔，就出兵沃季赫进行讨论。

在威尔森到来之前，土耳其的战略重心突然发生改变。法赫里帕夏

---

① 指在第一次世界大战期间，英、法、俄三国于阿拉伯大起义发生前夕的1916年5月16日签订的瓜分奥斯曼土耳其帝国的秘密协定。由于该协定的起草者为英国中东专家马克·塞克斯和法国外交官弗朗索瓦·皮科，故有此名。这一协定实际上和英国保证阿拉伯国家在战后获得独立的《侯赛因麦克马洪协定》及英国关于巴勒斯坦地区犹太人定居的《贝尔福宣言》互相矛盾。1917年俄国发生十月革命后，布尔什维克政府立即将这一秘密协定公布于众，引发了阿拉伯国家极大的反弹。这一协定后来被视为中东地区一系列动乱的根源。

意识到延布已无法被攻破，海夫侯赛因那些神出鬼没的朱罕纳人也难以肃清；他在奈赫勒穆巴拉克的部队也遭到两架英国水上飞机的轰炸。这两架飞机面对敌军的霰弹攻击，依然两度穿越沙漠，深入敌境。

于是法赫里火速撤回赛义德井，只留下一小股兵力留意朱罕纳族的动向，然后率主力部队取道苏丹尼路移师拉比格。这一变动无疑与阿里在拉比格的高调作为有所关联。阿里在获悉扎伊德的失败后，立即派出军队和大炮增援；而当费萨尔自己也败走之后，他决定集结麾下所有兵力北上，攻击沙法拉河谷的土耳其部队，逼其调回围攻延布的兵力。阿里手下约有七千人马，费萨尔认为如果这一力量能和自己同时夹击，或许能在山岭间将法赫里的部队击溃。于是他将这一决策拍电报给阿里，要求延迟行动数日，以便整顿人马。

阿里心急如焚，按捺不住。费萨尔只得催促扎伊德前往延布河谷的马沙哈里（Masahali）备战。一切打点停当后，他又派遣扎伊德前去攻占赛义德井，并如愿以偿。接着他命令朱罕纳族前去支援，但因费萨尔在该族中声望渐长，令族长伊本·贝达威嫉恨不已，为了巩固自己的地位，拒绝派兵参加。费萨尔只得单枪匹马前往奈赫勒穆巴拉克，并用一晚上的时间成功说服朱罕纳族将他奉为新的领袖。第二天一早全族人开拔，费萨尔则继续前往塔沙山径（Tasha Pass）召集北哈伯族拦截沙法拉河谷中撤退的土耳其部队。这样他已拥有近六千人马，如果阿里由峡谷南岸围攻，便可不费吹灰之力击败土耳其。

然而事与愿违。费萨尔上路后，才听说阿里的部下在兵不血刃拿下伊本哈桑尼井后，因听信谣言，认为苏孛地区的族人已经叛变，因此丢盔弃甲，纷纷逃回拉比格。

就在这不祥之兆令众人踌躇观望之际，威尔森上校抵达延布，劝说我们立即对沃季赫采取军事行动。我们对进攻计划进行修正后，决定由费萨尔率领麾下正规军及朱罕纳族军队的主力，在海军的全力掩护下攻打沃季赫。这样的攻势足以拿下沃季赫，但却留下防守空虚的延布大唱空城计。这样的风险让费萨尔一时间拿不定主意。他有理有据地指出，周边的土耳其部队依然活跃；阿里的军队已经名存实亡，如果遭遇猛攻，甚至无法守住拉比格；而拉比格作为麦加的堡垒，一旦情形告急，他必得抛下延布前去救援，即便自己和部下全部战死在拉比格的海滩上，也不能眼睁睁任其沦陷。

威尔森为了让费萨尔安心，将拉比格的兵力一番盛赞。为了验证此言不虚，费萨尔要威尔森亲自许诺拉比格能在英国海军的协助下成功抵御敌军，直到攻下沃季赫。威尔森环视"达芙琳号"甲板上（会议在舰上举行）面面相觑的众人，希望得到支持，但在一片沉寂中他依然郑重其事地做出了保证。这是一次明智的赌博，因为只有这样才能让费萨尔出兵；而攻打沃季赫的这支部队，是阿拉伯阵营中唯一具有战斗力的队伍，也是他们抢占麦地那，以防止土耳其攻下麦加的最后机会。几天后，威尔森请费萨尔的父亲大谢里夫传谕，令他率领全部人马，立即出兵沃季赫。

此时拉比格的局势已每况愈下。敌军在沙法拉河谷和苏丹尼路集结的兵力已约达五千。北方的哈伯族为了保住自己的棕榈园，早已屈膝就范。南哈伯族则是侯赛因·马贝里格的族人，正伺机在后方对谢里夫的部队发起偷袭。威尔森、布雷蒙德、乔伊斯、罗斯等人于圣诞节前夕在拉比格进行了会晤，决定在军舰炮火的掩护下，由埃及部队、航空队（Flying Corps）和"智慧女神号"（*Minerva*）上水兵组成的登陆部队在海滩机场旁边设立一小块阵地，以争取到几小时用以抢运和销毁物资。土耳其正步步进逼；而此地尚未准备就绪，无力抵御一支带有野战炮兵的精锐部队。

但法赫里此时却行动迟缓，直到1月的第一周结束才将大军开过沙伊赫井，且又过了七天，仍未做好攻击科雷巴的准备。阿里在那里有一个数百人马的前哨阵地，双方巡逻队曾经有过小规模交火，每天都有可能受到攻击，但就这样一直拖延了下来。

原来土耳其正面临出其不意的困境。总部的大量士兵都身染重病，作战牲畜里的老弱病残也逐渐增加：两者都是过度操劳和营养不良的征兆。部落民族持续不断的偷袭令他们如坐针毡。部落人虽然经常背弃阿拉伯大起义的行动，但并不意味着会就此效忠土耳其，于是土耳其人很快便发现自己四面楚歌。仅在1月的前两周内，部落人发动的偷袭就使得土耳其部队平均每天损失四十匹骆驼，并造成约二十人的伤亡，物资的损失则更是惨重。

在距麦地那海岸线十英里宽，七十英里长，一路深入山区的范围内，土耳其人随时随地可能遭遇这样的突袭。这凸显出他们作战的巨大障碍，半数装备为德式现代化武器的土耳其新式陆军，一旦脱离了铁路运输的帮助，想要在无路之地翻山越岭深入敌后无异于蜀道登天。科学进行战争的管理手段同时也扼杀了其机动性，使得猛冲突击的快速打法难以实现；而每朝麦地那推进一英里，他们的统帅在军备、安保和驻扎方面遇到的问题就会随之激增，且这种增长是呈几何级数而非简单的等差级数。

土耳其的局势很不乐观，故而当阿卜杜拉和费萨尔在1916年年底的最后几天突然移师，改变了汉志战场的策略格局，或许让法赫里稍感宽慰，并在1917年1月18日后匆忙将他的麦加远征军撤出苏丹尼路、法拉

(Fara)和加哈(Gaha)路,以及沙法拉河谷,集结在麦地那城外视线可及的野战工事内消极防御:这一部队从此便在战壕内形如困兽,直至土耳其签署停战协议后才黯然投降。

第二十二章

费萨尔一言既出,便会戮力以付。他承诺立即向沃季赫发兵,所以和我在新年当天坐下来,研究这一行动对我方和土耳其的利弊得失。在我们周边,顺着延布河谷上下数英里范围内,每一小座棕榈园里,每一丛灌木林下,每一条支流畔,只要有遮风避雨之处,或可供骆驼觅食之地,皆有我们的将士。那些上身赤裸,徒步攀行的山民已不复存在,目前的六千大军几乎都骑着骆驼,装备完善。他们将咖啡炉放置在驼鞍旁边,围绕篝火组成一个圆圈,充当餐后休息的靠枕。阿拉伯人体格完美,可以如蜥蜴般在遍布石块的地面躺卧自如,嵌入凸凹不平的地形中如死尸般酣然沉睡。

他们沉默寡言但信心十足。有些人已投效费萨尔半年甚至更久,早已失去当年在哈姆拉那种令我叹为观止的热忱;与之相对地,他们战斗经验却与日俱增;且对我们而言,持之以恒的精神比初生牛犊的激情更为重要。他们的爱国之心如今变得理智而清醒;随着战线朝家乡远处的推移,他们的服役情形也越发稳定。部落人不服从命令的习惯并未改善;但也习惯了营区生活和行军作息。当谢里夫前来巡视时,他们也会排成七扭八歪的队伍,一起鞠躬并将手臂在唇边挥动,这是他们正式的致敬礼。他们从不给枪上油:据说上了油沙粒便会粘附在枪管里,何况他们也没有油;还不如用自己的皮肤擦,以软化饱经风霜的老茧;但那些枪确实保养得不错，有些人的枪法可谓百步穿杨。

由于毫无团队合作精神，也缺乏组织纪律性和互相信任，他们聚在一起时不足为惧。作战单位越小，表现越发精彩。千人队伍只是乌合之众，甚至无法对抗一支训练有素的土耳其连队；然而只要三四个阿拉伯人驻守山中，便能一夫当关万夫莫开，拿破仑对于马木留克骑兵的战斗力也曾有过类似的评价。我们现在自顾不暇，没有时间将仓促的实践化作经验教训进行推广；我们的战术是尽可能从实践中总结经验，以摆脱困境。但我和其他人一样，仍在苦苦摸索中。

自奈赫勒穆巴拉克一役后，我们便放弃了那一旅由非正规军组成的埃及部队，遣返了所有埃及军官和士兵，将全部装备移交给了费萨尔的炮手拉希姆，以及机枪手指挥官阿卜杜拉·迪列米（Abdullah el Deleimi）。他们利用当地资源建立了一些阿拉伯连队，再加上受过土耳其训练的叙利亚和美索不达米亚逃兵，阵容颇为壮大。毛路德这位喋血副官，缠着我要来了五十头骡子，作为他五十名精锐步兵的坐骑，还冠以骑兵的称号。他纪律严明，生来是指挥骑兵的料，在他斯巴达式的训练下，那些饱经摔打的骡子骑手终被磨砺成杰出的骑兵，任何时候都能胜任正式的攻击任务。他们是阿拉伯部队里难得一见的异数，我们便拍电报要求再送来五十头骡子，将这支骑骡步兵的阵容扩大一倍，因为这样一支精兵对侦察行动而言至关重要。

费萨尔打算将全部朱罕纳族人带去攻打沃季赫，再加上足够多的哈伯族人、必利族人、艾提巴人、艾格利人，使得这支大军带有多族联军的色彩，我们希望此次进军能成为北汉志地区战争的闭幕礼，并将影响波及整个西阿拉伯半岛。这将是阿拉伯史上最蔚为壮观的一次军事行动；让那些仍在踌躇观望者也意识到他们的世界业已发生了翻天覆地的改变，勇敢地挺身而出；从此以后，部族之间不再猜忌背叛，勾心斗角，亦不会让战斗因家族纷争而掣肘难行。

我们并不认为会立即遭遇敌人。我们不辞辛劳将这支杂牌部队带去沃季赫，甘冒效率和经验的双重风险，就是因为料准了沿途不会有遭遇战。我们手里有无形的优势。首先，土耳其已将多余兵力集中起来攻打拉比格，或宁愿用来增援其已占领区域，以全力攻击拉比格。如想将部队调往北方，将会花上好几天时间。其次，土耳其人相当愚蠢，我们认为他们不会立即知晓我们的动向，就算知道或许也不会相信，等到日后恍然大悟才会发现已错失良机。如果我们能在三周内抵达，应当可以出奇制胜拿下沃季赫。最后，我们可以将哈伯族零散的偷袭发展成为有计划的突击战，尽可能劫掠土耳其的物资，从而实现自给自足。但主要目的还是遏制住土耳其大军，使其分身乏术。扎伊德同意前往拉比格，在土耳其后方筹建类似的游击部队，我替他给戍守在延布港的"达芙琳号"舰长写了一封信，以确保他能乘船迅速南下拉比格：因为所有知道沃季赫计划的人，都急切地想要共襄盛举。

为了训练自己参与突击行动的能力，我在1917年的第二天带领一支由三十五个哈米德人（Mahamid）组成的试验小分队从奈赫勒穆巴拉克出发，前往我第一次由拉比格至延布途中经过的老碉堡井。我们在入夜时分停下，留下十人看守骆驼，以防遇上土耳其巡逻队。其余的人爬上狄夫兰山：由于山壁从上至下都是参差不齐的岩石，如刀刃般锋利，因此爬行过程相当艰难。岩石表面崎岖不平，但没有地方可供抓握，稍一用力便可能在手中化作碎片。

狄夫兰的山头冷冽多雾，我们直到黎明才抵达山顶。我们藏身于岩缝间，最后终于在下方右侧三百码远的山脊之后看到了钟形帐篷的尖顶。由于无法看清整体情况，我们便朝他们的帐篷顶开了几枪过过瘾。一群土耳其人冲出来，像受惊的鹿一样跳入战壕。他们是快速移动的活靶，大多一枪毙命。他们也随之朝四周胡乱开枪还击，还扯开喉咙大声吆喝；好像要呼唤哈姆拉守军前来增援。由于敌军目前的人数已超出我们十倍，如援军赶到，我们将无路可退：于是我们悄悄朝后爬去，一直撤到安全地带才快速冲下第一座山谷，在那里遇到两个扣子都没扣上，正在做早操的土耳其士兵，把他们吓得魂不附体。虽然他们衣衫不整，但也足够被我们抓回去炫耀一番，而他们提供的情报也很有价值。

费萨尔始终对弃守延布而忐忑不安，这是他到目前为止最重要的基地，也是汉志地区第二大港口。当我们正在为牵制土耳其对其展开进攻伤透脑筋时，突然想起驻守在汉纳齐亚的阿卜杜拉。他手中有约五千非正规军，还有几门大炮与一些机枪，更有成功攻占（虽然动作慢点）塔义夫的威名。如将他闲置在荒山野地间，实在是埋没人才。我们初步构想是让他前来科黑巴（Kheibar），借此对麦地那北方的铁路造成威胁；但费萨尔突然想起了艾斯河谷（Wadi Ais），便对方案进行了大幅改进。艾斯河谷有历史悠久的泉水和棕榈村落，河流自鲁达瓦山后往东，穿过由朱罕纳族守卫的固若金汤的山岭，奔向赫迪亚（Hedia）附近的哈姆德（Hamdh）谷。那里位于麦地那以北仅一百公里处，是法赫里与大马士革之间的铁路交通要冲。阿卜杜拉可以在那里安排人手，封锁麦地那东侧，拦截由波斯湾运来的物资。此外，由于这里靠近延布，还可以就近补给军火和粮秣。

这提议可谓棋高一着，令大家群情激奋，即刻派遣拉贾尔·库鲁威（Raja el Khuluwi）前去通知阿卜杜拉。我们深信不疑他将采纳这一方案，所以敦促费萨尔在得到答复前就从延布河谷率兵北上，展开对沃季赫的第一波攻势。

第二十三章

费萨尔同意了,我们便经由美沙里河谷宽阔的道路,前往延布以北五十英里,水井遍布的欧威斯(Owais)。当天的山景美不胜收。12月雨水充沛,雨后温暖的阳光照耀着大地,仿佛春天已经来临。洼谷平地都已冒出浅浅的嫩草,叶片(单叶,笔直而纤细)从石缝间探出头来。在座鞍上俯身向下查看,似乎看不出地面有任何改变;但从水平角度远眺远处的山坡,便可以看出在那蓝灰色与红棕色的岩石表面,处处洋溢着一片生机勃勃的浅绿。我们辛勤跋涉的骆驼在那些长势尤其旺盛的草地上四处奔走,大快朵颐。

动员令已经下达,但只给我们和艾格利人。军中其他单位在我们出发的路两侧一字排开,每个士兵站在蹲伏的骆驼旁,在费萨尔走来时默默行礼致敬。他开心地大声祝福"愿你们平安",每一族的沙伊赫也用同样的话回祝他。待我们走远,众人便骑上骆驼,在各自的族长身后列队,排起了长长的队伍。视线所及之处只见一条士兵骑着骆驼组成的长河向着分水岭方向迤逦而去。

我们的队伍在沉默中登上山顶。眼前的山谷豁然开朗,一道铺满碎石的斜坡缓缓降入沙地,费萨尔方才开口向此地领主致敬:这里是伊本·达克希(Ibn Dakhil)的地盘,这位卢斯(Russ)支系的沙伊赫眼光独到,曾在两年前带领艾格利人为土耳其效劳,在阿拉伯大起义爆发后,又将全部人马转投谢里夫麾下。达克希退后一两步,引导我们走进他庞大而整齐的欢迎队列中,并下令击鼓助兴。每个人都放开嗓子高唱对埃米尔费萨尔及其家族的颂歌。

游行变得狂野热烈，令人眼花缭乱。身穿白袍的费萨尔走在最前面，右侧是戴着红色头巾，身披橙红色斗篷长袍的夏拉夫，我穿着红白相间的衣服骑行于他左侧。三面业已褪色的深红色丝绸战旗在我身后迎风招展，旗杆顶端装饰着镀金矛头。鼓手跟在旗后演奏进行曲，一千两百名彪悍的卫队士兵骑着蹦蹦跳跳的骆驼，摩肩接踵尾随其后，他们身上的衣着五彩缤纷，骆驼身上的披挂也极尽华美。欢腾雀跃的队伍填满了整座山谷。

阿布德·卡迪尔从延布派来的信使在美沙里河谷口赶上了我们，交给费萨尔几封信。其中一封是三天前"达芙琳号"发给我的，表示在见到我并得到当地情形的细节汇报之前，不会送扎伊德前往拉比格。他们如今停泊在距港口八英里远的偏僻小湾谢尔姆（Sherm），没有延布挥之不去的苍蝇的骚扰，官兵们可以在海滩上玩玩板球。当然，这样的天远地偏也使得他们难以收到外界的消息：这也是我们和"达芙琳号"一直的分歧所在。它的指挥官虽和蔼可亲，却远不如激进的政治家和宪政主义者博伊尔那般高瞻远瞩，也缺乏"哈挺号"（Hardinge）舰长林伯瑞（Linberry）那样的睿智，每到一个港口都悉心收集街谈巷议，不辞辛劳地深入了解当地的风土人情。

显然我最好赶紧登上"达芙琳号"，使事情步上正轨。扎伊德为人不错，但如果被这样莫名其妙地耽误，必会做一些出格之举，而此刻绝不能再旁生枝节。费萨尔拨给我几位艾格利士兵，一同火速赶赴延布。实际上，我只花三小时便到了，将那群令人生厌的护卫（说什么赶得太急会累坏骆驼并磨破屁股）抛在那片再熟悉不过的平原上。离开山中时仍高悬于空的太阳此时业已西垂，愤怒的白光直扑人面，使我不得不腾出一只手遮住眼睛。费萨尔给我的这匹骆驼（他父亲从内志的埃米尔处收到的礼物）健步如飞，是我骑过的骆驼里最精良驯顺、吃苦耐劳的。后来它在阿卡巴（Akaba）的旅途中因为照料不周，劳累过度，患上了兽疥癣，因此病故。

我抵达延布后，才发现事情并非如信上所言。扎伊德已经上船，"达芙琳号"在当天早晨也已经启程前往拉比格。于是我坐下来，认真思量在前往沃季赫的途中需要海军给予怎样的支持，以及采取怎样的运输手段。费萨尔答应在欧威斯等候我的消息，待一切准备就绪再继续上路。

第一个问题是民政当局和军方势力的冲突。阿布德·卡迪尔是个精力旺盛但喜怒无常的总督，随着我们基地规模的逐渐扩大，他也被与日俱增的事务搞得焦头烂额，直到费萨尔给他增派了一名来自霍恩斯（Horns）的叙利亚指挥官，陶菲克·贝（Tewfik Bey）来管理军需库。但不幸的是，军需品如何界定尚是个未解之谜。那天早上他们为了几口装武器空箱子的管辖权产生了摩擦，阿布德·卡迪尔将仓库大门一锁，径自去吃午饭。陶菲克则带着四个人，一挺机枪和一把大锤来到码头，强行将门砸开。阿布德·卡迪尔只得跳上一条小船，划向英国哨船——丁点儿大的"淘气号"（*Espiegle*）——要那位尴尬万分但热情好客的船长在舰船上收留他一阵子。他的仆人每天从岸上给他送去食物，晚上他就睡在甲板的行军床上。

我决定快刀斩乱麻以解决僵局，便叫阿布德·卡迪尔写信给费萨尔，请他裁示，并暂时接管了陶菲克的仓库管理权。我们派拖网渔船"仙林号"①（*Arethusa*）靠近阿布德逃亡用的那艘小帆船，让他指挥将

---

① 希腊神话中貌美的山林仙女，是阿尔忒弥斯的侍女。

那几口争端之箱搬上哨船，最后再把陶菲克带到"淘气号"上，设法从中调节斡旋。这一死结最终因为一件小插曲而轻易化解：当时陶菲克在舷梯上向仪仗队（并非常备，仅用于政治礼节场合）敬礼，并指着一块写有"马尔马里斯号"（*Marmaris*）字样的战利品标牌喜笑颜开地说："这艘船在喀纳（Kurna）俘虏过我。""马尔马里斯号"是一艘土耳其炮艇，在底格里斯河上和"淘气号"交火后被击沉。陶菲克的这则逸事让阿布德·卡迪尔听得津津有味，两人从而握手言和。

夏拉夫第二天来到延布，代理费萨尔行使埃米尔的职权。他位高权重，当属费萨尔营中能力最强的谢里夫，但缺乏雄心壮志：一切只是听从号令，而非自觉主动。他家财万贯，在圣裔法庭里担任过多年首席大法官。由于比任何人都了解部落民族，因而处理事务游刃有余，令部族对他的铁面无私敬畏三分，再加上一脸凶相，左边眉毛朝下耷拉着（旧伤造成的）更增添了几分凛然不可冒犯之气。"苏瓦号"上的军医曾为他的眼伤施行过手术，基本治愈了伤处，但毁容依然不可避免。我发现他是一个极好共事的人，头脑清醒，睿智和善，当开心微笑时，虽然眼睛看起来还是那样骇人，但嘴角也会变得温柔。他做事总是有板有眼，一丝不苟。

我们一致认为延布极有可能在我们攻打沃季赫期间被占领，所以提前运走军需是明智的选择。博伊尔让我在"达芙琳号"和"哈挺号"之中选一艘作为运输舰。我回答说鉴于此次任务的艰巨性，我更愿意选择"哈挺号"！"达芙琳号"的舰长瓦伦（Warren）截听到这则电报，觉得这根本是危言耸听，但并不妨碍"哈挺号"两天后心花怒放地前来执行任务。"哈挺号"是一艘印度运兵船，最底层的屯兵甲板在吃水线位置有一扇宽大的水密门，林伯瑞将其打开，让我们将八千支来复枪、三百万发子弹、数千发炮弹、大量的大米和面粉、一大批制服、两吨高爆炸药及全部汽油连同其他鸡零狗碎一股脑儿塞了进去。整个过程就像往邮筒里塞信一般，不一会儿就装满了数千吨的物品。

博伊尔心急如焚地赶来打听消息，并答应让"哈挺号"长期担任我们的补给舰，在任何需要的地方为我们提供食物和饮水，这样便可解决我们的主要难题。英国海军已经集结就绪。红海舰队半数的舰船都将投入战场。海军上将即将莅临，每艘舰队的登陆部队都在演习。官兵们个个摩拳擦掌，积极备战。

我默默祈祷，虽然有他们的支援，但仍不希望有战事发生。费萨尔现已集结了近万名人马，武装部队足以填满整个必利族地区，只要不是太严重或棘手的状况皆能应付。必利族也对此心知肚明，因此对谢里夫费萨尔极尽忠诚，全心投入阿拉伯建国事业之中。

我们攻下沃季赫当如探囊取物，最大的担忧是费萨尔的部队沿途可能会大批饿死或渴死。补给与其说是我的职务，不如说是我的责任。不过，途中经过的地区属于友邦，不大可能发生冲突。因此，我们向费萨尔汇报一切就绪，他便在得到阿卜杜拉对进军艾斯河谷计划的赞许并立即行动的回音后，于当天离开欧威斯。同一天我也收到一则颇为安抚的好消息：英国正规军上校纽康贝已抵达埃及，正式调任汉志军事代表团指挥官。他的两名参谋官，柯克斯（Cox）和维克里（Vickery）此刻正赶赴红海，加入我们的远征队伍。

博伊尔让"苏瓦号"将我送至恩姆勒吉，我们在那里上岸打听消息。当地沙伊赫告诉我们费萨尔今天就可抵达内陆四英里处的瓦黑迪井（Bir el Waheidi）。我们便派人前去送信给他，然后和博伊尔一道前往他数月前令"狐狸号"（Fox）开炮炸毁的碉堡查探。如今此地只剩下破烂的营房，博伊尔看着废墟说道："我居然把这么个小地方夷为平地，真心感觉惭愧。"他是非常专业的军官，机警求实，也很官僚；有时候会对不拘小节的人和事吹毛求疵。红头发的人总是缺乏耐性，大家都亲切地叫他"姜头儿"。

就在我们四处查看废墟时，村中四位穿着破旧灰色衣服的长者走来，要求借一步说话。他们说几个月前突然来了一条有两个烟囱的船，毁了他们的碉堡。现在地方上要求他们重建一座碉堡供阿拉伯政府的警察使用。不知这条热爱和平的只有一个烟囱的船的船长，是否能慷慨地借给他们一些木料，或其他材料帮助重建？他们的絮絮叨叨让博伊尔相当不安，直冲我嚷嚷："怎么回事？他们要干嘛？"我回答道："没什么，他们只是在描述"狐狸号"被轰炸的惨状。"博伊尔环顾四周，苦笑着说："的确惨不忍睹。"

第二天维克里到了。他是个炮兵，在苏丹服役的十年期间掌握了阿拉伯语，书面和口头表达都很熟练，有了他我们再无需为翻译的事劳神。我们和博伊尔一道前往费萨尔的阵营，对进攻时间表进行商榷，午饭后，英方和阿拉伯人就进军沃季赫再度展开研究。

我们打算把大军分作若干分队：让其各自前往位于哈姆德地区的阿布泽雷巴特（Abu Zereibat）集结点，这里也是前往沃季赫途中最后一个水源地；但博伊尔同意让"哈挺号"在谢尔姆哈班（Sherm Habban）——据说那里有个港口——停留一晚，并为我们运送二十吨水上岸。于是一切商量停当。

为了攻打沃季赫，我们给博伊尔派去了一支阿拉伯登陆部队，由数百名哈伯族和朱罕纳族的农民及自由人组成，由胆识过人、和善友好的黑人男孩萨利赫·伊本·谢菲亚（Saleh Ibn Shefia）领导。他对属下恩威并济，领导有方，有时属下或我们对他多有冒犯也不以为意。博伊尔接纳了他们，并在"哈挺号"众多层甲板上找到了安置他们的地方。他们将和海军一道在沃季赫北方登陆，那里没有土耳其的哨站，是继续朝沃季赫推进的理想地点。

博伊尔将调来至少六艘舰艇，共有五十门大炮，足以轰得土耳其晕头转向；外加一艘水上飞机母舰，用于为火炮校射。我们预计在本月20日抵达阿布泽雷巴特；22日抵达哈班并取得"哈挺号"运来的水；登陆部队则将于23日拂晓抢滩，与此同时我们的骑兵也已封锁了城内出逃的所有路径。

拉比格传来的情况不错，防守薄弱的延布也没有被土耳其人乘虚而入。这原是我们的心头大患，在收到博伊尔无线电通知后，他们如释重负，我们也大获鼓舞。阿卜杜拉不日可达艾斯河谷，我们离沃季赫也只有一半路程：主动权已转到阿拉伯人手中。我得意忘形，一时间情不自禁地脱口而出，一年之后我们将踏破大马士革的城门。话音刚落，帐篷内顿时一片死寂，将我的春秋大梦惊醒。后来，我听说维克里去见博伊尔，强烈谴责我的夸夸其谈和好高骛远。但虽然我一时失态，这梦想却并非是空中楼阁，因为我五个月之后便真的置身于大马士革，在那一年之后更是成为这座城市实权在握的总督。

维克里让我失望透顶，他也对我极为不满。他知道我缺乏军事知识，更将我视为政治白痴。我知道他是我们急需的专业军人，而他至今对这场起义的意义貌然视之。正是欧洲顾问将大起义错视为一场战争，才差点使得阿拉伯人的独立运动因问道于盲而折戟沉沙。事实上，它具有更和平的性质——或许可称为一场全国范围的罢工。闪米特人团结起来，秉持共同的理念，追随同一个武装起来的先知，手中握有无限可能；如交由高人之手，必将所向披靡，非但能拿下大马士革，更将在1918年成功攻克君士坦丁堡。

第二十四章

第二天一大早，"哈挺号"就已开始顺利卸货，我上岸去见沙伊赫优素福（Yusuf），发现他正在协助自己的比沙警察、惊慌失措的村民和毛路德的一队手下，在大街尽头设置快速路障。他告诉我说，早上从一艘船里逃出来五十头没装辔头和座鞍的野骡子，一番横冲直撞之后，歪打正着闯入了市集。现在出口已被堵上，骡子无处可逃，只等着它们的主人，也就是毛路德，来给它们安装座鞍。这便是提供给骑骡步兵队的第二批骡子，由于我们在延布时也担心骡子的驯服问题，故而备有一些缰绳和嚼子，并用"哈挺号"运了过来。所以午饭时分，我们已经处理好善后，赔偿了损失，商家也重新开门营业。

我前往费萨尔营地，里面正忙得不可开交。有些部落正在领取当月的军饷，所有人还能领到八天的口粮，帐篷和笨重的行李都已经打包妥当，大家正在做行军前的最后准备。我坐下来听士兵们闲聊：法伊兹·古赛因，这位贝都因的沙伊赫曾任土耳其政府官员，亚美尼亚大屠杀编年史作者，现在是费萨尔的秘书；大马士革的地主内斯比·贝克利（Nesib el Bekri），费萨尔在叙利亚任职期间曾在他家借宿，现已被他的国家判处死刑并流放驱逐；内斯比的弟弟萨米（Sami）从法律学院毕业，现在是费萨尔的助理；助理秘书谢菲克·艾尔（Shefik el Eyr）曾做过记者，是个面色苍白的小个子，行动鬼鬼祟祟，老是在窃窃私语，是个坚定的爱国主义者，但他在生活上行为乖张，所以大家都讨厌他。

总部的军医哈桑·夏拉夫（Hassan Sharaf）是个高尚的君子，不但亲身投入阿拉伯起义，还慷慨解囊进行资助。他发现自己的药瓶被摔碎了，药丸在药箱底部洒得到处都是，正大发雷霆。谢菲克安慰他说："要起义怎么会万事一帆风顺呢？"两人那种惨淡凄凉的神情让我们乐不可支，在困境之中，哪怕一点点平凡的幽默，都比全世界最睿智的笑话更容易让人放松身心。

晚上我和费萨尔对即将开始的行军做了讨论。第一站的路程很短，前往棕榈林和水井充足的瑟姆纳（Semna）。之后有多条路可以走，要待侦察队查探过各处雨水池的数量后才能决定。沿着海岸这条直路，要走六十英里才能到达下一个水井，对我们庞大的步兵队伍而言过于遥远。

已有五千一百名骆驼骑兵与三千五百名步兵在瓦黑达井集结，有四门克虏伯山炮，十挺机关枪，另有三百八十四匹专门的辎重骆驼。每件事都已极力撙节，远低于土耳其军队的标准。我们的出发时间定在1月18日午后，午餐前费萨尔已经将一切准备就绪。我们是一支快乐的队伍：费萨尔无事一身轻，阿布德·克里姆一向嬉皮笑脸，再加上谢里夫贾巴（Jabar）、内斯比和萨米、谢菲克、哈桑·夏拉夫和我。午饭后帐篷便被拆掉，大家走向自己的骆驼，它们全都围成一个圆圈跪着，装好了座鞍和行李。每只骆驼的前腿边各站着一个奴隶，将它们喝止住。铜鼓鼓手站在侍卫队长伊本·达克希尔身边，将鼓敲了七八遍，令全场肃静下来。我们都望着费萨尔，他对阿布德·卡迪尔做完最后的叮嘱后，由地毯上起身，手扶鞍头，膝盖靠在骆驼身侧，大声说道："愿神与你们同在。"奴隶随后松开骆驼，让它站起身来，费萨尔同时顺势将另一条腿跨过它的脊背，扬手将长袍和斗篷压在身下，骑上了座鞍。

我们也随着费萨尔跨上自己的骆驼，整个大军一并站了起来，这些母骆驼都训练有素，除了有些仍在嘶鸣不已，大部分都没有发出声音。旅途中不服管教的骆驼，通常是幼年的、雄性的或未经严格管教的骆驼，为自视甚高的贝都因人所不屑，因为它们发出的噪声容易在夜里或突袭时暴露行踪。骆驼刚迈出的前几步通常是踉跄突然的，骑手必须迅速用腿夹住前鞍桥，同时挽住缰绳以控制步伐。然后大家找到费萨尔的位置，将骆驼的头轻轻掉转至那个方向，并用一只光脚压在它的肩头，直到它们在费萨尔身旁排成一列。伊本·达希勒走上前，瞥了一眼即将出发的远方后，向艾格利人下了一个简短的命令，让他们排在我们左右两三百码处的侧翼，在确保互不踩踏的情况下，一头骆驼紧随另一头骆驼前进，干脆利落地完成了队形调整。

这些艾格利人都是来自安内札（Aneyza）、波雷达（Boreida）或罗斯这些内志城市地区的年轻人，作为合同兵，在常规骆驼部队里服役数年。他们从十六岁到二十五岁不等，为人很好，大眼睛，性格活泼，受过一点教育，信奉天主教，领悟力强，是路上的好伙伴。他们当中几乎没有胖人，即使在熟睡时（大部分东方面孔在入睡时都毫无生气）这些小伙子看起来依然不失聪明俊俏。他们说一口流利的阿拉伯语，举止彬彬有礼，好纨绔之风。由于在城市中长大，他们都乖顺明理，稍加提点就懂得如何打理自己并服侍主人。他们的父亲都是骆驼贩子，还在褴褓之中就必须跟着驼队四处奔走，因而和贝都因人一样，都养成了四海为家的习性；颓废柔弱的个性使得他们极为顺服谦和，对辱骂、体罚这些东方惯用的纪律手段习以为常。他们基本上都恭良驯顺，但也不失军人的天性，如指挥得当，战场上同样智勇双全。

他们如今已不是部落民族，没有了家族世仇，可以在沙漠中畅行无阻，自由地招揽生意，讨价还价。沙漠的买卖利润微薄，但也足够吸引他们为之奔忙，因为家里的生活条件也并不适意。瓦哈比派是穆斯林中最为极端狂热的信徒，用严格的戒律将安逸文明的卡西姆牢牢钳制。卡西姆地区只准人们喝少量的咖啡，祷告和斋戒是家常便饭，不准抽烟草，不得与女人打情骂俏，不准穿丝绸衣服，不得佩戴金银制成的头绳或首饰。一切行为都必须保持极度的严谨与虔诚。

在沙特阿拉伯，这种禁欲主义每隔一个多世纪以后便会再度出现，循环往复如同自然现象。信徒们发现街坊邻居的信仰里总是无法摒弃无关紧要的杂质，以他们教主狂热的信条看来太不虔诚。他们一次又一次地兴起，将部落人的精神和肉体收于掌中，不惜粉身碎骨去对抗都市化的闪米特人、商人、好色之徒。新教派的兴衰沉浮，宛如潮涨潮落，季节交替，每次运动都因矫枉过正而种下夭折的病根。毫无疑问这种现象必有因果往复——好比太阳、月亮、风，在空寂虚无中顺势而动，不由分说地给无忧无虑的沙漠居民强行套上教义的枷锁。

然而，这个下午艾格利人脑中想的并不是神，而是我们，当伊本·达西勒指挥他们组成侧翼时，他们疾趋而就。一阵急促的警示鼓点响起，右翼队伍中一位诗人引颈高歌，那是专门为费萨尔所写的篇章，以及他将给予我们攻占沃季赫的荣耀。整个右翼队伍侧耳倾听，然后跟随诗人连续吟唱了一次、两次、三次，带着自豪、满足、炫耀的神情。然而，就在他们要第四次展示的时候，左翼的诗人也不甘示弱地即兴创作，以相同的节奏、一唱一和的韵调，抒发了对费萨尔同样的赞美之情。左翼队伍如获胜般欢呼雷动，鼓点也随之再度响起，棋手将猩红的旗帜高高擎起，左中右三路卫队意气风发地合唱起军歌来：

"我已失去英国，我已失去高卢，我已失去罗马，还有，最糟糕的，我已失去拉拉吉①（Lalage）——"

只不过他们失去的是内志，以及马阿布达（Maabda）的女子，而他们的未来就在从吉达前往苏伊士的路上。但这是一首好歌，连骆驼都喜欢它的旋律，将头压得低低的，脖子伸得老长，随着音乐声大跨步地前行着。

今天的路是坚实的沙质坡地，很适宜骆驼行走，沙丘如波浪般拉长线条，缓缓升起，丘顶寸草不生，丘底凹陷处长有灌木，或在低洼湿地孤零零站着几棵干瘪的棕榈树。之后便是一马平川的开阔地，有两个人骑着马从左侧缓缓走来迎接费萨尔。为首的一个人我认识，那是卑鄙无耻、鼠目寸光的朱罕纳埃米尔，老穆罕默德·阿里·贝达威。但第二个人相当陌生，当他走近后我发现他斗篷下穿着卡其制服，戴着乱糟糟的丝绸头巾和头绳。他抬起头来，我才看出是脸部已经晒得红肿脱皮的纽康贝，眯着眼睛，抿起嘴唇，一副忍俊不禁的表情。他今天早晨一抵达恩姆勒吉就听说我们刚刚出发，便拉来沙伊赫优素福最快的良驹，马不停蹄地追赶而来。

我让纽康贝骑上我的备用骆驼，并引见给费萨尔，两人一见如故，立即热烈地交谈起来，分享信息、建议、计划，有时不乏争论。纽康贝很快就适应并融入了我们，天气晴朗，万事畅意，军队和乐，使得大家士气高涨，对未来充满了向往。

我们通过戈瓦希亚（Ghowashia）杂乱无章的棕榈林，轻松穿越一片熔岩区域，细沙将熔岩崎岖的表面覆盖得恰到好处，使得地面在保持平整的同时又不会过度松软，只有熔岩的最高处露在外面。一小时后，面前突然出现一座山头，下坡的沙地陡然直落，几乎可以算得上一道沙

---

① 女子名。

崖，切入布满鹅卵石的壮阔山谷。这里便是瑟姆纳，陡坡上的道路一直伸入植满棕榈树的梯田。

由于一路多风，下到谷底沙地便觉出静止空气中的暖意。我们要在这里取水，首席向导阿布德·克里姆建议军队在此休整，直到侦察队回报前方雨坑蓄水情形。我们便穿越这座四百码宽的山谷，爬上对面的山坡直到可以安全避开洪水的高度，费萨尔方才轻拍骆驼的颈部，让它踢开地下的石块，在细沙上跪伏下来。赫吉里斯铺好了地毯，我们便和其他谢里夫们坐在一起闲聊，等着喝热咖啡。

我一直对费萨尔埋怨北美索不达米亚地区米利库尔德族（Milli-Kurds）的领袖易卜拉辛帕夏（Ibrahim Pasha）过于讲究排场。每次行军前，他的女眷天不亮就得起身，悄然无声爬上帐篷顶，将帐幕拆下，下方的人则负责扶住帐篷架子，并在帐幕拆掉后将其拆散，堆好，打包装上骆驼。然后他们带着这有奢华套间的宫廷式寝帐先出发，留下易卜拉辛独自在露天的床垫上醒来。

他随后懒洋洋地起来，在地毯上享用咖啡，稍后仆人将马牵来，侍奉他骑往下一个扎营地点。行军途中如果渴了，只需对仆人打个响指，负责伺候咖啡的人便会带着满满一壶咖啡骑到他身边，马鞍上还架着铜质的火炉，如此便可以在马不停蹄赶路的同时随意享用热咖啡；待日头西垂，勒马停军，女眷已经架设好帐篷恭候他的到来，一切都跟前一晚就寝时一模一样。

今天天气阴郁，较之前几天的日头高照显得极为异常，我便和纽康贝走走停停，谈谈各自的想法和愿望，不时弯腰观察地上的影子。

我们的愿望如出一辙，便放松下来观察瑟姆纳及其干枯荆棘丛中五座悉心照料过的棕榈林；几座用芦苇和棕榈枝条搭建的茅屋点缀其中，是树园主人及其家人在施肥和收成期间的歇脚之处。水井就在谷底河床地势最低的园林中，井水很浅，围着木质井圈，据说这里的水清甜无比，永葆甘醇；由于出水量太少，我们花了一整晚才饮完全部骆驼。

费萨尔从瑟姆纳寄信给必利族、霍威塔特族（Howeitat）、本尼艾提耶族（Beni Atiyeh）的二十五位领袖，表示他和他的部队即将进军沃季赫，他们亦必须整装待命。由于我们大部分的士兵都是穆罕默德·阿里的族人，他斗志高昂，将明天的进军路线和队形编排打点得极为妥当。水源侦察队已经回来，报告说在滨海路线上，有两个地理位置不错的浅水塘。经过详细询问，我们决定朝这一方向派出四个分队，剩余五支队伍则取道山路：这样我们有望以最快最安全的方式抵达阿布泽雷巴特。

但详细路线很难确定，穆沙（Musa）地区的朱罕纳人作为我们的线人，并没有提供太多的帮助。他们办事的最小时间单位大概是半天，或者从一个站点行军至另一个站点距离视为一个计时单位，而这一过程所需的时间从六小时至十六小时不等，需视个人和骆驼的意愿而定。由于经常有人不具备读写能力，导致我们各单位之间的沟通屡遭窒碍。延误、混乱、饥饿和缺水使得这次远征遭受很大损失。如果我们有时间提前查探路线，这些问题本可以避免。牲畜已近三天没吃东西，士兵在行军的最后五十英里也没有口粮，仅剩半加仑水赖以维持。但他们并未因此意志消沉，欢快地一路小跑奔向沃季赫，用嘶哑的喉咙唱着歌，假装正在冲锋陷阵。但费萨尔说，再这样饥渴不已地在日头下晒一个中午，将耗尽他们的体力。

一天军务结束后，纽康贝与我同睡在费萨尔特别赏赐的帐篷中。由于辎重过大，而且都是部队不可或缺的，所以我们和其他士兵一样，除必需品外无法再携带多余物品，并为此颇感自豪，且我之前也从未有过自己的帐篷。我们将帐篷支在一座小山峭壁旁，环状的崖壁比帐篷宽不了多少，所以紧挨着帐篷门外便是往下的山坡。阿布德·克里姆这位贝达威族年轻的谢里夫坐在这里等我们，由于夜晚寒意逼人，山雨欲来，他用头巾和斗篷把全身紧紧裹住，只将眼睛露在外面。他要向我讨一头配有辔头和座鞍的骡子，毛路德那支小分队穿马裤扎绑腿，骑着恩姆勒吉集市上购来的漂亮骡子的精干模样，让他也想一试身手。

他越迫不及待，我越故意逗他，并未一口应承，反而提出一个交换条件：如果我们顺利抵达沃季赫，他便可以再来找我要；他对此也颇为满意。我们困得不行，好不容易挨到他起身告辞，但他不经意间向下瞥了一眼空旷山谷里随风摇曳忽闪的篝火，便将我唤至帐外，挥动双臂，半带忧伤地说道："我们已不再是阿拉伯人，而是一个民族。"

他的语气中另一半则是自豪，因为进军沃季赫是他们实现的最大成就；自他们有记忆以来，部落男子首度带着牲口、武器、粮草，跋涉两百英里，背井离乡远赴他人领土，并非为了打家劫舍，又或是报血海深仇。自己族人身上展示出来的这种前所未有的牺牲精神，让阿布德·克里姆无比欣慰，同时也不乏遗憾。对他而言，人生快事当属快驼千里，好枪在手，风卷残云般劫掠邻人的牲口；但随着费萨尔的雄心壮志一点点得以实现，他身上的责任也日渐增加，这样的乐趣已成昔日云烟。

第二十五章

早上雨势滂沱让我们大为高兴，因为这意味着前方水源的增加。在帐篷里待着实在舒服，所以我们一直耽搁到下午太阳再度露脸才离开瑟姆纳。柔和的阳光照耀着我们朝峡谷以西前行，后面紧随着艾格利人。之后是阿布德·克里姆和他的谷法族（Gufa）人，其中约七百人骑着骆驼，另外七百多人徒步。他们穿着白袍，戴着宽大的棉布头巾，全是红黑条纹图案，手中挥舞着绿色的棕榈枝叶，权当是旗帜。

他们身后是谢里夫穆罕默德·阿里·阿卜·夏拉冉（Sherif Mohammed Ali Abu Sharrain），一个蓄着长长卷曲灰色胡须的老族长，坐着自己的专用马车。他手下三百名骑兵全是朱罕纳族艾艾希系（Aiaishi）的阿什拉夫（Ashraf），都是公认的谢里夫，但由于没有自己的族谱，这一称谓只能在民间以口耳相传的形式得到承认。他们穿着被指甲花染成锈红色的束腰上衣，外面披着黑色斗篷，腰佩长剑，每人身后鞍鞯上都趴着一个奴隶，负责在旅途中照料他的饮食和骆驼，并在打仗的时候帮他拿来复枪和匕首。由于主人很穷，所以奴隶都衣不蔽体。他们强壮的黑色大腿如铁钳般紧紧夹住骆驼毛茸茸的侧腹，以此减少震动对骨骼的冲击，破烂的衬衫卷起来系在股间皱巴巴的丁字裤上，避免行军时沾到骆驼的排泄物或溅起的污泥。瑟姆纳的水肯定是泻药，那天我们牲口的排泄物如绿色浓汤，顺着膝关节往下淌了一路。

最后一支分队是欧迪·伊本·祖威德（Owdi Ibn Zuweid）领导的瑞法族人，举着猩红大旗走在阿什拉夫身后。欧迪是个油嘴滑舌的老海盗，曾打劫过史托岑根军事代表团[①]，并将他们的无线电和印度仆人统统抛进了延布的海里。鲨鱼或许不喜欢吃无线电，但我们在港中打捞了很久都一无所获。在这样的天气里，欧迪依然不合时宜地穿着有奢华毛皮衬里的德国军官长外套，但正如他一再强调的，这是一件了不起的战利

[①] 即奥特马·冯·史托岑根（Othmar Von Stotzingen）带领德军在也门建立无线电站期间，想组织和发动苏丹穆斯林群体来对抗当地英军。但该军事行动在初期就因为阿拉伯大起义的发生而随之流产，也是德国最后一次尝试在其殖民地国家引导穆斯林进行革命。

品。他拥有约一千人马，其中四分之三徒步。和他走在一起的是炮兵指挥官拉希姆，以及他那四尊由骡子拉曳的，从埃及军队里缴获来的老式克鲁格炮。

拉希姆是个唯恐天下不乱的大马士革人，遇到险情开怀大笑，万事顺意则满腹牢骚。今天他一路咬牙切齿地唠叨个不休，就因为管理机枪的阿卜杜拉·迪列米和他并排走着。迪列米反应敏捷，聪颖过人，是个肤浅但迷人的军官，堪称一位职业军人，他最大的乐趣就是惹拉希姆生气，非要闹到不可收拾，直至我或费萨尔出面制止才停下。于是今天我也微笑着安慰拉希姆，说要将部落编成梯队，每队出发时间相隔四分之一天。拉希姆望向才被雨水冲刷过的矮树丛，树梢的雨滴在云层中射出的红色日光的照射下闪烁；然后他又回望四处奔忙追赶小鸟、野兔、大蜥蜴、跳鼠和自己人的贝都因大军，怒气冲冲地表示同意，并希望自己能很快被编成一个小梯队，好和其他队伍拉开四分之一天的路程，远离头顶的苍蝇。

有人在座鞍上射了一只野兔，揭开了大家胡乱开枪的序幕，由于这样过于危险，被费萨尔严令禁止了，他们之后便用棍子在骆驼脚下乱赶一气。我们都因为行军途中这突如其来的骚乱而乐不可支：人群高声叫嚷，骆驼横冲直撞，骑手们纷纷跳下地拿着棍子追杀野兔。士兵猎到如此多的野味让费萨尔很高兴，但对朱罕纳族吃蜥蜴和跳鼠的恶心行为表示不屑。

我们穿过平坦沙地间浓密高大的荆棘树丛直至海滩，然后往北走上埃及朝觐团那条宽阔但年久失修的朝圣之途。此路沿着海岸线约有五十码长，可供三十至四十人并排而行。古老的火山岩石床被黄沙掩埋，直至内陆四五英里处方从山间凸起，形成一座海岬。这条路横跨海岬，但在近身这一侧有几段平坦的泥地，夕阳的残红在地上的浅水池中簌簌燃烧。这里便是我们计划中的停留站，费萨尔下令扎营。大家纷纷跳下骆驼舒展筋骨，坐下来歇一歇，或赶在晚饭前走到海水里洗澡。几百个泥人裸着身体，像鱼一般在水里互相拨水嬉戏，闹成一团。

朱罕纳人将下午猎获的一头瞪羚献给费萨尔，因此大家都对晚餐望眼欲穿。我们发现瞪羚肉是沙漠动物中最为鲜美可口的，无论土地多么贫瘠干涸，这种动物总是能长得肥硕多汁。

这一餐让众人大快朵颐。因为吃得太饱，我们便提早休息；但我和纽康贝刚在帐篷里躺下不久，便被一阵由骆驼的蹄声、枪声、吆喝声引发的骚动惊动了。一个奴隶将头扎入帐帘，上气不接下气地叫道："号外！号外！我们俘虏了谢里夫贝！"我一个鲤鱼打挺，冲出人群奔向费萨尔的帐篷，那里早已挤满了他的亲朋和仆从。我们派去传话阿卜杜拉移兵艾斯河谷的信使拉贾尔坐在费萨尔身边，在一片喧闹中刻意保持着严肃，仿佛有话要说。费萨尔则容光焕发，眼中洋溢着喜悦，跳起来朝我扯着嗓子喊："阿卜杜拉抓到了艾希热夫·贝！"我这才知道这是一桩天大的喜讯。

艾希热夫是土耳其政界一个地位低下、臭名昭著的投机分子。他少年时只不过是一个在家乡土麦那附近打家劫舍的土匪，但时来运转，摇身一变成了革命分子，直到最后被当权者阿卜杜拉·哈米德抓获，并被流放至麦地那度过了惊心动魄的五年。一开始他被严加看管，但有天他砸破了厕所窗户，逃到阿瓦里郊外嗜酒如命的埃米尔夏哈德处。夏哈德一向与土耳其为敌，便对他提供庇护，但艾希热夫嫌这样的日子过于沉闷，终于有一天借了一匹良马，骑到土耳其军营中。他的死敌阿卜杜拉·哈米德总督的军官儿子当日正在营区广场上操练一队宪兵。他策马将其踏翻在地，然后抓起来朝马鞍上一甩，在那群目瞪口呆的警察眼皮子底下扬长而去。

他将人质带到渺无人烟的欧赫德山区（Jebel Ohod），把他骂作自己的驴子，在后面驱赶鞭打，并让他驮载供两人度日的三十条面包和数个水袋。哈米德帕夏为了救回儿子，只得赦免了艾希热夫的所有罪行，并支付了五百英镑的赎金。他用这笔钱购买了骆驼、帐篷，外加一个老婆，就这样在各部落间流窜，直到土耳其青年党发动了革命。此时他便重回君士坦丁堡，成为职业杀手，恩维尔就死于他的手中。他也因此功绩被任命为马其顿（Macedonia）难民救济督察官，一年后从这个赚得脑满肠肥的职位上退下来时，他已坐拥大笔地产。

战争爆发后，艾希热夫带着钱财来到麦地那，随身还有一封苏丹写给阿拉伯中立分子的密函；他此行的使命便是为也门孤立的土耳其军队打通联络管道。他旅程的第一站恰好在科黑巴附近和阿卜杜拉奉令前往艾斯河谷的旅程交汇处。阿卜杜拉在午间休息时，让几个阿拉伯人看管骆驼，他们被艾希热夫的手下截住盘问，便称自己是赫帖姆族（Heteym）人，并诳称阿卜杜拉的手下是给麦地那运送补给的车队。艾希热夫便放走其中一人，让他将其余人带来接受盘问，这人便回去告诉阿卜杜拉山上有军队驻扎。

阿卜杜拉丈二和尚摸不着头脑，便派几名手下骑马前去侦察。很快一阵急促的机枪扫射声将他吓了一跳，认为一定是遭遇了土耳其别动队的拦截，下令骑兵以死相拼。他们冒着机枪的火力冲杀过去，在几乎没有人伤亡的情况下将土耳其人击溃。艾希热夫徒步朝山顶逃窜，阿卜杜拉悬赏一千英镑捉拿他；黄昏时分他终于行迹败露，谢里夫法尤赞·哈里施（Fauzan el Harith）不费吹灰之力便将其击伤擒获。

艾希热夫的行李内有两万镑的硬币，代表尊贵地位的长袍，价值千金的礼品，若干令人玩味的文件，以及成捆的来复枪和手枪。阿卜杜拉便给法赫里帕夏写了一封得意扬扬的信（告诉他艾希热夫被捕了），在第二天晚上畅通无阻地穿越铁路线时，将信钉在一根被连根拔起的电报线杆上，并在那里安全地扎营留宿。拉贾尔这才离开他们的队伍，回来报信。这则消息对我们而言真可谓喜上加喜。

就在众人手舞足蹈之际，神色凝重的伊玛目悄然而至并举手示意，全场顿时鸦雀无声。"听我说。"他说着，为今天的喜讯吟了一首颂歌，赞美阿卜杜拉的汗马功劳，并祝福费萨尔在一番风雨后终能赢得最后的辉煌。这首歌足足吟了十六分钟，令人交口称赞，诗人也得到了黄金作为赏赐。这时，费萨尔看见拉贾尔腰带上别着一把镶有宝石的花俏匕首，拉贾尔嗫嚅着说这是艾希热夫的。费萨尔把自己的匕首丢给拉贾尔，将艾希热夫那把抽走，并在战后赠给了威尔森上校。他问拉贾尔："我的哥哥对艾希热夫说了些什么？"拉贾尔说："他问：'你就是这样报答我们好意的吗？'"艾希热夫像个未断奶的婴儿般回答道："我可以打仗，不问正邪，我都忠心效劳！"

"我们阿拉伯人缴获了几百万？"当听到箱子里的金币足以没过胳膊肘，被阿卜杜拉大把赏赐给族人时，贪婪的老穆罕默德·阿里不由喘息着问。拉贾尔现在成了大家追捧的红人，由于他成功传信给阿卜杜拉进军艾斯河谷，解除了麦地那的后顾之忧，理所应当获得了大量赏赐。时逢阿奇巴德·穆瑞爵士兵临西奈，费萨尔进逼沃季赫，阿卜杜拉驻守在沃季赫与麦地那之间，阿拉伯半岛的土耳其军队只得困守防御。风水轮流转，我们的坏运气已经过去，整个军营都乐翻了天，一直闹到天亮。

第二天大家轻松上路，直到感觉饿了，便在一座由苏库赫方向延伸来的贫瘠山谷里找到了更多的小水池，三座奇趣有致的花岗岩小石丘如泡泡般鼓出地面，我们便在此吃早饭。凉爽的天气让旅程非常惬意，由于队伍庞大，两个英国人独享一座帐篷便能乐得清静。沙漠生活最令人厌倦的，便是饮食起居的群体化，队伍中每个人从早到晚都可听到别人在说什么，看到别人在做什么。而渴望独处反而被视为鬼迷心窍，更加显得格格不入并引人侧目。我和纽康贝能拥有私人空间，比集体生活自在踏实一千倍，但这样领导阶层和士兵便形成了隔离，不利于工作的开展。阿拉伯人的天性和传统便是不分彼此，仅对那些有突出贡献的著名沙伊赫授予重权；他们也教我，想要当领袖就必须和士兵吃大锅饭，穿一样的衣服，睡大通铺，同时还要能鹤立鸡群，脱颖而出。

一上午我们都在朝阿布泽雷巴特前进，万里无云，阳光普照，地面上光滑的沙粒和石子再度反射出炫目的光芒。道路顺着一道尖锐的石灰质山脊缓缓上爬，两侧的岩石饱经雨水的侵蚀，我们从高处俯瞰，一条黑色砾石铺就的道路直下而去，朝西延伸八英里直至那现在还看不见的海边。

一停下来，我们方感觉前头是一大片洼地；但直到下午两点通过一块露出地表的玄武岩后，才看见哈姆德山谷（Wadi Hamdh）劈开十五英里宽的裂口，从山间奔逃而去。一片三角洲在西北方向铺开，哈米德河便在这里分作二十条河口；干涸河床上被洪水冲蚀出的沟渠里长满了浓密的灌木，远看如一条条黑线，从山脚下一路缠绕延伸过平原，直至消失在我们左方三十英里开外近海处朦胧的阳光里。冉拉山（Jebel Raal）的两座山头在哈姆德河谷后方的平原上巍然兀立，一道裂缝将他的山峰一分为二。对见惯了琐碎事物的人而言，这景象可谓洋洋大观，作为阿拉伯最大的山谷，这条长度甚至超过底格里斯河的河床最早由道蒂①（Doughty）发现，但至今仍未有人全窥其奥；而宏伟的冉拉山脉孤绝矗立，更为哈姆德山谷平添几多姿彩。

我们满怀憧憬地走下砾石坡道，沿途的草丛逐渐变得稠密，直到三点才进入哈姆德河谷。此时能确定河床的宽度约为一英里，丛生的灌木被数英尺高的沙质小丘所环绕，沙里还混杂着一条条干燥易碎的黏土，指出每次洪水曾淹没的高度。沙丘被这些黏土条分割作数层，随着含有盐分的烂泥一同朽化剥落，因而骆驼经常陷进去，深可没蹄，发出像油酥饼被掰碎的咔哧咔哧声。扬起的尘土如一团浓云，被阳光一照，在洼地凝固死寂的空气中看起来更加密不透风。

沙丘的间距越来越窄，局部的洪水年复一年在河床上蚀刻出迷宫般杂乱的浅槽，都使得后面的队伍因无法看见前进方向而举步维艰。在通往河谷中心的道路上，灌木丛泛滥，枝丫从小丘上旁伸展，互相交缠勾连，如同陈腐的骨骼般干枯易碎，齑粉飞扬。我们将鞍袋五颜六色的系带扎起来，避免被灌木缠住；用斗篷将外衣紧紧裹住并低垂着头，以保护眼睛不被扎伤，就这样如暴风般从芦苇荡中扫过。灰尘迷住了视线，令人喘不过气来，枝条被折断的声音，骆驼的咕噜声，士兵们的笑闹声，堪称一次难得的冒险经历。

第二十六章

就在我们快要抵达河谷对岸时，沙土突然褪去，露出底层的黏土，

---

① 查尔斯·蒙塔古·道蒂（Charles Montagu Doughty），1843年—1926年，英国诗人、作家、旅行家。曾于1876年—18178年装扮成阿拉伯人，在阿拉伯半岛生活了两年。代表作有《阿拉德赛塔旅行记》《不列颠的黎明》。

中间有一汪深深的褐色水塘，约八十码长，十五码宽。这便是我们寻找的阿布泽雷巴特洪水留下的水源。我们又往前走了几码，穿过最后一丛灌木，来到开阔的河谷北岸，费萨尔下令在此扎营。这片一望无垠的沙砾平原一直延伸到冉拉山脚，面积足以容纳整个阿拉伯半岛的军队。我们勒停了骆驼，在奴隶卸载辎重并搭建帐篷的当口，我们便走回去查看骡子的情况。一整天的奔劳已经让骡子口干舌燥，跟着步兵冲进淡水塘，在里面开心地踢打扑腾，弄得水花四溅。更让我们高兴的是，这里有很多可作柴火的植物，无论身在何处，呼朋引伴围着篝火宿营都是很受欢迎的活动，因为夜间散发的湿气足有八英尺高，在我们的羊毛斗篷上凝结成银色的露珠，斗篷也随之变得僵硬而冰冷。

这是个晦暗的夜晚，没有月亮，但星星依然悬在雾气上方闪闪发光。我们聚在帐篷附近的一座小山头上，看着下方翻腾的白色雾海。海面上露出帐篷的尖顶，还有向高空弥散的烟柱，澄净的空气中火舌有时高高窜起，似乎有一支看不见的军队在大声为它鼓劲，将烟柱下部映得透亮。老奥达·伊本·祖威德（Auda Ibn Zuweid）听见这一说法，立即严肃地纠正我："这不是一支军队，这是一个正在前往沃季赫的新世界。"他的这种坚持让我欣喜万分，我们带领这样庞大繁重的队伍，不畏艰难险阻一路行来，正是要创造出这种氛围。

当晚必利族人羞答答地加入了我们，并以生命发誓效忠，要守护自己的领土哈姆德河谷。哈米德·里法达（Hamid el Rifada）也在其中，带着一支浩浩荡荡的骑兵队伍前来向费萨尔致敬。他告诉我们，他那一辈子患得患失唯利是图的表兄，大族长苏莱曼帕夏，现位于我们以北五十英里处的阿布阿吉（Abu Ajaj），正在为拿不定主意而焦虑万分。这时，麦地那的谢里夫纳西尔（Sherif Nasir）突然走进帐来，既无人通报一声，也没有仪仗迎接。费萨尔匆忙起身与他拥抱，并将他引至我们面前。

纳西尔果然名不虚传，不负众望，令人印象深刻。他是个开路者，费萨尔起义的先锋人物，打响了麦地那的第一枪；并在土耳其要求停战的当天，在阿勒颇城外朝穆斯里篯赫（Muslimieh）放出了最后一枪。人们对他除了赞扬，再无二话。

纳西尔是麦地那埃米尔谢哈德（Shehad）的弟弟，他们的家族是侯赛因①的后裔，阿里②子嗣中的晚辈，也是侯赛因后代中唯一被视为阿什拉夫③（Ashraf）的家族，而非萨达（Saada）。他们家族早在卡尔巴拉④（Kerbela）时起就是什叶派，在汉志的地位仅次于麦加埃米尔。纳西尔向往田园生活，自孩提时代起就憎恶战争。他今年二十七岁，低广的前额恰好衬出敏锐的双眼，修剪整齐的黑色胡须下露出带着柔弱笑意的嘴唇和单薄的下颌。

他已来到此地两个月，一直在牵制沃季赫的敌人，并告诉我们他最新得到的情报，侦察我们动向的土耳其骆驼前哨部队今早刚刚撤走，返回了主防御阵地。

第二天我们起得很晚，养精蓄锐以待长会上的讨论。费萨尔独挑讨论的大梁，纳西尔则以副指挥官的身份附议支持，贝达威兄弟也围坐助阵。天色晴明温暖，稍后可能会酷热难耐，我和纽康贝四处闲逛，看看

---

① 此处指伊斯兰教先知穆罕默德外孙，第四任哈里发阿里的次子，什叶派圣徒伊玛目侯赛因。
② 此处指伊斯兰教先知穆罕默德的堂弟及女婿阿里·本·阿比·塔利卜，穆罕默德的女儿法蒂玛的丈夫。是伊斯兰第四任，也是最后一任哈里发，被什叶派穆斯林视为第一代伊玛目。费萨尔家族和纳西尔家族同为其后代，但因费萨尔家族为阿里长子（哈桑）后裔，故地位高于阿里次子（侯赛因）后裔的纳西尔家族。
③ 意思是"圣裔"。阿里长子哈桑的后代被称为"谢里夫"，次子侯赛因的后代被称为"赛义德"（Sayyid）。两者都是贵族头衔。"赛义德"的另一个常用叫法为"阿什拉夫"。"阿什拉夫"为集体称谓，当称呼这一群体中的单个个体时，则使用单数形式"谢里夫"。这就是为什么纳西尔虽为"赛义德"，却依然被叫作"谢里夫"的原因。
④ 伊拉克中部城市，伊斯兰教什叶派圣地。穆罕默德的外孙侯赛因为了替父亲阿里报仇发动叛乱，在此地被砍头。他的殉教导致了伊斯兰教历史上逊尼派和什叶派之间最大的分裂。

喝水的牲畜、忙碌的士兵以及不断拥入的新人。日上三竿时，东方腾起一阵烟尘，显然有一大队人马正在接近，我们便走回帐篷去，看着米祖克·提克赫米骑了过来，他是费萨尔的首席迎宾，五官线条分明，像个老鼠。他带着自己的朱罕纳族人骑马慢跑过埃米尔费萨尔身边，展示军仪。队伍最前面的十二个沙伊赫，扛着一面大红旗和一面大白旗，并拔出剑来围着我们的帐篷不断模拟冲杀，扬起呛人的尘土。我们既不欣赏他们的骑术，也不欣赏他们的牝马：因为太烦人了。

接近中午时分，乌尔德·穆罕默德（Wuld Mohammed）的哈伯族人，以及伊本·谢菲亚的骑兵营也来了，由沙伊赫萨利赫（Salih）和穆罕默德·谢菲亚领军，共三百人。谢菲亚是个肥短粗俗的矮子，四十五岁，圆滑世故，精力旺盛。由于他什么苦差事都肯干，很快就在阿拉伯军队中闯出了名气。他的手下都是延布河谷中的流浪汉，无家可归；又或是延布城内的苦力，常年受人践踏唾弃。他们是我们队伍中除艾格利人之外最听话顺服的，体面的艾格利人十指不沾阳春水，不能胜任粗重的劳役。

我们已经落后原定与海军会师的日期两天了，纽康贝便决定当晚提前动身前往哈班港，并在那里会见博伊尔，向他解释我们已不可能和"哈挺号"在约定地点会师了，但如果"哈挺号"能在24日晚间再度返回哈班解决我们大部队的饮水问题，我们将感激不尽。他同时还想知道海军是否能将进攻日期推迟到25日，使得联合作战计划得以照样执行。

入夜后苏莱曼·里法达派人捎来口信，并附赠了一头骆驼给费萨尔当礼物，如费萨尔将骆驼留下则表示与之为友，退回则意味着反目成仇。费萨尔左右为难，并对这种墙头草行为表示出强烈的鄙视。纳西尔断言说:"噢,那是因为他吃鱼的缘故。鱼让头脑肿胀混沌,行为自然会变得愚蠢。"叙利亚人和美索不达米亚人,以及吉达和延布来的人都大笑起来,以表示他们不认同这种阿拉伯高原地区的看法。有三种食物被那里的阿拉伯人视为低贱——鸡肉、蛋和鱼。费萨尔故作正经地说道:"你别一杆子打翻一船人,我们都喜欢吃鱼。"其他人则抗议:"我们都不吃鱼了,真神庇佑我们。"米祖克只得转移话题,说道:"苏莱曼是怪胎,既不是早产之子,也不是足月而生。"

第二天一大早我们便动身,沿着哈姆德河谷艰难行进了三个小时。随后山谷走势转向左方,通向一片空洼荒芜、毫无生气的区域。今天很冷,从阴冷海岸刮来凛冽的北风,直扑人面。一路上我们都能听到沃季赫方向传来断断续续的枪炮声,担心海军因等不及而撇下我们提前行动。但延误的时间再也找不回来,我们只能加快速度完成这乏味的旅程,穿越哈姆德河一个又一个支流。这些支流将平原分割成一条一条的,干涸的河道浅而笔直,如同叶脉般错综复杂。最后我们在喀纳再度进入哈姆德河谷,虽然这里遍地烂泥,但我们还是决定在此扎营。

就在大家扎营时,突然起了一阵骚动。有人发现一群骆驼正在营地东面吃草,好动的朱罕纳族人立即倾巢而出,将它们围住并驱赶过来。费萨尔极为震怒,高声喝止他们,但激动的朱罕纳人充耳不闻。费萨尔便抓起来复枪,朝距自己最近的一个人射击;那人吓得从座鞍上滚落在地,其他人方才得以收敛。费萨尔将他们召至面前,用驼鞭结结实实地教训了他们一顿,并将抢来的骆驼和行窃者都扣押了起来,在清点数量后方将骆驼如数归还给它们的原主必利族人。如果他不这样做,朱罕纳人极有可能和必利族结下私仇,而必利族人是我们期望拉拢的盟友,如果萌生敌意,则可能会影响我们对沃季赫的攻占计划。此时切不能因这样的琐事而功亏一篑。

次日清晨我们朝海滩进发，下午四点抵达哈班港。"哈挺号"如约而至，送水上岸解我们的燃眉之急。虽然港湾水位很低，但汹涌的波涛使得船只作业险象环生。我们让骡子先饮水，剩下的则供给口干舌燥的步兵；但这是个难挨的夜晚，饱受干渴煎熬的队伍在探照灯下排起长龙，在水槽边徘徊推搡，希望海员再次冒着风浪送水上岸，好让他们能多喝一口。

我来到舰上，听说博伊尔担心如果再等下去，会给土耳其人逃跑的机会，便下令海军不顾陆上部队是否抵达，提前发起攻击。事实上，就在我们抵达阿布泽雷巴特当天，当地的土耳其长官艾哈迈德·陶菲克·贝[①]（Ahmed Tewflk Bey）就已对守军下令，要他们同沃季赫共存亡。但自己却在傍晚时分跨上骆驼，带领几个骑兵朝铁路方向溜之大吉。城中两百名步兵面对登陆部队，决心一偿总督的夙愿；但他们的兵力在一比三的悬殊对比面前寡不敌众，而且海军猛烈的炮火让他们完全无法据守阵地。据"哈挺号"得到的消息，目前战火还未停歇，但沃季赫城已被海军和萨利赫率领的阿拉伯人占领。

第二十七章

大快人心的传言鼓舞了士气，我们便在午夜后不久朝北推进。天亮时分，我们的大军已在沃季赫城以南十二英里的米亚河谷（Wadi Miya）集结，列队朝城内挺进。沿途只遭遇了几拨土耳其残余部队，其中一队

[①] 即艾哈迈德·陶菲克帕夏，1845年—1936年，曾三次出任奥斯曼帝国大维齐尔（地位仅次于苏丹的大臣，相当于宰相的职务，拥有绝对的代理权，原则上只有苏丹能解除此权），也是奥斯曼最后一任大维齐尔。

做了短暂的抵抗。艾格利人全都下了骆驼,脱下斗篷、头巾和衬衣,打着赤膊前进,并称如果被射中,这样可以保持伤口整洁,而且不会弄坏宝贵的衣服。伊本·达克希指挥有方,士兵们听从号令,以交替掩护的队形前进,每队间隔四至五码的距离,单双数队列按次序调换位置,单数队列负责掩护,将沿途不多的掩体充分利用起来。

在沐浴着阳光的山谷里,有着棕色皮肤的矫健士兵组成整体的队伍,队伍前方两名旗手高举猩红战旗,映得河床中央松石蓝的盐水池益发明亮,堪称一幅美景。他们以一小时六英里的速度稳步推进,毫无声息,不费一枪一弹便成功登顶。此时我们得知沃季赫城已被攻克,伊本·谢菲亚的儿子,黑人男孩萨利赫已经占领城区,便加快速度前去与之会合。萨利赫告诉我们他的手下约有二十人阵亡;稍后我们又听说一名英国空军中尉在开着水上飞机执行侦察任务时负了重伤,另有一名英国水兵脚部受伤。

负责指挥战斗的维克里此时得意扬扬,但我却对此毫无共鸣。在我看来,任何没有必要的军事行动,或开枪,或伤亡,不仅是浪费,更是一种罪行。我无法苟同职业军人将所有获胜的军事行动都视为成绩的观点。我们的阿拉伯军队并非物质资源,不可视作普通士兵,而是信任我们领导的盟友。我们不是这个民族的指挥者,而是座上宾;而阿拉伯人都是志愿参战,以个人身份、是本土人民、互为亲朋好友;一人阵亡,便会举家同悲。即便纯粹以军事角度视之,此次攻击行动在我看来也是一种失策。

沃季赫城中负隅顽抗的两百名土耳其士兵既没有交通工具,也没有口粮,只要围困数日必会弃城投降。就算让他们逃脱,也不会危及任何阿拉伯士兵的性命。我们想要将沃季赫作为打击铁路交通的基地,并借此拉长战线；重拳将其摧毁并大肆烧杀毫无天理。

这座城已满目疮痍。费萨尔已事先对城内居民发出过警告，表示即将攻城，建议他们要么倒戈相助，要么弃城逃生。但这些居民大多是来自库赛尔（Kosseir）的埃及人，相对阿拉伯人而言更拥护土耳其人，便决定静观其变。于是当谢菲亚的手下与必阿夏人发现这里家家户户都殷实富足，便大肆进行搜刮。他们抢劫商铺，砸开房门，闯入屋内，翻箱倒柜；他们劈开固定在墙上的家具，将床垫撕成碎片，连枕头也挑破检查，以防藏有财物。而稍微显眼一些的墙体和建筑都被军舰的炮火炸得千疮百孔。

现在摆在我们面前的最大困难便是将物资转移上岸。"狐狸号"已经将当地的驳船和小划船悉数击沉，且此地也没有可供军舰停泊的码头；但满载补给的"哈挺号"还是强行入港（港口够宽，但长度不足），用自己的小快艇向岸上运输我们的物资。我们从谢菲亚疲惫不堪的人马中抽调了一支小队，在他们或笨手笨脚，或无精打采的协助下将足够应付当前所需的食物搬运到岸上。离城避难的居民饥肠辘辘地返回时，看到自己的财产被洗劫一空，恼怒万分，开始疯狂窃取我们顾不上照看的物资，就连暂时堆在海滩上的米袋都被他们割破，然后将米兜在衣襟里带走。费萨尔任命铁腕判官毛路德为镇长，方才止住这股偷窃报复的歪风。毛路德率领乘骡步兵队在城内大肆展开搜捕和处罚，在一天之内就让居民乖乖就范。从此之后整个沃季赫的人民在恐惧中噤若寒蝉。

我们这次进军壮举带来的益处不断显现，即使在我离开此地前往开罗的前几天，好消息依然源源不断地传来。阿拉伯起义之火已克服了初期的艰难险阻，如今在整个西阿拉伯半岛所向披靡。拉比格不再是令我们如芒在背的棘手问题，我们也由此学会了贝都因人作战的主要规则。当我们回头再度审视这些喜讯时，沃季赫街头那二十位战士的牺牲似乎不再那么令人痛心疾首。或许，维克里的抢先出击虽然冷血无情，但实为明智之举。

卷三　袭扰铁路线

第二十八章至第三十八章

我们攻占沃季赫对土耳其造成了预期的影响，迫使他们放弃了进军麦加的企图，转而对麦地那和铁路交通进行被动防御。我们的军事专家已拟定了针对他们的进攻计划。

德国人发觉我方有包抄之意，因此说服恩维尔立即从麦地那撤兵。阿奇巴德·穆瑞爵士恳请我们展开持续攻击，将撤退的敌军彻底歼灭。

费萨尔很快便整装待发，我则前往阿卜杜拉处，让他采取联合行动。途中我病倒了，独自养病期间无事可做，我对这场战役思索良多。反复考量后我得出结论，我们的理论显然已经跟不上近期的局势和行动。

因此我在痊愈后，并没有对铁路采取太多行动，而是带着新的构想返回沃季赫。我试图说服其他人认同我的想法，根据主要原则调整部署，并将宣传攻势置于作战之前。但大家宁可选择攻打麦地那这个有限而直接的目标，也不赞同我的部署，于是我打算独自潜往亚喀巴①（Akaba）验证自己的理论。

第二十八章

开罗当局趁热打铁，许诺支援黄金、来复枪、骡子，还有更多的机枪和山炮；但最后两样，我们当然一直没收到。枪炮问题一直是我们挥之不去的困扰，由于置身无路可通的山区，野战炮对我们而言形同虚设；英国陆军除了只够应付弓箭手的印度十磅炮之外，再无任何山炮可以提供。布雷蒙德在苏伊士地区倒是有一些出色的施耐德六十五毫米火炮，炮手都是阿尔及利亚人，但他将其作为要挟盟友派遣军队进入阿拉伯半岛的筹码。当我们要求他将这些火炮下发给我们，配不配炮手都无所谓时，他先是声称阿拉伯人不懂得善待炮手们，后又托词说他们不懂得保养那些火炮。作为交换条件，他要求英国派出一个旅前往拉比格；但我们没有答应。

布雷蒙德担心阿拉伯军队会日趋强大——这种担心理所当然——故英国政府提供帮助简直是不可理喻。法国人这一态度并非出于恶意，因为他们在其他方面不遗余力地支持我们；也不是因为吝啬，他们前前后后给阿拉伯人提供的物资和资金总额逾千万镑。我认为这纯粹是因为愚

---

① 今约旦最南端的海滨城市，也是约旦唯一的海港，故而具有重要战略意义。

蠢。由于土耳其火炮的射程通常比我们远三千至四千码，技术上的劣势导致我们无法压制敌军火力，在交战中经常无法顺利完成任务或遭遇挫败，实在令人抓狂。但结局还算皆大欢喜，那些大炮闲置在苏伊士一年多后，机关算尽的布雷蒙德终因弄巧成拙而被撤换。继任的古斯少校（Major Cousse）下令将这些炮下发给我们，我们也凭借它们顺利拿下大马士革。这些大炮被闲置在苏伊士的那一年间，任何一个来到苏伊士的阿拉伯军官，都将其视为法国对阿拉伯大起义满怀敌意沉默但不容置疑的铁证。

贾法尔帕夏（Jaafar Pasha）的投诚极大地增强了我们军队的实力。贾法尔是来自巴格达的土耳其军官，在德国和土耳其军队中都有过杰出表现，并被恩维尔选中，替沙伊赫赛努西筹组军团。他搭乘潜艇前往该地，将一群野人变成一支训练有素的军队，并在两次对英战役中展现出过人的战略才能。他被俘后，与其他军官一道羁押在开罗的一座堡垒中。一天晚上，他用毛毯当作绳索，试图顺其下爬至护城河；但毛毯不堪重负半途撕裂，他因此摔伤脚踝，只得再次束手就擒。住院期间他宣誓不再效忠土耳其，并在赔偿了毛毯的费用后获得假释。有一天他在一份阿拉伯报纸上读到了大谢里夫起义的新闻，还有他的几位好友——著名的阿拉伯民族主义者——被土耳其政府处决的消息，终于认识到自己曾经站在了错误的一方。

费萨尔当然久仰其名，希望任命他为正规军总指挥官，因为如何提升这支部队的战斗力是我们的当务之急。我们深知贾法尔是少数几位具有足够声望与才干，能够带领队伍克服重重险阻，同仇敌忾抗击敌军的人物。但侯赛因国王却不能容忍此事。他的思想陈腐而狭隘，更不喜欢美索不达米亚人和叙利亚人：解放大马士革的，一定要是麦加的人。

他拒绝接受贾法尔的效力，费萨尔只得冒着忤逆父训的罪名将其收纳麾下。

在开罗我见到了霍加斯、乔治·罗伊德，史铎斯和狄德兹（Deedes）等众多老朋友。现在除了他们，对阿拉伯人表示支持的圈子居然也日益扩大。随着我们战果的增加，军方对我们的支援也越来越多。林登·贝尔如今是阿拉伯人的忠实盟友，坚称阿拉伯人虽然看似疯疯癫癫，但自有一套本事。阿奇巴德·穆瑞爵士突然发现越来越多的土耳其军队转向阿拉伯人，而非他率领的英军，震惊之余才回想起来，自己一直对阿拉伯起义持赞成态度。海军中将威敏斯仍和当初在拉比格的艰难岁月中一样，随时准备帮助我们。雷金纳德·温盖特爵士作为英国驻埃及最高行政长官看到他常年提倡宣传的工作终获成果，大感欣慰。但他的沾沾自喜让我厌恶，因为当初冒险举事的人是麦克马洪，却在即将有所斩获前被调任离职。然而，这事也怪不得温盖特。

就在我和老友品味这来之不易的胜利之际，突然被一根鱼刺卡住。布雷蒙德上校来电话，对我们攻占沃季赫表示祝贺，并称这让他对我的军事才能更为肯定，希望我能协助他乘胜追击，扩大战果。他希望由一支英法联军在海军支援下占领亚喀巴，这是土耳其在红海沿岸唯一的港口，也是离苏伊士运河和汉志铁路线最近的港口，正好位于贝尔谢巴①（Beersheba）左翼。他建议派一个旅的兵力将其夺下，再以此为据点溯伊特姆山谷（WadiItm）而上，一鼓作气拿下马安②（Maan），并随之开始大谈那里的地理特征。

我告诉他早在战前我就对亚喀巴有所耳闻，并认为他的计划在技术

---

① 位于今天的以色列，是内盖夫地区的中心城市及北方门户，有道路通往死海南岸、亚喀巴湾与埃及的西奈半岛。由于交通位置重要，历史上长期为军事重镇。
② 今约旦南部一省，东、南与沙特阿拉伯接壤。

层面毫无可行性。我们的军队可以攻占那里海湾的滩头，但将会遭遇和加里波利滩头一样的困境，被残酷无情地暴露在海岸山头的炮火下：这些花岗岩山头壁立千仞，贯穿其间的山路令人望而生畏，千军万马只能望洋兴叹。如要强攻或全部占领，必将付出惨痛代价。依我之见，亚喀巴的重要性比他所言有过之而无不及，由阿拉伯非正规部队从内部渗透击破是最好办法，无需海军援助。

布雷蒙德并没有告诉我（但我心里有数），他其实想要通过在亚喀巴抢先登陆来遏制阿拉伯大起义的势头，只要像拉比格那样让英法联军提前攻占，便可将阿拉伯人的势力围于阿拉伯半岛，不得不将全部兵力集中起来对付麦地那。大谢里夫与英国结盟至今遭到阿拉伯人的怀疑，担心双方签署有秘密条约，在日后将阿拉伯人的战果出卖。而基督徒入侵亚喀巴将是这一疑虑的最好佐证，从而分化瓦解他们的阵营。我也并未告诉布雷蒙德（但他亦心知肚明）我将竭力反抗他的一切努力，并尽快将阿拉伯人送入大马士革。两个人面对这一事关生死的军事目标时，竟如孩子斗气般天真，令我觉得好笑。但他最后还是将丑话说在了前头，表示自己无论如何都要前往沃季赫，阻止费萨尔继续进军亚喀巴。

到目前为止，我尚未警告过费萨尔，布雷蒙德其实是个政客。纽康贝现在在沃季赫，一片好心想协助他。我们还没讨论过进军亚喀巴的问题，费萨尔对那里的地形和部族一无所知。急切的建功之心和作战信息的缺乏，使得他对布雷蒙德言听计从。现在看来，我最好火速赶回费萨尔营地，亲自加以防范。于是我在当天下午便前往苏伊士运河，并在那里连夜搭船返航。两天后我抵达沃季赫，将自己的意见和盘托出；所以十天后，当布雷蒙德抵达沃季赫，向费萨尔敞开心扉——部分心扉——的时候，费萨尔便反将一军，要求他提供武器装备。

法国人一开始表示愿意提供六挺霍奇开斯（Hotchkiss）重机枪，并配专人指导操作。这是一份慷慨的礼物，但费萨尔借机要求他更进一步，将苏伊士运河区的速射炮也一并附赠，并解释说自己对丢下延布来到沃季赫深感遗憾，因为沃季赫离他的真正目标麦地那太远了，但他只有英军提供的来复枪与老式大炮，根本无法对抗配有法式重炮的土耳其军队。他的部队技术落后，不可能用老旧的装备对抗对方精良的武器，只能充分利用自己的唯一优势——人数和机动性——当然，除非他的装备有所提升，否则延长战线绝对不在话下！

布雷蒙德试图以重炮在汉志战场无用武之地（这点倒是事实）来回绝费萨尔的要求，并说如果费萨尔带领士兵像山羊那样翻山越岭，破坏铁路，结束这场战争便指日可待。费萨尔对山羊这一比喻（在阿拉伯被视为大不敬）大发雷霆，瞪着六英尺高[①]的布雷蒙德，问他是否试过把自己当作山羊。布雷蒙德殷勤地将话题转回亚喀巴，指出那里留守的土耳其军队是阿拉伯人真正的隐患：坚称英国完全有能力派远征军前往此处，应当出兵全力夺取。作为回应，费萨尔向他展示了亚喀巴后方的地形图（我认出了其中地势较为平缓的区域），并对当地部落和粮草供应的问题做了解释——所有条件都相当不利。他最后说，经历了这么多朝令夕改，反复无常，以及与英国联手进攻拉比格的混乱经历，他真的没脸立即再去找阿奇巴德·穆瑞爵士要求再度出兵。

布雷蒙德只得悻悻离去，临走还不忘反咬我一口，问费萨尔为什么不让英国把苏伊士的装甲车送来沃季赫。但这一招也是搬起石头砸自己的脚，因为这支装甲部队已在路上！我不屑地微笑着冷眼旁观，待他走后，我又回到开罗度过了振奋的一周。在此期间我向长官提供了很好的

---

① 约一米八三。

建言，穆瑞爵士本就极不情愿指派杜里巴丁（Tullibardine）率一个旅前往亚喀巴，听闻我对此画蛇添足的行动表示反对后，连声称赞。然后我再次返回沃季赫。

第二十九章

沃季赫的生活饶有趣味。营地建设有条不紊。费萨尔的帐篷（一大组：起居帐、接待帐、幕僚帐、会客帐、仆役帐）扎在距海边约一英里处的珊瑚礁边缘，这块珊瑚礁自海滩缓缓隆起，尾端东部和南部则陡然直落，插入下方开阔的山谷。山谷环抱着港湾，呈星形向四周辐射。士兵与各部落的帐篷便分组扎在这些沙质山谷中，寒冷的高处则是我们的地盘；每当夜色降临，海风挟着浪涛的阵阵呢喃拂过，宛若车马经过伦敦僻静小巷激起的回声，微弱而遥远，令我们这些北方人倍感亲切。

紧挨我们下方的是艾格利人的营地，帐篷歪歪扭扭挤在一起。他们南边是拉希姆的炮兵营；整整齐齐与之并排的，是阿卜杜拉的机枪手帐篷，连牲口都效仿正规军的做法，规整地圈在栅栏内以节省空间。再远点的地方有一座露天集市，总有一大群人闹哄哄地挤在一起买卖货品。部落人的帐篷和棚屋散布在狭沟或避风地带，他们之外便是无际的荒野，唯有驼队在七零八落的棕榈树间进进出出，前往最近的咸水井。再远处背景里的丘陵、礁石和树丛仿佛破败的城堡剪影，东倒西歪地站在海岸线上。

我们依照沃季赫的风俗分散扎营，而且距离要拉得很开，所以我的生活便是不断来回往返于费萨尔的帐篷、英国人的帐篷和埃及人的帐篷之间；去城里、去港口、去无线电台，整天穿着凉鞋或打着赤脚在珊瑚礁筑成的道路上不停奔波，强化了我的脚力，逐渐地，连在尖锐或滚烫的地表行走都变得如履平地，让我本就饱经历练的身体变得更加吃苦耐劳。

可怜的阿拉伯人搞不懂我为什么不骑马；为了避免增添他们的疑惑，我也绝口不提什么想锻炼自己啦、让牲畜多休息休息啦这样的话：虽然这两点都真是我的本意。看到这些低级的生命，我的自尊便受到了伤害，整个人极不自在。人类从它们身上能看到自己卑微的影子：在神眼中我们就是这样的牲畜；而对它们利用盘剥，强行套上本不该承受的劳役，在我看来更是不知羞耻。和黑人在一起也有同样的感觉，他们每天在山下疯狂地咚咚击鼓为乐。他们的脸和我们截然不同，这差别或许尚可忍受；但一想到他们的身体器官和我们完全一样，却沦为低贱如牲畜的命运，便令人痛心不已。

费萨尔在营中夜以继日地为政事操劳，我们也爱莫能助。营地外经常举行胜利游行、开枪庆贺等活动，吸引了我们的注意。此外也发生过几次事故。有一次，一群人在我们帐篷后嬉闹，引爆了一枚水上飞机投下的炸弹。这枚炸弹是博伊尔攻占沃季赫时投下的，当时并未爆炸。这群人被炸得血肉横飞，帐篷上全是喷洒的血迹，很快又变成深褐色，最后逐渐泛白。费萨尔下令更换新的帐篷，并将染血的帐篷销毁，不然那些勤俭节约的奴隶还在拼命刷洗。另外一天，一座帐篷着火了，将我们的三位客人烧伤。一群人袖手旁观，只是围着火焰看热闹，笑着大声嚷嚷。待火势被扑灭后，我们问及他们是否受伤，才露出愧意。还有一次，庆贺的流弹打死了一匹牝马，还射穿了许多帐篷。

有天晚上，艾格利人因为指挥官伊本·达克希带兵过于严苛造起反来。他们推倒了他的帐篷，吼叫着胡乱开枪，翻砸他的东西，殴打他的仆人。这样他们还觉得不解气，余怒未消之际又想起延布的旧仇，便打算前去那里杀艾提巴人报仇。费萨尔从山崖顶上看见他们的火把，鞋都顾不得穿，光着脚冲进他们的队伍，以一挡百，用剑背朝他们猛砍一通。众人被他的怒火震慑住了，奴隶和骑手们则赶紧挥舞着未出鞘的剑，吆喝着冲下山坡前来救驾。有人给费萨尔牵来一匹马，他便去追捕那些主谋，我们则瞄准叛军的衣服开火，以驱散他们。整个过程中仅有两人死亡，三十人负伤。伊本·达克希第二天便引咎辞职。

阿奇巴德·穆瑞爵士从东非战场调给我们两部劳斯莱斯（Rolls-Royces）的装甲车，由吉尔曼与韦德负责指挥，他们的手下全是英国人，驾驶员来自陆军后勤部队，枪手则来自机枪部队。他们来到沃季赫给我们带来了不小的压力，因为军医立即指出我们的食物和饮水很不卫生；但作为补偿，我们得到了英国同胞的陪伴，而且在沃季赫的沙地上驾驶汽车和摩托车是一种畅快的体验。穿越这里的荒野对驾驶技术是严峻的考验，驾驶员的胳膊都练得如同拳击手般强壮有力，走路的时候雄赳赳地垂在肩膀两侧。随着时间的推移，他们逐渐掌握了诀窍，开发出独树一帜的沙漠行驶风格，路况越是良好越要小心翼翼，经过柔软的区域则需要加速疾驰。冉拉山下二十英里就是这样的柔软平原，装甲汽车通常只需半小时多一点儿的时间即可穿越，从一个沙丘跃上另一个沙丘，沿着它们起伏的曲线急速回转，令人胆战心惊。阿拉伯人爱死了这新玩具。他们把摩托车叫作魔鬼之马，汽车之子，而汽车则是火车的后代。所以这些机械的祖孙三代都是我们的交通工具。

海军的加入更增添了沃季赫生活的乐趣。博伊尔派"淘气号"担任我们的留守船，并谄媚地对其下令"全力配合纽康贝上校所提出的各项计划，并让对方清楚地了解本舰对获此殊荣深感荣幸"。舰长费兹马鲁瑞斯（Fitzmaurice）（在土耳其是个好名字）是个热心肠的人，并对我们的岸上作业很感兴趣。他不遗余力地多方协助我们；作为一个无线电专家，发送无线电便是他最重要的贡献。有一天中午"诺斯布鲁克号"给我们送来了一辆装有陆军无线电的轻型小货车，但没有任何说明书或者指导人员，让我们茫然无措。费兹马鲁瑞斯闻讯，率领一半人马飞奔上岸，将货车开到合适地点，熟练地搭起天线，启动机器，以惊人的效率在日落前就和"诺斯布鲁克号"取得了联系，并和电报员联络了很久，让他们大吃一惊。这个日夜忙碌的电台大大提升了沃季赫基地的办事效率，用三种语言及二十种不同的陆军密码，不断地向红海各地传递讯息。

第三十章

法赫里帕夏依然在和我们斗智斗勇，把麦地那的防务布置得如铁桶一般，环城战壕的位置正好使得阿拉伯人的炮火射程无法覆盖城区（但我们既没这样想过，也没这样做过）。其余的土耳其部队则分散在铁路沿线，重点把守麦地那和帖布克（Tebuk）之间的给水站，更小的哨所则分布在这些驻军之间，以加强对铁路线的日常巡逻守护。简而言之，他今天落得只有招架之力完全是因为自己的愚蠢。加兰已朝沃季赫东南进发，纽康贝则往东北进发，要用高爆炸药轰出几个窟窿。他们将切断铁路和桥梁，并安置自动起爆装置炸毁行驶中的火车。

阿拉伯人一扫之前的颓势，变得激情昂扬，竞相前来效命。费萨尔收编了大部分必利族人和莫阿西布（Moahib）族人，成了阿拉伯半岛铁路线和海岸之间的霸主。然后他将朱罕纳族人派去艾斯河谷协助阿卜杜拉。

费萨尔此时终于做好正式打击汉志铁路的准备；但为了保险起见，我请求他先在沃季赫多耽搁些日子，先将各部落士兵进行大规模调派，为起义后期拉长战线做准备，并将对铁路的威胁从帖布克（我们目前的势力范围）往北扩大至马安。我当时尚未对阿拉伯战争有清晰的思路，并没看出战争只是假象，宣传布道，收买人心才是制胜根本。此时我依然将两者混为一谈，所幸，比起捣毁铁路，费萨尔更愿意将功夫放在劝人回心转意上，所以宣传阿拉伯革命的方针依然占据上风。

北方沿海地区的霍威塔特族作为邻邦，是费萨尔的首个实践对象；如今我们前往游说的则是东北地区更强大的本尼艾提耶族，并在和其族长亚西·伊本·艾提耶（Asi Ibn Atiyeh）结盟后，取得了长足的进展。但他的动机主要是因为嫉妒自己兄弟的势力，因此不可能给予我们实质性的帮助；但只要同意我们在其地盘上自由通行，便已是一份厚礼。更偏远地区的诸多部落则都听命于鲁瓦拉（Ruwalla）的大埃米尔努里·夏兰。在命运跌宕多变，地位更迭交替的沙漠王子间，他一直稳坐第四把交椅，是仅次于大谢里夫、伊本·沙特[①]（Ibn Saud）和伊本·拉希德[②]（Ibn Rashid）的重要人物。

统治安纳泽赫（Anazeh）族长达三十年的努里已垂垂老矣。作为鲁瓦拉地区的名门望族，努里出生时并没有继承权，也不受父亲宠爱，更不是英勇的斗士，纯粹是靠个人能力和铁腕。他为了博得今天的地位，杀死了自己的两个哥哥，后来又将谢拉拉特（Sherarat）和其他几个部族

---

① 即阿卜杜勒阿齐兹，1876年—1953年，其家族为内志贵族，一直和拉希德家族为争夺内志统治权而斗争。他于1932年出任沙特阿拉伯王国首任国王。
② 即阿拉伯半岛三大贵族家族之一的拉希德家族领导人，其领导的舍尔部落为内志地区最强大的部落之一，并建立了舍迈尔山首长国并和土耳其结盟。拉希德后被世仇伊本·沙特在战斗中杀死。

一并收服，在这片沙漠里，他的话便是至高无上的铁律。他不像其他沙伊赫那样满口玩弄外交辞令，只需一句话便可结束对手的争辩，或者性命。所有的人都对其唯命是从；如果想在他的地盘上活动，我们必须看其脸色行事。

所幸一切顺利。费萨尔几年前就和努里有过交情，且在麦地那和延布期间双方还互相馈赠礼物巩固友谊。如今，法伊兹·古塞因奉命由沃季赫前去拜会努里，行至中途遇见鲁瓦拉族的首领之一伊本·杜赫米（Ibn Dughmi），带领数百头载着丰厚礼物的骆驼前来拜会我们。当然，努里与土耳其人也保持着友好关系，大马士革和巴格达是他的主要市场，如果土耳其对他有所怀疑，不让他在那里做生意，不出三个月他的部落就会饿个半死；但我们知道，一旦时机来临，他便会以武力支援我们，与土耳其彻底决裂。

他的支持将助我们打通色尔汗（Sirhan），这条著名通道由一系列山谷连接而成，从东南方的焦夫一直向北延伸至叙利亚境内的德鲁兹（Druse）山脉附近的阿兹拉克（Azrak），那里适宜扎营，有接二连三的水井。如果能自由进入色尔汗，我们便能与大名鼎鼎的东霍威塔特族的阿布塔伊人（Abu Tayi）接触，他们的族长奥达（Auda）是北阿拉伯地区最富盛名的猛将。也只有在他的协助下，我们才能召集马安至亚喀巴地区的部落，全心全意响应我们的号召，帮助我们从土耳其手中夺取亚喀巴及其附近山区；也只有得到奥达的鼎力相助，我们才能冒险从沃季赫长途跋涉至马安。自我们在延布时起，就一直渴望争取到他加入我们的阵营。

沃季赫的情形有了长足进展；2月17日是个黄道吉日，奥达的堂兄，阿布塔伊人的战将，伊本·扎尔（Ibn Zaal）将前来拜访我们。黎明时分，先有五名谢拉拉特的族长从帖布克东方的沙漠前来，带着当地盛产的鸵鸟蛋作为礼物。随后，奴隶将阿布梯尤尔族（Abu Tiyur）的戴夫-安拉（Dhaif-Allah）引见给我们，他是马安高原中霍威塔特族最具权势的哈姆德·伊本·贾兹（Hamd Ibn Jazi）的堂兄。他们的部落人口众多，势力强大，骁勇善战；但却和游牧的阿布塔伊人为世仇，哈姆德更是在早年就和奥达结怨。他们不远万里前来致敬让我们受宠若惊，但仍感遗憾，因为要攻打亚喀巴，最适合的人选当属阿布塔伊人。

努里·夏兰的长子紧随而至，代表他的堂兄纳瓦夫（Nawwaf）向费萨尔赠送一匹牝马作为礼物。夏兰和贾兹素来不睦，仇人相见必会分外眼红；于是我们又增设了一座迎宾帐篷，分开接待他们。鲁瓦拉人之后，迎宾又宣在海岸定居的霍威塔特族族长阿布塔杰加（Abu Tageiga）觐见。他代表族人前来向费萨尔表达最诚挚的敬意，并赠以在达哈巴（Dhaba）和莫威列（Moweilleh）劫掠到的战利品，这两地也是土耳其在红海仅存的最后出海口。费萨尔让他坐在自己的专用毯子上，并对他族人的积极表示诚挚的感谢；他们的投效使得我们能顺利进至亚喀巴的边界，那里的道路过于崎岖，不适合排兵布阵，但却是宣传布道和搜集情报的好地方。

当天下午，伊本·扎尔率领奥达的十名心腹到达。他亲吻了费萨尔的手两次，第一次是代表奥达，另一次则是代表他自己，然后才入座，表示自己此次是奉奥达之命前来问候费萨尔，并听候其号令。费萨尔极力遏制住自己的喜悦之情，施展手段，不动声色地将他隆重引见给仇家，霍威塔特族的贾兹。伊本·扎尔冷淡地与之打了个照面。稍后，我们与他进行了长时间的密谈，还在他离去时回敬以厚礼和大量承诺，并让他带信给奥达，表示只有他亲自前来沃季赫面谈，方能让费萨尔定下心来。奥达的豪侠之名如雷贯耳，但我们对他并不了解，亚喀巴一役事关重大，不容有任何闪失。因此我们必须亲自见到他，了解他的能力，并当面对他叙述我们的计划，争取他的支持。

除此之外，一切都圆满顺利，这样的一天对费萨尔来说再平常不过。不断涌来的消息让我的日记写个没完。通往沃季赫的道路上挤满了前来效忠结盟的使者、志愿军和沙伊赫们。川流不息的人潮使得原本漠不关心的必利族也坐不住了。新加入的人需对着费萨尔手中的《可兰经》庄严宣誓："君行我行，君止我止，绝不向土耳其人俯首称臣，向每个说阿拉伯语的人（无论巴格达人、阿勒颇人、叙利亚人或纯阿拉伯裔）致以善意；将民族独立置于生命、家庭和财富之上。"

此外，费萨尔还要求各部落当着他的面化解仇恨，如双方有不可解决的利益冲突，费萨尔便居中调停斡旋，还经常自掏腰包弥补损失的一方，以求双方尽快达成一致。费萨尔花了两年时间，把阿拉伯部落之间七零八落的关系一一拾掇起来，让他们恢复团结，同心协力对抗土耳其的统治。凡他经过的地区，再未因族群仇恨而互相残杀，他成了阿拉伯西部至高无上、不容质疑的最高法官。

费萨尔有今天的地位并非浪得虚名。他从未做过片面不公的决策，或会引发混乱的不切实际的决策。没有一个阿拉伯人对他的判决提出过异议，或是质疑他处理部落事务的智慧和能力。他凭借着耐心、智谋和过人的记忆力，明辨是非，赢得了麦地那至大马士革所有游牧民族的尊敬，其影响力甚至波及更远的地区。他的力量远超部落之上，血海深仇或猜忌倾轧都在其面前却步。阿拉伯起义已逐渐成为一个民族的共同目标，身在其中的阿拉伯人皆是一个整体，而将个人私利置于一边；在解放大马士革后欢欣鼓舞的几周内，以及后来理想逐渐幻灭的数月里，费萨尔凭借自己的勤奋和能力，永立于阿拉伯起义无可争议的领导地位。

第三十一章

兴高采烈之时，克莱顿发来急报，要求我们在沃季赫多待两天，等候埃及巡逻舰"努尔巴赫号"（*Nur el Bahr*）传达最新命令。由于我正好身体不适，乐得多休息几天。两天后巡逻舰如期而至，麦克鲁瑞（MacRury）登岸，交给我一封贾玛尔帕夏发给在麦地那的法赫里的长篇电报。恩维尔和君士坦丁堡的德国参谋在这封电报中下令恩维尔立即弃守麦地那，并先将大部队撤往赫迪亚，再转进乌拉，随后取道帖布克，最终到达马安，在那里建立一座新的车站和拥有深沟堡垒的坚固阵地，并长期固守。

此举正中阿拉伯人下怀；但这支由两万五千名安纳托利亚士兵组成的部队，是一个炮兵力量远超常规编制的重装军，他们有可能经转调突然兵临贝尔谢巴前线，这个变数令埃及英军忧心忡忡。克莱顿在信中告诉我对此切不可等闲视之，要尽一切所能将其围歼在麦地那，或者在其撤离时予以追歼。纽康贝此刻正在前方执行一系列重大爆破任务，故这一职责只能落在我的肩上。由于这封信是几天前发出的，我担心土耳其业已开始撤离，此时行动已为时过晚。

我将一切对费萨尔如实相告，告诉他此时为了盟军的利益，需要牺牲阿拉伯人的利益，或者至少放弃现有的优势。费萨尔一如往常展现出君子气度，立即同意全力配合。我们列出可调用的兵力，安排他们前去攻击铁路。正直寡言的长者谢里夫马斯特（Mastur）和拉希姆一道，带领族人和乘骡步兵队、一门火炮直接向艾斯河谷北部第一水源地法盖尔（Fagair）进军，以便在阿卜杜拉以北区域形成对第一段铁路线的钳制。

阿里·伊本·侯赛因将从吉达发兵，攻击马斯特率部以北的下一段铁路线。我们盼咐伊本·马汉纳（Ibn Mahanna）前往乌拉并严密监控该地。谢里夫纳西尔则奉命留守卡拉特穆阿达赫丹（Kalaat el Muadhdham）附近，随时待命。我写信给纽康贝，让他回营听取消息。老穆罕默德·阿里已从达哈巴移师帖布克附近的一片绿洲，这样就算土耳其部队真的已经走远，也能有所防备。我们对一百五十英里长的铁路线部署完毕，费萨尔自己则留在沃季赫，根据各部需要随时提供支援。

而我的任务则是前往艾斯河谷阿卜杜拉处，以了解他为何两个月来毫无动静，并说服他，如土耳其军队撤退，就要与之进行正面交锋。我们希望可以借着在漫长的铁路沿线频繁发动小规模突袭的策略，给他们制造严重混乱，同时使各个主要站点无法囤积足够的粮草，从而阻挠其撤军行动。麦地那的土耳其部队缺乏运输用的牲畜，故而辎重极其有限。恩维尔指示他们用火车运输大炮和补给；然后组成纵队，沿铁路线紧密护送火车行军。这一调度移防方式闻所未闻，如果我们能争取到十天的部署时间，且届时他们仍采取这一愚蠢的策略，我们便有机会将其一举歼灭。

次日我便离开沃季赫，拖着病体长途跋涉，费萨尔此时忙得不可开交，仍亲自挑选人马，替我组建了一支奇怪的旅队。这支队伍里有四名瑞法族人，一名默瓦威朱罕纳人担任向导，一名叙利亚士兵阿尔斯兰，作为仆人替我打点饮食和对付沿途的阿拉伯人；此外还有四名艾格利人、一个摩尔人，以及一名叫苏莱曼的艾提巴人。因为必利族的地区水草不足，我们的骆驼都骨瘦如柴，势必走得不快。

我们出发的时间一拖再拖，终于在晚上九点才勉强启程，但我已下定决心要在清晨之前走出沃季赫地区。所以我们走了四个小时才停下来睡觉。第二天我们走了两站路，每站各花费五小时，然后在冬天留宿过的旧地阿布泽雷巴特扎营。两个月来，这里的大水塘仅缩小了一点点，但水里的盐分却明显增大。再过几周，这些水便不适合饮用了。据说附近还有一口井，水位虽低，却勉强还能入口。但我没有前去寻找，因为背部起了疔疮，还发着高烧，一路驼背上的颠簸已使我痛苦万分，疲惫不堪。

我们在天亮前许久便已上路，通过哈姆德后，在丘陵密布的阿贡纳（Agunna）迷了路。天亮后我们才摸清了方向，翻过一条陡直插入库伯特（El Khubt）的分水岭，进入在群山环抱中的平原区域。这里直通苏克赫（Sukhur），上次途经恩姆勒吉时，此处醒目的泡泡状花岗岩令人记忆犹新。地下长满了药西瓜①（Colocynth），四散的藤蔓和累累的果实在晨光中看起来无比茂盛。朱罕纳人说它的叶子和藤都是极好的饲料，马吃了几小时都不觉得口渴。艾格利人则说用药西瓜果皮当杯子盛驼奶喝有通便奇效。艾特比人又说，只消把果实的汁液抹在脚后跟上就足以一泻千里了。摩尔人哈姆德还说此物的藤芯干燥后是很好的燃料。大家各执一词，但在一点上却达成一致，就是此物绝对不能给骆驼吃，因为对它们有毒。

大家就这样七嘴八舌地聊了三英里路，开心地穿过了库伯特，再翻越一座低矮的山岭，就进入了第二个较小的平原区。这里可以看见苏克赫东北边有两座并肩矗立的巨型灰色火山岩石，未经日晒风吹的区域则呈锈红色。第三块巨石则位于稍远处，泡泡般的外形令我十分好奇。靠

---

① 也称柯罗辛，可致泻。

近观察，它仿佛是一颗半埋入地下的大足球，颜色也是棕红的。足球的南面和东面平滑完整，顶部浑圆规则，闪闪发光，无数细小的裂缝从上一路向下延伸，仿佛密密麻麻的针脚：汉志地区多奇山，而这座山无疑是奇上加奇。我们缓缓骑过它旁边，阳光中居然奇异地斜飘下一阵美丽的雨丝。

通往苏克赫的道路就顺着这些巨石间一条狭窄的山谷爬升，谷底全是沙砾，两侧都是峭壁。这些岩石都崎岖不平，我们只得攀住这些粗糙的石面，沿着斜插入山腰的两块红色岩石间的断层爬行。山顶如刀刃般尖利，再由一条逼仄的羊肠小径拾级而下。一颗巨大的落石挡住了一半的去路，世世代代借此路往返的人在上面凿满了自己部落的标志。小路尽头草木茂盛，冬季的滂沱大雨从苏克赫山光滑一侧倾泻至此，淤积下肥厚的泥土。土中遍是裸露的花岗岩，脚下仍未干透的沟槽中有细腻的银色白沙，一直通向黑冉（Heiran）。

接着我们便进入了一片杂乱无章的花岗岩区，碎石胡乱堆积成小山，我们在其中来来回回盲目摸索出路，让骆驼犹豫不决。午后走了不久，这片乱石地被长满林木的开阔山谷所取代，一个小时后，路途再次变得艰险；我们只得下来牵着牲口沿着狭窄山路上那残破的石头台阶而上，这些台阶由于经年累月的踩踏已磨得光滑无比，雨天湿滑时相当危险。这条路穿过一座高高的山肩后，便向下进入小丘和山谷地带，然后再转入一条弯弯曲曲的乱石小路，下到一条激流冲出的河床里。刚走了几步，河床便收窄，负重的骆驼根本无法通行，而唯一可行隘道悬在半山腰，上顶绝壁，下临深渊，走在上面摇摇欲坠。就这样走了十五分钟，我们终于抵达了一座隆起的山脊，有很多前人堆砌的石界标，以表达对熬过这段坎坷之旅的纪念和感谢。我从拉比格出发去找费萨尔的第一趟阿拉伯之旅中，在马斯杜拉路边也见过一样性质的纪念石堆。

我们也停下来堆了一座，然后顺着满地黄沙的山谷下到罕巴格旱谷（Wadi Hanbag）。这条旱谷是哈姆德旱谷的大分支，林木繁盛。在那片迷宫般的山地里困了数小时后，罕巴格的开阔令人舒展一新。洁白的河床向北铺开，穿越树林，自红褐色的崇山峻岭脚下绕过，形成一道优美的曲线，极目远眺，一两英里处的风景尽收眼底。支流旁低矮的沙坡上绿草丛生，我们便停留了半小时，让饥饿的骆驼美餐一顿。

这些骆驼自离开瓦黑迪井后就不曾如此大饱口福，所以此时狼吞虎咽，等不及细细咀嚼便囫囵下肚，留待稍后再好好反刍消化。然后我们穿过山谷，来到入口对面的一条大支流，基坦旱谷（Wadi Kitan）。这里景色也很优美，地表全是沙砾，没有一块乱石，满是茵茵绿林。谷地右侧是小丘陵，左侧是高耸入云的吉达瓦山（Jidhwa），峥嵘嶙峋的花岗岩山脊平行而列，被正要坠入浓密雨云的夕阳染得一片通红。

我们终于停下来宿营，待骆驼被卸下行李，带去吃草后，我挨着一块岩石躺下休息。我浑身酸涩，头疼欲裂，高烧不退；这些都是急性痢疾的并发症，让我在旅途中饱经折磨，今天更因攀爬险峻山路导致体力不支，两度短暂昏迷。阿拉伯沿海地区这种痢疾一发作便如重锤般来势汹汹，几小时之内就能让患者无法支撑，在主要症状消退后，患者总是异常疲乏，甚至会导致长达几周的精神崩溃。

我的随从整天口角不断；我躺在那里时，听到一声枪响。我起初并未在意，因为山谷里有许多野兔和飞鸟；但很快苏莱曼把我叫起来，让我跟着他穿过山谷，来到对面的一处坳地。一个来自波雷达（Boreida）的艾格利人直挺挺地躺在地上，太阳穴被一颗子弹贯穿。这显然是近距离开火，伤口周围的皮肤全是灼痕。其余的艾格利人正在发狂地乱蹦，待我询问缘由时，他们的领队阿里说，是摩尔人哈姆德谋杀了他。但我怀疑凶手是苏莱曼，因为艾提巴人和艾格利人在延布和沃季赫时就已屡生龃龉；但阿里坚称枪声响起时，苏莱曼正和他一道在三百码远的地方捡拾柴火。我将所有人派出去搜寻哈姆德的下落，然后拖着身躯返回岩石边的歇息处，觉得在如此痛苦的时候发生这种事真是祸不单行。

我正躺在那里，耳畔突然传来一阵沙沙声，便缓缓睁开眼睛，看见哈姆德背对着我，正附身向放在岩石后方他自己的鞍袋里摸着什么。我举起手枪瞄准，然后开口叫他，他只得放下手里的来复枪，缴械投降。我没有动手，待到其他人赶来，立即展开了审讯。哈姆德不久便招供，他和沙列姆起了争执，怒火中烧之下失控对他开了枪。审讯结束后，作为沙列姆亲戚的艾格利人要求血债血偿，其他人对这一意见都表示支持；我试图向脾气温和的阿里说情，但只是徒劳。高烧使我头疼不已，完全无法思考；但此时即便我身体健康，口若悬河，也无法替哈姆德脱罪；沙列姆素来友善，人缘很好，这桩突如其来的谋杀肆无忌惮，实不可赦。

我心中升起一股恐惧，怕无人能胜任刽子手的工作。身为一个文明人，我此刻却对伸张正义如避瘟疫。费萨尔的军队中还有其他摩尔人，如果让满怀仇恨的艾格利人行刑，则好不容易建立起来的团结局面将遭受复仇的威胁。这一次必须就地正法，以绝后患。我告诉哈姆德，杀人必须偿命，并亲自扛起了行刑的重担，或者他们认为我还不具备当世仇的条件。我是一个外国人，也没有子嗣，至少没人会向我的后代讨还血债。

我将他押至一条湿冷阴郁、杂草丛生的山沟深处。最近一次降水沿着崖壁流溅下来，将河床的沙土戳得满是窟窿。山沟尽头逐渐合拢，仅余数英寸宽的裂隙，两旁岩壁几乎与地面垂直。我站在裂隙入口处，留了片刻时间让他伏地痛哭。然后我让他站起来，一枪打入他胸膛。他栽入杂草丛里尖声痛叫，鲜血染红了衣襟，不停抽搐翻滚着，直到靠近我的脚边。我又开了一枪，但因为战栗而误中其手腕。他哀号不断，声音却逐渐微弱下去，双脚对着我仰面躺在地上，我便倾身上前，瞄准他颚下脖子最粗的地方补了最后一枪。他的身体抽动了一小下，我叫来艾格利人，将尸体就地掩埋。那一夜我坐卧不安，辗转难眠，挨到天亮前几小时便唤醒大家，赶紧打包上路，急切地要离开基坦旱谷这个是非之地。我已毫无力气，不得不被众人抬上座鞍。

第三十二章

曙光升起时我们已顺着一条短而陡的山路走出了基坦旱谷，进入崇山峻岭间的主河道区域。我们转到主河道一侧的支流雷米旱谷（Wadi Reimi）取水。这里没有像样的水井，仅在谷底的石头河床上有个渗水的小坑洞；找到这个洞一部分也是因为其散发出来的臭味，且奇怪的是，水虽然喝起来也很臭，但却和闻起来的臭截然不同。我们休息了两小时，将水袋盛满，阿尔斯兰则烘了饼吃。接着我们起程穿越阿木克旱谷（Wadi Amk），这里地势平坦，绿意葱茏，骆驼走得极为轻快。

我们在阿木克谷西转的地方走了出去，在一片汉志地区常见的灰色花岗岩（像冷却的太妃糖）包围下向上爬去。随着坡道和台阶的逐渐提升，脚下也越发肮脏凌乱：路面残缺不全，七扭八歪，让骆驼寸步难行。所幸这段路很短，之后便是一小时开阔的谷地，右侧有低矮的小山，左侧是高大的险峰。岩壁上凿有蓄水池，梅洛温人（Merawin）的帐篷矗立在树荫下的平地上。这些山坡肥沃富饶，放牧着成群的绵羊和山羊。我们向那些阿拉伯人要了一些羊奶：我队伍中的艾格利人由于遭遇干旱，已经两年没有喝过羊奶了。

通往山谷外的小路尽头令人举步维艰，而之后下到马拉克旱谷（Wadi Marrakh）的路更是令人胆寒；但山岗上的景致却足让我们不虚此行。马拉克河谷宽阔、宁静的大道在平直的山崖间往前延伸，四英里后划了一个圆圈，将四面八方的山谷汇集至此。人们将未经雕琢的原石堆筑在山谷入口，进入山谷，便能看到两侧灰色的岩壁皆朝内收缩呈半圆弧形。在面南的前方，一片直立的蓝黑色火山岩将弧线截断，下方有一小丛荆棘植物。我们便躺在这些植物稀薄的树荫之下，对这溽暑中的半点荫凉感激不尽。

时值正午，酷热当头；我越来越虚弱，几乎无法抬起头来。迎面喷袭的热浪仿佛火辣辣的耳光抽在脸上，灼得眼睛生疼。身体的疼痛让我大口喘息；烈风吹得我嘴唇干裂，喉咙滚烫，发不出一点儿声音，连喝水都成为一种折磨；然而我还是得强忍疼痛不停补充水分，因为干渴让我不得安宁。苍蝇更是令人避之不及。

地面精细的石英沙粒和白沙粒反射出刺眼的光线；随着热风在草尖上来回吹拂，地面仿佛也在徐徐上下起舞。这些草一簇簇的，高约十六英寸，根茎为灰绿色，骆驼特别爱吃。它们贪婪地大嚼特嚼，直到被人牵回来蹲伏在我身旁。此刻我恨透了这些牲口，一番暴食之后，吐出的气一股恶臭；而且它们一口接一口地反刍，绿色的唾液不断自宽大的双唇间溢出，沿着松垂的下巴到处滴落。

我一肚子火躺在那里，朝最近的那只骆驼丢了颗石头，它站起来蹒跚地走到我脑袋后方，摇晃了半天才稳住后蹄，狠狠撒了一大泡苦涩的尿；我已被热气烤得发昏，又病痛缠身，只能无助地躺在那里大呼救命。但随从们好不容易猎到了一只瞪羚，现在都跑去生火烤肉了。前方的山怪石嶙峋，色彩鲜明，我从而判断出，只要再熬一天，便能抵达目的地好好休息一番。山麓常年沐浴在日光下，泛出温暖的灰色；峰脊上还嵌着细而窄的花岗岩石条，与灰色双双映衬，在天际线下，如同废弃的观光铁路上被锈蚀的轨道般延伸开来。阿尔斯兰说那些山峰像鸡冠子，确是恰如其分。

饱餐一顿后我们再度上路，轻易地登上了第一座火山岩峰，第二座山峰路程也很短，峰顶中央是一片冲击形成的宽阔沙砾平台。火山岩凝结而成的地表非常洁净，呈铁锈红色，散布着石块。第三座山头开始，山势向南逐步拔高；而我们则朝东面的噶拉旱谷（Wadi Gara）走去。

这座花岗岩山谷很久以前或许有熔岩从中流过，慢慢淤积填满了河床，并在中央部分形成凸起，故火山岩和两侧山腰之间留有深深的沟壑。每当暴风雨横扫山间，雨水形成的洪流就将这里淹没。冷却凝固的岩浆像绳索般扭曲盘绕，龟裂崩断，胡乱堆叠。地表全是松散零落的碎片，年复一年至此经过的骆驼队从中踏出了一条不能称之为路的路。

我们在这条路上挣扎了好几个小时，走得极其缓慢，骆驼畏首畏尾，踟蹰不前，生怕尖锐的地面刺伤自己柔软的脚掌。除了沿途留下的驼粪和磨得微微泛蓝的石面，这条路几乎无法分辨。阿拉伯人说天黑后这条路就无法通行，我对此深信不疑，因为胯下的牲口走得如此艰难，我们不得不大声呵斥催促它们。下午快五点时，道路终于好走了些。我们似乎已经接近山谷源头，道路也逐渐变窄。右前方有一座规整的锥形火山，一条笔直的犁沟从火山嘴一直划到山脚，展示出岩浆当年奔流的盛况；火山喷发后留下的黑色灰烬，干净得如同筛过一般，东一块西一块散布着硬土堆和火山渣堆。火山后方还有另一块火山岩区，形成年代或许比山谷还早，岩石都已经变得光滑，平坦的河谷杂草丛生。贝都因人的帐篷就搭在这块开阔区域里，看到我们便纷纷跑来，热络地接过我们的缰绳，带领我们进入营地。

原来他们是沙伊赫法赫德·罕沙（Sheikh Fahad el Hansha）的部落。法赫德是个聒噪老迈的战士，曾和我们一起进军沃季赫，也曾见证了加兰在托维拉（Toweira）车站附近首度用自动起爆地雷炸毁了一辆运兵火车。我要求在他帐外静静地休息一下，但他和其他沙漠人民一样，强行将平等的好意加于别人头上，硬将我拉进他布满跳蚤的帐篷。在那里他一边猛灌我利尿的驼奶，一边连珠炮问我关于欧洲、我家乡的部落、英国的骆驼牧场、汉志战争，或埃及大马士革其他什么地方的战争情况；又问费萨尔近况如何、我们为什么要找阿卜杜拉，以及到底是什么邪恶力量让我仍然信仰基督，什么时候他们才能敞开心胸和双手等着迎接我皈依真神安拉？

就这样一直耗了许久，直到十点晚宴开始，招待贵宾的绵羊被大卸八块，尊贵地趴在一大盘黄油米饭上抬进帐内。我礼貌地一起用餐，然后将自己的长袍裹紧呼呼大睡；经历了数小时的旅途奔劳，我已精疲力竭，纵使被虱子咬得体无完肤也毫无知觉。然而，我平时迟钝的想象力受到病痛的激发，在梦中纵情释放。我梦见自己一丝不挂地走入无边的黑暗，脚下绵延不绝的熔岩（像泛着金属蓝色的炒鸡蛋，荒谬至极）极其尖锐，踩上去仿佛蚊虫在咬啮；感觉有什么可怕的东西阴魂不散，大概是那个死去的摩尔人，总是爬在身后纠缠。

第二天我们起了个大早，衣服上虽汤汁淋漓，整个人却神清气爽。在法赫德殷勤的招待下，我们又盛情难却地喝下了一大碗奶。我已经可以不用人搀扶,独立跨上骆驼。走完嘎拉旱谷最后一程,顺着一座火山口往南,穿过许多黑色火山渣堆后便抵达山顶。接着我们转入一条山谷支脉,牵着骆驼走过了一座陡峭多石的火山。

随后下到穆米亚旱谷(Wadi Murrmiya)的路通行无阻,谷底中央覆满镀锌铁皮般的白色熔岩,两侧则是平滑的沙床,非常好走。不久我们来到一处熔岩断层,看起来像是通往对岸。我们便从此穿过,发现这里混杂着熔岩的土壤相当肥沃,树林长得枝繁叶茂,草地浓密厚实,繁花似锦,是我们一路走来见到的最好牧场。由于地面都是蓝黑色扭曲纹路的石堆,益发衬得草木绿意盎然。这意味着熔岩的质地已经发生了改变,看不到其他地方那种松散地聚在一起,有人头颅或拳头大小的石堆;取而代之的则是一簇簇叶状结晶体的金属质岩石,打赤脚绝对无法通行。

另一条分水岭将我们带至一处开阔地带,这里灌木浓密,土层不厚,有朱罕纳人开垦出的八亩田地。据说附近地区还有类似这样的耕地,无言地展示出阿拉伯人的坚韧与勇气。

此地被称为彻托旱谷(Wadi Chetl),山谷后又是一条崎岖不平的熔岩河道,也是截至目前路况最糟的一段,只有一条难以辨识的小路曲折通过。我们损失了一头骆驼,它踩入一个坑洞里,折断了前蹄;而从沿路散落的尸骨判断,我们并不是唯一遭此不幸的旅队。尽管如此,按照向导的说法,这里也是最后一处熔岩区域。接下来的路程都是平坦的谷地,最后我们沿着一道缓坡而上,直至黄昏。这段路程相当轻松,加之天气凉爽,令我元气大振,并没有像往常那样停下来过夜,而是一鼓作气赶了一小时的路,穿过了穆米亚盆地,进入艾斯旱谷,方才在特雷(Tleih)的空地上最后一次扎营。

由于持续高烧，接近旅途终点让我非常高兴。我很担心自己会一病不起，从而只得任由热情好客的部落人民伺候调养，后果简直不堪设想。无论有什么病症，他们治疗的方式就是在病人身体的若干部位烧一个窟窿，这样病灶就会从这里发散出去，从而痊愈。有的人对此类疗法深信不疑，故而甘愿忍受，但对不相信的人而言是绝对的酷刑：如果不相信还接受治疗已经够蠢了，更别提还得蒙受阿拉伯人一番好意。这种好意和他们的思维方式如出一辙，只顾自己，完全不理会患者的抗议。

第二天早上旅途顺利，从开阔的山谷轻松抵达艾斯旱谷。我们抵达了最近的一个水源地阿布马克哈（Abu Markha），谢里夫阿卜杜拉也刚到这里不久，正指挥手下在井边的树林间搭建帐篷。他原来的营地在山谷下方的阿米尔井（Bir el Amri），之前还在穆拉巴（Murabba）扎过营。但都因手下和牲畜把营地弄得污秽不堪，所以只能搬迁至此。我将费萨尔的文件转交给他，并解释了麦地那现在的局势，告诉他我们必须立即封锁铁路。他的反应在我看来很冷淡，但我没有继续争辩，只说旅途劳累，如果他许可的话，希望能容我小睡片刻。他便在自己的大帐幕边为我搭了一座帐篷，让我最终得以休息。来这里的途中，我一直在座鞍上与头昏眼花作斗争，如今信息已经传达，紧绷的神经终于为之一松。如果再撑上一小时，恐怕我会崩溃昏厥。

第三十三章

我在这座帐篷里躺了将近十天，肉体的虚弱让我如野兽般的斗志也逐渐消退，直至从病痛的羞耻感中解脱出来。和往常一样，置身这样的环境反而让我的思路变得清晰，直觉也越发敏锐，终于开始反思阿拉伯大起义的全过程，这一习惯也是我用以对抗疼痛的特效药。这一问题我早该有所反省，但当我初到汉志，采取军事行动是当务之急，而我们也只是出于本能进行判断，尽力为之，既不去深究其原因，也没有形成最终目标。没有过去的经验作为基础，也不对得到的教训反思总结，过分依赖本能最终导致了决策的直觉化和软弱化，极大地动摇了我的信心。因此我趁自己缠绵病榻，动弹不得的这段时间，尝试着用书本中所学来的知识为这次运动找到真正的出路，为此我殚精竭虑，夜不安寝，想要理清纷乱的头绪。

就如我前面所述，指挥这场起义并非我自愿，更没有接受过正规战争训练。我只泛泛阅读过一些军事理论，在牛津求学期间，仅是基于兴趣了解过拿破仑、克劳塞维茨及其军事学派，卡门尔①（Caemmerer）和毛奇②（Moltke），以及其他法国近代的军事家。但他们的理论似乎都是一面之词；在研读过约米尼和威尔里仁③（Willisen）之后，我在萨克斯④（Saxe）和吉伯特⑤（Guibert）及其他18世纪的军事著作中发现了更为开阔的格局。纵使如此，克劳塞维茨的才智还是远超他们之上，他的书条理清晰，引人入胜，让我在不知不觉中将其奉为真理。直到比较过库恩⑥（Kuhne）和福煦之后，方才令我对军人和他们的穷兵黩武深感厌恶，开始批判这些人头上的光环。总而言之，我在这方面的兴趣一直

---

① 指鲁道夫·冯·卡门尔（Rudolf von Caemmerer）1845年—1911年，普鲁士中将，发表了大量军事理论著作，主要围绕克劳塞维茨的思想进行研究。
② 指赫尔穆特·冯·毛奇（Helmuth von Moltke），1800年—1891年，普鲁士和德意志名将、总参谋长、军事家，德国陆军元帅。他曾指挥德军在色当战役中取得决定性胜利，为德意志统一做出了重要贡献。为了和他的侄子（小毛奇）相区分，他通常被称作"老毛奇"。
③ 指卡尔·冯·威尔里仁（Karl von Willisen）1790年—1879年，普鲁士将军。
④ 指赫尔曼·莫里斯·萨克斯（Hermann Maurice Saxe），1696年—1750年。法国元帅，军事理论家，最著名的战役为奥地利王位继承战争中的丰特诺瓦大捷。他的著作《我的沉思》（又译为《梦想》）为18世纪重要的军事理论著作。
⑤ 指雅克·安托萬·伊波利特·吉伯特伯爵（Jacques-Antoine-Hippolyte, Comte de Guibert）1743年—1790年，法国将军。十三岁起就跟随父亲参加了七年对德战争，1770年以宏大篇幅发表了战术论文。
⑥ 指弗朗茨·库恩·冯·库恩费尔德男爵（Franz Freiherr Kuhn von Kuhnenfeld），1817年—1896年，奥匈帝国步兵上将，曾参加过三次意大利独立战争，在维也纳的军事学院教授过战略课程，并担任过帝国陆军部部长。

是抽象化的，只注重战争的理论和哲学思辨，尤其是形而上学的精神层面。

如今，战场上的一切都是真实具体的，尤其像麦地那这种问题更是令人深觉烦扰；为了让自己抛开这个问题，我开始回想一些适用的金玉良言用以指导科学的现代化战争。但没有一条合适的，这更增加了我的烦恼。迄今为止，麦地那成了我们的全部；但我此时抱恙，它的形象已变得模糊，不知是因为我们离它太近（人们总是不会珍惜唾手可得之物），还是长时间对它的凝视导致视力模糊。某天下午我从梦中被热醒，浑身大汗淋漓，被苍蝇叮得心烦，不禁想，拿下麦地那对我们到底有什么好处？当我们在延布，麦地那的土耳其人打算攻打麦加时，它才会对我们造成威胁；但攻下沃季赫已永远扭转了这一局面。我们四处封锁铁路，土耳其只有招架之力。麦地那的土军已减少到只够防御的程度，困在战壕内，靠屠宰无力饲养的牲畜充饥，从而进一步摧毁了队伍的辎重运输能力，更加动弹不得。我们已经剥夺了他们的进攻能力，现在还要继续夺走他们的城池。麦地那不像沃季赫适于作为基地，也不像艾斯河谷这样具有要塞意义。我们到底要它干嘛？

沉闷的午休过后，营地里再度活跃起来；外界的喧闹声透过黄色的帐幕传入我耳中，阳光像一柄柄长剑，射进帐幕上的破洞和裂口。我听到树荫下的马匹连连跺脚，喷着鼻息驱赶苍蝇；骆驼生气的咕噜声、磨咖啡的机器声、远方的枪声。纷纷扰扰中，我不再去思索战争的目的。书中已经点得很明白，通过一个过程——战斗——摧毁敌方的武装力量。唯有杀戮才能换来胜利，这对我们而言是难以接受的箴言。因为阿拉伯人没有任何正规部队，土耳其军中的福煦大人就没有目标了吗？阿拉伯人见不得伤亡，就算我们当中有克劳塞维茨，又凭什么建功立业？

冯·德·戈尔茨①（Von Der Goltz）似乎谈得更为深入，认为歼灭敌军并非必要，而是摧毁其意志。只不过我们的表现难以让任何人闻风丧胆罢了。

尽管如此，戈尔茨只是个欺世盗名之徒，所有这些军事家也只是故弄玄虚，因为知道自己已胜券在握；经过再三思量，我逐渐醒悟，其实我们早已赢得了汉志战争。汉志每一千平方英里的土地上，有九百九十九平方英里业已重获自由。我曾经带有几分挑衅地对维克里开玩笑说，阿拉伯人的起义不像战争，更像和平运动，是否看似信口雌黄，实为千真万确？或许战争需要绝对专制，但赢得大多数才更利于和平。如果我们掌握了麦地那以外的其他地区，乐得让土耳其守住自己的方寸之地，苟延残喘到和平到来，或自行灭亡，方才认识到自己一直如困在玻璃窗内的飞虫般徒劳挣扎。

我将同样徒劳的苍蝇耐心地从脸上挥走，汉志战争的胜利和结束让我很有满足感，自拿下沃季赫那日起我们便已获胜，只是我们当时还不够高明，尚未认识到这一点。接着一阵嘈杂再度打断我的思路。遥远的枪声逐渐激烈起来，交织成连续密集的齐鸣。接着又戛然而止。我知道接下来会有别的声响，静静侧耳聆听，果然一阵沙沙声划破了宁静，就在我的帐篷外面，像是长袍拂过燧石的声响。略作停顿后，骆驼骑手们列队完毕，随之传来藤条轻敲牲畜项背的声音，使它们跪下。

它们毫无声息地卧下，而我则按印象进行计时：骆驼们先是一阵踌躇，向下观望一番，用脚在地上探寻一块较为松软的区域；接着是一声闷响，它们前蹄着地，同时迸出一阵喘息，这支队伍历经长途跋涉，已

---

① 又称戈尔茨帕夏，1843年—1916年，普鲁士陆军元帅，军事作家。曾任土耳其军事顾问，花了十二年时间改造训练土耳其军队，使得土耳其在希土战争中大败希腊。他的著作《全民皆兵》（Das Volk in Waffen）开创了人民战争的概念，迅速成为军事经典。

相当疲惫；然后是骆驼纷纷收起后蹄的拖拉声，以及用膝盖拨拉开地上炙热的燧石块声，好将腹部埋进下方较为凉爽的土层；与此同时，骑手们打着赤脚疾步快走，啪嗒啪嗒好像在地面扑腾的小鸟，不是去咖啡壶边，便是去阿卜杜拉的帐篷，心照不宣地各司其职。骆驼们则就地休息，心神不宁地在砾石块上甩着尾巴，等着主人得空前来安置自己。

我的理论现在已经开了个好头，但还缺少战争手段和结束战争的替代方式。我们的战争似乎与福煦宣扬的那一套不尽相同；为了找出他和我们之间的差异，我开始回想他的理论。在他所谓的现代战争中——他称之为绝对战争——两个国家因意识形态的冲突而诉诸武力。从理智的角度来看，这一行径极其愚蠢，因为意见总是各执一词，信念却只能借助枪炮来增强；而只有当一方的支持者已无任何手段对抗另一方时，这种意识流的斗争才会宣告结束。这听起来仿佛是20世纪宗教战争的老生常谈，其必然结局是一种信念的彻底瓦解，而其追随者则坚信神终将做出最后的审判。这一套或者能套在法国人或德国人身上，但英国却绝不买账。我们在弗兰德（Flanders）或苏伊士运河的军队并不是为了捍卫一种哲学观点。我们想要用各种手段激起官兵对敌人的憎恶，其结果只能是让他们憎恶战争。事实上，当福煦说绝对战争是建立在大量征兵的基础上，而非依赖职业军人时，已然是以子之矛，攻子之盾；传统军队依然是英国的理想典范，依靠将士的雄心壮志赢得战争。在我看来，福煦斩尽杀绝的兵法，并不比其他战争更为"绝对"，甚至称其为"屠杀战争"也毫不为过。克劳塞维茨列举过各种类型的战争……个人战争，王朝间互相吞并统治权的决斗……排除异己的党阀之争……出于贸易目的的商业战争……似乎世上无相似之战。敌对双方通常对作战目的不甚了了，只能一路盲人摸象直至逐渐控制住局势。虽然幸运和才智常出人意料，打破自然法则的"铁律"，但目光长远者总是获得胜利的青睐。

我不明白费萨尔为何要对抗土耳其人，为什么阿拉伯人又愿意响应他，我认为他们的目标是地理上的，想要将土耳其人从说阿拉伯语的亚洲地区驱除出去。也只有这样，他们才能站出来实践这一争取自由的和平理想。为了追求这个理想，我们可以杀土耳其人，因为我们讨厌他们；但杀戮根本是不必要的，纯粹是仪式性的奢侈。如果土耳其人愿意悄悄离去，这场战争便能宣告结束。如果不愿意，我们可以敦促他们，或设法赶走他们。万不得已之时，我们将采取最极端的手段，通过"屠杀战争"来血洗，但我们自己也会因此变得像土耳其人一样卑鄙。既然阿拉伯人是为了自由而战，则只有活着的人才能尝到自由的喜悦。就算一个人正好喜欢孩子，无论是自己的还是他人的，为子孙后代而战终究过于空泛而缺乏热情。

这时有奴隶来拍我的帐门，问我是否方便会见埃米尔阿卜杜拉。于是我打起精神穿上衣服，步履蹒跚地来到他的大帐里，进一步探寻他的深层动机。他的帐篷相当舒适，陈设奢华，铺有阿尼林染料染制的厚绒地毯，那是从侯赛因·马贝里格在拉比格的家中劫掠来的战利品。阿卜杜拉大部分时间都待在帐内，与朋友谈笑，与他的宫廷小丑穆罕默德·哈桑（Mohammed Hassan）嬉戏。我将话题抛给他和沙基尔（Shakir）以及其他沙伊赫们，让他们畅所欲言，在座的还有道蒂的莫特洛格①（Doughty's Motlog）的儿子，满腔热血的佛尔罕·阿依达（Ferhan el Aida）。阿卜杜拉态度明确，让我也颇有收获。他将在座各位目前的独立自主与在土耳其奴役之下的状态进行了对比，严厉地抨击土耳其异端，或新突厥主义（Yeni-Turan）这样的邪恶学说，又跑题质

---

① 指谢赫莫特洛格（Motlog Allayda），道蒂在阿拉伯旅行期间曾客居他家。

疑哈里发政权的合法性。这是阿拉伯人的土地，却住着土耳其人：这是一个大问题。于是我的论点大有用武之地。

第二天我背上的疗疮大爆发，虽然高烧有所减退，我还是不得不整天在臭烘烘的帐篷里动弹不得。有时天气热得连小寐片刻都不可能，我便继续拾起那一团乱麻进行分析，从整体结构方面，也就是战略层面；以及部署方面，也就是战术层面；还有人民感受方面，也就是心理层面，来审视这场战争。因为领导统御是我的职责，而指挥官就像是主建筑师，需要对全局负责。

战略即战争目的，是要将局部统筹联系成一个整体；而战术，则是借以达到战略目的的手段，是战争中循序渐进的特定步骤。而我们的第一个问题就是这两者之间的对立混乱。它们似乎只是衡量战争要素的观点，就好比数学中的代数元素、生命中的生物元素或者观念中的心理元素一样。

代数元素对我而言是纯粹的科学，它受数学法则所支配，并不具备人性。它涉及已知的变数、既定条件、空间和时间，像山川、气候、铁路这样没有生命的事物；人类由于数量太多只能整体视之，无法作为个体变量，而且借助机器的力量我们的能力也大为增强。所有这一切都可以套用公式进行验证。

这样一来就过于庞杂和专业了。过于抽象的东西难以理解，因此我再度将阿拉伯问题放上桌面，进行实际考证。以阿拉伯半岛为例，第一个代数元素当属我们想要占领的地区面积，我开始粗略估算有多少平方英里：六万、八万、十万？或者有十四万平方英里。那么土耳其要如何防御守护这么大的面积？如果我们像一支大军般摇旗呐喊而来，毫无疑问他们将深挖战壕严阵以待；但假设我们是（极可能是）以一种影响力，一种观念，一种无形的东西，刀枪不入，不分前线后方，像气体一样缥缈无形呢？军队好比植物，落地生根，难以移动，借助茎秆将养分输送至枝头。我们也可以是一股轻烟，自在地吹向想去的地方。我们的王国就在每个人的心中；无需借助任何物质赖以维生，自然也没有任何物质可供他人摧毁破坏。对普通的军人而言，失去目标就会茫然无措，只能呆在原地，盲目地服从开枪射击的命令。

接着我开始计算在这些地方需要驻守多少人马，才能全面掌控这十多万平方英里的地区，防止我们利用任何漏洞进行纵深攻击和煽动反叛。我对土耳其军队了如指掌，纵使他们目前借助飞机、火炮和装甲列车（从而缩小了陆地战场）大大增强了作战能力，也仍需要每四平方英里设立一个坚固的据点，其守军应不下二十人。如此一来，他们则需要六十万人才能压制住阿拉伯人的反抗情绪，和少数狂热分子的强烈敌意。

我们有多少极端狂热分子？目前大约有五万人：暂时足够了。在这一战争要素上我们似乎占有优势。如果我们能充分了解和利用现有的资源，那么气候、铁路、沙漠和先进武器都可以为我们所用。土耳其人并不聪明；他们背后的德国人则死板教条。他们坚信起义和战争一样具有绝对性，并将其与战争一视同仁。总之，人类行为一经归类就是大而化之和稀泥；而用战争来对付起义就好比用刀子喝汤，既劳师动众又事倍功半。

具体因素已经考虑得差不多了，于是我转向［希腊语2 $\dot{\epsilon}\pi\iota\sigma\tau\acute{\eta}\mu\eta$］①的数学元素，并深入研究指挥中的生物本质。它的关键似乎在于非生即死的临界点，或至少是稍低一个层次的消耗与折损。战争哲学家们将其发

---

① 意思是"知识""智慧"。

展为一门艺术，并将"流血牺牲"这一行为提升到了不可或缺的高度，并在战斗中将其人性化，一种让每一寸肉体都甘愿奉献的热忱。这是一条变量线，人类面对这一情操的考验表现各不相同，没有定势可循。这些构成要素既敏感又无逻辑性，且将军们总是采取保留一支预备部队的策略——他们作战艺术中一种相当重要的手段——来保护自己。戈尔茨曾说，如果你知道了对方的兵力，且他们已经部署完毕，则你不需要后备部队了。但这种情况永远不会发生。将军的心中总会盘算着可能出现的意外和差池，并下意识地储备力量以防万一。

部队的"感觉"要素无法以数字量化，只能通过类似柏拉图的直觉学说进行揣测［希腊语3 δόξα］①，而那些最伟大统帅的直觉十有八九都会成真。十分之九的战术都是可以通过教学手段进行传授的；然而那不循常规的十分之一则如翠鸟点水般稍纵即逝，将军的优劣之别亦全在于此。它可能仅仅依赖本能（在实战中不断变得敏锐），直到面临危机时形成条件反射。有些人的［希腊语3 δόξα］几乎达到完美的境界，并通过这一能力明确地达成［希腊语2 ἐπιστήμη］。如果希腊人有耐心将这种反抗合理化的话，大概会将这类指挥天才称之为［希腊语4 νόησις］②。

我将思绪拉回来套用在我们自己身上，立即意识到这不但可以用于人类，同样也适用于物质。土耳其军队的物资因匮乏而显得珍贵，人的价值显然比不上装备。我们的诀窍便是摧毁敌军的物资，而不是杀伤他们的人员。对我们来说，摧毁土耳其的桥梁、铁路、机械、火炮，或者用高爆炸药开展破坏行动，比杀死土耳其人更为有利。而阿拉伯人的军队中，将人和物资看得一样重要。政府眼中，人类无非是个群体；但我

---

① 意思是"期望""观点"。
② 意思是"思想""观念""智力"。

们的将士，不是正规部队，并非一种组织形式，而是独立的个体。个体的死亡仿佛投石入水，虽起浪花但终被吞噬；但哀伤的涟漪却会随之扩散。伤亡对我们而言，是不可承受之痛。

物资很容易进行补充。我们的策略显然是要设法在某一方面占据优势；火棉①或机枪，或者任何有决胜意义的东西。正统教义为众望所归，万人景仰，使得我们在危机和战斗之时都处于道德的上风。我们也可能在某个占据优势的时刻或方面同时拥有装备上的优势；但有人出于卑鄙的目的，可能会用教义对我们进行歪曲，使得我们的物资和人员在非特定条件下和敌人相较都处于劣势。什么是关键时刻，永远可以由我们来决定。大部分的战争都是正面接触交战，敌对双方短兵相接，不太可能施展出奇制胜的战术。我们的战争应当是非接触的战争。在深不可测的沙漠中神出鬼没，无声无息将敌人围住，发起攻击前无法确知我们的方位。攻击也只是名义上的称呼，并非正面攻击人员，而是指向他们的物资；故而无需寻找其优势所在，而是针对其最易掳获的物资。如果是破坏铁路，则可以是任何一段空置的铁轨；铁轨越是空置，战术上的成效则越大。我们或许可以将这些基本战法变成一套规则（不是法律，因为战争本身就违反法律），从而培养出不与敌军正面交锋的习惯。这和绝对不要成为敌人的目标这一原则可谓相辅相成。前线许多土耳其人都没有机会朝我们开火，而除了意外情况或发生差错之外，我们也绝对不会采取守势。

这一法则的推论应当是极为"睿智"的，使得我们可以胸有成竹地进行计划。计划研拟的重任非将军莫属；而他的领悟力也必须面面俱到，不留给敌人任何可乘之机。士气如果建立在知识上，则会被无知

---

① 即高含氮量的硝化纤维，易燃并具有爆炸性，用于制造无烟火药。

瓦解。只有知己知彼，方可高枕无忧。我们必须花更多心血在收集情报上，而非招兵买马。

我已逐渐透彻起来。阿拉伯半岛的条件都极为贴切地转换为代数要素，势必可以取得胜利。生物要素指导我们依据部落人民的才干，发展出最为适合的战术方针。只剩心理要素仍待重塑。我借用——不妨说盗用——色诺芬[①]（Xenophon）的名言："素质"[②]（*Diathetics*），这也曾是居鲁士[③]（Cyrus）发起攻击前的一种手段。

关于这点，我们的"宣传"是卑鄙下流的产物。在战争中，这种手段病态到近乎高尚。有些宣传涉及群众，通过洗脑重整他们的精神，以便适时加以利用，并预言这精神的改变终会有所获得。有些宣传针对个人，如此一来，它又成为一种人类慈悲的罕见艺术，通过刻意营造出的情绪，将心灵循序渐进的逻辑次序猛然升华。这比战术更为微妙，也更值得去推行，因为它能处理那些无法控制，无法指挥的东西。它考虑我们战士的情绪感、复杂性和灵活度，以及他们的教养中任何有利于我们意图的部分。为了作战，我们必须像其他军官调度士兵的身体般，小心而正式地调度他们的心灵。而且不只是我们自己官兵的心灵，虽然他们自然是首当其冲，我们还需要尽可能掌握敌军的心态；接着是在火线下支持我们的其他人民的心态，因为一半以上的战斗都是在后方进行的；接着要掌握等待结果的敌国的心态；旁观的中立国的心态；一圈一圈扩大范围。

[①] 公元前427年至公元前355年，雅典人，军事家，文史学家，苏格拉底的学生。他被波斯王子小居鲁士（Cyrusthe Younger）招募入伍与其兄阿尔塔薛西斯二世（Artaxerxes）交战，远征到达黑海。后国小居鲁士中途战死，被推举为雇佣军领袖，带领队伍穿越波斯重回希腊。他根据个人经历所著的《长征记》被亚历山大大帝作为进军波斯的战地手册。

[②] 这一古希腊语为色诺芬所创，意思为"有能力处理特定要求"。

[③] 指居鲁士大帝（Cyrus the Great），即居鲁士二世，公元前600年至公元前530年，波斯帝国的创建者，阿契美尼德王朝第一位国王。

很多物质上的限制无法突破，令人感觉丢脸，但道德却无所不能；因此我们凭借个人素质，则活动范围无边无际。我们应当以此为手段获取阿拉伯前线的胜利：这一独创性就是我们的优势。报章媒体，各种日新月异的沟通方式，总是更关注智力而非体力，不同的体魄建立不同的文明，不同的文明又滋养不同的心灵。我们这些稚嫩的士兵在20世纪里刚开始建立自己的战争艺术，不假思索地全盘接受我们提供的武器。而正规军军官身后则是整整四十代人积累的兵学渊源，将最古老的武器视为无上经典。我们很少在乎将士们在做什么，但总是关心他们在想什么，素质就像我们的大半个司令官。欧洲对此较为忽视，士兵们的思想工作都交由总参部以外的人负责。在正规部队力量薄弱的亚洲，这套形而上学的精神武器对非正规部队而言则相当重要。

阿拉伯半岛上的战争是个错误，敌人的火力越强，我们越有利可图。拿破仑曾说，很难找到一个愿意打仗的将军；但在这里，除了打仗，几乎没有人愿意去做别的事，仿佛一个魔咒。萨克斯告诉我们，盲目的战争是愚人的避难所，我反倒认为这是强加给自认实力较弱一方的罪名，他们由于攻占的领地不足，或需要牺牲士兵的生命去捍卫更重要的物质财产，无法逃脱挨打的命运。我们却没物资可供劫掠，所以不用捍卫任何东西，不必朝任何对象开火是我们的最佳状态。我们的王牌是速度和时间，而非大举进攻。咸牛肉的发明比火药的发明对我们更有助益；但这一助益是战略上的，而非战术，因为在阿拉伯半岛，范围比军队更重要，空间比武力更重要。

我已在这孤零零的帐篷里躺了八天，不停地思考着，直到我的头脑对漫无头绪感到厌烦，必须凭借意志力将其拉回到现实，而一旦无法专注思考，人就觉得困倦。我的高烧已退，痢疾痊愈；随着体能的恢复，现实问题又再度清晰地浮现在眼前。具体事件纷至沓来，使我无暇让自己天马行空地思索。于是我匆匆将自己不成形的理念记录下来，以免时过境迁无法追忆。

这次起义的基础已坚不可摧，这一点我认为似乎已经得到了证实，不仅不会被攻击，也不担心遭到攻击。它有一个复杂世故的外部敌人，这个敌人排开千军万马，占据了一片相当广阔的地区，但单凭那些坚固的堡垒已无法对这块占领区实施有效的控制。他有一群友善的人民，其中百分之二的人积极行动起来，其余的人则默默表示同情，并不对这百分之二的人的事业表示反对。那些积极行动的反抗者毫不张扬，懂得自制，身手敏捷，吃苦耐劳且自给自足。他们的技术装备足以让敌军的交通瘫痪。如果一个省的人民在我们的教导下，甘愿为自由理想而献身，我们便已在那个省取得胜利；而敌人的存在则是次要的。如果能坚持下去，直到这一理念遍及天下，胜利将如同探囊取物。

第三十四章

很显然，我已痊愈，也想起自己前来艾斯旱谷的目的。土耳其打算撤离麦地那，阿奇巴德·穆瑞爵士希望我们以正规作战法对其发动正面攻击。他本该从埃及前来协助我们作战，现在却反过来要求我们配合行动，着实令人恼火。但英国实力强大；阿拉伯人只能仰其鼻息。我们现在和阿奇巴德·穆瑞爵士是一根绳子上的蚂蚱，必须与之并肩作战，双方利益发生冲突时，只能以他的利益为重，牺牲自己。但实际上偏偏双方又不能协调统一：费萨尔来去如风；阿奇巴德·穆瑞爵士的队伍又大概是世界上最为笨拙的一支，行动起来慢如蜗牛。若是认为这支部队能和阿拉伯起义者日新月异的观念步调一致，简直荒谬至极，他们能不能理解这种观念都值得怀疑。尽管如此，或许我们能通过阻断铁路给土耳其人造成恐慌，从而放弃撤离麦地那的计划，留在城内负隅顽抗。这一结局对阿拉伯人和英国人都相当有利，虽然现在双方都还未参透其中的奥妙。

于是我信步走到阿卜杜拉的帐篷，宣布自己已经康复，打算对汉志铁路一展身手。这里有人手、火炮、机枪、火药和自动起爆地雷，足以大干一番。但阿卜杜拉对此却兴味索然，只想聊聊欧洲的皇室家族，或法国的索姆河战役；阿拉伯战争的缓慢进展令他厌烦。但他任副指挥官的堂兄，谢里夫沙基尔却兴致高昂，并许诺无论结果好坏与否，都会让我们放手一搏。沙基尔喜欢艾提巴族，称他们是世界上最优秀的部族；于是我们商定让大部分艾提巴人参与行动。然后我们想到或许还需要一门山炮，埃及军队淘汰下来的那一门克虏伯炮就行，那是费萨尔作为礼物从沃季赫运给阿卜杜拉的。

沙基尔答应去组建队伍，我们还达成一致，认为我也该披挂上阵（由于我大病刚愈，因此不用事必躬亲），前往寻找目标。离我们最近也最大的目标当属阿巴纳姆车站（Aba el Naam Station）。和我同行的还有法国军队里的阿尔及利亚军官拉荷（Raho），他是布雷蒙德军事代表团的成员之一，为人勤奋踏实。穆罕默德·卡迪（Mohammed el Kadhi）担任我们的向导，他的父亲达克希安拉·卡迪是朱罕纳族世袭的法官，去年12月引导土耳其人攻打延布未遂。穆罕默德刚十八岁，结实健壮，生性寡言。谢里夫法尤赞·哈里施这位大名鼎鼎的勇士曾在间比拉（Janbila）生擒艾希热夫，如今率领二十名艾提巴人及五六名朱罕纳雇佣兵组成的卫队护送我们。

3月26日，阿奇巴德·穆瑞爵士正在加沙（Gaza）鏖战，我们则离开营地沿艾斯旱谷前进；但三小时后我便无法承受烈日的煎熬，在一棵没多少果实的大枣树旁停下来做午间休息。枣树投下一地荫凉，时有凉爽的东风轻吹，苍蝇很少。艾斯旱谷长满荆棘植物和野草，白蝴蝶漫天飞舞，野花香气袭人；所以我们流连到午后许久才动身，经过谷中一处荒芜破败的梯田和水池后，很快便右转出去，将艾斯旱谷抛在身后。这里曾经也是一处村庄，有地下水可供浇灌农田，但如今已人去楼空。

第二天早上，我们绕着瑟德山脉（Jebel Serd）崎岖的山路走了两小时，进入历史上著名的图拉旱谷（Wadi Turaa），一条小道将其同延布旱谷相连接。我们依旧在树下午休，不远处便是朱罕纳人的帐篷，我们午睡时，穆罕默德便去帐篷里做客。接着我们又左弯右拐了两个多小时才扎营过夜。我运气欠佳，躺下睡觉时左手被一只冬眠乍醒的蝎子狠狠蜇了一下。伤口肿胀不堪，让我的手臂僵硬酸痛。

这一夜相当难挨，早上五点我们再度启程，穿过了最后几道山岭进入纠夫（Jurf），这片起伏不平的开阔地向南直达安塔尔山（Jebel Antar），这座山宛如一座城堡的顶峰有条大裂口，是著名的地标。我们右转四十五度进入平原，哈姆德旱谷的丘陵绵延至此，将铁路线围住，我们便借助这些丘陵的掩护接下来的行动。我们绕到丘陵后方，朝南走到阿巴纳姆车站对面扎营，这里与敌人近在咫尺，但又相当安全。山顶可以一览车站的情形，我们便在日落前爬上去进行首次侦察。

这座山约有六百英尺高，相当陡峭，我每爬一段路都得停下来歇一歇，但顶峰的视野极佳。铁路约在三英里开外，车站里有两座玄武岩建成的两层大楼，一座圆形水塔及其他若干建筑。还有钟形帐篷，小屋和壕沟，但没看见火炮。我们看到的士兵约有三百名。

我们听说土耳其夜间在周边地区巡逻频繁。这是一个坏习惯，因此我们派出两人潜伏在那两幢大楼旁，并在入夜后开了几枪。敌人将其视为攻击的前奏，彻夜未眠驻守在壕沟内，但我们早已回营呼呼大睡。但凌晨时分一阵冷风扫过纠夫，刮得营地周围的大树沙沙作响，将我们冻醒。我们便再度爬上瞭望点，此时朝阳穿云而出，一小时后便酷热难当。

我们像蜥蜴般匍匐在最顶端山石周围的草丛中，盯住下方正在操练的敌军队伍。这些步兵共有三百九十九人，像小小的玩具人，随着号角声跑来跑去，在黑色建筑下排成一条直线，然后号角再度响起，队伍随之解散，几分钟后，炊烟袅袅升起。一个衣衫褴褛的小男孩赶着一群绵阳和山羊朝我们走来，就在他快抵达山脚时，从北方山谷传来一声尖锐的哨响，一列小小的火车像从画册的场景里驶出来的一般，穿过桥梁，缓缓进入我们视野，喷着大股白烟在车站外停了下来。

牧童不为所动，继续厉声驱赶着羊群朝牧草肥美的西侧山麓爬来。我们派出两名朱罕纳人，顺着敌人看不到的那一侧山脊向下两面包抄，将牧童抓住。这个少年是无家可归的赫帖姆人，他们是沙漠中流浪的贱民，可怜的孩子们经常被附近部落民族雇来放羊。牧童看到自己无人看管的羊群在山间乱逛，不停叫嚷着想要挣脱。最后那两个朱罕纳人失去了耐心，将他五花大绑起来，牧童以为自己要被杀掉，惊声尖叫着。法尤赞费了好大一番功夫才让他安静下来，问他的土耳其主人是谁。但牧童一心想着自己的羊群，双眼可怜巴巴地搜寻着它们的身影，泪水沾满了脏兮兮的面庞。

牧羊人是与世隔绝的阶级。对普通阿拉伯人而言，火炉就是他们的大学，他们在火炉边消磨时光，在那里能听到部落的奇闻异事，诗篇歌曲，历史传奇，爱情故事，官司诉讼，讨价还价。就这样在火炉边长年累月地接受熏陶，使得他们长大后有极强的表达能力，个个能言善辩，口若悬河，任何正式场合都能侃侃而谈，从不怯场语塞。但牧羊人与这种经历无缘。他们从小就得听从主人的使唤，无论寒暑晴雨，不分黑夜白昼，独自守在深山荒野，忍受自然无情的摧残。险恶之地全是豺狼虎豹，随处可见累累枯骨，他们就这样自生自灭，对人间诸事一无所知，甚至连普通的交流都语无伦次；但他们熟知各类植物和野兽，精通羊群的习性，而羊奶就是他主要的食物来源。他们长大后孤僻沉闷，少数人更是变得野蛮凶残，与其说是人类，不如说是困在羊群中的动物，没有机会享受正常的男欢女爱，只能用羊群来发泄自己的欲望。

　　牧童被控制住几小时后，太阳便是我们视线中唯一移动的物体。日头越爬越高，将我们浑身晒得滚烫，只能不停调整衣袍以遮蔽光线。宁静的山顶让我重拾起生病期间消磨掉的闲情逸致，仔细观察欣赏起独特的山景来。这座山峰石质坚硬，崖壁寸草不生，低处的山坡全是松散的碎石，延伸到山脚的部分则被一层干薄的土层压得结结实实。这些石头都闪闪发光，因长期暴晒而呈黄色；石内含有金属物质，脆而易碎，断裂面因所含金属成分不同而呈红色、绿色或棕色。柔软的地面上长满了荆棘灌木，还有常见的杂草，从一团根上伸出十来片如刀刃般坚硬的叶脉，高可及膝，色若干草，叶梢在两簇箭羽般的银白色冠毛中有一些空穗。此外还有一种刚没过脚踝的短草，珍珠灰色的叶端呈瓶刷状，和高草一起将山腰变作白茫茫的一片，在微风的吹拂下缓缓向我们俯首致意。

　　这种草虽然不是青翠欲滴，但却是绝佳的牧草；山谷间的草地更为丰茂，粗糙坚硬，高度及腰，新鲜时绿油油的，但很快因日晒而枯萎焦黄。它们遍布所有的沙质和砾石河床上，挤入零星散布的荆棘树间，有些荆棘树可长到四十英尺高。果实干瘪但甜美的枣树并不常见，我们营地周围满是褐色的怪柳，高大的金雀花树，及其他各式各样的粗草，野花和带刺植物，堪称汉志高原植被展示区。只有一种酢酱草对我们有用，它的心形叶片肥厚多汁，酸中带甜，可供解渴。

　　黄昏时分我们带着牧童再度爬下山头，并尽量把能找到的羊都抓了回来。今晚我们要出动主力队伍，所以我和法尤赞摸黑在平原上搜索了一番，在距车站不到两千码的地方找到了几处较低的山脊，是架设火炮的好地方。我们疲惫不堪地往回走，看见树林里亮起了火光。沙基尔刚刚抵达营地，他的手下正在和我们的士兵烤羊肉大餐吃。牧童看到自己的牲口被无情屠宰，又开始发起狂来，只好被绑在我睡觉地方的附近。他拒绝吃晚餐，我们本是一番好意，此时只能以酷刑相要挟，才勉强逼着他吃了点面包和米饭。他们试着说服牧童，明天我们就会占领车站，杀死他的土耳其主人，所以他不必为羊负责，但并没让他放下心来。由于担心他会逃跑，我们只能又把他绑到树上。

　　晚餐后沙基尔告诉我，他只带来三百人马，而非原定的八百至九百人。但这是他的战争，所以也只能他说了算，我们便匆匆更改计划。这样一来我们便不能占领车站，只能用正面的炮火攻击恫吓敌人，同时炸毁铁轨南北两头，希望借此将那列火车困住。于是我们挑选了一批接受过加兰训练的爆破手，命令他们在黎明时分将桥梁以北的铁轨炸毁，以封锁该区域；而我则带着高爆炸药、一挺机枪和机枪手在车站南面布雷，因为一旦险情发生，土耳其很有可能从该侧求援或派兵。

　　穆罕默德·卡迪在午夜前引导我们来至一处偏僻的轨道。我跳下骆驼，参战以来第一次用手指触摸这冰凉的铁轨。在一小时忙碌的工作后，我们埋设好了地雷，一旦火车头的重量压过引爆器，就会引爆二十磅的葛里炸药①（Gelignite）。然后我们在距铁轨四百码处水道旁的灌木丛中埋伏了机枪手，一旦火车出轨，从该处便可以全盘控制住局势。机枪手各就各位，我们则继续前去破坏电报线，以切断阿巴纳姆车站和外界的联系，逼迫他们驾驶火车出站求援，从而执行我们的主攻计划。

于是我们骑了半小时后再度转回铁轨沿线，幸运地找到另一处偏僻地点下手。但不幸的是，剩余四名朱罕纳人试了几次都未能爬上电线杆，我只得亲自出马。由于病体初愈，我能做的大概也到此为止。当第三条电线被切断后，脆弱的电线杆已摇摇欲坠，使得我失去平衡从十六英尺高的地方滑了下来，穆罕默德赶紧冲上来想要接住我，我重重地摔在他肩膀上，差点折断他的骨头。我们两人喘息了好几分钟，但总算可以再度跨上骆驼。当我们终于返回营地时，其他人也正好跨上坐骑准备出发。

我们埋设炸药所用的时间比计划时间多了四小时，这使我们进退维谷，不知道是马不停蹄开展下一轮行动，还是让主力部队先行出发而我们留下来休息一番。最后沙基尔决定让主力部队先走一步，我们则在树下睡一小时；若不如此，我恐怕会无法支撑。此时正值破晓，晨风乍起，扰得树木和动物骚动不宁，更是令人辗转反侧，睡不安稳。穆罕默德想亲自观战，并未合眼，跑到我耳畔高声做起晨祷来，想要把我叫醒。他刺耳的嗓音传入我的梦境，听起来仿佛是一场恶战中遭遇毒手，最后横死街头。我坐起来，一边揉着自己满是沙粒的红肿的眼睛，一边为到底该祈祷还是睡觉和他大吵起来。他说觉可以天天睡，仗却不一定天天打，说着展示出昨晚为了救我而造成的满身瘀伤。我自己身上也青

---

① 诺贝尔发明的一种甘油炸药。

一块紫一块，很能理解他的心情，便给那位仍然伤心欲绝的牧童松了绑，建议他最好待在原地等我们回来，然后和穆罕默德一起出发追赶大部队。

潮湿沙地上一片乱七八糟的足迹给我们指明了方向，我们赶到时，火炮正好打响。炮兵干得相当漂亮，将一座大楼的顶部炸飞，第二座也严重受损；炮弹还击中了水塔，将水箱炸了个大窟窿。一颗炮弹碰巧落入火车的前部车厢，引发冲天大火。土耳其人赶紧将火车头与车厢的耦合断开，坐着它向南逃逸。我们焦急地看着火车头驶近炸药点，轧过去的一瞬间，扬起了一阵不大的灰尘，但火车头还好好地站在铁轨上，仅是前端受损。原来火车头是倒着开出去的，且炸药起爆得太晚；但火车司机下来后，将前轮用千斤顶架起来叮叮当当修了半天，我们望眼欲穿也没听见机枪开火。后来我们才得知，机枪手担心自己孤立无援，当听到开炮就赶紧收拾装备，跑来和我们会合。半小时后，修好的火车头虽然嘎吱作响，速度和步行差不多，但终究往安塔尔山方向驶去了。

就在我们咬牙切齿教训机枪手的时候，阿拉伯人则在炮火的掩护下继续朝车站挺进。但起火的车厢浓烟蔽日，阻挡了阿拉伯人前进的脚步。敌军一个前哨被捣毁，另一个被攻占。土耳其人将残余部队撤回了主阵地，在战壕内严阵以待。他们强打精神，我们也无心恋战。其实我们先发制人，掌握了优势，本该将此地拿下；可惜只少了费萨尔那样视死如归的队伍冲锋陷阵。

此时车站内的木材、帐篷和卡车都已起火，弥漫的浓烟使得我们完全无法瞄准射击，所以我们决定鸣金收兵。我们俘虏了三十人，一匹牝马，两匹骆驼和一群绵羊；造成土耳其军队约七十人伤亡，我方一人轻伤。破坏的交通花了三天时间才勘测修复完毕，这样看来，此次行动并不算完全失败。

第三十五章

我们4月1日启程返回阿卜杜拉的营地，留下两支队伍于第二日和第三日继续破坏周边地区的铁路线。沙基尔习惯摆排场，在进入营地时举行了一次大阅兵，士兵们朝天打响了数千发子弹以庆祝他的局部性战果。原本就松散自在的营地此时更是狂欢作乐。

到了晚上，我在帐篷后的荆棘丛中闲逛，走着走着，透过密集的枝丫看到了亮光；鼓点声随着火苗和青烟摇曳，部落人一边拍手伴奏，一边低沉吟唱。我悄悄走了过去，看见上百名艾提巴人在一个巨大的篝火堆旁环绕而坐，凝视着独自站在场地中央，随着歌声翩翩起舞的沙基尔。他已脱下斗篷，仅着白色头巾和白色长袍，熊熊烈焰映在他这一身白衣和饱经风霜的苍白面庞上。他边唱边把头向后仰，每个小节结束时便举起手来，任由宽大的袖子滑落到肩膀，将手臂整个裸露出来乱舞。部落人围着他，或手打节拍，或随着他点头的节奏吼出音节。他们周围的树丛中挤满了像我这样围观的其他部落的人，交头接耳地议论着艾提巴人的表演。

次日早晨，我们决定再度攻击铁路，以对阿巴纳姆车站功败垂成的自动起爆地雷的威力进行彻底试验。抢劫火车的计划令老达克希安拉跃跃欲试，提出要亲自陪同我们前往。我们的队伍约有四十名朱罕纳人，我认为他们比出身高贵的艾提班人更为强壮彪悍。但艾提巴人的一位族长，苏丹·阿布德（Sultan el Abbud）强烈要求参加行动。他是阿卜杜拉和沙基尔的好朋友，脾气很好但行事莽撞，是艾提巴一个贫穷区域的沙伊赫,每次战斗都能比其他艾提巴族战士杀死更多的马匹。他约二十六岁,骑术精湛,妙语连珠并且喜欢恶作剧,是个聒噪的人。他身材高大健壮,头大脸方,前额满是皱纹,明亮的眼睛深深凹陷下去。一把大胡子遮住他冷峻的下巴和宽阔的嘴,紧咬的白牙如狼一般有力。

我们带了一挺机枪及由十三人组成的机枪班同行,以便控制住火车。阿卜杜拉还在盛情款待沙基尔,我们便先于他半小时出发。这次我们沿着艾斯旱谷和哈姆德河谷的交界处前行,发现此处在冬天已两度历经洪汛,现已芳草遍地,牧野茵茵。最终我们越过一条沟壑地带右转进入一处平地,并在沙地上宿营,但半夜一场骤雨让地面水流成河,令人懊恼不堪;第二日却又艳阳当头,气温很高。我们进入一座宽阔的平原,图布贾、艾斯和吉兹三座大峡谷在此交汇后和哈姆德谷并为一体。主流河道如阿布泽雷巴特一样长满树木,河床上密布麻疹般隆起的沙丘,但灌木林只有两百码宽,激流冲出的浅浅河道在林后的平原上交织出数英里长错综复杂的纹路。中午我们在一处自然花园般的地方歇息,鲜嫩多汁的花草及人腰部,骆驼俯首其中,又惊又喜地饱餐了一个小时才坐下休息。

天气似乎越来越热:空气中没有一丝风,太阳越来越近,几乎要把我们烤焦。整洁的沙地烫得无法下脚,我只好穿上凉鞋,让朱罕纳族着实笑话了一番,他们厚厚的脚底甚至扛得住文火的烤炙。午后阳光有所收敛,但温度持续上升,窒闷得令人吃惊。我不断地回头张望,以为是身后聚集了一大群人阻碍了空气的流动。

整个上午山中都不断传来滚滚雷声,深蓝和暗黄色的云雾笼罩了瑟德和贾西姆(Jasim)两座山峰,凝固了般纹丝不动。最后,我看到瑟德峰的黄色云层逆风而行,卷起了一片风沙,缓缓朝我们压来。

几乎和山峰同高的云层逐渐靠近，沙尘已拧成两条强劲的龙卷风，一左一右如两座对称的烟囱先行向我们逼来。达克希安拉尽职地奔在前头，四处寻找可以躲避的地方，但一无所获。他警告我这场风暴将异常猛烈。

风暴临近时，一直烤炙着面庞，令人无法喘息的热风突然转向了；片刻之后，猛然身后扑来一阵湿冷阴风。风力在刹那间便急剧增强，头顶的黄色云团吞噬了太阳，将我们置于一片明暗不定的骇人赭色光影里。山间飘来的褐色云层此时已如一堵厚墙横在眼前，带着刺耳的摩擦声不顾一切冲将过来。三分钟后，灰尘和砾石交织的沙毯形成狂暴的旋涡，将我们死死围困，抽得人浑身刺痛的同时仍急速地朝东推进。

我们只得让骆驼背对风暴前行，但旋风紧紧拽住我们的斗篷，灌入我们的双眼，将骆驼吹得东倒西歪，让我们分不清东南西北。有时风会呈横扫之势，成簇的灌木、大丛的野草，甚至小一点的树干都被连根拔起，带着大股泥土石块朝我们砸来，或以惊人的力道从头顶呼啸而过，令无助的我们溃不成军。我们的视线从未被遮盖——始终能看见两旁七八英尺的情况——但探视周遭过于危险，因为除了风沙外，我们也不知道何时会遇上迎面飞来的树木、卵石或带着草的土块。

风暴持续了十八分钟后，突然撇下我们继续朝前奔去，一如来时般匆匆。我们的队伍被打散吹乱，拉开了一平方英里甚至更远的距离，人和骆驼的身上都裹满灰尘，从头到脚覆盖了一层厚厚的黄色。还未重新集合完毕，一场铺天盖地的急雨将我们浇成泥人。山谷中开始逐段充满水流，达克希安拉催促大家火速离开。此时狂风再起，向北猛刮，吹得雨势如寒潮冷雾，瞬间浸透我们的羊毛斗篷，将我们的衬衣和皮肤粘在一起，冻得我们骨头都疼。

下午三点左右我们抵达山中，发现山谷中非但无处遮风避雨，而且更寒冷异常。我们朝山上骑了三四个小时后停下，攀上一座高耸的崖峰，据称铁路就在下方不远。高处的风令人生怖，掀动我们的斗篷与衬衫鞭笞着我们的身体，让我们无法在湿滑的岩石上站稳脚跟。我将上身的衣物脱掉，打着赤膊爬完了剩下的路程，反而一路较为轻松，且并不觉得比之前更冷。但所有尝试都是徒劳，雾气浓重的山头完全无法观察。于是我趔趄下山，遍体鳞伤地与他人会合后，手脚僵直地穿上衣服。返程路上发生了此行唯一的事故：坚持要和我们同行的苏丹·阿布德的艾提巴仆人虽然不善于攀高爬远，也只得硬着头皮全程跟随，不慎从一处四十英尺高的危险地段跌落，一头栽向地面的岩石。

回到山下时我的手脚已经伤得不听使唤，躺着浑身打战了一小时，其他人则留在山谷里掩埋死者。回来的路上，一个陌生的骆驼骑手从他们前面闯过，并朝他们开枪。他们也立即还击，双方在雨中交火，直到对方在夜色里消失不见。这令人忐忑不安，我们原本打算出其不意进行偷袭，现在只能期望此人不会回去警告土耳其人周边地区有游击队出没。

在沙基尔驮着炸药的骆驼赶来后，我们继续朝铁路线前行；但刚出发，土耳其军队开饭的号角声便响彻雨雾凄蒙的山谷。达克希安拉竖起耳朵仔细分辨，发现声音正好来自我们下方的突袭目标，小车站马达赫济（Madahrij）。于是我们循那可恨的声音前进，恨是因为它意味着没有了香喷喷的晚饭和舒适的帐篷，而我们则无处栖身；随身带着面粉和水，也不能在这样凄风苦雨的夜晚生火举炊，只能饥寒交迫地行军。

直至晚上十点后我们才抵达铁路，由于能见度极差，也没有理想位置可以架设机枪。我将地雷随意埋设在距大马士革一千一百二十一公里处。这个地雷装置复杂，有一个中央引爆器，可将周围三十码范围内的地雷同时引爆，这样无论火车头朝南还是朝北行驶，都有望被炸脱轨。地面因为雨水而泥泞不堪，四小时后我才将地雷埋好，铁轨两侧和平地上都留下了我们大量的脚印，仿佛曾有象群在此地狂舞。想要掩盖这些足迹完全不可能，我们只好采用障眼法，继续胡乱踩踏了几百码远，甚至牵来骆驼帮忙，直到地面上看起来仿佛有千军万马奔驰而过，地雷埋设点混迹其中亦没有破绽。然后我们撤回安全地带，藏身于几座肮脏的土堆后，在夜空下等待黎明的到来。无尽的寒意让我们牙齿咯咯打战，不由自主地瑟瑟哈气，手指蜷缩有如鸡爪。

曙光驱散了云层，红日即将在铁路后方层层山丘之上升起。我们的夜间向导及领队老达克希安拉此时担任总指挥，将我们分成单个或两个一组，前往各指定地点藏身。他自己则爬上我们前方的山崖，通过望远镜观察铁路的情形。我仍冷得浑身战栗不停，默默祈祷着在太阳高升，温度回暖之前不要再旁生枝节。不过很快就烈日凌空，缓解了我们的窘况。我的衣服逐渐干燥，到了中午时分，天气已和前日一样燥热，我们气喘如牛地寻找荫凉，并加盖衣物以防晒伤。

纵使如此，早上六点，达克希安拉首先发出了警报，称一台查道车正从南面靠近，并如我们所愿安然通过了雷区——我们可不想将煞费苦心安排的地雷浪费在四个小兵和一个中士身上。接着马达赫济车站出来六十名士兵，不由得让我们捏了一把汗，后来才发现他们是去修理昨天下午被飓风刮倒的五根电线杆。七点半时，一支由十一人组成的巡逻队沿着铁轨而来，每侧铁轨各有两人仔细检查，铁轨两侧各有三人来回搜寻，另外一人显然是带队官，除了威风凛凛地沿着铁轨带路，并没有什么事做。

不过，当在一千一百二十一公里处发现我们的足迹时，他们便有事可做了。他们专注地研究着那块地面，来回踱步观察，拨弄铁轨的基石，绞尽脑汁分析原因。他们的搜查过程让我们如坐针毡，但地雷埋设得当，他们最终满意地继续南行，和赫迪亚过来的巡逻队碰头后，一起坐在桥洞下的荫凉处歇息。此时一辆笨重的货车从南面驶来，其中九节车厢里坐满了麦地那的妇孺，他们全是被驱逐至叙利亚的难民，随身带着逃难的全部家当。火车驶过地雷点时，并未引发爆炸，这令我这位爆破大师火冒三丈；但作为指挥官我又深感庆幸：女人和孩子不该成为无辜的牺牲品。

朱罕纳人听见火车的声音，全都冲上达克希安拉和我藏身的崖顶，想要一睹火车粉身碎骨的盛况。我们这块石头仅能遮住两人，正对着巡逻队的光秃秃的山尖顿时人头攒动，热闹非凡。这一下非同小可，大惊失色的土耳其人拔腿向马达赫济车站狂奔，接着约五千码远的地方响起了噼里啪啦的来复枪声。赫迪亚车站想必也接到了电报通知，很快骚动起来，但由于最近的哨站在六英里开外，所以守军并未开火，只是不停地吹了一整天号角给自己壮胆。号角声遥遥入耳，颇为肃穆壮美。

虽然来复枪并不能伤及我们毫毛；但暴露的后果将会极其严重。马达赫济车站有两百兵力，赫迪亚车站则有一千一百人，而我们的撤退线路必须经过赫迪亚车站所在的哈姆德平原。他们可能会派出骑兵部队切断我们的退路。朱罕纳族人的骆驼健步如飞，不会受到威胁；但那挺由德军处缴获的橇式四脚架马克沁重机枪（Sledge-Maxim）对小骡子来说相当吃力，机枪手除了骑骡便是步行，最高时速不过六英里，且一挺机枪并无太大的战斗力。于是我们紧急协商后，决定在半路带他们穿过山区，再派十五名朱罕纳人护送他们前往艾斯河谷。

这样一来我们便有了机动性，达克希安拉、苏丹、穆罕默德和我带着剩余人马再度返回察看铁路线。此时日头毒辣，焦灼的热浪从南方来势汹汹，烤得人头晕眼花。十点钟左右，我们在几棵大树下歇息了一阵，烤面饼当作午餐，避开艳阳的同时还能很好地观察下方动静。阳光被风中来回摇曳的枝叶筛成一个个惨白的光圈，在我们身边的砾石上不停奔跑舞动，仿佛灰色的飘忽不定的小虫。我们的野餐让土耳其人烦躁不安，从中午到黄昏不断地朝我们开火或是吹号，这期间我们便轮班睡觉。

下午五点周围安静了下来，我们骑上骆驼穿过开阔的山谷，慢慢接近铁轨。马达赫济突然又枪声大作，赫迪亚那端也号角喧天。此时我们反倒成了被耍得团团转的猴子，成为敌人的惊弓之鸟。于是到达铁路后，我们让骆驼挨着轨道跪下，并由达克希安拉充当伊玛目，领着我们在铁轨间静静地举行晚祷。这大概是朱罕纳人一年多以来首次祷告，而对我则是破天荒第一遭，但远远看来还算是有模有样，让迷惑不已的土耳其人也停止了放枪。这是我在阿拉伯第一次，也是最后一次以穆斯林的身份祈祷。

祈祷完毕后，天色仍然太亮，无法掩盖我们的动向，于是我们坐在铁轨基石上抽烟，直到天色黑了下来，我方打算独自前去把地雷挖出来，研究是何原因没有引爆，下次好吸取教训。然而，朱罕纳人和我一样满心好奇，成群结队跟着我趴在铁轨上搜寻。这让我的心提到了嗓子眼，花了一小时才找到地雷埋设点。埋设加兰的地雷已是一桩令人心惊肉跳的工作，但在伸手不见五指的黑夜里沿着上百码的铁轨反复翻查，摸索着埋在路基碎石下方细如发丝的触发器，简直是不可能完成的任务。触发器连着的两份炸药威力无比，足以将我们炸飞到七十码外；而我眼前则不断浮现出地雷突然引爆的场面，不仅我个人，整个队伍都被炸得灰飞烟灭。当然，如果这样的惨剧发生，土耳其再也不会因为我们的存在而六神无主了。

但我终于还是找到了，通过一番触摸，发现锁定装置下陷了十六分之一英寸，这或许是因为我操作不当，也可能是因为雨后地面下陷导致的。我调整好之后将炸弹归位，然后，为了迷惑敌人，我们开始在地雷北边随便炸一点儿什么东西。我们找到一座四拱小桥，将它送上了天。之后我们再度返回铁路线，炸断了约两百码长的轨道。手下人做这些事情的时候，我教会了穆罕默德爬上一根即将四分五裂的电线杆；并和我齐心协力切断了电线，然后拉着电线顺势将电线杆拽倒。由于担心土耳其人会追踪我们，这一切都完成得很快。当爆破完成后，我们便如野兔般狂奔到骆驼那里，飞身上鞍，头也不回地沿着风声飒飒的山谷疾驰，返回了哈姆德平原。

我们已脱离险境，给铁路线上造成的烂摊子也让老达克希安拉大为快意，根本不想停下来歇息。当我们来到平坦的沙地上时，他策动骆驼撒蹄狂奔，我们也在朦胧的月色下跟在他身后猛冲，三个小时畅行无阻，甚至没有勒过一下缰绳，直到赶上正在路边扎营的机枪队。他们听见夜色中传来的吆喝声，以为是敌军追赶至此，架起马克沁机枪对我们狂扫一番；但半条子弹带还未打完机枪便卡住，机枪手又都是麦加来的裁缝，根本不懂如何排除故障。所以我们没人受伤，并装模作样地将他们俘虏。

第二天早上我们好好睡了个懒觉，并在艾斯旱谷的第一个水井如比安（Rubiaan）吃早餐，之后便是抽烟闲聊。就在我们要去牵骆驼时，突然感觉到远方铁路传来剧烈的爆炸声和震动感。我们不知道是有人发现了炸药并引爆了它，还是炸药如我们所愿发挥了作用，便派两名侦察兵前去了解情况，而大军则慢慢上路：一来是等候侦察兵回报，二来是因为两天前的暴雨使艾斯旱谷泛滥成灾，河床变成一摊闪闪发光的烂泥，到处都是浅浅的污水坑，泛着波光粼粼的涟漪。太阳的照射将泥地变成了强力胶，无助的骆驼踉踉跄跄走在上面，模样相当滑稽；这种平时高大庄严的动物会因跌跌绊绊而吓得洋相百出，让我们大笑不已，而嘲笑声似乎让它们更加懊恼。

雨过天晴，旅途轻快，再加上对好消息的期待，让一切都变得愉快起来，大家其乐融融，交谈甚欢。但昨天晚上一番劳累，让我们的四肢依然僵硬，再加上食物充足，我们便决定提前结束行军，在阿布马克哈过夜。于是日落时分，我们在山谷中选了一块干燥的坡地扎营。我一马当先骑了上去，回头看着下方慢悠悠跟来的队伍，在夕阳灿烂余晖的照射下宛若一尊尊骑着骆驼的铜像，甚至他们体内都如同有烈火在熊熊燃烧。

面包还未烤好，侦察兵业已返回，告诉我们天一亮土耳其人就在忙着处理炸毁的路段；不久一部火车头牵引着挤满劳工的车厢自赫迪亚驶来，成功引爆了地雷，整个火车头都被炸坏了。我们总算如愿以偿，便在第二天清晨的明媚春光中一路高歌返回阿卜杜拉的营地。我们已经证实了地雷如妥善埋设，便威力无穷；还证明了如果埋设得过于妥善，连埋设者自己也难以找到。这些信息都很重要，因为纽康贝、加兰和霍恩比现在都在铁路线上制造破坏；而地雷是迄今为止我们发现的，能给土耳其日常铁路运输造成惨重损失且难以防范的最佳武器。

第三十六章

虽然阿卜杜拉友善而富于魅力，但我对他和他的营地都无半分好感。这或许是因为我不善交际，而这里并无个人空间；又或许他们的轻松愉快更加烘托出我的可有可无，而我每天如帕拉米迪斯①（Palomide）般劳心劳力根本就是画蛇添足，既不能让我自己感到满足，也对他人毫无助益。反观费萨尔处处充满使命感和责任心的营中，每一件事都有其意义和贡献，并不会徒劳一场。阿卜杜拉在他那座只有亲友可以进入的凉爽大帐内日日笙歌，仅在每天下午有一段公务时间，那时请愿者、新归附者、诉讼者才能得到接见。其余时间里他阅读报纸，品尝美食，呼呼大睡。他尤其喜欢玩游戏，不是和幕僚下棋，就是和穆罕默德·哈桑胡闹。穆罕默德虽然和伊斯兰先知同名，但却是个彻头彻尾的白痴弄臣。我觉得他是个惹人生厌的老傻瓜，更别提我病后就提不起嬉闹玩笑的兴头。

阿卜杜拉和他的朋友们，沙基尔、法尤赞、谢里夫哈姆扎（Hamza）的两个儿子，以及艾提巴族的苏丹·阿布德和荷珊（Hoshan），外加宾客主管麦斯法尔（Mesfer）大部分时间都厮混在一起，不分白天黑夜以折磨穆罕默德·哈桑为乐。他们用荆棘扎他，用石头砸他，将被太阳晒得滚烫的卵石放在他的背上，架起火来烤他。有时他们会精心设计，在毯子下面铺一道火药，接着诱骗穆罕默德·哈桑坐在上面。有一次阿卜杜拉从二十码开外开枪，三次将穆罕默德顶在头上的咖啡壶射了下来，然后奖给他三个月的薪水作为他冒死侍主的赏赐。

---

① 希腊神话中的英雄，勤恳正直，聪明俊美，有大量的发明，为希腊人做了很多事情，但终未得到公正的对待，因奥德修斯的陷害而惨死。

阿卜杜拉偶尔会骑骑马，练练枪，然后疲惫不堪地回到帐内进行按摩；随后召来诗人吟歌唱曲，以缓解头疼之苦。他热爱阿拉伯诗歌，且精通朗诵，当地的诗人都纷纷向其献艺求赏。他对历史文学也有浓厚的兴趣，有时会在帐内举办文法修辞辩论会，并评出胜者，赏以金钱。

　　他故意对汉志局势漠不关心，认为大英帝国对他父亲做出的自治权许诺已如板上钉钉，故而益发有恃无恐。我一直想告诉他，他那老糊涂的父亲从我们这里并未得到任何实质性的无条件承诺，他们这艘大船极有可能因为政治上的短见而触礁沉没；但这样一来我就出卖了自己的国家，我的良心在正直和忠诚之间来回拉锯，但踌躇一段时间之后，终于还是决定暂时守口如瓶。

　　阿卜杜拉对欧洲战场表现出高度的兴趣，并仔细研读报纸上的相关内容。他对西方政治也相当了解，能背出欧洲宫廷和政府中的要人名字，甚至知道瑞士总统姓甚名谁。这让我再次察觉出，英国国王的名头使得英国在亚洲地区享有盛誉，我们也因此在中东地区如鱼得水。阿拉伯这种由谢里夫和封建酋长组成的古老的旧式人工社会，认为我们国家的最高权力的获得并不是靠个人功绩或野心，因而和我们相处起来尤为安心。

　　随着时间的流逝，我对阿卜杜拉良好的第一印象也逐渐消失。他容易生病，我一度对此寄予同情，但发现这全是因为他的懒惰和放纵造成的恶果之后，不由心生鄙夷。况且他还乐得生病，好借机投闲散置。他偶有恣意潇洒的魅力，如今看来，只是心血来潮下的武断专行；曾经的和气友善也无非是反复无常；而幽默诙谐也只是耽于享乐。他举手投足都反射着言行不一，就连单纯率直也不过是炉火纯青的伪装；他也惯于让宗教的偏见左右自己敏锐的头脑，与其漫无头绪，不如不假思索。他经常不经意间泄露出思维模式的混乱，一个想法和另一个想法交缠在一起，剪不断理还乱；这样一来更让懒散的他不堪劳心费神。他对这一团乱麻听之任之，既无从梳理清晰，更不可能形成直接的目标愿望。他总是假装若无其事地问我们一些问题，然后故作和蔼可亲地暗中观察我们的回应，从任何一个犹豫、迟疑或无心之错中寻找蛛丝马迹，从而揣测其背后的重要意义。

有一天我来到阿卜杜拉的帐篷，发现他正直挺挺端坐着，怒眼圆睁，满面通红。他以前的家庭教师，福斯特中士（Sergeant Frost）刚从布雷蒙德上校处前来拜访他，并"毫无居心"地带来一封信，指出目前英国正由四面八方对阿拉伯形成包围之势——在亚丁、加沙、巴格达——并希望阿卜杜拉能认识到自己的处境。他怒不可遏地问我对此作何感想，我虚与委蛇，巧妙地反击说如果英国也像法国这样背地里诋毁帮助我们的盟友的话，我倒是很希望他反过来质疑英国的诚信。这番巧舌如簧令他很是开心，对我们大加恭维，声称完全了解我们的诚意，否则威尔森上校也不会作为英国代表驻防吉达了。这时，他再度不知不觉暴露出自己一叶障目的特点，从未意识到凡事都各有利弊，没想到诚实亦是心怀不轨者最好的伪装；而威尔森也同样的短视，对那些诡计多端的上层政客要么彻底地支持信任，要么就是全盘怀疑。

威尔森本人不曾有过半句谎言。如果指示他以外交辞令告知侯赛因国王本月的津贴无法再追加，他会一个电话打到麦加，直截了当地说："大人，大人，没有更多的钱了。"至于撒谎，他不但不精于此，也很清楚周遭对手皆是毕生在尔虞我诈中摸爬滚打之辈，巧言令色一望可知，说谎当属下下策。阿拉伯的领导人在本能方面展现出过人的敏锐，他们相信直觉，潜意识里做出预判，其准确程度令我们瞠目结舌。他们就像女人，对事情的理解和判断过程相当迅速，毫不费力，无道理可循。这简直就像是女性虽然被东方政治圈排除在外，但依然将其直觉天赋赐予了男人。我们有时能神不知鬼不觉地迅速得胜，毫无章法可言，或许就要归因于这一秉异天资的帮助，要知道阿拉伯大起义除了母骆驼外，从头至尾找不到一个女性的身影。

谢里夫沙基尔是阿卜杜拉麾下的出色人物，他今年二十九岁，从小就和侯赛因的四位儿子一起长大。他的母亲和祖母都是切尔克斯人，因而继承了白皙的肤色，但脸上却因天花而千疮百孔。一双明亮的大眼睛在这坑坑洼洼的白色面庞上骨碌碌转个不停；他睫毛和眉毛颜色很浅，衬得眼光更加直白犀利。他身材高大修长，由于经常运动，几乎还保持着男孩般的体格。他的嗓音尖锐决绝，但听起来极为悦耳，高叫时便会发出破嗓的岔音。他举止坦率亲切，但也很粗鲁，更确切地说是横蛮；整天也是笑口常开，玩闹不断。

沙基尔经常肆无忌惮地口出狂言，似乎世上除了侯赛因国王外他再无可敬畏之人。谢里夫侯赛因总是要求别人对自己毕恭毕敬，不像阿卜杜拉，惯于和随从嬉笑打闹，也不在乎身边的人崇尚奢服贵袍。沙基尔也热衷于嬉闹玩笑，但如有逾越之举，总会以巧妙的方式暗加惩处。他衣着简朴，但相当整洁，且和阿卜杜拉一样，在公共场合也是没完没了地剔牙。他对书本毫无兴趣，从来不会花时间思索问题，但并不失聪明和健谈。他对宗教非常虔诚，但痛恨麦加，阿卜杜拉读《可兰经》的时候，他只自顾自地下西洋双陆棋。如果来了兴致，也会诚心祷告良久。

他在战场上实为一员猛将，因为丰功伟绩而受到部落人的追捧崇拜。而作为回报，他有时称自己是贝达威人，有时是艾提巴人，并模仿他们的一举一动。他将长发绑成辫子，垂在面庞两侧，并涂以黄油增加其光泽，还用骆驼尿洗头，以强化发质。他经常鼓励笨蛋，对"头脑愚钝之人必然胸襟狭小"这句贝都因谚语深信不疑。他也穿束腰，用一种用细细皮条编制成的腰带在腰部缠绕三四圈，以对腹部形成支撑。他有很多品种优良的骏马和骆驼，是阿拉伯人公认的最佳骑手，随时想要与人一较高下。

沙基尔给我的感觉是那种喜欢全力一搏之人，缺少持久的耐力；但在他张狂不羁的行为背后，也隐藏着精明冷静的一面。谢里夫侯赛因曾在战前任命他为驻开罗大使，负责处理安排与赫迪夫（Khedive）①的私密事务。阿比丁（Abdin）的高屋华宇里出现这么一个贝都因人，想必看起来极为突兀。阿卜杜拉对沙基尔佩服得五体投地，也总是学着他这种游戏人间的眼光来看待身边的世界。夹在这两人之间，令我在艾斯旱谷的任务变得相当棘手。

第三十七章

阿卜杜拉对战术策略不闻不问，故作矜持地称那是费萨尔的权限范围。他来到艾斯旱谷纯粹是为了让弟弟高兴，并打算就此待下去。他不想带兵打仗，也不鼓励谁主动出征。我从中察觉到他对费萨尔的嫉妒之意，并刻意表现出对军事行动不屑一顾的样子，免得在费萨尔的赫赫战绩面前相形见绌。若不是沙基尔助我一臂之力，我的第一次任务将会举步维艰，虽然只要不让他亲自赴汤蹈火，最后阿卜杜拉总会批准我的行动。但不管怎样，目前已有两队人马在铁路线上活动，可以保证每天实施爆破任务，令人颇感宽慰。大搞爆破是最为高效便利的办法，足以扰

---

① 1867—1914年间土耳其派驻埃及总督的称号。

乱铁路交通，让土耳其军队在麦地那坐困愁城，既无用武之地，也无法脱身撤退，从而实现英国和阿拉伯人的共同利好。因此我认为此次艾斯旱谷的工作已经完成，且效果不错。

我渴望离开这个闲散的营地，再次回到北部。我想做什么，阿卜杜拉都同意我做，但自己就是什么都不肯做，而对我来说，阿拉伯大起义最珍贵之处就在于阿拉伯人无需外界协助的自主自发性。费萨尔怀抱着热切的理想，想要自己这个古老的民族依靠自己的双手换来自由，重获尊严。他的助手们，纳西尔、夏拉夫和阿里·侯赛因都全身心地拥护他的计划，所以我的任务仅仅是统筹协调。我将他们灵光乍现的零碎念头聚成一束熊熊火炬，将一连串看似不相干的事件串联转化成一系列有组织的行动。

4月10日清晨我们亲切辞别了阿卜杜拉。来时的三名艾格利人依然跟随着我，还有长得像《潘趣》①中漫画人物的小个子叙利亚人阿尔斯兰，他对阿拉伯服饰和所有贝都因人乡巴佬式的外貌举止都看不顺眼。他的骑术颇为不雅，也只能默默忍受自己骆驼的一路颠簸，不过作为自我安慰，他煞有介事地指出在大马士革，有身份的人从不骑骆驼，同时也自嘲说在阿拉伯半岛骑骆驼骑得像他这么不堪入目的人，肯定是大马士革人。穆罕默德·卡迪带着六名朱罕纳人担任我们的向导。

我们循着来时的路线，沿特雷旱谷前行，但这次改走右侧支流，以避开熔岩区域。我们没有带食物，所以停下来在当地一些好客的帐篷里接受了米饭和小米的款待。春暖花开的山谷正是阿拉伯人放牧的大好机会，他们的帐篷里摆满了绵羊奶、山羊奶和骆驼奶，人人都酒足饭饱，容光焕发。饭后天气宛若夏天的英格兰，我们继续上路，骑了五小时后

---

① 英国著名幽默杂志。

来到一处狭窄的，洪水冲刷过的山谷，奥斯曼旱谷（Wadi Osman）。这里的道路在山中弯弯曲曲，便于行走。我们摸黑走完了最后一段路程，最后停下来时，发现阿尔斯兰不见了。我们在山谷中鸣枪示意，并点起火把，希望他能循声或循光找到我们；但直到天亮也没见他的踪影，朱罕纳人便大为不解地来回搜索。结果发现他在落后一英里远的一棵树下呼呼大睡。

不到一小时后，我们来到穆罕默德父亲达克希安拉众妻妾之一的帐篷内叨扰了一餐。穆罕默德洗了个澡，重新将满头浓发编成辫子，并换上了干净衣服。准备食物花了很长时间，直到接近中午饭肴才端上桌来：一大碗撒着碎羊肉的番红花米饭。穆罕默德觉得有义务为我效劳，上前接过了主菜，用小铜碗替我和他自己各盛了一份，然后招呼全体人尽情享用。穆罕默德的母亲知道自己的年纪足够让我敬老尊贤了，好奇地问我基督教部落里的妇女是什么样的，她们是何种生活方式，并对我的白色皮肤啧啧称奇，还说我骇人的蓝眼睛看起来像是透过一具骷髅头骨的空洞眼眶直接看见了蓝天。

此时的奥斯曼旱谷河道已不再像来时那样错综复杂，河面也越走越宽。两个半小时后，河道突然右转，穿过一道隘口，便来到了哈姆德河谷一处夹在两侧崖壁之间的狭窄山谷中。与其他地方一样，河床边缘都是裸露的硬质沙地，而河床中央则布满灰色的岩石突起，长着刚毛般挺立的矮树丛。我们前方有洪水后形成的许多淡水池，其中最大的约有三百英尺长，且水很深。水池将狭窄的河床切成浅浅的黏土区，穆罕默德说这些水可以保持一年不蒸发流失，但很快水质就会变咸，无法饮用。

饮过水后我们在池中洗浴，发现水里全是沙丁鱼状的银色小鱼，全都饥肠辘辘地在寻找食物。洗澡完毕我们四处闲逛，恣意享受这份悠闲，直到天黑才继续上路，走了六小时，直到疲惫不堪才转向一片高地扎营过夜。哈姆德旱谷和汉志地区其他山谷不同，空气中寒意分外刺骨。当然，夜里这种感觉更是明显，当白色的雾气渐起，带着咸味的水汽将一切变得朦胧，升至六英尺高后便悬浮不动。但即使在白天，阳光普照的哈姆德依然反常的潮湿阴冷。

第二天我们早早动身，经过谷中许多大水池，但只有少数适宜饮用，其余的都化作绿色并带有咸味，池中的小白鱼都已经死亡。之后我们穿过了河床，从北边进入尤吉拉（Ugila）平原。从沃季赫前来的航空兵指挥官罗斯最近在此建了一座机场，我们问坐在汽油桶上的阿拉伯卫兵要了一些早餐，吃完后沿着梅萨旱谷（Wadi Methar）来到一棵枝叶繁茂的大树下，在一地荫凉里睡了四小时。

午后每个人都神清气爽，朱罕纳人开始骑着骆驼互相竞赛。一开始是二对二，后来其他人纷纷加入，则变成了六个人同时跑。路面条件很差，终于一个少年骑着骆驼撞上了一堆石头，骆驼滑倒了，他也跌下来摔断了一只手臂。面对这样的不幸，穆罕默德依然镇定自若地用破布和骆驼缰绳替他包扎，然后让他在树下休息了片刻，便骑回尤吉拉过夜。骨折对阿拉伯人来说算不得什么。在艾斯旱谷的时候，我曾在一座帐篷里见到一个前臂已经扭曲的年轻人，当他发现伤势后，用一把匕首切开自己的手臂，露出骨头，将其掰开后重新扶正归位；然后便在漫天苍蝇里听天由命地躺下，左前臂敷着厚厚的用以治疗伤口的苔藓和黏土，待其自己痊愈。

第二天我们前往卡坞西拉（Khauthila），那里有一口水井，可以让我们饮骆驼。但井里的水并不卫生，骆驼开始拉肚子。入夜后我们继续上路走了八英里，打算一鼓作气穿过这片地区抵达沃季赫。于是我们午夜便动身，在天亮前已经来到了长长的冉拉山坡上，山下便是哈姆德旱谷河口入海的平原，平原上布满机动车轮子的轨迹。朱罕纳人激动不已，急着想要赶回费萨尔营地一睹这些新机器，我们也跟着按捺不住，一气跑了八小时，这么长时间的骑行对汉志的贝都因人来说，实在难得。

这也累坏了人和骆驼，因为自昨天早餐后，大家再没吃过东西。此时只有孩子气的穆罕默德才会荒谬地提出赛跑。他跳下自己的骆驼，脱掉上衣，向我们挑战，谁先跑上前方荆棘密布的斜坡，谁便赢得一英镑。每个人都积极应战，骆驼没了约束，开始到处乱窜。这段上坡的路程约有四分之三英里，铺满了厚厚的沙层，显然比穆罕默德开出的价码更为困难。尽管如此，他依然展现出惊人的勇气和意志，仅以数英寸的差距领先，赢得了胜利。他自己也累倒在地，嘴巴和鼻子淌出了血液。我们的一些骆驼相当不错，但如果面临竞争时，甚至会跑得更快。

对山区土著来说，空气过于闷热，我担心穆罕默德劳累过度会产生后遗症。但休息了一小时，让他喝了一杯咖啡后，他又恢复了活力，像往常一样生龙活虎地骑了六小时；且从阿布马克哈开始恶作剧不断，让队伍一路嘻嘻哈哈抵达沃季赫。如果有人静静地骑在另一人的骆驼后面，便会用驼鞭突然猛戳前面那头骆驼的臀部，并发出尖叫声。那头雌骆驼便误以为遭到了一头发情雄骆驼的骚扰，放腿狂奔起来，骑在上面的人便会好一番手忙脚乱。第二种游戏则是让奔跑中的骆驼互相推挤，并撞上附近的树木。要么就是树被撞倒（汉志松软的土质使得山谷中的树木都容易倾倒），要么就是骑士摔得鼻青脸肿；再或者，最好的情况，他从座鞍上甩出去老远，如果不是重重跌在地上，就是掉进荆棘丛里被扎个痛快。这样的战绩值得一番大吹大擂，所以除了倒霉的那个人外广受欢迎。

贝都因人是奇特的民族。对一个英国人来说，想要和他们相处，必须有如大海般宽广的耐性和胸怀。他们是口腹之欲的奴隶，意志力薄弱，喝起咖啡、羊奶或水来毫无节制，吃起炖肉来可谓狼吞虎咽，为了讨根烟抽几乎算是恬不知耻。难得的一次性生活机会之前和之后的几周，他们满脑子想入非非，成天用淫秽的故事挑逗自己和听众的情欲。如果条件许可，他们巴不得在酒池肉林中醉生梦死。他们的力量来自地理上的隔绝，远离花花世界的诱惑：阿拉伯半岛的贫瘠使他们生活简朴、随遇而安、吃苦耐劳。如果他们被带入文明世界，他们就会像任何蛮族一般沾染上文明世界的恶疾：卑劣坚吝、花天酒地、残忍冷漠、尔虞我诈、诡计多端；也会像蛮族一样，由于先天没有防御性和心理准备而深受其害。

如果怀疑我们想驱使他们，他们要么拒不服从，要么掉头离开。如果我们了解他们，愿意花时间去诱惑他们，他们则会不辞辛劳地积极争取，令我们大为满意。但最后结果是否值得，无人说得上来。英国人习惯了得到更多回报，不愿意，事实上也不会为了一点儿微不足道的回报，每天花大把时间和圆滑世故的沙伊赫和埃米尔们周旋。阿拉伯人办事有条不紊，思维方式和我们一样合乎逻辑，并无任何难以理解或与众不同之处；除非是出于懒惰与无知，否则没有任何理由或借口足以让我们扣上"不可思议"或"东方色彩"这样的帽子，或听任他们受到世界的误解。

如果我们能忍受他们，他们也会跟从我们，并按照自己的游戏规则行事。但可怜的是，我们常常一开始带有耐心，最后却恼羞成怒地将他们抛弃，将自己的过错归咎到他们的头上。这样的狭隘观点就好比将军抱怨自己部队差劲，实际上却暴露了自己的短见，还总是伪装成谦虚的自嘲，诳称自己虽然错了，至少还足够聪明能认识到自己的错误。

第三十八章

为了仪表整洁，我不得不在沃季赫城外稍事停留，换下肮脏不堪的衣服。到达营地后，费萨尔将我引至内帐私下谈话。情况看起来一切顺利。埃及运来了更多的车辆，延布的驻军和物资都已经搬运一空，夏拉夫本人也已经抵达沃季赫，还出人意料地带来了一支队伍：一个机枪连，其组建过程也颇令人捧腹。我们离开延布时，留下了三十名伤病员；还有堆积如山的损坏武器，只有两名英国军械士负责维修。军械士为了打发时间，便将修理好的马克沁和康复的伤病员组成了一个机枪连。他们笨手笨脚地演示了一番，向我们证明自己是训练有素的合格劲旅。

我们已经彻底弃守拉比格，那里的飞机已全部飞抵沃季赫，建立新的基地。之后埃及部队也被舰船运输至此，随行的还有乔伊斯和高斯列特，以及拉比格的幕僚团队，如今已接手沃季赫的相关事宜。纽康贝和霍恩比整天在荒郊旷野出没，忙着破坏铁路，由于人手不足，几乎事必躬亲。对部落的宣传策反工作也在持续开展。万事顺意，我正打算离开，宾客主管苏莱曼突然从外面跑进来，对费萨尔耳语起来。费萨尔转向我，眼放异彩，竭力保持住镇定，说："奥达来了。"我叫起来："奥达·阿布·塔伊！"而就在此时帐帘揭起，传来赞颂精神领袖真神的低沉声音。接着一个高大健壮的人走了进来，一脸桀骜不驯，写满了激情和悲壮。他就是奥达,身后跟着他的儿子穆罕默德,看起来还是个孩子,年仅十一岁。

费萨尔一跃而起。奥达抓住他的一只手亲吻着,然后两人后退一步,彼此端详起来——他们是截然不同的两类人,也是阿拉伯最为杰出的两种典型。先知费萨尔和勇士奥达,两人在各自的领域里都是独领风骚,并且一见如故,惺惺相惜。他们入座后,费萨尔挨个将我们做了介绍,奥达慎重地复述着,似乎要将每个人都铭记于心。

我们早已久仰奥达大名,希望能在他的定力襄助下打通亚喀巴的门户;交谈片刻后我便明白,借助他的能力与气魄,我们必可如愿以偿。他就像是中古游侠,看到我们在沃季赫裹足不前,便前来替天行道,急着助争取自由的阿拉伯人一臂之力。他的表现只需有这股劲头的一半,我们便可所向披靡,高枕无忧。大家都了却心头一桩大事,前去共进晚餐。

晚宴其乐融融,在座的有纳斯比、费兹、奥达的结拜兄弟穆罕默德·德黑兰(Mohammed el Dheilan)、侄儿扎尔(Zaal),以及远征途中在沃季赫暂留的谢里夫纳西尔等人。我向费萨尔讲述了阿卜杜拉营中的奇闻异事,以及炸毁铁路的欢欣鼓舞。突然奥达手忙脚乱地站起来,大声说道:"真神不容!"便一头冲出了帐篷。我们面面相觑,只听得帐外传来捶打撞击声。我跟出去察看究竟,发现奥达附身在一块岩石上,手持石块将自己的假牙砸得粉碎。"我都忘了,"他解释道,"这些假牙是贾玛尔帕夏给我装的。我居然用土耳其的牙齿吃真神赐予的面包!"但不幸的是,他自己的牙齿所剩无几,面对自己喜欢的肉食不但咀嚼困难,还会引发疼痛。他因此一直营养不良,直到我们占领亚喀巴后,雷金纳德·温盖特爵士专门为他从埃及派来一名牙医,为他装上了一副协约国假牙。

奥达衣着极其简朴，穿戴着北方式样的白色棉布长袍和红色摩苏尔头巾。他年逾五十，虽然黑发中已夹杂着银丝，但依然硬朗挺拔，结实魁梧，和年轻人一样活力十足。他面部轮廓深邃，棱角分明，从中也不难看出他最爱的儿子安纳德（Annad）的阵亡是他的毕生之痛，从而使得阿布·塔伊家族的威名传承之梦化为泡影。他的大眼睛极富神采，像充满光泽的黑色天鹅绒。他的前额低矮而宽阔，鼻子高挺而尖，形成一个有力的鹰钩；他的嘴大而灵活，胡子整齐地修剪成霍威塔特族的样式，下巴刮得干干净净。

几个世纪以来，霍威塔特族从汉志迁移至此，成为游牧部落的子孙，并以身为贝都因人而自豪。奥达则是他们当之无愧的首领，他热情爽朗，除了贪得无厌之辈和闭塞守旧之地之外，广交天下朋友。虽然战场上劫掠无数，但因为慷慨好施最终都是千金散尽，自己一贫如洗。他结过二十八次婚，曾在战场上负伤十三次；而他所发起的战争令族人死伤无算，自己的亲属家人也所剩无几。他自己在战场上亲手杀掉的阿拉伯人就有七十五名，但脱下战袍则绝对不开杀戒。至于有多少土耳其人成为他的刀下亡魂，更是数不过来，奥达自己也根本懒得理会。他领导下的吐威哈族（Toweiha）已成为沙漠里第一骠勇的斗士，个个都视死如归，生命不息则战斗不止。而随着游牧民族之间冲突的加剧，这样的穷兵黩武也使得其人口在三十年间从一千两百人减至不足五百人。

奥达不放过任何打家劫舍的机会，走到哪里就抢到哪里。阿勒颇、巴士拉、沃季赫和达瓦瑟（Dawasir）旱谷都留下了他的足迹；且他刻意和沙漠中几乎所有其他部落保持着不睦关系，从而尽可能大地确保劫掠范围。这种强梁作风造就了他顽固而急躁的个性，为求速战速决，可以不择手段。他作战极端缺乏耐心，对别人的建议、批评或诋毁不屑一顾，极富魅力地统统一笑置之。一旦发怒，则变脸如变天，难以控制自己的情绪，非要争个你死我活不可平息。在这种情况下，他就是一头野兽，令众人敬而远之。如果他不愿意，哪怕天塌下来也不会改变心意，或服从命令；而一旦勃然作色，也从不在意他人做何感受。

奥达将人生视作一则英雄传奇，发生的每件事情都应当地动天惊：和他比肩共事之人也都应当是豪杰之辈。他的脑中熟记无数古代掠劫故事和战斗史诗，经常滔滔不绝向身旁人讲述。如果没有听众，他便用雄浑的嗓音唱给自己听，余音绕梁不绝。他口不择言，因此常常陷自己于大不利的境地，也不断地给朋友造成伤害。他谈起自己时使用第三人称，对自己的英名极端自负，所以热衷传播一些自己的难堪逸事。有时候他似乎被恶作剧的魔鬼附身，在公开聚会的场合会编造一些主人或客人骇人听闻的私生活故事；尽管如此，他依然质朴谦逊，不失赤子之心，坦率、真诚、善良，连常被他搞得狼狈不堪的朋友也依然热爱他。

乔伊斯住在海滩附近，就在各种大小帐篷鳞次栉比的埃及军营旁边，我们在聊着完成或代办事宜。现在大家依然将工作重心放在破坏铁路上。纽康贝和加兰则在穆阿达赫丹与谢里夫夏拉夫和毛路德并肩作战。他们手下有许多必利族人，还有乘骡步兵、机枪和火炮，希望能借此占领当地的要塞和火车站。纽康贝打算将费萨尔的所有人马移师到美丹沙利赫（Medain Salih）附近，然后对一部分铁路线进行占领，从而封锁麦地那，迫使城内守军早日投降。威尔森正在前来援助的路上，达文波特也将尽其所能地调派埃及陆军参战，以增强阿拉伯军队的战斗力。

当我们占领沃季赫时，我曾认为这些措施对阿拉伯起义的进一步发展是不可或缺的，甚至亲自计划和安排了其中一部分。但如今，多亏阿卜杜拉营中的一场高烧和痢疾，让我有空闲对这场非正规战役的战术做一番梳理，发现其不止在细节上，甚至从本质上来看都是错的。因此我现在的任务是向别人解释这一观念的转变，如可能，还需要说服我的上级采纳这一新理论。

于是我从三大论点着手进行游说。第一，非正规部队不愿攻击某个地点，因此无法迫使他们做出决定。第二，他们既无法防守一个阵线，也无法攻击一个阵线。第三，他们的价值在于精神层面，而非表象。

阿拉伯战争是地理意义上的，土耳其军队的出现是个意外。我们的目标是寻找敌人物资供应链上最薄弱的一环，集中发起攻击，假以时日便可使其整体瘫痪。我们最大的资源是贝都因人，也是这场战争的载体，他们并不适应正规的作战体系，但却有机动性强、强悍无畏、自给自足、熟悉地形、胆识过人等优点。他们分散作战则力量强大。同时我们也必须最大限度地拉开战线，使得土耳其人顾此失彼，防不胜防，因为从物质角度而言，那是能给他们造成最大消耗的战争方式。

我们的职责是在战争结束前尽可能地降低人员的伤亡，因为生命对我们而言，其珍贵程度远胜金钱和时间。只要我们足够耐心，并且拥有过人的技巧，我们便可遵循萨克斯的理论，凭借着数学和心理学上的优势，不战而屈人之兵。幸运的是我们在兵力方面的弱势不会对局势产生决定性的影响。我们在运输、机枪、车辆、高爆炸药等方面都比土耳其资源充足。我们可以培养出一支机动性高、装备强，而人数不多的攻击队伍，广泛攻击土耳其的防线，使得他们不得不将每个哨站的最少兵力提升到二十人以上。这将是一条取胜的捷径。

我们绝不应当占领麦地那，土耳其留在那里不会造成任何影响。要是将他们押往埃及的战俘营，还会耗费我们更多的食物和看守。我们希望他们留在麦地那,以及其他各个偏远的据点,人越多越好。我们的想法是保持铁路可以勉强运作,仅仅是勉强,要让他们为此付出惨痛的代价,而且随时提心吊胆。出于粮草的需要,他们势必只能留在铁路沿线活动,但如果他们在战时前往汉志铁路,跨约旦铁路、巴勒斯坦铁路和叙利亚铁路等区域,我们则举手欢迎,只要他们将阿拉伯世界另外九十九万九千公里的阿拉伯土地留给我们。如果他们打算及早撤离,将兵力集结起来毕其功于一役,则我们需要暂时收敛攻势,使其恢复信心。他们的愚蠢是我们的盟友,因为他们想尽可能多地守住,或认为他们已经尽可能多地守住了自己原有的地盘。这一对帝国遗产的自豪将把他们牢牢锁在目前荒谬的处境上——全是侧翼,没有前线。

我开始从细节着手批判现行政策。要占领铁路线中间的据点,势必会遭受来自两头的威胁,从而付出高昂的代价。埃及部队和部落军队的混合作战,有道德上的忌讳。如果有职业军人在场,贝都因人便会袖手旁观,乐于退居二线。结果便是互相猜忌外加效率低下。再者,由于必利地区极为干旱,想要在当地铁路沿线供给一支庞大的军队在技术上非常困难。

然而,纵使我动之以情,晓之以理,却依然人微言轻。计划已经确定,筹备工作已然紧锣密鼓地开展起来。每个人都忙于自己的分内之事,无暇授权我实践自己的构想。我能争取到让他们听取我意见的机会,最多认同我这套反攻计划或许能有效地牵制敌人。我正计划与奥达·阿布·塔伊一起前往霍威塔特族在叙利亚沙漠中的春季牧场,并希望从中组建一支机动的骆驼部队,无需枪炮的支援便可以从东部突进亚喀巴。

东部区域没有设防,是阻力最小的战线,也是我们最容易得手之处。我们由此进军,需要穿越六百英里的沙漠地带,然后在舰炮火力配合下去攻占一条战壕,这将会成为转进的一个绝佳范例;但也是因为我们别无选择,而这是我卧病在床期间在脑子里的灵光一现,也算因祸得福,解燃眉之急。奥达认为只要有了金钱和炸药,则万事俱备,亚喀巴那些小的部落也会投效我们。费萨尔也已经和他们有所接触,同样确信只要在马安取得初步胜利,则我们朝港口推进时,其他部落便会前来归附。就在我们筹划期间,英国海军突袭了马安,并从俘获的土耳其士兵口中得到了相当有用的情报,令我们迫不及待想要动身。

前往亚喀巴的荒漠之旅漫长而艰苦,因此我们既不能携带大炮,也无法配备机枪;甚至没有物资和正规军队。而能从攻击铁路线的队伍中抽调出来的人手,自然也只有我一名;且在当时的情况下,我也已经无足轻重,由于我竭力反对现行计划,就算我违心配合,也只会敷衍了事。因此我决定自作主张,不顾上面作何命令。我向克莱顿写了一封满怀歉意的信辞行,告诉他我所做的一切都是全身心地为了胜利。然后我上路了。

卷四　远征亚喀巴

第三十九章至第五十四章

　　亚喀巴港本是一道天堑，唯有从内陆奇袭方可拿下；但时逢奥达·阿布·塔伊归附费萨尔，使得我们有希望从东部沙漠募集足够多的部落兵力，从高处向海峡地带发起进攻。

　　纳西尔、奥达，还有我一起开始了这场远征之旅。此时费萨尔已成为公认的领袖，但他驻守沃季赫使得北伐的重任落到了我的肩上。我接受了这一使命，并安慰自己说想要取得胜利，非走这条路不可。我们幸运地骗过了土耳其人，成功直捣亚喀巴。

第三十九章

5月9日一切准备就绪，我们在午时的艳阳下辞别费萨尔的营帐，离去的一路仍能听到他自山头传来的祝福声。领军的是谢里夫纳西尔，他磊落无私，一呼百应，是这一艰巨任务当之无愧（也是我们之福）的领袖，再无第二人选。当我们向他提出这一建议时，他轻声叹息，几个月来的四处征战，已使他身体疲惫不堪，随着年岁的增长，心中也平添倦意。他担心自己虽然富于历练，头脑稳健，手艺纯熟，技法高超；但同时也丧失了年轻时的情怀，会让队伍失去活力和志趣。从身体角度而言，他依然年轻；但凡夫俗子的心灵会因久经世故而提前衰老——就像我们大多数人一样，肉体尚存，灵魂已死。

第一程距离很短，是位于沃季赫内陆瑟贝尔（Sebeil）的一处堡垒，为以前埃及朝觐团的取水之地。我们在砖砌的大水槽旁扎营，碉堡的墙壁和周围的棕榈树正好可以遮挡日头，还能在阴凉地里整顿行军中出现的问题。与我们一道的有奥达和他的亲戚，另外还有作为叙利亚村民代表前来会见费萨尔的大马士革政治家内斯比·贝克利。内斯比充满智慧，地位显赫，成功穿越沙漠的经历锻造了他不畏艰险的性格，是叙利亚人当中极为罕见的热爱冒险的人。再加之他有政治头脑、才干过人、谈吐幽默而富于口才，兼有爱屋及乌的爱国情操，从而被我们选中参与此次任务。他挑选了一名叙利亚军官泽齐（Zeki）作为随从，三十五名艾格利人则担任我们的护卫，队长是性格冷漠、孤芳自赏的伊本·德黑瑟尔（Ibn Dgheithir）。费萨尔提供了两万镑金币——这是他能筹到的全部金额，远远超出了我们的需求——作为招募新兵的军饷，希望霍威塔特人能在重赏之下争相来效。

我们分着运输这四百英担①沉重的黄金,以防止沿途出现意外。谢里夫优素福此时再度负责补给,分发给每人半袋面粉,大家今后六周内便靠这四十五磅口粮赖以维生。我们将面粉袋挂在座鞍上,纳西尔则用辎重骆驼另外驮载了足够的面粉,待两周后大家袋子里的面粉消耗掉一部分,再向每人发放十四磅。

我们目前还有少量备用的弹药和一些来复枪;另有六匹骆驼载着小包的甘油炸药,以便在北部炸毁轨道、火车或桥梁。纳西尔身为高贵的埃米尔,随行还带有一部用以接待宾客的精美的大帐;另有一头骆驼载着款待客人的大米。不过因为日复一日吃配给的水和面包,不堪乏味,这些大米后来都被我们打牙祭了。由于初次以这种方式远征,我们一开始并不知道干面粉这种最轻便的食物是最适合长途旅行的。六个月之后,纳西尔和我都不再浪费精力带米这种精贵的口粮上路了。

我原来的艾格利随从——穆克海默(Mukheymer)、默尔简(Merjan)和阿里——又新增了一名来自豪兰村落温顺的贫农孩子,穆罕默德。另外还有来自马安的加西姆(Gasim),一个面黄肌瘦,长着虎牙的逃犯。他曾因为牛只的课税问题和土耳其官员起了冲突,并杀死了对方,只得逃入豪威塔特的沙漠中成为亡命之徒。我们都对他不堪苛捐杂税而触法的经历表示同情,但加西姆却因为这则事件被名不副实地讹传成亲和善良的人。

我们这支队伍虽小,却似乎有一统江山的气概,显然别人也这样看待我们;布雷蒙德派驻费萨尔营中的代表拉莫特(Lamotte)就在这时赶了上来,替我们拍了一张照片作为告别留念。之后优素福又带着一名医生、谢菲克,以及内斯比的兄弟前来祝我们一路顺风。我们一起吃了一

---

① 英制质量单位,现仍用于美国。传统的1英担等于112磅,现在的1英担等于100磅。

顿丰盛的晚宴，食材都是优素福自带的。他或许心思不够细腻，误以为这样的晚宴只要吃面包就够了；要么就是一番好意，想要让我们在开始荒野的苦日子之前，痛快地享用这最后的晚餐。

客人离去后我们便开始打包装运行李，在午夜前动身奔往旅途的下一站，喀尔的绿洲地带。纳西尔作为我们的向导，对这一地区了如指掌。

披星戴月赶路的途中，纳西尔的思绪不由自主飞回了故乡。他告诉我们自己的房子是石头砌成的，下沉式大厅的拱顶可以避开炎夏的暑热，还有种着各式果树的花园，即便烈日当头，也能在树荫下的小径上惬意地散步。他还告诉我他的家中水井有一副带皮质水桶的机械大转盘，由公牛奋力向斜坡上拉动，从而将水引至路旁的混凝土水渠中，或用来给庭院里的喷泉供水。喷泉旁边还有一个位于葡萄架下的大泳池，用光滑的水泥砌成，他与兄弟们小时候，每逢酷日当头的正午，便一头扎入绿荫深处的水中。

即便纳西尔这样乐观轻松的人，在这个晚上也只得强颜欢笑，纳闷自己身为麦地那的埃米尔，有钱有势，坐拥花园宫殿，却为何抛弃荣华富贵，成为沙漠亡命之旅劳心劳力的队长。两年来他南征北战，总是冲在费萨尔军队的最前线，每逢生死关头都挺身而出，永当进军的急先锋；而此时此刻，土耳其人已占领了他的家宅，糟蹋他的果园，砍伐他的棕榈树。甚至——他还提到，那口转盘随着牛轭嘎吱作响了六百年的了不起的水井，如今也归于沉寂；而花园早在烈日的暴晒下凋败萎谢，宛如我们如今走过的荒郊野岭。

我们走了四小时的路，又睡了两小时，然后天一亮就起身。辎重骆驼在沃季赫染上了兽疥癣，身体虚弱，步履沉缓，一路需要不停地吃草补充体力。载人骆驼因为辎重较轻，本可以轻易超过它们；但领军的奥达却不同意这样做，因为骆驼需要保留足够的体力以应付前方更加险恶的道路。于是我们就这样在火伞下蹒跚地跋涉了六小时。沃季赫后方这片白色沙漠里的夏日骄阳几乎能将人刺瞎，道路两侧光秃秃的岩石喷射着热浪，烤得人头疼欲裂，大汗淋漓。所以当午时十一点奥达还想继续前进时，遭到了大家的一致抗议。于是我们在树荫下躺倒休息至下午两点半，每个人都用双层毯子挂在头顶的荆棘树枝上，以期搭建起一个密不透阳的凉棚。

午休后我们继续上路，在平坦的路面上轻松走了三小时，到达一座宏大山谷的崖壁；绿意葱茏的喀尔就在前方不远处。棕榈树林间能瞥见许多白色的帐篷。就在我们纷纷下鞍的时候，拉希姆、阿卜杜拉、军医马赫穆德（Mahmud），甚至老骑兵毛路德都前来迎接我们。他们说，我们想在行程下一站阿布拉加（Abu Raga）会见的谢里夫夏拉夫已经离去，要几天后才会回来。这意味着我们不必赶路，便索性在喀尔休息了两晚。

我倍感满足，因为在艾斯旱谷让我饱受折磨的疔疮和高烧此时再度复发，且情况更为严重，每次行军都苦不堪言，总是祈祷能得到休息的机会，好补充体力免得掉队。所以在这期间我都乖乖躺着，默默感受这无言的宁静，绿意和流水在沙漠中形成了一座花园，如此美妙绝伦而又不可思议，仿佛似曾相识。或者，这种感觉仅仅是因为我们已经很久没有目睹过生机勃勃草长花开的春天了？

头发灰白的戴夫安拉（Dhaif-Allah）是贝鲁威族（Belluwi）中唯一不以游牧为生，定居在喀尔的人，和女儿们一道夜以继日在祖先留下来的小小梯田上耕耘劳作。这块梯田建在山谷南端，用未经雕琢的岩石筑起高墙，以防洪水的侵袭。一口清凉的水井坐在田中，井上的悬梁架以简陋的泥柱聊以支撑。每个日头低悬的清晨和傍晚，戴夫安拉便会从井中打水，灌入园中那黏土堆砌成的贯穿树木根部的水渠里。他种植低矮的棕榈树，利用其茂密的枝叶替园中的作物遮荫，否则它们全都会被晒焦。他还种嫩烟草（这是他利润最为丰厚的作物），另有几小块菜圃，用来在适当的季节种植豆子、甜瓜、黄瓜和茄子。

这位老人和他的妻子就住在井旁的灌木小屋里，对我们的政治抱负嗤之以鼻，认为这样不辞辛劳流血牺牲，既不能多吃些什么，也不能多喝些什么。我们小小地逗弄了他一下，对他谈起解放，阿拉伯国家为阿拉伯人争取自由的精神。"就像这块农园一样，戴夫安拉，难道不该是归你所有吗？"然而，他全都无法理解，只是站起来自豪地拍着胸脯，高叫着："我——我是喀尔人。"

他自由自在，别无他求，只需拥有这座农庄。也从不去想，自己这样克勤克俭的人，为何还是一贫如洗。他那顶引以为豪的，自祖父时代便流传下来的毛毡便帽，还是一个世纪前易卜拉辛帕夏管理沃季赫时期购买的，现在已经被汗水浸渍成铅灰色。他另一样必不可少的服饰则是衬衫，每年烟草收成后，他都会在新年替自己买一件新衬衫；女儿们各一件，他的老婆子也有一件。

但我们还是对他心存感激，因为他除了向我们展示了一个奴隶无欲无求，知足常乐的人生观之外，还卖给我们蔬菜。我们就靠着这些蔬菜，以及拉希姆、阿卜杜拉和毛路德赞助的罐头，过得相当滋润。一到夜里他们都在篝火旁唱歌助兴，不是像部落游民那样扯开嗓子单调地嘶吼，也不同于艾格利人那种激情澎拜的合唱，而是四分之一音阶的假声和叙利亚都市颤音唱法。毛路德的队伍里有乐师；每晚也有羞怯的士兵被推上台弹奏吉他，演唱大马士革咖啡厅里的流行歌曲或自己村子里的爱情诗篇。我暂住在阿卜杜拉的帐篷里，遥遥传来的音乐在潺潺水波声和沙沙树叶响的伴奏下变得更加轻柔，带给听者温存的抚慰。

内斯比·贝克利也经常拿出自己的歌谱，都是无良的激进革命分子赛利姆·杰扎瑞（Selim el Jezairi）利用在军营、参谋学院，以及为土耳其青年党执行屠杀任务的闲暇时间编写的。由他的上司将自己在对人民公开讲话中宣传的即将到来的自由等内容改编成歌词。内斯比和朋友们唱起歌的时候，随着节奏摇摆身体，将满腔激情和无限向往寄托于旋律，苍白的大马士革面庞汗如雨下，在火光的映照下如同一轮满月。整个军营都屏息静气，一片肃穆，直至他们唱到最后一个音符，每个人随之发出一声感叹，作为对这余音未绝热切的回应。只有老戴夫安拉不为所动地灌溉着农田，相当确定在这些愚蠢透顶的活动过后，我们总是需要买他的蔬菜。

第四十章

在都市人看来，这座农庄是他们被卷入疯狂战争世界驱逐入沙漠之前的美好回忆。但在奥达眼中，耕田植木的生活简直是赤裸裸的侮辱，他追寻的是更形而上学的缥缈大观。于是第二天晚上，我们提前结束了世外桃源的生活，在凌晨两点朝山谷进发。四周一片漆黑，借着天上的星光完全无法分辨方向。带队的奥达为了确保我们不走失，放开喉咙，一路不停地"哟嗬嗬"高唱着霍威塔特族的调调；那是由三个起伏的低音为一组，不断重复串联而成的史诗，歌声嘹亮迂回，但歌词却模糊不清。过了一会儿我们便开始感谢他的歌喉，因为在忽左忽右的道路上，只有循着他的回音，我们这条长长的队伍才得以在月光下这条崎岖的黑色悬崖上安全地前行。

旅程漫漫，谢里夫纳西尔和奥达那位满脸苦笑的表兄穆罕默德·德黑兰，开始努力教我阿拉伯语，轮流向我传授正统的麦地那口音和贴切生动的沙漠语言。我一开始学的阿拉伯语是幼发拉底流域中部古老的部落方言（较为纯正），但如今已变成汉志俚语、北方部落诗歌及日常用语、简洁的内志短语以及叙利亚书面用语的大杂烩，虽然说得流利，但语法混乱，常常令听者不知所云。新加入我们的人一定认为我是某个不为人知的文盲地区的土著，讲话时只能以过时的阿拉伯语东拼西凑。

尽管如此，我现在还是听不懂奥达那三个词的意思，半小时后，连那歌声也令我厌烦起来。月亮划过最高的山尖，缓缓浮上天空，洒下遍地清辉，稍稍散去的黑暗中，山谷里的道路勉强依稀可辨。我们一直走到红日初升，连夜行军令大家都疲惫不已。

各人用自己的面粉做早饭吃，因为吃了几天白食，是时候为我们可怜的骆驼减轻些负担了。夏拉夫还未返回阿布拉加，我们除非面临缺水的困境，已无需日夜兼程地赶路。早饭完毕，我们便又支起毯子当凉棚，一直躺到下午，并随着摇曳不止的日影懊恼地变换着位置，汗水和苍蝇一直紧围在我们身边。

终于纳西尔下令开拔，我们列成纵队沿着不高山丘间的隘道走了四个小时，然后众人商定在山谷的河床上再度扎营。这里有大量可以充当柴薪的灌木，右侧峭壁间的岩石水池中有新鲜的淡水，可供众人开怀畅饮。纳西尔来了兴致，下令晚饭吃大米，并邀来朋友和我们一起享用。

我们的行军规则怪异而复杂。纳西尔、奥达和内斯比三人各自为政。大家承认纳西尔的最高权力，只是因为我作为客人的身份和他共处一室，其他人也效仿我的态度对他毕恭毕敬。我们如何行军，在哪扎营,何时扎营这些细节的问题统统需要集体讨论决定。这些程序对奥达而言是必不可少的,作为战斗之子,他自孩提时就骑着自己的骆驼纵横四海,从不会听从他人的命令。这对内斯比来说,也算合理规定,他是一个典型的叙利亚人,猜忌善妒,对他人的功绩怀恨在心,或者干脆不承认他人的功绩。

这样的一群人需要由外部的战争力量和号召旗帜团结起来,再由一个陌生人进行领导,一个权威建立在抽象观念上的领袖:打破常规,不可抗拒,超凡脱俗,可以被感性接受,却无法从理性角度找到拥护或批驳的基础。这支队伍因费萨尔而洋洋自负,他是先知的后代、麦加的埃米尔、高贵的谢里夫,是俗世尘嚣之外的圣人,应和亚当的后裔平起平坐。这一先决假设是阿拉伯大起义的约束条件,也只有如此,才能让这场运动有效地——或者说盲目愚蠢地——一呼百应。

我们早上五点出发。这里逼仄的山谷几乎紧贴在一起,无路可通,只能绕道沿一座陡峭的山坡向上攀爬。山路其实是崎岖的羊肠小道,沿着山崖迂回曲折,除非手脚并用,否则无法攀登。我们下了骆驼,牵着笼头引它们前行。但很快,一个人已经无法应付骆驼,需要一人在后面呵斥催促,另一个在前面使劲拖拽拉动,并适时卸下它们身上的重担,才能鞭策它们穿越最糟糕的路段。

有些地方可谓险象丛生,岩石从山壁间突起,使得路面更为狭窄,骆驼只能紧贴着悬崖边缘行走,背上一侧的行李全被石壁摩擦坏了。为了顺利通行,我们不得不重新打包食物和炸药;但纵使这般小心谨慎,依然有两头体质虚弱的骆驼摔断腿。霍威塔特族人将它们的头向后拉至座鞍位置,使脖子完全绷直,然后将锋利的匕首刺入胸腔附近的喉咙主动脉,将其就地杀死,并立即将它大卸八块,留作食物供大家享用。

我们走到道路尽头,高兴地发现前面不是山脉,而是一片缓缓朝东部下降的开阔高原。开始一小段路高低不平,满是石块,长着像石楠花那样密密麻麻交织在一起的低矮荆棘植物;不过随后便进入铺着白色沙砾的山谷,河床上有个贝都因妇人正拿着铜杯子,从一个约一英尺宽的小洞内舀水装入自己的水袋。这水柔和清醇,甘美可口,妇人几乎将胳膊肘整个没入,才能碰到底部的卵石。这里就是阿布萨阿德(Abu Saad),我们久仰其大名,再加之谷里有好水,座鞍上有驼肉,便决意在此过夜,在夏拉夫执行完此次炸毁铁路的任务返回之前,借机好好休息享受一番。

于是我们又往前骑了四英里,在一片浓密的灌木林中扎营,它们的枝条在头顶撑起仿佛棚架。白天这些树枝可以用来挂毛毯遮阳,晚上则是消暑安睡的凉亭。我们早已学会露天睡觉的本领,头顶唯有星光和明月,身旁没有任何隔离可以遮风挡雨或屏蔽噪声;此时置身于枝干纠结缠绕而成的墙壁和屋顶之下,虽然不太适应,但环境却非常安静,且熠熠星光也变得朦胧起来。

至于我,又病倒了;体温持续升高,疔疮和骑行过程中的颠簸劳顿让我浑身酸疼。所以我对纳西尔主动在此处停军休息致以了由衷的感谢,令他受宠若惊。我们此时位于谢法(Shefa)的石灰岩山头,广袤的黑色熔岩区域在我们面前展开,还有一条红黑相间,顶峰呈圆锥状的砂岩悬崖带。高原地区的空气没有那么温热;一早一晚还有习习凉风拂过,将山谷中凝固不动的窒息之气一吹而散,令人心旷神怡。

我们用骆驼肉当早餐,并在第二天早晨才轻松地沿着缓坡下至一片红色砂岩高地。然后我们抵达地表第一个隘口,直达灌木丛生的沙谷,两侧都是砂岩绝壁和险峰。随着我们不断前进,这些绝壁和险峰也益发高耸，在明亮的天空映衬下分外突出。山脚下常年阴暗，空气潮湿并有腐败的味道，好像将植物的汁液吮吸干了一般。我们身旁的崖壁断口相当奇特，仿佛是神话传说中堡垒的护墙。我们沿着山崖盘旋而下，直到半小时后转过一个急弯，进入这片砂岩区域的主河道吉兹旱谷（Wadi Jizil），我们在赫迪亚曾经过其尽头。

吉兹是一座宽约两百码的深谷，柽柳新发的嫩苗遍布在冲击形成的沙质河床和二十英尺高的河岸上，河岸土质松软，是洪水涡流或大风挟来的较重的尘土，在遇到崖壁的阻拦后沉积聚集在山脚形成的。两侧崖壁都是规则的条状砂岩，布满深深浅浅的红色条纹。经历了几个月刺目阳光和漆黑夜晚交替的乏味风景，眼前深沉的崖壁、粉色的河床，以及淡绿的灌木组合令人耳目一新。当夜幕降临，低垂的夕阳余晖将山谷一侧染得通红，未被照射的一侧则呈暗紫色。

我们的营地设在山谷转弯处隆起的沙丘上，山谷在这里收成一个狭窄的裂口，导致洪水倒流，将沙谷冲出了一块洼地，蓄满了去年冬天洪水过后残留的咸水。我们在一座夹竹桃树林里看见了夏拉夫营地白色的帐篷尖顶，便派一人沿着山谷前去打听消息。他们预计夏拉夫明天就会返回，于是我们便在这色彩绮丽、回音不绝的地方待了两夜。那片微咸的水池骆驼还喝得惯，中午时分我们也在里面洗澡。然后就是大吃大睡，在附近山谷里漫步，欣赏红色岩壁上那些粉色、棕色、奶油色和红色的水平条纹，对这粗糙岩石上划满了浓淡不一、图案各异的彩条深感美妙。有个下午我待在一座砂岩条石叠成的羊圈后方，沐浴着和煦的空气和阳光，任由轻风在头顶嶙峋的崖壁间穿梭。谷中如混沌初开般静谧，不绝于耳的飒飒风声更加衬托出周围的安然从容。

我闭目做着白日梦，这时一个年轻声音的呼唤让我睁开了眼，一个焦急不安的陌生艾格利人蹲在身旁。他叫达乌德（Daud），希望能得到我的怜悯。他的朋友法拉杰（Farraj）在嬉闹时将他们的帐篷烧毁了，夏拉夫麾下的艾格利军队队长，萨阿德，要对他施鞭刑以兹惩戒。如果我能出面求情，他或许可以免遭皮肉之苦。此时恰好萨阿德前来找我，我便向他求情，达乌德则坐在一边急切地看着我们，嘴巴微微张开，眯缝着黑色的大眼睛，眉头紧锁。达乌德的瞳孔很小，聚在眼球正中，使得他看起来相当伶俐。

萨阿德回绝了我的请求。这一对伙伴经常惹是生非，最近更是无法无天，夏拉夫便下令严惩他们，以儆效尤。看在我的面子上，他唯一能做的就是让达乌德代受一半的惩罚。达乌德听后一跃而起，吻了吻我和萨阿德的手，一溜烟地朝山谷跑去了。萨阿德大笑着对我讲述了这一对活宝的故事。他们两人可谓东方男子互相吸引的典范，对女性不屑一顾。这样的友谊通常发展成深刻而强烈的男性情爱，程度远超我们耽溺于肉体的欲望之上。在纯洁懵懂的阶段，他们就已经打得火热，且不在意他人的眼光。一旦发展到性行为阶段，他们的关系便成为给予和索取，这种关系并非想象中的虚构，而是真的形同婚姻伴侣。

次日夏拉夫并未返回。早上我们便听奥达讲述行军安排以打发时间，纳西尔则在帐篷里不停用食指和拇指将擦着的火柴弹向我们。就这么笑闹着，两个弯腰驼背的人一瘸一拐前来向我们致敬，他们的眼神充满痛苦，但嘴角却泛着微笑。这就是冒失鬼达乌德和他的爱人同志法拉杰了。法拉杰轮廓柔美，极具女性气质，纯真光洁的脸蛋上嵌着一双水灵灵的眼睛。他们说要来服侍我，但我用不着；便反驳说他们挨了打，没法骑骆驼。他们回答说自己如今不用座鞍也能驾驭骆驼。我说我生活简单，不喜欢被仆人伺候，达乌德气恼地转身离去，但法拉杰依然称我们总会需要人手，而他们只是出于感激愿意一路陪伴我。他不顾硬脾气的达乌德的反对，跪在纳西尔面前苦苦哀求，那哀告的模样简直就是一位楚楚可怜的女子。最后，看在他们年轻整洁，我还是在纳西尔的劝说下接纳了二人。

第四十一章

夏拉夫直到第三天早上才回营，但一回来就立即惊动了我们，因为他的阿拉伯游击队对空鸣了几枪，回声在群山的屏障中盘桓良久，经过反射共振，仿佛礼炮齐鸣。我们纷纷换上最干净体面的衣裳前去迎接他。奥达穿着他在沃季赫新购的华丽衣服，一件鼠灰色阔幅绒面呢大衣，衣领是天鹅绒的，脚蹬两侧有松紧带的黄色长靴。一个人满头长发，一脸沧桑，饱含疲惫的悲伤神情，居然打扮成这样！夏拉夫此行虏获了若干战俘，还捣毁了铁轨和涵洞，心情大好，对我们非常亲切。他还带来一则消息，称我们行军途中的狄拉旱谷（Wadi Diraa）有很多雨水池，雨水刚下不久，新鲜甘甜。这样我们前往菲吉尔（Fejr）途中无水行军的路程便缩短至五十英里，队伍亦免遭干渴的威胁；由于我们五十人总共才携带了二十加仑左右的饮用水，这是相当冒险的行动，这个消息无疑是一大利好。

第二天下午我们从阿布拉加启程。离开这风景如画的地方我们并不遗憾，因为此地环境对健康很不利，在不通风的河床里待了三天，很多人都发起了高烧。奥达带领队伍沿着一条支流河谷前进，旋即进入谢格（Shegg）平原平坦的沙地。沙地上散布着红色砂岩形成的小岛和石柱，像一组一组的冰峰，底部严重风化，看起来马上就会倒塌下来堵住路面；道路就在其间迂回盘绕，有些地方窄得仿佛无法通过，但总能柳暗花明又一村地转入另一座山谷。奥达胸有成竹地在这座迷宫里带领我们穿行，骑着骆驼在前面开路，两肘伸开，双手随着肩膀的晃动在空中悠闲地摇摆着。

这里没有任何足迹，每一阵风都像刷子般横扫过沙面，拭去旅人最新留下的痕迹，再度将地面还原成无数波痕细小的初始纹路。唯有干燥的骆驼粪便，因为比沙还轻，像滚圆的胡桃，随着风到处乱跑。

滚动的粪团遭遇强风便会在角落里堆积起来。奥达或许就是借着这些粪堆，加上自己无与伦比的方向感，才能对道路了如指掌。至于我们，早就被奇形怪状的山石弄得应接不暇，口中啧啧称奇；它们颗粒状的表面和红艳艳的色彩，以及被沙尘蚀刻出的痕迹能很好地吸收刺目的阳光，让我们的眼睛得到了休息。

行军途中我们发现有五六个骑士自铁路方向驰来。在沙漠中遭遇陌生人，心中总是满怀忐忑不安：是敌是友？我和奥达上前，小心翼翼地从有利位置接近他们，随时准备开枪射击；但随着对方的接近，我们发现他们是阿拉伯部队。打头的是一只笨拙的骆驼，背上懒散地骑着个英国人，用的是英国骆驼骑兵旅笨重的曼切斯特木质座鞍，一头金发，胡子拉碴，穿着破破烂烂的制服。我猜此人必是纽康贝的徒弟霍恩比，这位狂野的工程师如今破坏铁路的本领与师父已难分轩轾。我们初次见面，互相致意问好后，他告诉我纽康贝最近已前往沃季赫，与费萨尔就自己遇到的困难进行讨论，并制定新的计划。

纽康贝因为过度热情投入，总是会遇到困难，且他习惯于承担比其他英国人多四倍的工作；如果和阿拉伯人比，那就是十倍，这在阿拉伯人看来是完全不必要或不明智的行为。霍恩比的阿拉伯语不大灵光；而纽康贝的阿拉伯语还达不到劝导游说的水平，下命令倒是够了；但在阿拉伯内陆这种地方，没人会听从命令。他们两个在铁路旁一待就是几个星期，几乎没有任何帮手，还常常断炊少粮，直到炸药耗尽或骆驼累坏了才返回营地进行补给。没有骆驼，在荒凉的山区寸步难行，费萨尔最好的骆驼被他们返还时常常精疲力竭。在这一点上，纽康贝是罪魁祸首，因为他总是马不停蹄地奔波；而且，作为勘察人员，他每经过一座高山都想要登上去查探，护卫们常因此暴跳如雷，因为他们要么让他一个人前去（在途中抛下旅伴将被视作奇耻大辱），要么就只能忍痛驱使自己珍贵而不可替换的骆驼跟着他乱跑。"纽康贝就是一把火，"他们总是这样抱怨，"打垮了敌人，也消耗了战友。"他过人的精力令人钦佩并敬而远之，免得沦为他下一个友好的牺牲品。

　　阿拉伯人告诉我，纽康贝不枕着铁轨就不肯睡觉，而霍恩比在炸药失效时，不惜用牙齿咬断铁轨。这些都是夸张的传言，但也反映出他们合力进行爆破，不炸毁最后一寸铁路誓不罢休的疯狂劲头和决心。土耳其的四个工兵营被他们搞得手忙脚乱，修补涵管、重铺枕木、新焊铁轨；而数以吨计的火药还在源源不断地运到沃季赫，以满足他俩的需求。他们是了不起的人，出类拔萃的表现令我们这支薄弱的队伍相形见绌，羞于展现自己那些雕虫小技。也正因为如此，纽康贝和霍恩比一直单打独斗，难有能跟上他们脚步的后起之秀。

　　日落时分我们抵达了这片荒凉砂岩地带的北端，骑上另一块高地，这里比上一个高地还高六十英尺，为蓝黑色的火山岩，约手掌大小的碎玄武岩块散布一地，像给细密坚硬的黑色火山渣地面整齐地铺了一层鹅卵石路。这多石的地表似乎是雨水经年累月侵袭造成的，岩石上层和石块之间的尘土随着降雨被冲刷掉，直至排列得像地毯般平整而紧密，覆满整座平原，将下层的熔岩及其夹杂的含盐泥土与外界隔绝开来。路况越发良好，奥达在入夜后还借着北极星的指引，冒险往前再推进了一程。

此时夜色已深，一片漆黑，连星光都被脚下的黑色石头所吞噬，当早晨七点我们终于停下时，只有四个人跟了上来。我们已抵达一处平缓的山谷，荆棘丛林立的沙质河床潮湿而柔软，只可惜不适合骆驼食用。我们将这些带有苦味的树丛连根拔起，堆成一个大柴堆，让奥达点燃。当火烧旺后，一条黑色的长蛇从火堆里缓缓爬进我们队伍，它一定是在灌木中冬眠，被我们一起拔了回来。火光闪烁，照亮了阴沉的平原，掉队的辎重骆驼在这座灯塔的指引下纷纷抵达，最晚的一组落后了近两小时，他们放声高歌着，一是在这阴森的旅途中给自己和饥饿的骆驼壮胆，二来闻者也能知道这是朋友的队伍。火堆实在太温暖了，我们巴不得他们再走慢点，好让我们独享这美妙时刻。有几只骆驼在夜色里走失了，我们的人外出搜寻了许久，等找到时已经快八点了，我们便烤面包当晚饭，吃完后继续上路。前方的路要穿过更广阔的熔岩区，但由于早上体力充沛，甚至觉得路上的石头少了些，带着波纹的沙地填充在石块间，如网球场般坚实而平整。我们奔驰了六七英里，然后向西转入一座低矮的火山口，穿越将吉兹和铁路所在盆地隔离开的平坦、阴暗而多石的分水岭。这里有庞杂的河道系统，沙质河床由于春旱变得很浅，像黄线般划过蓝黑色的平原。从我们的高度往下看，这片区域绵延数英里，主要地形地貌颜色各异，层次分明，如地图般一览无遗。

我们不疾不徐地走到中午，然后在空无一物的旷野地上呆坐到三点；虽然这种休息并不舒适，但却对无精打采的骆驼来说很有必要，由于一路走来都是沿海平原的沙地，我们担心它们脚底柔软的胼胝在这太阳晒得滚热的石头地面上会被烫伤，只能一瘸一拐地赶路。再度上鞍后，道路益发难行，我们必须不断避开大片的玄武岩堆，或深深切入地表的深黄色水道。走了一阵，红色砂岩柱再度拔地而起，像奇形怪状的烟囱，柔软龟裂的岩柱表面还伸出许多刀锋般坚硬的岩层，宛如水平的搁架。最后放眼望去，到处都是这种风化的砂岩柱，和昨天遇到那种一模一样，带着同样颜色的棋盘格纹路，成群结队地矗立在道路两旁。奥达带领队伍在这片疯狂的岩石区中穿行，他的笃定和从容让我们再一次叹服。

将这片石林抛在身后，我们再度进入火山区域。微微凸起的小火山口到处都是，通常三两个聚在一起，高耸而龟裂的玄武岩石片就如同杂乱无章的堤路，从火山口向下面贫瘠的山脊延伸；不过这些火山口看起来相当古老，不如艾斯旱谷附近加拉角（Ras Gara）的火山那样棱角分明且保存完好，而是残缺风化，有时火山洞凹进去一个大缺口，几乎被腐蚀成平地。从火山口向外延伸的玄武岩是一种粗糙的圆形石头，类似叙利亚的粒玄岩。裸露的岩面被风沙打磨得如橙皮般光滑，原本的蓝色也在日头无情的照射下化作死气沉沉的灰蒙。

火山之间的玄武岩已经化作小小的四面体颗粒，棱角皆被磨圆，紧密地排在一起，仿佛嵌在粉红间黄的泥地上一般。骆驼常年通行的地方被踩踏出明显的凹陷，脱落的小石子儿都被踢到路两旁，雨天产生的薄泥浆填补了石头的空缺，在一片蓝色中显得尤其暗淡。少有人通行的一段道路约有数百码，像岩石间逼仄的楼梯，每一踏步都填满了干净的黄泥，唯有踏步与踏步之间的灰蓝色石条还屹立不动。这段石路尽头是墨黑的玄武岩火山渣区域，其间混杂的泥土经过阳光的烤炙，已如水泥般坚实，再后面便是铺满柔软黑色沙粒的山谷，更多风化的砂岩柱从中拔地而起，在阵风的撼动下散落一地的红黄颗粒。

　　一路状况频发。我们感觉置身于凶险之地，行来冷清荒芜，走了很久也看不到任何活物，就算有活物路过大概也会不得好死。骆驼都累坏了，不得不排成一列纵队，在高低不平的道路上左挪右闪地缓慢前进。最后奥达指向前方一座五十英尺高的山脊，山体的巨型怪石重重堆叠缠绕，仿佛在抱团取暖。这里已是熔岩区的尽头；他和我一起走在队伍前面，查看艾希旱谷（Wadi Aish）一望无垠的金黄沙海和随处可见的葱绿树丛。谷内水坑的积水很少，三星期前那场暴风雨贮存下的水已被前人舀得差不多了。我们在水坑边扎营，卸下骆驼的重担，任由它们吃草直到日落，这是我们自离开阿布拉加以来首度有时间充分放牧。

　　就在骆驼大快朵颐之时，骑手的身影自东方地平线上出现，朝着水源奔来。他们的速度很快，明显来意不善，并向放牧的人员开火；我们其他人立即奔到石块和土堆后面，一边开枪还击，一边高声叫嚷。他们听到我们人多势众，便火速喝停骆驼；在暮色中自山头遥望，他们大约有十人，已掉头朝铁路线方向逃窜。他们的知难而退令我们很高兴。奥达认为他们是沙玛尔的巡逻队。

　　我们在黎明时向不远处的狄拉进发，夏拉夫曾告诉我们那里有水池。一开始的几英里路穿过艾希旱谷美丽的河床与树丛，之后是一片平坦的熔岩地。接着眼前出现一座浅谷，谷中的熔岩柱像大大小小的蘑菇和尖峰，比昨天任何地方看到的都还要多。这是一片疯狂的景象，岩柱高达十至六十英尺不等，仿佛古罗马九柱戏里的瓶子。岩柱间的沙路宽度仅够一人通行，我们长长的列队只能在里面盲目地迂回穿行，视野里一次还看不到十二个人。这片曲折的石林宽约三分之一英里，像红色的矮树般在道路左右延伸。

石林区后面是风化崩裂的黑色岩架，上面有条阶梯小路将我们引至一片满是蓝黑色玄武岩碎片的高地。稍后我们就进入了狄拉旱谷，沿着河床再走了一个多小时，脚下一会儿是松散的灰色石头，一会儿又是夹在岩块之间的沙地。一处废弃的营地里有空沙丁鱼罐头，显然纽康贝和霍恩比曾来过这里。营地后方是一汪汪清澈的水池，我们便在此休息到下午；因为铁路已近在咫尺，我们必须喝足水，再灌满水袋，为菲吉尔干旱的长途跋涉做好准备。

休息期间，奥达前来查看法拉杰和达乌德给骆驼擦黄油，以缓解它们脸上因兽疥藓导致破皮的瘙痒。必利地区的干枯草场和沃季赫流行的兽疥藓给我们的牲口造成了沉重的打击。如今费萨尔找不到一头可以给骑乘驼配种的健康公驼；就连我们这支小小队伍里的骆驼都日渐衰弱。强行军途中一旦有骆驼倒地不起，骑手将会困在沙漠中寸步难行，这让纳西尔焦虑万分。

我们没有任何治疗兽疥藓的药品，况且自己也是泥菩萨过河，更无暇顾及牲畜。但骆驼涂过黄油后，确实感到舒服一些，而法拉杰和达乌德也尽可能地搜寻黄油来替它涂抹。我对这两个男孩相当满意。他们和普通阿拉伯仆人比起来更勇敢开朗。随着身上受刑的伤口的痊愈，他们开始逐渐展示出自己的无限活力、精湛骑术和勤劳主动。我喜欢他们和我在一起时无拘无束的样子，也对他们不顾外界眼光，彼此心有灵犀，默契十足深为欣赏。

第四十二章

三点四十五分我们继续上路，沿着狄拉旱谷爬上布满流沙的陡峭山脊，有时还会恼人地踢到凸在外面的红色岩石。走了一会儿，我们三四个走在队伍前面的人手脚并用地爬上沙丘顶端以窥视铁路情况。此地无风，爬起来比我们想象的要费力许多；但我们立即有了收获，发现铁路就位于下方深谷出口的绿色平原上，四周静无人迹。而我们队伍中的其他人正荷枪实弹地向该出口挺进。

我们立即拦住山下的队伍，并仔细研究铁路情形。一切看起来都很平静，空荡荡的，就连位于我们和铁轨之间的一座废弃碉堡都已杂草丛生。我们跑到岩架边缘，从上面跃入干燥的细沙地，顺着陡峭的沙坡滚下山，直至猛跌入队伍边的平地才停住。我们带着瘀伤再度上鞍，匆匆驱赶骆驼奔出山谷，并将它们留在平原上吃草，然后吆喝其他人跟上，一起朝铁轨奔去。

这般畅行无阻真是天助我也，因为夏拉夫曾慎重警告过我们，需提防敌人乘骡步兵和骆驼骑兵的巡逻队，而且还有步兵操作带轮式枪架的机枪，从坚固堡垒内提供火力支援。我们将骑乘骆驼赶入草原继续吃草，辎重骆驼则继续穿越山谷和铁道，进到更远处的平原地带，直至在铁道另一头布满沙石的山谷入口寻到合适的掩护。这期间艾格利人则忙着安放火棉和甘油炸药，想要将我们走过的这段铁路全都炸掉，令大家乐不可支。当吃草的骆驼依依不舍地被我们拽到铁路远端的安全地带后，我们便依次点燃引信，爆炸的轰鸣声四下回荡，充满了整个山谷。

奥达之前从未见识过炸药，像小孩看到新玩具般欣喜若狂，匆匆乘兴吟诗一首歌颂这威力的恢宏。我们切断了三根电报线，将其绑在六匹霍威塔特人骆驼的座鞍上。霍威塔特人吓得朝东方山谷四散奔逃，电线拖着断掉的电线杆在他们身后缠绕扭结，变得越来越沉重。最后他们再也无法移动了，我们才将电报线切断，笑着继续前进。

我们在渐浓的暮色中前进了五英里，两旁的山脊看起来好似从指关节处伸出的手指。最后这些起伏的曲线变得极其陡峭，我们羸弱的骆驼在黑暗中已无法安全前进，只能停下来歇息。辎重骆驼和大部队在我们炸铁路时已先行出发，目前仍在我们前头。夜色中我们根本找不到他们，而土耳其人正在我们后方的车站里大吼大叫，胡乱放枪；所以我们认为当前需保持安静，也不能点起火把或发出信号，以免引起注意。

不过，率领主力部队的伊本·德黑瑟尔还是留下了一小队接应，就在我们准备睡觉的时候，两名队员找来，报告说其他人已在前方不远的陡峭沙堤背后隐蔽处安全扎营。我们便重新给骆驼装上鞍袋，在一片漆黑（今晚应是下弦月的最后一日）中跟着向导跌跌撞撞来到静悄悄的营地，一句话没说便挨着他们倒下呼呼大睡。

第二天不到四点奥达就唤醒大家，徒步上山，直到登上峰顶，然后沿着沙坡下冲。沙层淹没了骆驼的膝盖，无论怎么挣扎也拔不出来，只能连滚带爬地前进，一不小心便会摔断骨头。下至山脚，我们已进入一座山谷的前端，沿着山谷便能抵达铁路。我们又走了半小时，抵达山谷源头，顺着低矮的一侧爬上一处高地，这里便是汉志和色尔汗的分水岭。再往前十码，我们便越过了阿拉伯半岛的红海斜坡，在其中部迷宫般的水渠河道中前进。

这里似乎是一座平原，从山脚向东一望无际地延伸，远处只有距离，不见地面，眼前只看到一层层轻薄的颜色调制在一起，形成一片柔和的蓝色混沌。太阳冉冉升起，将灿烂的光芒遍洒在这片低地之上，给那些矮到难以辨认的山脊和复杂的地表水道系统拉出长长的影子，但一切转瞬即逝，随着日头的移动，投影也不停变换着形状，最后在河岸上颤抖着，像接收到了统一的信号般集体消失不见。白昼正式拉开了序幕：光的长河在每一个移动生物的脸上奔涌，将沙漠中的石头照得雪亮。

奥达领着队伍朝东北方向前进，目标在我们左侧，即北方三英里远处，将乌古拉（Ugula）的低矮山脉和分水岭地区的一座高耸山头连接起来的一片小高地。四小时后我们穿过了这片高地，发现脚下是浅浅的水道。奥达指着这些水道，称它们流向色尔汗的奈布克（Nebk），沿着这逐渐变宽的河床向北或向东行，便可抵达豪威塔特人的夏季营地。

不久我们便爬过一座银色砂岩丘陵，上面的砂岩如块块石板，有的很小，有的则是长宽高各有十英尺，厚约四英寸的巨大石碑。奥达骑到我身旁，用驼鞭指着各个地点，让我在地图上将它们的名字和特点一一进行标注。我们左侧的山谷是赛亚尔阿布阿拉德（Seyal Abu Arad），自塞尔乎伯（Selhub）隆起，在这座大分水岭处被多股支流汇入后，沿着帖布克进一步向北方的鲁菲亚山脉（Jebel Rufeiya）延伸。我们右侧则是斯尤喀尔布（Siyul el Kelb），它发源于乌古拉、艾吉达特杰美连（Agidat el Jemelein）和列布达，以及其余弓弦般环绕于我们身旁，朝东方或东北方走向连接起分水岭，如一支先锋部队直插入平原的山脊群。这两大水道系统在我们前方五十英里处的菲吉尔汇合，菲吉尔是个族名，也是井名和井所在的山谷名称。我向奥达求饶，让他别再讲这些地名了，我既不是未开发之地的记录员，也不是地理爱好者；奥达开心地告诉我队伍里和前方沿路将会遇到的各族首领的个人信息及事迹。这样的详细介绍得以让我熬过这荒蛮之地的漫漫旅途。

我们所在的平原被当地的菲吉尔贝都因人叫作豪尔（El Houl），意指其荒凉偏僻；当天我们一路行来，没看到任何生物；不见瞪羚的脚印，没有蜥蜴爬过，找不到老鼠洞，甚至没发现一只飞鸟。我们，每个人，置身其间都觉得宛如沧海一粟，在这漫无边际的地方无论如何努力推进，仿佛都只是原地踏步。唯一听到的声音是骆驼踩在高低不平的破石板上发出的空洞回响，如同在拱顶建筑下封闭的走廊上行进；以及饱经沧桑的砂岩被将起的热风拂过之时，沙砾沿着岩块坚硬突出的顶盖下方缓缓向西移动，发出的细微但刺耳的沙沙声，年复一年，将岩石侵蚀磨砺出了橘皮般的纹路。

风令人窒息，这种如置身火炉的滋味，和每年喀新热浪①（Khamsin）来临时的埃及如出一辙；而且随着日头的提升，风力逐渐增强，满携内夫得沙漠②（Nefudh）的沙尘，这座北阿拉伯地区的大沙漠就离我们不远，但在尘霾中已无法看见。到了中午，风已形成狂暴之势，无比干燥，将我们本就皲巴巴的嘴唇撕破，脸上的皮肤也吹得皲裂；我们的眼皮沾满沙砾，缩成一团，盖不住枯涩的眼睛。阿拉伯人将头巾紧紧裹住鼻子，并将额前的布料拉下来充当面甲，只留一个在风中瑟瑟抖动窄窄的小边，以便观察。

这样虽然呼吸不畅，但却能保护肌肤免遭皮肉之苦，因为他们担心沙砾的扑打会进一步恶化伤口。但我却宁愿遭遇喀新热风，它们仿佛是大自然为了打击人类而刻意安排的恶毒折磨，而挺身与之正面对抗，挑战它，征服它，则令人快意无穷。咸味的汗珠顺着额前长发滑落，如冰水般滴在脸颊上也有同样的快乐。起初，我常用嘴接住它们以取乐；但随着在沙漠中渐行渐远，漫长的旅途中风吹得越来越猛，沙尘扬得越来越高，温度也越来越热，再也无心自娱自乐。狂风与热浪让我的骆驼举步维艰，同时也刺破了我的皮肤，烤干了我的喉咙，疼得我之后三天都

---

① 也称喀新风，是3月至5月里吹的热南风，埃及尤甚。
② 阿拉伯半岛北部沙漠，也称"天谷"，为阿拉伯第二大沙漠。

咽不下去干面包。待黑暗终于降临，我很高兴自己滚烫的脸还有知觉，尚能感受到夜风的徐徐吹拂。

我们跋涉了一整天（就算没有热风的阻挠，我们想要在兵强马壮的情况下抵达菲吉尔，也再不可能奢侈地躲在毯子支起的凉棚下歇脚了），压根懒得睁开眼睛或考虑任何事情，就这样一直走到下午三点。接着抵达一座隆起成山的丘陵，旁边还有两座天然形成的熔岩肿瘤。奥达立即又对我喷出一大串地名。

之后便是一座长长的斜坡，饱经风雨的砾石坡面缓缓向西延展，被洪流冲刷出杂乱的条纹。缓慢的辎重队伍让奥达和我不胜其烦，便结伴先行。落日的余晖照在山的这一侧，在我们北去的道路上筑起了一座光影之墙。很快，赛亚尔阿布阿拉德旱谷便朝东转向，一英里宽的河床在我们面前呈横扫之势；河床里的灌木高达数英寸，像枯木般干燥，我们想要生一堆火给后方部队指路，这些灌木一沾手便脆裂折断了，喷出无数细小的灰尘。我们四处扫荡，集起了一大堆柴火，准备点燃时才发现谁都没带火柴。

一个多小时后，大队人马才姗姗来迟，此时热风褪尽，夜幕低垂，万籁俱寂，繁星满空。由于此地是强梁劫掠的主要区域，而阿拉伯人在黑暗里又六亲不认，因此奥达派人整夜站岗。今天我们大约走了五十英里的路程，每个人已达到体能的极限，这样的行军距离也已满足我们的计划安排。于是我们休息了一整夜，一来骆驼又弱又病；二来霍威塔特人对这块区域并不熟悉，在夜晚行军很可能会因为能见度太低而迷失方向。

第四十三章

我们于次日黎明前上路，沿赛亚尔阿布阿拉德河谷而下，直至刺目的白日高悬在我们头顶的泽布利亚特（Zibliyat）山上方。我们向北再行一程，斜切过山谷一角后休息了半小时，等待大部队跟上来。烈日当空，如铁拳重重砸向头顶，令奥达、纳西尔和我再也无法忍受，于是匆匆一路奔驰。几乎是瞬间，平原上翻腾的苍白蒸汽便将我们吞噬，再也看不到其他队员的身影，但脚下通往菲吉尔旱谷长满荆棘的河床依然清晰可辨。

日正当午，我们总算抵达苦苦追寻的水井。井水深约三十英尺，石头井圈似乎已有些年头了。水量很足，略带咸味，虽然新鲜汲起来的水并不难喝，但装入水袋片刻就会发臭。去年这座山谷曾暴雨成灾，所以尚有许多干枯的牧草，因此我们放开骆驼任它们觅食。其他人跟上来后，也纷纷汲水饮用并烤面包吃。骆驼一直尽情吃草到半夜，然后再喝了一次水，才被拴在离水井半英里远的河岸边过夜；这样一来，即使半夜路过的强盗想要饮水，也不会和我们产生冲突。但卫兵目前并未察觉任何动静。

虽然前方的道路较为平坦，我们依然天不亮便动身；但沙漠里炽热的太阳实在令人难熬，因此我们计划中午找荫凉地休息。两英里后山谷豁然开朗，稍后便抵达河床东岸那座低矮残破的崖壁，与赛尔劳加（Seil Raugha）的出口遥遥相对。这里的山野看起来更绿意盎然，我们要求奥达猎些野味回来。他便派出扎尔朝一条路进发，自己则向西穿过开阔平原，很快便消失在视野中；我们继续走入崖壁，发现在破碎断裂的岩架下有许多阴凉角落可以避开日光，让眼睛好好得到休息。

猎手在中午前返回，各猎得一只肥壮的瞪羚。我们在菲吉尔就装满了水袋，现在可以尽情用光，因为阿布阿加（Abu Ajaj）的水源就在不远处。我们在石洞内大嚼特嚼面包和羊肉，队伍中养尊处优的城市人：我自己、泽齐、内斯比的叙利亚仆人已被长途跋涉弄得精疲力竭，对这样的纵情时刻享受不已。连适应了沙漠行军的内斯比本人也多少感觉欣慰。纳西尔作为领导人一直彬彬有礼，与生俱来的和善让他一路都对我们照顾有加。在他的耐心教导下，我终于学会如何在行军途中和部落阿拉伯人共处，而不会冒犯他们或让他们失去耐性。

我们依然休息到下午两点才动身，穿过自菲吉尔旱谷向东延伸数英里的毫无生气的平原，正好赶在日落前抵达目的地喀布阿加吉。蓄水池里是今年新下的雨水，已经变得混浊，带有咸味；我喝起来勉强可以入口，但饮骆驼却非常适合。水池位于菲吉尔旱谷里的一处双断凹陷地带，蓄积的洪水宽达两百码，深及两英尺。水池北端是一座低矮的砂岩丘。我们原本希望能在这里找到霍威塔特人，但此地的牧草已被啃食殆尽，水质也遭到动物粪便的污染，他们已经搬走了。奥达搜寻着他们的足迹，但一无所获：沙面已被暴风横扫一空，只余细小的涟漪。尽管如此，既然他们是从图拜克（Tubaik）迁移至此，那下一站必是前往色尔汗。这样一来，只要我们向北走，便能找到他们。

次日是我们离开沃季赫的第十四日，但感觉我们似乎已经跋涉了很久。今天一路依然艳阳当头，我们在下午终于走出了菲吉尔旱谷，朝色尔汗北方偏东地带的阿法加（Arfaja）前进。因此我们穿越过右方夹杂着石灰石的平坦沙地，和内夫得大沙漠的一角遥遥相望。这条著名的沙丘带在叙利亚沙漠中横切过沙玛尔山脉。帕尔格雷夫（Palgrave）、布伦特（Blunts）、格特鲁德·贝尔这些历史上有名的旅行家都曾穿越此地，我也恳求奥达稍稍偏离计划路线，让我们这支队伍也有机会到此一游。但他大吼称，打劫的人只有在万不得已时才会去那里，而他们祖祖辈辈威名赫赫，对那里蹒跚羸弱，长满疥藓的骆驼不屑一顾。我们的目标是活着抵达阿法加。

我们于是识趣地继续前行，穿越枯燥乏味的闪光沙漠；以及多处被称作"吉安"（Giaan）的艰险地段。这种地方路面全是光滑的烂泥，如直纹纸般洁白平整，且往往宽达数平方英里，像玻璃般将太阳光线强烈地反射到人脸上。我们骑在骆驼上，头顶万簇光箭，视线还要小心翼翼避开脚下反光。这种眩光不是均匀对眼睛施压，而是此起彼伏，强度不一；有一次，不停反复穿刺的光线几乎让我们陷入昏厥，接着又突然黯淡下去，视网膜上瞬间只余一片黑网般的阴影。这给了我们片刻的喘息机会，就像溺水者挣扎着浮出水面，苟延残喘地积蓄力量好应付下一次考验。

大家都被折磨得顾不上交谈，直到六点左右终于松了口气，停下来自行烘焙新鲜面包当晚饭。我把剩下的口粮全喂给了骆驼，这可怜的动物一路受尽折磨，已经又累又饿。它血统纯正，是内志的伊本沙特送给侯赛因国王的礼物，侯赛因又将其转赠给费萨尔；这是一匹优秀的牲畜，性子粗蛮，但爬起山来步履稳健，非常勇敢。阿拉伯的富人只骑母骆驼，因为它们比公骆驼更容易驾驭，脾气更温顺，也更安静；此外，它们耐性很好，即使已疲劳不堪，依然能坚持长途跋涉，直至用完最后一口气，活活累死在途中。相反，体格更为健壮的公骆驼则会变得暴躁，累了就往地上猛然一躺，就这样得不偿失地把自己活活气死为止。

天黑后我们又缓慢地走了三小时，爬上一座山丘顶端。一天下来终于能宿营睡觉让我们感激不已，因为我们的脸已被热风、尘暴、流沙吹打得红肿不堪；时不时还有狂风袭来，让我们看不清眼前的道路，把我们的骆驼吹得东倒西歪。但奥达依然对明天担忧不已，如果再来一场热风耽误行程，我们便已被困在沙漠中达三天之久，而我们已经没有水喝了。因此他半夜又把我们叫起来行军，在破晓前进入了比塞塔（Bisaita）平原（这个名字正是嘲讽其宽广平坦）。这里地表是一层细碎的黑燧石，不会反射太阳的光线，令我们眼睛倍感放松，但却烫坏了骆驼脚掌，有几只都已经一瘸一拐起来。

在阿拉伯海岸沙地平原长大的骆驼，胼胝较为柔嫩，将这样的牲畜突然带入内陆，在燧石或其他吸热的地面上长途行走，便会烫伤脚掌，最后变成水泡；留下脚垫中心两英寸多宽的嫩肉皮开肉绽。带着这样的伤势，它们还能在沙地上照常行走；但如果不小心踩到卵石，便会走得跌跌绊绊，或者像被火烧到一样哆嗦不已；如果不是意志力坚强的骆驼，长途跋涉途中很有可能倒地不起。于是我们都小心翼翼，尽量挑选最柔软的地面。奥达和我走在最前面。

我们正走着，突然地面腾起一阵尘土，奥达说那是鸵鸟。一名队员给我们取来了两枚巨大的象牙色鸟蛋。我们于是打算将这比塞塔恩赐的礼物当作早餐，开始收集柴薪；但找了二十分钟只得到一束干草，寸草不生的沙漠令我们束手无策。驮行李的队伍走过，我的眼睛落在了甘油炸药包上。我们拿出一包小心翼翼地撕开点着，用石头架起鸟蛋在火上烤熟。纳西尔和内斯比被逗乐了，跳下骆驼来取笑我们。奥达拔出他的银柄匕首，将第一个蛋的顶部削掉，一股恶臭如瘟疫般在队伍里蔓延开来，众人纷纷避之不及。第二个蛋还很烫，我们将其轻轻踢走，滚到一个干净的地点打开。这是一个新鲜的蛋，硬得像石头。我们用匕首将蛋白蛋黄掏出来，用燧石片当盘子盛着吃了；就连视蛋肉为下等食物的纳西尔也馋虫大动，不由得堕落了一回，放下身段和我们共享这鸟蛋大餐。大家一致认为这早饭又硬又费牙，但在比塞塔已是难得的美味。

扎尔看到一只羚羊，便步行尾随，将其捕杀。我们将精肉块绑在辎重骆驼背上，留待下一站休息时享用，然后继续上路。稍后远处出现更多的羚羊，令霍威塔特人垂涎三尺，开始贪婪地捕猎。这牲畜傻乎乎地跑一阵子后便停下来，眼睁睁看着猎人逐渐逼近，等想要再度逃跑已为时晚矣。闪闪发光的白色腹部在海市蜃楼的折射和放大下出卖了它们，使得我们老远就能看到它们的一举一动。

第四十四章

我太累了，也懒得动弹，不想去追那些奇珍异兽，便循着辎重骆驼的路线，催促着骆驼三步并作两步，很快就追上了队伍。队伍最末尾步行的人正是我的手下。他们担心如果热风继续加剧，很多骆驼可能熬不过今晚，便改为牵着它们前行以减轻牲畜的负担。穆罕默德这个笨手笨脚，行动沉缓的农夫，和轻盈灵巧的艾格利人之间形成了鲜明的对比，令我由衷慨叹。法拉杰和达乌德赤着脚在队伍里蹦蹦跳跳，像纯种良马般优雅。唯有加西姆不见踪影：其他人以为他和霍威塔特人同行，因为他脾气暴躁，和这群爱打闹玩笑的士兵合不来，所以经常和性情较为接近的贝都因人为伍。

身后空无一人，于是我往前骑去，想看看他的骆驼情况如何。等终于找到时，发现骆驼被一个霍威塔特人牵着，驼背上空荡荡的。他的座鞍、来复枪和食物都完好无损，唯独人不知去向；越来越多的迹象表明这个阴郁的人失踪了。这下事态严重起来，由于热气和海市蜃楼的阻隔，从两英里外已无法看见我们的队伍，而坚实的地面也留不下任何足迹。他没有骑骆驼，休想徒步追上我们。

大家依然照常前进，认为他肯定在我们断断续续队列中的某一处；但随着时间的流逝，已至正午，他势必落后在数英里远之外了。骆驼上的行李可以证明前一晚宿营过后他是和我们一道动身的。艾格利人大胆猜测他或许是在座鞍上打瞌睡，跌下骆驼，给摔得不省人事，或干脆一命呜呼；又或者是因为和队伍里某人结怨而被杀害了。总之大家都不知道他的去向。这个脾气乖张的异乡人与众人少有交情，而其他人也并不太关心他。

是的，他走丢了；但他的老乡和同伴穆罕默德，也是此行途中他的旅伴，因为对沙漠一无所知，带着一头瘸腿儿的骆驼，无法回头去找他，也是不争的事实。

如果我派穆罕默德去找他，那无异于一次谋杀。因此寻人的重任只能落在我的肩上。霍威塔特人虽然能帮上忙，但他们忙着打猎和侦察，已消失在海市蜃楼的迷影中。伊本·德黑瑟尔手下的艾格利人有很强的种族观念，除非是为了自己的族人，否则不会轻易冒险。何况加西姆是我的随从，我必须对他负责。

我心虚地望着步履蹒跚的随从，迟疑了片刻，思忖着是否可以和他互换位置，让他骑着我的骆驼去救人。作为一个外国人，或许这种推卸责任的方式可以得到谅解；但正因身为阿拉伯人起义的协助者，我更加难以启齿。毕竟，一个异乡人很难对另一个种群的民族运动产生影响，而基督教的一介书生想要撼动穆斯林教义更是难上加难。如果我提出这样的要求，等于想要在享受外国人待遇的同时，还保留让阿拉伯人将我视为领导的特权，这是绝对不可能的。

于是我二话不说，掉转极不情愿的骆驼，无视它对同伴不停的切切哀鸣，催逼它穿过长长人流和行李队伍，投入身后的一片空无。但我一点儿也不觉得豪情万丈，随从的疏忽让我一肚子火，只能自己扮演贝都因侠客的角色。而最让我生气的还是加西姆这个牢骚不断的家伙，一路行来都懒惰怠慢，脾气急躁，猜忌多疑，举止粗鲁，令我非常后悔，发誓到了下一个目的地一定要遣走他。为了这样一个不足取的人，我这个在阿拉伯大起义中担任重要角色的人居然孤身涉险，似乎相当荒谬。

我的坐骑也咕哝个不停，大概表示它也有同感；但这只是骆驼面对虐待的一贯行为。它们从小便习惯了受人驱使，有些甚至不在人类带领下就无法独立上路；而一群骆驼如果混熟了，便极不情愿彼此分离。我骑的这一只便是如此，它将长长的脖子扭到后面，向着其他骆驼哞哞直叫，步履迟缓，焦躁不安。这时需要审慎的引导才能使其乖乖上路，于是我每走一步便用驼鞭轻挞它一下，催促它前进。一两英里之后，它才逐渐好转，虽然走得依然很慢，但没有那么勉强了。近日来我一直在用指南针留意队伍的走向，此时也希望借着它的帮助，顺利返回十七英里外的出发地点附近。

二十分钟不到，辎重队伍已经杳无踪迹，我此刻才深切体会到毕塞塔的荒凉。前人用来晒萨姆赫的沙坑是唯一的参照物，我尽可能循着这些沙坑走，好让骆驼在坑中留下脚印，作为返回时的标记。萨姆赫是谢拉拉特人的天然面粉；谢拉拉特人一贫如洗，骆驼是唯一的家产，自诩在沙漠中能自给自足。将萨姆赫和椰枣混合后，再用黄油稀释，便是一道美食。

这些沙坑是用燧石围成的小型晒谷场，宽约十英尺。燧石在坑的外缘垒起，使得坑深达数英寸，妇女们就在坑里将收集来的小小红色种子捣碎。风不断吹过，燧石堆岿然不动（或许只有冬天下几千次雨才能将这些燧石冲走），只将暗淡的沙粒堆得与燧石平齐，使得沙坑看起来仿佛黑色石面上一只只灰色的眼睛。

我轻松地骑了一个半小时左右，微风吹去了我红肿眼睑上的沙尘，终于可以自在地向前观望。我看见有个剪影，或许是大灌木丛，或至少是我前方的一个黑色的物体。飘忽不定的海市蜃楼让高度和距离都失真了；但这个物体看起来似乎在移动，就在我们路线微微偏东处。我掉转骆驼，骑过去碰碰运气，走了几分钟之后便发现那是加西姆。听见我的叫声后，他迷惑地站住了；等我骑上前，发现他几乎已经晒瞎了，而且神志混沌，在原地呆若木鸡地向我伸出双臂，黑洞洞的嘴张得老大，不停喘息着。艾格利人把剩下的水都装在我的水袋里，他疯狂地将这些水泼洒在自己的脸和胸膛上，大口吞饮。喝够了后，他开始哀号起自己的不幸。我让他坐在鞍后面骆驼的尾部，然后将骆驼牵起来，自己也跨了上去。

返回时，骆驼似乎放松了许多，不用驱策便奋力前行。我根据指南针设定了精确的道路，精确到几乎踏过了每一个来时的脚印，每一步都在棕黑的燧石上踢起淡白的沙尘。虽然身负两人的重量，骆驼依然健步如飞，有时甚至会将头放低，像出色的年轻骆驼和骑术精湛的骑手激发出无限潜能一般，快速奔驰一阵。看到它还有足够的精力，令我喜不自胜，也庆幸自己只花了一点时间便找到了加西姆。

加西姆对他差点渴死的恐怖经历抱怨个不停，我叫他闭嘴，但他依然喋喋不休，而且开始坐得歪歪倒倒；到后来骆驼每跨一步，他就在其后腿处重重地上下颠簸，就像他的呻吟一般，催逼得骆驼跑得更快。这样非常危险，骆驼很容易跌伤，于是我再度叫他闭嘴，但他叫得更大声了。我揍了他一拳，警告说要再出一声就把他丢下去。平时和颜悦色的我突然威胁起人来，似乎显得格外严厉，这一招终于奏效了，他黑着脸紧紧抓住我，再也不作声了。

走了不到四英里，我又看到一个黑影在前方的海市蜃楼里摇动。黑影越来越大，最后变成三个。我正怀疑对方或许是敌人，一分钟后，热气中令人不安的幻象突然消失，原来是奥达带着两个纳西尔的手下前来找我。我对着他们大喊大叫，故意嘲笑他们竟然将朋友遗弃在沙漠中。奥达扯着胡子，咕哝着说如果自己当时在场，绝对不会让我冒险走回头路的。我们便笑闹着结伴前行，作为羞辱，加西姆被安排坐在另一位技艺高超的骑士的座鞍垫上。

奥达指着狼狈不堪的加西姆责怪我道："就为了这货，骆驼都比他值钱……"我打断他说："半毛钱也不值啊，奥达。"这话他很听得入耳，骑到加西姆身旁狠狠揍了他一拳，要加西姆像鹦鹉学舌一样重复他的价格。加西姆咬着参差不齐的牙齿苦笑了一下，然后一路闷闷不乐。一小时后，我们赶上了行李驼队，大家七嘴八舌询问情况，奥达逢人便重复我的玩笑话，大概重复了不下四十次，直到连我自己都听不下去了为止。

加西姆解释说他本是下骆驼去方便，却在黑暗中失去了和队伍的联系。但很显然，他是因为旅途漫漫，又热又累，在下骆驼的地方睡着了。我们赶上了队伍最前面的纳西尔和内斯比。内斯比对我意气用事，置自己和奥达安危于不顾的行为非常恼火。他很清楚，我算准了他们必然会来找我。他的自私刻薄令纳西尔大吃一惊，而奥达则抓住这个机会开心地大谈城镇居民和部落人之间的天壤之别；沙漠中讲究集体责任感和休戚相关的地缘族群关系，而人口密集的城市地区人们则保持距离并互相竞争。

　　随着这个小插曲的结束，一天的时间似乎也所剩无几；但温度依然持续上升，沙暴扑打着我们的面庞，风凝成一股烟尘，从骆驼身边呼啸而过，令人乍觉原来空气也是可视可知的。地面一片平直，直到五点才望见前方几座低矮的土丘。不久我们来到较为安静的地带，长满袅娜柽柳的沙丘将我们环绕。这里便是色尔汗的开瑟姆（Kaseim），树丛和沙丘挡住了大风，日头偏西，黄昏的残红温柔地罩在我们身上。于是我在日记里写道：色尔汗很美。

　　对在西奈住了四十年的人而言，巴勒斯坦便是那流着蜜与奶的应许之地；而大马士革这个名字对于部落民族来说，则是需要跋涉数周，不辞辛劳穿过这片北部沙漠燧石地带方能抵达的人间仙境；同样地，在炙热的豪尔地区被滚滚风沙撕咬了五天之后，阿法加的开瑟姆在我们眼中无异于世外桃源。此地仅高出比塞塔数英尺，山谷群在这里向东奔入一片开阔的洼地，我们梦寐以求的井水便藏在那里。但现在我们已经穿过沙漠，安全抵达色尔汗，再也不用担心缺水的威胁，疲惫才是最大的隐患。于是我们决定在此宿营，并生一堆火为努里·夏兰的奴隶指引方向，他今天也和加西姆一样，从队伍中走失了。

　　我们并不担心。他骑着骆驼，熟悉地形。也可能是他故意抄近道前往努里管辖的首府焦夫，想要提前汇报我们带着礼物来访的消息，借此赚取奖赏。不管怎样，那一夜他没有归来，第二天也没有；几个月后，我向努里问起他，努里说不久前发现了他的干尸，他躺在人迹罕至的荒漠中，身旁的骆驼没有被劫掠的迹象。他一定是在沙暴中迷了路，只能盲目地乱走，直到骆驼累垮，自己也干渴脱水而死。他死得很快——就算是最强壮的人，夏季最多也只能在沙漠里挺过两天——但也极为痛苦，因为缺水令人狂躁；惊惶和恐惧撕扯着大脑，不出一两个小时，最勇敢的人也会变成口齿不清的疯子，然后陈尸在太阳的暴晒里。

第四十五章

我们一滴水都没喝，当然也一口东西没吃，就这样挨过了一夜。但一想到明天可以开怀畅饮，我们也变得高枕无忧起来，睡时将腹部朝下，避免空腹造成胀气。阿拉伯人每到一口水井，总是滥饮到反胃为止，然后再一路口干舌燥直至下一眼水井；如果随身带着水，在第一次休息时就尽情挥霍，用来狂饮或者做面包。由于我不想因为与众不同而招来评头论足，所以总是效仿他们，同时相信自己的身体素质不比他们差，这么做不会给健康带来严重伤害。而实际上，我也只因口渴病过一次。

第二天我们沿着山坡而下，翻过第一座山头，然后第二座，接着第三座；每座山脊间隔三英里远。八点我们在阿法加水井停下，这个名字指的是我们身旁芳香四溢的树丛。我们发现色尔汗不是山谷，而是一条长长的断层，将整个地区的降水从两头排走，并在河床上连绵的凹陷地带积蓄成池。这里地表满是燧石砾，间杂着软沙地；山谷中的沙丘茫然地铺陈开来，并无多大的起伏，上面长满柽柳，根须紧紧扎入地下，将沙坡绑在一起。

这些水井没有井沿，深约十八英尺，水质柔腻，有股异香，略带咸味。我们觉得很可口，且周围长满植被，可供骆驼进食，便决定白天在此逗留，并派人前往色尔汗最南的水井麦呱（Maigua）寻找霍威塔特人的营地。这样我们可以确定他们是否落后于我们，如果不是，便可放心朝北前进，与他们碰头。

但信使刚出发，一个霍威塔特人便在我们北方的灌木林中发现了躲藏的骑手。

他们立即投入了战斗。穆罕默德·德黑兰第一个跳上骆驼，与其他托维拉人一道朝敌人冲去；纳西尔和我召集艾格利人（如果他们采用贝都因模式作战，则无法发挥战斗力），将他们部署在沙丘间守护行李。然而，敌人逃走了。穆罕默德半小时后返回，由于担心自己骆驼的体力，所以并未穷追猛打。他只看到三个人，认为他们应当是附近沙玛尔地区劫匪的侦察兵，阿法加流匪成患。

奥达换来了他的侄子扎尔，霍威塔特人中眼力最为敏锐的人，派他前去摸清敌人的数量和意图。扎尔身形精壮，外貌强悍，嘴唇冷峻，不苟言笑，游牧的霍威塔特人从贫民阶级处习得的残暴之气在他身上展露无遗。他出发搜察了一番，发现周边浓密的灌木林里早已足迹凌乱；由于风被柽柳挡住，无法吹拂到沙面，很难辨识出哪些痕迹是今天新留下的。

下午平安无事，我们方稍感安定，不过仍派了一名哨兵在水眼后方的沙丘顶端警戒。日落时我到咸水池中洗澡，水里的盐分令肌肤刺疼不已；回来的路上在艾格利人的篝火边叨扰了一杯咖啡，听他们用内志口音的阿拉伯语聊天。他们向我讲述了莎士比亚上尉（Captain Shakespear）的传奇故事，他在利雅得①（Riyadh）和伊本·沙特结为密友，并从波斯湾横越阿拉伯半岛抵达埃及，最后战死在沙玛尔；这次挫败令内志的军团损失惨重。

伊本·德黑瑟尔手下的许多艾格利人都曾和他一起同行，担任他的

---

① 阿拉伯半岛中部城市。

护卫或随从，诉说着他轰轰烈烈的英雄事迹和不分白天黑夜都离群索居的怪异行径。阿拉伯人过着群居生活，任何过于注重隐私的人在他们看来都必有不可告人之事。记住这一法则，并在和他们相处时放弃所有要独享平静的自私念头，是沙漠战争中最为艰难——而且耻辱——的一课。因为英国人将拥抱孤独视为尊严的一部分；即便没有外来的竞争，与自我对抗也是值得夸耀的行为。

我们聊着天，往研钵中炒好的咖啡中丢入了三颗小豆蔻。阿卜杜拉用内志村民的杵，开始丁零当啷、丁零当啷地敲起有规律的节奏。穆罕默德·德黑兰听到了，悄无声息地走过沙地，发出骆驼般迟缓的呻吟，在我身边坐下。穆罕默德是个和善的旅伴，一个充满反讽精神，富于头脑的强壮男人，诡计多端，常常付诸于恶作剧进行实践，但他的愤世嫉俗总是充满善意。他体格异常魁梧高大，近六英尺高，年约三十八岁，果敢而积极，红润的面庞刻满皱纹，还有一双令人捉摸不透的眼睛。

他是阿布塔伊家族的二号人物；比奥达更富有，人马更众，也更讲究享乐。他在马安有一处小屋，在塔菲拉（Tafileh）还有地产，他只是轻描淡写用"牛群"一词带过。在他的影响下，阿布塔伊族的战士出行都很讲究，随身带着遮阳篷抵挡日光，鞍袋里还有一瓶矿泉水，在途中提神醒脑。他是族里议会的智囊，主导政治事务。他那尖刻讽刺的个性颇令我欣赏，每当要提出新点子时，都会设法利用他的智慧和贪婪，拉拢他到统一战线。

我们在这次漫长旅途中结为至交。这次行程的盲目和冒险日夜萦绕我们心头；不知不觉中也接受着磨砺，心无旁骛只想达成使命，深夜还经常围在火边为一些零碎琐事绞尽脑汁。咖啡煮好了，噗噗翻腾着，煮咖啡的人用棕榈叶的叶脉滤掉残渣后倒入杯中（咖啡杯中有残渣被视为失礼），这时我们东面的阴暗沙丘突然枪声大作，一个艾格利人尖声高叫着，跟跟跄跄冲入营火圈里。

穆罕默德立即用大脚扬起一阵沙土，迅速熄灭篝火，我们在伸手不见五指的黑暗中摸回柽柳下的堤岸，纷纷拿起来复枪，此时外围的卫兵已对准有火花处开枪还击。我们手中弹药充足，绝不会吝惜一用。

敌方的火力逐渐减弱，或许我们的有备而来对其有所震慑。终于他们不再开火，我们也按兵不动，竖耳聆听是否会有下一波攻势。我们屏息静气趴了半小时，鸦雀无声中只听见一开始中弹者做垂死挣扎的哀鸣。我们不想再等下去了，扎尔前去刺探敌方的动静。半小时后他回报敌人已经撤退，不见踪影。依他的经验判断，对方约有二十人。

虽然扎尔相当确定，但我们还是一夜提心吊胆。第二天黎明前，我们将队伍里首名阵亡的战士阿萨夫（Assaf）埋葬，然后继续沿着洼地，经大部分沙丘的右侧向北前进。骑了五小时后，我们在一大片自西南涌入色尔汗的洪流河床南岸停下来吃早餐。奥达告诉我这里便是菲吉尔洪流河道的出口，我们曾在塞尔乎伯见过这座山谷的源头，也曾沿着它的河床穿过了豪尔地区。

这里的牧草比阿法加还要丰盛，我们让骆驼在中午尽情饱餐了四小时——这个过程并不舒服，正午的热度令它们生畏，而我们倒是在毯子支起的凉棚下怡然自得，将昨晚缺的觉补了个痛快。此地开阔空旷，如想暗中接近根本无处可藏，因此不必担心有人骚扰，即便有潜在的威胁，我们的兵力和士气也足以威慑对方。打击土耳其人才是我们的目标，阿拉伯人之间的打劫内讧纯属浪费精力。下午我们又走了十二英里，抵达一群坚实醒目的沙丘，环绕其间的空地足够扎营，同时便于观察掌握周围的动静。我们便在此休息，并做好了夜间再次遭袭的准备。

次日一早我们急行军了五小时（骆驼经过昨日的休养，此时精力充沛）来到一处棕榈围绕的洼地绿洲，处处都有依依怪柳，汪汪清池，池水深约七英尺，甘甜胜过阿法加。但根据经验判断，这即是典型的"色尔汗水"，刚喝时尚且不错，但用来洗涤却无法打出肥皂泡，盛入密闭容器两天后就会变质，无论煮咖啡、泡茶还是做面包都臭不可闻。

虽然内斯比和泽齐还打算在阿拉伯大起义成功建国后在这里开垦耕种，但色尔汗旱谷已令我们厌烦。这是典型叙利亚式的想入非非，总是轻易憧憬自己拥有无数可能，同时又总是迅速将现实的责任推到他人头上。"泽齐，"我有一天对他说，"你的骆驼满身都是疥癣。""哎呀呀，"他懊恼地说，"等到晚上，日头马上就下去了，我给它抹药膏。"

第二天路上我再度提醒他兽疥藓的事。"噢！"泽齐说，"我已经想好了，等我们收复大马士革后，我要替叙利亚建立一个全国性的兽医部门。我们要招募一批优秀的外科医生，建一家中央医院，里面有专门为实习生和学生开办的学校。要么干脆建一批中央医院，专门医治骆驼、马匹、驴子和牛；甚至（为什么不）连绵羊和山羊也算上。这个部门必须要有附属的科学和细菌学研究机构，以广泛治愈各种动物疾病为己任。再开一间外文图书馆如何？……地方医院作为中央医院的支持辅助，还要派遣巡回检视官……"在内斯比的热烈附和下，他口沫横飞地为叙利亚划分出四大检视区域，外加许多地方性视察区。

次日我又提起这件事，他们懒得动弹，又继续搬出那套宏伟计划。"然而，亲爱的，这个设想还不完善，而我们民族是绝对无法容忍半点瑕疵。我很遗憾你们仅仅只满足于停留在眼前一个表象，这是英国人的一大缺点。"我立马投入了辩论："噢，内斯比，还有泽齐，任何琐碎小事都要讲求完美，这个世界岂不是已登峰造极了吗？我们已经发展到如此成熟的阶段了吗？当我愤怒时，我会祈祷上帝将地球抛向烈日的熔炉，以免尚未出世的孩子身受尘世之苦；但在我心满意足时，我愿意躺在荫凉下永不起身，直到自己也和荫凉融为一体。"他们尴尬地将话题转向配种场，而那只可怜的骆驼在第六天一命呜呼。很显然，"这是因为，"泽齐向我指出，"你没有给它涂药膏。"奥达、纳西尔和其余的人为了让骆驼能坚持行军，都悉心加以照料。我们或许能在抵达那些生活条件较好的部落前，尽量减轻疥癣的痛苦，争取到时间以进行全面的治疗。

有个人骑着骆驼快速朝我们奔来，气氛一时紧张起来，但随后霍威塔特人便招呼起他来。这是他们族里的牧人，而悠闲的寒暄致意是沙漠里互相问候的礼节，大声吵嚷最多算是没教养的行为，而城市人那一套被视为彻底的下流。

他告诉我们霍威塔特人就在前方扎营，营地从伊沙维拉（Isawiya）一直延伸到奈布克，大家都在焦急地等候我们的消息。听说他们的营地一切平安，奥达松了一口气，但也更加急不可耐。我们疾驰了一小时抵达伊沙维拉阿里·阿布·菲特纳的帐篷，他是奥达下面一个部族的族长。老阿里眼屎迷蒙，蓬头垢面，长鼻涕悬在乱蓬蓬的大胡子上，热情地邀请我们去他的帐篷内做客。我们婉拒了他的一番盛情，在附近的荆棘树下扎营，而他则与其他族人估算着我们的人数，好替我们准备丰盛的晚饭，将我们分散到各个帐篷进行招待。晚饭等了好几个小时，入夜后许久他们才招呼我们进餐。我被叫醒，步伐蹒跚地前去进食，然后再回到跪伏着的骆驼身边呼呼大睡。

我们的行军已圆满结束，并找到了霍威塔特人，加之人员体能充沛，黄金和火药完好无损。第二天清晨，我们愉快地召开了一次严肃的作战委员会，大家一致同意首先向努里·夏兰支付六千镑，作为他同意我们在色尔汗地区活动的回报。我们希望获得他的许可，让我们在此自由居留并招兵买马；而一旦我们开拔，我们还希望他替我们管照这些人的家眷、帐篷和牲畜。

此举事关重大。我们决定由奥达亲自出面与努里会谈，因为他们互为朋友。努里的地盘和奥达过于接近，且势力庞大，故好战成性的奥达亦不曾与之发生冲突。两大伟人出于自身利益考虑，互为盟友，彼此容忍，相安无事，看起来颇为怪异。奥达将代表我们向努里解释我们的意图，以及费萨尔希望他公开表态效忠土耳其。唯有如此，我们才能在不惹怒土耳其的同时获得掩护。

第四十六章

与此同时，我们将和阿里·阿布·菲特纳一道，缓步朝北方的奈布克推进，奥达已告知所有的阿布塔伊人在那里集结，他将在集结完毕前从努里处返回。方案落定，我们给奥达的鞍袋内放了六袋金币，他随即启程。稍后菲特纳的长老们表示，希望能有幸在同行期间一日招待我们两次，午前和日落都恭候我们前去用餐。他们言出必行，霍威塔特人的好客永无止境——按沙漠法则，客不待三日可谓十足的小气鬼——而且这种热情如此纠缠不休，让我们盛情难却，完全无法从游牧民族的"美好福利"中脱身。

每天早上八点至十点，一小队装配着各式稀奇古怪鞍辔的纯血牝马会来到我们的营地，纳西尔、内斯比、泽齐和我跨上马鞍，带着十来个徒步的手下，沿着灌木丛中的沙质小道，肃穆庄严地横穿过山谷。马由我们的仆人牵引,自己驾驭或骑得太快都会被视为轻佻。我们就这样抵达宴会帐篷,轮流接受每个家族的争相邀请,如果作为裁判的扎尔没有按照排名顺序挑选东道主,还会引发他们极大的不快。

我们到达时,率先扑上来的是狗,然后旁观者将其赶走——被选中做东的帐篷外总是聚满了看热闹的人群——接着我们从围出贵宾席的绳子下穿过,绳圈里地方很宽敞,向阳面还细心地挂起了遮阳的布帘。忸怩羞涩的主人含混地招呼两句,便逃得无影无踪。部落人用的贝鲁特产的毯子,沿着作为隔墙的黑色帘幕铺开了一地可怕的血红,只等着我们大驾光临。于是我们就这样在灰尘飞扬的空地上分三面而坐,总共约有五十人参加。

主人此时会再度现身,站在杆子旁;陪席的本地宾客、德黑兰、扎尔与其他沙伊赫们,勉为其难地听从安排坐在我们中间的毯子上,胳膊肘在身后倚着的,铺有厚毡毯的座鞍上与我们争夺地盘。帐篷前面清扫得很干净,激动的孩子不停驱赶着狗群,大一点的孩子拽着小一点的在空地上四处乱跑。他们的年龄和身上衣物的多寡成反比,和肚子的突出程度成正比。最小的婴儿忽闪着黑色的眼睛,瞪着众人,努力想要在各自为政的两腿上找到平衡。他们吮吸着拇指,浑身一丝不挂,将了不起的肚子挺到我们面前。

接着是一段尴尬的等待时光,友人开始试着活跃气氛,向我们展示自己豢养的猎鹰(雏鸟是从红海沿岸设法捕来的),或者是报晓的公鸡,又或者是自己的灵缇①。某次,一头被驯服的北山羊被拽来接受我们的赞赏,另一次则是一只大羚羊。当所有的招式都用尽后,他们便会尽力找些闲话交谈,以免我们注意到他们家里发出的嘈杂声,从而被伴着

---

① 又名格力犬,是原产中东的古老纯种犬,为世界上奔跑速度最快的狗之一。

大厨指挥配烹饪的急切耳语，从隔帘中飘出的油脂融化的强烈香气和令人垂涎三尺的肉味儿所吸引。

一阵沉寂后，主人或者主人的代表便会前来低声问："黑还是白？"这是让我们选择喝咖啡或茶。纳西尔总是回答"黑的"，奴隶便会应召而来，一手拎着尖嘴咖啡壶，另一手拿着三四只叮当作响的白色杯子。他向最上端的杯子里猛注几滴咖啡，奉给纳西尔，然而第二杯给我，第三杯给内斯比，接着他便侍立一旁，等着我们将杯子在手中转动，细细品啜，直至尽享最后一滴美味。

我们一喝完，他便立即伸手将杯子稀里哗啦收走，用不那么花哨的手法依次分发给下一拨客人饮用，就这样直至每个人都轮流喝过一遍。这时杯子又回到纳西尔手中，第二饮会比第一次更加香浓，一是因为壶里余下的咖啡更加浓稠，再者众人用过的杯子内壁已挂满了残渍；如果上菜时间拖得太久，还会继续饮第三、第四轮，其回味酸郁醇厚将令人难以消受。

终于，两个人抬着一个五英尺宽，像一个带脚的火盆般巨大的镀锡铜盘或者浅盘，满盛着米饭和肉，惊慌失措地挤过激动的人群。部落里像这样尺寸的餐具仅有一个，上面龙飞凤舞地镌刻着花体阿拉伯文："致敬真神的荣耀，恳求末日的恩泽，他卑微仆人的资产：奥达·阿布·塔伊"。这是主人专门为本次宴会借来招待我们的；而且，由于我的头脑和身体已被饥饿激发出无限潜能，只消在毯子上惊鸿一瞥，便判断出这盘子已翻山越岭，传遍千家万户。而根据上面做出的标记，就能知道当天我们在哪家吃饭。

食物堆得齐沿高，白米在盆缘上隆起一座一英尺宽六英寸高的鼓包，上面成堆的羊腿羊排纷纷滑落。建筑这样一座贴肉金字塔至少需要三头牺牲品方才算得上讲究。煮熟的羊头连着一截砍断的脖子,仰面朝天摆在正中,如枯叶般的棕色耳朵则摊在米饭表面。羊的下颚被朝上掰开,张得老大,空洞喉咙外的舌头仍呈粉红色,粘在下排牙齿上;鼻毛从鼻孔里戳出来,黑色的嘴唇向后卷缩着,白森森突起的长长前齿显得格外刺目。

这一堆菜肴被置于我们当中的空地上,冒着腾腾的热气,一群帮厨则忙着往一堆小锅小桶里盛饭。他们用千疮百孔的小搪瓷碗将大块羊肉和内脏舀出来;切成小块的黄色羊肠、尾巴上的白色脂肪球、棕色的肉和带着硬毛的皮,全都浸泡在融化沸腾的黄油和脂膏里。旁观者馋虫难耐地观望着,随着每一块肥滋滋的杂碎扑通滑落发出满足的啧啧之声。

肥油滚烫。时不时总有人痛叫一声丢下小碗,毫不犹豫地将受伤的手指塞入嘴里冷却。但他们还是继续坚持下去,直至将锅底刮得嘎吱作响;之后,以一种凯旋的姿态,将藏在汤汁深处的肝脏完整地掏了出来,和打呵欠般的羊嘴并排放在最顶端。

有两人各举起两口小锅,给饭淋上浇头;任由汤汁在肉上淋漓飞溅,充盈盘沿,散落的饭粒在汤水中摇曳;但他们仍不罢休,直至我们发出惊叫,汤汁奔流一地,在灰土里聚成一洼。这精彩的压轴之戏方尘埃落定,主人招呼大家尽情享用。

我们装聋作哑,这是必须的礼仪;最后总算听见了,惊讶地面面相觑,互相催促对方首先上前,直到纳西尔忸怩作态地起身,我们方跟随上前,围着那个餐盘单膝跪下,二十二个人挨挨挤挤,把食物赌得密不透风。我们将右臂袖子卷至胳膊肘,由纳西尔领头低声颂道:"以真神仁慈博爱之名",然后开始在盆内奋力挖掘。

这第一挖,至少对我而言,总是万分小心,因为我涉世未深的手指尚无法抵御热油的温度。因此我将暴露在外面，已稍事冷却的一块肉翻来弄去，等待其他手指在热汤中挖出一条饭渠。我们用手指（不要碰到手掌）将米饭、油脂、肝脏和肉以轻柔的力道按压成光洁的小球，再利用拇指的杠杆效用，将它弹离其余弯曲的四指，飞入口中。如果掌握得当，饭团软硬合适，便可毫不拖泥带水地完成发射；但如果多余的黄油和碎屑粘在手指头上冷却，就必须将其小心舔掉，方不影响下一发的效果。

当顶端的肉堆吃完（没人真的想吃米饭，肉才是奢侈品），陪席的一名霍威塔特族长便会拔出他镶着绿松石的银柄匕首——镌有焦夫的穆罕默德·伊本·扎瑞名号的宝刀——将大骨上的肉十字花刀划成菱形，以便于撕取；肉炖得很烂，因为只用右手进餐才合乎礼仪。

我们的主人立在圆圈旁，热络地给我们鼓劲儿，劝我们多吃。我们拿出最快速度扭转、撕扯、切割并吞咽，绝不说话，交谈是对饭食的侮辱；不过若有熟客精心为你挑选了一道美味，或者穆罕默德·德黑兰郑重其事而满含祝福地递来一块无骨精肉，带笑致谢是颇为得体的。遇到此类情况，我也礼尚往来，挑出一些大得吓人的内脏作为回报。霍威塔特人对这样的轻佻浮夸喜不自胜，但却令优雅高贵的纳西尔厌弃不已。

直到我们当中有人吃得差不多了，休战剔牙，偷瞟周围的人，待他们也逐渐放慢进食速度，直到最后停手，手肘放在膝上，手腕低垂在盘沿，冷却的油脂、黄油和饭粒凝结成一层白色，将手指头粘在一起。待众人都进餐完毕，纳西尔刻意清清喉咙，我们同时匆匆起身，高声颂赞："愿神报答你，噢，慷慨的主人"，然后集体退到绳圈外，让下二十名客人上前进餐。

我们这些已大饱口福的人会走到帐篷后，这里最后一根杆子上搭着一片帐篷顶布，垂下来作为最后一道幕墙；同时作为部落人的手帕（这些粗糙的羊毛料由于反复擦拭已溢满油光），供人擦掉手上的垢腻。然后我们走回座位，赞口不绝地坐下；奴隶此时便放下赏给他们的羊头，以咖啡杯作瓢，从木碗中舀水洒在我们手指上，让我们用部落人烤制的面饼当作肥皂进行擦洗。

此时，第二和第三轮的客人也陆续开始进餐，而我们则再喝一轮咖啡，或是一杯糖浆般浓稠的茶。最后马被牵来，我们便偷偷离席而去，打道回府，在经过主人身边时，轻声祝福他们。待我们一转身，孩子们便一窝蜂冲上来抢夺残羹剩饭，为一根啃剩的骨头打得不可开交，如抓到了不错的剩菜，便会逃到远处的灌木林里，独自大快朵颐。营地中所有的看门狗都急切地乱蹦乱跳，帐篷的主人挑出最精细的内脏喂给自己的灵缇。

第四十七章

在伊沙维拉期间，我们第一天被招待了一餐，第二天两餐，第三天两餐；然后，于5月13日出发，轻松地走了三小时，穿过一片覆满沙尘的古老熔岩区，抵达一处山谷，那种七英尺深的微咸水井在谷中随处可见。阿布塔伊人和我们一起动身，一起同行，在我们周围宿营；于是今天我能第一次以一个阿拉伯部落旁观者的身份，观察他们行军的过程。

这一切都完全迥异于常见的沙漠景象。徒步者、骑马者、骑骆驼者、驮着山羊毛帐篷布的骆驼、驮着妇女缀满流苏和装饰的象舆，像蝴蝶般摇摆翻飞的骆驼、载着或拖着银色白杨木帐篷架的，像一头头猛犸象或是一只只长尾鸟的骆驼，走了一整天，扰得沿途无尽的灰绿色石堆和树丛如海市蜃楼般震颤不已。整个行军没有秩序，无人指挥，更不讲规矩，只有浩浩荡荡的前锋形成一支独立的队伍，他们一起出发，由于世世代代缺乏安全感，这种同步性已成为他们的本能。唯一不同的是，今天这声势磅礴的突然造访，使得往日对人类残酷严苛的沙漠也变得生气蓬勃。

他们的步伐悠然自得；我们数周来为了自己的安全风声鹤唳，如今在这么多当地人的护卫下减轻了许多压力，心情也随之快慰。甚至连我们最严肃的骑手也略感放松，而本就吊儿郎当的人则更是放浪不羁。首当其冲的，肯定是我的两个小顽童，法拉杰和达乌德，一路胡闹玩笑，没有片刻停歇。由于他们不停推陈出新的恶作剧，队伍中以他们所在的位置为核心，总是聚起两股骚动或意外的旋涡。

随着我逐渐失去耐性，他们方收敛了一些，自进入色尔汗之日起便无法摆脱的蛇患，在今天愈演愈烈，形成了极大的威胁。阿拉伯人称，在平时，此处的蛇仅比沙漠中其他有水地区略为多些，但今年山谷里似乎涌入了大量的角蝰蛇、鼓腹巨蝰、眼镜蛇和黑蛇。夜间活动凶险重重，后来我们发现出行必须携带棍子，先挥打两侧灌木丛一阵，再胆战心惊地赤脚穿过。

天黑后我们已无法汲水，因为池中有蛇游动，或在水池边盘绕。曾有两次，我们在边喝咖啡边讨论的时候发现鼓腹巨蝰溜了进来。三人死于蛇吻；四人在饱经蛇毒的折磨后惊惧不已地活了下来，但被咬伤的肢体仍肿胀不堪。霍威塔特人治疗蛇毒的方法是用蛇皮膏药包裹伤处，然后对着伤员大念《可兰经》直至他断气。他们晚间外出时，也会穿上厚重的，缀有蓝色流苏和高跟的红色大马士革踝靴，以保护自己老茧重生

卷四 远征亚喀巴

的足部。

入夜后躺在人的身旁是蛇的怪癖，它们钻进毛毯或睡在毯子上，大约是为了取暖。我们一旦发现，便会战战兢兢起身，第一个起来的人拿着棍子拨弄查看同伴，直到确定他没有被蛇缠上。我们这支五十人的队伍每天大约要杀死二十条蛇，到最后连最勇敢的人都变得焦虑万分，不敢将脚放在地上。而像我这种对所有爬行动物都惊惧万分的人，只能眼巴巴盼着早日脱离色尔汗的苦海。

但法拉杰和达乌德则不同。在他们看来，这只是又一个新的精彩游戏。他们不断发出警报吓唬我们，猛烈挥打那些本没有威胁的树梢和树根，以满足自己的幻想。终于，我在午休时声色俱厉地要求他们不准再大叫有蛇；这样才总算能坐在行李上得到片刻安宁。一旦坐下来我就再也不想起身活动，而且还有太多事情需要思考，所以一小时后我才注意到那两个讨厌的小鬼在勾肩搭背挤眉弄眼。我循着他们的视线抬起眼皮，才发现一条棕色的蛇盘绕在身旁灌木丛下，正朝我嘶嘶吐信。

我拔腿就跑，朝阿里高叫求助，他立即带着驼鞭跳过来将其解决。我让他惩罚那两个淘气包一人六鞭，教他们不敢再报复我的训斥。纳西尔本在我身后打盹，也被这场闹剧吵醒，笑着嚷嚷再替他加上六鞭。内斯比随之附和，然后是泽齐、伊本·德黑瑟尔，直到全队有一半的人都叫嚣着要收拾他俩。眼看全队的藤鞭木棍都打断也受不完惩罚，这两个犯罪分子大惊失色。但我终归还是免了他们的皮肉之苦，改成尊严羞辱法，令他们跟着妇女劳作，为营队收集柴火和汲水。

他们就这样无地自容地在阿布塔菲亚特（Abu Tarfeiyat）干了两天活儿。这两天里我们各享受了两顿飨宴，内斯比终于消受不了，躲在纳西尔的帐篷里称病，谢天谢地能独自啃食干面包，泽齐一路本就抱恙，首度尝试霍威塔特人真枪实弹的纯肉和脑满肠肥的油饭大餐后便一病不起,躺在帐篷里又拉肚子又抱怨,令我们避之不及。纳西尔的肠胃早已久经部落生活的历练,在血雨腥风中屹立不倒,每逢盛情有请必到已成为他义不容辞的责任;而为了表示对主人的尊重,他每次都拉我共襄盛举。于是我们两大头目天天代表全营将士,带着一大堆饥饿的埃格利人轮番前去赴宴。

过程当然是千篇一律的,但主人由衷的欢欣快乐一望而知,也令我们深感满足,甚至颇觉问心有愧。我和纳西尔试着摒弃牛津和麦地那教育导致的迷信成见,抛开纷杂烦扰展现真我。这些人从我们身上寻回了游牧民族的雄心和自信,掀起了一场羊肉的狂欢。我的天堂或许是一张遗世独立的柔软扶手椅,一个书架,一本卡斯龙①(Caslon)字体的诗全集,印刷在坚韧的纸张上。但我已养尊处优二十八载,如果阿拉伯人将想象力用在饕餮之事上,那将会是流光溢彩的愉悦。他们对我们极尽礼数,我们来前几天,曾有个牲口贩子去拜访他们,在奥达的命令下,他们从牲口贩子处购买了五十头羊,以便好好招待我们一番。我们花了十五顿饭(在一周内)吃光了这五十头羊,令大家都不堪重负。

肉足饭饱使得我们体力充沛。色尔汗令我们厌倦不已,这里的环境看起来比我们经过的所有空旷沙漠都还要绝望悲凉。沙子、燧石,或者裸露着岩石的沙漠,这些贫瘠荒野在特定光线下自有一种凶残另类的美,有时也会令人振奋。但群蛇盘踞的色尔汗却独是一种罪恶感,充盈着邪煞之气:过剩的咸水,光秃秃的棕榈,以及既不能放牧也不适合燃烧的灌木。

---

① 威廉·卡斯龙(William Caslon),1962年—1766年。英国造枪师及活字字体设计师,第一版发行的《美国独立宣言》即是用他发明的卡斯龙体印刷的。

我们就这样走了一天，再一天，走过水量不多但水质甘甜的古提（Ghutti），直至在艾格拉（Ageila）附近看见许多帐篷的尖顶，并受到了一支部队的迎接。这正是刚从努里·夏兰处平安返回的奥达·阿布·塔伊，还带着我们在沃季赫的老客人，独眼的杜里兹·伊本·杜赫米（Durzi Ibn Dughmi）。他及身旁一大队鲁瓦拉骠骑兵护卫的出现，说明了努里对我们行动的认可。这些骑兵没扎头巾，手持长矛、来复枪和左轮手枪，在滚滚沙尘中全速驰骋，一边对空鸣枪一边高声呐喊，迎接我们进入努里空置的居所。

这座简朴的庄园里围种着一些果实累累的棕榈树，在果园外面有座白篷布的美索不达米亚帐篷。奥达的帐篷也搭建在这里，主厅有七根柱子长，三根柱子宽；扎尔和其他许多人的帐篷则紧挨一旁。整个下午前来拜访致敬和转达问候的人川流不息，送来大马士革的珍馐、骆驼或赢马当礼物，前来投效奥达的志愿者的呼号声不绝于耳，纷纷要求立即提枪上阵，对抗土耳其人。

事情看来进展顺利，我们派了三个人负责给访客提供咖啡，他们或鱼贯而至，或成群结队，进入纳西尔的帐篷，以沃季赫的模式宣誓与费萨尔合力开展阿拉伯起义，并保证服从纳西尔的命令，率领自己的部下接受其领导。除了正式的礼品，每个新来的队伍都会暗自在地毯上献上他们私藏的虱子；所以还未到日落时分，我和纳西尔已被咬得浑身发痒，如遇火烧。奥达受伤的手肘留有后遗症，导致一只手臂僵硬，无法全面为自己止痒；但这难不倒老江湖，他将一只十字头驼鞭插入左袖，伸到胸肋处左勾右挠，看起来似乎比我们徒手瘙痒更为过瘾。

第四十八章

奈布克是我们下一个目的地，那里水源充沛，也有些牧草，加之距离"布莱巴特"（Blaidat）——也称"盐屯"——很近，故被奥达指定为集合地点。他与谢里夫纳西尔在此逗留了两天，与附近的部落及沙伊赫们接触，筹划人员招募和行军准备等事宜。内斯比、泽齐和我都闲来无事，于是，一如往常，叙利亚人又开始犯朝秦暮楚的毛病，非但不能专注做好一件事情，还总是好高骛远。初生牛犊的狂热让他们如履云端，对亚喀巴白眼相看，亦对我们此行的明确目的置若罔闻。内斯比认识夏兰人（Shaalans）和德鲁兹人（Druses），认为应当去招募他们，而非霍威塔特人；然后剑指德拉①（Deraa），而非马安；最后攻占大马士革，而非亚喀巴。他指出，土耳其人现在毫无防备，我们必定能出其不意，轻取第一个目标。据此，下一个目标当毕其功于一役，大马士革已被命运之手牢牢点住，无路可逃。

我徒劳地向他点出费萨尔目前仍在沃季赫，英军也尚困在加沙的泥潭无法脱身，而土耳其已在阿勒颇集结起大批兵力，意图收复美索不达米亚。我还向他说明，如果我们进入大马士革将会何等的孤立无援：缺乏物资，毫无组织，没有基地，甚至没有一条与友军进行联系的渠道。但内斯比将战术抛在脑后，一心在地理上建造空中楼阁，要想遏制他的狂妄气焰，只能采取卑鄙手段。于是我找到奥达，告诉他如果要执行内斯比的新目标，金钱和信任将从他手中交予努里·夏兰。然后我再去纳西尔处，利用自己的影响力和交情，将他拉拢到我的一边。就这样，在谢里夫和大马士革人之间，在阿里嫡传的什叶派及舍生殉教的侯赛因，

---

① 叙利亚西南边境城市。

和一个身世可疑的阿布·伯克尔①（Abu Bekr）的"后裔"之间，点燃了猜忌之火，不费吹灰之力。

这场运动已进入生死攸关之时。我坚信占领大马士革后，肯定坚持不住六个星期，因为穆瑞无法立即对土耳其发起攻击，海军彼时也无法及时将英军运输到贝鲁特。一旦大马士革失守，我们便会在没占领亚喀巴这最后一个安全水源供应基地的情况下失去所有的支持者（唯有利用他们初起的锐气方为上策，按兵不动或不进反退都会让起义折戟沉沙）。且依我之见，亚喀巴亦是我们除幼发拉底中部之外，可以成功进入叙利亚的唯一门户。

可以随时对英军右翼造成威胁，是亚喀巴对土耳其的特殊价值所在。土耳其的最高将领曾在1914年考虑将其作为通往运河的主要途径，但后来因面临粮草和水源补给的巨大困难而搁浅，改行贝尔谢巴。尽管如此，英军如今已撤离运河阵地，朝着加沙和贝尔谢巴推进，使得土耳其军队借机缩短战线，得到了喘息的机会，由此造成土军运输能力的富余。由于位于英军右后方，亚喀巴现在的地理价值亦今非昔比，只需由此出动一小股精兵，便可有效对阿里什②（El Arish）或苏伊士造成威胁。

阿拉伯人需要亚喀巴：第一，为了按他们的战术理念延长战线；第二，出于与英国部队联合作战的需要。如攻下亚喀巴，西奈便尽在掌握，并可以和阿奇巴德·穆瑞爵士会合，形成有利态势。这样阿拉伯人能获得物资支援，将如虎添翼。唯有亲眼见证我们的成功，才能让穆

---

① 阿布伯克尔（573—634），穆罕默德的继承者，挚友和岳父，伊斯兰教历史上第一任哈里发（632—634）。
② 位于西奈半岛，北濒地中海，是亚、非两洲接地，东西方交通要道和去麦加朝觐的古道，具有重要的战略地位。

瑞的幕僚团克服人性上的弱点，承认我们的重要性。穆瑞为人友善，如果我们成为他的右翼，无需主动要求便会给我们提供必要的装备。综上所述，对阿拉伯人来说，亚喀巴就代表着充裕的粮食、金钱、枪炮和顾问。我想要和英国保持联系，作为协约国军队的右翼逐鹿巴勒斯坦和叙利亚；同时为阿拉伯语民族的诉求、愿景、自由和自治积极发声。在我看来，如果这场起义未能推进到与土耳其直接兵戎相见的主战场，则意味着失败，沦为旁枝末节的点缀。自我初遇费萨尔，就一再谆谆告诫之，自由只能自己争取，不能靠人施舍。

索性纳西尔和奥达都附和了我的意见；经过一番互相责难后，内斯比拂袖而去，和泽齐一道前往德鲁兹山脉，在那里为他伟大的大马士革计划做必要的筹划。我深知他无法成事，但亦无法容忍他在背后煽风点火，日后成为我们的累赘。于是我先发制人，以釜底抽薪之计，扣押了费萨尔之前批给他的资金。这笨蛋没让我大费周章，因为他知道自己没有雄才以成大业；而且，他以小人之心度英国人之腹，前来对我许诺说，如给他更多的资金，他便能摆脱费萨尔，亲自独立领导一场叙利亚起义。这样的异想天开吓不倒我，所以我并未斥责他是卑鄙鼠辈，反倒满口应承，称他若同心协力助我们拿下亚喀巴，我便可以在此替他筹集经费，让他日后一展宏图。他极不情愿地答应了这个条件，而纳西尔则为又增添了两袋意外之财而大喜过望。

但内斯比的乐观也影响了我，因为我看得出叙利亚正在逐步朝着解放奔去，而亚喀巴便是其中不可或缺的重要一步。如今，这些凌乱的摸索踏步已逐渐环环相扣，一旦摆脱内斯比的阻挠，我便会仿照他的模式，深入北方旷野进行游说。我觉得，只需对叙利亚稍下功夫，便可将我从十字军和阿拉伯首次被征服的历史教训中总结出的战略思想彻底完善,并通过两个新要素——铁路,和西奈的穆瑞军队——加以调整。

而且孤注一掷正符合我此时自暴自弃的心境。广阔天地,为所欲为,和一个个生龙活虎的人戮力同心,共谋大计,本应是桩乐事;但一想到这背后其实斧钺暗藏,杀机四伏,便令我心乱如麻。

阿拉伯大起义的开始本是项庄舞剑,意在沛公。为了争取到谢里夫家族的援助,我们的内阁派亨利·麦克马洪爵士出面,表示愿意支持阿拉伯在叙利亚和美索不达米亚地区建立民族政权,以"维护我们法国盟友的利益"。这最后一句闪烁其词的条款下,掩盖的是另一份条约(秘而不宣,麦克马洪得悉后以为时已晚,故此大谢里夫也一直蒙在鼓里)。法国、英国和俄国在这份条约中一致同意对上述许诺的部分地区分而治之,并在其他剩余地区分建自己的势力范围。

阴谋的流言通过土耳其传入阿拉伯人耳中。东方世界更信任个体,而非组织。所以,在我淬炼出诚挚的友谊之后,阿拉伯人要求我作为自由代理人的身份,为英国政府的许诺背书。麦克马洪的承诺及《赛克斯—皮科协定》的始作俑者是外交部的战时分支机构,我对这二者事前一无所悉。但我也不是任人摆弄的白痴,看得出一旦英国赢得了战争,对阿拉伯人的那些许诺便将沦为一纸空文。如果我是个忠实的顾问,便该劝阿拉伯人解甲还乡,不要为一场骗局出生入死。但阿拉伯人激昂的斗志是东方战场取胜的利器,于是我只得向他们保证英国会信守承诺,言出必行。在这样的安抚下他们竭尽全力,但是,可想而知,我非但不因义结金兰觉得自豪,反而倍感无地自容。

一天晚上,当年迈的努里·夏兰在他窄小的帐篷里拿出一叠文件,问我到底该相信英国的哪些誓言,我对自己的立场终于有了清醒的认识。我如何作答,努里又作何打算,将决定费萨尔的成败。我用一堆牢骚装点自己的观点，建议他在前后矛盾的说辞中相信日期最近的那一份。我用谎言为自己谋来了声誉，六个月内便脱颖而出，成为欺诈集团当仁不让的首领。在汉志，谢里夫的话便是金科玉律，为了消弭良心的不安，我告诉费萨尔他立足的基础实则脆弱不堪。到了叙利亚，英国一言九鼎，谢里夫则失去了影响力，使得我独揽大权。

为了报复这场骗局，我发誓要将阿拉伯大起义推向成功之巅，同时助他们成为英国在埃及战场的得力助手；我发誓要不遗余力，直至带给阿拉伯人最后的胜利，要求尊重阿拉伯人的诉求，协商出公平合理的解决之道。而只有保全性命于眼前的乱世，方可在未来的谈判席上与人分庭抗礼——这样虚妄狂狷的假设，至今让我背负背信弃义之苦。当然，这些老奸巨猾之术并非我要论述之重点。

很显然，我无法在这场生死攸关的豪赌中庇护一无所知的阿拉伯人。品尝自己英雄主义结出的苦果，既无法避免，也罪有应得。出于对自己虚伪立场的怨恨（可有少尉替他的顶头上司在海外撒过如此弥天大谎？），我投身于这场旷日持久的危险之旅，借机与费萨尔重要的密友接触，研究我们未来战役的关键阵地；但历尽千辛万苦却所获甚微，我甚至无法为自己的行为和动机自圆其说。我曾暗自思忖，"让我冒险一试，就趁现在，在我们动手之前"，我清楚地知道，这是最后的机会，一旦成功占领亚喀巴，我将无法按自由意志行事，只能委身于他们的保护伞下做一个立场不明，毫无瓜葛的旁观者。

摆在我面前的是责任和领导，这让一个天性热爱思考的人深觉憎恶。披着一个行动者的外衣在我看来是卑鄙的，因为我的价值标准正好与其相左，喜欢率性而行，那种所谓的幸福在我看来也一文不值。由于我的感官总是滞后于常人，只能辨识种类，无法区分程度，这使得我的灵魂永不知足，需要立即和感知寻求同步。

6月16日我返回营地，纳西尔仍在帐篷内日理万机。他和奥达为了达成一致，见面过于频繁，最近屡生摩擦，但都得到了化解。一天后，这位领袖又和往常一样和我们往来密切，也如往常一样亲切而难以伺候。他进帐时我们总是起身迎接，这种礼遇并非因为他的身份，我们曾坐着接见过比他资历更深的沙伊赫；而是因为他是奥达，而身为奥达便不可等闲视之。这位老先生醉心其中，而且无论我们怎么和他争吵，每个人都知道其实自己是他的朋友。

我们已离开沃季赫五周，费萨尔的千金散尽，霍威塔特人的羔羊屠空，骆驼全都休养一新，死去的牲畜也得到了补充，再没有什么成为动身的阻碍。新的冒险已筹划完毕，新鲜感令我们群情激奋。而奥达则买进更多的羊肉，在我们出发前夜，在他的帐篷内举办了一场饯别盛宴，其规模盛况空前。出席的宾客多达数百人，五大盘佳肴美馔一烹好便轮流抬进席间，供众人尽情饕餮。

夕阳西坠，霞光漫天，酒足饭饱之后大家围着咖啡炉躺在星空下，久久流连不去，听奥达和其他人谈天说地。聊天空隙我随意提起下午曾去过穆罕默德·德黑兰的帐篷，想要谢谢他送给我一头产奶的骆驼，但扑了个空。奥达开心地叫起来，大家都望着他，现场鸦雀无声，料想着他要说个笑话。他这才指着咖啡磨边闷闷不乐的穆罕默德，大声说道：

"嗨！我是不是该告诉你们为什么穆罕默德者十五天来都没有在帐篷里睡过觉？"

大家都停止了交谈，咯咯笑起来，在地上摆开架势，手托着下巴，准备好好领会一下这个或许已听过不下二十次的逸事。原本忙着做饭的女人们：奥达的三个老婆，扎尔的老婆，以及穆罕默德的老婆们，此时也头顶重物,腆着圆胖的肚子一路小跑过来,站在隔帘后面,像其他人一样屏息静气地偷听。奥达便说,穆罕默德在沃季赫的公开集市上买了一串价值不菲的珍珠,但并未送给任何一个老婆,导致她们互相吵得天翻地覆,唯一达成的共识便是不让他进自己的帐篷。

当然,这个故事根本就是瞎扯——投身起义更激发了奥达插科打诨的灵感——但穆罕默德则倒霉透顶,这两周来他一直被部落里的人拖去做客,所以指天发誓,要我做证奥达在撒谎。我凝重地清了清喉咙,奥达示意众人肃静,然后请求我证实他所言不虚。

我于是按照他们正式讲故事模式念出开场白:"奉真神慈爱之名,仁和之意。我们在沃季赫时共有六人。分别是奥达、穆罕默德、扎尔、加西姆·西姆特、穆法迪(Mufaddhi)以及那个可怜虫(我自己);有天晚上,趁天还没亮,奥达说:'让我们去打劫集市。'我们便说:'奉真主之名。'然后我们便动身了,奥达穿着白色长袍和红头巾,卡西姆穿拼皮凉鞋;穆罕默德赤脚,穿着像'罗马七王'①那样奢华的丝质长袍;扎尔……我记不清了。加西姆穿棉布衣服,穆法迪真丝袍子上有蓝条,扎着绣花头巾。而我这位卑微的仆从则一如往常。"

说到这里我暂时打住,众人皆目瞪口呆。我不但将奥达讲故事的风格模仿得惟妙惟肖,还同时模仿了他挥手的动作,浑厚的嗓音,以及强调那无聊故事的重点时抑扬顿挫的语调。霍威塔特人呆若木鸡地坐着,等终于发现这是一场前所未见的模仿秀,并搞明白我在学谁之后,笑得东倒西歪,浑身大汗,看好戏般盯住奥达。煮咖啡的穆法迪是沙玛尔难民的后代,听见自己被讲入故事,傻傻地定在那里,甚至忘了朝火堆中添加柴薪。

---

① 指公元前753年—前509年,古罗马尚未建立共和国,处于王政时代,先后有七名国王执政。

我便讲述大家如何离开帐篷，并将各人帐篷一一列举，以及我们如何走向村庄，并有声有色地描绘了沿途遇到的骆驼、马匹、路人和山峰。"全都光秃秃的，真主啊，那就是片荒野。我们就这样行了一路，约有一根烟的辰光后听见周围有动静。奥达停下步伐说：'兄弟们，我听见了响动。'穆罕默德也停下说：'兄弟们，我听见了响动。'扎尔说：'老天，你说得没错。'于是我们都停下倾听，却什么也没发现，我这个可怜的人便说：'以安拉的名义，我啥也没听见。'扎尔接着说：'以安拉的名义，我啥也没听见。'穆罕默德也说：'以安拉的名义，我啥也没听见。'奥达便说：'老天，你说得没错。'"

"我们就这样走啊走，眼前一片荒凉，寂静无声。这时我们右侧走来一个人，一个黑人，骑着驴子。驴子是灰色的，长着黑耳朵，黑蹄子，在肩上有个这样（我的手在空中胡乱比划着）的记号，甩着尾巴，抡着腿儿。奥达看见了说：'真主啊，是头驴子。'穆罕默德也说：'我真真儿的主啊，一头驴子加一个奴隶。'然后我们又上路了。那边有一座山，不是很高，大约也就从这里望过去那座'你们叫什么鬼来着'山（希比里叶赫呼克山 Hi Biliyeh el Hok）差不多高吧。我们就朝那座山走去，山还是荒山，地也是荒地，一个字，荒。"

"我们继续走，走过那座'你们叫什么鬼来着'山，又看见另一座'那是什么玩意来着'山，这座山后方，大概有从这里到那边那座山那么远，还有一座山。于是我们又来到这座山，登上山头，山还是荒山，地还是荒地。然后我们又登上那一座山，再从山头走下山脚，主啊，我的主啊，我那真真儿的主啊，太阳升起来了。"

第一回合便到此结束。太阳升起这样的结尾，每个人都听过不下二十次，全是老调重弹，被奥达一而再，再而三，不厌其烦又慷慨激昂地堆砌成数小时干不成正事儿的劫掠传奇；而其中琐碎的旁枝末节被夸大渲染，听起来仿佛就真的发生过一般；而且，同样的，我们当中许多人也的确有过走向沃季赫集市的经历。整个部落都笑得前仰后合，在地上打滚。

奥达笑得最久，也最响亮，因为他喜欢拿自己开涮；而从我编出的这个愚蠢的故事中，他亦如照镜子般了解到了自己的叙述手法。他拥抱了穆罕默德，承认编造了买项链的故事。穆罕默德大为感动，邀请全营的人在明天出发前往亚喀巴前一小时，去他的帐内共进早餐。到时候我们可以吃到他老婆亲手烹饪的酸奶炖乳驼，这道菜闻名遐迩，吃后齿颊留香。

随后我们坐在奥达庄园内的井旁，看着妇人拆掉那座比奥达帐篷还要宏伟的大帐，有二十四根柱子，分成八个隔间，尺寸在部落中无出其右者，而且整洁如新，就像穆罕默德的其他物品一样。阿布塔伊人在重新划分营地，以便在战士出征后确保其余族人的安全。整个下午，帐篷被不断地抬进来搭在我们身旁。长方形的篷布在地上展平，篷布侧面尾端连着绳索，穿过柱套拉紧后系在钉桩上。然后主妇们再将小一点儿的柱子一根接一根立在篷布下，将帐顶支撑起来，直至一切就位。无论风多大，一个手无缚鸡之力的柔弱妇人都能单手完成这项工作。

如果下雨，则会在帐底增加一排柱子，将帐顶调整成斜面以排水，同时防止积水渗入。夏季来临时，阿拉伯人的帐篷比我们的帆布帐篷更为凉爽，因为这种稀疏的羊毛织物不会吸收太阳的热度，同时还有足够的空隙透气。

第四十九章

我们在午前一小时动身。纳西尔骑着他的戈哈扎拉（Ghazala）——它驼峰高耸，体格雄健，有着如古代舰船般粗大的肋骨，比其他骆驼整整高出一英尺还多；而且比例匀称，如鸵鸟般步伐敏捷——堪称霍威塔特族骆驼中最为高贵优雅，训练有素者，同时还是九匹小骆驼的母亲。奥达与之并行，令骑在南玛（Naama）身上的我相形见绌。南玛是我最近刚买的赛驼，人称"雌鸵鸟"。粗手笨脚的穆罕默德在贫农艾哈迈德（Ahmed）的陪伴下，带领艾格利人骑在我身后。这位善于钻营的无赖曾凭借过人的体力和机智，混迹在霍威塔特人中六年之久，声名远扬。

翻过十六英尺高的山丘，我们便走出了色尔汗，进入阿德苏万（Ard el Suwan）的第一块高地——一处覆满黑色燧石的石灰岩地带，虽然岩质松软，但数个世纪以来骆驼的往复踩踏，使得地面下陷了两英寸，已坚实异常。我们的目标是汉志铁路以东三四十英里沙漠中的拜尔（Bair），那里有一堆迦萨尼人①（Ghassanid）留下来的历史悠久的水井和废墟。此地距我们有六十余英里，我们将在那里扎营数日，派侦察队到死海边的村落里去带些面粉回来。我们由沃季赫带来的口粮几乎告罄（除了一些纳西尔留作重要场合使用的大米），而且无法准确预测抵达亚喀巴的日期。

我们的队伍目前壮大为五百人，这群由强悍自信的北方人纠集而成的乌合之众总是在大漠中欢呼雀跃，疯狂地追逐瞪羚，让我们暂时忘却一路的痛楚与辛酸。我们觉得当晚应该吃米饭庆祝一下，并邀请阿布塔

---

① 阿拉伯族群的一支，公元3世纪由南阿拉伯半岛迁入黎凡特地区，并与当地讲希腊语的基督徒团体相融合。他们建立的迦萨尼王国后来成为拜占庭帝国的重要属国，亦是东罗马帝国面对贝都因人劫掠的重要缓冲地带，于公元636年被伊斯兰帝国所灭。

伊族的长老们前来共享。饭后，我们惬意地围着煮咖啡后尚未熄灭的红色火苗以驱散北部高地的寒意，坐在地毯上开始谈天说地。

纳西尔仰面朝天，用我的望远镜观察星空，大声嚷嚷着这里看见了一簇星星，那里又看见了另一簇；对发现这些肉眼难以察觉的小光点激动不已。奥达想了解望远镜——最大型那种——以及人类是如何经过了三百年的发展，到如今已能制造出比帐篷还长的望远镜，能透过它看到千万颗前所未知的星星。"还有这些星星——都是什么星？"于是我们聊起了天外有天的恒星，超出人类智慧所能探知的无穷空间。"这些知识，现在都发展到什么地步了？"穆罕默德问。"我们集合了一大批学识渊博和聪明绝顶的人，将会研制出更为威力无穷的望远镜，那时候我们这副就成了伽利略的老古董；而且数以百计的天文学家将发现上千颗闻所未闻的星星，替它们标注方位，再取一个名字。如果我们能看见天上所有的星星，天空将不再有黑暗。"

"为什么西方人总是什么都想要？"奥达挑衅地冒出这么一句。"我们的星星虽少，但每一颗后面都能看到真神，而你们那几百万颗后面空空如也。""我们想穷究天地的尽头，奥达。""但那是神的事。"扎尔不悦地抱怨。穆罕默德仍在刨根问底："这些比我们世界还大的星星上有人住吗？"他问。"天知道。""每颗星星上都有先知、天堂和地狱吗？"奥达打断他的话："小子，我们认识自己的地盘，自己的骆驼，自己的女人。非凡和荣耀都属于真神。如果不停地找出星星就是终极智慧，那我宁愿做个白痴。"然后他改口谈起了金钱，立即吸引开了大家的注意力。稍后他低声对我耳语说，夺下亚喀巴之日，我一定要替他在费萨尔面前要求一份贵重的礼物作为奖赏。

黎明时我们上路，一小时后登上了分水岭瓦戈夫（Wagf）的顶端，再沿其远端坡道而下。这座山脊全是白垩岩，上覆一层燧石，一百来英尺高，下方的凹陷地带以南是斯奈尼拉特（Snainirat），北边则是斯莱苏克瓦特（Thlaithukhwat）三座白头峰，这些攒聚在一起的锥形山丘经阳光照射，宛如皑皑白雪。很快我们走进了拜尔旱谷，花了数小时穿越其间。春季洪水曾到访过这里，在茂密的矮灌木丛中滋养了一地茵茵绿草。绿色让眼前怡然一新，在色尔汗饥肠辘辘的骆驼更是大快朵颐。

奥达此时告诉我他要提前先去拜尔，邀我同行。我们一路疾驰，两小时后便火急火燎地抵达该地，因为奥达急着去探视儿子安纳德的墓地。安纳德在一次独斗中杀死了莫塔加（Motalga）族的勇士阿布坦（Abtan），后被其五个表兄拦截，死于复仇的刀下。奥达告诉我安纳德以一敌五，毫不畏惧，虽死犹荣；但也从此只剩最小的穆罕默德与自己相依为命。他邀我穿山越岭，只为有人吐露心中积郁的哀愁。

但就在我们前往墓地途中，惊讶地发现水井附近的地面上涌出滚滚烟雾。我们即刻改变方向，小心翼翼地接近古废墟。这里似乎没人，但井缘周围堆积的粪团已被烧焦，井口也变得粉碎。地表似乎炸裂过，被撕扯出漆黑的大口子；我们朝井下观望，发现井壁也已四分五裂，井中落满了石块，将井宽和底部的井水堵住了一半。我在空气中嗅出了火药的味道。

奥达跑去位于山谷腹地坟墓下方的另一口井；结果也一样，井口被炸碎，井水也被落石堵塞。"这些，"他说，"是贾兹人（Jazi）干的。"我们穿过山谷抵达第三口井——本尼沙赫人（BeniSakhr）的井——已经化作一堆齑粉。扎尔赶来后，也对这一地狼藉感到痛心不已。我们在营地的废墟内搜寻，发现约有一百匹马在此夜宿的痕迹。我们绝望地朝废墟北部开阔平原上的第四口井前进，心想如果拜尔的水井悉数被毁该如何是好。但第四口井安然无恙，令我们欢呼雀跃。

这是贾兹人的井，它的完好无损极大地证实了奥达的猜测。土耳其已未雨绸缪，令我们深感忐忑，同时担心他们也已经提前扫荡了马安以东的杰佛（El Jefer），那里的水井也是我们计划在发起总攻前的集合地，一旦被破坏堵塞，我们的处境将极为尴尬。目前所幸这第四眼井，虽然情况棘手，但还不至于有干渴的危险，但水量远无法满足五百匹骆驼所需；这就意味着我们不得不挑选几口破坏程度较轻的水井，在炸裂翻卷的废墟中将其重新清理挖掘出来。于是奥达和我与纳西尔一道，再度前去视察。

一个艾格利人给我们拿来一口曾装有葛里炸药的空箱子，这显然是土耳其人用过的。地面的裂口清晰地显示出有好几箱炸药在井口周围和井壁内同时引爆。我们朝井内观望，待眼睛适应了黑暗后，突然发现在不到二十英尺深的井壁上还留有许多凿口，有的仍塞着火药，并垂有引线。

很明显他们打算二次引爆，最后因为引线太短，或是保险丝过长而作罢。我们赶紧解开自己携来的绳索，将其扭成一根，抓住它从井上一根坚固的十字杆上悬垂至井中。井壁已经松动脱落，绳索稍加摩擦便有砖块崩塌。我发现炸药包都很小，每个不超过三磅，用电话线绑作一串。但肯定出了什么差错，要么是土耳其人自己搞砸了，要么就是还未安装完毕侦察队便已发现我们的行踪。

于是我们很快有了两口井，外加三十磅敌人留下的葛里炸药。我们打算在拜尔这块福地停留一周。除了寻找口粮，以及打探马安和亚喀巴之间部落的意向之外，我们还增加了第三个目标——查明杰佛井的情况。我们派出一人前往杰佛井，并挑选了三四个不起眼的族人，这样没人会猜疑和我们有联系，组建了一小支带霍威塔特族徽的驼队，让他们穿过铁路线前往塔菲拉（Tafileh），花费五六天时间，尽可能多地替我们购入面粉。

至于亚喀巴沿途的部落，我们希望他们积极行动起来协助我们开展在沃季赫制定的临时计划，反抗土耳其人。我们打算突袭杰佛，横穿铁路线，顺要道——纳格布沙塔尔（Nagb el Shtar）——自马安高原下至圭维拉（Guweira）的红色平原。想要控制这条山路，必须先拿下其源头距马安十六英里远的大泉眼，阿巴利散（Aba el Lissan）；这里虽然地势险要，但驻军不多，有望一举拿下。然后我们沿途封锁，各哨站一周内就会因为缺乏粮草而陷落；但在那之前，听闻捷报的山地部落就会纷纷加入我们，将其一举歼灭。

阿巴利散一役是该计划的关键核心，如不能速战速决，则会给马安的部队足够的时间驰来增援，从而将我们逐出沙塔尔。如果他们保持现有一营的兵力，绝对不敢擅动，只能坐视阿巴利散陷落，静待援军到来，而那时亚喀巴也会落入我们手中。而且我们还可以依仗海路，借敌军和我们之间的伊腾峡谷行地利之便。因此，马安的疏于防备是我们得胜的保证，这样方才不会因为怀疑我们的动机在附近集结兵力以便增援。

想要隐匿行踪从来都不是件易事，因为我们一直在对当地居民宣传起义，意见向左者必会报告土耳其。敌人已经知晓我们远征进入色尔汗旱谷，再傻的人都能看出我们意在亚喀巴。拜尔水井遭到破坏（后来我们也证实杰佛的七口水井全被破坏）表明土耳其人已早有戒备。

尽管如此，土耳其人的愚蠢经常助我们一臂之力，也正是因为忍不住鄙视他们，这一点也常常给我们造成危害（阿拉伯人天生反应敏捷，因此过于自信），军队也难免因轻敌而遭遇挫败。但此时我们可以充分利用他们的愚蠢，因此决定采取欺骗战术，让他们误以为我们的目标在大马士革附近。

他们极有可能在对该地区严加防范，因为大马士革的铁路北通德拉①（Deraa），南抵安曼，不仅是汉志的重要枢纽，还是整个巴勒斯坦的干线；如果我们发起攻击，则可事半功倍。所以，我在南征途中，一路散播即将抵达德鲁兹山的消息；我也刻意让臭名昭著的内斯比前往该地，大张旗鼓引人注目，实则只有少数人马。努里·夏兰也配合我们的表演，将同样的假情报传达给土耳其；而纽康贝则故意在沃季赫附近遗失一份官方文件，其中（我们已事先知晓）包含我们将从沃季赫发兵，取道杰佛和色尔汗，直至泰德穆尔②（Tadmor），以攻击大马士革和阿勒颇。土耳其对这份文件信以为真，派重兵牢牢把守泰德穆尔直至战争结束，令我们占尽先机。

第五十章

我们在逗留拜尔的这一周，进一步采取具体行动巩固现有的假象显然是明智的，奥达决定由扎尔和我率领一支骑兵，前去袭击德拉附近的铁路线。扎尔筛选出一百一十名精兵，我们马不停蹄地日夜兼程，每骑六小时方休息一两个小时。这对我而言是一次丰富多彩的旅途，但对阿拉伯人来说已稀松平常；也就是说，我们是一支再常见不过的部落劫掠团伙，采取几个世纪以来已被反复实践、司空见惯的战斗模式，去攻击

---

① 叙利亚南部城市，位于大马士革以南约100公里处，靠近约旦边境。
② 位于叙利亚中部霍姆斯省，靠近古城帕米拉。

一条普通的铁路线。

我们于第二日下午抵达泽尔加（Zerga）上方的铁路，北安曼的切尔克斯村落也在这里。酷日和疾驰让骆驼疲惫不堪，扎尔决定让它们在一处罗马村庄的废墟中饮水，最近的降雨将这里的地下水池蓄得很满。这个村落离铁路线不足一英里，我们必须谨慎行事，因为切尔克斯人憎恨阿拉伯人，可能会对我们的出现满怀敌意。此外铁路线上有一座高桥，上设有一座支着两顶哨帐的军岗，土耳其人似乎在忙进忙出。稍后我们听说他们正在等待一位将军前来视察。

饮完水后我们又走了六英里路，在薄暮时分转向杜列尔（Dhuleil）桥，扎尔之前称这是一座大桥，是个搞破坏的好目标。我和扎尔前去侦察桥梁情况，将人员和骆驼留在铁路东侧的高地上，以便发生不测时掩护我们撤退。土耳其部队驻扎在桥梁两百码处，有众多的帐篷和营火，如此大规模的兵力聚集让我们百思不得其解，直至抵达桥梁后发现由于春雨泛滥，冲毁了四座桥拱，铁路线也因此中断，现正在重建之中。一座桥拱业已修复完成，第二座正在搭建中，而第三座所需的支撑木材也已经架立到位。

很显然，费力炸毁这么一座本就残缺不全的桥根本是白费功夫，于是我们立即撤退（未惊动那些工人），打着赤脚小心翼翼踩过松散的石头地，唯恐扭伤。一次我踩到一个移动的东西，又软又凉，只得使劲踏上去，以防那是一条蛇；所幸并未发生什么。璀璨的繁星给我们罩上一层虚幻之光，非但不能照亮路面，反而将石头下的阴影冲得更为稀薄透明，整个大地都混入一片难以辨认的灰调。

我们决定再往北走，朝米尼菲尔（Minifir）进发，扎尔认为那里是炸火车的好地方。捣毁火车比捣毁桥梁更有效果，因为我们意在制造假象，让土耳其人误以为我们的主力在东面五十英里外色尔汗的阿兹拉克（Azrak）。我们借道一处开阔平原，轻松行走在那罕见的铺满细砾石的浅浅河床上，这时听到了一阵隆隆声响。我们竖起耳朵，摸不清头脑，接着一缕浓烟自北狂舞而来，在劲风的吹拂下低低俯折，在头顶弥散开厚厚的帷幕，仿佛想要点醒我们，铁路线就近在咫尺；这时火车飞驰而来，我们赶紧蜷身躲藏。要是能提前两分钟知道，我也许就能将火车头炸得粉碎。

此后我们默默地走到天亮，发现自己正沿一处狭窄的山谷而上。山谷源头向左急转，进入一处古罗马圆形剧场般的岩石区域，山势在这里逐渐变得陡峭，断崖如阶梯般逐渐爬升，顶起一处巨大的界石堆。扎尔说这里可以眺望铁路，此言也确实不虚，该处是伏击的绝佳地点，骆驼也无需看管，任其在鲜嫩青翠的草地上进食。

我立即爬上石堆，这是阿拉伯人在十字军入侵时期修筑的瞭望台，将远方的田园美景尽收眼底，铁路线顺着山坡舒缓的曲线展开，一路远眺可达约五英里。我们左侧下方是被称作"咖啡屋"的四方盒子般的铁路休息站，有几个士兵的小小身影正在四周悠闲地走动。我们轮流值守过夜，警觉地观望了数小时，其间只有一部火车缓缓驶入。我们决定当晚下到山脚铁轨，寻找适宜地点埋设炸药。

然而，上午有一队人马黑压压自北方逼近，最后我们辨识出那是约一百五十名骑兵向我们的山头直冲而来。看起来我们极有可能暴露了行踪，因为这片地区到处都是贝尔加人的羊群，牧羊人如果看到我们形迹可疑，必会认为是前来劫掠的队伍，并向军营呈报。

我们的位置正好面对铁路，遭遇精良的机动部队可谓瓮中捉鳖，于是我们立即发出警报，骑上骆驼溜出山谷入口，越过其东面山脊进入一小片平原，从而加快骆驼的奔跑速度。我们快速骑至远端的矮坡，在敌军发现我们之前躲在后面。

这里地形有利，我们便守株待兔；但他们接到的情报应该有误，迅速经过我们刚才的藏身处，朝南面飞奔而去，留下我们在后面瞠目结舌。他们队伍里没有阿拉伯人——全是正规军——因此我们并不担心他们会循足迹追踪而来，不过这也再次证明土耳其已全面警觉。这倒是正中我下怀，令我非常高兴，但扎尔身负军事指挥权，颇觉风声鹤唳。他召集熟悉此地的人员开会，最后决定继续上路，向另一座山奔去，那里比刚才那座山更偏北，但也算个差强人意的选择，尤其没有部落为了争夺地盘而互相杀伐。

该地点正是米尼菲尔，一座顶峰浑圆，覆满碧草的山岗。它有两个山肩，东面高耸而宽阔的山脊正好位于其间，为我们从北、南和西三面提供了良好的掩护，可以安然撤回沙漠。山脊顶部凹陷作杯状，积蓄的雨水使得土壤肥沃，牧草鲜美；但骆驼在此放牧需要有人看管，因为它们随意往前走上两百步便可以被山西面四百码往下的铁路线所察觉。两侧山肩都支脉横出，形成参差不齐的棱线。开挖出来的石材被丢弃在凹陷处，四周呈堤状，一道排水沟柔和地从中划过，将蓄积的雨水经由山脊弯弯曲曲引至山谷外开阔的河床。

北向的山脊凌云而起，与南豪兰山脉比肩，绵延万里仿佛灰色的天空，叙利亚古拜占庭玄武岩城镇废墟点缀其中，如簇簇黑色云团。南面山顶有界石堆隆起，六英里远的铁路从上尽收眼底。

正对我们的西部高地是贝尔加，时值夏耕，农民的黑色帐篷村落星罗棋布。我们所在的凹陷地带对他们来说一览无遗，于是我们派人过去传话，告知我们的身份。他们后来便一直守口如瓶，直到我们离去后才煞有介事地向土耳其谎报我们已往东面的阿兹拉克逃窜。信使还带回来了面包——这对我们来说是奢侈的美味,因为自拜尔开始我们就粮草紧缺,只能吃没煮熟的生干豆子充饥——倒是个锻炼牙齿的好机会。但这种酷刑对我来说过于残忍,所以我一路都腹中空空。

扎尔和我当晚在涵洞内埋设了一枚大威力的加兰地雷①(Garland Mine),自动连锁,一条引线可同时引爆三包炸药;然后我们倒头便睡,深信夜里能听到火车被炸翻的巨响。然而一夜无事,天亮后我便将铁轨下附带有触发器的雷管拆除。之后我们一整天都在守株待兔,吃得饱,睡得好,享受着高地来风的清凉,看它将长满硬草的山坡摩挲出一条条波浪。

数小时都毫无动静,最后阿拉伯人中扬起了一阵骚动,扎尔带领胡伯辛(Hubsi)及其他几个反应敏捷的族人朝铁路直冲而去。我们听到山下死角传来两声枪响,半小时后队伍押着两名衣衫不整的,来自昨天那支骑兵队的土耳其逃兵返回。一人在试图沿铁路逃亡时中枪,伤势严重,并在下午不治身亡;奇特的是,他临死前一直在哀叹自己的命运多舛,因为大部分人在大限将至之时都会感到空前的平静,静静等候那一刻的到来,毫无怨尤。另一人也受伤了,子弹干脆利落地穿过了脚掌;但他非常虚弱,低温使得伤痛加剧,令他几乎崩溃。军旅生涯和临阵脱逃的惩罚在他单薄的身躯上留下了遍布的瘀青,使得他只能脸朝下趴着。我们将剩下的最后一点面包和水给他,并尽可能安抚他,但只是徒劳。

下午晚些时候,那支乘骡步兵队再度出现,直扑我们所在的方位,再度引发了紧张的气氛。他们将经过我们的埋伏地点下方,扎尔和他的

---

① 赫伯特·加兰为英军研制的地雷,以他的名字命名。

手下迫不及待想要打他们一个措手不及。我们约有一百人，他们则有两百余人。我们占据了制高点，有望在第一波攻势就打下不少人来，然后再骑上骆驼冲杀过去。骆驼，尤其在缓坡地带，可以轻而易举追上骡子，且庞大的体量能给小体型的动物和骑手带来极大的冲击感，从而未战先乱。扎尔对我保证，在追击战当中，没有任何正规骑兵能与部落骆驼相抗衡，更别提这支乘骡的步兵，非但能将士兵悉数掳获，就连珍贵的牲口亦可一网打尽。

我问他我方可能会有多少伤亡，他猜测五到六个，于是我决定按兵不动，任他们蜂拥而过。我们的目标只有一个，攻占亚喀巴，到此地来纯粹是为了误导土耳其的思路，以为我们此时在阿兹拉克。为了欺敌损失五六名将士，无论最后获得多少战果都是愚蠢的行为，或者做最坏打算，亚喀巴是我们的生死攸关之地，现在保存一兵一卒，在将来或许都至关重要。亚喀巴攻陷后，如果觉得想要嗜血杀戮，我们或许可以穷兵黩武；但在那之前切不可恣意妄为。

扎尔闻言大为不满，同时愤怒的霍威塔特人则威胁无论我同意与否，都要冲下山去阻击土耳其人。他们想要将骡子抢来当战利品，我无法苟同，因为那会使我们分心。一般来说，部落人打仗即是为了荣誉或财富。最上等的三样战利品分别是武器、坐骑和衣物。如果我们抢到了这两百头骡子，这些得意扬扬的将士便会将亚喀巴抛诸脑后，赶着它们取道阿兹拉克回自己的帐篷，在妻妾面前好生炫耀一番。至于俘虏，凭空多出两百张吃饭的嘴肯定不是能让纳西尔引以为豪之事，所以我们要么只能将他们全部灭口，要么放他们回去，从而将我们的战斗力泄露给敌人。

我们便坐在原地，咬牙切齿看着他们扬长而去，内心无比煎熬，但总算光荣经受住了考验。扎尔也战胜了自己，尽最大努力保持了自制，同时也期待我日后给予实质性的回报；同时，得意地在我面前展示自己在贝都因人面前一言九鼎的权威。他们将扎尔视作奥达的代表，著名的斗士，曾两度在小规模叛变前面不改色，展示出镇定自若的大将之风。

今天对他是莫大的考验，奥达的表兄胡伯辛是个充满活力的年轻人，在土耳其军队浑然不知从离我们不到三百码的距离经过，每个人握枪的手都蠢蠢难耐之际，他突然跳起来，高叫着冲下山去，想要引起土耳其人的注意，从而迫使双方交战；但没跑出十步远便被扎尔抓住，摁在地上狠狠地痛殴了一顿，直到我们担心他发出的惨叫会弄巧成拙引来土耳其人。

眼睁睁看着唾手可得的胜利从眼前溜走是着实的煎熬，这令我们闷闷不乐直至天黑，同时也确信再也不会有火车经过。这已是最后的机会，干渴的威胁悬在每个人头顶，而骆驼明天一定得饮水了。于是我们在入夜后返回铁路线，将三十包葛里炸药埋设在弯度最大的铁轨处，并随意进行引爆。选择大弯度铁轨，是因为土耳其人只有到大马士革才能调来这类基材，而实际上他们花了足足三天时间；接着抢修火车又轧过我们的地雷（这是我们以被炸毁的铁轨为饵，埋设在后面的钓钩），将火车头炸毁。铁路因此继续中断三日，同时展开全面检查，以防触发更多的陷阱。

但当时我们显然未能预见这一系列好事。完成破坏后，我们便懊恼地返回骆驼处，在午夜后便打道回府。战俘被独自留在山上，因为他既无法行走，也无法骑骆驼，而我们也没有任何担架。我们担心他会躺在原地活活饿死，而且实际上他也已经奄奄一息。于是我们留了一张用法语和德语书写的字条，贴在一根爆破后横倒在铁轨上的电报杆上，指明他所在的位置，并表示他是在一番激战后被我们俘虏的。

我们希望借此免除他因当逃兵而遭受土耳其惩戒的皮肉之苦，或者因担心他与我们勾结从而被处决，但当我们六个月后返回米尼菲尔，发现两具枯骨七零八落地散乱在当初扎营的地点。我们常常对土耳其的士兵心怀惋惜。职业军官们自告奋勇，杀伐以明志，为了个人野心挑起战争——或者说这就是他们存在的目的——我们则除了希望他们得到应有的报应，还应将那些炮灰小兵因他们错误而蒙受的苦难一并承担。

第五十一章

夜间我们迷失在杜列尔多石的峰脊和山谷之中，但依然摸索前行至破晓，因此太阳升起来半小时后，长长的阴影已横切过苍翠的谷底，我们才抵达曾经的饮水点喀乌（Khau），这座废墟自山顶塌陷崩落，仿佛泽尔加的一道伤疤。我们在两座水箱边忙活了半天，让骆驼饮够足以返程至拜尔的水，这时一个切尔克斯年轻人赶着三头奶牛穿过废墟的青草地，进入了我们的视线。

这绝对不行，于是扎尔将前一天那些精力过剩按捺不住的造反者派去抓捕那少年，他们将他带了回来，他毫发无伤，但吓得神志不清。切尔克斯人平时嚣张跋扈，到处惹是生非，恃强凌弱，但一遇到劲敌便六神无主，成缩头乌龟；所以看到这个少年此时已吓得屁滚尿流，我们颇为不齿，取来水浇他，使之恢复清醒，然后安排他执匕首与一个因在我们行军队伍中偷窃被抓获的谢拉拉特人格斗；少年被划伤之后，便伏在地上哭了起来。

现在他成了烫手山芋，如果任其离去，他必会向村子里报警，派出骑手前来追杀我们。如果我们将他绑在这荒郊野外，他则会饥渴而死；更何况我们也没合适的绳子。杀死他几乎是不能想象的，会给我们一百个人留下骂名。最后那个谢拉拉特少年说，如果我们能放他一马，他愿意替我们处理这件事，亦不会危及他的性命。

他将少年的手腕绑在座鞍上，拖着他跟在我们后面跑了一个小时，直到累得少年上气不接下气。此时我们仍在铁路附近，但已离开泽尔加四五英里远，谢拉拉特人便在此将他的衣服剥得精光，抓住他一只脚，抽出匕首，再狠狠地朝他脚底剜了一刀。切尔卡斯少年痛得呼天抢地，惊惧地以为自己大概小命不保了。

这一幕虽然看起来相当诡异，但却行之有效，更比杀死他仁慈。脚上的伤口使得他只能靠手和膝盖爬回铁路，那要花上一小时；而他浑身一丝不挂，只能躲在岩石的阴影后面，直到炽热的太阳落山。虽然他看起来似乎并不赏识我们的做法，但我们还是抛下他，穿过绵延起伏的草原离去。骆驼低头嗅着植被，极不自在地进食着，因为我们就坐在它们的颈背上；但我们只得这样放牧它们，因为今天我们要走八十英里，仅在日出和日落时短暂地休息。

天亮不久，我们便转向西行，在离铁道不远处的残破的石灰石岩架处下了骆驼，蹑手蹑脚潜行来到阿特威（Atwi）车站上方。车站的两幢石头房子（第一幢仅隔一百码远）并排着，一幢挡住了另一幢。屋内的人正在引吭高歌，快活异常。他们的一天刚刚开始，蓝色青烟自警卫室袅袅飘上天空，一个士兵赶着一群羔羊，在车站与山谷之间肥美的草地上放牧。

这群羊使我们决定铤而走险，因为吃了许久马料似的干豆后，我们对肉垂涎三尺。阿拉伯人一边磨着牙齿，一边数着十只、十五只、二十五只、二十七只。扎尔率部下潜入谷底河床一座铁路桥边,一直爬行至与车站遥遥相对的草地上。

我们从山头上监视着车站院内的一举一动,看着扎尔将来复枪靠在河床岸边,把头深埋进无边的草丛。他举枪慢慢瞄准售票亭外正在品啜咖啡的军官和座椅上乘凉的文官,扣响扳机的刹那,一个肥胖的男子在同伴目瞪口呆的骇异注视下,缓缓颓倒在椅子上,再滑向地面。子弹击中墙壁的炸裂声被人群的惊叫所湮没。

扎尔的手下随即跟着开火,从谷中倾巢而出,杀将过去。但靠北那幢房子大门砰的一声合上,来复枪声在钢质的窗隔栅后响起。我们迎头还击,但不久发现无济于事,便不再开枪,敌人也随之停火。谢拉拉特人将那群引发战火的羊群赶入东面的山中,与我们的骆驼会合;其他人则跑回扎尔身边,他正忙着攻进那座距离较近、疏于防守的屋子。

就在即将破门而入这千钧一发之际,众人突然惊慌地停下脚步。阿拉伯人拥有与生俱来的警觉,每次都能事先察觉即将来临的险情,甚至是在脑子还没反应过来之前,本能就已防范在先。一辆查道车载着人,从铁路线南侧颠簸而来,车轮吱嘎作响,盖过了先前的枪声。鲁瓦拉族人已埋伏在三百码开外的涵洞内,我们其余人则屏气凝神在桥边静观其变。

查道车毫无防备地驶入埋伏圈,鲁瓦拉人立即从堤岸冲出将铁路包围,而我们则切断了前方道路。土耳其人惊惧不已,放慢速度并跳车逃命,跑向乱木丛生的山中;但我们的来复枪再度响起,他们全部一命呜呼。查道车满载铜线和电信工具,这正是我们埋设长距离"地线"所需的材料。扎尔点燃了我们占领的这半边车站,那些沾满汽油的木料瞬间腾起熊熊烈焰。木板与窗帘随着火舌的舔卷吞吐疯狂抽搐着,急剧扭曲变形。与此同时，艾格利人忙着配置炸药，不久我们便将其引爆，毁掉了一处涵洞，许多铁轨和一条极长的电报线。第一次爆破发出的怒号，惊得我们那一百匹原本跪伏着的骆驼猛地站了起来，之后随着接二连三惊天动地的炸雷，它们用三条腿儿疯狂踢腾蹿跳，直至将第四条腿儿上绑着的绳索挣脱，像无头八哥一样四下乱奔，跑得无影无踪。我们花了三小时追赶骆驼和羊群，所幸期间没有土耳其人赶来打扰，不然我们当中有些人只能徒步返家了。

我们远离铁路数英里之后才停下来享用羊肉大餐。由于缺少刀具，为了尽快杀完羊，有的人只能利用燧石薄片进行切割。人类已经不习这样的技术久矣，我们只得重温石器时代的历史；这不禁让我想到，如果铁从未在人类中流行起来，那此时我们肯定如祖先一样对这些原始工具得心应手；如果金属从未在文明里出现过，那我们今日磨制石具的本领想必炉火纯青。我们一百一十人围坐在一起，将二十四头羊最肥美的部分瓜分殆尽，而骆驼则一边在周围吃草，一边捡食我们的残渣剩肉——最出色的骑乘骆驼业已习惯吃烹煮过的肉食。饱餐之后我们再度上鞍，冒着夜色向拜尔前进；拂晓时我们安然抵达，战绩不菲，肚子鼓鼓，且满载而归。

第五十二章

纳西尔的工作卓有成效，由塔菲拉给我们弄来够吃一周的面粉，解了燃眉之急，不至于饥肠辘辘去攻占亚喀巴。杜曼尼叶（Dhumaniyeh）、达劳乌夏（Darausha）、狄阿巴特（Dhiabat）这三个雄踞纳格布沙塔尔山径上的霍威塔特人部落地盘正是马安至亚喀巴第一要隘，此时也向他抛来橄榄枝，表示愿意助我们一臂之力。如果他们能即刻大举出兵阿巴利散，极有可能马到功成。

我踌躇满志，盲目地率军开展了第二次征伐，但并无斩获。不过也未对土耳其打草惊蛇。征途中我遇到了努里·夏兰十万火急派来的信差，他转达了努里的问候，并带来一则消息，称土耳其已任命努里的儿子纳瓦夫（Nawaf）为向导，实则是扣押为人质，令其率四百骑兵从德拉沿色尔汗而下追击我们。努里将自己信任的一位侄子塔德（Trad）派去顶替，引着他们改走一条偏僻路径，令人马在缺水的威胁下挣扎。他们现已接近我们之前扎营的奈布克，在这支骑兵回去复命之前，土耳其政府依然认为我们还在色尔汗旱谷中。他们并不将马安放在心上，因为从炸毁拜尔水井的工兵处得到汇报，已将当地水源悉数摧毁，且杰佛的水井也在几天前一并破坏。

看起来杰佛已对我们关上了大门，但我们依然抱着一线希望，希望尚有水井逃过他们那些技术拙劣工兵的爆破。戴夫-阿拉，这位曾亲自前去沃季赫投效的霍威塔特族贾兹地区的长老，目睹了杰佛的国王井（King's Well）被炸毁的现场；他从马安给我们捎话，表示自己听见水井上端崩塌，且井口被锁住。但他认为井壁并未受损，清理落石仅需几小时便可完成。我们也希望如此，便于6月28日集体从拜尔拔营，前去一探究竟。

我们很快穿过杰佛这片吊诡的平原，第二日午时抵达水井。这些井看起来几乎已成废墟；我们无法压制住心中的忧虑，如果水井无法复原，对我们的作战计划而言则是迎头痛击。这个计划如此周密详尽，失之毫厘便会牵一发而动全身。

尽管如此，我们还是前往戴夫-阿拉提到的那口井——那是奥达家族的财产——进行探测。地表在我们木槌敲击下发出空洞的声响,于是我们便召集会掘井的志愿者。几个艾格利人挺身而出,领头的是纳西尔能干的马夫米尔祖吉(Mirzugi),利用有限的简陋工具动起手来,我们其他人则绕成一个圈围观,唱歌助兴,并许诺如挖出水源定有黄金重赏。

在夏天的日头下掘井极为吃力;杰佛平原土质坚硬,如手掌般平整,上头覆盖着一层耀眼的掰盐,绵延二十英里不绝;但时间紧迫,一旦挖不出水来,我们就得连夜赶往五十英里远的下一口井。于是我们将所有人手都动员起来,顶着正午的骄阳,争分夺秒地轮流挖掘。由于爆炸已经将石块震散,地基松动,所以挖起来较为轻松。

土石被逐渐挖开,井壁如一座原石高塔矗立其中。我们小心翼翼将最顶部的土石废墟拨开,进展得相当吃力,因为稍有不慎石块便呈连锁之势塌陷;但这也是个好兆头,说明井水并未堵死,因此大家士气高涨。日落前,挖井人大叫起来,称井内积土和落石已经挖空,几英尺下方的烂泥里有溅水声传来。

半小时后,井口突然响起一阵石头撞击声,接着传来水流喷涌声和高亢的呼号。我们匆匆向下探视,借着米尔祖吉的火把,发现井壁已豁然洞开,不复之前窄管般逼仄的模样,而是呈细颈长筒状,底部宽十二英尺,黑漆漆的水中溅起雪白的浪花,那是一个不小心滑落进去的艾格利人在拼命划水挣扎以免被淹死。众人都附身嘲笑井下这个狼狈不堪的人,最后还是阿卜杜拉抛下一根绳子将他拉起来,他像只落汤鸡,火冒三丈,但所幸毫发无伤。

我们重赏了挖掘人员,并宰杀了一头今日行军虚脱摔伤的骆驼犒劳他们;夜间我们尽情饮水,艾格利人则悠长和歌,用泥土和石头砌起了八英尺高的井壁。拂晓时分,井周的地面业已夯实,井口矗立如新,仿佛从未受到过损害。美中不足的是水量并不多。我们二十四小时不停地饮牲畜，直至井水逐渐变得浑浊，但仍有一些骆驼意犹未尽。

我们在杰佛展开了行动，派出骑兵前往杜曼尼叶的营地，并按之前约定，带领他们进攻富威拉（Fuweilah），那里的碉堡可以钳制阿巴利散要道的入口。我们计划在每周马安向碉堡里的"客户"运送补给的前两天采取行动。粮草紧缺会让这样偏远的据点在四面楚歌的绝望里惶惶不可终日，从而易于攻取。

这期间我们便在杰佛静候旗开得胜的好消息。这一波攻势成败与否将决定我们下一步进军的走向。滞留等待的日子颇为轻松愉悦，因为我们所处的位置本就有几分滑稽。每天总有那么一段时间，当海市蜃楼散去，肉眼和望远镜重新发挥效用，我们便完全暴露在马安的能见范围内；这时我们却得意扬扬在围着新筑好的井沿瞎逛，完全不用担心暴露行迹，因为土耳其守军深信拜尔已无水可饮，沾沾自喜地做着春秋大梦，以为我们正在色尔汗和他们的骑兵生死缠斗。

我在井旁的灌木丛下躲了几小时清闲，消暑散热，百无聊赖，装作昏昏欲睡，真丝长袍的宽大袖口罩在面部以躲避苍蝇的纠缠。奥达坐在一旁，口若悬河地将他那些最为精彩的传奇经历讲得天花乱坠。最后我笑着驳斥他光说不练，他便开心地抿着嘴憧憬起即将来临的战斗。

次日破晓，一个疲惫不堪的骑士带着消息返回营地，称我们的人在抵达杜曼尼叶的当日下午就立即朝富威拉的哨站发起了进攻。但奇袭并未取得预期效果，土耳其人躲入固若金汤的防御工事内将他们击退。阿拉伯人气馁万分地撤回掩蔽地点，而敌军相信这不过是另一次常见的部落骚乱，因此派出一队骑兵对阿拉伯人最近的一处营地进行还击。

该营地只有一位老者、六名妇女和七名孩童。由于没有遭遇抵抗及任何有能力作战的对象，怒火满腔的土耳其人将那里夷为平地，手无寸铁的居民惨遭割喉，老弱妇孺无一幸免。住在山顶的杜曼尼叶人消息闭塞，噩耗传来已为时过晚；但他们冲下山堵住了那群刽子手的回路，狂暴地将其悉数斩杀，片甲不留。作为复仇的尾声，他们一鼓作气攻陷了那座兵力空虚的堡垒，破门后便迫不及待地大开杀戒，不留任何活口。

我们的骆驼已整装待发，不出十分钟便向位于阿巴利散要道上马安南部的第一座车站加迪尔哈吉（Ghadir el Haj）进发。我们还同时派出一支小分队于马安上方横穿铁道，并在该侧声东击西，以分散敌军注意力，尤其要对巴勒斯坦前线撤下来的大批的病弱骆驼群进行打击，土耳其专门将这些骆驼放牧在肖贝克（Shobek）平原上休养生息，待恢复元气后好送归前线作战。

我们预计土耳其在富威拉惨败的消息要第二天一早才能传到马安，且这些骆驼（假设我们北部突击队未能对他们造成威胁）在天黑前也无法一一配鞍完毕，并派出援军；如我们趁此时攻打加迪尔哈吉铁路，他们则很有可能转去支援该处，我们从而可以暗度陈仓，一路无虞挺进亚喀巴。

带着这样的如意算盘，我们安然地穿梭在缥缈的海市蜃楼里，直至下午方抵达铁路展开攻击；接着，我们将铁路沿线的卫兵和巡逻队一一击溃，并着手将已攻克地盘上的铁路桥悉数炸毁。加迪尔哈吉的一小队守军大意轻敌，不自量力地同我们展开了较量，却在炫目蒸腾的热气中失去了方向，被我们打得落荒而逃。

他们已向马安发电报求援，此外，马安也势必听见了我们之前一系列爆炸的轰鸣。诱使敌人连夜出来追击正是我们的用意所在；或者更准确地说，诱使他们前来此地，而我们来去如风，破坏力非凡，他们最后除了破碎的桥梁之外寻不见半点人迹。每座桥拱上的排水孔都安置了三至五磅甘油炸药，再通过短信管引爆，在短短六分钟内就可以炸断桥拱，震碎桥墩，撕裂边墙。我们就这样摧毁了十座铁路桥和许多铁轨，完成了爆破任务。

我们待到黄昏降临不会暴露行迹之后，朝铁路西方前进了五英里以寻找合适的藏身之处，并停下来生火，烤制面包。然而晚餐还没准备好，已有三个骑兵一溜小跑前来，回报称有一大列援军——带着枪炮的步兵队伍——刚离开马安前往阿巴利散。杜曼尼叶人尚沉浸在之前告捷的喜悦中，毫无准备，在未加抵抗的情况下便作鸟兽散，现已撤退至巴特拉（Batra）等待我们前去会合。阿巴利散业已失守，那座碉堡、那条要道，以及对亚喀巴的控制权，皆兵不血刃落入敌人之手。

事后我们方才得悉，土耳其一反常态派出这支来势汹汹的不速之兵纯属意外，因为当日正好有一个营的援军调抵马安。这支军队当时刚在车站集结完毕，列队准备前往军营；正巧阿拉伯人血洗富威拉的消息传来，他们便携带驮载炮和一些骑兵匆忙出发，想要收复被失守的阵地，一雪前耻。

他们上午从马安开拔，沿着汽车道平稳推进，南方的烈日令这些来自严寒地区的高加索人一路汗流浃背，每逢泉水便一通狂饮。他们从阿巴利散爬上山顶，来到那座已被抛弃的老旧堡垒，只见不祥的秃鹫在空中围绕着空空如也的墙壁无声地缓缓盘旋。营长担心这些年轻的士兵无法承受堡垒内的惨状，便带领他们返回了阿巴利散路旁的泉眼，在这蜿蜒曲折的山谷中守着水源度过了安然无事的一夜。

第五十三章

这样的消息让我们一扫慵懒之气,立即将行李丢上骆驼,沿着叙利亚高原的尽头快速下行。刚烘好的面包依然烫手,我们边走边吃,伴着大队人马穿越谷底扬起的滚滚沙尘,以及山坡上疯长的苦艾发出的呛鼻味道将其一并吞下腹中。经过漫漫夏日后进入这死寂无风的夜之山群,每样东西都能敏锐地撩拨起感官:大部队领头的骆驼踏过落满尘埃的灌木,枝丫芳香的气味在空中弥漫,久久挥之不去,令后方来人沿路都沐浴在馥郁之气中。

整座山坡都被苦艾所覆盖,而洼地处植被生长得尤为茂盛浓密。夜间行军仿佛穿行于一座花园,两旁皆是前所未见的奇株异草,锦簇花团,行走时摩擦出的噪声清晰可辩。奥达走在最前面,开始纵情高唱,其他人则满怀奔赴战场的豪情壮志,此起彼伏地应和而歌。

我们整夜兼程,天亮时在巴特拉和阿巴利散之间的山脊处下鞍休息,放眼向西,一片洋洋大观,绿色和金色交织的圭维拉平原尽收眼底,远处则是重峦叠嶂,遮蔽住亚喀巴和大海的红色山岭。杜曼尼叶人的族长加西姆·阿布·杜梅克(Gasim Abu Dumeik)正在这里焦急等候我们的到来,强悍的族人簇拥在他身旁,风尘仆仆的脸庞上还残留着昨天鏖战的血迹。他们向奥达和纳西尔深深致意,我们深知在土耳其大军镇守下,绝无可能通过此路拿下亚喀巴,故一起制定了紧急计划,并分头行动起来。如不将这支劲旅击溃,我们两个月来的艰辛努力皆将化作泡影,之前取得的全部成果也将毁于一旦。

所幸敌人用兵不当,给了我们可乘之机。他们在山谷中酣睡之时,我们已悄然将四周山头团团围住,并有规律地朝他们在山坡下方和水源边岩石上的驻扎阵地频繁地展开狙击，试图激起他们冲上山头与我们正面交锋。与此同时，扎尔也带着骑兵奔到平原上，破坏马安赖以通信的电报和电话线。

局势就这样僵持了一整天。暑气难当——这是自我在阿拉伯半岛以来遇到的最令人生怖的酷热——外加焦虑和不断转移带来的煎熬，令人难以支撑。一些强悍的部落人甚至中暑晕厥，腿脚发软，或被人抬到岩石的阴影下休息。为了弥补机动性和人数的劣势，我们上下跑动，甚至不惜长途穿行至远处山头寻找新的狙击点，从而让土耳其人无法准确估算我们的人数。陡峭的山坡令我们气喘如牛，刚要迈步，蔓生的杂草就伸出无数小手，将我们的脚踝牢牢拽住，令人奔跑不得。山脊上冷不丁横生出来的石灰石岩架锋利异常，将我们的脚割伤，此时离天黑尚早，而我们中最精力过人者也已开始步履蹒跚了。

来复枪经过暴晒和持续射击之后已烫得无法握住，且我们每开一枪都需要精打细算，没有十足把握绝不轻易开火。我们瞄准时趴着的岩石已如火烧，烫破了我们的胸膛和手臂，稍后这些部位的皮肤也大片脱落。逞一时之快加速了我们的干渴，而我们的饮水也早已告罄；我们抽不出人再去巴特拉取水，但如果我们无法饮水，那最好其他人也休想得到。

我们不断安慰自己，至少敌人被围困在山谷，远比我们开阔的山头还要窒闷，而且他们是细皮嫩肉的土耳其人，忍受不了这样的热度。于是我们耐心和他们周旋，不给他们任何轻易移动、聚集或突围的机会。他们束手无策，我们移动迅速，分散作战，令他们开枪找不到靶子。同时他们的小山炮也沦为我们的笑料，每一次开火都飞跃我们头顶，在我们身后的空中爆炸；而且，显然，他们从洼地上把我们看得一清二楚，只能咬牙切齿不停地猛烈轰击。

到了下午我中暑了,或者也可以说是装病,因为我已经精疲力竭,顾不上关心战局。于是我匍匐前进至山中一个泥坑处,用衣袖将其中流出的涓涓浊水过滤了一下,便吮吸起那泥浆中的水分来。纳西尔也加入了我,他像野兽般喘息着,龟裂淌血的嘴唇痛苦地抽搐着;老奥达也出现了,昂首阔步,瞪着满眼血丝,沟壑纵横的脸上洋溢着激奋之情。

看到我趴在地上寻找阴影纳凉,他龇牙咧嘴地笑着狠狠厉声挖苦我道:"好啊,现在领教到霍威塔特人的厉害了吧?光说不练吗?""天杀的,这话一点儿没错,"我正看所有人不顺眼,立即反唇相讥,"他们子弹费得不少,命中的敌人却没几个。"奥达闻言气得脸色苍白,浑身发抖,一把将头巾扯下扔到我身旁的地上,然后发狂般冲上山头,用粗哑的嗓子嘶声竭力地召唤手下集合。

这些人汇集在奥达跟前,片刻之后便分散朝山下冲去。我担心局面失控,便挣扎着前去探看,他傲然独立于山巅,虎视眈眈着敌人,只对我丢下一句话:"要想看大爷给你露一手,就赶紧去骑骆驼。"纳西尔也招来自己的骆驼,和我一起跟了上去。

阿拉伯人纷纷超过我们,疾驰入一座小山岗的山坳处;这下我们明白山后便是通向阿巴利散山谷那道长长的缓坡,位置大概就在泉眼下方。四百骑兵队形紧凑,正好避开敌人的眼目藏身于山坳。我们骑到队伍前头,问西姆特(Shimt)意欲何为,骑兵现在又冲向何方。

他越过上方的山脊指向下一座山谷说:"和奥达在那边。"话音刚落,山头后方突然迸发出震天的怒吼和枪炮声。我们猛抽骆驼狂奔至崖边,看见我方五十名骑兵正俯冲下最后一截坡道杀入山谷,如风如电,难驭难遏，同时在座鞍上乱枪齐发。就在观望的当口，已有两三人摔下骆驼，但剩余数百人又前赴后继，以惊人的速度推进。土耳其步兵聚在山崖下严阵以待，意欲破釜沉舟，杀出重围逃向马安。黄昏时分他们的阵线开始动摇，最后终于在大军的冲击下乱了阵脚，在奥达的横冲直撞之下溃不成军。

纳西尔张开鲜血淋漓的嘴，对我高叫"跟上！"，然后和我一道猛扎入山谷，迎头截住四散逃窜的敌军。这道缓坡对骆驼而言并不陡峭，但也足以让它们好一番风驰电掣，甚至有点收不住四蹄。纵使这样，阿拉伯人依然能左突右闪，瞄准土耳其人开火。奥达在后方的血腥的攻击已令土耳其人分身乏术，完全没有注意到我们自东面山坡包抄，因此当他们看到侧翼突然以十三英里的时速杀出一队骆驼，登时吓得魂不附体。

我的谢拉拉特赛驼南玛此时也奋不顾身地狂奔起来，霎时便将其他人甩在后头。土耳其人朝我们开了几枪，但大部分人都被吓得惊慌失措，抱头鼠窜；他们的射击也并未对我们造成太大影响，因为想要射杀一只高速冲刺的骆驼，仅凭区区几枪无济于事。

我此时一马当先，拔枪射击，当然用的是手枪，因为只有技艺出神入化之高手方能骑着步履腾跃的骆驼使用来复枪；这时我的骆驼突然浑身一软，一头向下栽去，仿佛被人用大斧腰斩了一般。我整个人被甩出座鞍，在空中飞了老远，然后重重地砸在地上失去了感知，几乎要灵魂出窍。我躺在那里，静静等着土耳其人来结果我的性命，嘴里还不停地呢喃着一首几乎快要忘却的诗，它的韵律就随着刚才骆驼冲向山下的铿锵蹄声突然回响在脑海：

为我的主啊，赐我尽享百花芬芳，愿专撷世间悲伤之玫瑰，故而，我双足踏血,两目凝珠。①

于此同时我脑子的另一部分还在想着,一旦千军万马从我身上踏过,那我必会成为一滩烂泥。

吟完诗篇又过去了良久,并不见土耳其人的踪影,也没有骆驼从我身上踩过,仿佛有帷幕在耳畔揭开,自前方涌来排山倒海的喧嚣。我坐起身来,看见厮杀已经结束,我们的人正在集合向前推进,将残兵败将赶尽杀绝。我骆驼的尸体如一颗石头般横在我身后,将冲锋的人流劈作两股,而我开第五枪时不慎射歪的那颗子弹,还沉甸甸地嵌在它的后脑勺中。

穆罕默德牵来了我的备用骆驼欧倍德(Obeyd),纳西尔也从战场上返回,身后牵着他从穆罕默德·德黑兰屠刀下救出的土耳其指挥官。这笨蛋已身负重伤,却依然不肯投降,试图掏出手枪反抗,想要改写战局。霍威塔特人这一仗下手狠毒残忍,因为昨日屠杀手无寸铁的妇孺是他们在战争中闻所未闻的恶行。仅有一百六十名战俘逃过一劫,但大都伤痕累累;其余三百人要么奄奄一息,要么已曝尸荒野。

也有几个敌人趁乱逃走了,在他们贾兹族向导的指引下,队伍中的炮兵,一些骑兵和军官已溜之大吉。穆罕默德·德黑兰一气追至三英里外的默雷加(Mreigha),一路叫骂不休,令他们闻风丧胆,再也不敢出现在他面前。穆罕默德拥有高超的政治智慧,对族人相当友善,从未与奥达及他兄弟们肩负的血海深仇有过半分瓜葛。曾好意向我们通报杰佛水井情况的戴夫-安拉也混在逃兵中一并撤退。

奥达大跨步走来,双目中跳动着狂喜之情,凝视着硝烟未散的战场,口中语无伦次地喋喋不休道:"我让你知道我的厉害,让你看看

---

① 此处为英国诗人欧内斯特·克里斯托弗·道森(Ernest Christopher Dowson)(1867年—1900年)的作品《矢志不渝》(*Impenitentia Ultima*)中的一段。

我的手段，谁还说我光说不练，我就练给你看看，让你尝尝我子弹的滋味，阿布塔伊族……"说着还将他那副摔得七零八落的野战望远镜，千疮百孔的手枪套，以及被割得支离破碎的皮刀鞘高高擎起。敌人刚才曾对他一通扫射，他骑的牝马也因此阵亡，纵使有六发子弹打穿了衣衫，他却依然在万弹齐发中毫发无损。

后来奥达私下秘密对我透露，十三年前他斥资一百二十镑购买了一本有避邪神力的《可兰经》，自那之后便刀枪不入。确实，他那张脸即使死神看到也会退避三舍，转而将卑鄙的魔爪伸向他的兄弟、儿子和随从。那本书无非是普通的格拉斯哥①（Glasgow）翻印版，定价十八便士；但奥达对其笃信到几乎走火入魔，因此无人敢嘲笑他的迷信。

这一仗令奥达好不快哉，主要是因为他展示了自己族人所向披靡的战斗力，令我哑口无言。穆罕默德却对我们这两个傻瓜暴跳如雷，因为我只为了逞一时口舌之快，使得他的手下冒着可能会全军覆没的危险浴血厮杀，简直就如同拿石头砸傻瓜惹是生非一样荒谬。虽然队里实际只有两人阵亡，一个鲁瓦拉人，一个谢拉拉特人。

当然，任何人的牺牲对我们而言都是一件憾事，但时不我待，占领马安已迫在眉睫，如能震慑横在我们和大海之间的土耳其守军，令其闻风丧胆，缴械投降，折损更多的战将我也心甘情愿。乱世当前，任何人在死神面前都罪有应得，且不名一文。

我将战俘押来审讯，问他们关于自己和马安部队的情况；但他们都已吓得屁滚尿流，无法自持。有的瞠目结舌干瞪着我，有的则颠三倒四胡说一通，其他人便哀哀饮泣着，抱住我的膝盖，矢口否认我的全部指控，称自己亦是穆斯林信众，和我皆是情同手足的教友。

---

① 英国第三大城市，苏格兰第一大城市。

最后我终于发作起来，将其中一个囚犯带到一旁动刑，旧伤加上新痛的双重打击令他清醒了一些，回答得略有条理，也颇令人信服。他们是唯一的援军，而且只是后备营；马安自身两个连的兵力完全无力守住整片区域。

这意味着我们可以长驱直入，尽管此役已取得了丰硕的战果，霍威塔特人还是得陇望蜀地吵吵嚷嚷，迫不及待想要将马安城内的金银财宝洗劫一空。最后在纳西尔，甚至奥达的帮助下，才将他们按捺住。我们没有物资支援，没有正规军的帮助，缺枪少炮，除了沃季赫没有更近的基地，没有通信设备和渠道，甚至没有钱，因为我们的黄金已全部花光。我们甚至自己发行钱钞支付军饷，并许诺"在攻占亚喀巴之日"兑现。此外，我们的战略方针并未因为战术上的取胜而改变，依然要继续向海岸线推进，重新打通与苏伊士的陆海联系。

两路大军压境，肖贝克驼群遭劫，哈吉地区的大爆破，以及援军被围歼的消息纷至沓来，令马安城风声鹤唳，惊慌失措。土耳其司令部急电求援，文职要员开始向卡车上装运文件档案，然后火速朝大马士革逃之夭夭。

第五十四章

与此同时，阿拉伯人开始大肆洗劫土耳其人的辎重火车和营地；月亮初升不久，奥达来找我，说必须出发了，这令我和纳西尔极端恼火。今晚，在四千英尺高的阿巴利散，历经一整天的酷热和鏖战，刮起了露气寒重的西风，潮湿的凉意浸入伤口，更加剧了疼痛。泉水如一道银绢，潺潺流过鹅卵石河床与青柔碧草，我们就裹着斗篷躺在草地上，心里盘算着该弄点什么好吃的：因为此时我们已完全沉浸在成功的快感当中无法自拔，这种面对胜利自然产生的生理反应逐渐加强后，令人觉得世间并无可成之事，且自己也总是一事无成。

奥达执意要走。部分是因为迷信——刚死者的冤魂在身边围绕令他恐惧；另一部分是担心土耳其会大举反扑；还有部分原因则是我们大战刚过，体力虚弱，疲惫不堪，他唯恐霍威塔特其他部族趁机偷袭。其中有前来向他寻仇的世敌；或其他本想投效我们，但却在黑暗中将我们误认为土耳其人的队伍，从而盲目开火。于是我们纷纷起身，将那些捶胸顿足的囚犯排成一列。

大部分人都只得徒步。约有二十匹骆驼在冲锋中阵亡或受伤不治，有些又太过疲弱无法承载两人。剩余体力稍好的骆驼背上都驮着一个阿拉伯人外加一个土耳其俘虏；但有些土耳其士兵伤势过重，甚至无法在后鞍坐稳。最后我们不得不将二十来人留在小溪旁茂盛的草地上，这样虽然他们存活或获救的机会渺茫，但至少不会渴死。

纳西尔亲自去为这些被留弃的人讨毛毯，因为他们全都衣不蔽体；趁阿拉伯人打包行李的当口，我走下刚刚激战过的山谷，看看是否能从死者身上收集可用的衣物。但捷足先登的贝都因人早就将他们全都剥得精光，这亦是他们展示荣耀的重要手段。

对阿拉伯人而言，穿着敌人的衣服是搜刮战利品的核心要义，因此第二天，我们的队伍摇身（上半身）一变成了土耳其军队，每个人都穿着一件战士的束腰制服。由于这是一支刚新征募入伍的部队，因此衣着挺括光鲜，装备崭新齐全。

死去的人有种不可思议的美。闪烁月光自夜色里轻轻洒落，柔柔地为他们罩上一层象牙色的新辉。土耳其人衣物遮蔽下的皮肤非常白皙，和阿拉伯人判若云泥；且这些士兵都很年轻。黑漆漆堆叠的苦艾将他们围绕，枝叶霜露沉重，在月光的余晖下仿佛飞溅的浪花在闪耀。尸体随意抛掷在地上，蜷成一团，分外可怜。显然，如果能伸直躺平，至少看起来体面舒服一些。于是我将他们依次排好，一个挨着一个，我已筋疲力尽，甚至希望自己也能像这般息于安宁，而非作为这山谷里一名躁动嘈杂，不知满足的乌合之众，为了战利品大打出手，吹嘘自己的速度和力量，沾沾自喜于自己还能挨过天知道多少次这样的折磨和痛苦；大限将至，无论成王败寇，都只能静待最后的消亡。

最后我们这支小队伍终于整装完毕，伤痕累累地向山顶缓缓进发，进入山头后方风吹拂不到的谷地；在这里，疲劳的人马终于合眼休息，而我们则忙着口述给沿海霍威塔特族各沙伊赫们的信函，向他们通报告捷的消息，让他们前去攻打占领就近的土耳其军营，等待我们的到达。我们对一个被俘的军官相当友善，他是一个被正规军所不齿的警员，在我们的劝服下担任起我们的土耳其语书记员，替我们草拟了送给前往亚喀巴途中圭维拉、克瑟拉（Kethera）和哈德拉（Hadra）三处哨站指挥官的信函，告知他们，顺我者昌，逆我者亡，只要乖乖就范，我们保证会给予宽大处理，将他们安全遣送回埃及。

我们奋笔疾书到天亮，然后奥达领队出发，沿着开满石楠、杜鹃的山谷，走完这群山环抱中的最后一英里路程。这是一种回到家乡般亲切温馨的感觉，直至走过最后一道青翠河岸，放眼往前，除了一片寂寂青空再无他物，我们才猛地如梦初醒。这样迷人的场景变幻令我陶醉不已；后来，无论多少次重回此地，心中总会涌起一股渴望，簇拥着我快马加鞭登上山头，尽情眺望这无尽旷野。

施塔（Shtar）山的山腰在我们脚下如龙蛇般骤然而去，绵延数百英尺不绝，那隆起的曲线像一座座堡垒，直指天光乍开的夏日云翳；山脚则踏住圭维拉平原这片开阔的新生地。泥土与石楠覆满阿巴利散浑圆的石灰石山腹，绿意盎然，汁液丰沛。圭维拉是一片粉色沙地，其上灌木丛生，水道迤逦。光芒灼灼的砂岩丘岛和崖壁遥遥拔地而起，将这一切尽揽入怀，饱经风雨擦洗打磨的斑驳岩体，在朝阳照射下如圣光降世般瑰丽多彩。

在高地山谷的监牢中盘旋多日后，看见这心旷神怡的自由边界，仿佛终于得天垂怜，窗透囚墙。由于骆驼背上的颠簸摇晃令人昏昏欲睡，令人无暇观赏沿路风景，所以我们耐心地沿着蜿蜒曲折的小路徒步而下，好尽享这不可方物之美。骆驼们在山脚发现了丛生的荆棘植物，便尽情嚼食起来；带队的我们于是下令休息，来到如沙发般柔软的沙地上毫无戒备地倒头酣睡。

奥达来了，我们分辨说这是为了体恤那些濒临崩溃的战俘。他回答说，如果我们继续上路，他们必会累死，但如果再这样蹉跎时间，我们也会一并丧命。我们的饮水已所剩无几，口粮则全部告罄，这是不争的事实。尽管如此，我们还是依依不舍，只继续前进了十五英里，在圭维拉不远处再次停下宿营。在圭维拉静观以待的谢里夫伊本·贾德（Ibn Jad）一直在权衡事态发展，打算相时而动；而如今我们占尽上风，这只老狐狸终入彀中。他与我们会面之时极尽巴结逢迎之事，我们将一百二十名土军俘虏交予他看管，并同意他在闲暇之余安排时间将他们押解至亚喀巴，以减轻长途行军的负担。

今天是7月4日。时间已所剩不多，且还面临着饥饿的威胁，而亚喀巴仍与我们隔着两道防线。我们向最近的哨站克瑟拉摇旗示意谈判，但均遭无视。哨站处于山谷之上的悬崖，可谓一夫当关，万夫莫开——不付出血的代价恐怕难以攻克。作为嘲讽，我们将这一重任指派给了伊本·贾德以及他孜孜不倦的手下，建议他天黑后采取行动。他畏缩不前，找各种借口搪塞，推说时值满月，过于明亮。但我们不为所动，向他保证入夜晚些时候月亮便会隐去。我的日记显示当日出现了月食，诚可谓恰逢其时，阿拉伯人趁机对哨站发起强攻，在不损一兵一将的情况下，将那些正乱哄哄忙着对天开枪，敲锣鸣金，试图抢救这颗岌岌可危卫星的迷信士兵们一举击溃。

这让我们吃了一剂定心丸，继续带兵穿过浅滩般的平原。被俘的土耳其指挥官尼亚兹·贝（Niazi Bey），现在已被纳西尔奉为座上宾，以免遭受其他贝都因人的羞辱。此时他悄悄骑近我身旁，浮肿的双眼和哭丧的面颊写满了内心的愤懑，向我抱怨有个阿拉伯人刚才用土耳其脏话辱骂他。我向他致歉，并指出那一定是从他土耳其同僚口中学来的，阿拉伯人只是用其人之道还治其人之身罢了。

但这位行道之君并未就此罢休，从口袋内掏出一团干巴巴的面包，问我是否该让土耳其军官吃这样的早餐。这是我天造地设那一对手下在圭维拉时，从一个土耳其士兵手中买来，或者说发现，也可以说是偷窃来的配给口粮，然后被我们平分作四份。我告诉他这不是早餐，而是午餐和晚餐，甚至还是第二天赖以果腹的全部。我，身为英军参谋官（伙食绝对不比土耳其差），将这胜利的果实视为珍馐美味。让他食不甘味的并非是面包，而是战败的耻辱，并且请求他不要将这场事关双方荣辱的论战怪罪在我的头上。

随着我们一路深入，伊腾旱谷本就逼仄的隧道变得更加错综险峻。我们在开瑟拉下方发现了一座废弃的土耳其哨站。这里的士兵已被调至卡德拉（Khadra），那是一处拥有深沟高垒的坚固据点（位于伊腾旱谷出口），足以抵御任何从海上登陆的作战力量，将亚喀巴牢牢置于监视之下。但不幸的是，他们从未想到过我们会改行内陆，而他们所有固若金汤的防御工事没有一处朝向内陆防守。我们这次出其不意地剑走偏锋，定能打他们一个措手不及。

下午时分我们已接近该据点的主阵地，并从当地阿拉伯人口中得悉，亚喀巴周边各哨站都已进行过撤除或精简，因此横亘于我们和大海之间的，便是这最后的三百余人。我们下鞍召开了一次顾问会议，听闻敌军尚在负隅顽抗，深沟高垒足以抵御炮击，且还新挖了一口自流井。据传口粮匮乏是他们的唯一软肋。

我们也已粮草匮乏，如此时局便僵持不下。战事指导会举棋不定，众说纷纭，意见有时谨慎小心，有时激进冲动。峡谷白热如炽，令人心绪烦扰，身体焦躁，日头自花岗岩顶峰绽射出万丈精光，将密不通风的迂回河床也填满闷热之气。

我们兵力已经翻了一倍，人多马众让山谷狭窄的空间拥挤不堪，使得我们不得不两三度中断会议。一则是因为不宜让众人听到我们争论不休，二来则是无法忍受被这么多久未盥洗的体臭味包围。我们额头青筋暴涨，脉搏像时钟般簌簌跳动。

我们向土方发出信号，先是挥动白旗示意，然后亮出土耳其战俘，但两者得到的回应都是枪击。此举激怒了贝都因人，就在我们还未议定对策之时，突然冲上岩石，对着敌军一阵疯狂地扫射。纳西尔赤足冲出去制止他们，还未跑出十步远，便尖叫着被滚烫的地面赶回来找凉鞋穿；而我则蹲伏蜷缩在小小的阴影里，厌倦地袖手旁观（他们已经磨光了我的耐性），懒得理会最后到底是谁出面平息了这股冲动。

尽管如此，纳西尔还是成功了。法拉杰和达乌德是此次骚动的罪魁祸首。作为惩处，他们被送至灼热的巨石上，直至被烤得跪地求饶为止。达乌德一上去立马就屈服了；但外表柔弱的法拉杰才是两人中个性更为倔强不驯者，在第一块石头上尚嬉皮笑脸，第二块时脸色铁青，直至要他坐上第三块石头时，才颇为不甘地快快求饶。

他的冥顽不灵本该受到更为严厉的惩戒，但我们居无定所，唯一能做的也只有频繁地体罚，早就让这对活宝见惯不怪，而我对此亦乏腻不堪。如果一味采取这种暴虐的手段，肉体的疼痛只会激起他们更为疯狂的举动。他们只是错在胡闹贪欢，年少轻狂，不分轻重，在旁人愁苦的时候依然开怀笑闹；就为了这样的懵懂无知而残忍地将他们视为罪犯一般，催逼得他们意志崩溃，肉体承辱，从而丧失掉男人的气概，在我看来是种耻辱，对同受太阳恩泽的物种几乎算是亵渎，更何况他们还是涉世未深不知艰险的孩子——而这正是我所知道最为勇敢，也最令人羡慕的品质。

我们第三次尝试和土耳其守军谈判，由一名自称知道该如何行事的小兵出面斡旋。他脱下衣服，除了靴子之外几乎赤身裸体地奔下山谷。一小时后，他自豪地捎回了口信，对方口气非常礼貌，称如果两天之内不见马安的援军，他们便会投降。

如此这般的荒谬愚蠢（因为我们不能无限制地压制手下进攻的热情）或许意味着土耳其人将被屠宰殆尽。虽然这并不会给我带来太大的悲悯，但我亦宁愿他们能保住性命，以免那鲜血淋漓的一幕令我们痛苦。除此之外，我方也可能有所伤亡。月色澄明之时发起夜攻亦同暴露在白昼下无异。且这一仗不像阿巴利散，因时间紧迫而不得不行。

我们给了小兵一索维林①（Sovereign）作为嘉奖，并与他一道走下

---

① 英国发行的黄金铸币，面值一镑。

土耳其战壕,派他去找一名军官出来和我们交涉。里面好一番踌躇之后,总算有人出面,我们便向其解释后方路上的局势;我们膨胀的兵力;以及无法继续遏制手下的急躁情绪。最后他们给出答复,明日一早即刻投降。于是我们又按捺住口干舌燥,大睡了一觉(这绝对算得上值得彪炳史册之盛事)。

次日破晓,四下鹊起激战之声,数百名山区部族连夜赶来,使得我们人数又翻了一倍;此外,由于他们并不知道我们的计划安排,开始向土耳其人开火,土耳其人旋即进行抵抗。纳西尔便带着伊本·德黑瑟尔和他的艾格利部队两两列队而行,下至谷底开阔地带,令我们的人停火休战。土耳其军也停止射击,因为他们的士兵已尽失斗志,断粮无炊,并认为我们补给充裕,于是投降得来全不费工夫。

就在阿拉伯人蜂拥而入搜刮洗劫之时,我注意到一位穿着灰色制服的工程师,他蓄着红色胡须,蓝眼眸困惑迷离;我用德语和他交谈,才知道他是一名掘井员,也不会说土耳其语。最近发生的一切令他如坠云里雾里,并祈求我解释来意。我告诉他,我们是反抗土耳其的阿拉伯起义军。他闻言对此颇为赞赏,并想知道我们的领导是谁。我说是麦加谢里夫,他以为自己将被押送去麦加,我告诉他应当是埃及。他打听市面上的糖价,当听到我说"又多又便宜"后,他非常高兴。

他对自己财物的损失泰然处之,倒是那口水井令他难以割舍,只要再过不久即可完工,聊以纪念。他带我去看井的位置,以及只装了一半的水泵。我们用裹满泥浆的水桶汲了很多甘美的井水,以解干渴之苦。接着,我们顶着强劲的沙暴,骑行至四英里外的亚喀巴。7月6日,在离开沃季赫整整两个月之后,我们再度扎入大海纵情嬉戏。

卷五　标志性时刻

第五十五章至第六十八章

攻占亚喀巴是汉志战争的尾声，同时我们亦担负起协助英军进攻叙利亚的重任。阿拉伯部队在亚喀巴的行动，已在实质上成为西奈战场艾伦比将军的右翼。

作为这一关系转变的标志，费萨尔连同手下的部队，一并转归艾伦比将军统辖指挥。艾伦比此时全权负责其部队的用兵及补给事宜。与此同时，亚喀巴地区也被我们整合成一处固若金汤的堡垒，从而实现对汉志铁路的钳制。

第五十五章

　　隔着飞旋的沙尘，我们隐隐看见亚喀巴已沦为一片废墟。英法战舰持续不断的炮击将其夷为平地，只余满目疮痍。饱经时间考验的坚固遗迹早已褪尽往昔荣耀，残垣断壁孑然而立，处处一片狼藉。

　　我们漫步至一片棕榈林下，旁边便是浪花飞溅的大海，坐在这里看着手下鱼贯而过，个个脸上除了茫然的激动，剩余的只有空虚。数月来，亚喀巴的地平线令我们魂牵梦绕，矢志不渝：我们再没有其他念头，也拒绝有其他念头，眼中旁无二物。如今夙愿已偿，我们对这个地方略带鄙夷，为了达成这个目标苦心孤诣，倾力付出，但心灵和身体都并未因此得到分毫解脱。

　　胜利的虚无之光让我们几乎迷失了自己。我们不知所措地交谈，六神无主地呆坐，揉搓摆弄着白袍，疑心能否了解或知道自己当是何人。他人的喧嚣听来如堕幻梦，是深海灌入耳中的歌声。再一次，我们不知如何调动自己的本能去应对这种不请自来、挥之不去的生活带来的惊惶。而我更是格外举步维艰，因为我虽然见解敏锐，但却从未留意过人物的外在，总在窥探表象之后，自行揣测他的精神应当如何。但今天每一个人都如愿以偿，深陷其中，无法自拔，这一切也随之失去了意义。

　　饥饿将我们召回了现实。如今除了自己的五百名将士，外加两千名满怀期待的盟友之外，更多了七百名战俘。我们已身无分文（或者，确切地说，根本没有市集购物）；而我们进最后一餐已是两日之前。如果靠屠宰骑乘骆驼度日，足以支撑六周，但这既不利消化，也暴殄天物，若此时杀鸡取卵，日后终寸步难行。

　　头顶棕榈枝头椰枣葱翠垂累。此物生食令人作呕，并不比忍饥挨饿好过多少,且烹煮后依然令人嫌恶;所以我们和战俘总在饥饿的凄楚中进退维谷,大约日日忍受饥肠辘辘的强烈痛苦总比口不择食引鸩止渴来得体面。饱食终日脍不厌细的生活方式已经将英国人的身体训练到了相当的高度,一到定时而餐之际肠胃便兴奋痉挛:我们有时还将这种现象美其名曰饥饿,借此往狭肠窄胃中胡吃海塞。阿拉伯人的饥饿,是长期劳役的空乏肌体即将因虚弱而晕厥之际发出的呐喊。相比我们的山肴海错,他们只需取一瓢饮,且消化系统会竭尽其用。游牧民族的队伍所产生的排泄并不能为大地的沃饶贡献多少肥料。

我们押解的四十二名军官俘虏则令人难以忍受。在知道大家都只能断齑画粥之时,依然对来之不易的食物弃之不顾:实际上,他们认为我们这么做是在刻意折磨他们,并要求提供各种美味,仿佛我们的鞍袋内藏着开罗的无尽资源。为了避开他们,我和纳西尔干脆蒙头大睡。这一额外的小小安宁被我们视为完成每一个阶段性成果的标志,因为一旦在沙漠中躺下,只要用斗篷裹住面颊,无论真睡假寐,世界都只剩你和苍蝇。

晚间,胜利后初期的排斥反应开始消退,我们开始考虑如何在攻克之后守住亚喀巴。我们决定奥达当返回圭维拉,在那里,他可以得到席塔山脉和圭维拉沙漠的掩护。实际上,这已是上上之策,但我们还是采取了大量的安全措施,以求万无一失。我们将在他北面二十英里处的纳巴散佩特拉(Nabathean Petra)凭借岩石要塞的废墟设置前哨阵地,并和达拉哈(Delagha)的哨站联动。奥达也将派人前往巴特拉,如此一来,他手下的霍威塔特人就围着马安高地边缘这四个据点围成一个半圆,钳制住通往亚喀巴的所有道路。

这四个据点互相独立。敌人对戈尔茨那套理论生搬硬套,深信深沟高垒皆应环环相扣。我们则希望他们倾力对其中一个发起攻击，然后在其间困坐愁城，饱尝一个月坐立不安的滋味，无力再对剩下三个采取行动，只得抓耳挠腮望洋兴叹，不明白为何其他堡垒没有应声而败。

三餐不继令我们意识到必须向一百五十英里远的驻苏伊士英军发送消息，要求补给舰的支援。我决定亲自出马，带领全是霍威塔特人组成的八人队伍，骑着脚程最健的骆驼——其中一匹便是诺瓦瑟拉族（Nowasera）和本尼沙赫族为之大打出手的七岁名驼杰达（Jedhah）。我们绕着海湾前行，一路讨论该以何种方式完成此行。如果我们走得太慢，骆驼虽然轻松，但难免饿死之虞。如果我们日夜兼程，则可能因为脚力不济而在沙漠中崩溃力竭。

最终我们决定以步行之速前进，无论路况如何，一天二十四小时之内能走多久便走多久。在这等不休不眠的考验中，人类，特别是一个外地人，通常会比驮畜更早累垮：尤其我在过去的一个月每天都保持五十英里的骑行强度，体力已濒临透支边缘。如果我能挺过去，便可在五十个小时后抵达苏伊士；此外，为了节约途中举炊休息的时间，我们座鞍后还塞着煮熟的驼肉和烤过的椰枣。

我们沿着这条为朝觐团铺设的粗糙的花岗岩石路，向西奈坡地的圣殿废墟骑去，每一级台阶约提升三又二分之一度。由于行得匆忙，我们攀爬得极为吃力，在日落前登上山顶时，人和驮畜都已累得浑身颤抖。我们将其中一匹无法胜任的骆驼遣回，然后催策着其余的骆驼到平原上的灌木丛中进食了约一小时。

临近午夜我们抵达瑟麦德（Themed），这是此行途中唯一的水井，位于西奈警察局一座废弃岗亭下方的清幽山谷中。我们让骆驼歇息一刻，喝足水，自己也畅饮了一番后继续蹒跚前行。暗夜的万籁俱寂感如此强烈，令群星笼罩下的我们自座鞍上频频回顾，总是幻听到虚妄之响。那只是我们踏过浓密低矮植株的噼啪声，馥郁香气萦绕身畔，如幽魂般徘徊不去。

跋涉良久曙光方姗姗来迟。日头升起之时，我们已深入平原，地表无数水道百川归一，直指阿里什（Arish）。我们便在此小憩片刻，让骆驼略吃点路旁的枯草凑数。接着我们再度骑行至中午，午时过后，奈赫勒废墟孤子的影子便在海市蜃楼中了然浮现。此时我们转向右行，直至日落又休息了一小时。

骆驼已懒怠迟乏，我们也筋疲力尽；但杰达的独眼主人莫特洛格（Motlog）叫我们继续上路。我们重新上鞍，机械地向米特拉山（Mitla Hills）上攀登。月华初现，石灰石质的山峰波浪起伏，如水晶出雪般剔透闪烁。

破晓时分我们经过一片瓜田，这是一些勇于冒险的阿拉伯人偷偷在敌军夹击下的无人之境里偷偷开垦播种的。我们在此消磨了又一小时的珍贵时刻，松开厌烦倦怠的骆驼在沙谷中觅食，自己则掰开那些尚未成熟的果实，让皲裂的嘴唇尽享汁液甘甜的抚慰。接着我们迎着新的一天升起的热气再度启程，好在运河区的山谷中时时有苏伊士湾的清风拂过，并不会感到过于窒闷。

我们开心地沿着起伏不定的沙坡上下骑行，天时过半便横越而出，进入平坦原野。遥远前方空陷处的海市蜃楼中，飘忽不定的模糊点阵摇曳天地，我们据此可大致估测出苏伊士运河的方位。

我们来到一处深邃的战壕线，林立的堡垒与铁蒺藜，交错的道路和铁轨，皆残败不堪。我们一路畅行，穿越此地直奔目的地夏特（Shatt），一个苏伊士亚洲河岸一侧与之遥遥相望的驿站，终于在离开亚喀巴四十九小时后，于下午三点左右抵达。按部落劫掠标准来看，这一速度也算差强人意，何况我们在出发前就已人马劳顿。

夏特混乱异常，两三天前此地发生了瘟疫，如今甚至未遇半个卫兵盘查阻拦。原有的营房都匆匆撤除，暂居在沙漠的干净地带，空余独立的帐篷支柱。当然我们事先对此一无所悉，只得在空弃的办公室内乱转，直到发现一部电话。我随即致电苏伊士总部，告知我需要渡河。

对方遗憾地表示自己对此并无干系。运河航渡事宜皆由内河航运署（The Inland Water Transport）负责调动安排，自有一套行事章法，口气中似乎对这一章法与总参背道而驰暗含不屑之音。由于我从未与这些名义上的同僚有过半分志同道合，便继续勇往直前，致电水务委员会（Water Board）办公室，向其解释我刚从沙漠中赶来夏特，有要事向总部汇报。他们满含歉意，但此时却无空船可以调遣，明日一早必能派船前来，将我送至检疫局（Quarantine Department）：通话就此结束。

第五十六章

截至此时我已在阿拉伯半岛马不停蹄奔波了四个月之久。最近四周来，我在骆驼背上骑过了一千四百英里，为了赢得这场战争可谓不遗余力；但我已不愿与身上安居乐业的跳蚤再度过肌肤相亲的一夜。我想要洗个澡，喝点加了冰块的酒，换下这一身肮脏到蚀骨贴皮的衣物，再吃一点比绿椰枣和骆驼筋更可口开胃的食物。我再次电话内河航运署，像圣金口若望屈梭多模①（Chrysostom）那样与之委婉周旋，但成

---

① 指约翰一世（John Chrysostom），247年—407年，正教会君士坦丁堡大主教，重要的基督徒早期教父，以出色的雄辩和演讲能力闻名于世。"屈梭多模"即为希腊语音译，意味"金口"，借此赞美其口才。

效甚微，于是我激进起来，但他们又一次挂断了电话。就在我火冒三丈之时，军用交换机那端飘来一个亲切的北方口音："这样真他妈不太好哦，先生，直接找水务局那群臭鼻屎吧。"

此语显然是真情流露，而这位口音浓郁的接线生还替我连线至载运办公室（Embarkation Office）。李特尔顿（Lyttleton）这位全世界最为忙碌的少校便在这里日理万机，除繁杂不堪的本职工作外，还要设法逮住每一艘进入苏伊士运河的红海战舰，劝说（有些人就是如此乐此不疲！）其腾出一些空间来替沃季赫和延布装载补给。他就这样在工作之余挤出时间，替我们调派转运了数以千计的物资和人员，且分文不取；还要抽空对我们这些奇怪家伙的奇怪要求致以诚挚的微笑。

他从未令我们失望。当听说我是何人，身在何处，以及内河航运署的种种不作为之后，一切困难皆迎刃而解。他的汽艇已候命待发，半小时内即可抵达夏特。他要我直接到他办公室，并未对我解释（大约直至战后）为何一艘普通港务汽艇未经水务委员会的许可便能进入神圣的苏伊士运河，总之一切都如他所愿得以实现。我将手下和骆驼派去北部的库伯瑞（Kubri）；我则会从苏伊士发电报去该地，替他们在亚洲河岸的军用驮畜营打点食宿事宜。当然，作为犒劳，稍后还会安排他们前往开罗尽享一次狂喜惊叹之旅。

李特尔顿看出我的劳累困顿，立即让我去酒店休息。许久以前，这种旅社在我眼中堪称寒酸，如今则显得富丽堂皇；在一开始因蓬头垢面衣衫褴褛而吃了闭门羹之后，我终于得到了梦寐以求的热水澡、冷饮（六杯）、晚餐与床铺。经西奈酒店一位乔装成欧洲人的间谍的指点，一位古道热肠的情报官担负起了在库伯瑞替我照顾人马的重任，并提供他们次日前往开罗的车票和通行证。

运河区对民事交通励精图治的"管控"为这趟乏味旅程平添许多乐趣。一支由埃及人和英国人混编成的宪兵队伍到火车内巡视,仔细盘查了我们一番,并检视通行证。放行人员理当被挑衅刁难,因此我用流利的英语应声作答他们阿拉伯语的盘问:"麦加谢里夫的参谋",令其大吃一惊。队长并未料到会听到这样的言语,恳请我再说一次。我复告知他我身着的是麦加谢里夫参谋制服。他们看着我光溜溜的脚丫、白色丝绸长袍、金色头巾圈和匕首,简直难以置信!"哪支部队,先生?""麦加部队。""从来没听过,也没见过这制服。""你能认识门的内哥罗①龙骑兵(Montenegrin Dragoon)的制服吗?"

这句话正中要害。任何穿着制服的协约国军人都可以不持通行证而畅行无阻。宪兵不可能认识所有的盟军,更别提分辨他们的制服了。我的队伍极有可能是来自一支鲜为人知的军队。他们退回走道里,一边监视我的行动一边连线呈报上级。就在快到伊斯梅利亚②(Ismailia)之际,一个制服湿透的情报官登上了火车,大汗淋漓地前来查验我的证词。由于即将到站,我方才向其出示了那位情报官替我们准备的通行证,他的缜密周详再度证实了我身份的清白,令这位查验人员颇为窝火。

去往开罗的乘客必须在伊斯梅利亚换车,等待搭乘塞得港③(Port Said)的特快列车。站内的另一辆火车上,有一节布置华丽,热闹非凡的宴会车厢,海军上将威敏斯和伯梅斯特(Burmester)、内维尔(Neville)在一名军阶赫赫的将军陪同下陆续从中走出。这队人物在

---

① 即今日黑山旧称,是位于巴尔干半岛西南部、亚得里亚海东岸上的一个多山小国。
② 埃及东北部城市,位于苏伊士运河西岸。
③ 埃及东北部地中海沿岸靠近苏伊士运河的港口城市,亦是度假圣地,为土耳其埃及总督穆罕默德·赛义德于1859年为开凿苏伊士运河下令修建的。

月台上来回踱步，谈论着举足轻重的军国大事，顿时令气氛紧张凝重起来。军官们齐齐致敬行礼：一次，两次，他们仍来回走个不休。礼过三次那就过犹不及。有些人退至围墙边，立正静候，如地位低微的可怜虫。有些人避之不及，堪称卑劣无名之匹夫。有的则转至书摊跟前，背过身去埋头其中，无非自惭形秽之鼠辈。只有一人原地伫立，岿然不动。

伯梅斯特注意到我正在凝视他，不知我是何方神圣，因为我已晒得浑身赤红，因旅途劳顿而憔悴不堪（后来我才发现自己的体重已不足七英石）。尽管如此，他还是予以了回应；我将亚喀巴突袭战尚未公诸于世的始末详尽告之，令他分外激动。我要求威敏斯上将立即派一艘补给舰前往。伯梅斯特称"达芙琳号"今日正好抵港，足以装载下苏伊士区的全部粮食，直达亚喀巴，并将战俘运回。（太棒了！）他将亲自下令操办，不烦威敏斯上将和艾伦比劳神。

"艾伦比！他在这里做什么？"我叫出声来。"噢，他现在已经是总指挥了。""那穆瑞呢？""回家了。"这天大的消息对我来说尤为要紧，我不由得开始思忖这个体格健硕，面色红润的男子是否和常见的将军一个德行，还得花上六个月时间让他学会如何与我们合作。穆瑞和贝琳达（Belinda）刚上任时极为惹人生厌，以至于起初那段日子我们心头想的不是抵御敌人，而是如何躲过上司的毒手。只有随着时间的推移和实际行动方才慢慢扭转阿奇巴德爵士及其参谋长的看法，使得他们在任期的最后几个月里致信陆军部褒奖阿拉伯人的战绩，尤其是费萨尔在其间发挥的作用。他们这一不吝慷慨的行为可谓破天荒头一遭，对我们不为人知的战果而言也是皇恩浩荡，因为这两人根本就是战车上并驾齐驱的一对怪马——穆瑞老谋深算，张牙舞爪，神经质而灵活应变，反复无常；而林登·贝尔则严格遵守专业意见行事，对政府命令言听计从，亦步亦趋，并磨炼到了炉火纯青的高度。

到了开罗，我趿拉着脚上的凉鞋噼里啪啦走过萨沃伊（Savoy）酒店宁静的长廊去见克莱顿，他习惯利用午餐时间来处理繁杂的公务。我进门时他从桌子后面抬眼瞄了我一下，嘴里咕哝了一声"Mush Fadi"（埃及英语里的"没空"），但在我开口讲话后便惊喜地起身相迎。前一晚我已在苏伊士草拟了一份简报，因此只需洽谈该做些什么。会谈即将结束时，威敏斯上将打电话来，表示"达芙琳号"正在为该次紧急任务装载面粉。

克莱顿提出一万六千英镑金币，令一人搭乘三点的火车将其护送至苏伊士。纳西尔已入不敷出，此事尤为紧急。我们在拜尔、杰佛和圭维拉印发的私钞都是一张张欠条，用铅笔写在军用电报纸上，许诺攻占亚喀巴后兑现。这是套天才的发钞系统，但之前在阿拉伯从未有人敢这么做，因为贝都因人的衣服既没有口袋，帐篷也不是安全的居所，纸钞亦无法以埋入地下的方式保藏，因此一直饱受成见的抵制，而为了我们的名誉，必须尽早将其兑现成金币。

之后我前往酒店，想要找几件不这么引人注目的阿拉伯服装穿上；但原来的物品早就被蠹虫蛀蚀，因此我就只能衣冠不整地过了三天，然后才穿上了些像样的衣服。

与此同时我听说了艾伦比的许多丰功伟绩，以及穆瑞第二次攻打加沙遭遇的惨败，这座力量薄弱但精明老练的城市面对伦敦的节节进逼不得不奋起反抗；人们描述了我们是如何深陷其中，每一个人，从将军到参谋，甚至是无名小卒，都深信我们必败无疑。五千八百名将士写就了血迹累累的伤亡单。据传艾伦比现在正调来一支生力军加数百尊火炮，将会改写这一切。

奇特的是，我还未穿戴整齐便接到总指挥官的召见。我在撰写报告时，脑子里一直想着萨拉丁（Saladin）和阿布·欧倍达（Abu Obeida），并一再强调叙利亚东部游牧民族的战略重要性，若善加运用便可对耶路撒冷的交通线造成有效威胁。这与他的雄心壮志不谋而合，便想要亲自掂量我的轻重。

这是一次滑稽的会面，艾伦比身材魁梧，充满自信，因位高权重而格外盛气凌人。他在椅子上看着我——不是直视，而是他习惯的那种斜视，充满困惑。他刚从法国战场调来，在那里多年征战，已被锤炼成庞大战争机器中一柄切碎敌人的利刃，满脑子西方战争思想，强调火力和兵力——然而这些都是我们这场战争中最为糟糕的训练——但身为骑兵，他已经开始接受亚洲这一截然不同世界的新法则，呵护着道内和切特伍德（Chetwode）在策略和机动的艰辛之路上坎坷前行；但此时他对我这么个怪人显然毫无准备——穿丝绸长袍的赤脚小个子男人，大肆宣扬着只要获得足够的物资、军火和用以说服控制部落民族为我所用的二十万英镑，便能令敌人跛足难行。

艾伦比一时也无法分辨我到底真的是天才选手，抑或是江湖骗子。他不动声色地默默权衡着，而我则任他在那里思索解题。他并没问太多问题，甚至没多谈什么，只是一边研究地图一边听我阐述东叙利亚局势及当地居民情况。最后他扬起下巴直截了当地说："好，我将尽我所能帮助你。"谈话就此结束。我不确定自己说服了他多少；但后来发现他言出必行，而艾伦比将军力所能及，对最最贪得无厌的区区在下而言，实为绰绰有余。

第五十七章

我在克莱顿面前直言无讳。攻克亚喀巴是依我之计，从我之功，是我才智和胆识的产物。我想要做的事还有很多，也有能力将其达成——只要他放权让我自主定夺。阿拉伯人说，每个人都将自己身上的虱子视作瞪羚，彻头彻尾的，我正是这种敝帚自珍之人。

克莱顿认可我身上的虱子生机勃勃而有利可图；但却不愿意将指挥权交予一个低阶军官。他建议由乔伊斯担任亚喀巴指挥官，这一想法令我非常满意。乔伊斯是个值得全权托付的人：平静、专一、温和。他的心灵如同田园牧歌的景致，可以从四个角度加以观赏：关心、友善、专注和真情流露。

乔伊斯在拉比格和沃季赫都已经斩获了不俗的声誉，不辞辛劳地组建军队和基地，这些对亚喀巴而言都是必不可少的资源。他像克莱顿一样，是将互为对立的两者关联起来的缓冲软骨，但比克莱顿还要幽默风趣。他是个体型健硕的爱尔兰人，身高超过六英尺，长途跋涉后又风尘仆仆立即投入手头最要紧的工作是他的一贯作风。此外，他比大天使长还有耐心，每当我提出革命性的构想，或者对他酝酿之中的狂野构想大加赞扬时，才会露出愉悦的笑容。

剩下的事便好办了，我们会让高斯列特担任补给官，这位伦敦来的商人曾将混乱不堪的沃季赫整顿得井井有条。目前还无法抽调飞机；但装甲车可以直接前往该地，要是威敏斯上将足够慷慨，还可能有一艘警戒船。我们致电罗斯林·威敏斯爵士，他大方得表示自己的旗舰"尤里亚勒斯号"（*Euryalus*）会在一开始的前几周坐镇护航。

这一决定可谓英明神武，因为在阿拉伯，舰船的等级是按其烟囱的数量来决定的。而"尤里亚勒斯号"有四根烟囱，它是舰船中尤为罕见的。它遐迩的声名足以让山区部落相信我们胜券在握；且舰上庞大的船员队伍在埃弗拉德·费尔丁（Everard Feilding）的鼓舞带领下，给我们搭建了一座漂亮的码头以兹取乐。

在阿拉伯方面，我要求将耗资庞大而又难以维持的沃季赫关闭，费萨尔则带着全部兵马移师亚喀巴。这对开罗方面而言似乎是个不情之请，所以我进一步加以解释，指出延布-麦地那区域同样已不再是兵家必争之地；并建议将阿里和阿卜杜拉处的物资、钱财和军官都悉数转移至亚喀巴。这一建议遭到了断然拒绝，但作为交换条件，我关于沃季赫的想法则得到了应允。

然后我说明亚喀巴已成为艾伦比的右翼，距离其指挥中心仅一百英里，但离麦加则有八百英里。随着阿拉伯军队的逐渐发展壮大，其在巴勒斯坦地区的影响力将与日俱增。因此，费萨尔从侯赛因国王辖区转至艾伦比麾下，担任埃及联合远征军的指挥官本在情理之中。

这一想法也面临着困难。费萨尔意下如何？我数月前曾在沃季赫与他讨论过这一问题。埃及最高行政长官意下如何？费萨尔的部队已是汉志军区规模最大，声名最显赫的一支，未来也绝对不容小觑。温盖特将军曾在阿拉伯大起义最黑暗的时期不计个人毁誉，独担起成败重责，如今胜利在望，我们岂有颜面要求他将这前锋部队拱手交予他人？

克莱顿与温盖特为管鲍之交，因此将这一设想对其从容相告；而温盖特也立即表态，若费萨尔可直接并有效地辅助艾伦比，他将义不容辞而荣幸备至让费萨尔有这个机会一展身手。

调遣的第三个困难则是侯赛因国王：他刚愎自用，思想狭隘，猜忌多疑，不可能牺牲个人虚荣而将兵权假以他人。他若反对，整个计划便岌岌可危；于是我自告奋勇前去游说，并在前去中途先拜访费萨尔，请他致函侯赛因国王，大力宣扬这一调度的好处，强化温盖特推荐函的说服力。这一建议也被采纳。正从亚喀巴返航的"达芙琳号"被指派为送我去吉达履行新使命的专船。

它花了两日方抵达沃季赫。费萨尔和乔伊斯、纽康贝，及所有人马都在内陆一百英里处的杰艾达（Jeida）。接替罗斯担任阿拉伯航空队指挥官的斯滕特将我空运至此地，以六十英里的时速惬意地飞跃过座座山脊，解除了我在骆驼背上的跋涉颠簸之苦。

费萨尔急切地想知道攻打亚喀巴的细节，也嘲笑我们打仗的孩子气。我们彻夜研拟好了计划，他致函父亲，并命令骆驼部队即刻前往亚喀巴；同时还安排了贾法尔帕夏及其军队首次由苦候多时的"哈挺号"进行运输的计划。

凌晨我搭乘飞机返回沃季赫，一小时后，"达芙琳号"便启程前往吉达，在那里我得到了威尔森的鼎力相助，事情进展得非常顺利。为了支持壮大亚喀巴这个最有潜力的防区，他提供了一整船的补给和军火，我们还可以随意调遣他手下的任何军官。威尔森和温盖特站在同一阵营。

侯赛因国王由麦加前来，在我们面前顾左右而言他。威尔森是可靠的试金石，可用以试探所有狐疑不定之途。多亏了他的帮助，转调费萨尔至艾伦比旗下的建议立即获得了同意，侯赛因国王借此机会强调了自己与我们结盟的诚意。然后，话锋一转，如往常一样风马牛不相及，开始大谈宗教立场，表示自己既不是虔诚的什叶派，也不是逊尼派，反而一心想做个超派系信众，像教派分裂前那样对教义做最简单的诠释。在外国政治问题上，他狭隘的观念暴露无遗，一如他对待精神事物的态度，但带有更多以小人之心度君子之腹的破坏性倾向。我抓住他善妒这一特性，使得思想观念现代化的费萨尔在他父亲面前饱受猜忌，同时也深刻意识到，一个挑拨离间者想要动摇这位老国王是何等容易之事。

在吉达正玩得风生水起之际，埃及的两封急电打破了我们的宁静。第一封报告说霍威塔特人与马安的土耳其人正暗通款曲，第二封则直指奥达为幕后主谋。这令我们惊惶不已。威尔森曾与奥达结伴旅行过，毫不怀疑他的忠贞诚挚；而穆罕默德·德黑兰却可能是口蜜腹剑之辈，伊本·贾德及其友人则待进一步查验。我们立即准备动身前往亚喀巴。当初我和纳西尔一道制定城防计划时，并未考虑到通敌背叛的情况。

幸运的是"哈挺号"就在港中待命。第三天下午我们便抵达了亚喀巴，而纳西尔尚对危情一无所知。我告诉他只想前往问候奥达，他便借给我一匹健驼和一名向导；黎明时分，我在圭维拉营地的帐篷里找到了奥达，穆罕默德和扎尔。我未事先通知便突然来访令他们大为困惑，但依然坚称一切顺利，并和我如朋友一样共进美餐。

其他霍威塔特人也进入帐篷，大家快乐地讨论起战事来。我将侯赛因国王的礼物拿出来分发给大家，并告诉他们纳西尔已得到一个月的假期前往麦加，令他们捧腹不已。老国王是大起义的狂热分子，相信手下人行事阳刚威猛，血性十足，因此不准他们回访麦加，这些可怜的男人便只得无止境地随着军旅四处征战，与妻子天各一方。我们曾千百次开过玩笑，称如果攻克亚喀巴，纳西尔绝对该休一次假；但直到前一晚我亲手奉上侯赛因的旨意前，他依然不相信这等好事终于成真。作为答谢，他将自己从霍尔塔特人手中赢来的上等良驼加扎拉（Ghazala）卖给了我。这匹骆驼也立即使得我成了阿布塔伊族中炙手可热的人物。

午餐后，我佯装午睡，将访客遣散；然后突然要求奥达和穆罕默德与我同行前去查看废毁的堡垒和蓄水池。待四下无人之时，我便提起他们最近与土耳其的往来之事。奥达开始放声大笑；穆罕默德则一脸嫌恶。最后他们解释说，穆罕默德盗取了奥达的私印，致函马安总督，称愿意背叛大谢里夫的事业。土耳其人欣然回复，许诺以重赏。穆罕默德要求先预支定金，奥达闻悉此事，便在信使送礼来的途中守株待兔，将其抓获后洗劫个精光，且半个子儿也没留给穆罕默德。这是一场闹剧，令我们乐不可支，但此中尚有隐情。

缺乏枪炮和援军令他们深觉愤懑；且占领亚喀巴后并未得到任何奖励。他们急于知道我是如何知悉他们与土方的秘密交易，以及我到底知道了多少。双方进入斗智阶段，我为了取乐，将他们的恐惧玩弄于股掌之间，故意轻描淡写引述了他们信函中的原话，仿佛是我亲笔写就般熟稔，立即取得了预期效果。

我还附带提及费萨尔的大军将全部出动，以及艾伦比将如何向亚喀巴调运来复枪、火炮、高爆炸药、粮食和金钱。最后我称，豪侠仗义的奥达肯定在打点疏通，宽待贵客方面花费甚巨，如果我将费萨尔许诺亲自带给他的礼金中拿出一部分提前奉上，不知可否解他一时拮据？奥达立即听懂这获利不菲的弦外之音，且费萨尔处还另有大笔油水可捞，而若其他地方断了财路，还可以永远打土耳其人的主意。于是他欣然应允，对我提前预支的酬赏予以笑纳，用来让霍威塔特人饕餮珍馐，寻欢作乐。

天时已近日落。扎尔宰杀了一头绵羊，我们真正融洽无间地再次共餐。饭毕我重新上鞍，和穆法迪（前去领奥达的酬金）以及穆罕默德的仆人阿布德·拉赫曼（Abd el Rahman）连夜骑往亚喀巴。拉赫曼偷偷对我耳语，若我有意私下赠予穆罕默德任何小礼品，他都可以代为笑纳。

我们抵达后，将纳西尔从睡梦中唤醒，告知他双方的最终协议。然后我顶着西方第一缕初现的曙光，划着一艘废弃的独木舟从"尤里亚勒斯号"的码头登上"哈挺号"。

我走下甲板，泡了个澡，一觉睡到上午十点左右。当我再度返回甲板上时，船已在狭窄的海湾内乘风破浪，直奔埃及。我的出现引发一阵轰动，因为没人料到我能安然无恙抵达圭维拉，然后在六七天内又全身而退，并未错过最后一班汽船。

我致电开罗，告知圭维拉情势一片大好，并未出现变节。这一说法并非实情，但既然埃及惯常危言耸听小题大做，令我们不得安宁，我们也应当适时学会报喜不报忧，以增强他们对我们的信心。大众要的是名书千古的英雄豪杰，却不能理解奥达在饱经鏖战和谋杀之后，已是城府深阻，复杂难辨，他那颗心渴望战败的敌人立即俯首其阶下，任凭其主宰，生杀予夺仅在翻覆之间：真相从来远非纸上记载的那般美好。

第五十八章

我再度感觉工作进入了瓶颈，同时也再次展开了苦苦思索。在费萨尔、贾法尔和乔伊斯及大军抵达前，除了思考也无太多事可做，而为了自身的利益，思索这一过程至关重要。截至目前，我们仅有一场战役是经过缜密考虑安排后才发起的——进军亚喀巴。身为领导，调兵遣将如此轻率随便，着实令自己汗颜。我发誓之后开展任何一次行动，一定要提前了解取道何途，去往何方。

占领沃季赫意味着汉志战争的胜利，攻克亚喀巴则代表着汉志战争的结束。费萨尔的军队已经完成在阿拉伯半岛的全部使命，如今在艾伦比将军的统领下与协约国其他部队合兵，扮演起解放叙利亚的角色。

汉志与叙利亚之差别，即沙漠世界与农耕社会之分野。两者性质上的差异，即是此时横在我们面前的问题——如何学会适应文明世界。穆萨旱谷（Wadi Musa）的村落是我们前往招募兵力的第一站，若自己不能放下身段也化身为农，则大起义定将一筹莫展，裹足不前。

好在这种转变在阿拉伯大起义早期就已势头强劲。我们在荒弃之地绝望耕劳，想在笃信神祇的国度收获国家主义的硕果，却被盲目信仰的毒汁扼杀了全部的希冀。在部落民族之间，我们的信念有如大漠绿草——只带来春的惊鸿一瞥；一天之内便因酷热而萎敝凋零。目标和理念都必须被转化，给予更实际确切的物质表达。沙漠部落太过分散，与世隔绝之甚，无法化零为整；生活资料的高度匮乏，精神世界的无比单调，令他们在维持基本生活之外难以顾及更多。如果我们想延续千秋大业，就必须占领花花世界；上有遮风避雨之檐，下有糊口养家之田的村寨令人脚踏实地，心有所属；有如在艾斯旱谷一般，战役展开前都要仔细研读地图，收集分析叙利亚战场的特性。

我们已跨入此地南边陲。往东是游牧民族的广袤沙漠。向西，地中海自加沙扬波亚历山大勒塔，是叙利亚不可跨越的天堑。北望是土耳其人口和安纳托利亚居民的边界。在这个范围内，土地依地理条件天然划分成区。其中最大的屏障为一片纵贯山脉，自北向南一路崎岖延伸，将狭长海岸与内陆开阔平原隔离开来。这两个区域巨大的气候差别，宛如两个迥异之国，甚至可谓造就了两个截然不同的种族，人口数量也随之发生着变化。叙利亚沿海区域的人民居所独有千秋，饮食与谋生形式自成一派，使用的阿拉伯语在音调语气上都和内陆人大不相同。他们谈及内陆避讳甚多，将其视为血腥肃杀之地。

内陆平原又被河流再分为若干区域。这些河谷便是国内最为稳定富庶的耕地，附着其上的居民也反映出这一点。相较之下，沙漠边界那些疏离流散的人群，只得随着季节的变换不停东西迁徙，靠着才智胆识挣扎求生，又在干旱和蝗灾前落得两手空空，或被贝都因人洗劫一空；再或者，即便侥幸逃过这诸多天灾人祸，仍可能丧命于冤冤相报，无法化解的世代恩仇。

自然特性就这样将这个国家划分开来。人类秉自然之力，更进一步扩大了各个区域间的特性对立和复杂程度。在这片南北走向的核心条状地带，各区域之间都因社区人口的屡生龃龉、争执不断而形成了各自为政的人为隔离。我们需要将他们整合团结在手中，一致对抗土耳其人。叙利亚这种盘根错节的政治局势既是费萨尔的机遇，亦是一道难题，需要在精神层面加以梳理规整，描绘出一幅社会地图。

在距我们最远的极北侧，还有一条与地理路线走势相同的天然语言界限，沿着亚历山大勒塔通往阿勒颇的滨海道路，直至与通往幼发拉底山谷的巴格达铁路相交汇；但这条总的语言界限以南，安提俄克①（Antioch）北部及南部各个土库曼斯坦村落中，也有说土耳其语的小型飞地，而散居其间的亚美尼亚人也使用同样的语言。

此外，安萨利亚（Ansariya）人的社区为沿海人口的主要组成，他们热衷于繁衍生育，绝对不被宗教同化，极端排外，对伊斯兰持怀疑态度，时而因为共同的宗教迫害经历偏向基督徒一方。他们的教派自视甚重，在情感和政治上都强烈排斥异己。一个诺赛瑞（Nosairi）人绝对不会背叛自己的同胞，但却对异教派者毫无半点忠诚。至的黎波里的各主要山脉脚下，成片分布着他们的村落。他们虽然讲阿拉伯语，但却自叙

---

① 古叙利亚首都，现为土耳其南部城市。

利亚使用希腊文字时便已安居在此。通常他们独善其身,对外界纷争袖手旁观,听凭土耳其政府倒行逆施,只求彼此井水不犯河水。

与安萨利亚人社区混居的是叙利亚基督徒的殖民地；在奥龙特斯河（Orontes）的转弯地带还有一些亚美尼亚人的大聚居群,彻底与土耳其人相对立。在内陆,靠近哈瑞姆（Harim）地区居住着讲阿拉伯语的德鲁兹人,以及一些来自高加索的切尔克斯人。这两者都盲目排斥一切外界势力。库尔德人居于其东北地区已达数代人之久,早就与阿拉伯人通婚并沿袭其政治制度。他们最痛恨本土基督徒,其次则是土耳其人和欧洲人。

紧挨着库尔德人后方的是少数耶西迪人①（Yezidis）,他们说阿拉伯语,但在思想上却受到伊朗二神论的影响,还同时倾向于侍奉鬼神。基督徒、穆斯林和犹太人这些将神谕置于理性之上的民族,全都无一例外地鄙视他们。这些人群的更内陆,便是阿勒颇,这座有着二十万人口的城市内浓缩了土耳其的各个民族与宗教。阿勒颇以东六十英里,是阿拉伯人的定居点,且随着逐渐远离农耕社会中心,逼近半游牧区域边缘跨入贝达威人势力范围,人口肤色与风俗都益发部落民族化。

至沿海穿越叙利亚直抵沙漠地带,深入南方腹地的这片区域,起初是切尔克斯族穆斯林在海岸建立的殖民地。他们的新生代说阿拉伯语,心灵手巧但争强好胜,与邻邦的阿拉伯人形同水火。再往内陆,住着伊斯梅利亚人。这些波斯移民几个世纪以来已经被阿拉伯人同化,但只崇拜一位穆罕默德,且具有肉体凡胎,那就是他们的阿迦可汗（Agha Khan）。他们坚信他是一位了不起的君主,极其推崇与英国的亲善关系。他们对穆斯林退避三舍,只不过用这正统信仰的外衣聊以掩盖自己

---

① 阿尔美尼西的库尔德斯坦和高加索的一个宗教派别的人,既信奉天主,又崇敬魔鬼。

对他们的不齿之意。

他们再之后的村落是一道奇特的景观：由谢赫们领导的信仰基督教的阿拉伯部落人。他们看似都是虔诚不二的基督徒，不像山地那些假惺惺的同胞。他们和周边的逊尼教徒生活习惯相同，衣着相同，也过得颇为和睦。这些基督徒的东部则是半农耕穆斯林人的社区组织；而在农耕地带的最边缘，则是一些伊斯梅利亚贱民的村落，由于不能被主流社会接受被驱逐流放至此。再往后走，便是贝都因人的地盘。

叙利亚的第三块区域夹于的黎波里和贝鲁特之间，地势较低。首当其冲的是近海的黎巴嫩基督徒，大部分为马龙教派①（Maronites）或希腊正教。这二者之间的政治关系盘根错节，难以化解。从表面上看，他们好比法国人和俄国人；但其中一部分人口为了谋生，已经前往美国，发展延续出了一支盎格鲁萨克逊血脉，且并未因这样虚无缥缈的关系而失去活力。希腊教会则因自诩老叙利亚人而自豪，他们土生土长，带有强烈的地方色彩，因此宁愿与土耳其结盟也不愿屈服于罗马人的统治。

这两个教派唯一的共通之处是抓住一切机会尽情攻讦谩骂穆斯林。通过此类言语嘲讽来抚慰自己天生处于弱势地位的自卑。穆斯林家族与之混居，种族和习惯业已融合，唯有说话腔调更为朴素平实，人口也较少向外移民。

山区较高坡地上散布着的是美塔瓦拉（Metawala）人的聚居地，回溯数代人之前，他们是自波斯迁徙至此的什叶派穆斯林。这些人邋遢肮脏，愚昧无知，乖张狂热，拒绝与异教徒同饮共食；将逊尼派视为同基督徒一样的恶劣；只听命于自己的神职人员和要员显贵。性格强悍是他们的一大长处：这在只会碎碎叨叨打嘴仗的叙利亚是个异类。山的那一

---

① 黎巴嫩等地区的天主教教派。

边是信仰基督教的自耕农村落,他们与周边的穆斯林相安无事,仿佛从不闻黎巴嫩那里发生的教派冲突。他们往东是半游牧的阿拉伯农民,接着就进入了无垠的沙漠。

第四个区域,是再往南几乎接近阿克(Acre)的地带,这里的居民自沿海开始,依次为逊尼派阿拉伯人、德鲁兹人和美塔瓦拉人。在约旦河谷沿岸是怨天尤人、生性多疑的阿尔及利亚难民的殖民地,与犹太人的村落遥遥相对。犹太人则种类繁多。有些希伯来学者根据传统的模式,已发展演化出一套因地制宜的生活方式和标准;而后来者多为在德国鼓励下迁居至此,故将与众不同的礼仪风俗,前所未见的农作物,以及稀奇古怪的欧式建筑(慈善基金捐助修建的)引进了巴勒斯坦,而他们在这寒酸之地似乎既无法施展,又得不到回报;但土地还是接纳了他们的耕作。加利利①(Galilee)地区和邻近的朱迪亚②(Judea)不同,对犹太人殖民地并未抱有根深蒂固的仇视。

东部平原(住满阿拉伯人)之外的勒加(Leja)遍布迷宫般的龟裂熔岩,流离失所无家可归的叙利亚人流浪聚集在此,从而繁衍出无数后代。这些后裔的村庄都是法外之地,没有土耳其人和贝都因人的骚扰,闲时就互相争斗残杀。他们南部及西南是豪兰地区,广袤开阔,土壤肥沃,因此人口稠密,都是好勇斗狠、自力更生、生活富足的阿拉伯农民。

再往东是德鲁兹人,他们是一个已故疯癫埃及苏丹的狂热追随者,属于穆斯林世界的异端。他们对马龙教派恨之入骨,经常在政府的教唆和大马士革激进分子的煽动下,发生周期性的流血杀戮事件。德鲁兹人

---

① 巴勒斯坦北部山区。
② 巴勒斯坦南部地区。

同样不被阿拉伯穆斯林所喜，他们对此也报之以白眼和鄙夷。贝都因人是德鲁兹人的世仇，他们居住的山区依然保留着埃米尔自治时期半封建黎巴嫩所拥有的那种风度翩翩的侠义之气。

第五块区域与耶路撒冷处于同一纬度，一开始是德国人和德国犹太人的居所，说德语或德国意第绪语①（German-Yiddish），比罗马时代的犹太人还要刚愎倔强，无法忍受与任何异族接触相处。他们有的是农民，大部分是商店老板，同时也是整个叙利亚人口中最为乖张怪异、刻薄冷酷的阶级。在周围虎视眈眈的，是他们的敌人——阴郁愠怒的巴勒斯坦农民，比北叙利亚的自耕农还要愚蠢无知，如埃及人一样耽于物质生活，还穷得家徒四壁。

约旦腹地横亘于上述区域以东，是黑人农奴的定居地；穿过此地，便是一组又一组自尊自重的基督徒村落，他们和在奥龙特斯河谷务农的教友一样，是这片国度最勇于宣扬自己宗教信仰的虔诚典范。他们村落之间和东面，散布着数以千计的半游牧阿拉伯人的帐篷，这些阿拉伯人笃信沙漠的宗教信条，靠恐吓和榨取自己的基督徒邻人度日。在这片争议丛生的地区之下，是奥图曼政府从俄国高加索地区安置至此的切尔克斯移民带，若论保卫家园，他们只相信持刀仗剑之道和土耳其的庇护，而对土耳其也将他们的效力尽忠视为不可或缺的力量。

第五十九章

这一长串奇特的种族和宗教分布情况列举完毕，叙利亚的故事仍未结束。在这些乡村之外，巍然矗立的六大城邦——耶路撒冷、贝鲁特、

---

① 中东欧犹太人及其在各国的后裔说的一种从高地德语派生的语言。

大马士革、霍恩斯、哈马①(Hama)和阿勒颇——独立自主,各自为政,各有千秋,各持己见。最南边的耶路撒冷是藏污纳垢的脏乱之地,是每一种闪族宗教起源的温床。基督徒和穆斯林不远千里朝觐而来,要一瞻远古圣殿的雄姿,而有些犹太人更是将族群的政治前途寄托于此。往昔与未来在这里凝聚融合,交织成一股强大的力量,几乎将这座城市的现在无情抹杀。这里的居民个个都如毫无特性的旅馆仆役,依赖川流不息的过往旅客维生,不分种族,无一例外。阿拉伯建国的理念离他们恍如隔世,但由于饱尝基督徒文化差异带来的锥心刻骨之痛,所以耶路撒冷各阶级都对我们嗤之以鼻。

贝鲁特则是彻头彻尾的新兴之地。要不是有一处希腊港口和美国大学,它在情感和语言上都俨然是法国的私生子。基督教商贾是主导民意的中坚,由于贝鲁特自身并无任何产品,贸易使得他们赚得脑满肠肥。归国移民是当地第二大势力,靠着投资致富的积蓄在叙利亚城内逍遥终日,无异于华盛顿大街那些日进斗金的新贵。作为叙利亚的门户,贝鲁特宛如黎凡特的染色滤屏,任何廉价或过时的外国影响力想要进入都必须从中筛拣一遭:它是叙利亚的缩影,一如英国伦敦的苏活区②(Soho)。

然而由于地理位置、学校教育及其与外国通商形成的自由气氛,使得贝鲁特在战前就拥有了一批社会精英,谈吐、文笔和思想都像极了推动法国大革命的那群百科全书式的理论学家。凭借这些人的影响力和贸易积累的财富,以及勇于为自己铿锵发声的可贵精神,贝鲁特已成为不容小觑之地。

---

① 叙利亚西部城市。
② 伦敦西敏寺的中心地带,原为红灯区,后逐渐式微。由于紧靠伦敦金融中区,逐渐发展为高档酒吧商店云集的消遣胜地。

大马士革、霍恩斯、哈马和阿勒颇皆是叙利亚人引以为豪的四大古城。它们如锁链般沿着沙漠和山岭间肥沃的峡谷延伸排列。由于地势的关系，它们全都背海面东而立，是典型的阿拉伯城市，对自己的地位心知肚明。对它们，以及对叙利亚而言，大马士革是无可争议的龙头；政府机构的所在地；宗教事务的中心。这里的谢赫们即为意见领袖，比其他任何地方更接近"麦加"般的权利。这里的居民青涩而暴躁，随时准备着与人斗殴，思想和言辞都极端激烈，只求能恣意妄为。这座城市总是吹嘘自己是叙利亚的领跑者，土耳其的军事总部便设立于此，而阿拉伯反对派、奥本海姆①（Oppenheim）和夏威西谢赫②（Sheikh Shawish）亦不约而同将大本营设立于此。大马士革是阿拉伯人与生俱来的北极之星，梦寐以求如彩云追月：一座永不轻易屈于外族的首善之都。

霍恩斯和哈马是一对反目成仇的双胞胎。它们都从事制造业：霍恩斯盛产棉花和羊毛制品，哈马则扬名于锦缎丝绸。它们的工业发达兴盛，日益繁荣，城内的商人们广开销路，善掘商机，积极迎合新的口味，市场广布北非、巴尔干半岛、小亚细亚、阿拉伯半岛和美索不达米亚。它们展示了叙利亚在不受外国引导下的生产能力；正如贝鲁特在其商品流通方面亦有独到之处。然而贝鲁特的繁荣成就了整个地中海东部；霍恩斯和哈马的昌盛则进一步强化了其地方主义；它们本土化更加坚决果断，亦更加嫉妒排外。仿佛当工厂和电力越发大行其道之时，就

---

① 即马克思·冯·奥本海姆（Max Von Oppenheim），1860年—1946年。德国外交官，后辞职成为古历史学家，1899年在考察巴格达铁路时发掘了哈拉夫遗址（Tell Halaf）。第一次世界大战前后对于他的个人身份存在诸多争议，但他确实在英法控制的中东区域长期从事煽动穆斯林反抗同盟国的间谍活动。他于1899年和1900年出版了自己的两卷游记《从地中海到波斯湾》，从而声名鹊起。1912年作者劳伦斯和他在迦基米施（Charchemish）相遇，称其著作为"我所知关于描写该区域最好的书"。
② 即夏威西氏族长老。这一巴勒斯坦名门氏族起源于东耶路撒冷大马士革门周边区域，这一姓氏亦广泛分布于沙特阿拉伯、约旦、伊拉克、埃及、利比亚、突尼斯和摩洛哥。一部分穆斯林甚至认为这一家族是伊斯兰先知穆罕默德的后裔。

越是让人们怀念起父辈时代的起居方式。

阿勒颇是叙利亚的伟大之城，但却不归属叙利亚管辖，亦不属于安纳托利亚，更不属于美索不达米亚。奥图曼帝国的所有种族、宗教和语言在此融汇一堂，互相接纳，互相包容。各异的特色碰撞出火花，令这里的街道如万花筒般光怪陆离，饱暖思淫欲的氛围熨帖入微地浸润着阿勒颇，使其摆脱了大马士革那样的鲁莽张扬。周边地区的所有文明在阿勒颇都能找到一席之地，结果便导致其居民缺乏足够的信仰热诚。即便如此，这里还是令叙利亚其他地方望洋兴叹。这里有更多的争斗和贸易；更浓厚的狂热与恶毒；以及更加不可方物之美。但纵使这般无所不能，尽情挥洒，皆因为没有信仰而终化为精神的荒野。

阿勒颇的一大特点，便是和其奥图曼帝国的其他大城市相比，虽然穆斯林依然占据主流，但更多的社会团体依然处于基督教和伊斯兰教，亚美尼亚人，阿拉伯人，土耳其人，库尔德人和犹太人的共治之下，亦更加和睦团结，仅有少量针对欧洲人颁发的特权许可。在政治方面，这座城市则完全袖手旁观，听凭阿拉伯人的聚居区如同增长过快的半游牧民村庄一般扩张，到处修建精巧华美的中古清真寺，从东到南，处处可见他们堡垒巍峨的金城冠。这种自发性的爱国主义如此强烈，使得他们外围的城市居民都略微产生了一层本地保护意识，只是远不如大马士革效仿贝鲁特那样浓墨重彩，千篇一律。

所有这些叙利亚人口都使用共通的阿拉伯语，可以和我们无碍沟通。差异只在于政治与宗教：道德上而言，他们的区别仅是海岸地区人民神经质般敏感，而内陆人则内敛保守。他们都同样反应灵敏，赞美真理，但不去追寻；自鸣得意，在抽象概念面前不会像埃及人那样六神无主，但很不切实际；由于不愿开动脑筋，所以通常都很肤浅。轻松自在地管他人闲事是他们理想中的生活。

他们自小便不知法律为何物，顺从长辈仅是因为畏惧体罚，长大后服从政府亦是出于相同的理由；但几乎没有一个族群会遵守叙利亚高原的习惯法则。所有人都渴望一套新的东西，仅是因为肤浅无知，目无法纪而产生的一厢情愿的政治热情，对叙利亚人而言，一知半解这套制度科学易如反掌，想要运用自如却步履维艰。无论谁执政，他们都不满意，将之视为知识分子的自豪；但却鲜有人认真思考出一套替代方案，且如果真有这样一套方案，更是应者寥寥。

叙利亚境内以定居为生活形态的区域，再没有比村庄更大的本土政治实体，而在叙利亚国内的族长统治制度下，最复杂的组织也无非宗族派系；这些非正式、自发形成的单位缺乏有效的制约管控，仅凭名门望族将自己的意愿缓慢渗透至民意舆论。所有更高层的组织机构全是引进土耳其的官僚制度，实际操作起来可以差强人意，也可以一塌糊涂，效果全视其黔驴技穷之际，使用人肉工具（通常是宪兵）作为杀手锏之时，这些执行者意志力的强弱而定。

这些人民当中，即使是最饱学之士，亦对国家的积弱不振置若罔闻，且对自私贪恋的列强国家抱有一种误解，认为它们在面对手无寸铁的劣势族群时，会将自身利益置于其次。有的人为建立阿拉伯王国振臂疾呼，他们大多为穆斯林；而天主教基督徒则以要求欧洲庇护力量介入托管作为反制之道，将没有任何制约条件的特权拱手奉上。当然，这两种提议都和为叙利亚寻求自治的国家主义者的初衷背道而驰，国家主义者只知何为自治，却不知何为叙利亚；因为在阿拉伯语中，这只是个子虚乌有之名，亦是块镜花水月之地。这仅是出于其词汇的贫乏而从罗马语借化来的表达，以此指代这个政治上一盘散沙的地区。叙利亚的城镇之间、村落之间、家庭之间、宗教之间，都在土耳其孜孜不倦地挑拨离间下永存猜忌嫉妒之心。

时间似乎已经宣告这样一片土地已无建立自治联邦的可能。自古以来，叙利亚就是介于大海与沙漠之间的一道走廊，连接起非洲和亚洲、阿拉伯半岛和欧洲。这里一向是安纳托利亚、希腊、罗马、埃及、阿拉伯、波斯和美索不达米亚的竞技场与附属国。一旦因邻国国势衰颓而获得短暂的独立，便会即刻四分五裂，瓦解作东、南、西、北数个"王国"，而其中领地最大的亦不过英国约克郡（Yorkshire）大小，最劣势地区则面积仅等同于拉特兰郡（Rutland）；因为如果说叙利亚在本质上就是个附属国的话，则其也是一个惯常有动乱和反叛传统的国家。

共通的语言是掌控舆论的万能钥匙：母语为阿拉伯语的穆斯林将自己视为先知选定的正统，《可兰经》及其他文学经典遗产将阿拉伯语人民凝结起来。爱国情操通常定义的是一片土地或某个族群，而在这里则演化为对一种语言的忠诚。

维系阿拉伯联盟的第二大要素，则是哈里发旧日的丰功伟业，这早已黯淡的昔日荣光依然令其子民缅怀不已，在土耳其淫政经年累月地倒行逆施下，历经数世纪而不曾磨灭。出乎意料的是，这一传统在阿拉伯军人脑海中留下的印记更像是《一千零一夜》里的天方夜谭，而非真实纯粹的历史，使得他们一厢情愿地认为今日泱泱的奥图曼土耳其远不能望其项背。

然而我们知道，这一切皆是幻梦。叙利亚的阿拉伯政府虽然有阿拉伯偏见凝聚力的支撑，无非也就和土耳其政府、或外国摄政体、或历史上的哈里发政权一样，都是外来强加的势力。叙利亚依然保有自己浓厚的种族色彩，是各种宗教的鱼龙混杂之地。国家统一之后采取的任何大规模激进措施，最终都会沦为其补丁和缝缀，而一心向往回归狭隘地方自治的人民永远不会对此感恩戴德。

战争即是我们的因应之道。间歇性的地方暴动已在叙利亚司空见惯，如果有新的因素出现，在了解贝鲁特那些百科全书式的国家主义精英的同时，有效遏制各阶级之间的内讧倾轧，便可能引发一场轰轰烈烈的全面性反叛。这一要素一定要具有新颖性，以避免招致其他现有力量的猜忌；亦不能来自外国，否则将被自负的叙利亚所不容。

放眼而望，唯一拥有群众基础且信众愿意为之而战，且能独立自主的因素，便是一位逊尼派王子，像费萨尔那样，托词打算重振当年倭马亚王朝①（Ommayad）或阿尤布王朝②（Ayubid）的雄风。他或许能暂时将内陆人民团结起来，直至成功之后，待革命的狂热逐渐散去，再视需要将他们分散到政府中各尽其用。这时或许反抗会再度出现，但却只能在胜利之后出现；而为了胜利，任何物质或道德的代价都不值一提。

反叛还存在着技术操作及方向指导的问题：但这一方向即使连瞎子也了然于心。耶尔穆克（Yarmuk）河谷③、豪兰和德拉自古以来就是叙利亚的关键核心所在。一旦争取到豪兰的支持和加入，我们的事业即告圆满成功。这一过程需要建立另一梯队的部落力量，能与当初沃季赫至亚喀巴的规模性质相比肩：唯一不同的是，这次的关键环节应由霍威塔特族、本尼沙赫族、谢拉拉特族、鲁瓦拉族和赛拉辛（Serahin）族担当，三百英里环环相扣，直至送我们抵达最接近豪兰和德鲁兹山脉的阿

---

① 公元661年至750年，阿拉伯伊斯兰帝国的第一个世袭制王朝，为穆罕默德逝世后四大哈里发中第二位的后裔、叙利亚总督穆阿维叶所创建，为穆斯林历史上最强盛的王朝之一，在历史上被中国称作"白衣大食"。
② 萨拉丁于12世纪至13世纪在埃及中部建立的库尔德人穆斯林政权，统治埃及、叙利亚和也门地区，全胜时期版图一度扩张至圣城麦加和北伊拉克。该王朝开创了穆斯林文明的又一个兴盛时代，1260年因蒙古人的入侵而逐渐衰败。
③ 发源于叙利亚南部豪兰地区，为约旦河最大支流。

兹拉克（Azrak）绿洲。

我们毕其功的最后一役的性质应当效仿海战，机动性强、覆盖面广、有独立的基地和通讯系统，不受地面因素或战略区域的影响，不需要固定方向或定位。"得海洋者当随心所欲，在战争时可予取予求"①，而我们则控制了沙漠。骆驼骑兵队就宛如自给自足的舰船，可以在敌人的农耕边界自由逡巡航行，并确保可随时安然撤退至土耳其无法染指的茫茫沙漠。

我们在实战中学会了分辨应当骚扰敌人的哪些关键地点。触球即跑是我们的战术，不是穷追猛打，而是要燃起遍地烽烟。我们绝不应强化某一局部优势，而应当在最短的时间内，以最小的兵力，拉开最为广泛的战线。

吃苦耐劳的沙漠人具备远距离征战所需的速度和耐力，并且善于驾驭骆驼。这种大自然创造的巨大而玄妙的生物，在能者手中更是潜能无限，令人叹为观止。只要座鞍下挂有半袋四十五磅重的面粉，每个骑手就能在无任何其他补给的情况下驰骋六周。

至于饮水，则每人携带不应超过一品脱。骆驼必须饮水，而我们如果消耗的水量大于坐骑，则可谓得不偿失。我们当中有些人可以在抵达下一口井之前滴水不入，但这殊荣只属于最强悍的勇者。大部分人在水井喝足饮饱之后，还需携带一份以解旅途中的干渴。夏季时，骆驼饮水一次后可以连续强行军三日，跋涉两百五十英里；路况好时一站可轻松走五十英里，最高纪录甚至可达八十英里；一旦出现险情，我们可在二十四小时内奔行一百一十英里。而我最出色的良驼加扎拉曾两次与我

---

① 出自传记《弗兰西斯·德雷克爵士》（*Sir Francis Drake*）。德雷克为伊丽莎白女王时期的英国海军中将，著名的私掠船长、航海家及探险家，为世界上第一个亲自完成环球航行的人。

单独在二十四小时内走完一百四十三英里。两口井之间的距离很少超过一百英里，因此一品脱的储水已绰绰有余。

六周的粮食储备足以让我们往返一千英里的路程。骆驼的耐力让我们三十天内跨越一千五百英里成为可能（当然对我这种生手而言，更合适的词应当是"折磨"），免除我们口粮不济之虞；因为即使超出预定时间，每个人胯下都是两百磅的备用肉，在情况危急时，杀骆驼充饥的人可以和他人共骑上路。

突击队的装备应当极力从简；但却应当在关键装备上对土耳其部队形成绝对的技术优势。我向埃及方面申请了大量轻机枪，比如哈奇克斯或刘易斯，用来当作狙击手的武器。在人员训练过程中，尤其要刻意让他们忽略机械原理，不要在修理上花费太多精力，从而耽误行动的速度。我们的战役分秒必争，一小时征战八十英里。一旦机枪卡壳，机枪手就应当将其抛下，改用来复枪。

另一个重要武器则是高爆炸药。我们已经逐渐开发掌握出一套独有的爆破技术，在战争尾声已经能够高效、安全地摧毁任意数量的轨道和桥梁。艾伦比提供起炸药来毫不吝啬，唯有火炮在战争的近程炮。

突击队的部署无规可循。由于互相缺乏信任，无法将各部落混编或结合起来；亦不能调派一个部落到另一个部落的地盘上作战。为了弥补这样的缺陷，我们便最大限度地化整为零，为了进一步提高流动作战的速度，我们让某一区域周一作战，第二区周二作战，再下一区周三作战，如此一来机动性自然显著提高。在追击时，我们会替换上新部落来的生力军，让队伍永葆生猛的活力。在部署上保持最大限度的随机状态是我们的一种平衡策略。

骑兵队的内部组织应具备无规律性和绝对的简洁性。鉴于我们每次面临的情况都不尽相同，因此亦没有任何制度可以多次适用；而这种变数无穷的模式也让敌人的情报单位如坠云里雾里。我们用相同的营或师多次吸引敌人的注意力，直至派出三个连的人马也会令其风声鹤唳，误判为一个军或多个军的兵力。屡出奇谋便是我们的优势所在。

我们为了同一个理想而战，各部落之间不存在竞争，但也不奢求建立起团队精神。普通士兵在等级制度上的差别，要么通过酬劳、衣装或特权的嘉奖来体现；要么则体现在毫不留情的残忍杀戮上。这样的赏罚分明却不适用于我们的队伍，因为部落民族都是志愿参战。他们大部分队伍都是自发组织起来的，这样自愿从军的情况极为罕见。任何一个阿拉伯士兵在信念动摇时都可以立即解甲还乡而不会受到任何惩罚，荣誉是唯一的契约。

因此我们没有任何军纪，因为这对于人是一种约束限制，泯灭个性，将每个士兵化作大集体中的最小公分母。承平时期的军纪意味着狩猎，追求的是绝对主宰而非平均专制；想要达到百分之百的标准，则意味着即使做到百分之九十九都会被淘汰，泯然于无名小卒之行伍。这一目标要求一个单位完全团结一体，戮力宛如一人，如此一来，方可以量化计算其效力，实现集体产出的最大化。军纪越严明，个人长处越需要被弱化，整体表现则越容易掌控。

因此，个人的杰出能力必然会被集体所取代，军事科学刻意牺牲个体能力，从而减少人性所导致的不确定因素。伴随军纪左右的，必然是复合战或社会战——在此类战争形式中，士兵无非是一个庞大复杂体系中批量运行的产品，从工厂到补给单位，无时无刻不竭尽其能，以此确保他们能活跃在战场上，积极杀敌冲锋。

阿拉伯战争则应反其道而行，追求简单化与个体化。每名在册的战士都应当走上战场,各自为战。单个士兵的战斗力便是整体部队的战斗力。在我看来,在我们这种接力式的战争中,个体发挥形成的合力至少不低于复合战斗体系里同等兵力的战斗力。

出于一个简单体系在排兵布阵上的理论指导作用,在实战中,我们不应再将大量兵力部署在火线上,否则我们的攻击(相对于我们面临的威胁而言)范围会变得过大。独立作战的道德约束要求每个士兵具备高度的自觉性、忍耐力和进取心,使得这种"简单"战争变得艰苦卓绝。非常规战争与白刃突击相比,要求更多的斗智图谋,比只知一味奉命行事的部队更加消耗精力。游击战必须有足够自由发挥的空间:在非常规战争中,若两两一组,则必有一人闲置。将一系列单打独斗连缀成一场战争是我们的理想模式,我们的战士非常乐意与头脑机敏的指挥官携手作战。

第六十章

亚喀巴港内蒸汽滚滚,战舰云集。费萨尔业已登陆,随行的还有贾法尔、他的随从,以及为灰姑娘保驾护航的仙后教母乔伊斯。同时抵达的还有装甲汽车、高斯列特、埃及劳工和数千兵马。为了杜绝六周来相安无事造成的后患,法尔肯海因①(Falkenhayn)曾提醒土耳其需未雨绸缪,同时其巨细无遗的情报工作给我们造成了不小的威胁。驻守马安的是一支特别队伍,隶属前西奈总指挥官贝赫杰特(Behjet)管辖。他领有六千步兵,一个团的骑兵和骑乘步兵,并依照野战之标准,将马安的

---

① 指埃里希·冯·法尔肯海因(Erich Von Falkenhayn),1861年至1922年,德国军事家,步兵上将,1914年至1916年任德军总参谋长。1896年至1903年曾在中国服役,参与八国联军侵华战争。

防御工事修筑得如铜墙铁壁一般。自那时起,每天都有一架飞机出动执勤,大量物资更是囤积得满坑满谷。

土军的备战工作此时业已就绪,开始调遣移防,意欲取道最佳路径圭维拉,抵达目标亚喀巴。两千步兵已在阿巴利散部署完毕,将其拱卫得固若金汤。骑兵一直在周边郊区巡防,以牵制阿拉伯人自穆萨河谷一侧进行还击。

这样的草木皆兵正是我们的契机。我们要将他们耍得团团转,激怒他们到穆萨河谷来追击我们,这里易守难攻巨大的山脉是极好的天然屏障,令人力作战因素难以发挥效用。

为了引他们上钩,周边德拉加(Delagha)的人马开始忙碌起来。土耳其人斗志高昂,立即反扑还击,结果损失惨重。我们还打劫了穆萨河谷的农庄,丰厚的战利品令德拉加人抢得不亦乐乎。毛路德这匹老战马率领自己的乘骡步兵团驻扎在著名的佩特拉古城遗址。群情鼓舞的里阿森纳族(Liathena)在独眼谢赫卡里尔(Khalil)的带领下,开始在高原四下扫荡掠夺,且每次都能盗走土耳其两三头作战或驼运牲畜,如果偶遇其卫兵,还能捎带上几杆来复枪。这样的局面维持了数周,令暴跳如雷的土耳其人益发按捺不住。

为了进一步激怒敌人,我们还要求萨蒙德将军(General Salmond)按约定对马安展开长程轰炸。由于任务艰巨,萨蒙德特意遴选斯滕特和其他身经百战的拉比格或沃季赫飞行员一道,全力以赴完成使命。这些人都有过在沙漠地带强行着陆的经验,在无地图指引的山区也能准确地找到前所未知的目的地,且斯滕特说一口流利的阿拉伯语。飞行部队必须沉着冷静,但他们的指挥官却技巧纯熟又爱表现自己,像其他艺高胆大者一样,老是喜欢耍些出格的花样,让自己和他人捏一把冷汗。这一次他命令低空飞行，以确保精确命中目标，于是三十二枚炸弹炸了马安一个火车站措手不及，大获全胜。其中两枚落入军营，造成三十五人阵亡，五十人受伤。八枚击中火车头仓库，工厂与库房都严重损毁。一枚炸弹命中将军的厨房，将厨子和早餐一并送上了西天。飞机场也被击中四次。虽然被弹片击中，我们的飞行员依然人机平安返航至亚喀巴上游昆地拉（Kuntilla）临时机场。

当天下午他们对飞机进行了检修，入夜后就在机翼下睡觉，第二天拂晓又派出三架飞机即刻升空出击，直捣阿巴利散，那里的大规模军营早已令斯滕特垂涎不已。他们轰炸了马厩，马匹四散逃窜，将土耳其人的营地踩踏得一片狼藉。和前一天一样，他们采用低空飞行，虽然机身中了不少子弹，但依然未受到太大影响，不到午时便已返回昆地拉。

查点剩余的汽油和炸弹后，斯滕特认为足够再进行一轮轰炸，便下令搜寻上午给他们造成麻烦的炮兵。所有战机顶着午时的烈日起飞，由于载弹过多，无法提升高度，因此当他们鲁莽冒失地飞越阿巴利散山头时，仅距离下方山谷约三百英尺高，惯常午休的土耳其人被这一幕吓得屁滚尿流。三十枚炸弹呼啸而下：一枚将炮台夷为平地，其余则炸死数十将士和牲畜。飞机负荷减轻后，方才翱翔振翅高升，返回老家阿里什基地。阿拉伯人欢呼雀跃，土耳其人则闻风丧胆。贝赫杰特帕夏不得不派出人手挖掘掩体工事，待自己的飞机检修完毕后，亦不敢轻举妄动，只将其部署在高原周围以防护军营安全。

空中打击让土耳其人心惶惶，骑兵骚扰则诱导其至错误目标。摧毁铁路是我们破解土耳其攻势的第三张王牌，以迫使他们将攻坚力量进行分散，便于执行防守任务。因此我们计划在9月中旬开展一系列的爆破行动。

我决定故伎重演，埋设地雷炸毁火车。这次我打算用比自动地雷更有效更可靠的办法，并设想出一种可在火车头压力下直接电力引爆的装置。英国工兵，尤其是经验丰富的埃及工兵总监赖特将军（General Wright）对我这样的异想天开极有兴趣，因此鼓励我放手一试。他给我送来了推荐的工具：一架引爆器和若干绝缘电线，我带着它们登上皇家海军新的警戒舰"亨伯号"（H.M.S. Humber），并向舰长史纳吉（Snagge）介绍自己。

这艘船是史纳吉的福舰，在巴西生产打造，装备陈设的舒适程度远超英国其他浅水重舰炮[①]（Monitors），而登上船又遇见热忱好客的他对我而言更是福如双至。他具有强烈的好奇心，对岸上事务抱着浓厚的兴趣，我们一些小小的挫败在他眼里都能发掘出诙谐喜剧的一面。每每向他讲述不幸的遭遇，最终总能一笑置之，且说完故事后我总能得到一个热水澡作为犒赏，还有极尽讲究的茶会，一切都布置得精美堂皇。他的亲切关怀和大力支持免除了我们在需要维修协助时往来埃及的奔波之苦，并能集中精力持续数月对土耳其人予以迎头痛击，使其疲于应付，军心涣散。

我的引爆器死死锁在一口令人畏惧的白色大笨箱子内。我们将锁撬开，里面有一个棘轮手柄，我们下压的时候甚至担心会将船炸沉。电线是粗大的橡胶绝缘电缆，我们将其切成两段，将两端固定至箱子上的螺旋式接线柱上，电流便即刻接通，效果显著。

我取来雷管，将未固定的电线端头塞入其中一个，并压下手柄，但毫无动静。一再尝试都徒劳无功，令我们沮丧不已。最后史纳吉叫来一

[①] 又称装甲炮舰，为一种小型战舰，无法胜任远海航行，航速不快，装甲亦不强，但配有不成比例大口径火炮。

个精通电力学的枪炮军士,他建议我采用特制的电雷管。这艘船上存有六支,便给了我三支。我们将其中一支连接至箱子上,压下手柄的时候当即炸裂,美不胜收。于是我自觉已成竹在胸,便下船着手安排突袭的具体事宜。

最有效亦最容易得手的目标应当是马安以南八十英里的水站木达瓦拉(Mudowwara)。若能在此地炸毁一辆火车,必将令敌人威风扫地。至于人手,我挑选的是身经百战的霍威塔特人;与此同时,这趟远征还能一测队伍中三位豪兰农家子弟的能耐,他们都是我新近挑选的随从。鉴于豪兰地区的重要性,我们有必要了解其方言、设施情况、氏族部落间的恩怨历史,以及地名和道路。拉海尔(Rahail)、阿萨夫(Assaf)及赫梅德(Hemeid)这三位随从一路和我边骑边聊,能让我事无巨细地了解他们的家乡。

为了确保能顺利缴获火车,我们还需要机枪和火炮。首先,为何不用迫击炮?其次,为何不用刘易斯机枪?因此,埃及从扎伊通的陆军学校挑选了两名干练的教官,教授阿拉伯亚喀巴分队如何使用这些家伙。由于我们在岸上尚未建成像样的英军营房,因此斯纳吉在船上给他们腾出了几间宿舍。

这两位教官本名叫耶尔斯(Yells)和布鲁克(Brooke),但由于大家都对他们操作的东西爱不释手,因此改称他们为刘易斯和斯托克斯①(Stokes)。刘易斯是澳大利亚人,个子高瘦,弯腰驼背,懒散拖沓的姿态毫无军人风范。他面庞冷峻,眉毛拱起,鹰钩鼻子散发出澳大利亚人独有的恣意放纵和果敢决断。斯托克斯则是个矮壮的英国自耕农,技术纯熟,沉默寡言,随时等候着执行命令。

---

① 即斯托克斯迫击炮。

刘易斯点子很多，一旦取得什么进展，便会旋风似的跑来报喜。斯托克斯则从不提建议，直到行动结束方才摆弄着自己的帽子反省总结，并煞费苦心地将错误一一枚举，以免重蹈覆辙。他们两人都身手不凡，一个月之内在没有翻译协助的情况下，和学员们相处融洽，让他们成功学会这些武器的基本操作。这对我们而言已经足够，因为就经验而言，略懂皮毛比精通掌握更符合这些大咧咧游击队的风格。

随着突击构架的不断完善，我们出征的欲望益发高涨。木达瓦拉车站似乎唾手可得，三百人便足以打得它猝不及防，且由于这口深井是马安下游干旱地带的唯一水源，这必是一桩不斐的功绩。若没有这眼水井，跨越这条峡谷的铁路便没有任何意义。

第六十一章

澳大利亚佬刘易斯此时已雄心勃勃，表示自己和斯托克斯愿意加入我们的队伍。这是个非常有吸引力的新点子。有他们的参与，我们在攻打堡垒时技术分队的表现也能得到保证。何况教官们也强烈渴望一同征战，他们平时的表现可圈可点，理当予以嘉奖。我们警告他们，这很可能是一次不堪回首的经历，行事毫无章法，不眠不休地在内陆行军、放牧和战斗。一旦和我们上路，将失去英军一贯的舒适条件和种种特权，必须和阿拉伯人祸福同享（战利品除外！），忍受他们的粗茶淡饭和自由散漫。如果我遭遇任何不测，他们又不会说阿拉伯语，将陷入两难的境地。

刘易斯回答自己一直想追求这样奇特的人生经历。斯托克斯则表示，如果我们能做到，那他也可以。于是我们借了两匹最出色的骆驼给他俩（鞍袋里塞满了牛肉罐头和饼干），于9月7日一起动身前往伊腾河谷，与奥达自圭维拉调派来的霍威塔特人会合。

为了让两位教官有个逐渐适应的过程，我们尽量设法照顾他们。第一天行军非常舒缓，没有任何行程要求。由于之前他们谁也没骑过骆驼，在伊腾河谷光秃秃的花岗岩散发的骇人热气的威逼下，极有可能还未正式上路就已中暑。9月是个不利于出征的月份，几天前我在亚喀巴海岸边的棕榈林荫下测量过气温，温度计度数高达一百二十华氏度①。于是我们正午在崖壁下休息，入夜后再骑十英里便扎营留宿。

罐装热茶、米饭和肉令我们惬意地饱餐了一顿，看着两人在周遭前所未见事物冲击下的样子，颇令我有一种难以名状的窃喜。这种反应本也在我的意料之中。

一开始，澳大利亚人似乎安之若素，态度自如地与阿拉伯人相处。而对方体察到他的善意后，开始礼尚往来，却令他大吃一惊，几乎已是勃然作色：因为他从未意料到自己的友好反而误导了别人，甚至忘记了一个白种人和棕色皮肤人之间应有的差异。

由于他的肤色远比我几个新随从还要深，使得场面变得更加滑稽。随从中对我最为好奇的是年纪最小的拉海尔，这位体格粗壮的强健伙伴完全还是个孩子，对于这场行军而言，身材似乎胖了些，但却因此更能忍饥挨饿。他有着红扑扑的面庞，鼓鼓的两颊位置很低，几乎要悬垂下来；小嘴儿噘着，还有个尖下巴。所有这些再加上高挑浓密的眉毛和大得出奇的眼睛，使得他看起来既诡计多端又急躁粗暴，刚愎自用而缺乏耐心。他口无遮拦（操一口装腔作势的阿拉伯语），谈吐粗俗；惯于莽莽撞撞，吹嘘夸耀，毛毛躁躁，神经兮兮。他的精神并不像体格那般强

---

① 约四十九摄氏度。

大，总是喜怒无常。一旦精疲力竭或气恨恼怒时，便会号啕大哭，但一有其他事情令他分心，便会立刻收敛停止；而且哭过后变得更加坚韧不懈。我的其他随从，穆罕默德、艾哈迈德，还有正在见习的拉希德和阿萨夫，都对拉海尔非常纵容；一方面是因为他有一股动物般迷人的野性，另一方面也是因为他出众的外表。由于对两位教官出言不逊，我曾经呵斥过他一两次。

斯托克斯作为一个英国人，在阿拉伯的奇风异俗面前则变得益发沉默闭塞，坚守自我。他的羞怯无时无刻不提醒着我的手下，他是个与众不同的英国人。这样的顾虑让他得到了较多的尊重，在他们眼里，这是一位"教官"，而刘易斯则是"那个高个儿"。

所有人都在以自己的方式展示独特的个性。当我们翻阅天南海北谈古论今的书籍时，羞耻地发现里面永不乏浣衣妇之流那种粗鄙的偏见，但却又没有其与陌生人讨价还价打成一片的能力。在中东的英国人分为两类，第一类人心思细腻而含蓄委婉，善于把握周遭人群的性格、谈吐、思维模式，甚至是一举一动；耳濡目染之，暗示引导之，习惯在不动声色中掩藏锋芒。

第二类人便是书中所描绘的"约翰牛"①（John Bull），离开英国越久，越是固执地像一个英国人。他为自己营建了一个家乡，一个集记忆中所有美好于一体的故国，如此令人向往而又遥不可及，以至于常常在现实中苦闷不堪，因此失去理智地一味鼓吹昔日时光。在国外，透过其全副武装的笃定与坚持，让人见识到百分之百典型的英伦特质。他展示了一个十足的英国人，行事并非十全十美，脑子不够圆滑灵光，但凭着

---

① 英国人的绰号，出自16世纪英国作家约翰·阿布思诺特（John Arbuthnot）的政治讽刺作品《约翰牛的生平》（*The History of John Bull*），其形象为一个穿礼服的中年胖绅士，背心为英国国旗图案。

坚韧执着，终能拨云见日，赢得更多喝彩。

这两类人其实都如出一辙，只不过一方高声呐喊，另一方则潜移默化。他们都将英国人视为上帝无与伦比的选民，对其的任何模仿都堪称亵渎或僭越。这样的自负让他们时时敦促他人成为仅次于自己的优秀种族。虽然上帝没有垂怜他们，让他们成为英国人；但他们依然肩负着成为自己民族中佼佼者的责任。于是我们赞赏着当地的风土人情，学习研究不同的语言，著书撰文介绍他们的建筑成就、民间传说及垂死没落的产业。然后有一天，我们幡然醒悟，发现这神秘玄奥的灵魂已披上了政治的外衣，并对这忘恩负义的国家主义化痛心疾首——真是无心插柳柳成荫。

虽然法国人一开始也抱着同样的正信，认为自己是完美的选民（那是他们的后天教条，而非心领神会），实际上却与我们南辕北辙，鼓励附属国效仿自己；即使对方无论多么努力也终是东施效颦，但在尝试的过程中总能得到提高。我们将模仿视为无能，而在他们看来则是一种恭维。

次日一早便骄阳高照，我们已离圭维拉不远，就在闲庭信步穿过长满灰绿灌木的温馨粉色沙原之际，天空传来一阵低沉的嗡鸣。我们立即掉转骆驼撤出开阔路面，躲进色彩斑杂的灌木丛中隐蔽，以避开敌机的侦察。我们携带着很多威力最大，亦最受我青睐的甘油炸药，加之斯托克斯迫击炮那些装满阿芒拿①（Ammonal）的炮弹，一旦因空袭起火，必将把我们送上西天。我们沉着地坐在座鞍上静观其变，骆驼则随便啃食着周围聊胜于无的草皮，直至飞机在我们前方圭维拉的巨岩上空盘旋了两圈后，抛下了三枚轰然作响的炸弹。

---

① 炸药的一种，由硝酸铵、铝粉、碳粉和三硝基甲苯混合制成。

之后我们整顿队伍继续上路，缓缓抵达营地。圭维拉是人声鼎沸之地，山区和高原区霍威塔特人的集市就设在这里。平原上目光可及之处满是缓缓移动的驼群，数量之巨以至于每天凌晨等不到天亮就将附近的水坑啜饮一空，因而晚起之人不得不跋涉数英里远寻找新的水源。

但这些都没什么大碍，反正阿拉伯人除了每天早上等着看飞机之外也无事可做；待轰炸过后，便是闲聊打发时间，直至日落呼呼大睡。百无聊赖得太久，闲言碎语得太多，容易勾起往日嫌隙。野心勃勃的奥达想要借我们仰赖他协助这一良机，一举将整个部落收归掌中。他囊中装满了征募霍威塔特人的大笔军饷，打算在金钱的帮助下，迫使那些较小的零散部落转投自己麾下。

这引起了众派系的极大不满，威胁要么回到山里，要么转投土耳其人。费萨尔派谢里夫马斯特（Sherif Mastur）出面斡旋调解，上百个派系数以千计的霍威塔特人全都顽抗到底，锱铢必较，不愿妥协。如何在安抚他们的同时又不触怒奥达，即便是最精通纵横捭阖之道的说客也大感棘手。加之当时连背阴处的气温都高达一百一十华氏度，而所谓阴影亦无非是一群黑压压的苍蝇罢了。

我们期望能加入突袭队伍的南方三部落也参与了此次抗议。马斯特与之交涉，阿布塔伊族的族长也出面协调，我们所有人都尝试与之沟通，但全都无功而返。我们的计划似乎刚起步就要面临夭折的惨境。

一天中午前，我正从岩壁下走过，马斯特给我带来消息，称南方部落已经骑上骆驼返回沙漠，撤出了我们的营地和行动。我懊丧不已地冲进奥达的帐篷，他正坐在帐内沙地上和新讨来的老婆共进烫面饼。这个活泼的姑娘穿着靛蓝染制的长袍，棕色的皮肤上全是新鲜的蓝色痕迹。在我突然闯进的当口，这小妇人脱兔一般从营帐的后帘钻了出去。为了先发制人，我开始嘲讽奥达一大把年纪还像其他族人一样如此荒唐，一向将男欢女爱视为人生要事，而非一种堕落之乐。

奥达反驳自己是想传宗接代。我问他是否觉得自己人生已经足够美好，需要感谢那随心所欲让自己降临人世的父母？还是即使自己对漫漫人生满怀疑虑，却依然自私地要将其转嫁给另一个尚未出世的灵魂？

他依然不为所动。"确实，因为我是奥达，"他坚决地回答，"而且你知道奥达代表什么。我的父亲（愿神保佑他）是一代宗师，比奥达还要伟大；而他也会赞扬我的祖父。越往前推，我们就越伟大。""但是，奥达，我们都说要尊重子女，他们将继承我们的财富，完成我们的遗愿。每过一代人，地球就老一分，人类也就远离童稚时代更远一步……"

这老东西今天并无兴致听我揶揄，只是眯缝着眼睛温和善意地看着我，并指着帐外平原上他那正在试骑一头新骆驼的儿子阿布塔伊，他手持驼鞭徒劳地敲打着骆驼的颈项，想要它像训练有素的牲畜那样稳步前行。"噢，这世上的小顽皮，"他说，"如神愿意，那他已经继承了我的财产，但谢天谢地，他还没有夺去我的能力；如果我发现他有过失，我就会揍得他屁股开花。毫无疑问，你是个聪明人。"这一席谈话最后得出结论，我们应当换个干净的地点静观事态发展。我们雇了二十头骆驼运输炸药，翌日，在飞机来袭后两小时，我们便已整装待发。

飞机仿佛圭维拉营地怪趣的公共作息调节器。阿拉伯人纷纷在黎明前起床，等候它们的莅临：马斯特在崖顶派驻了一个奴隶，以便在第一时间预警。当飞机惯常出现时刻临近，阿拉伯人便边走边聊，悠闲散漫地朝岩石进发。抵达岩壁下方后，各人挑一个中意的岩架栖身。稍后马斯特便会跟在一大拨奴隶身后，带着架在火盆上的咖啡壶和自己的毯子爬了上来。他和奥达进入一处隐蔽的角落,坐着闲聊,直至随着飞机飞越席塔山脉的轰鸣,拥挤的岩缝间此起彼伏地扬起兴奋不已的骚动。

这块怪异的猩红大岩石就这样挤满了无数衣着华丽的阿拉伯人,仿佛成群结队栖息筑巢的朱鹭,不放过任何一个犄角旮旯。当敌机没头没脑地在上空盘旋时,每个人都死死紧贴着岩壁,一动不动。飞机会投下三枚炸弹,或四枚,或五枚,全视当天是周几而定。爆炸产生的浓密烟雾在苍绿的平原上盘踞,像一团结实的奶油泡芙;在无风的空气中翻腾几分钟后,才逐渐消散褪去。虽然我们知道这烟雾并没有什么毒害,但当炸弹穿过头顶引擎的喧嚣,尖锐地呼啸而下之际,依然会不可自已地屏住呼吸。

第六十二章

我们高兴地离开了纷扰嘈杂和尔虞我诈的圭维拉。甩开沿路护送良久的蝇群之后,我们方停下来休息。事实上我们也无需赶路,而与我同行的两个可怜虫也饱尝前所未历的酷热滋味,窒闷的空气仿佛铁面具般紧贴在脸上。看到他们咬紧牙关苦苦支撑的样子,颇令人敬佩,他们认为这样或许能像阿拉伯人那样,将自己在亚喀巴的斗志延续下去;但教官们的体力很快就会在默默承受中达到极限。阿拉伯人的鲁莽大胆源自无知无畏,烈日当头依然能在难耐的热气中喧哗笑闹;但实践证明,这种行为确实是对健康有益的。而且我为了达到这种效果,也跟着四处打闹,似乎乐在其中。

黄昏时分我们又走了一程,然后在一丛浓密的柽柳林中宿营。营地后方矗立着一座约四百英尺高的峭壁,被落日的余晖映得通红,美不胜收。脚下的黄泥地坚实异常，如木地板般向两侧各延伸了约半英里远，仿佛平整的湖面。地势较低的那一侧满是怪柳光秃秃的褐色枝干，仅在枝头稀疏地点缀着一些积满尘垢的树叶，在干旱和暴晒之下已褪成几近莱博（Les Baux）地区橄榄叶背面那种银灰色，从河谷口吹来的风摩挲着谷中的草地，亦将树木最后一点儿绿意淘洗尽空。

我们要骑往本尼阿提耶族的北方水源地罗姆（Ramm），那里的美景连粗枝大叶的霍威塔特人都赞不绝口，令我心驰神往。次日一早我们便可以踏入这片桃花源，不过在漫天繁星未落之时，随行的哈里西（Harithi）族谢里夫，谦恭的阿义德（Aid）唤醒了我。他爬到我身旁，颤抖着说："真主啊，我快要瞎了。"我让他躺下，发现他抖如筛糠，仿佛置身冰窟；但他能告诉我的全部便是半夜醒来时，发现什么也看不见了，双眼唯留痛楚。刺目的阳光将它们炙瞎了。

我们从穿过两座砂岩高峰之间穿过，抵达山脚一道舒缓的长坡时，天才刚亮。这里怪柳遍地，人称是罗姆山谷的源头。顺着左侧往上看，是一片高大的岩壁，仿佛一道上千英尺的巨浪腾空而起，直扑谷中；而岩壁的另一侧，即我们右侧，则是嶙峋陡峭的红色山脉。我们踏过腐朽脆弱的矮树丛，沿着缓坡向上攀爬。

一路行来，矮树丛逐渐汇聚壮大成林，浓密的枝叶在明快柔和的粉色沙地衬托下，绿得格外纯净。往上的坡度益发放缓，山谷逐渐化为一座逼仄倾斜的平原。右侧山头更为陡峭高耸，左侧则是拉直放宽如一面红色巨墙的岩壁，两者相映成趣，并逐渐靠拢，最后只余两英里宽的距离。接着，山势隆然拔起，两侧在我们头顶几乎一千英尺处等高矗立，宛如一条绵延数英里的林荫大道。

这两块岩壁也并非完整无缺的巨墙，而是如同街道两侧摩天大楼般一段段堆叠聚合起来的峭壁。峭壁上布满宽达五十英尺的深深裂隙,表面被自然磨砺得凹凸有致,布满浮雕般的纹路,仿佛精心设计的图案。悬崖高处的洞穴仿佛圆形的窗户,而靠近山脚的裂缝便是大门。黑色的污渍从阴森的崖壁正面一路下滑延伸数百英尺,仿佛一不小心打翻了什么。悬崖主体是堆叠积筑两百英尺高的裂石,颜色较深,质地也更硬,粗糙的颗粒状表面上布满垂直条纹。悬崖基底却不似砂岩般仿佛一块满是褶皱的垂挂布料;而是若平行堆叠的散碎石块,如同一堵围绕在岩壁脚下的墙。

峭壁顶端呈圆拱形,不像山的主体这般红得发烫,而是一片灰蒙。它们为这令人难以抗拒的地方增添了最后一抹拜占庭建筑般的风味:而这浑然天成的神来之笔胜过一切人力之想象。阿拉伯军队迷失在这宽广之中,高远之下,如沧海一粟;一支飞行中队也能在此间翱翔自如。这片无尽山海令我们这支微不足道的驼队自惭形秽,全都噤若寒蝉。

在童年的梦里,风景总是广袤而宁静。我们在记忆长河里追溯往昔,搜寻人类曾在这样山崖壁垒间穿行的典范,直至路的尽头豁然开朗,一座广场出现在前方。此后,当我们常年奔波于内陆时,我的思绪总是将我带离眼前的道路,让我在罗姆之夜里驰往神游,在燃烧的晨曦里穿越山谷,奔入璀璨绚丽的平原。又或是身披夕阳余晖,走向那辉煌灼目的广场,而我却因为情怯意羞,从未踏进那里一步。我总是问:"我这次是否该纵情驰骋,越过卡斋尔(Khazail)?"但实际上,罗姆才是我真情所系。

那天我们骑了好几个小时,景色益发巍峨壮观,山势雄奇如幻,直至右侧崖面破开一道隘口,令我们转入一个新的天地。这道隘口宽约三百码,实为山墙的巨大裂隙,一直通向一座类似古罗马剧场的椭圆区域，此地前方浅凹，左右两侧长长向外棘突。这里的石壁和罗姆所有的石壁如出一辙，皆是陡峭的悬崖，但气势更为雄浑，因为这块凹地坐落在主山的正中心地带，小小的空间更衬托出四周山地不凡的威慑力。

太阳已沉入西侧的崖壁后，只余凹地孤坐阴暗之中；但入口处两侧和山谷远方的崖壁却被逐渐消逝的强烈余晖染将成一片炫目殷红。凹地表面是一层湿沙，覆满黑压压的灌木；所有崖壁脚下都有比屋舍还高大的岩石块儿，都是从山顶坍塌滑落下来的，有时候大得简直如同一座碉堡。经年累月的踩踏之下，我们前方一条道路已开始泛白，它自崖脚弯弯曲曲延伸至主崖壁升起处，然后沿着浓密树叶勾勒出的窄窄的岩架轮廓朝南急剧转向。这些林木之间，岩隙之下，有怪声此起彼伏；那是阿拉伯人在三百英尺高的泉眼处饮骆驼发出的声响，回音在山间起伏跌宕，宛如一曲乐章。

雨水落在圆拱形的山巅，慢慢渗入坑坑洼洼的石头，我的思绪也随之一寸一寸被吸入过滤，流过山石和砂岩，层层向下，直至抵达那不可穿透的地基，在挤压的作用下淌过其表面，再从崖面岩层交界处喷射而出。

穆罕默德转入圆形剧场的左侧突起。阿拉伯人已颇有先见之明地在其远端一块悬垂的巨石下清理出一块空地，我们便在此卸下行李休息。黑暗很快攀上了这块高处的绝地，湿露浓重的空气冰冷地贴上我们被太阳灼伤的皮肤。负责看管炸药的霍威塔特人将骆驼聚集起来，赶着它们走过回声缭绕的山径去饮水，以备早日返回圭维拉。我们点火炊米，就着教官带来的牛肉罐头，而我的随从也开始忙着为稍后来访的客人们准备咖啡。

水泉洼地外帐篷里的阿拉伯人已经看到我们进入山谷，便急着前来打听消息。一小时之内，达拉鲁沙族（Darausha）、泽勒巴尼族（Zelebani）、祖威达族（Zuweida）和托加特族（Togatga）的族长都和我们围聚一堂，大家七嘴八舌地各抒己见，气氛并不融洽。谢里夫阿义德由于失明，心情沮丧，无心招待客人，便将此重任委托于我；而我并不擅长处理这一特别任务。这些小部族对阿布塔伊族怀恨在心，怀疑是我们煽动奥达的野心要将他们吞并。在确定自己的全部要求能得到满足之前，他们不愿归顺费萨尔麾下。

技艺精湛的骑士卡西姆·阿布·杜梅克（Gasim Abu Dumeik）是阿巴利散一役当天率领高地部族冲锋的勇士，此时态度格外恶劣。他是个皮肤黝黑、面容傲慢的汉子，薄唇挂着一丝冷笑；他心地善良，但戒心很重。此时，他对托威哈族（Toweiha）妒火中烧。我势单力薄，无法独自说服他，于是只能与之对立，揭露他的敌意并展开唇枪舌战，直至他哑口无言。原本支持他的人纷纷羞愧地与他决裂，但却也鲜有人站到我这边。他们左右摇摆，举棋不定，开始向族长大发牢骚，并提议愿意和我一道征战。我抓住这个机会，称扎尔明日一早便会抵达，会我和一起接纳除杜曼尼叶族之外所有投诚的队伍。因为刚才卡西姆的恶言相向，已经将他们从费萨尔的名册上剔除，之前挣来的名誉和酬饷也一并勾销。卡西姆威胁会立即加入土耳其阵营，朋友们谨慎地劝他少说两句，但未能见效，只得看着他勃然大怒地离开火堆。

第六十三章

第二天早晨，仍在气头上的卡西姆带着手下就待在一旁，打算视局势发展加入或反对我们。就在犹豫不定之时，扎尔来了。冷酷无情的卡西姆立即与铁骨铮铮的扎尔针锋相对起来，发生了激烈的口角。就在两人要拳脚相向之时，我们赶紧插进来打圆场，但前一晚双方勉强商议停当的安排也被撕毁推翻。其他部落反感卡西姆的穷凶极恶，三三两两默默地自愿投效我们；但要求我在出发前将他们的一片忠诚告知费萨尔。

他们的疑虑让我决定立即联络费萨尔，一方面或许可以消弭这场纷争，另一方面我们也需要更多的骆驼来运载炸药。杜曼尼叶族的骆驼并不适合，但此地再无其他骆驼可雇用。最好的办法便是我亲自走一趟，因为信差极有可能在半路被卡西姆拦截，而他不敢动我半根毫毛。我将两位教官托付给扎尔，他发誓将确保其生命安全；我便和艾哈迈德轻装上路，骆驼上未带任何行李，意欲朝亚喀巴走一趟，速去速回。

我们只认识经伊腾河谷那条很长的路。虽有捷径，但无人指点迷津。我们徒劳地在山谷中摸索寻找，绝望之际一个男孩突然告诉我们应当走右侧那条山谷。依其指示，我们一小时后便抵达一座分水岭，许多山谷至此向西延展开来，而伊腾河谷便是其唯一的目的地，因为附近一带再无其他水道可让山区洪水奔流入海。我们奔入这些山谷间，不时冒险抄近道横越山脊切入右侧平行的河谷支脉，以期缩短行程。

一开始是洁净的砂岩山区，石头千姿百态，赏心悦目。但进入花岗岩山脊后，眼前耸立的皆是海岸常见的那种石峰，在一道缓升的坡路上骑行了约三十英里后，我们自南伊腾谷穿出，正好来到亚喀巴水井的上方。整趟行程仅花了六小时。

抵达亚喀巴后，我们便直接骑去费萨尔的居所。我的突然返回令他大惊失色，但我立即言简意赅地将罗姆的戏剧性事件做了解释。饭后我们决定立即采取必要措施，在两天内打点二十头辎重骆驼启程，配有足够的骑士押运炸药，此外还令他几个贴身奴隶担任警戒。他将目前营中最信任的亲信谢里夫阿卜杜拉·菲尔（Abdulla el Feir）借调给我，前去执行仲裁。和我一道前往铁路的军队家属经过我的批准，便可直接从他的库房领取配给物资。

我和阿卜杜拉在拂晓前动身，亲密无间地骑了一路，于下午抵达罗姆，得悉一切安好，不由得松了一口气。谢里夫阿卜杜拉立即行动，将阿拉伯人召集起来，顽抗到底的卡西姆也包括在内，然后凭借着一个阿拉伯领袖与生俱来的说服力和丰富的人生阅历进行安抚。

我离开罗姆这段空档大家无事可做，刘易斯为了打发时间曾去登崖探险，回来汇报有一些很适宜洗浴的泉眼；所以，为了洗去一路奔波的风尘与疲惫，我从谷中爬入绝壁的岩面，裂隙深沟将山体划得支离破碎，山洪就曾沿着这些沟渠冲下岩架，汇入谷底纳巴塔珊（Nabatasan）人的井亭中。这段路并不难走，一个疲惫的人亦只需花上十五分钟。上到山顶，被阿拉伯人称作谢拉拉（El Shellala）的瀑布仅在数码之外。

冲击声自左侧传来，碧色藤蔓攀住猩红崖面上的突起，随淙淙流水一道直落千里。山径宛若深槽凹入岩架下方，上方凸出的岩块刻满纳巴塔珊人的铭文，侧壁上则是繁复交织的字母与符号，周围环绕着阿拉伯文涂鸦和部落标记。它们有些是被人遗忘的迁徙历史的见证，但此时吸引我注意的，唯有头顶岩石阴影下一道裂缝中飞溅出的泉水。

一道银练自这块岩石进入阳光之下。我循迹而访，比我手腕还细的源头从石面裂隙间有力喷出，清音朗朗地跃入暗处的水塘，搅起一池水泡。池塘前即是入口台阶，两侧和头顶的岩石裂缝湿气浓重，水露滴答。肥厚浓密的蕨类和草叶绿意盎然，使得这片仅五平方英尺的弹丸之地宛若世外桃源。

我在一尘不染、草木芳馥的岩架上脱下酸臭身体上的衣物，步入那座小小浴缸，劳乏体肤总算一享鲜活空气与清新流水。凉意怡人，如品甘露，我静静地躺着，任由澄澈的暗红色流水如缕缕缎带，尽情涤荡身躯，洗净旅途尘埃。就在这幸福时刻，一个胡子灰白，衣衫褴褛，面容粗犷，神情强势而满是沧桑的男人缓缓从小路那头走来，在泉水对面停下脚步，长叹一口气后弯腰检视着我为驱赶跳蚤而摊在岩石上暴晒的衣物。

他听见我弄出的声响，便附身向前，糊满眼屎的双眼凝视着我这个在朦胧日影下谷中戏水的白色躯体。长久地注视后，他似乎感到满意，喃喃说道："爱来自神，属于神，归于神。"

这串缓缓的话语鬼使神差地传入池中，令我戛然呆住。我向来以为闪米特人没有能力将爱作为自己和神的纽带，实际上，他们是无法设想两者之间可以存在这样的关系，唯有斯宾诺莎①（Spinoza）那种理性，爱得这般绝对冷静，无欲无情且形而上，以至于让他停止了上下求索，或者更像是不被允许追求任何回报。依我之见，基督教当属尘世间首个宣扬爱的信仰，沙漠和闪米特人［从摩西②（Moses）自芝诺③（Zeno）］却将这一感情拒之凡俗的门外；且基督教这个混血儿的根本起源亦并非闪族。

诞生于加利利④（Galilee）的基督教逃脱了泯然于闪族众多天启神谕的命运。加利利作为叙利亚的非闪米特省份，一个纯正虔诚的犹太人与之有染几乎等同于自甘堕落。它与耶路撒冷参辰卯酉，一如和伦敦格

---

① 即巴鲁赫·德·斯宾诺莎（Baruch De Spinoza），1632年—1677年，犹太裔荷兰籍哲学家，近代西方哲学公认的三大理性主义者之一，与笛卡尔和莱布尼茨齐名，被认为是17世纪最著名的理性主义哲学家。主要著作有《笛卡尔哲学原理》《神学政治论》《伦理学》《知性改进论》等。
② 前13世纪犹太人的民族领袖，受耶和华之命带领犹太人出埃及进入迦南地。上帝借摩西之口颁布了《十诫》，开启了《旧约》的编撰。
③ 即季蒂昂的芝诺（Zeno of Citium）约前335年—前264年，斯多亚学派的创立者，被视作自然法理论的奠基者，提倡道德自制。
④ 今以色列北部区域，北面到黑门山下，南到迦密山，东面到约旦裂谷，西到地中海海滨和以色列沿海平原，是耶稣的诞生地。

格不入的白教堂区①（Whitechapel）。思想自由的风气让基督选择在此宣扬福音；不是走入叙利亚那些茅舍土屋，而是去到通都大邑的整洁街衢，这里的市集论坛、高堂广厦和洛可可浴室，皆是希腊文明那极具异域风情而又腐朽不堪的极端产物。

这片异族殖民地的居民不是希腊人——至少大多数人不是——而是各式各样的黎凡特人，对希腊文化亦步亦趋；作为回报，他们贡献的并非已临强弩之末的故土那样，崇尚中规中矩而又陈腐冥顽的希腊风格，而是一种猖獗繁茂的热带思潮，将希腊艺术和希腊理想韵律有致地均衡发展成全新的形式，并被激情四溢的东方色彩点缀得一派俗丽。

激进放纵的诗人在狂热的风潮中语无伦次地吟诵，怀抱风月宝鉴，映射出遍地狗走狐淫与宿命论的幻灭，耽溺于狂乱的肉欲，沉沦入眼前的年代和俗世；极度虔诚的闪米特禁欲者或许从自己的清心寡欲中捕捉到人性和真爱的灵光一瞬，使得基督的袅袅仙音独树一帜，得其所哉直指欧洲核心，其横扫之势令犹太教和伊斯兰教皆望洋兴叹。

接着，基督教又幸而后继有人；历经各时代和列国的一番流传，发生了翻天覆地的改变，脱胎换骨的程度远非古今一辙的犹太教所能比拟。为了适应欧洲大陆，亚历山大派佶屈聱牙的抽象理论被拉丁散文所取代；而最终极亦是最惨烈的一笔，当属其条顿化的历程，为融入这个冷漠好辩北方民族的方方面面，基督教正式归为一统。长老会②（Presbyterian）的教义与东正教③（Orthodox）的信仰在其主次体现上如此南辕北辙，以至于战前我们还能派遣传教士去说服那些较为温和的

---

① 伦敦东区塔村区的一个区域，该区人口种族成分极为复杂，19世纪80年代曾发生过臭名昭著的开膛手杰克凶杀案。
② 即长老教会，西方基督教新教的一个流派，持守加尔文主义。
③ 即东正教会，与天主教会和新教并称为基督教三大教派。

东方基督徒，向其展示我们那位更合乎逻辑的上帝。

同样，伊斯兰在各大陆传播期间也无法逃脱变革。它避开了形而上的玄恒之道，只留下伊朗信众那种反躬自省的神秘主义；但非洲却让它沾染上了拜物恋癖的盲目（简而言之，便是敬拜这块暗黑大陆上五花八门的飞禽走兽）；而在印度，其又不得不委身于信徒对教义的墨守成规与拘泥直译。然而，阿拉伯半岛仍然保留着伊斯兰的闪米特本质，或者应该说闪族特性经受住了伊斯兰化的洗礼考验（一如城市居民在所有信仰发展的各阶段中总是选择最简化的一种），在泛神主义的眼花缭乱中，在家家户户的朝参暮礼里，杀出一条血路，高呼碧落黄泉，唯有一神。

与这种一成不变相对应的，或者说与我所认为的一成不变所对应的，是罗姆那位老人言简意赅之中若隐若现的不祥之兆，似乎要将我对阿拉伯人特质的理论全盘推翻。出于唯恐天机泄露的不安，我匆匆结束了洗浴，上前取回衣物。他以手蔽目，重重地哼了一声。我温和地请求他起身让我穿戴，然后邀他与我一道走下这骆驼至此来回往返另一座泉眼踏出的怪异小径。他在我们的咖啡炉旁坐下，穆罕默德生火的当口，我便绞尽脑汁想要引他一吐自己的理论观点。

晚饭备好后，我们邀他共餐，他那讳莫如深的咕哝和闪烁其词的话语方中断片刻。夜深后，他挣扎着站起来，带着他的信仰——如果有的话——蹒跚着麻木不仁地走进黑暗。霍威塔特人告诉我，他毕其一生都在部落间游荡，满嘴痴人妄语，不知可有昼夜，不问饥寒保暖。他如受苦受难之人，接受大家的施舍，但从不报以半句言语，也不大声说话，除非独处于荒郊野地之外，或羊群牲畜之中。

第六十四章

阿卜杜拉的斡旋已有进展。卡西姆虽不再公然挑衅，但仍绷着张臭脸，不愿公开和解，因此，各较小部族已有约一百人敢于反抗他的权威，许诺与我们并肩同行。我们与扎尔讨论后，斗胆决定以目前的兵力碰碰运气。如再拖延，恐新来归附的人马再生动摇，且就目前各部落之间的气氛看来，再征募更多力量的希望相当渺茫。

这是一支很小的队伍，规模仅为预期的三分之一。面对兵力的不足，我们只得黯然对预定计划进行修改；另外我们尚缺少一位得力的领袖。一如往常，扎尔展示出自身杰出的领导才能，在事务的实际操作上卓有远见且积极主动。他胆识过人，但因和奥达关系过密而不得他人信任；且他言辞刻薄，总是冷嘲热讽，使得大家戒心重重，甚至不愿接受他提出的忠告。

费萨尔处派来的辎重驼队于次日抵达，共二十匹，由十名自由人照管，另有他四名贴身奴隶进行监管。这些人是军中最受信赖之人，深谙随身服侍之道。如能使主人免遭伤害，不惜粉身碎骨，或即使主人遇难也甘愿与之共亡。我们将两位教官各嘱托给两名贴身奴仆，以确保我如遇不测，他们也能安然返回营地。行李根据裁剪过的突袭计划已打包停当，万事俱备，只待明日一早启程。

9月16日黎明我们从罗姆动身。失明的谢里夫阿义德坚持与我们同行，称自己虽无法开枪，但仍还骑得动，如蒙神眷顾，他或许能在得胜后向费萨尔告老还乡，了此残生之时便不会空余遗憾。扎尔手下带领着二十五名诺瓦瑟拉人，他们是奥达旗下的一个阿拉伯部族，自称愿为我效劳，且骑乘的皆是沙漠中最负盛名的骆驼。旅途多艰，我自然乐得与他们为伍。

老莫特洛格·阿瓦尔（Motlog el Awar）拥有北阿拉伯最优秀的雌驼杰妲（Jedha），队伍里其他人根据和其主人关系的不同，看这匹牲畜的眼神亦不尽相同，有的是骄傲，有的则是贪婪。我的加扎拉更高大威武，走得更快，但年事已高，奔跑起来便稍逊一筹。尽管如此，它依然是队伍中，事实上应该是这片沙漠中，唯一能与杰妲相提并论的动物，它的风度翩翩令我与有荣焉。

其余的人马走得七零八落，队伍好似一根散落的项链。祖威达族、达拉鲁沙族、泽勒巴尼族和托加特族各自聚成一组，而这次出征第一次让我想起了哈马德·图格塔吉（Hammad el Tugtagi）。启程半小时后，从侧面山谷中骑出来几个满脸羞惭的杜曼尼叶人，称自己无法忍受在别人前去战斗的同时自己留在后方同妇女们胡闹。

每一组人都各走各的，不和其他部族交谈，我则整天班车一样在队伍间来回穿梭，先和地位稍低的谢赫交谈，然后再去应付另一个，设法让他们打成一片，好在战斗打响前建立起团结。但大家唯一达成的共识是行军期间不听从扎尔的任何命令，虽然大家亦公认他是最智勇双全、饱经沙场的猛将。对我个人而言，他是此时放眼望去唯一可以信任的人。至于其他人，无论是言语还是意见，大概连他们的步枪在我眼里都算不得可靠。

可怜的谢里夫阿义德虽然还是名义上的领袖，但已百无一用，我不得不违背原则和经验的要求，扛起指挥的重任；部落劫掠是独门之术，涉及休息进餐、放牧骆驼、骑行方向、军饷发放、争端调解、瓜分赃物、世代恩怨和队列秩序种种细节问题，都是牛津近代史学院（Oxford School of Modern History）课堂上闻所未闻的知识。这些琐事让我忙得焦头烂额，完全无暇欣赏沿途风景，也腾不出时间研究如何攻打木达瓦拉，以及如何充分利用炸药，发挥其最大效力等事宜。

午间我们来到一处丰饶的土地上休息，沙坡吸足了暮春的雨水，滋养出一地银毫般浓密的细草，最合骆驼的胃口。气候如此温和，宛如8月的英国般怡人，我们心满意足地四处徜徉，将出发前几日的纷扰争执，以及虽表面暂时化解，仍暗流激荡的紧绷气氛抛诸九霄云外。置身美景中，人的心境顿时为之一变。

晚些时候我们再度上路，沿两侧不高的砂岩壁间一条逼仄的谷道盘旋而下，在日落前来到另一处覆满黄泥的平地，和开启罗姆美景前那段路如出一辙。我们在泥地边缘扎营，我一路的苦心经营已小有成果，因此营地只分成了三组，每组各用柽柳枝条生起一堆熊熊烈火。我的手下自成一组，扎尔的人马另为一组，其他霍威塔特人是第三组；夜深后，待各族长心满意足地享用完瞪羚肉和热面包后，终于可以让他们围聚到我这个中立派的火堆旁，对第二天的行程安排进行集思广益。

如今看来，我们需要在日落时抵达木达瓦拉取水，这口水井位于火车站一侧两三英里远的隐蔽深谷中。然后待天擦黑，我们便可以前往车站勘察，衡量以手中薄弱的兵力，是否能对其发起攻击。我强烈支持进攻（与众人唱反调），因为这个车站是铁路线上最为关键的一个据点。阿拉伯人缺乏这样的远见，因为他们的头脑中意识不到，漫长而互相牵制的战线必然造成土耳其对补给线的极度依赖。尽管如此，我们还是相谈甚欢，各自心满意足地回营睡觉。

第二天我们用完早饭才启程，因为前方路程仅需六小时；穿越黄土平地后，抵达一处石灰石质的坚硬平原，上面覆有一层被风雨磨钝的棕色燧石。平原后是低矮的山丘，陡坡地带偶见柔软的沙床，是遇阻旋风携带的沙土聚积而成的。我们顺着这些陡坡从浅浅谷底爬上顶峰，然后再向下进入另一端类似的谷地，眼前豁然开朗，从阴暗散乱的碎石区域突然跨入阳光普照的辽阔平原。一座少见的沙丘绵延起伏，穿过其中。

在进入碎石地带前，我们便已午休过了；下午晚些时候如期抵达水井。这是一座露天水池，仅数码见方，周围的空谷里遍布巨大石条、燧石和沙粒。一潭死水令人反胃，表面还漂着一层带绿藓的厚泥，肥厚的粉色大怪球泡从中鼓起，仿佛漂浮的气囊。阿拉伯人解释说，土耳其人为了污染水质，曾将死骆驼投入其中；但天长日久，腐质的影响已逐渐淡化。如果我的口味能和他们的标准一样重，那可就更是淡得微不足道了。

但这是在我们攻下木达瓦拉之前唯一可用的水源，于是我们便开始给水袋装水。一个霍威塔特人在帮忙汲水时，不慎从湿滑的池边跌落水中。池面那片油腻腻的绿毯立即吞没了他的头顶，他下去片刻后方才挣扎起身，剧烈地喘着粗气，在众人的大笑声中手忙脚乱地爬上岸来，身后的漂浮物上留下一个黑洞，一股腐肉味儿仿佛一根结实的柱子从中直冒而出，在我们身边及山谷中盘绕良久，令人避之不及。

黄昏时候，扎尔和我带领教官和其他人马，匍匐朝车站前进。半小时后我们来到最后一座山头，这里有土耳其人挖掘的战壕，还用石块精心修砌了一座带锯齿形护墙的哨站。夜色如墨，新月如钩，四下一片空寂。前方山下便是车站，守军正在举炊，黄澄澄的火光将门窗照得一片通明。从山上观察，车站貌似离我们很近；但斯托克斯迫击炮的射程仅为三百码。于是我们又向前推进了一程，敌人的声音已清晰可辨，令大家提心吊胆，唯恐被狗察觉暴露行踪。斯托克斯教官四下查看，想找到合适的炮位，但始终没有合意的。

这时我和扎尔已爬过最后一段平地，直至可以数清有几座帐篷没有点灯，敌人的谈话也声声入耳。有一个人朝我们这边走来，然后迟疑了一下。他划亮一根火柴点烟，光线照亮了他的面庞，我们将他的相貌看得一清二楚：一个满脸病容、面庞凹陷的年轻军官。他蹲下来忙了片刻，然后返回队伍中，所经之处士兵全都默不作声。

我们返回山顶，低声讨论。这座车站占地很广，都是石质建筑，坚固得恐怕我们连那些带延时引信的炮弹都无法摧毁。守军约有两百人，我们只有一百一十六支来复枪，且队员还共事得别别扭扭。出其不意是我们唯一能凭借的优势。

最终我们投票决定离开，不必打草惊蛇，留待日后再战，想来也为期不远。但事实上，接踵而来的意外使木达瓦拉逃过一劫，苟延残喘直至许久后的1918年8月，才被巴克斯顿①（Buxton）的骆驼部队一举攻下。

第六十五章

我们悄悄骑上骆驼，回营就寝。次日早晨循原路返回，进入远离车站视野的平原深处，接着向南穿过沙质平地，处处可见瞪羚、剑羚和鸵鸟的踪迹；其中一个地方，还有美洲豹许久以前留下的掌印。我们打算前往平地另一侧高低起伏的小山丘，在那里炸翻一辆火车；因为扎尔称

---

① 罗伯特·维尔·巴克斯顿（Robert Vere Buxton），1883年—1953年，人称罗宾·巴克斯顿（Robin Buxton），曾为一级板球运动员，后加入军队。第一次世界大战时曾在帝国骆驼兵旅任代理中校，和劳伦斯成为同事。1918年8月他指挥帝国骆驼骑兵旅一支别动队奇袭汉志铁路的木达瓦拉车站，从而切断了麦地那及南汉志地区土耳其残守据点和北方的联系。

那里的铁轨弯度适合埋设炸药,周围的山脊便于架设机枪,是绝好的伏击地点。

于是我们在南面的山脊处转向东行,直至距铁路不足半英里。我们将部队留在三十英尺高的山谷中,仅带几个人下至铁轨处。为了绕开我们所在的高地,铁轨微微朝东弯曲,远端消失在一处五十英尺高,面北横跨山谷的平坦台地下方。

轨道在高高的堤基上穿越谷底,中间有一段双拱桥梁连接,以排泄雨水。这里看似设雷的理想地点。由于首次使用电子引爆的炸药,我们并不知道效果如何;但我们都认为将炸药安置在桥上是最保险的策略,这样一来,无论是否能对火车头造成影响,桥梁都会被炸毁,车厢必将随之出轨。

周围山体的岩架对斯多克斯来说是极好的射击地点。对自动武器而言有点过高,但无论火车是上行还是下行,从此处实施纵向射击都能形成压制之势。因此我们决定忽略高度的缺陷,在此架设火力点。由于身负两位英国教官的安危大任,我不得不将他俩集中在一起,若遇突发情况相对安全,可以单独撤回高地。此时斯托克斯正为痢疾所困,可能是木达瓦拉的水和他的肚子相处不睦。养尊处优的英国人对疾病很少有天然的抗体。

我们回到骆驼休息处,卸下炸药包,再将牲畜牵至安全的草地上放牧,阿拉伯人常年在附近的山壁上刮取盐分,石块上全是削痕。几个自由人将斯托克斯迫击炮和炮弹,以及刘易斯机枪、甘油炸药、绝缘线、磁电机和工具一并搬到指定地点。教官摆弄组装着这些大玩具,我们则前往铁路桥,在两条钢枕之间掘了一个坑,在里面安放了五十磅炸药。炸药被分包成一根根小棍儿,我们必须将包装纸撕开,装入一个大沙袋内,借助阳光的热力将其揉捏成碎果冻状。

埋设火药并非一桩易事。堤基很陡,堤基和山丘间的凹陷地带还有一片吹积而成的沙带。我独自一人穿过这片沙带,小心翼翼地迈着步子,但依然不可避免地在平滑的表面留下了足迹。我用斗篷兜着埋设炸药挖出的碎土石,一趟趟往返桥下的河床进行倾倒,使之和碎石河床自然地融为一体。

埋设过程花了我近两小时;接着便是工作中最难的部分,将引爆用的沉重电线从引爆器拉至山上。沙地表面有一层凝结的脆皮,必须将其破开才能埋入电线。电线僵直地摊在波痕累累的沙地上,仿佛一条细瘦笨重到不可思议的长蛇在翻着肚皮。这边刚压下去,那边立即翘了起来。最后我不得不用石头加以镇压,但这么一来,我又得在沙面上一番乱刨,将石头埋住。

接下来是必不可少的一步,将沙袋拖过沙地,制造出波浪纹路以掩盖施工的痕迹;最后,在一个风箱和我斗篷的大力扇动下,模拟出风自然吹拂的效果。整个过程花了五小时,但效果堪称完美:包括我自己在内的所有人都看不出炸药到底埋在哪里,也不会怀疑自路基启爆点到埋伏着枪手的山脊间这两百码的地面下藏着电线。

剩下的电线刚好够从山脊再拉至另一处洼地。我们在洼地将电线两头与引爆器相连接,这里是安置引爆器和引爆员的良好地点,唯独无法观察到铁路。

但要解决这个问题,只需在五十码外对负责引爆的人发出信号,便可指挥在适当的时机进行爆破。费萨尔最宠信的奴隶塞利姆自告奋勇担此重任,得到了大家的一致赞成。于是当天下午,我所剩的全部时间都在教他(在一个未接驳的引爆器上)如何操作,直到他已经驾轻就熟,一旦我举手示意火车已上桥，便能准确地压下棘轮把手。

我们步行返回营地，只留一人在铁路旁观察守候。营地内无人看管行李，我们迷惑不解地寻找其他人的踪迹，直至赫然发现他们面向金色的夕阳，在一座山岗顶坐成一排。我们高呼着要他们卧倒或下山，但他们依然纹丝不动，好像一群栖息的乌鸦，尽情眺望南北的景致。

最后我们跑上山将他们拉离天际线，但为时已晚。距我们南面四英里远的哈拉特阿玛尔（Hallat Ammar）旁一个小山哨里的土耳其士兵已经发现了他们，下沉的夕阳将我们的影子在斜坡上拉得老长，直直指向哨站，令他们鸣枪示警。贝都因人世世代代都善于利用地形掩护自己，只是一向不将愚蠢的土耳其人放在眼里，因此不屑与之厮杀。这座山头自木达瓦拉和哈拉特阿玛尔都一眼可望，他们的突然出现和观望必然让两地大惊失色。

但夜色立即掩盖了我们，我们也知道必须耐心挨过此夜，以期明日大有作为。如次日早晨看到我们的营地空无一人，土耳其人或许会认为我们已经撤离。于是我们在一个深坑中生火烤面包，舒舒服服地过了一夜。一路协作分工已经让我们逐渐团结起来，而山顶那桩愚蠢的闹剧令每个人都羞愧万分，同意让扎尔领导大家行动。

天光无声撕破黑暗，一连几小时我们紧盯着空荡荡的铁路和平静的军营。扎尔和他的瘸堂兄霍威米利（Howeimil）始终保持警戒，将大家很好地隐蔽起来，但也费尽千辛万苦，因为毛躁的贝都因人就是无法安静地待上十分钟，总是坐立不安，动手动脚，没话找话。在长时间沉闷紧张的待战环节，这一缺点让他们在冷静的英国人面前相形见绌。这也同样导致了他们在防御时缺乏耐性。我们今天对此大为光火。

但终究，土耳其人大概还是发现了我们，九点时，约有四十人自哈拉特阿玛尔旁山哨的帐篷中出动，列队向南进发。如果不加理会，我们一小时内就必须丢下炸药撤离；如果凭借兵力优势将他们击退，铁道线必将草木皆兵，暂停交通。我们进退维谷，最后决定派一支三十人的小分队进行阻击，如可能，设法将其引至旁边的乱山群中。如此一来，我们的主要阵地或许还不至于暴露，并且能使其对我们的兵力和目的形成误判。

战斗如我们所期进行了几小时；交火的枪声变得稀稀拉拉，渐行渐远。一支常规巡逻队笃定地自南面走过我们这座山头，经过埋雷点朝木达瓦拉而去，丝毫没有发现我们。队伍有八个士兵，以及一个热得不断拭汗的矮胖下士，因为当时已经过了十一点，温度很高。当他越过我们约一两英里后，终于累得迈不动步子，带领队伍下到涵洞下方的荫凉处，清流涓涓自东淌过，他们惬意地躺在柔软的沙地上，喝着瓶子里的水，抽烟，然后坠入梦乡。我们认为这是阿拉伯半岛每个土耳其人在炎夏雷打不动的午休，且他们的小憩显然证明已经放松了警惕。然而，我们大错特错了。

第六十六章

午时又出现了新的情况。我从高倍望远镜里观察到一百名土耳其士兵从木达瓦拉车站出发，直接穿过沙原朝我们这个方向进发。他们走得很慢，显然正在哀悼自己心爱的午睡泡汤了，但即使这般勉为其难，满腹牢骚，不出两小时亦可抵达我们的藏身之处。

我们开始打包行李，准备撤离，决定将地雷和炸药藏在远处，希望能逃过土耳其人的眼目，稍后再折返回来，将这大费心思的杰作好好加以利用。我们派人给南边诱敌的分队捎去消息，让他们在远处藏骆驼的那片满是切痕的山岩间与我们会合。

信使刚离去，观察哨的人便高呼哈拉特阿玛尔有烟雾升起。扎尔和我冲上山，从烟云的形状和浓度判断，肯定是辆等候在站内的火车。就在我们打算翻过山头一探究竟之时，烟云突然开始朝我们的方向移动。我们高声朝阿拉伯人叫喊，让他们马上各就各位，沙石之间立即陷入一片骚乱。穿着长靴的斯托克斯和刘易斯虽然跑不过阿拉伯人，但还是忘却了劳苦和痢疾，成功地攀上了岩架。

来复枪手排作长长一列，在山脊后自炮位经引爆器再到山谷口。在谷口，他们可以在一百五十码内直接向出轨的车厢开火，而那里距斯托克斯迫击炮和刘易斯机枪的射程约为三百码。一个阿拉伯人站在枪炮后方高处，大声告诉我们火车的动向——这是必要的预防措施，以防上面运载有军队，一旦他们在山脊后方下车，我们便只能落荒而逃，并在山谷中为了保全性命而决一死战。幸运的是，两部火车头正拉着火车全速前进。

火车驶近昨天我们行迹暴露的地点，便开始朝沙漠中胡乱开火。我坐在桥边的小丘上，听见枪声噼里啪啦逐渐逼近，准备着向塞利姆发出信号，而他正跪在引爆器旁狂乱地舞蹈，激切地向天祈祷马到成功。土耳其人的枪声听起来非常密集，我不由得想到时候到底要与多少人交战，如果炸药起到了作用，我们八十人是否有足够优势能与之抗衡。早知如此，第一次电引爆试验应当挑选一个相对容易得手的目标才对。

但此时庞大的火车头已经尖声鸣着汽笛转过弯道，闯入众人视线。火车头拖着十节棚车，车厢门窗内来复枪口密布；土耳其士兵蜷缩在车顶沙袋筑起的掩体后向我们开枪。我没料到这列火车有两个车头，那一瞬间只得做出决定,在第二部火车头经过时引爆炸弹,这样一来无论炸药效果如何,至少前方那个未受影响的火车头也无法将其他车厢拖走。

依此计划,当第二部火车头前部刚驶上桥时,我朝塞利姆举起了手。巨响随之撼天动地,一团直径一百英尺的黑色烟尘喷薄而出,瞬间将铁路吞没,只听得里面一片稀里哗啦的碎裂声,以及铁轨折断、铁块和金属板块碰撞的巨响;一个车轮被整个炸飞,猛地从烟雾中冲入天空,悦耳地呼啸着越过我们头顶,迟缓而沉重地坠入后方的沙漠。这之后便是一片死寂,再没有人的吆喝声或枪声,淡化作灰色的烟雾从铁道飘向我们,再越过山脊,消散在群峰之中。

趁着这段空隙,我跑到南面和两位教官会合。塞利姆拿起来复枪冲入浓烟中。我还没爬上机炮阵地,山谷里已枪声大作,贝都因人棕色的身影冲将出来,与敌人展开了激烈交锋。我四下环顾刚才瞬间发生的一切,只见火车已停在原地,车厢沿着铁道横七竖八散了一路,车厢侧面被子弹打得千疮百孔,土耳其人正从远端的车门爬出,在铁轨的路基处寻找掩蔽。

就在这时,机枪在我头顶开始扫射,车顶一排排土耳其士兵纷纷翻滚,像棉花包般坠下车去,密集的子弹扫过车顶的木板,溅起一团团黄色的木屑。目前为止,我们高处的机枪位尚有压倒性的优势。

当我来到斯托克斯和刘易斯身旁时,双方又展开了新一轮的交战。残余的土耳其军队已撤退至约十一英尺高的堤基后方,有的以沙地里距离贝都因人约二十码远的车轮为掩护,那里都是火力盲区。机枪对躲在铁轨弯道处的敌军也鞭长莫及;但斯托克斯已经将第一发炮弹装填入膛,几秒钟后,一声惊雷在火车后方的沙漠里炸响。

斯托克斯调整角度,第二发炮弹正好从车厢旁掠过,射入土耳其军藏身的桥下洼地。一时间血肉横飞。幸免遇难者失神落魄地逃入沙漠，枪支装备抛了一地。刘易斯机枪手抓住这个机会，一弹鼓接一弹鼓疯狂地扫射起来，直至沙漠上尸横遍野。负责操作另一挺机枪的谢拉拉特少年穆沙格拉夫（Mushagraf）看到战斗结束，高呼着丢下武器，抓起来复枪飞奔而下，加入其他族人的队伍，如野兽般撬开车厢大肆洗劫。整个过程持续了近十分钟。

我拿起望远镜观察上方铁路线，看见木达瓦拉的巡逻队正不知所措地朝铁道撤退，与火车上的逃命者一起向北疾奔。再往南看，我们那三十名负责调虎离山的队员正驾着骆驼齐头并进，赶来瓜分战利品。和他们交战的土耳其人见状，立即警觉起来，拼命开枪射击。显然我们只有半小时的空档，之后便会面临两面夹击。

我跑下山去查看炸药造成的破坏。桥已经不复存在；满载伤员的第一节车厢已坠入桥下。除了三四名生还者外，其余人皆已身亡，尸体堆叠在破碎的车厢尾部，血肉模糊。其中存活的一人已经神志失常，癫狂地高呼着"斑疹伤寒"这个词。于是我将车门关上，留他们在原地，自生自灭。

后续的车厢已全部毁坏脱轨：有的彻底扭曲变形，状若麻花。第二个火车头已经化作一堆冒烟的废铁，车轮被炸翻，燃煤室只剩半边。驾驶室和贮煤仓支离破碎，散落在桥附近的石堆间。它是别想再上路了。第一个火车头情况较好，虽然严重脱轨，侧翻在地，驾驶室也炸个稀烂，但蒸汽仍有压力，引擎尚完好无损。

摧毁火车头是我们的首要目标，我还抱着一箱装好引信和雷管的火药棉，以防不时之需。这时我便将其安放在引擎汽缸外，虽然锅炉是更好的位置，但仍然咝咝喷冒的蒸汽令我担心，一旦引发大爆炸，我手下

（正在如工蚁般四下扫荡）的人马亦逃不过飞射的碎片。在土耳其人赶来之前，他们肯定不会收手，于是我点燃了导火线，利用引线燃烧的半分钟时间，勉强将那些抢红了眼的土匪向后驱散了一点儿距离。爆炸应声而起，将汽缸和车轴都炸得粉碎。由于当时无法确定是否给火车头造成了足够的破坏，颇令我烦恼了一阵；但后来土耳其人发现引擎已经彻底报废，只得将其拆解。

整座山谷一派吊诡之相。阿拉伯人已迷乱狂暴，披头跣足，半身赤裸，尖声号叫，对空鸣枪。他们闯入车厢，抢出无数大包小包，互相争抢厮打。包裹在铁道旁就被开膛破肚接受翻检，看不中的统统砸个稀烂。火车上原本载满难民和病患，以及幼发拉底河的志愿船员和打算返回大马士革的土耳其官员家属。

地毯乱摊一地，无数坐垫、花里胡哨的被褥和毛毯堆积如山，还有各色各样的男女衣物、时钟、饭锅、食物、装饰品、武器。三四十位歇斯底里的妇人挤在车厢一侧，没戴面纱，撕扯着自己的衣服和头发，烦乱地高声尖叫。阿拉伯人对她们视而不见，只顾搜刮家用细软，直到再也拿不动为止。骆驼成了共有财产，每个人都拼命朝最近的一头骆驼上尽可能多地装填战利品，然后将其赶至西边的空地，再匆匆返回继续下一波扫荡。

妇人看我并未参与其中，冲上来抓住我一番哀号求饶。我向她们保证不会有事，但她们不肯离开，直到她们的丈夫上前替我解围。将自己老婆赶走后，这些男人惊惧万分地抱住我的脚，唯恐自己会被杀掉。如此低三下四的模样实在令人作呕，我光着脚奋力将其踢开，总算挣脱出来。

接着是一群奥地利人，都是军官和士官，低声用土耳其语恳求我安置他们。我用磕磕巴巴的德语作答；其中一人便用英语请我找个医生替他疗伤。我们没有医生，但这也无关紧要，因为他伤得很重，已性命垂危。我告诉他们一小时之后便会有土耳其部队返回照料他们，但他没有熬到那时候便死了，和其他大部分人［都是汉志战争期间为土耳其新列装的斯柯达（Skoda）山地榴弹炮配备的教官］一样，由于和我的侍卫起了争执，其中一人掏出手枪射中了年轻的拉海尔。我的其他手下盛怒之下将他们乱刀斩死，我甚至都还来不及制止，仅余两三名活口。

一片混乱中我所能搞清的，便是我方并无伤亡。九十名战俘中有五名埃及士兵，身上只有内衣。他们认得我，解释自己原本随同达文波特到艾斯旱谷参与夜袭，反遭土耳其人拦截俘虏。他们告诉我很多达文波特的事迹：多亏了他在阿卜杜拉营内勤奋不懈地工作，才能让这个营地在缺乏地方的积极支持和战斗成就的情况下继续运作。这些呆头呆脑的步兵便是他最得力的助手，于是我将他们悉数带往约定的集合地点——盐岩。

第六十七章

刘易斯和斯托克斯也下来协助我。我有点儿担忧他们，因为阿拉伯人已经失去了理智，随时可以将朋友视作敌人。他们曾三次装作没认出我，要把我的东西抢走，我只能奋起反抗。所幸教官们污渍累累的制服不大能引发他们的兴趣。刘易斯到铁路东侧清点他干掉的三十个敌人；结果出乎意料地在尸体的背袋里发现了黄金和其他战利品。斯托克斯在炸毁的桥边瞎逛，看到他的第二枚炸弹将二十名土耳其士兵炸得身首异处，匆忙走避返回。

艾哈迈德抱着满满当当的战利品回来找我，高声呼喊着（被胜利冲昏头脑的阿拉伯人根本无法正常谈话）说倒数第二节车厢里有个老妇人想要见我。我让他搁下东西马上去牵我的骆驼和那几匹拖火炮的骆驼；因为敌人的枪声已清晰可辨，而阿拉伯人也已经满载着赃物挨个溜进了山，将不堪重负的骆驼赶往安全地点躲藏。将枪炮留到最后装运是一大失策；但一开始的混乱最终取得了压倒性的胜利，初试身手便旗开得胜的喜悦使我们忘乎所以。

我在车厢末尾见到了那位老迈不堪、浑身瑟缩的阿拉伯贵妇，她问我这到底是怎么回事。我一一做了解释。她说自己是费萨尔的老朋友，也曾宴请过他，但自己年迈体衰，无法和我们同行，只能在这里坐以待毙。我回答说她不会有事的，土耳其人已经到了，他们将会收拾残局。她接受了这一安排，并恳求我找到她的老黑奴给她送水。女奴从第一个火车头漏水的煤水车处接了一杯水（刘易斯曾用其解渴，非常甘甜），然后跟着我去见她那位高雅的主人。几个月后，我收到一封来自大马士革的密信和一张可爱的俾路支小毯，那是麦地那的杰拉尔·蕾的女儿（Jellal el Lei）艾伊莎（Ayesha）夫人寄来的，以纪念当日的邂逅。

艾哈迈德一去不复返。我利欲熏心的手下早就和贝都因人到处去搜刮财物了。我和两位教官被孤零零地留在废墟旁，陷入一片尴尬的沉寂。我们正在担心最后不得不丢下武器逃命，便见两头骆驼疾驰而来。扎尔和霍威米利不见我的踪影，便回来搜寻。

我们将仅剩的一条绝缘电线卷起来收好。扎尔跳下骆驼要让给我骑；但最后我们决定让骆驼载运电线和炸药。扎尔借此机会嘲笑我们，放着一火车金银财宝不要，偏记挂着这古怪的战利品。霍威米利因膝盖有伤而导致终身跛足，不能行走，但我们让他的骆驼蹲伏下来，将刘易斯机枪尾对尾做剪刀状绑在一起，然后抬上他的座鞍后部。还剩一门迫击炮，但这时斯托克斯出现了，笨手笨脚地牵来一头在附近晃荡吃草的载运骆驼。我们匆忙将迫击炮装上骆驼，让斯托克斯（仍因痢疾而虚弱不堪）骑扎尔驮刘易斯机枪的骆驼，由霍威米利带队，领着这三匹骆驼以最快的速度离开现场。

与此同时，刘易斯和扎尔来到原来机枪阵地后方一个隐蔽的凹处，用子弹盒、汽油和杂物点起一堆火，再将刘易斯机枪的弹鼓和多余的轻武器弹药在周围摆作一圈，然后小心翼翼地将几枚拆开的斯托克斯炮弹架在顶端。做完这一切我们便拔腿狂奔。当火焰烧到无烟火药和阿芒拿炸药时，引发了连续不断的巨响。数千发子弹纷纷炸响，仿佛无数挺机枪在同时开火，加上随着炮弹的爆炸声腾起的滚滚浓烟，令土耳其人望而却步。他们被这强大的火力所震慑，认为我们兵强马壮，坚不可摧，便停止前进，寻找掩蔽，然后依照常规兵法，谨慎迂回地对我们的阵地进行包抄，仔细地勘察分析，我们才趁机逃之夭夭，躲入山中。

整次行动似乎圆满落幕，我们很庆幸能死里逃生，除了我的骆驼和行李丢失了之外并未有其他损失；只是教官们珍爱的工具箱在我的骆驼上。但无论如何，罗姆食物充足，且扎尔认为说不定和前方等候的其他队员们会合后，能在他们那里找到我们的物品。果不其然，我的手下满载而归，所有骆驼都在，每一只的鞍袋都被赃物塞得鼓鼓囊囊，只待我们上鞍而行。

我相当委婉地解释了一番，对那两位在停火后奉命去牵骆驼的手下表明了自己的看法。他们为自己辩护，称大家都因为爆炸而吓得作鸟兽散，何况阿拉伯人的规矩，谁发现的骆驼就是谁的。此言或许不虚；但我的手下个个身体强健，那时候足以保持镇定。我们询问是否有人受伤,有人说一个夏恩特(Shunt)族男孩——那个潇洒的小伙子——在首次向火车发起冲锋时阵亡了。这次冲锋缺乏指挥,实属失策,因为只要火药顺利启爆,刘易斯机枪和斯托克斯迫击炮便足以解决战事。因此我认为他死亡的主要责任并不在我。

有三人轻伤。接着费萨尔的一个奴隶禀告称塞利姆不见了。我们将所有人召集起来逐一询问,最后有一个阿拉伯人说见到他中弹倒地,就躺在火车头后方。刘易斯此时方想起来,他的确曾看到那里躺着一个身负重伤的黑人,只是当时并不知道是我们的人。这件事竟然无人对我汇报,令我怒火中烧,因为至少有一半的霍威塔特人认识他,且塞利姆是我的手下。再一次因为他们的疏忽,我又将一个朋友弃之不顾。

我问可否有人愿意回去找他。片刻后扎尔答应了,接着十二名诺瓦瑟拉人也应声而出。我们疾速穿过平原奔向铁路线,登上最后一座山头时,看到失事火车旁已挤满了土耳其人,他们至少有一百五十人,我们已无望返回现场。塞利姆恐怕早已命丧黄泉,因为土耳其人从不接收阿拉伯战俘。事实上,他们通常的做法是将其残忍虐杀,因此,我们将重伤必须留在原地等死的战友就地解决,反而是仁慈的行为。

我们不得不放弃塞利姆;但为了不虚此行,我向扎尔提议沿山谷溜到附近,将教官的工具箱找回来。他表示赞同后,我们便一路挺进,直到土耳其人开火才躲入堤基后。我们的营地就在下一个山谷,隔着约一百码的平地。于是我抓紧时机,让身手敏捷的小伙子两人一组,分批冲过去将鞍袋拖回来。土耳其人距离很远,且他们远距离射击又一向糟糕;但我们跑第三趟时,他们弄来了一挺机枪,子弹扫过黑色燧石的表面,激起阵阵沙尘,让我们动弹不得。

我让那些跑腿的孩子带着最贵重最轻便的行李先撤,和大部队会合。我们剩下的人则冲下山坡，一路横穿平原。土耳其人在开阔地带一眼便看出我们势单力薄，鼠胆顿时为之一壮，从两翼包抄下来想要截断我们的去路。扎尔跳下骆驼，带领五人爬上我们刚才翻过的山头，开火还击。他是个神枪手，我曾见识过他骑着骆驼，两枪便击毙一头三百码外奔跑的瞪羚，因此土耳其人再不敢轻举妄动。

扎尔叫我们驮着行李的人赶紧穿行至下一个谷地，在那里据守反击，掩护他撤退。我们就用这种交替掩护的方式翻山越岭，在有效地拖延敌人进攻的同时，还打翻了对方十三四人，而自己只有四匹骆驼受伤。最后，我们与营地只隔两座山头，大家都成竹在胸，自信可以安全返回，突然一个骑手向我们奔来。那是腿上架着一挺机枪的刘易斯。由于听到枪声大作，他便赶来看看我们是否需要帮忙。

他的加入壮大了我们的实力，也鼓舞了我的心情，因为我已对土耳其人怒不可遏，先是丢掉了塞利姆，接着又被他们一路穷追猛打，在热浪浊沙中跑得汗如雨下。于是我们挑了一个据点，准备迎头痛击他们；但不知他们是对我们突然的安静起了戒心，还是唯恐追得太远，我们再也没看到追兵的身影。几分钟后我们冷静下来，理智地回去与他人会合。

大队人马已经驮着沉重的行李上路了。九十名俘虏中，有十名友善的妇人，选择由费萨尔遣送自己至麦加。我们有二十二匹空骆驼，女人们挤在其中五匹上，剩余的则各载两名伤员。天色已晚，人马劳顿，水也被俘虏喝光。想要返回罗姆，我们必须连夜赶至木达瓦拉那口老井重新取水。

由于水井靠近车站，我们必须在不惊动土耳其人的情况下速去速回，以免被发现兵力空虚。我们分成若干小队，朝北缓缓推进。阿拉伯部队在取胜之后总是人心涣散，昔日突击队那种激昂的斗志已荡然无存，仅剩一支跌跌撞撞、不堪重负的辎重驼队，满载的战利品足够一个阿拉伯部落丰衣足食数年。

两名教官各自问我讨一把剑，要作为自己首度独立参战的纪念。我正沿着队伍一路翻捡挑选，突然遇见了费萨尔调拨来的那批自由人；令我目瞪口呆的是，其中一人的座鞍后绑着一个昏迷不醒的血人——失踪的塞利姆。

我奔到费尔汗（Ferhan）面前，问他是如何发现塞利姆的。他告诉我说，当斯托克斯炮发射出第一枚炮弹时，塞利姆正好冲过火车头，被土耳其人击中后背。子弹从他脊柱附近穿出，尚未——以他们之见——危及性命。在我们占领火车后，霍威塔特人将他的斗篷、匕首、来复枪和头冠剥了个干净。另一个自由人米基比尔（Mijbil）找到了他，将他抬上骆驼，没有告知我们便先行护送他返回费萨尔处。费尔汗在半路追上他，接手照顾起塞利姆；而塞利姆大难不死康复之后，果然一直对我抛下受伤同伴一事耿耿于怀。我的忠诚可靠已名誉扫地。我已习惯躲在谢里夫背后，避免他人用严苛的阿拉伯标准对我评头论足，外国人一旦穿上阿拉伯服装，入乡随俗，他们便不再区别对待。但倒霉的是谢里夫阿义德失明了，我只能默默忍受大家的指责。

三小时后我们顺利抵达水井，饮水完毕后继续走了约十英里，在确定没有追兵的威胁后，方就地宿营，第二天醒来时虽疲倦却快意满满。斯托克斯之前一直饱受痢疾折磨，但安睡一夜缓解了焦虑，病痛也不治而愈。我、他和刘易斯是全队仅有的三个没带战利品的人，因此赶在前头越过两处广袤的平泥地，在日落前进入了罗姆旱谷谷底。

对我们的装甲汽车而言，这条新路至关重要，长达二十英里的硬土或许可以让其轻松开至木达瓦拉。如此，我们便可以任意拦截火车交通。这样想着，我们已踏上了林荫大街般的罗姆谷道，夕阳下依然不改昔日的瑰丽绚烂；岩壁和西天彩云红成一片，声势浩荡，矗与天齐。再一次，罗姆的祥和之美令我们激动不已，在它所向披靡的恢宏下化作恒河一沙，之前骑过平地时那般谈笑睥睨在此荡然无存。

夜色低垂，但山谷美景已印刻在心中，令人久久回味。已模糊难辨的绝壁仿佛还在眼前，目光追逐着它们在穹庐星空切出的轮廓线，用想象力连缀那伟岸和连绵。深邃的黑暗如此真实——这个夜晚万物蛰伏。唯一能感受到的，便是骆驼迟缓的移动，平静而单调地在这无边的平原踽踽而行，一小时又一小时，前面的山依然遥不可及，后方的岩壁也始终未曾远离。

晚上九点左右，我们已到达水井和旧营地所在的洼地。我们认得这里，因为原本伸手不见五指的黑暗在这里变得更为阴沉和潮湿。我们掉转骆驼走向右侧的岩壁，壁顶高可擎天，抬头仰望时，头巾的系绳都会滑落到肩上。但此时如果我们伸出驼鞭，便可触到岩面；不过我们再走了几步，便隐入突出岩块下的凹处。

终于我们进入了高大的灌木林中，不由得引吭高呼。一个阿拉伯人大声回应。我的回音自悬崖间飞落，与他冉冉扬起的喊声相遇，交织成一块儿在峭壁间碰撞回荡。左侧摇曳起一星苍白的火光，那是我们的巡夜人穆萨。生火的木柴香气馥郁，我们围着火堆狼吞虎咽着牛肉罐头，并一碗接一碗狂饮甘冽的泉水。在忍受过木达瓦拉的腥臭之水后，这样的甘露令人如痴如醉。

我们酣睡一夜，两日后重返亚喀巴；凯旋荣归，满载珍宝，大肆吹嘘对火车的所作所为。两位教官自亚喀巴搭快艇即刻返回埃及，开罗已对他们的滞留不归大为不满。尽管如此，他们心甘情愿接受任何责罚。他们亲自浴血奋战，夺取了胜利；经受住了痢疾的考验；喝过驼奶度日；亦学会了在驼背上轻松日行五十英里的本领。此外，艾伦比也分别授予了两人勋章。

第六十八章

时间过得很快，我和费萨尔终日讨论政务、组织和战略问题，同时开始准备筹划新一轮的行动。旗开得胜让整个营地生龙活虎；如果我们能培训出足够的技术人员，让他们分成小组执行爆破任务，炸毁火车肯定会蔚然成风。皮萨尼上尉（Captain Pisani）便是自告奋勇的第一人。他是驻亚喀巴法军指挥官，身经百战的他为了建功立业永远进取不息。费萨尔替我物色到年轻的大马士革三兄弟，他们热切地希望领导部落力量展开突袭。我们前往罗姆，宣布此次突袭是卡西姆部落的专门行动。他们被这烫手山芋搞得焦头烂额；但在贪欲面前又无法拒绝。人们争相加入，数日不绝，但大部分都被拒之门外。纵使如此，我们出发时，队伍已达一百五十人之众，外加一列浩浩荡荡的驼队，以备载运战利品回营。

出于灵活多变的需要，我们此次决定对马安下手。于是我们朝巴特拉进发，摆脱溽热，攀上冷峰；离开阿拉伯半岛，进入叙利亚；告别怪柳林，踏上艾草地。每当登临山巅，观望那蚂蚁丛生的水井上方赤色披洒的山岩，呼吸着北方沙漠传来的第一股气息；那种空气妙不可言，将孤寂、枯草和燧石上燃烧的烈日描摹得淋漓尽致。

向导说四百七十五公里处是进行爆破的理想地点，但此地碉堡林立，我们不得不悄悄撤离。我们沿铁道来至一处山谷，铁轨从高筑的路基上穿越其间，山谷两头和中央各有一座桥梁。午夜后，我们在此地埋设了装填有强力立德（Luddite）炸药的新型自动地雷。埋地雷花了数小时，天亮尚未完成，但却丝毫感觉不到光线的照射。我们举目四望，看不到暗夜褪去的痕迹，白昼似乎姗姗来迟。之后许久，旭日才穿破混沌的雾墙，从地平线上冉冉升起。

我们从灌木林立的谷底后撤一千码，焦灼难耐地埋伏了一整天。随着时间的流逝，越烧越旺的日头仿佛就在咫尺之遥，堵得我们透不过气。队员太多，塞得满坑满谷，个个都急于求成到鬼迷心窍的地步。除了我，他们不听任何人的话，不停闹事要我仲裁。六天的突袭行动中，我们解决了十二起械斗、四起骆驼劫案、一桩婚事、两个贼、一次离婚、十四起世仇恩怨、两次白眼生怨，以及一桩妖法巫术。

所有这些裁决，都是我在对阿拉伯人认知缺乏的情况下做出的。为求结案，我玩弄花招，左欺右瞒，亦深感良心不安。我在亚喀巴面前的所作所为，日后为起义者所遵守效仿，令我再一次自食其果，苦不堪言。我教会了阿拉伯人如何障人耳目，狐假虎威，结果自己也陷入他们的诡计，只能时时对其察言观色，以辨真伪。而多年的强光刺激已令我的双眼见到太阳便抽搐痉挛，脆弱到经常泪水充盈，刺痛不已。

我们夜以继日地守候了一整天。日落时，我躺在灌木丛中记下这一天的疲惫和无力，爬出一只蝎子，缠在我的左手上一阵猛蜇，好似发起了连续攻击。肿胀的胳膊剧痛难忍，整夜无法入睡，但也正是身体的烦躁分散了精神的压力，伤口的烧灼一阵阵刺激着麻木的神经，令我无暇扪心自问。

但肉体这点疼痛终究无法解开心结。经过一个晚上，那种耻辱和羞惭的内心疼痛再度占据了上风，令人心如油煎，更加难以承受。在这样的心境下，战争似乎荒谬至极，和我自欺欺人的领导一样当属罪行。我正打算召集各谢赫，宣布自己将辞去领导重任，交予他们自行裁断，哨兵开始高叫有火车驶来。

这辆由马安开出来的运水车安然无恙地驶过地雷。阿拉伯人对我感激涕零，抢一火车水作为战利品实在不是他们的梦想。地雷没有发挥效用，所以中午时分，我带着几个学徒来到铁轨旁，在立德炸药上层又加装了一个电子地雷进行连环引爆。我们在光天化日之下做这一切，是仗着海市蜃楼的掩护，以及土耳其人午睡的空档；果不出所料，我们忙活了一小时也没有引起任何异动。

我们在南端和中央的桥梁之间拉起了电线，引爆器置于中央桥梁的桥拱之下，无法从火车上看到。刘易斯机枪架设在北侧的桥下，这样可以在炸药引爆后以火力覆盖火车远端。阿拉伯人在山谷对面的灌木林中排成一列，距我们这一侧铁路约三百码远。之后我们在骄阳和苍蝇下等候了一天。上午、下午和晚上，敌人的巡逻队都在频繁出没。

次日早上八点左右，一柱浓烟离开了马安。与此同时，第一班巡逻队走了过来。队伍总共才六人，但如果他们发出警示，火车便会停止前进；我们心急如焚地观望着，不知谁会首先抵达现场。火车开得很慢，巡逻队则走走停停。

我们估算巡逻队会落后火车两三百码的路程，便下令各就各位。火车头拖着十二节载满货物的车厢轰隆作响地爬上山坡，走得四平八稳。我坐在河床的灌木丛旁，距地雷一百码远；视线可同时观察到引爆小组和机枪队。当法伊兹和贝德里（Bedri）听到火车自头顶经过，便开始围着那小小的电盒子活蹦乱跳地起战舞来。藏身沟渠里的阿拉伯人低声对我吭哧，示意已到引爆时间，但我直到火车头正好位于桥拱上方才跳起来挥舞斗篷。法伊兹立即压下扳手，巨大的噪声卷着尘土拔地而起，天地霎时黯然无光，与一周前木达瓦拉一幕如出一辙，我所在之处也被烟雾所笼罩，只见立德炸药那令人作呕的黄绿色烟雾在炸毁的火车上懒洋洋地盘绕不去。刘易斯机枪此时骤然打响，连着三四阵扫射后，只听得阿拉伯人高声呼吼，附和着皮萨尼那妇人般高亢尖锐的号令，如一阵狂风向火车冲去。

一个土耳其人爬上倒数第四节车厢的减震器，将车钩解开，让后面几节车厢顺着坡道倒滑回去。我徒劳地往车轮下随便塞了块石头，其实只是螳臂当车，只能眼睁睁看着这么多战利品从眼皮子底下溜走。一个土耳其上校用毛瑟（Mauser）手枪从窗口对我开火，子弹擦破了我的臀部。我对他的白费力气大笑不已，嘲讽他的想法就跟正规军那样，自以为多杀一个人就能左右战局。

炸药毁掉了桥拱。火车头和燃煤室已七零八落，许多管道炸得四分五裂。驾驶室化作空壳，一个汽缸不翼而飞，车体拧作一团麻花，两个驱动轮及其轮轴都破碎不堪。煤水车和第一节车厢挤压作一团。约有二十名土军士兵丧命，包括四名军官在内的其他俘虏都站在铁轨边哭着求饶，但阿拉伯人无心理会。

这列火车载送着食物，多达七十吨。根据交货单上的附注，为麦丹沙利赫（Medain Salih）地区所"急需"。我们将这张货单交给费萨尔，作为此次战果的详情报告，其他收据还留在车上。我们还将几十名原以为此行是开往麦地那的平民赶下车，要他们朝北走。

皮萨尼监督着战利品的搬运和销毁。一如往常，阿拉伯人此时只顾当一个脚夫走卒，屁颠儿屁颠儿地跟在满载包裹的骆驼后面奔忙。法拉杰牵着我的骆驼,在沙列姆与狄赫兰(Dheilan)的协助下搬运炸药和沉重的电线。收工时,土耳其的救援部队仅距离我们四百码之遥,但我们依然顺利脱身,没有任何伤亡。

学徒们之后便开始自行实践爆破,并互相传授经验。各部落中都流传着他们大发横财的谣言,势头愈演愈烈,有些甚至到了荒谬不经的地步。"给我一名劳伦斯,我便能掀翻火车。"本尼阿提耶族人在给费萨尔的信中这样写道。费萨尔给他们派去了萨阿德,在这名心狠手辣的艾格利人的协助下,他们拦截了一辆重要的火车,车上载着我们在沃季赫的宿敌苏莱曼·瑞法达,他随身带有两万镑金币,以及各式珍贵的战利品。萨阿德在赃物面前重蹈覆辙,无心顾及自己的装备,只带回了电线。

接下来四个月里,我们这群亚喀巴爆破专家摧毁了十七部火车头。出行成了敌军生死未卜的噩梦。在大马士革,乘客全都抢着往后面车厢上挤,甚至多花点钱也在所不惜。火车司机闹起了罢工,民用交通几近停摆;我们有天晚上在大马士革市政厅贴了一张布告,称阿拉伯良民日后如乘坐叙利亚火车出行,发生任何事都将后果自负,结果连阿勒颇地区都因此人心惶惶。火车头的损失令土耳其人捶胸顿足。由于所有列车线路都集中在巴勒斯坦和汉志地区,我们造成的破坏不仅使得麦地那无法大规模撤兵,还在英军大举进逼的同时,将敌人牢牢钳制在耶路撒冷,不敢越雷池一步。

此时埃及拍电报要我前往。我乘飞机前往总指挥部G.H.Q.,艾伦比正在那里凭借自己的雄心壮志,要重整散漫的英军。他问我大肆捣毁铁路的意义何在;或者说,除了给费萨尔的起义事业增加戏剧化的噱头之外,还有何意义。

我解释了自己的期望,让铁路勉强维持可以通往麦地那,但仅是勉强；这样一来法赫里的军队只得在当地自谋口粮，这比将他们关入开罗战俘营要划算多了。而攻击火车便是限制铁路运行而又不致其整个瘫痪最保险的方法，本来对爆破漠不关心的阿拉伯人此时变得兴致高涨。我们目前尚无法捣毁铁路，因为铁路总站是铁道上最为坚固的据点，因此我们宁愿挑选敌人周边的薄弱地区下手，直至阿拉伯正规军训练成熟，装备完善，兵力强盛，足以攻打马安。

他问起穆萨旱谷，情报显示土耳其有立即攻击那里的打算。我解释称我们原本就意欲引诱土耳其攻击此地，一旦他们昏头昏脑落入圈套，我们便可从中渔利。我们将分组行动，没有固定编队，他们的飞机也无法侦察出我们的实力。间谍密探摸不清我们的人数，因为即使我们自己也无法估算某一时刻到底能抽调出多少兵马。

另一方面，我们对敌人了如指掌；细到每一个单位、每一个人员的调动。他们将我们视为正规部队，每次对我们有所行动时都会估算我们可以调动与之抗衡的总体兵力。但我们不循章法，对他们的算盘了然于心。这是我们与之制衡的手段。这些年来，冲动激奋是阿拉伯运动赖以生存至今的养料，在"可以"（Could）与"愿意"（Would）之间见风使舵。如今我们已不容再错分毫，而"不容分毫"即是今日亚喀巴之座右铭，每个人都挂在嘴上，熟稔于心。

当土耳其最终发起进攻时，贾玛尔对穆沙旱谷的攻击宛如石牛入海。毛路德指挥出色，他敞开中路，笑看土耳其人长驱直入，直至在阿拉伯人埋伏的垂直绝壁前撞得头破血流。接着，趁他们六神无主，出师不利之际，毛路德下令攻击左右两翼，损失极其惨重，而见识了我们的神出鬼没之后，他们更加胆战心惊，被人反将一军的落差造成的心理震慑远超人员死伤的冲击。多亏了毛路德，亚喀巴从此高枕无忧。

SEVEN PILLARS OF WISDOM

阿拉伯的
劳伦斯回忆录

下

[英]托马斯·爱德华·劳伦斯◎著 李茜◎译

卷六　破坏桥梁

第六十九章至第八十一章

1917年11月，艾伦比已准备好在整条战线对土耳其发动一次全面进攻。阿拉伯人在自己的作战区域也会同步动作，但我不敢孤注一掷，便虚晃一枪，以切断耶尔穆克河谷铁路的行动取而代之，意欲打乱土耳其原定的撤退计划。这一心存侥幸的折中之计遭遇了挫败。

第六十九章

10月是充满期待的月份：艾伦比已计划同博尔斯

（Bols）和道内一起，攻打加沙—贝尔谢巴一线；土军在此布防的兵力虽小，但防线却极为坚固，且与侧翼的友军保持着良好的协同。连番得胜使得他们信心膨胀，妄想能令所有会打硬仗的英国将军铩羽而归，无论他们率领的部队如何鏖战也只收效甚微，最终还是望洋兴叹。

但这皆是掩耳盗铃。英军已在艾伦比手中脱胎换骨，穆瑞及其部属在个人和部门之间营造的勾心斗角、各自为政的歪风，已被宽厚坦荡的他一扫而光。艾伦比驻法国时的参谋长博尔斯将军，取代了林登·贝尔将军的职位，这个动作敏捷、勇敢无畏、和蔼可亲的小个子是位足智多谋的军人，但却忠心耿耿听令于艾伦比，亦深得艾伦比器重和信任。不幸的是，他们二人都无权挑选部属；但好在慧眼识英雄的切特伍德（Chetwode）给他们送去了盖伊·道内，组成了坚不可摧的铁三角。

博尔斯从不出谋献策，也不具备渊博的学识。道内则是完全的谋士，既没有博尔斯的一腔赤诚，亦缺乏艾伦比那样稳健的韧性和对人心的洞彻。大家甘为艾伦比效犬马之劳，将其奉为心中偶像。道内以冷酷审慎的头脑、严苛无情的眼光观察着众人的表现，总是在思考、思考，再思考。他理性精确的外表下，藏匿着激情澎湃、兼容并包的理想，作为高级战争中的理性学者，他人和生活永远无法满足他挑剔和苛刻的要求。

他是最不专业的军人，一名研究希腊历史的银行家，知无不言的战略家，歌颂日常琐事的激情诗人。战时他曾主导策划过攻打苏维拉（Suvla）（却被无能的战术家搞砸了）和加沙之役，皆折戟沉沙。这两件事令他深受打击，带着满心未酬的壮志深深退缩回自己冷漠高傲的盔甲之下。

艾伦比并未将他这般郁郁不得志放在眼里，予以破格起用；道内亦对这知遇之恩鞠躬尽瘁，大展身手回报以耶路撒冷大捷。二人联手如虎添翼，令土耳其从一开始就无力招架。

两人迥异的个性在周密详尽的计划中得到了淋漓尽致的体现。加沙的防御工事效仿欧洲模式，一道防线后还有预备防线，步步为营。毫无疑问，这是敌军最坚固的据点，因此曾两度遭遇英国高级将领的正面攻击。刚由法国调来的艾伦比坚持认为，日后若攻击此地，必须具备压倒性的兵力与火力，并佐以充裕的资源补给。博尔斯对此亦颔首赞成。

道内并不支持正面交锋，打算用最小的代价摧毁敌军的力量。他活像个老练的政客，抓住一切机会鼓动说服上司，推销自己的计划。他建议从防线的最远端，即贝尔谢巴附近推进，并希望将敌军的主力留在加沙，如果集结的英军主力能够避开敌人的耳目，土耳其便会误以为我们的侧翼攻击只是在声东击西，这样一来胜利便不费吹灰之力，如探囊取物。博尔斯对此同样颔首赞成。

因此，这一行动属于高度机密；但道内手下一名情报人员却建议他反其道而行，将拟定完毕的具体计划不差毫厘（但谬之千里）地泄露给敌人。

此人叫迈纳茨哈根（Meinertzhagen），是一名投笔从戎的候鸟研究学学生，由于对敌人恨之入骨，因此想不择手段加以打击报复。他说服了道内，艾伦比勉强同意，博尔斯再度颔首，行动就此展开。

迈纳茨哈根手段激进。他头脑清晰，是个彻底的理想主义者，对自己的信念执迷不悔，为了伸张正义，可以极尽邪恶卑鄙之事。他是一名战略家和地理学家，满腹讥讽而又盛气凌人；不惜一切手段玩弄欺骗敌人（或者自己朋友）让他倍感快慰，就好像手持非洲大木槌，将那群德国暴徒挨个儿敲得脑浆飞溅。强健的体魄和残忍的性格造就了迈纳茨哈根敏锐的直觉，不达目的绝不罢休，他不假思索地伪造了一份高度机密而又细致完善的军事文件，表明艾伦比在专业参谋的误导下，将主力部署在错误的阵地，攻击错误的方向，进攻日期也比实际推迟了几天。这份文件经由无线电极为谨慎地发送了出去。当得知敌军将其截获后，迈纳茨哈根带着笔记本展开了实地侦察。由于太过深入敌境，他行踪暴露，在逃命时丢掉了所有装备，差点性命不保，但这一切都是值得的，敌军将预备部队驻留在加沙，并在沿海地区不紧不慢地加强备战。与此同时，阿里·福阿德帕夏（Ali Fuad Pasha）也警告参谋们不得将文件带入战区。

在阿拉伯前线的我们与敌军关系甚密。我们的阿拉伯军官都曾是土耳其军官，对他们每一位军官的个性都有亲身了解和体会。他们曾一道接受残酷的训练，有共同的想法，采信同样的观点。了解了这些阿拉伯军官，我们便可领会土耳其人：了解他们，甚至掌握他们的想法。我们和他们之间，存在着千丝万缕的联系，因为敌占区的平民全是我们的人，只不过尚未接受我们的薪酬和理念而已。因此，我们的情报触角最广泛、最完整，也最翔实。

我们对敌人虚实和英军能力的了解胜过艾伦比。我们并不看重艾伦比强大炮兵的火力压制作用，他累赘不堪的步兵和骑兵部队推进起来如老风湿患者般迟缓。我们希望艾伦比能遇到一个月的好天气；这样一来，才有望看到他拿下耶路撒冷，甚至海法①（Haifa），摧枯拉朽将山区的土耳其部队悉数歼灭。

这时便轮到我们大展身手，为了选取一个适当的地点，以便使我们的兵力和战术起到最出其不意，同时也是最为致命的效果，我们必须严

---

① 今以色列北部港口城市，西濒地中海，意为"美丽的海岸"。

阵以待。在我眼中，德拉是作战核心所在，这里是耶路撒冷、海法、大马士革和麦地那四城铁路的交汇点，叙利亚土耳其部队的总部，敌军所有防线的要冲；而且，时机成熟时，亦是蕴藏着大量潜在阿拉伯战士的宝库，可供费萨尔在亚喀巴进行训练和武装。这一区域可用的有鲁瓦拉族、色拉辛族、色迪叶赫族（Serdiyeh）和科雷沙族（Khoreisha）；以及比部落民族更为强大的力量，豪兰和德鲁兹山脉的屯垦人群。

是否应当将这些人力都召集起来，大举攻击土耳其的交通线，让我颇费思量。我们现在手中确切可用的兵力已有一万两千人，足以攻打德拉，全面捣毁铁道线，甚至能奇袭拿下大马士革。上述任何一项行动都将使得贝尔谢巴的敌军走投无路，但我却对是否该立即亮出这张王牌犹豫不决。

同时应付两个上司让我厌倦不已，这不是第一次，亦不是最后一次。我服役于艾伦比麾下，深受器重的同时也被寄予厚望。同时我又是费萨尔的顾问，他对我的诚信和能力依赖至深，有时甚至到了言听计从的地步。但此时我既不能将阿拉伯方面的情形向艾伦比和盘托出，也无法将英军的计划详细披露给费萨尔。

当地人民对我们的到来望眼欲穿。德拉山谷的谢赫塔拉勒·哈雷辛（Talal el Hareidhin）多次表示，只需我们派出几名骑兵，作为阿拉伯军愿意提供支持的象征，他便可以替我们攻克德拉。这正是艾伦比所需的功绩，但攻克之后如何站稳脚跟并树立威望的问题却让费萨尔不得不三思而行。如德拉突然陷落，又迅速弃守，极有可能引发血腥屠城，该地区发达兴盛的农业或将毁于一旦。

举事当孤注一掷，如不成功，则必成仁。此时召集他们倒戈一反，等于掏空了费萨尔赢得最后胜利的最佳资本，据推测，艾伦比发起的首轮攻势便极有可能将敌军扫除一空，且11月没有降雨，正是军队快速推进的良机。

我在脑子里权衡着英军的实力，老实说对其并没有太大的信心。英军向来骁勇善战，但将军却经常因为一时糊涂，傻乎乎将辛苦得来的战果拱手他人。艾伦比的能力如何尚待战争的检验，而他在法国的表现亦有受人诟病之处，且他手中的那支队伍早在穆瑞当政时期就已糟蹋得不成样子，至今还是一盘散沙。当然，我们是为了协约国的胜利而战，但既然英国是协约国的领导者，那么阿拉伯必将成为他们手中最后一枚献身的棋子。但此时是否已是最后关头？目前的战争局势不好不坏，大有继续胶着拉锯到明年之势。因此，为了阿拉伯，我决定暂时搁置冒险行动。

第七十章

然而，阿拉伯起义的命运依然要看艾伦比的脸色行事，因此还是需要在敌人后方有所行动，只是规模不必像全面反抗这般宏大，仅出动突击队便已足够；既无需劳师动众征召定居人口，还能向英军抗敌提供实质性的支援，同时令艾伦比满意。综合现有局势和条件考虑，为实现这一目标，我们打算截断耶尔穆克河谷上的一座大桥。

该桥位于耶尔穆克河一处狭窄险峻的峡谷，巴勒斯坦自豪兰的铁路从这里攀越，直达大马士革。深邃的约旦峡谷，以及东部陡然提升的高原使得这一段铁路在修建时便困难重重。工程师不得不沿曲折的河道蜿蜒而行，并架起一座座桥梁，跨越天堑将铁路连接起来，其中重建难度最大的，当属最西端和最东端的两座。

只要炸毁这两座桥梁中任意一座，土耳其驻防巴勒斯坦的军队便会失去和大马士革基地的联系，陷入长达两周孤立无援的险境，在艾伦比大军压境之时插翅难飞。想要推进到耶尔穆克，必须从亚喀巴出发，再取道阿兹拉克，全程约四百二十英里。由于路途遥远，土耳其认为我们不可能造成威胁，对这些桥梁一向疏于防范。

我们便向艾伦比提议该计划，他要求于11月15日，或随后三天中的任意一天之前将其完成。一旦得手，且随后两周天公作美，则冯·雷斯①（Von Rress）向大马士革撤退的部队便成瓮中之鳖，可一举歼灭。那时，长途征战的英军已精疲力竭，无心恋战，阿拉伯部队便有机会半路接过大旗，乘胜直取心目中的国都大马士革。

为了确保胜利，我们需要在阿兹拉克当地找一名德高望重的权威人士领导本地人民发动战斗。纳西尔这位一贯的急先锋此时不在营中，但阿里·伊本·侯赛因挺身而出，联络本尼沙克赫（Beni Sakhr）族，这位年轻迷人的哈里施族谢里夫曾在麦地那陪伴费萨尔度过了早期的惨淡岁月，立下了汗马功劳，后来在攻打乌拉时，他较之纽康贝的贡献更是青出于蓝而胜于蓝。

阿里在大马士革时曾是贾玛尔的座上宾，并对叙利亚的情况有所了解，因此我请求费萨尔将他借调给我。他的胆识、头脑和精力都经得起考验，自举事以来，从未因任务艰巨而有过半分退缩，泰山崩于前亦谈笑自若。

他体格健美，虽不高大伟岸，却强壮有力，他可以跪下来，掌心向上将前臂贴于地面，然后两手各托起一名男子站起来。此外，阿里还能

---

① 此处疑为劳伦斯对von Kress的笔误，即弗雷德里希·科雷斯·冯·克雷森斯坦因男爵（Friedrich Freiherr Kress Von Kressenstein），1870年至1948年，为第一次世界大战期间领导土耳其军队作战的主要德国将领之一。

赤脚追上小跑的骆驼,并坚持半英里多的路程,然后再飞身跨上座鞍。他跋扈傲慢,刚愎自用,狂妄自负;出言不逊且举止鲁莽;公开场合总是极为出众(如果他愿意的话),作为一个一心只想在打仗和运动方面胜过游牧民族的人而言,他的教育水平可谓相当不错。

阿里将会替我们拉拢本尼沙克赫族。我们对阿兹拉克地区的赛拉辛族部落抱有很大的希望。我正在与本尼哈桑族联络,当然,鲁瓦拉族此时已经迁徙至冬季营地,所以我们暂时还无法使出这张豪兰地区最大的王牌。法伊兹·侯赛因已经抵达勒加赫,为破坏豪兰铁路做前期准备,等待听候行动的号令。炸药都已运至适当地点储存,我们在大马士革的朋友业已收到风声;且该城的军事长官瑞卡比(Rikabi)也在不动声色地筹划准备,这位心忧无辜百姓的阿里·里萨帕夏(Ali Riza Pasha)同时也是费萨尔的头号代理人和共谋者,一旦有任何风吹草动,便可迅速控制全城。

我的详细计划是在拉法(Rafa)(这位最豪勇的谢赫曾在6月护送过我)的引导下,带领一二组约五十人的队伍,气势汹汹地从阿兹拉克急速推进至乌姆凯恩斯①(Um Keis)。乌姆凯恩斯也就是加达拉(Gadara),因梅尼普斯②(Menippus)和梅莱埃格③(Meleager)这两位放纵淫邪的希腊籍叙利亚诗人而名噪一时,他们的直抒胸臆亦开启了叙利亚文学的黄金时代。这里正好位于耶尔穆克河最西侧的桥梁不远,此桥堪称钢质桥梁的杰作,如能成功将其炸毁,我大概能在加达拉名垂史册。桥台与桁梁上仅有六名哨兵值守,而赫米(Hemme)车站的营区

---

① 位于今约旦北部,大部分为加达拉古迹遗址。
② 公元前3世纪的犬儒学派哲学家及作家,生于加达拉,生平不详,著作多已遗失。他开创了"梅尼普斯讽刺体",对后世的瓦罗、卢西恩等人影响极大。
③ 公元前1世纪的加达拉诗人。

内还有六十名可供轮岗的士兵，加达拉著名的温泉也在这里，对当地多种疾病的治疗颇有助益。我打算说服扎尔手下一些阿布塔伊人和我一道前往。在这些恶狼战士的帮助下，定能将那座桥毁个干净。为了避免敌军增援，我们还需要机枪火力的掩护，这项工作由布雷上尉（Captain Bray）手下的印度志愿军负责，这些从驻法国骑兵师调来的士兵由沉稳老到的尉官①（Jemadar）哈桑·沙阿（Hassan Shah）负责指挥。他们几个月来都自沃季赫到野外奔波，忙着截断铁路，且现在个个都能称得上是驾驭骆驼的好手，这对将来的急行军而言是非常重要的。

要想以有限的炸药破坏下悬式的巨大桥梁，需要极其精确严格的操作，以电线引爆的方式，触发连锁安置的甘油炸药。"亨伯号"替我们制作了帆布绑带和带扣，以实现简便安装。不过，如何在交火情况下进行安装依然是一大障碍。为了避免伤亡，我邀请亚喀巴唯一的工兵——工程师伍德（Wood）与我一道前往。他在法国曾因头部中弹而被医生判定为无法继续服役，但仍一口答应。正在亚喀巴作最后几日逗留的乔治·罗伊德即将作为协约国代表团成员将前往凡尔赛，也答应一路陪我们骑到杰佛。作为此时此地活着的最佳旅伴，以及最不强人所难的行客之一，他的加入令我们这趟生死未卜之途增色不少。

就在最后筹备阶段，埃米尔阿布德·卡德尔·杰扎里（Emir Abd el Kader el Jezairi）这位不速之客突然到访，他的祖父是一位保卫阿尔及尔②（Algiers）对抗法国的勇士。这个家族流亡至大马士革已有一代人的时光，其中一名成员，奥马尔（Omar）在皮科协议曝光后，被贾玛尔以叛国罪名处以绞刑，其他家人被悉数放逐。阿布德·卡德尔讲述了

---

① 印度军队中的一种军职，来自乌尔都语。
② 阿尔及利亚首都。

自己如何从布鲁沙①（Brusa）逃脱，历经艰险，一路穿越安托利亚抵达大马士革的故事。实际上，赫迪夫②阿巴斯·希尔米③（Khedive Abbas Hilmi）已出面恳请土耳其网开一面，并令阿布德替自己去麦加处理私人事务。他在那里见到了侯赛因国王，带着红色锦旗和贵重的礼物返回。他狂热的头脑已经逐渐被我们的理念所打动，激动不已想要投身其中。

他表示，将带领手下这群被驱逐至耶尔穆克河北岸定居的阿尔及利亚人投效费萨尔，这些人强悍骠勇，为了实现理想甘愿抛头颅洒热血。我们若抓住这天赐良机，便可在短时间内控制峡谷铁路的中端，那里包括两三座主要的桥梁，且不必再大费周章发动周边乡民；因为阿尔及利亚人极端排外，阿拉伯农民拒绝与之合作。因此我们取消了和拉法在阿兹拉克的会面，并对扎尔只字未提，转而将精力集中在对付哈利德（Khalid）旱谷及谷中的桥梁。

就在运筹帷幄之时，布雷蒙德上校发来电报，警告我们阿布德·卡德尔是领取土耳其酬劳的间谍。这一消息引发了不安，我们立即对他严加监视，但并未发现任何破绽，加之布雷蒙德一向唯恐天下不乱，他的消息绝不能轻信；阿布德·卡德尔曾公开和私下谴责过法国的种种行径，以布雷蒙德的军人脾性，这些话极有可能让他被愤怒冲昏了头脑。法国人的爱国情操是将自己祖国视为绝世红颜，如果有谁敢否认她的魅力，便是对其的亵渎和诋毁。

费萨尔叮嘱阿布德·卡德尔随阿里和我一道出发，并告诉我：“我知道他是个疯子。我认为他是真诚的。提高警觉，善加利用。"我们动

---

① 奥斯曼土耳其的重要城市，位于安托利亚西北，意为"神的礼物"。
② "赫迪夫"即1867年—1914年间土耳其苏丹授予埃及总督的称呼，1914年英国统治埃及后，改称"苏丹"。
③ 即阿巴斯二世·希尔米·贝（Abbas II Hilmi Bey），亦称阿巴斯·希尔米帕夏，1892年—1914年为埃及和苏丹最后一任赫迪夫。

身上路，秉持着骗子不会赞颂我们的诚实，而诚信的人亦会因为多疑而堕落成骗子这一原则，对他展示出完全的信任。实际上，他是个狂热的伊斯兰主义者，对宗教的盲从和超乎寻常的自信使他几近癫狂。由于我毫不避讳自己信仰基督教的事实，令他脆弱的穆斯林自尊心愤慨不已。与我们同行让他觉得尊严扫地；因为部落民族都唯阿里马首是瞻，对我的态度亦比对他还要恭谦。他的愚昧顽固曾两三次让阿里忍无可忍，场面变得极为难堪：因为他的最终目的是想尽其所能打乱我们的计划，扰乱我们的心志，阻挠我们的行程，看着我们陷入寸步难行的绝境后拂袖而去。

第七十一章

万事开头难。我挑选了六名新兵作为自己的护卫。其中的马哈茂德（Mahmud）是耶尔穆克本地人。这个十九岁的小伙子警觉机敏，脾气急躁，拥有急脾气人代表性的一头卷发。另一位是来自塔法斯（Tafas）的阿齐兹（Aziz），年岁长些，为了逃避兵役曾经混迹于贝都因人中三年之久。虽然他骆驼骑得不错，但心胸狭隘，甚至可以说爱搬弄是非，还骄傲自负。第三名叫穆斯塔法，是来自德拉的温和男孩儿，忠厚老实，因为耳聋而变得孤僻哀怨，并深深自卑。有一天在海滩，他突然开门见山要求做我的护卫。他觉得自己一定不会被选上，但我正是出于这一点挑选了他；而对其他人来说，我做出了正确的选择，大家都乐得将粗笨杂役一股脑丢给这个温顺的农夫。而他本人也乐在其中，因为人人都垂涎这个差事，而上天竟然眷顾于他，让他位列其中。行军途中为了弥补他生理上的不足，我又另外挑选了肖瓦克（Showak）和塞利姆

（Salem）这两位谢拉拉特族的牧驼人，以及从利雅得逃亡的奴隶阿布德·拉赫曼。

我让原来的护卫穆罕默德和阿里休息一阵。跟着我四处炸铁轨火车，他们也累了；像他们的骆驼一样，需要静静休养放牧一段时间。于是艾哈迈德理所当然成了护卫队队长。他精力充沛，理当得到升迁，但表现却总是令人失望。他滥用权力，仗势欺人；所以后来我不再让他与我一道出征。我带着克里姆（Kreim）随行照料骆驼；还有拉海尔这个满脑子奇思淫欲，想入非非的豪兰少年，唯有过度操劳方能使得他不会胡思乱想，能显得体面一些。本尼哈桑族的马塔尔（Matar）也寄生虫般缠着我们。这个乡巴佬肥硕的屁股塞满了驼鞍，护卫们行军途中说下流笑话解闷儿时，他实属最淫亵露骨，津津有味者。我们途中或许会经过本尼哈桑人的地盘，到时候能借他三分薄面。我们确信，在他发现自己的期望都将化作泡影前，还会因为恬不知耻的贪婪而如忠犬般鞍前马后地效劳。

为我效命已成肥缺，因为我深知自己在这场起义中的分量，不惜耗费巨资确保自身的安全。而流言蜚语第一次起到了正面作用，为我的出手阔绰镀上了一层众人敬仰的金光。法拉杰和达乌德，以及希德尔（Khidr）和米基比尔（Mijbil）这两位毕阿夏族人的加入，最终组成了这支阵容浩大的护卫队。

法拉杰和达乌德一路既勤劳又快乐，这是苗条轻盈的艾格利人的一大特点；但扎营休息时，他们无穷的精力总会惹是生非。这一次他们闹得有点过火，在第二天清晨开拔时消失不见了。中午时分谢里夫尤素福捎来口信，称两人被他关了起来，问我是否能前去详谈？待我赶到时，发现这位胖大汉正被他们搞得哭笑不得。他刚购得一匹奶油色的纯血统骑乘驼，这畜生半夜到处闲逛，走进了这两人扎营的棕榈林。他俩压根没想到这是官老爷的财产，花了一晚上时间用海娜花将它的头部染得通红，再用靛蓝将腿染成蓝色，方才放它回去。

这匹马戏团般滑稽的骆驼立即轰动了亚喀巴，举城哄笑哗然。尤素福好不容易才认出了它，出动所有警力搜捕疑犯。这两位难兄难弟被拖上了审判席，带着还沾满染料的双臂，振振有词地为自己的清白高呼。然而证据确凿；尤素福用棕榈条将他俩一番痛揍后丢进了监狱，让他们面壁思过一周。在他的骆驼恢复原样前，我答应借给他一匹骆驼作为补偿；然后解释说我急需这两位犯人，并保证等他们皮开肉绽的身体痊愈后，还会再修理他们一顿。他这才同意放人。两人忙不迭地逃离那座虱子丛生的监狱，甘愿为此承担任何责罚，欢歌笑语地返回队伍。

这段插曲延误了行程。我们不得不在营区尽情饕餮了一餐后，在夜里启程。我们缓行了四小时，甫一出发总是走得很慢，更何况面对新的冒险，人和骆驼都不大情愿。行李松动，座鞍摇晃，坐骑调换。除了我的骆驼（加扎拉这匹祖母级的骆驼正身怀六甲，以及苏克赫人从鲁瓦拉人处偷来的纯种谢拉拉特骆驼瑞玛）和护卫队的骆驼之外，印度人也需要骑骆驼，我还借了一匹骆驼给伍德（他骑起骆驼来身姿优雅，且每天胯下坐骑都精神饱满），一匹给罗伊德的护卫索恩（Thorne），他骑骆驼的样子很像阿拉伯人，戴上头巾，卡其制服外裹上条纹斗篷后更是活灵活现。罗伊德自己骑一匹问费萨尔借的训练有素的纯正德赫来叶（Dheraiyeh）骆驼：它虽然漂亮稳健，善于奔走，但后来因为兽疥癣剃掉了毛发，相当瘦弱。

我们的队伍拉得很开。伍德落在后头，而我的手下都是新人，还要费力将印度人集合起来行军，谁都没有注意到他。后来他发现路上只剩下自己和索恩两人，在队伍转向东行的时候跟丢了，迷失在漆黑一片的伊腾峡谷里，那里除非明月高悬，否则很容易迷路。他们沿着主路朝圭维拉方向骑了数小时；但最终决定在侧旁一座山谷中等候天明。两人都对这里一无所知，也还未建立起对阿拉伯人的信任，只得轮流站岗。我们午夜停下时，发现他们失踪了，亦能猜测出大概发生了什么，因此在天亮前便派艾哈迈德、阿齐兹和阿布德·拉赫曼三人，分头沿三四条他们可能走的线路折返搜寻，将其带到罗姆与我们会合。

我和罗伊德一起随大部队同行，根据导游的指示穿越一条粉色砂岩斜坡，一座柽柳青青的山谷，朝罗姆进发。空气清新，天色怡人，令我们暂时将明日的艰辛置于脑后，徜徉此间流连忘返。而且，我不是还有罗伊德可以聊天吗？世界变得如此美好，昨夜一场细雨将天地洗刷成一色，崖壁、树林和土壤的色泽都无比纯粹，无比鲜活，令人忍不住想伸手细细触抚，哀叹不能将这美随身带走。我们的心情无比闲适惬意。印度人骆驼骑得都很差劲，而法拉杰和达乌德则因身上有伤，患了一种被叫作"Tusufiyeh"的疾病，浑身酸疼，骑不了骆驼，只得数英里徒步而行。

当我们最终进入罗姆，如血的残阳正在磅礴巍峨的绝壁上炽烈地燃烧，宛如一条火梯斜插入岩壁之间的大道。伍德和索恩已在泉眼旁的圆形砂岩剧场等候我们。伍德病倒了，躺在上次我们扎营的平台上。阿布德·拉赫曼在中午前就找到了他们，由于两人只会一点埃及语，说阿拉伯方言和霍威塔特土语的阿布德费尽唇舌之后，才说服二人与他同行。他抄捷径翻山越岭，一路坎坷颠簸令他俩吃尽苦头。

伍德又饿又热，忧心忡忡，甚至连阿布德·拉赫曼带他们去路旁的帐篷向当地人讨点吃的都愤然拒绝。他以为再也不能见到我们了，后来得知我们因为醉心于欣赏罗姆美景而忽略了他的痛苦遭遇，更是无法释怀。事实上，我们就看了他一眼，说了一声"是他"之后，便将他丢在原地，径自去品味壮丽景观了。幸好艾哈迈德和索恩还想着弄点吃的，并在共进晚餐的过程中和他建立起了友情。

第二天我们正在给骆驼装座鞍时，阿里和阿布德·卡德尔出现了。由于二人吵得不可开交，我和罗伊德不得不陪他们又吃了一次午饭，以便让他俩冷静下来。罗伊德是旅人中的异数，他能在途中任何时间，与任何人在任何场合下吃任何东西。在二人休战后，我们才动身穿越过那座令人类任何建筑都相形见绌的宏伟山谷，朝大部队追去。

我们沿着山脚穿过加阿（Gaa）平原，放开骆驼在这天鹅绒般柔软的大地上纵情飞驰，直到赶上队伍，横冲直撞将他们冲得七零八落。印度人驮运行李的骆驼被吓得狂舞乱跳，行李叮叮咣咣抛了一路，仿佛打翻了杂货铺。我们这才喝止了坐骑，一起缓缓抵达哈菲拉旱谷（Wadi Hafira），这条深刻的裂谷仿佛高原上刀剑的劈痕，一条艰险的山径自入口处通往巴特拉山顶；但今天我们没有兴致，懒怠疲乏，急着休息，便在谷底荫凉处宿营。我们点起熊熊篝火，驱散了暗夜的寒意，精神为之一振。法拉杰如往常般替我烹煮米饭。罗伊德、伍德和索恩随行带着牛肉罐头和英军配给的饼干，和我们一起美餐了一顿。

第二天我们沿着那条迂回扭曲的破烂小路攀爬，这条哈菲拉走道绿草繁茂，将圆锥形的山顶拢在怀中。远方是罗姆那鬼斧神工的灰色穹顶和灿烂的群峰，在头顶氤氲沉郁的巨大云团衬托下，更加奇伟雄绝。我们仰望着队伍盘旋而上，直到中午前，骆驼、阿拉伯人、印度人和行李都已平安登顶。我们心满意足地翻过山头，下到第一座葱茏的谷底，风在这里消失不见，朦胧的日光散发出融融暖意，将高地秋季的寒冽一扫而空。又有人开口问该吃些什么了。

第七十二章

我和阿瓦德（Awad）一道朝北出发侦察。这个谢拉拉特族的牧驼男孩是刚在罗姆加入的，我还尚未对他详加调查。我们队里辎重骆驼太多，印度人在行李装卸和骆驼牵引方面完全没有经验，我的护卫们不得不放下陪我同行的本职工作去协助他们。所以当肖瓦克将他谢拉拉族卡亚支系的堂兄介绍给我，称其能随时在我身边候命时，我只打量了一眼便接纳了他。此时外出正好是考验他是否能吃苦耐劳的好机会。

我们绕着阿巴利散兜圈子，以确定土耳其人是否无所事事，因为他们一贯爱派骑兵出其不意地突袭巴特拉，我可不希望让自己的部队卷入这样无谓的战斗。阿瓦德是个衣衫褴褛的褐肤少年，大概才十八岁，体型结实，有田径运动员般的肌肉和力量感，如猫一般敏捷活跃，热爱骑行（骑术精湛），在鞍上虽然还带着谢拉拉特族的一些习惯，但身姿并不难看；那双充满野性的眼睛在茫然地凝视时，总带有一丝饱含疑惑的期盼，仿佛随时等待着人生中新鲜事物的出现，但这东西却又不是他追寻的或想要的，因此落落寡欢。

这些谢拉拉特贱民是沙漠中神秘莫测的族群。其他人或许还抱有希望和幻想，而谢拉拉特人则明白，自己苟活在这尘世，除了这副皮囊，再无他物可被人看重。利用这种极端的自我轻贱，便很容易博得他们的信任。我对待他们如其他侍卫般一视同仁，令他们受宠若惊；而他们在发现我的庇护如此强大，令人受益良多之后，更是甘之如饴。他们全身心地侍奉我，将自己视为我的私人财产，同时也更加努力，因为沙漠中没有任何事能让他们觉得羞耻，也没有任何事是他们所没有经历过，或无法办到的。

在我面前，阿瓦德显得困惑而拘谨，与同伴相处时则会尽情嬉笑怒骂。突然得到任用，对他而言无异于喜从天降，从而可悲地决定对我百依百顺。此时他要做的就是穿越马安的主路，以吸引土耳其人的注意。待成功诱敌出动追击后，便掉头返回，如此这般往复，直到将他们的乘骡步兵引至北方，减轻对我们的威胁。阿瓦德对这游戏兴高采烈，新拿到的来复枪也用得很顺手。

稍后我和他爬上一座山顶，俯瞰巴特拉以及向阿巴利散倾斜而下的道道山谷，然后在那里懒洋洋地躺到下午，看着土耳其人如无头苍蝇般四处乱转的同时，我们的队员高枕无忧地大睡，骆驼悠闲地吃草，低低的云层柔软而蓬松，在淡淡日光笼罩下的草地上飘荡追逐。这场景如此祥和，如此静谧，离乱世如此遥不可及。险峰肃穆，令俗人抛却红尘羁绊。在这遗世独立之处，心不为外物所役；身已脱凡世枷锁。

但新获选入队的阿瓦德初尝权利的滋味后已无法忘怀，每天都将肚子贴在草地上乱滚，兴奋难抑地啃着草秆，背过脸去磕磕巴巴地向我诉说自己动物般原始的喜悦之情，直到阿里率领队伍已接近山路口才停下。我们于是冲下斜坡与他们会合，听他谈自己如何在山路上损失了四匹骆驼：两匹因跌倒而骨折，两匹在攀爬岩架时因体力不支而累垮。此外，他又和阿布德·卡德尔大吵一架，希望老天开恩，不要再让自己和这个愚昧狂妄，举止粗鲁的聋子为伍。这个埃米尔行动迟钝，完全没有方向感，为了确保自身的安全，又坚决不愿与我和罗伊德在一起。

我们走在前头，让他们天黑后自行跟上，由于他们没有向导，我便将阿瓦德留下。约好在奥达的营地会合后，我们穿过低浅的谷地和交错的山脊，直至夕阳已沉入最后一道山岭后，站在这山巅放眼观之，数英里之遥外，加迪尔哈吉（Ghadir el Haj）车站如方盒子般醒目地矗立于地平线上。我们在身后长满金雀花丛的山谷中歇息，埋锅造饭。当晚哈桑·沙阿想出个绝妙的点子（后来成为大家的习惯），拿出自己的印度茶供众人饭后饮用。这让我们垂涎三尺，无法拒绝，在基地送来新的补给前，厚着脸皮将他的茶和糖都挥霍一空。

罗伊德和我标示出谢迪亚（Shedia）下方那条铁路的方位，打算由此穿越。我们决定借着漫天星辰之时，在猎户座的指引下前进。走了数小时之后，猎户座依然遥挂天边，我们之间除了空寂，渺无一物。我们已由山地下到平原，这平原也无边无际，浅浅的干河床乏味地铺于其上，河岸低矮平直，在朦胧的白色星光中宛如一条铁路地基。路面的脚感非常坚实，沙漠的凉风扑面而来，骆驼大摇大摆，好不自在。

罗伊德与我一马当先，前去勘察情况，如果遇上土耳其碉堡或者夜间巡逻队，可以避免和大部队发生冲突。我们骑的骆驼都是良种，没驮重物，大步流星；不知不觉已将辎重的印度驼队远远抛在后头。尉官哈桑·沙阿派了一人负责我们和主队之间的联络，以免走丢，接着又派来一个，之后又来了第三个，直到所有队员都连成一条紧凑的纵队。然后他让纵队一个个向前紧急传话，要求放慢行军速度，但这条消息传入我们耳中时已经转换了三种语言，完全不知所云。

待停下来后，我们才察觉出万籁俱寂的暗夜其实充满声响，身旁的枯草在逐渐平息的晚风中起伏不定，发出阵阵清香。休息过后，我们放慢步伐，走了约有好几个小时，平原上依然只见错乱的河道，让我们平白耗费了不少精力。由于发现星座位置似乎产生了偏移，我们担心走错了方向。罗伊德一时找不到指南针，我们便停下来在他深深的鞍袋中一通乱翻。最后是索恩骑过来帮他找了出来。我们围成一圈研究那发光的小小箭头,决定放弃猎户座,改向更为吉兆的北极星前进。我们就这样继续在漫无止境的夜里前行,直至爬上一道大些的河岸,罗伊德才勒住骆驼,指向前方。我们道路正前面的地平线上,两个比天空颜色还暗的方块隐隐显现,旁边还立着一个尖屋顶。我们一直在埋头朝谢迪亚前进,几乎就要闯进车站。

我们赶忙转向右行,匆匆奔越过一处空地,有几分担心后面的行李队忽略了我们的踪迹,从而一头扎进车站;所幸一切顺利,几分钟后大家抵达下一处山谷,用英语、土耳其语、阿拉伯语和乌尔都语①(Urdu)七嘴八舌地庆幸刚才只是虚惊一场。狗吠自身后的土耳其军营响起,打破静夜的同时也令人心跳加速。

我们已经确定了方位,便朝另一个方向前进,以避开谢迪亚下方的第一座碉堡。我们胸有成竹地前进,认为不久就可横穿铁路。但再一次,走了许久还是一无所获。此时已是午夜,我们已经行军六小时,罗伊德开始发牢骚,说再这么走下去,天亮都能到巴格达了。这里很可能没有铁路。索恩看到一排树木摇动不止,我们立即咔嗒一声拉开枪栓,但最后发现除了树再无他物。

我们便放弃了希望,漫不经心乱走,合上沉重的眼皮,在座鞍上打起盹来。我的瑞玛突然发起脾气来,尖叫一声跳向路边,差点将我甩下座鞍,疯狂地越过两座河岸及一道水沟,然后在一处肮脏的地方猛然趴下。我敲它的脑袋,它才紧张地站起来继续前行。印度人再次被抛在后头;但一小时后,最后一道河岸在前方若隐若现。这条河岸与众不同,笔直地延展开来,其中还有几段较深的阴影区域,仿佛是涵洞黑黢黢的

---

① 属于印欧语系印度语族,主要分布于巴基斯坦和印度,为今巴基斯坦官方语言。

入口。我们脑中立即绷起了好奇之弦，悄然驱策着骆驼快速靠近。当我们走近后，发现堤岸边缘围着尖锐的铁蒺藜。那些阴影只是电报线杆。一个白顶的身影静静地端详了我们好一阵，但纹丝不动，我们猜那应当是座里程碑。

我们立即喝止住部队，绕至另一侧，想要进去一窥这静静的围栏内到底有些什么，也做好了突然枪声大作、互相交火的准备。但一切都毫无动静。这堤岸已经被废弃，我们下鞍沿着两侧上上下下跑了两百码：空无一人。我们可以自由通行。

我们即刻下令其他人进入这片东部无人看守的空地，自己则坐在哗啦作响的铁丝网下方的金属块上等候，庞大的骆驼阴影排成长长一列，迟缓地越过堤岸，在爬坡时因不堪重负而略作蹒跚，接着从我们前面经过，下到后方的黑暗里。这是一个紧张而静默的骆驼行军之夜，待到最后一只也成功穿越，我们几人便在电报杆处集合。一番推让之后，索恩缓缓爬上杆子，抓住了最低处的电线，将身体荡向绝缘托架。他爬上杆顶后不久，被切断的电线伴随着金属的震颤声，自摇曳的杆子上朝两旁跌落，并一路将两侧各六七根杆子上的电线拽了下来。高处的第二及第三排电线也应声而下，在石头地面上噼里啪啦扭作一团，但黑暗中并未有任何异动，显然我们已经轻松通过两座碉堡之间的三不管地带。索恩从摇摇欲坠的电线杆上滑下来，手掌全磨破了。我们走向跪伏在一旁的骆驼，一路小跑追上大队人马。又走了一小时，我们下令歇息直至天亮；但还未等到曙光，北边远远传来一阵急促猛烈的来复枪声和机枪声，将我们吵醒。小阿里与阿布德·卡德尔穿越铁路时露出了行踪，被敌人发现了。

次日清晨阳光明媚，我们列队与铁轨并行，向马安开来的第一列火车致敬后，便穿过诡异的杰佛平原朝内陆深入。日上三竿，热力升腾，在滚热的平原上筑起海市蜃楼。我们自步履维艰的大部队中疾驰而出，举目回望，他们有的被滚滚银波所吞噬，有的则随着左右摇摆的骆驼或高地起伏的路面，在那摇曳不定的洪流表面载沉载浮。

午后不久，我们看见奥达隐蔽地将营地扎在水井西南空地上一处杂芜的灌木林中。他态度局促地接待了我们。为躲避土耳其飞机的轰炸，他的大帐篷和妻妾都已被送走。在场的只有几个托维拉人，正为如何分配部落间的军饷恶言相向。束手无策的一幕被我们看到，大概令老奥达心生几分凄凉。

我竭尽所能施展谋略以平息争端，设法引导他们的思路，让他们将眼光放在其他获利机会上。他们喜笑颜开，如果阿拉伯人和你争执到一半露出这样的神情，则表明你已成功。这样已足够应付当前局面，我们便去找穆罕默德·德黑兰一道用餐。他的外交手段更为圆滑，不像奥达这般坦率；只要他愿意，无论心头作何打算，表面随时都能笑脸迎人。因此他热诚地招待我们了一顿米饭、肉和西红柿干大餐。穆罕默德自己虽是个乡下人，但吃相极为得体。

饭后，我们一边回想之前经过的那些灰色干渠，仿佛疏松的泥地上被洪流猛烈冲击而成的一道道深沟，不知用途何在；我一边趁机向扎尔提出破坏耶尔穆克桥的计划，遭到了他的强烈反对。10月的扎尔与8月时判若两人。前一阵子四处突击，搜刮到极为丰厚的财物，使他变得瞻前顾后，昔日斗志昂扬的战士开始惜命如金。在春季，去任何地方他都在所不辞；但最后一次劫掠令他捏了一把冷汗，并称除非我能有充分的理由说服他，否则他不会与我一道上路。

我问他能替我组建一支什么样的队伍；他列出营中三人的名字，都是赴汤蹈火的拼命三郎。部落里其他合适的人都因为分赃不均而离去了。带着三个托维拉人还不如不带，他们的傲慢自大只会惹火队伍里的其他人，且三个人也无法独立完成任务。因此我回答会在别的地方找找看，此言显然令扎尔松了一口气。

我们正在讨论该如何开展这一任务（因为我还是需要听取扎尔的意见，他是最出色的劫掠家，最有资格对我半成型的计划进行评估），一个惊慌失措的少年突然冲到咖啡炉边，大声嚷着马安方向有一队骑兵正快速朝我们逼近。马安的土耳其部队有一支乘骡步兵团和一支骑兵团，一再扬言某天要和阿布塔伊族一试高低。于是我们一跃而起，准备迎战。

奥达手下有十五人，其中只有五人尚称矫健，其余都是非老即幼。但我们队伍有三十名壮丁，我替那位可怜的土耳其指挥官担忧，偏偏挑这个日子来突袭托维拉人，正好撞在我们那队身经百战的印度机枪手的枪口上。我们让骆驼蹲伏藏匿在深河道间，其余河道便作为天然战壕，掩蔽在厚厚的灌木丛下，将维克斯①（Vickers）机枪和刘易斯机架设起来，火力可以在各个方向覆盖八百码内的原野。奥达抛下帐篷，令步枪手作为我们的火力支援；我们于是守株待兔，直至第一名骑手越过河岸进入我们的视线，才发现那是阿里·伊本·侯赛因和阿布德·卡德尔自敌人所在区域朝杰佛奔来。再度相逢令我们雀跃，穆罕默德又准备了一顿西红柿米饭为阿里接风。他们昨夜穿越铁路时遭遇敌人射击，损失了两名将士和一匹牝马。

---

① 英军使用的一种水冷式机枪。

第七十三章

罗伊在此和我们别过,动身前往凡尔赛,我们向奥达要了一名向导,带他安全跨越铁道线。找人倒不是问题,问题在于坐骑;霍威塔特人的骆驼都赶去草原放牧了,而距离这片贫瘠井水区域最近的草场,亦需要朝东南方走一整天方可到达。我将自己的骆驼分了一匹给这位向导,才算解决了问题。我挑选的是年迈的加扎拉,它怀孕的反应比我们想象的还要严重,肯定无法胜任今后远征途中的强行军要求。因此,我将其和索恩的坐骑交换,作为对他优雅骑术和乐观精神的嘉奖,这一豪举令霍威塔特人瞠目结舌。在他们心中,加扎拉的价值远超沙漠中任何一头骆驼,应不惜一切代价去争取驾驭它的荣誉,如今却拱手奉与一个小卒,粉色的面颊和发炎红肿的眼睛,使得他看起来像个泪汪汪的妇人;甚至有点,按罗伊德的说法,像个被诱拐的修女。看着罗伊德离开是件憾事。他善解人意,足智多谋,对我们的事业满怀祝福。同时他也是唯一和我们在阿拉伯共事过的受过良好教育的人,在相处的短短几天内,天文地理无所不涉,极大地启发了我们的思维,令我们在知识的海洋里尽情翱翔。他的离去再一次将我们独留在战场,终日和蛮族与骆驼为伍。

夜晚便在这些令人生厌的工作中展开。霍威塔特族的问题必须解决妥当。黄昏后,我们在奥达的篝火旁集合,围成一圈的族人脸上摇曳着火光,我施展浑身解数,曲尽其巧,花了数小时与他们交谈和周旋,并逐个击破(当他们被说动时,很容易捕捉到眼中神情变化);要么就是对牛弹琴,白白浪费宝贵的几分钟却得不到任何回应。阿布塔伊人的精神和体格一样强韧,长期艰苦卓绝的生活已经耗尽了他们的信念之火。

我已逐渐获得了认同，但争论一直持续到半夜，最后奥达举起拐杖喝令众人肃静。我们全都屏息倾听，不明白发生了什么事情，过了好一阵才捕捉到一丝令人毛骨悚然的回响，这鸣响节奏如此混沌，如此宽广，如此迟缓，以至于难以被耳朵察觉，仿佛遥远天际沉沉翻滚的闷雷。奥达抬起憔悴的双眼望向西方，说："英国人的炮声。"艾伦比正准备发起新的攻势，这轰鸣声终于帮助我们不再浪费唇舌，当下达成一致。

次日清晨，营区气氛恢复了融洽。老奥达此次面临的困境已获得解决，他亲切地拥抱我，祝我们一切顺利。最后，当我已走到蹲踞着的骆驼面前，将缰绳挽在手中，他跑出来再度将我紧紧拥抱住。我感到他粗糙的胡子擦过耳际，口中呼着气对我喃喃低语道："提防阿布德·卡德尔。"一时千言万语涌上心头，却无语凝噎。

我们走在无边无际，绮丽诡异的杰佛平原上，天黑时来到一处如崖壁般矗立的燧石山坡的脚下。我们便在这遍地虫蛇的灌木丛中扎营。这一路程不长，走得很轻松。印度人显然不善跋涉。他们自沃季赫进入内陆已有数周，我曾轻率地以为他们善于骑行；但时至今日，他们骑着最好的骆驼，费了九牛二虎之力，平均一天也只能走三十五英里，对队伍里其他人而言，这速度简直是在度假。

所以我们每天的行军都很轻松，毫不费力，身体舒适。黎明有雾，气候宜人，阳光和煦，到了晚上，凉意渐起，给本就安静的行军更平添一抹奇特的祥和之气。这一周正好是"圣马丁之夏"① （St. Martin's Summer），每天的日子如梦似幻，令人回味无穷。我只觉得一切都无比

---

① 圣马丁为法国酒店、葡萄种植者和乞丐的主保圣人。每年11月11日为欧洲的圣马丁纪念日，这段时间前后有时会出现一周以上的燥热天气，因此圣马丁之夏即指秋末冬初时节出现的燥热天气。

温和宜人，无比舒适惬意，空气令人快乐，朋友令人满足。好梦总是不长久，但此时队上并无激昂的起义斗志，令这份笃定的祥和更加深了秋意的静谧。这段时间如此无忧无虑，几乎算得上我有生以来心绪最为宁静的一段日子。

我们扎营午餐并休息——士兵们必须保证一日三餐。突然传来警报，有人正骑着马匹和骆驼自西侧和北侧飞快包抄过来。我们立即抄起枪支，印度人也已习惯了瞬息万变的局势，立即架起维克斯和刘易斯机枪。虽然身处开阔区域，地形稍有不利，我们还是在三十秒内完成了防御部署。两翼最前方是我那些衣着光鲜的护卫，分散匍匐于灰色的草丛里，步枪紧贴在脸颊边。他们身旁是四队穿制服的印度士兵，守在机枪旁严阵以待。谢里夫阿里的人马位于他们后方，他本人则立在队伍中间，未戴头巾，高度警觉，轻倚在自己的来复枪上。牧驼人则将正在吃草的牲口赶至我方火力可以控制的地方。

队伍已拉开架势。这样的应变能力令我赞叹，而谢里夫阿里则叮嘱在未遭遇实际攻击前不得开火，此时阿瓦德却笑着一跃而起，开心地朝敌人奔去，双手在头顶不停挥舞着友好的信号。对方朝他开枪，或者说避开他胡乱开枪，未伤及他毫毛。他趴下来还击，瞄准最前面的骑手头顶上方开了一枪。擦过的子弹和我们沉着应战的气势令他们踌躇起来，勒住牲畜商量了一分钟后，才无奈地挥动着斗篷作为对我们信号的回应。

对方一人以步行速度朝我们骑来。阿瓦德在我们火力的掩护下，前行了两百码前去迎接，这个苏克赫里（Sukhurri）人在听到我们名号时，装出一副大为震惊的模样，和我们一起走向谢里夫阿里，其他不速之客在看到我们和平会面后，亦保持一段距离跟在后面。他们原来是来自泽本苏克赫（Zebn Sukhur）的强盗队伍，如我们所料，就驻扎在拜尔前方。

他们堂而皇之的进攻令阿里怒不可遏，威胁要他们大吃苦头。对方沉着脸听完他一大通臭骂后，辩解说对陌生人开枪向来是他们族人的传统做法。阿里对此风俗表示接受，认为这是沙漠中的好习惯，但仍抗议他们未事先警示就三面夹击，这显然是预谋好的伏击行动。本尼沙克赫人是极为危险的江洋大盗，他们既不是纯粹的游牧民族，不会遵守游牧民族戒律，也不服从沙漠通用法律法规的管辖；又不是屯田而居的农户，自然不会放弃拦路抢劫的勾当。

这群强盗于是返回拜尔通报我们到来的消息。他们的族长米法列赫（Mifleh）为了弥补刚才的失礼之处，便令所有族人骑着马，一路奔驰腾跃，欢呼号叫着对空鸣枪，热烈地迎接我们的到来。他们围着我们没完没了地转圈儿，骑手不顾我们的冷淡表现，鲁莽草率地在石头地面上一番乱踩，自队列里忙进忙出，不停朝我们骆驼脖子下方放枪致意，扬起滚滚沙尘，呛得人嗓子都哑了。

游行总算告一段落，但阿布德·卡德尔认为此时还需当仁不让，壮壮自己这个白痴的声威。当众人对阿里·伊本·侯赛因高叫"主赐予谢里夫胜利"，并来到我身旁弯腰致意："劳伦斯，我们的先驱"时，他便翻身上马，坐在高大的摩尔式马鞍上，命令他的七名阿尔及利亚仆从在身后站成一列，趾高气昂地跳跃着，排成一个微弯的弧线，自己则嘶声竭力地吆喝着"吼！吼！"，还不时掏出手枪朝空中开火。

他的表演弄得贝都因人瞠目结舌，直到米法列赫走来，连哄带骗地说："老天爷保佑，快叫您的仆人停下吧，他既不会射击也不会骑马，要是打中别人，可要把我们今天的好运给搞砸了。"米法列赫并不知道阿布德·卡德尔家族的精神病史，他的兄弟保持着一项连环杀友世界纪录，曾在大马士革用自动手枪打死过三位自己的朋友。当地的军事领袖阿里·利萨帕夏（Ali Riza Pasha）曾说过有三件事绝对不可能发生：一、土耳其赢得战争；二、地中海化作香槟酒；三、与携带武器的穆罕默德·赛义德同处一地。

我们在废墟旁边安顿下来。远处本尼沙克赫族的黑色帐篷宛如羊群散布在山谷间。一个信使前来引我们至米法列赫的帐篷，但阿里要求先打听一桩事情。费萨尔曾应本尼沙克赫族的要求，从比萨派遣一队泥瓦匠和钻井工，将纳西尔和我在前往亚喀巴途中那些被炸毁的水井重新砌好。他们在拜尔待了好几个月，仍回报称工作尚未完成。拖延已耗费了大量资金，故费萨尔指示我们查明原委。阿里发现比萨这些工人好逸恶劳，逼迫阿拉伯人供应他们肉食和面粉。他质问这些工匠，他们均闪烁其词，胡乱搪塞，一切都难逃经验丰富的谢里夫的法眼。米法列赫在替我们张罗晚宴，我的侍从交头接耳，兴奋地称看到帐篷后方山岗上的墓地旁有人宰羊，阿里就在这段时间内滔滔不绝地展开了严词斥责。米法列赫一边洗耳恭听一边责骂那些黑人，令奴隶将他们拖至废墟内施刑。他们稍有愧色地返回，亲吻阿里的手请求宽恕与和解，于是双方握手言欢，共进大餐。

霍威塔特人的宴席向来都沾满黄油；本尼沙克赫人的餐桌则可谓黄油泛滥。我们的衣服溅满油渍，口中无比滑腻，指尖烫得生疼。当饥饿的痛楚得到缓解后，我们进食的手亦逐渐放慢了速度；但菜式仍不停地往上端。这时，阿布德·卡德尔突然咕哝着猛然起立，用手帕擦了擦手，坐在帐篷壁下的地毯上。我们犹豫着不知如何是好，但阿里只是嘀咕了一声"乡巴佬"，大家又继续埋头大吃起来，直至举座酒足饭饱，比较节俭的人还在不住地舔烫红手指头上的油渣儿。

阿里清了清喉咙，我们便坐回各自的地毯上，让第二和第三轮客人一饱口福。有件小插曲值得一提，有五六个穿着污秽罩衫的人，从头至尾都在两手并用，拼命猛吃，最后才腆着肚子，满脸油光地捧着一块巨大的羊排作为纪念品，摇摇摆摆悄然离去。

狗在帐篷前将骨头啃得嘎吱作响，米法列夫的奴隶则在角落忙着劈开羊头，吸吮羊脑。阿布德·卡德尔在这期间则不停地吐痰、打嗝和剔牙。最后，他令一个仆人取来药箱，倒出一些药丸，嘟囔着称这些没炖烂的肉令人消化不良。他刻意表现得粗鲁，想为自己赢得粗犷豪迈的美名。他手下那群村夫皆唯其马首是瞻，但在毗邻沙漠的泽本苏克赫，光靠乡土风情是行不通的。更何况在谢里夫阿里·伊本·侯赛因这位天生的沙漠之王的衬托下，二人高下立现。

突然从宴会上离席是中央沙漠的行为习俗。生活在农耕地区边缘的半游牧民族在宴请时，每个客人吃饱后便会自行退居一侧。最北方的安纳泽赫（Anazeh）人会安排陌生人在黑暗里独自进餐，因此不必为自己的狼吞虎咽感到羞耻。虽然大家风俗各有不同，但谢里夫的大家风范皆令氏族交口称赞。因此可怜的阿布德·卡德尔并不能意识到自己的失态。

他自行离去，我们则坐在帐篷口，下方暗沉沉的山谷已亮起点点篝火，仿佛散落一地星辰，想要与璀璨苍穹交相辉映。这是个宁静之夜，除了偶有犬吠此起彼伏，待吠声逐渐平息，坚实的闷响再度自远方传入耳中，那是正在为进攻巴勒斯坦做着火力准备的重炮射击的声音。

我们便在这隆隆炮声中告诉米法列夫即将对德拉地区进行突袭，很希望他能率领十五个左右的族人骑骆驼和我们一道前往。由于吃了霍威塔特人的闭门羹，我们决定不要一开始就摆明目的，免得这些顾虑重重的游击队打退堂鼓。但米法列赫却毫不犹豫，立刻欣然答应，许诺将带着十五名族里的骨干以及自己的儿子同行。这个少年名叫图尔基（Turki），曾是阿里·伊本·侯赛因的宠臣；连他俩的坐骑都互相呼唤，形影不离地四处闲逛，尽情摩挲，享受无声胜有声的默契。这个金发白肤，外貌憨厚的男孩约十七岁；个头不高，但体型壮阔有力，圆脸上洒着雀斑，朝天鼻，短上唇，露出结实的牙齿，看起来仿佛气鼓鼓的，和那双带着笑意的眼睛不大搭配。

我们曾在两次危机时刻见识过他的胆量与忠诚。他多少沾染了父亲那种满脸贪得无厌摇尾乞怜的习气，但他的好脾气弥补了这个缺点。图尔基处心积虑，想要做一个出人头地的男子汉，因此总是在寻找一鸣惊人的机会，好让他在族里女孩面前好好夸耀一番。他穿着我在晚宴时赠予他的丝绸袍子，眉飞色舞地在村子里的帐篷间来回走了两趟，边走边数落那些聚会迟到的人，借以炫耀自己的新装。

第七十四章

当我们的队伍饮饱水离开拜尔时，夜色已深。为了等泽本人打点就绪，队伍中的领导延后出发。米法列赫的准备工作包括祭祀族里想当然的祖先埃萨德（Essad），他华丽的陵寝就在奥达儿子安那德的坟墓附近。本尼沙克赫已长年过着定居生活，因而也奉行闪族村落诸如圣地、圣木、圣陵那一套迷信。米法列赫认为是时候将埃萨德破烂的墓碑装饰一番，便借机要求我们提供资助。我交予他一件华丽的红银相间的麦加丝绸饰品，称这一献祭必须归于我的名下，不能让他人借花献佛。节俭成性的米法列赫硬塞给我半个便士作为交换，表示愿意向我购买；但几周后当我再度经过墓地时，发现那件艳俗的玩意儿已不知去向，米法列赫当着我的面大声咒骂，称肯定是哪个目无神明的谢拉拉特人偷走了他祖先的祭品。或许图尔基能告诉我实话。

我们顺着一条陡峭的古径走出拜尔旱谷。在快要登上一座山顶之时，看见了先出发队员宿营的篝火，但这次众人并未交谈，也没煮咖啡喝。我们紧挨着躺在一起，缄默不语，竖起耳朵倾听艾伦比炮火的震动声。这炮声雄浑激荡，余音不绝，炮口喷射出的火焰在西方夜幕下宛如一道道闪电。

次日我们经过斯莱苏赫瓦特（Thlaithukhwat），这座"三姐妹"峰纯白的尖顶是一个著名的地标，从高耸的分水岭朝四方出发，都要花上一天时间才能走完。我们顺着山后平缓的山坡走下，这里11月的清晨有如英国夏日般柔美优雅；但我们必须将这景致抛诸脑后。无论在歇息时还是行进时，我都与本尼沙克赫人为伍，习惯他们的方言，熟悉他们的部落、家族和个人情况，并谨记在心。

在人口稀少的沙漠，每个有身份地位的人都彼此熟识；他们不研究书本知识，但会研究其他人的家世背景。如果缺乏这方面的了解，就会被冠以缺乏教养的恶名，或者被视为外人；而外人是不被允许参与亲族聚会或会议的，也不可能获得信任。在领导这场战争获得胜利的过程中，最令我心力交瘁，但也是最不可或缺的，便是绞尽脑汁将一个新部落的点滴关系巨细靡遗地熟记于心。

日暮时分，我们在肥沃的杰沙旱谷（Wadi Jesha）宿营，营地旁浅灰绿色的灌木丛很合骆驼的口味，也很适合生火。今晚的炮火声尤为清晰响亮，大概是回声传到我们这片高原之前经过死海这片洼地的共振，增强了音量。阿拉伯人低语着："他们靠近了，英国人来了；愿神让他们遭遇瓢泼大雨。"这是对节节败退的敌人的同情，对日薄西山的压迫者做最后的告别；虽然长期遭受着土耳其的压迫，和强大的外国势力相比，他们反倒对弱势一方抱着满腔盲目的正义。

阿拉伯人藐视强权，更尊重技艺，甚至常常由敬生妒；但令他们最推崇备至的，当属直言不讳的坦诚表达，故而常常为此吃尽苦头。土耳其当政虽是天时使然，但阿拉伯人也以从未有过丝毫屈服和惧怕而感到骄傲。团队合作和个人看法有着天壤之别。阿拉伯人对有些英国人或者外国人，比对所有的土耳其人都更有好感；但若因此就认为阿拉伯人和英国亲善，可谓滑天下之大稽。每个外国人和他们相处都能感受到排挤和不适。

我们起了个大早，打算在日落前走完到阿玛里（Ammari）这一段长路。我们翻越了一座又一座覆满灼热燧石的山脊，山间遍布着橙红色的植物，放眼望去细密明亮，唯见一片金色。苏克赫人将这里称作萨弗拉杰沙（Safra el Jesha）。此处河道深仅数英寸，颗粒状的河床宛若摩洛哥皮革，最近一次降雨形成的无数细流互相交叉融合，留下错综复杂的曲线。每条河道弯处都有灰色的沙包，混着泥土堆积而成，坚实无比，有时夹杂着亮闪闪的盐晶颗粒，有时半掩埋住一丛灌木，上面戳出无数枝丫。这些最终奔入色尔汗的山谷河道总是草木繁茂。当谷底充水时，部落便在此聚集，扎营结帐定居一段日子。我们队伍中的本尼沙克赫人便是这样；当我们在这样一成不变的山谷中枯燥跋涉时，他们总会首先辨认出其中毫无特色的炉坑和死板的营地，指点道："我的帐篷在那里，哈姆丹·赛赫（Hamdan el Saih）的帐篷在那里。你看我睡过的那些干石块，旁边那块是塔拉法睡的。愿神宽恕她，她死于赦免之年①

---

① 伊斯兰世界根据希吉拉历，对先知穆罕默德迁徙麦地那之后每一年的年份设定的不同称呼。"samh"意为"赦免、宽恕"，以纪念穆罕默德在该年光复麦加，赦免了许多神教徒之事。

（Year of Samh），她在施奈尼拉特（Snainirat）的时候被鼓腹蝰蛇咬死了。"

将近中午时，一支驼队一溜小跑出现在山头，显然是快速朝我们奔来。小图尔基骑着自己的老母驼，卡宾枪架在大腿上，前去探询对方的来意。"哈，"当对方离我们尚有一英里远时，米法列夫便对我高叫，"前头那个是法赫德（Fahad），骑着他的夏阿拉（Shaara）。他们都是我们的亲戚。"果然没错。法赫德与阿德乎布（Adhub）这两位泽本族的主要将领一直驻扎在兹扎（Ziza）旁的铁道西面，一个戈曼尼人（Gomani）给他们捎去了我们进军的消息。他们闻讯便即刻赶来，快马加鞭在半路追上我们。法赫德极尽礼数，亲昵地责怪我独自穿越他们的地盘去冒险，居然把他们兄弟留在帐篷内睡大觉。

法赫德年约三十，是个气质忧郁，声音轻柔，沉默寡言的男子，他面容白皙，胡子修剪得很整洁，眼神满是悲伤。他的弟弟阿德乎布更为高大健硕，但也只算得中等身量。他和法赫德不同，活跃而聒噪，相貌粗野；有个朝天鼻子，娃娃脸上没有半点胡茬，闪烁的绿眼睛总是骨碌乱转，充满渴望地东张西望。他头发蓬乱，衣衫脏乱，更显粗鄙。法赫德较为整洁，但衣着也相当朴素，两人的骆驼都毛发糙杂，并非良种，看起来完全不像大名鼎鼎的谢赫。然而两人确都是卓尔不凡的猛将。

夜晚，阿玛里高地的冷风将盐地刮起一层灰白的粉尘，在水井旁漫天乱舞，沙粒在我们齿缝间摩擦，发出一股酸腐的气味。井水也很糟糕，都是表层水，与色尔汗如出一辙，大部分池水都苦得无法下咽。但其中一口叫作埃米尔井（Bir el Emir）的，相比之下水质非常不错，就位于几座沙丘间一处小小的石灰石岩层中。

这水（浑浊不堪，喝起来有股卤水和阿摩尼亚①混合的味道）就在岩层下方的一个石窟中，水眼周围仅粗枝大叶地切凿了一番。达乌德丈量了水的深度，方法是将法拉杰和衣抛入水中。法拉杰沉入那片污黄之下，然后悄悄浮出水面，藏在一块突出的岩石下面，昏暗中谁也无法发现他。达乌德焦急万分地等了一分钟还不见人影，便扯下斗篷一头扎了进去——这才看见法拉杰躲在突出的岩石下偷笑。两人立即在池内潜水为戏，宛如一对鱼儿。

他们被拖了出来，在水眼旁的沙地上结结实实挨了一顿揍。两人鼻青脸肿坐回我的火堆旁时，都衣衫不整，皮开肉绽，脸上、腿上、胳膊上和身上到处都是污泥和荆棘，一改昔日的优雅柔美，仿佛是旋风小魔鬼。他们称自己只是在跳舞，被灌木丛绊倒才不慎跌入水中；按我平日的慷慨作风，此时定会不吝解囊，送他们一件新衣服。我让他们别做春秋大梦了，赶紧回去补衣服要紧。

我的护卫们，尤其是艾格利人，生性追求时髦，军饷大都花在购置衣物和饰品上，也花了不少时间将油亮的头发编成辫子。他们用奶油增加头发的光泽；为了去除虱子，还经常用一种细齿篦子梳理头发，再泼上驼尿。在为土耳其效忠期间（他们曾在一个多雾的黎明冲击我们在西奈的义勇骑兵团，并消灭了我们一个据点），贝尔谢巴的一个德国医生曾将他们关在军营公厕里，让他们把自己头上的虱子吃光了再出来。

天亮时风势已经减弱，我们继续朝阿兹拉克前进，前头还有一半的路程。然而，我们还未离开水井便已传来警报，称灌木丛中有骑手出没。此地向来为剪径强梁的游乐场，我们便在最佳地理位置集合静待。印度人选择了水道上突然隆起的一处小山脊，让骆驼蹲伏在后方的洼地

---

① 主要成分即氨。

之后，迅速架起机枪待命。阿里和阿布德·卡德尔迎风亮出自己的大红旗，艾哈迈德和阿瓦德领着小兵们左右出击，与对方远程交火。但一切戛然而止，敌人从掩蔽后站起，列队向我们走来，在空中不断挥舞着斗篷和衣袖，口中高呼着欢迎的军号。他们是塞尔汗部落的斗士，正要前去投效费萨尔。当听说我们的消息后，便折返前来与我们会合，很高兴不必踏破铁鞋，因为他们部落既称不上骁勇善战，也不是游牧民族。为了迎接我们，他们在位于阿兹拉克东面数英里艾因贝达哈（Ain el Beidha）的营地举行了一次小小的庆祝仪式，场面极为热闹，因为早上妇女们眼睁睁看着男子策马离去，担心一路凶多吉少，不由得心忧如焚。

但谁也没想到他们当天就安然返回，还带来个谢里夫，以及阿拉伯军队的旗帜、机枪，这支衣衫褴褛的百人队伍和当初离家一样，唱着歌列队归来。一匹出众的红色骆驼吸引了我的眼光，它约七岁，是第二排一个赛拉辛人（Sirhani）的坐骑。这高大的牲畜不甘辔头的约束，要挤到前排来争一席之地，它走起来大步流星，队伍中所有骆驼无有出其右者。艾哈迈德凑上前去和它的主人套近乎。

族长将我们分到营地里各个帐篷接受款待。接待阿里、阿布德·卡德尔、伍德和我的，是部落里最资深的谢赫穆特尔（Mteir），他是个老态龙钟，牙齿掉光的友善长者，说话时一直用双手托住松垂的下巴。他热络地向我们致意，极尽礼数，用煮羊肉和面包丰盛地款待我们。伍德和阿布德·卡德尔大概有些拘束，因为赛拉辛人的餐桌礼仪似乎较为原始，那个汁水喷溅，饭菜飞洒的大公碗与这样漂亮的帐篷格格不入。饭毕，在穆特尔的强烈要求下，我们在他的帐篷内睡了一夜。早已吃腻了塞尔汗粗糙血肉的虱子臭虫将我们包围，要借机换换口味，在我们身上大嚼特嚼。它们如此猖獗兴奋，所向披靡，使得我再也躺不下去了。阿里显然也经受不住，坐起来说自己睡不着。我们便叫醒谢赫穆特尔，并唤来米法列赫·伊本·巴尼（Mifleh Ibn Bani）这位部落里年轻的指挥官，向其解释费萨尔的要求，以及我们计划如何协助他。

他们严肃地聆听着，并称西面的桥梁很难被摧毁。土耳其刚向该地区派去了数百名伐木工兵，任何来意不善的部队接近都会被察觉。他们对摩尔人的村落和阿布德·卡德尔均表示高度的怀疑，称绝对不会在阿布德·卡德尔的引导下前往造访。而离此地最近的桥梁塔勒谢哈布（Tell el Shehab）附近的村民都是该部落的宿敌，届时唯恐他们从后方包抄进攻。此外，如果遇上降雨，泥泞的雷姆色（Remthe）平原将使得骆驼举步维艰，导致整个部队在回撤时被拦截围歼。

此时我们感到相当棘手。赛拉辛人是我们最后的指望，一旦遭到他们的拒绝，我们便无法在既定时间内完成艾伦比的任务。因此，阿里将部落中稍微强健些的男子都召集到一起，并找来法赫德、米法列夫和阿德乎布为自己壮声势，想要鼓动大家的士气。我们以三寸不烂之舌，对这些生性谨慎的赛拉辛人展开了游说，不甘在这不毛荒野中逗留良久却一无所获。

我们并不是抽象的说教，而是摆事实讲道理，以他们自己为例，一生无非是在感官享受中耽溺，在穷山恶水中挣扎着追求生和爱。然而起义需要抛下所有安逸享乐，承受无尽苦难。这种精神需要的是持之以恒，不断超越自己的极限，将忍辱负重作为建立远大事业的基石，舍弃一切，忍受痛苦。感觉无法回顾，也无法预估，感受到了情绪，即被情绪所左右，而情绪一旦经历过就不复存在，只能通过语言描述予以缅怀。

他们也知道，置身大漠荒野，一生注定要与一个敌人永无止尽地抗争下去，这个敌人不是世界，不是人生，不是任何东西，而是希望本身；而失败似乎是神用以解放人类的手段。唯有从事我们力所不能及之事，才能真正得到自由，因为如此才能拥有人生，只有对其不屑一顾才能将其掌控。我们的所作所为，似乎死亡是最佳的结局，拥抱这最后的真正解脱和终于降临的闲适安宁；在生与死的两极之间，或者退一步说，在安闲静逸和劳碌求生之间，我们应当避免后者（那是人生俗事），但求糊口足矣，转而追求清心寡欲。因此，我们提倡的是无为而非有为。或许有这么一些人，毫无创造力可言，他们的清心寡欲只是枯燥贫乏；但即使他们积极进取，也只会追求物质享受。若想拥有非物质的、有创意的、和精神有共鸣的东西，而非感官体验，将时间花费在满足物质需求上是不可取的，因为大部分的人在肉身衰老前灵魂便已腐朽。为了生活劳苦奔波永远得不偿失。

成功若唾手可得，则毫无荣耀可言，但若明知会失败仍义无反顾，则令人景仰。无所不能和无穷无尽是我们最可敬的两个对手，事实上，它们也是一个完整的人所能遇到的唯一对手，是其精神造就的怪物；而家庭永远是我们最顽强的敌人。与无所不能作战，最值得钦佩的，是将我们手中微不足道的资源抛弃，赤手空拳与之较量；被打倒，并不仅仅是因为其心智更高，还因为其工具更强。对眼界非凡的人而言，失败便是唯一目标。我们必须相信，彻头彻尾地相信，世间并无真正的胜利，唯有从容就义，为了失败奋斗致死，嘶声竭力要求这无上全能之神下手再狠一些，他的每一次打击，便是对我们的淬炼与拷问，将饱受折磨的我们锻造成令他自己毁灭的武器。

这磕磕巴巴，草草拼凑的演说是我们几个白人迫于时势，围着将行熄灭的炉火匆匆写就的，因此发言时总是不时陷入中断，而事后更是记不起内容；我的记忆力唯此一次失去了作用，只依稀记得赛拉辛人开始窃窃私语，在寂静的夜色中，俗世之心开始慢慢退却，最后纷纷表示无论结果如何都愿意和我们一起共进退。天亮前我们叫来了老阿布德·卡德尔，将他带至一旁沙地上的灌木丛中，对着他的耳朵大吼，告诉他赛拉辛人将会和我们一道动身，日出后便朝哈利德旱谷推进，希望他一如既往给予支持。他咕哝着说这太好了，而我们其他人则互相约定，有生之年再也不和聋子共谋大业了。

第七十五章

我们已精疲力竭，便躺下歇息片刻，但又早早起来检视塞尔汗的骆驼部队。他们摆出凌乱而狂野的阵容，在我们面前横冲直撞，但我们看来只算得上瞎骑一气，而且过于哗众取宠，虚张声势。他们没有一个真正的领导，颇令人遗憾。穆特尔已经垂垂老矣，无法披挂上阵，伊本·贝尼则不值得信任，一心只想玩弄权术，而非投身战争。但这已是我们能争取到的全部力量，只能如此定案，并带领他们于下午三点朝阿兹拉克出发，因为如果再待在他们的帐篷里一夜，定会被咬得只剩白骨。阿布德·卡德尔与他的仆从骑着马，表示已接近战区，紧随我们身后。

这是阿里首度见识阿兹拉克，我们激动地加速穿越石头山岭，一路谈起西克索斯王朝①早期的战役、歌曲和激情，那些如泣如诉的名字，以及他们深爱着的这片土地；还有那些早年驻扎在此，式微于此的罗

---

① 古埃及进入第二中间期以后陷入分裂，由来自迦南的西克索斯人建立的第一个外族政权。"希克索斯"意为"外国的统治者"，到第十二王朝早期专指叙利亚-巴勒斯坦国王。

马军团。直到那片青青草地和明灿泉水，以及矗立在瑟瑟摇曳的棕榈林上方的蓝色石头堡垒映入眼帘。阿兹拉克和罗姆一样，被称作"鬼斧神工"，都可谓人世奇观。但罗姆是荡气回肠的蔚然大观，有如神力使然；阿兹拉克则是讳莫如深的静谧，将吟游诗人、昔日帝王、失落国度，以及希拉（Hira）①和伽珊②（Ghassan）所有的罪恶、勇士和丰功伟绩都牢牢囚锁。这里的每一块岩石，每一片树叶，都承载着伊甸园那遥远而灿烂的回忆。

阿里终于勒住缰绳，让骆驼小心翼翼沿着熔岩斜坡而下，来到泉水后方丰茂的草地上。此刻，我们因野外强烈阳光而皱缩的双眼一洗数周来的疲惫，阿里高叫了一声"青草"，便跳下座鞍，双膝着地，不顾草秆的粗粝，附身将脸趴入草丛，尽享这沙漠中的弥足珍贵。然后他一跃而起，激情难抑地高喊着哈里施族的战士口号，扯掉头巾，在这片湿地上尽情奔驰，在红色河渠的积水和芦苇中跳跃，白皙的双脚在卷起的羊毛长袍下摆时隐时现。我们西方人很少能体会赤足时带给身体的那种美感和轻盈，此时犹能凸显出行为的韵律和优雅，随着肌肉的运动和筋骨的指向，每一跨步都展示出整体机制的完美和静止不动时的平衡与和谐。

当我们开始办正事时，阿布德·卡德尔却不见了人影。城堡、棕榈园、泉水周围均找不着他的踪影。最后我们派人出去搜寻，他们带了几个阿拉伯人回来，他们告诉我们就在出发后不久，阿布德·卡德尔便朝北穿过碎石山岭，朝德鲁兹山脉骑去了。队伍里的士兵都不知道我们的计划，对他恨之入骨，巴不得他一去不回；但这对我们而言却是非常不

---

① 伊拉克中部一座古城，为两河文明重镇巴比伦的首府，亦是重要的军事阵地。
② 公元3世纪早期从也门迁徙定居于黎凡特地区的阿拉伯人建立的王国，后成为东罗马帝国最重要的藩国。伽珊人和当地的基督教团体相融合，成为第一个信奉基督教的阿拉伯帝国。

利的。

我们的三个备选地点当中，乌姆凯恩斯已被排除在外，没有阿布德·卡德尔的帮助，哈利德旱谷等于无望之地；也就是说，我们如今必须设法炸掉塔勒谢哈布桥。要到达此处，必须取道雷姆瑟和德拉之间的空旷地带。阿布德·卡德尔已带着我们的计划和兵力信息投奔敌人而去，土耳其人只需采取合理预防措施，便可在桥边将我们一网打尽。我们征询法赫德的意见，决定继续按计划前进，按土耳其一贯的弱势表现，认定他们无法与我们抗衡。这听起来颇为自欺欺人，做出决策的那一刻似乎连阳光也黯淡了几分，连阿兹拉克也变得危机四伏了起来。

次日清晨，我们满腹愁肠地沿着燧石山谷前进，翻过一处山头进入哈里施旱谷，这里青翠的河道像极了家乡许多地方，令人顿生浓浓思乡之情。见到以自己家族命名的丰美草地，令阿里再度雀跃不已，当在灌木丛中发现上周降雨蓄积而成的清水池时，他更是如骆驼般欢天喜地。我们在这里歇息了许久，用这水做午饭。阿德乎布、艾哈迈德和阿瓦德出去猎瞪羚，捕到三头。于是我们便继续耽搁下去，又大吃了一餐，仿佛举行一场盛宴，用通条穿起肉块在火上烤制，直到外表黑如焦炭，而内里依然鲜嫩多汁。沙漠旅人最爱这样的天赐飨宴，何况今日行来大家都心事重重，更要在此时找点乐子多逗留片刻。

我好不容易偷得半日闲，却因主持一桩公案毁了所有闲情逸致。艾哈迈德和阿瓦德因捕猎瞪羚起了口角，要通过决斗一决高下。阿瓦德将艾哈迈德的头巾射掉，艾哈迈德将阿瓦德的斗篷穿了个窟窿。我解除了两人的武装，大声喝令切掉他们的右手拇指和食指。两人惊惧之下立即开始狂热地互相拥吻，公开表示和解。稍后我的部下集体前来作保，称他们之间已彻底化干戈为玉帛。我将这桩案件转交阿里·伊本·侯赛因处理，他同意先假释两人，但需要执行游牧民族的一种古老奇特的忏悔仪式：用一把沉重的匕首刃反复猛击额头，直到鲜血一路流到腰带上，以示永不再犯。这种惩罚相当痛苦，但不会危及性命，敲击和伤口的疼痛过去后，伤疤还能时时提醒犯错者自己曾经许下的承诺。

我们继续走了数英里，一路相当顺利，沿途尽是适宜放牧的茂盛草野，到达阿布沙瓦纳（Abu Sawana）后，我们找到了一处蓄满了清冽雨水的燧石凹槽，深约两英尺，宽约十英尺，长约半英里。此处可以作为突袭桥梁的出发点，为确保安全，我们又向前推进了数码，登上一座石头山包，看到一群土耳其派来的切尔卡西的骑兵，刚勘测完此地水源占用情况，正回营通报。谢天谢地，再等个五分钟，我们就差点撞上他们了。

第二天早上我们灌满了水袋，因为从这里到桥梁一路再无水源；然后轻松行至一处三英尺深的洼地，沙漠在此结束，再往后便是开阔平原，铁道就位于数英里之外。为了安全穿越，我们停下来等待天黑。我们的计划是悄悄穿越平原，不要打草惊蛇，藏匿于德拉下方的小山间。这些山头春季挤满了放牧的羊群，山侧因春雨的滋养覆满绿草鲜花。当夏季到来，一切都枯萎干涸，化作杳无人迹的荒地，唯有天涯过客偶然造访。即便在这些山坳间待上一整日也不会被外界察觉。

借着休息的空档我们又吃了一顿，我们总是一有机会便大吃大嚼，既可以减轻辎重，也没空去胡思乱想；但即便如此，还是白昼漫漫。总算夕阳西下，夜色立即开始蚕食平原，阴影碎片自山体上逐渐聚集，慢慢扩张延展，一小时后终于黑暗笼罩。我们骑上骆驼，由法赫德和我打头阵，快马加鞭花了两小时穿越碎石地带，前去勘察铁路；我们不费吹灰之力便找到了一处石质区域，这样大队人马经过不会留下痕迹。土耳其铁路哨兵看起来颇为自在,这说明阿布德·卡德尔带去的消息尚未引发恐慌。

我们跨过铁路,沿着另一侧骑了半小时,进入一处有少许石块,长满多肉植物的洼地。这里叫作加迪尔阿比亚德(Ghadir el Abyadh),米法列赫推荐大家在此设伏。他说此地相当隐蔽,只要躺在骆驼身边睡上一觉,如果天亮还没被人发现就可以证明绝对安全。于是我们采纳了这个惊世骇俗的建议。

天快亮时,法赫德领着我来到洼地边缘侦察,此处高出洼地约十五英尺,隔着一片缓缓起伏的草浪便可看见铁路,近得似乎只有一颗子弹的射程。这样的距离极为不便,但苏克赫人也找不到更好的地点了,我们只得整天待命。一有风吹草动,我们的人便立即前去查看,洼地边缘的矮堤后立即人头攒动。此外,吃草的骆驼也需要不少人手进行管理,以防它们走入敌人的监视圈。一旦有巡逻队经过,我们必须设法让牲畜保持安静,深恐哪一只嘶鸣吼叫,引来敌军。昨天的白昼苦苦难挨,今日的白昼更加煎熬:我们不能做饭,携带的饮水已所剩不多,必须节约使用,以免明日干渴之虞。光是想到这一点便已令人口渴难耐了。

阿里和我一起安排行动的最后步骤。我们在此待至日落;然后必须抵达塔勒谢哈布将桥梁炸毁,并在天亮前撤回铁路以东。这意味着要在十三个小时里,在黑暗中至少骑行十八英里,期间还要精心策划一次爆破。这样的行动强度远超大部分印度士兵的能力。他们骑术欠佳,自亚喀巴一路已经累垮了不少骆驼。阿拉伯人会善待骆驼,在历经一番艰辛苦役后,还能让骆驼健康返家休养。印度人虽已竭尽全力,但无论怎么训练,最轻松简单的行程走下来,人和骆驼都已疲乏不堪。

因此我们从中挑出六位骑术最好的士兵,给他们配上六匹脚程最健的骆驼，由他们最伟大最赤诚的长官哈桑·沙阿带队。他认为这样一支小队只可带一挺维克斯机枪，这将极大地削弱我们的火力。我越周密筹划，越觉得耶尔穆克这次行动凶多吉少。

本尼沙克赫族都骁勇善战；但赛拉辛人则让我们担心。因此阿里和我决定让本尼沙克赫人听从法赫德领导，担任突击队。我们留下几名赛拉辛人照管骆驼，其余的则负责装卸炸药并朝桥上搬运。为了便于在黑暗里快速下山，我们将炸药分成十三磅一份，每一份都单独装在白色的袋子里，以提高辨识度。分装工作由伍德负责，他为此提心吊胆了好一阵子，不过这样一来，时间也变得容易打发了。

我只得将卫队仔细分配。每个好骑手都率领一部分骑术较差，但熟知地形的当地人，这样的组合可互相帮助，只要队员紧密行动，夜里也不用担心迷路。阿里·伊本·侯赛因带着六个仆役，与二十名本尼沙克赫人和四十名赛拉辛人组成一支突击队。剩下的人在阿比亚德照看跛足和病弱的骆驼，并在天亮前返回阿布萨瓦纳等候进一步消息。我手下有两人突然告病，称无法和我同行。我准了他们一夜的假，从此以后再也不让他们执行任何任务了。

第七十六章

太阳刚下山，我们便与他们告别，怀着满心无奈，凄凄惨惨地向山谷走去。我们翻过第一座山头朝西转向时，四周已一片漆黑，在这条废弃的朝觐路上，前人留下的脚印是唯一的向导。我们沿着崎岖不平的山坡颠簸而下，前头的人突然猛冲起来。我们跟上去一看，发现他们将一个吓得浑身发抖的小贩团团围住，小贩还带着两名妻妾，两头驮着葡萄干、面粉和斗篷的驴子。他们正要前往我们后方不远的车站马夫拉克（Mafrak）。事情一下子麻烦了，最后我只得命令他们就地宿营，并留下一个赛拉辛人看住他们，以防他们逃跑，到天亮时方可放他们离去，而他自己则越过铁道线朝阿布沙瓦纳撤逃。

我们在彻底的暗夜里蹒跚前进，总算又看见朝觐道路发出的白色微光。我在几名阿拉伯人的陪同下自拉比格出发，首次在阿拉伯半岛摸黑骑行，便是取道此路。迄今为止，我已在十二个月里跋涉了一千两百英里，行经麦地那与赫迪亚，迪扎德（Dizad），木达瓦拉以及马安。大马士革的终点就在我们这支武装朝觐团前头不远。

但今夜我们提心吊胆：阿布德·卡德尔的逃逸令我们如惊弓之鸟，我们队伍之前从未出现过叛徒。如果我们有先见之明，当初就该明白即使不用他的协助，也能完成任务，但却意气用事，对阿拉伯运动抱着终究会功败垂成的绝望，深恐这群一开始热切追求空中楼阁的人会再度重蹈五分钟热度的覆辙，不愿看到烈士们前赴后继，陈尸荒野，到头来仍一事无成，因此几乎可谓不择手段。

有牧羊人，或者是别的什么人朝我们的队伍放枪，打断了我的思绪，在黑暗中能隐隐看见他正悄悄逼近我们。他没打中我们，惊恐地尖叫着，一边逃跑一边不停胡乱朝我们射击。

领队的米法列夫·戈曼（Mifleh el Gomaan）此时猛地掉头，带领大家没命地摸黑冲下一道斜坡抵达山脚，然后又登上另一座山的山肩。这里我们再度感到安全了一些，顶着星光整理好阵容，再度列队出发。第二次警报是左侧传来的狗吠声，一只骆驼突然闯入了我们的道路前方。不过这只是一匹走失的无主骆驼，我们便继续前进。

米法列夫让我与他并肩骑行，并以"阿拉伯人"称呼我，以免在黑暗中呼唤我的名字泄露身份。我们下到一处深深的洼地，闻见了灰烬的味道，影影绰绰有一个妇女从路旁的灌木中跳起来，尖叫着逃走了。她大概是吉普赛人，因为随后再无任何动静。我们抵达一处山丘，山顶遥遥可见村落的灯火。米法列夫带领我们从右侧绕过一处宽阔的耕地，缓缓向上攀爬，只听得座鞍嘎吱作响。我们在山顶边缘停了下来。

山下北面有几簇明亮的灯火。那是德拉车站的照明灯，用以指引军队交通：这让我们心里又笃定了几分，或许土耳其人并未将我们放在眼里。（作为对这种轻蔑的报复，我们会让今夜成为亮灯的最后一夜：直至被攻陷的这整整一年间，德拉都再也见不到灯光。）我们保持紧密的队形，从左面山坡骑下，走过长长的河谷进入雷姆瑟平原，夜色中偶尔可见西北方村落闪烁的灯火。路面逐渐平坦；但这半开垦过的土地非常松软，到处都是兔子挖掘的地洞，骆驼常常连脚踝都陷进去，走得极为吃力。尽管如此，我们还是得加快速度，因为一路状况频出，已经耽误了不少时间，米法列夫不停地催促自己那头拖泥带水的骆驼再跑快一些。

我骑的是队伍里最好的骆驼，就是我们在贝达哈看见的那匹红色的。它修长高大，步伐奇大，踩踏如活塞般有力：每一步都重重击向地面，不单是枯燥的机械运动，还有一马当先不甘人后的决心。此时，它将所有骆驼都甩在后面，每一步都跨得野心勃勃，比骆驼的常规步伐总要多上几英寸，但却依然轻松自如，似乎仍保留着无穷的体能与耐力。我掉转头往回骑，催促队员走快点。那些印度人马术般肢体僵硬地骑着，已经使出浑身解数跟上队伍；但路况实在太糟，因此他们无论怎样挣扎，速度依然迟缓，且随着时间的推移，已逐渐有人力不从心掉队了。因此我只能一改常规，和骑着一匹老骆驼的阿里·伊本·侯赛因一道走在最后压阵。这匹骆驼大概有十四岁了，但仍能健步如飞走上一整夜。它将头压低，以内志骆驼特有的提膝方式加速前行，让骑士驾驭起来非常轻松。我们的速度和驼鞭让那些落后的士兵和骆驼都叫苦不迭。

九点后我们很快走出了那片耕地，按理说，路况应该有所改善；但此时下起毛毛细雨，松软的路面立即变得湿滑。一匹赛拉辛人的骆驼跌倒了。他的主人立即将它拽起来继续前进。随后本尼沙克赫人也有一匹骆驼倒下了，但主人也平安无事，匆匆再度上鞍。接着我们发现阿里的一个仆从正站在他那匹裹足不前的骆驼旁，阿里发出嘘声，催他上路，就在他找借口搪塞时，阿里挥起藤杖劈头就是狠狠一鞭。受到惊吓的骆驼拔腿狂奔，那个奴仆仍拉着缰绳，奋力拖拽着将自己弄上座鞍。阿里穷追不舍，藤杖如雨点般落下。我的手下穆斯塔法是个新手，摔下地两次，与他同行的阿瓦德总是帮他勒住缰绳，并在我们赶来前扶他再度上鞍。

雨停了，我们走得更快了。此时已是下坡路段。米法列夫突然从座鞍上起身，向头顶的空中举刀挥舞。夜色中传来尖锐的金属撞击声，原来我们头顶上是通往梅泽里布的电报缆线。前方灰色的地平线看起来更加遥不可及，我们似乎正位于一个拱形地带的曲弧处，两旁和前方是无穷无尽的黑暗。耳畔传来气若游丝的叹息，仿佛穿过林间的遥远的风，且音量正逐渐增强。这一定是塔勒谢哈布桥下的瀑布，我们因此信心十足地前进。

几分钟后，米法列夫勒住骆驼，轻击其颈部，让它悄悄跪下。他跨下座鞍，我们则在他身旁立满乱石堆的草地上停下。湍急的水流发出巨大的声响，自眼前的黑暗中腾起，这便是我们耳边一路喧闹不停的源头。这里是耶尔穆克河谷的边缘，桥梁就在我们右侧下方。

我们协助印度士兵跨下驮着辎重的骆驼,以免发出声响暴露行踪;然后我们在湿冷的草地上集合,低声点名。月亮还未爬上赫尔蒙①(Hermon)山,但夜色已褪去了大半,天际曙色渐显,铅灰色的空中飘过破破烂烂的云层。我将炸药分发给十五名搬运工,便开始行动。阿德乎布率领的本尼沙克赫人已赶在我们前面,潜入阴暗的山坡进行勘察。陡峭的山路在风雨过后更加危险,我们必须赤着双脚,将脚趾深深插入泥中,才能站稳脚跟。有两三个人依然摔得不轻。

当我们来到坚硬的区域,路面上到处是凸起的石块,除了咆哮的水声,更听见一列由加利利缓缓驶来的列车咣当声,车轮轮毂在铁轨上磨得嘎吱作响,引擎的蒸汽在深深的山谷中仿佛白色幽魂的叹息。赛拉辛人退缩了。伍德驱赶着他们跟上我们的脚步。法赫德与我跳向右侧,借着机车燃炉的火光,我们看见露天的车厢内全是穿制服的军人,大概是被遣送至小亚细亚的战俘。

我们又往前走了一截,最后终于在脚下看见一团比深邃峡谷更漆黑的物体,它的另一头还发出隐隐微光。我们停下来用望远镜细细观察。那是一座桥,似乎正是我们苦苦搜寻的目标,桥对岸的岩壁下扎着卫兵的帐篷。四周鸦雀无声,唯有水流奔腾;一切纹丝不动,只见篝火摇曳。

伍德担任我的替补,在我中弹时下来顶替,此时正指挥印度人架起机枪,以便在必要时刻对帐篷进行扫射;阿里、法赫德、米法列夫则带领其他人,和本尼沙赫族搬运炸药的人一起,蹑手蹑脚地摸索前进,总算找到一条施工时留下的通往桥墩的小路。我们排成一列纵队潜行,棕色的斗篷和沾满泥浆的衣服倒是和上方的石灰石完美地融合为一体。我

---

① 位于大马士革以西,黎巴嫩-叙利亚边界上,为地中海东岸最高点。

们终于抵达山下，铁轨正好位于桥梁前方并形成一个弯道。众人便在此停下，我和法赫德继续匍匐向前。

我们来到裸露的桥墩旁，趴伏在地，借助桥栏杆的影子掩护自己朝前爬行，直至可以触碰到灰色的主梁骨架，看见唯一的卫兵斜靠在六十码外河湾对岸的另一座桥墩上。他在自己的火堆前缓缓地来回走动，不曾踏上桥面一步。我趴在那里痴痴地盯着他，一时没了主意，而法赫德已经退回山腰的桥墩。

情况不妙，因为我想要炸毁桥梁；于是我爬了回去，准备叫那搬运工将炸药送来。但我还没找到他们，河岸上突然传来来复枪掉落的响亮杂音。卫兵警觉起来，朝声源方向凝视着。他抬头仰望，高高苍穹已是云破月升，照得峡谷一片清明，机枪手不得不随着月影转移阵地，想要爬到阴影里隐蔽起来。卫兵高声喝叫，举起来复枪射击，并召唤其他卫兵前来。

一切瞬间陷入混乱。我看不见本尼沙克赫人藏身何处，只知道他们此时蜷缩在我们头顶上方的羊肠小道上，胡乱开枪还击。卫兵们冲入战壕，朝我们猛烈开火。印度士兵还在转移途中，无法架起维克斯机枪扫射军营，阻止队伍出击。于是双方枪声大作，土耳其人的来复枪声在这狭窄的山谷中回响，子弹越过我们队伍击中岩石，听来更是震耳欲聋。赛拉辛脚夫从我侍卫处听说炸药如被击中便会爆炸，因此当子弹从他们身边飞过时，纷纷将炸药抛下山谷逃命。阿里跳到我和法赫德身旁，我们正好躲在桥墩背后未暴露行踪，但手无寸铁，无法还击。阿里告诉我们那些炸药都已经落入深谷，不知所踪了。

这么随手乱丢，炸药已没有找回的指望了，因此我们也一溜烟顺着山路，顶着土耳其人的子弹，毫发无伤地爬上山顶，累得气喘如牛。我们和满脸懊丧的伍德及印度兵会合后,告诉他们一切都泡汤了。我们匆匆撤回乱石堆处,赛拉辛人正在手忙脚乱朝骆驼上爬。我们也火速跨上座鞍,落荒而逃,土耳其人还在山谷下面吵闹个不停。离这里最近的村庄图拉(Turra)也被惊动,加入了放枪的行列。其他村落随之被吵醒,平原上一片灯火通明。

我们逃命时撞见一对从德拉返回的农民。赛拉辛人正为自己的过失满腹怨恨(或者是因为我一路对他们的怒骂狂吼),便将气撒在这些农户身上,将他们抢了个精光。

这些受害者带着老婆在月光下奔逃,边跑边以阿拉伯人特有的刺耳音调尖叫救命。叫声传到雷姆瑟的村庄,村里一片恐慌,将邻近几个村子都唤醒了,出动骑兵包抄我们,方圆数英里的住户也爬上屋顶朝我们开枪。

我们让闯祸的赛拉辛人带着抢劫来的财物留下处理这些风波,然后阴沉郁闷地继续赶路,尽量设法保持队形,我训练有素的手下表现出令人惊叹的能力,协助跌倒者站起来,或让那些骆驼已严重受伤无法前行的人与之共骑。路面依然泥泞不堪,耕地的犁沟比来时更举步维艰;但我们身后依然叫嚣不断,使得我们不敢放慢脚步,如丧家之犬般朝山中奔去。当我们最终避入山林,从一条较平坦的小路插入平原后,依然驱策着精疲力竭的骆驼奋力奔驰,因为天就快亮了。逐渐地,身后已听不见追兵的动静,落在最后头的队员也赶了上来,全队又集合上路,一如先前那般,由阿里·伊本·侯赛因和我挥舞着鞭子压阵。

我们返回铁轨时,天刚刚放亮,伍德、阿里和其他领导人都已在前头探路,我们便沿路四处破坏电报线解闷儿。我们本打算连夜穿过铁路去炸毁塔勒谢哈布桥,以此切断巴勒斯坦和大马士革的联系,但历经一番艰险，到头来只切断了几根电线！艾伦比的炮声仍在右方隆隆作响，是我们这场挫败最惨痛的见证者。

灰色的曙光温柔地拂过，预示着一场蒙蒙细雨的到来，这雨如此温存，如此绝望，仿佛在嘲笑我们奔向阿布沙瓦纳的狼狈脚步。日落时我们回到了那座长长的水池，在那里留守的队员好奇地打听到底是出了什么差错。我们都是些蠢货，所有人都好不到哪里去，一肚子愤怒不知道如何宣泄。艾哈迈德和阿瓦德又动起手来；年轻的穆斯塔法不想做饭，被法拉杰和达乌德揍得失声痛哭；阿里的两个仆人也吃了一顿鞭子；但无论是我们还是挨打的人都麻木不仁。这次失败令我心灰意冷，从日出到日落，我们在这坎坷的荒野冒着恶劣的天气，惊心动魄地跋涉了一百英里，没有任何休息或进食，已精疲力竭。

第七十七章

食物成为当前的燃眉之急，我们冒着冰冷的大雨开会，讨论该如何解决民生问题。为了轻装上阵，我们从阿兹拉克出发时仅带了三天的口粮，只够撑过今晚；但我们不能这样一无所获地回去。本尼沙克赫族想挣回点名誉，而赛拉辛人则因为之前的耻辱，无颜再忤逆众议。我们还有一袋三十磅的备用葛里炸药，阿里·伊本·侯赛因对我们之前在马安的豪举也有所耳闻，作为一个典型的阿拉伯人，他便说："咱们去炸火车。"此话引来满堂叫好，众人目光旋即落在我身上；但对这突如其来的建议，我却无法苟同。

炸火车需要精密筹划，谨慎操作，要有充足的人手，外加机枪的掩护，一旦失手，会反遭其乱。这次的问题在于机枪手都是印度人；他们在吃饱喝足时也算顶天立地一男儿，一旦饥寒交迫便化作弱不禁风的半丁。要在没有口粮的情况下出生入死奋战一周，我并不看好他们。阿拉伯人将忍饥挨饿视为家常便饭；一连几天断食也不会危及性命，照样能腹中空空地冲锋陷阵；而且，如果真的到了性命攸关时刻，还可以将跨下骆驼宰了充饥。但那些印度人，虽然也是穆斯林，却将不能吃骆驼肉视为原则性问题。

我将食物短缺的困难详细交代给众人。阿里立即称我只要负责将火车炸掉，之后的事交给他和阿拉伯人来收拾，不需要机枪的掩护。而且谁也料不到我们会在这种荒郊野地动手，说不定就能碰上一辆运送补给的火车，只载有少数平民或一小队护卫，我于是答应碰碰运气。这个决定又博得一阵喝彩，我们便披着斗篷围成一圈，吃掉仅剩的冰冷口粮（雨水打湿了木柴，无法生火）想到还有希望扳回一局，我们的心情方稍稍缓和了一些。

天一亮，那些无法像阿拉伯人一样忍饥挨饿的印度人只得垂头丧气返回阿兹拉克。他们和我们一道深入荒野，本打算建功立业，先是炸桥未遂，接着连炸火车也与之无缘，真是情何以堪。为了顾及他们的颜面，我让伍德陪他们回去。他与我争了许久之后，终于答应体谅印度人的感受，与之同行；后来证明这是明智之举，之前老是困扰他的病症此时已逐渐显露出肺炎早期的征兆。

我们剩余六十来人便掉头返回铁道线。队伍里无人熟悉这片区域，我便带领他们前往米尼菲尔，我和扎尔在春天时曾在这里大肆破坏了一番。这里的山头向后弯折，是绝佳的观察、宿营、放牧和撤退地点，我们便在当初扎营的地方坐到日落，浑身哆嗦着盯住那片地图般延伸，与云遮雾罩的德鲁兹山脉相接的广袤平原，而乌姆杰玛尔（Um el Jemal）

及其邻村在雨中看起来宛如地图上的两点墨渍。

天色一暗我们便下山埋雷。一百七十二公里处重建的涵洞似乎是最佳地点。我们刚靠近，便传来一阵轰鸣，在逐渐深浓的夜色中，一列火车突然出现在北面的弯道上，离我们仅有两百码远。我们立即奔入涵洞中躲避，让火车贴着头顶飞驰而去。这样的失之交臂令众人气恼不已，但待火车驶远后，仍着手埋设炸药。夜晚寒意蚀骨，山谷里风雨交加。

这座涵洞修砌得极为坚固，宽达四米，跨坐在卵石河床上，河床一路至此爬升至我们藏身的山顶。冬雨将河道冲击成四英尺深的沟渠，狭窄曲折，很好地掩护了我们的行踪，但在距铁道三百米处，河道突然变宽，一览无余地朝涵洞奔去，令我们无处藏身。

我们小心地将炸药安置在铁轨最高点，埋得比平时还要深，位于两条铁轨的交接处，这样巡逻队踩过时不会感觉到脚下的异样。电线从河岸上一路拉至卵石河床上，很容易掩藏起来；我们尽可能将电线放得远一些，但因为近来埃及的绝缘电缆匮乏，我们出发前搞不到足够的补给，因此手中的存货也只有六十码长。

六十码对于炸桥而言绰绰有余，炸火车稍显捉襟见肘；但电线尽头正好位于河岸边一处十英尺高的灌木丛内，我们便将其掩埋在这易于辨认的地方。我们无法像往常那样将电线和引爆器连接妥当后留置于此，因为这里显然是铁路巡逻队的固定检查地点。

由于满地泥泞，埋雷花了较长时间，完工时已即将破晓。我们待在四面来风的涵洞里等待天亮，全身湿透，意气消沉，然后再花了半小时，将搞得一塌糊涂的现场痕迹一一清除，撒些树叶和枯草在上头，再由近旁的雨水池中取来水冲掉泥地上的痕迹。这时其他人向我招手，示意第一班巡逻队正在靠近，我便赶去和他们会合。

我还没跑到他们身边，他们已分散到河床两侧草丛中的指定地点各就各位了。一列火车自北而来。服侍费萨尔多年的奴隶哈穆德（Hamud）拿着引爆器；但他还没来得及将引爆器交给我，一列拉着封闭货车厢的短列车已飞驰而过。平原上的暴风雨和清晨的浓雾阻挡了视线，我们的瞭望员看见火车时为时已晚。第二次失手令大家大受打击，阿里开始说这趟行程就是诸事不宜。这样不吉利的话令众人对他怒目相向；为了转移注意力，我便提议将瞭望点设在远一点儿的地方，一处在北面的废墟上，另一处在山头南脊的大石堆上。

由于没有早饭吃，其他人也就装作不饿。所有人就这么苦中作乐，兴高采烈地在雨中坐了一阵子，在浑身淌水的骆驼围成的肉墙后互相拥抱着取暖。骆驼的毛湿透了，像羊毛般卷曲起来，看起来蓬乱不堪，甚是古怪。雨时下时停，凄凌的阴风不停地刮过我们裸露的肌肤，不一会儿我们湿漉漉的衬衫便黏糊糊缩作一团，令人极不自在。我们无物果腹，无事可做，无处栖身，只能待在潮湿的岩石上、草地里，或泥浆中。纵使如此，持续多雨的气候在不停提醒我，艾伦比进攻耶路撒冷的计划或许会遭到延迟，从而导致全盘皆输。虎落平阳之际，正是我们这些小鼠奋发图强之时。明年我们还应并肩作战，共度难关。

在最佳情况下，等候行动便已令人坐立不安，今天这局面更是不堪忍受。就连敌人的巡逻队也在雨中歪歪倒倒，巡视得漫不经心，敷衍了事。快到中午时，终于天色突然转晴，南面山头的瞭望员奋力挥舞着斗篷，示意有火车到来。我们快速地各就各位，蹲伏在先前铁轨附近河床里的水流中，唯恐再错失良机。阿拉伯人全都埋伏妥当，从我的引爆点回望他们藏身的灌木丛，除了灰色的山坡再也找不到半分异样。

我听不见火车的声音，但坚信不会有错，便跪在那里等了约有半小时，直到按捺不住，便发出讯号询问怎么回事。他们递话下来说火车走得极慢，而且又拖着很长的车厢。我们闻言垂涎不已，车厢越多，战利品便越多。接着又传来话称火车停下了。接着又启动了。

终于，快到一点时，我听见了蒸汽的喘息声。这架火车头显然已经老旧不堪（所有此类燃煤火车都状况不佳），拖着重负上坡显然力不从心。我蜷缩在灌木后，待火车笨如石牛般自南面缓缓驶入视野，沿着我头顶的河岸进入涵洞。前十节车厢都是露天的，挤满了士兵。但如今已是箭在弦上，不得不发，因此当机车来到炸药点时我便压下了引爆器。毫无动静。我连压了四次。

一切始终照旧；这时我意识到炸药没起作用，自己也跪在光秃秃的河岸上，任由五十码外一列装满土耳其士兵的火车缓缓经过。我面前的灌木虽然约有一英尺高，如今简直比一片无花果叶子还微不足道；我感觉自己就是这片区域里再醒目不过的活靶子。我身后是空荡荡的山谷，阿拉伯同伴埋伏在两百码之外等候，想必正纳闷我葫芦里卖的是什么药。此时已无法逃走，否则土耳其人定会跳下火车将我们歼灭。但我若是端坐不动，或许他们只会将我视作一个普通的贝都因人，放我一线生机。

于是我干脆正襟危坐，一切听天由命，眼睁睁看着十八节露天车厢，三节封闭货车厢，以及三节军官软包车厢慢条斯理地经过。引擎一步三喘，走得益发缓慢，每一分每一秒我都在担心它会抛锚。车上的士兵没人在乎我，但军官们却极有兴致，走到车厢尾部的小露台上对我指指点点。我朝他们挥手致意，胆战心惊地挤出笑容，觉得自己头上的金色纽花头箍和一身麦加装扮怎么看也不像个牧羊人。或许是一身污泥救了我，加上雨后雾气湿浓，他们看不真切，令我蒙混过关。火车尾部终于缓缓消失在北方的地平线上。

火车一离开，我立即跳起来将电线埋好，抱着那该死的引爆器兔子般飞奔到山上的安全地点。我大口喘着气，回望看到火车终于卡住不动，在离埋雷处约五百码远的地方停留了约一个小时，等待蒸汽上来。这期间一队军官沿着铁轨来回巡视，在我刚才坐着的地方仔细搜查了一番。但电线埋设得相当稳妥，他们什么也没发现，火车头再度喷出热气，远远离去了。

第七十八章

米法列赫欲哭无泪，认为我是故意放走火车；赛拉辛人听完我道明原委，纷纷说："我们霉运当头。"目前为止，这句话所言不虚；但他们更将其作为预言，暗示今日之谶。于是我开始嘲讽他们上周炸桥时的英勇表现，言下之意他们这一部落大概只适合照看骆驼。他们立即沸反盈天，尖锐地对我反唇相讥，本尼沙克赫人则站在我这一边加入骂战。阿里听见吵嚷，忙不迭地赶来。

待争执平息后，大家也将近日种种不遂忘却了一半。阿里不遗余力地支持着我，不顾自己也浑身青紫，还因为发烧战栗不已。他喘着气称自己身为先知后裔，拥有谢里夫"未卜先知"的能力，并知道我们即将时来运转。大家闻言感觉宽慰不少，而我也立即鸿运当头，仅凭借一把匕首作为工具，将湿淋淋的引爆器撬开检查，证明其电路完全可以继续正常运作。

我们返回引爆电线处继续守候，但没有任何动静，入夜后暴雨再度肆虐，所有人都怨声载道。火车不见踪影；四下潮湿无法生火；唯一可吃的便是骆驼。可晚上谁也不想吃一肚子生肉，因此那些牲畜得以苟活至明日。

阿里趴着躺下，借此减轻饥饿导致的腹痛，希望一觉醒来不再发烧。阿里的仆从哈赞（Khazen）将自己的斗篷也给他盖上。我让哈赞到我的斗篷下待了一会儿，但很快发现实在挤不下，便将斗篷让给他，独自下山去安装起爆器。接好后我独自留在那儿过夜，听着风雨将电线刮得飕飕作响，冻得苦不堪言，睡意全无。长夜漫漫，一切沉寂，风雨中亮起的曙色与平日相比，更是丑恶万分。米尼菲尔、铁路、等火车、炸火车，此时统统都让我们恨之入骨。当早班的巡逻队开始活动时，我便爬上山回到大部队里。这时天色稍稍好转，阿里也醒来，感觉舒服多了，看到他恢复了精神，我们也士气振作起来。费萨尔的奴隶哈穆德将树枝藏在衣服下，整夜贴身抱在怀中，此时已几乎全干了。我们取来一点儿甘油炸药生火，本尼沙克赫族则忙着屠宰一头患兽疥癣的骆驼，用挖掘工具将肉砍成便于抓取的小块。

就在这节骨眼上，在北面放哨的人高呼有火车出现。我们丢下火堆，一口气冲下六百码外的山脚，在老地点分散就位。绕过弯道，鸣着汽笛，那火车一路驰来，两个神气的火车头拖着十二节旅客车厢，全速向炸药处前进。我在第一个火车头的首个主动轮驶过时压下了把手，炸得天崩地裂。地面的黑土劈头盖脸向我崩来，打得我晕头转向，跌坐在地，上衣撕裂到肩头，鲜血顺着左臂长长的伤口流了一地。起爆器掉在我的两膝之间，被一块扭曲的黑铁砸得粉碎。我的前方躺着半截烧伤的尸体，仍腾腾冒着烟气。透过爆炸的灰尘和雾气，我仿佛看见第一个火车头的整部锅炉已不翼而飞。

浑浑噩噩之中，我只觉得该快点撤回到本方火力掩护圈内；但甫一挪动，方觉得右腿一阵剧痛，只能一瘸一跛拖行，脑子也因爆炸的冲击一片眩晕。走动起来之后，神志方清醒了些，就在我蹒跚着朝山谷移动时，阿拉伯人已经开始向车厢密集开火。头晕眼花之际，我只能不断用英语重复"啊，多希望这一切没发生过"给自己打气。

当敌方开始还击时，我才发现自己处于两股火力的夹击之下。阿里看到我倒地，以为我遭到重创，带着图尔基、约二十个仆役以及本尼沙克赫人跑来营救我。这一队人立即被土耳其人发现，片刻就射倒了其中七人。其余的人冲过来，将我团团围住——那模样简直像极了雕刻家的模特儿。纯白的带状衬裤紧紧地缠缚着他们纤细的腰部和脚踝；光滑的褐色身躯；太阳穴两侧编结成辫子的卷曲额发仿佛两只长角，看起来宛如一群俄国舞者。

我和他们一道连滚带爬返回藏身处，并偷偷自己检查了一番，发现身上虽然满是锅炉碎片导致的瘀痕破口，断了一只脚趾，五处子弹擦伤（有几处还挺深），以及衣服破成碎片外，并无大碍。

我们从河道内向外张望。炸药将涵洞拱顶掀开，第一部火车头的外壳已滚落到路基脚下。第二部火车头翻倒在地上的大坑里，压住了第一部火车头损毁的煤水车，基座已扭曲变形。我判断两部车头都已无法修复，第二部的煤水车飞得老远；第一部的前三节车厢被压缩成一团，支离破碎。

火车的其余部分全都脱轨，一长串车厢沿着铁轨弯弯曲曲、横七竖八地倒成一片。其中一节是彩旗装饰的宴会车厢，急着赶往耶路撒冷去与艾伦比作战的土耳其第八军（Eighth Army Corps）军长梅赫姆德·贾玛尔帕夏①（Mehmed Jemal Pasha）就在其中。他的战马已在第一节车

---

① 即杰马尔·摩尔森里（Cemal Mersinli）1875年—1941年，也称贾玛尔·库楚克（Djemal Kuchuk）意为"小贾玛尔"，以便和下文提到的另一位较高职位的艾哈迈德·贾玛尔帕夏（Ahmed Jemal Pasha）相区分。他当时所指挥的第八军隶属于艾哈迈德·贾玛尔帕夏领导的第四集团军。

厢丧生；汽车则位于最末一节车厢，也被我们射个稀烂。在他的部下里有一个肥胖的神职人员引人注目，我们推测他是艾哈迈德·贾玛尔帕夏①（Ahmed Jemal Pasha）的专属伊玛目阿萨德·苏凯尔（Assad Shukair），是臭名昭彰的亲土耳其恶棍。于是我们将他打成了一滩烂泥。

我们离火车太远，想要占领车厢的可能性极为渺茫。车上载有四百名官兵，幸存者此时已从惊吓中恢复了神志，纷纷找地方隐蔽，并朝我们猛烈还击。起初，我们埋伏在北侧的队伍已围攻逼近，几乎就要赢得战局。米法列夫骑着战马将宴会车上下来的军官们一路驱赶到下游的水沟里。他兴奋过了头，只顾穷追猛打，忘了停下来射击，所以那些军官全都安然地躲进了水沟。跟随他冲锋的阿拉伯人则转身去捡拾散落一地的来复枪和勋章，再从车厢里拖出袋子和箱子。如果我们有机枪在远端进行火力钳制，以我之前的爆破经验，没一个土耳其人能跑掉。

米法列赫和阿德乎布回到山上与我们会合，问起法赫德的下落。一个赛拉辛人叙述了我因冲击波瘫倒在引爆器旁时，法赫德如何一马当先冲了出去，并在我爆破地点附近惨死的经过。他们还拿出他的皮带和来复枪，证实他确已身亡，他们也曾试图挽救他的性命。阿德乎布一言不发，突然跳出河道，朝山下冲去。我们屏住呼吸看着他，不敢出一口大气，憋得肺隐隐作痛；但土耳其人似乎没看见他。一分钟后，他从河道左岸后面拖出了一具尸体。

米法列赫翻身上马，飞奔下去，和阿德乎布一起将那具无力迟钝的躯体抬上马鞍，运回山上。一颗子弹贯穿了法赫德的脸，打掉了四颗牙

---

① 即土耳其公认的贾玛尔帕夏，1872年—1922年，在阿拉伯世界也被称作贾玛巴沙（Jamal Basha）。他作为奥斯曼帝国最主要的军事将领，担任海军部长和伊斯坦布尔市长，为第一次世界大战时奥斯曼帝国三大执政军事者，即"三帕夏"之一，在位期间策动了对国内亚美尼亚人、希腊人和亚述人的三次大种族屠杀。

齿，并深深地切开了他的舌头。他一度昏迷不醒，但在阿德乎布赶去时刚刚恢复意识，满脸血污遮蔽了视线，想要手脚并用爬离现场。此时他已能自己保持平衡，稳坐在马鞍上。于是他们让他改乘在现场找到的骆驼，火速将他带了回来。

土耳其人见我们没有动静，开始朝山坡逼进。我们待他们爬到一半才一阵猛打，杀死二十余名士兵，其余人则落荒而逃。火车周围死伤惨重，一片狼藉；但军长仍命令他们奋战到底，由山脊包抄而上，意欲将我们围歼。

我们现在只剩约四十人，显然无法与之抗衡，便分批朝溪水上游河床撤退，在每个转角掩蔽处朝他们乱射，以拖延其攻势。小图尔基年纪轻轻却处变不惊，但身上扛着的那杆土耳其卡宾枪太过醒目，使得头巾被打穿了四个洞。我撤退速度太慢令阿里大为光火。实际上我因脚伤而行动不便，但仍故作轻松，装作是在研究土耳其士兵的行动。这样三步一停，让掩护我的阿里和图尔基远远落后于部队里其他人。

终于我们都抵达了山顶。每个人就近跳上身边的骆驼，朝东面的沙漠全速狂奔了一个小时。待安全脱逃后，我们开始检查清点牲畜。了不起的拉海尔在危急关头，依然不忘将火车到来时正杀好的一大块骆驼肉拴在座鞍上带走。我们便打算找个合适的地方停下来吃一顿，走了五英里，一支四匹骆驼组成的小队伍出现，与我们同向而行。那是我们的友伴马塔尔从自己村子里返回阿兹拉克，随身还带着葡萄干和乡间土味。

我们便立即在杜列尔旱谷（Wadi Dhuleil）一块巨石下歇脚，在一株没果实的无花果树旁烹煮三日来的第一餐，并替伤势严重、昏昏沉沉的法赫德包扎伤口。阿德乎布见状，从马塔尔处取来了一条新毛毯，对折后铺在驼鞍上，将另一头缝合起来制成一个大口袋。他们让法赫德躺在一侧，阿德乎布则钻进另一侧，使袋子保持平衡，骆驼就这样一边一个，将他们带回南面的部落。

其他伤员此时也一一接受护理。米法列赫将队伍里年纪最小的少年都集合起来，用他们的尿给伤员冲洗伤口，借此消毒。我们未受伤的人则借机养精蓄锐。我又买了一头患兽疥癣的骆驼替众人加餐，然后发放酬饷，并抚恤阵亡者家属，还将掳获的六七十支来复枪进行分赏。战利品很少，但也不容小觑。之前一些赛拉辛人由于缺乏武器，冲锋时只能徒劳地乱丢石头，现在每人都有了两把枪。次日我们便返回阿兹拉克，受到了大家的热烈欢迎，我们也大吹大擂了一番——愿神原谅我们——此行的丰功伟绩。

第七十九章

雨势一直未停歇，四下淋漓遍野。这样的天气让艾伦比铩羽而归，今年无法再有长足进展。然而，为了来日打算，我们还是决定守住阿兹拉克。一方面这里可以作为向各部落游说的基地，借此将起义推展到北方地区；另一方面此地可充当情报中心，还有一个原因是为了切断努里·夏兰和土耳其的往来。努里在叙利亚拥有大笔财富，至今不敢公然和土耳其划清界限，唯恐失去叙利亚的市场，使得族人蒙受金钱损失。我们现在盘踞在他的采邑内，他不得不在和敌方往来时有所顾虑。阿兹拉克对我们极为有利，只要将那些旧碉堡加以整修，好好布置一番，便是极为舒适便利的总部，不必担心冬日的严寒。

因此我在南侧的城楼中安顿下来，令我的六名豪兰仆从（对他们而言，从事苦力劳作并不可耻）在周围广植灌木丛和棕榈树，并将那些因年代久远而开裂的露天石椽重新涂上灰泥。阿里挑中了西南角楼,并将屋顶修葺加固。印度兵的屋舍在西北角,风雨不惧。西塔楼的一层被我们设成仓库,有一道小门,是最坚固干燥的区域。毕阿夏人选择住在我楼下的南门,因此我们将南门封锁,改作大厅。接着我们在庭院内架起一座大拱梁,直通棕榈园,再铺设一道斜坡,让骆驼每晚可以进去过夜。

哈桑·沙阿被我们推举为总管。身为一名虔诚的穆斯林,他上任后的第一件事便是收拾庭院中的小清真寺。它只剩下一半屋顶,被阿拉伯人当作羊圈。他派二十名手下清除污秽杂物,洗净地砖,祈祷者立即趋之若鹜。这里曾只供祭神使用,不对外开放,在岁月的风吹日晒下也颓然洞开,任凡夫俗子随意进出;而今重回原貌,再焕生机,令进入此间的朝拜者深感天壤之别。

身为行事谨慎的尉官,哈桑的第二个工作便是在顶端塔楼架设起机枪,将各条道路都纳入火力的监管。接着他设立了一个常规哨岗(这在阿拉伯可是破天荒头一遭),主要负责在日落时关闭后门。此门由厚重的玄武岩制成,厚达一英尺,靠插入门槛和门楣的枢轴转动。推动它颇费一番力气,当其最终关闭时,会发出巨大的碰撞声,古堡的西墙也随之震颤不已。

与此同时,我们也在研究如何自谋粮草和物资。亚喀巴距离太远,且冬季前往该处的道路条件相当严酷,所以我们组织了一支驼队前往德鲁兹山脉采购,这个中立区域离我们仅一天路程。马塔尔负责带队,领着一长串骆驼给我们这支杂牌军载回来各式各样的食物。我的护卫队早已习惯有什么吃什么,但印度人缺了胡椒便食不甘味。阿里·伊本·侯赛因想为手下和毕阿夏人备一些绵羊、黄油和炒小麦粉。此外,一旦我们在此设点的消息在大马士革传开，想必会有无数投效者和难民闻风而至。在他们到来前，我们可以休整几日，坐下来好好享受这最后的秋季——阴晴不定的天气。我们有绵羊、面粉、鲜奶和柴火。除了一地烂泥令人厌烦，碉堡里的日子过得也挺惬意。

但这份宁静结束得比我们预期的要快。伍德一直抱恙在身，又患上急性痢疾，一病不起。若只是痢疾，并不足以为惧，但随之而来造成的体质虚弱可能危及他的性命，无法熬过即将到来的寒冬。此外，他还是亚喀巴的基地工程师；虽然我希望他能留下来陪我，但也不能再挽留他了。于是我们挑选了一支队伍护送他回到海岸，护送者为艾哈迈德、阿布德·拉赫曼、马赫穆德和阿齐兹。他们抵达亚喀巴后需要立即将补给物资运回阿兹拉克，尤其是印度兵的口粮。而我的其他手下暂时空闲，在寒风中静候局势的演变。

随后访客开始潮涌而至。日复一日，从早到晚，以贝都因人特有的阅兵仪式，列队开火，对天鸣枪，嘶声高叫，驾驼狂奔。他们有鲁瓦拉族、谢拉拉特族、赛拉辛族、赛迪叶赫族和本尼沙克赫族。而那些族长大名更是如雷贯耳：伊本·祖海尔（Ibn Zuhair）、伊本·凯比尔（Ibn Kaebir）、拉法·科雷沙（Rafa el Khoreisha），又或者是一些家族的小户长，频频向阿里·伊本·侯赛因谄媚示好。有时会有一队健马疾驰而来，那是德鲁兹人，或是阿拉伯平原中暴躁好战的农民。有时来的队列谨慎持重，驼队缓步前行，骑在上面的叙利亚政治家和富商巨贾因不习惯路面的颠簸而显得笨手笨脚。有一天，一百名可怜的亚美尼亚人因不堪饥饿的折磨和土耳其的暴政逃亡至此。有时则是一队仪容整洁的骑士军官，他们是在土耳其军中服役的阿拉伯人，通常还会带着一整队阿拉伯士兵一道叛逃。每天都有人来，直到本无迹可循的沙漠被他们源源不断地踩踏出了一条灰色的道路。

　　阿里一开始指派了一名宾客主管，后来增加至两名，最后又派了第三名，以应付与日俱增的新来者，根据各人不同的要求进行分类，根据先后顺序安排与自己或我进行会面。所有人都想知道谢里夫、阿拉伯军队和英军的情况。大马士革的商人带着各色礼物：蜜饯、芝麻、奶糖、甜杏酱、坚果、丝绸衣服、织锦斗篷、头巾、羊皮、缀满彩线涡卷藤蔓花样的毡垫、波斯地毯。我们回赠以咖啡、糖、大米、成卷的白棉布等因战乱而紧缺的日用品。每个人都得知，这些必需品从世界各地经海路源源不断地运送至亚喀巴，堆得满坑满谷；阿拉伯建国事业对他们原本只是基于民族情感、个人本能和自我意愿，如今更是利益的驱使。我们以自身为榜样，慢慢地影响和说服着他们：一点一滴，在我们的精心引导下，希望他们终有一日能坚定地站在我们这边。

　　费萨尔在北方活动最大的资本便是谢里夫阿里·伊本·侯赛因。他来自野性难抑的部落，心怀最狂放不羁的雄心，曾是费萨尔最棘手的竞争者，如今也使出浑身解数，不遗余力地投入这更为伟大的事业中。他个性复杂，使得面容和身体都极富诱惑力，甚至可以称之为淫荡，只不过这种诱惑是通过个性影响传递到他人。每个人见过他之后，都忍不住要再多看几眼；尤其在他难得一见微笑的时候，嘴角唇梢都是美意。他也意识到自己的美貌是出众的武器，衣着整洁，不是纯黑便是纯白；同时也极为讲究姿势体态。

　　由于得天独厚，外表的完美已使他优雅异常，但这些特质仅是他用以表达权力的手段。通过这种方式，展现出不屈不挠的勇气，纵使粉身碎骨也在所不辞的决心。他作战时无比自豪地高喊着"我是哈里施族人"的口号，彰显自己两千年强梁部落的出身；黑白分明的大眼睛里，瞳仁缓缓地转动，更烘托出他不可撼动的高贵地位与崇高思想，而他自己亦坚持不懈孜孜奋斗。不过他偶尔也会不自觉地笑得难以自控；而他那时而男孩子气，时而女孩子气的年轻，以及热情与暴力，总会如旭日般照亮他的黑夜。

然而，纵使这般优秀，他总是郁郁寡欢，身为一个质朴而敏感不安的人，总是对更难以理解的抽象事物怀抱不知名的渴求。他的体能与日俱增，肉体的欲望总是盖过了他内心向往的简朴淡薄。他的狂野奔放只是为了消耗心中难填的欲壑和空虚。嘈杂烦扰的访客让他不胜其烦，同时也无可奈何要与同伴保持疏离。虽然他天性坦诚，易于相处，但却没有知己。但他也无法独处。如果没有客人来访，他的奴仆哈赞便必须待候他用餐，而阿里则是和奴仆一同用餐。

长夜寂寥，我们在这里感到几近与世隔绝的安全。原因只有一个，时值冬季，很少有人敢斗胆冒险，在风雨不歇的黑夜里穿过迷宫般的熔岩区或沼泽地——这两条通往我们城堡的路；更不用提我们还有幽灵守护。住下的第一夜，我们正和赛拉辛人坐在一起，哈桑·沙阿已经巡视完毕，咖啡也刚刚煮好，突然一阵悠长诡异的哀号声在塔外回荡。伊本·贝尼抓住我的胳膊，抱着我瑟瑟发抖。我低声问他："这是什么？"他喘息着说这是传说中城堡建造者本尼·希拉勒（Beni Hillal）的狗群，每晚都在六座塔楼下哀哀长吠，悼念主人的亡魂。

我们紧张地侧耳聆听。一阵窸窣自阿里住处那扇黑色玄武岩窗口爬行而入，那是被夜风扰乱的枯萎棕榈林在时断时续地摇曳，宛如英国的雨水打在新鲜落叶上的声音。然后那哭泣再度响起，不绝于耳，音量逐渐增大，直到呜咽声在城墙外形成一股凄凉的声浪，最终黯然哽咽消逝。每到这时，我的手下便卖力地将咖啡钵敲得叮当作响，阿拉伯人则扯开喉咙高唱，想盖住那不祥的哭声。没有任何一个贝都因人敢到外头去以身试法，我们由窗户望出去，什么也没发现，黑暗中唯有穿过火光乱舞的细密雨雾。因此这始终是不解之谜：但无论这些是野狼、豺狼、胡狼还是猎犬，有它们的幽魂在身边萦绕不去，胜过千军万马的守卫。

晚间，我们将大门紧锁，所有宾客都齐聚于我的房间或阿里的房间，大家喝咖啡，讲故事，直到吃完最后一餐，然后继续谈天说地，直到睡意来袭。遇到暴风雨的夜晚，我们便会采集灌木和动物粪便，在地板正中生起一堆大火，将毯子和座鞍羊皮垫子围摆起来，在火光的照映下谈起打过的那些战役，或者听来访的各个部落的风土人情。摇曳的火苗透过烟雾，在后方斑驳的石墙上追逐着我们模糊鬼魅的投影，在墙面凹陷或破裂处将其扭曲得更加光怪陆离。当故事告一段落，大家开始艰难地活动手脚，调整坐姿，胳膊抵胳膊，膝盖擦膝盖；此时叮当作响的咖啡杯也会端到众人面前，一个仆人用斗篷将那臭气熏天的蓝色火苗扇向墙上的瞭望口，柴灰随着他卷起的气流四下飞旋。待讲故事的声音再度响起，大家又重归安静，只听得雨滴沿着屋顶石梁跳入火堆中心时，那稍纵即逝的咻啦一声。

最后，下起了倾盆暴雨，再也没有人来拜访。我们孤零零的，体验到在这如此阴郁古旧的城楼中度日的种种不便，和如困监牢的滋味。墙面没有砂浆灰泥的保护，雨水侵蚀透了厚重的石块，四下涌入。我们用棕榈枝条扎成筏子，再覆上毡垫，披着羊皮在上面蜷缩成一团，以远离地板的积水，头顶还需再支起另一张垫子抵御漏水。我们就这样窝着，动弹不得，如置冰窟，从阴沉沉的白天一直熬到日落，每个人的心神也在这些高墙内坐困愁城，寒冷的雾气穿过墙上的射击孔直灌而入，如一面面白旗。过去与未来宛如一道长河，滔滔不绝地将我们淹没。我们幻想着自己和这地方融为一体,围城、盛宴、劫掠、谋杀、夜半的情歌。

想象挣脱了躯体的禁锢,日日沉溺于心猿意马,亦只是对惨淡现实的回避。我痛苦地将自己的思想拉了回来,强迫自己必须利用这个寒冷时节前去德拉附近勘察。

在我正筹划如何上路之际,一个风雨交加的早晨,塔法斯族的塔拉勒·哈雷辛(Talal el Hareidhin)谢赫突然登门造访。他是个大名鼎鼎的逃犯,土耳其悬赏高价购他项上人头;但他神通广大,照样招摇四方。传闻他在被通缉的两年里杀死了二十三名土耳其人。他的六个随从都乘着华丽的坐骑,而他本人更是豪兰地区最时髦闪耀的人物。他的羊皮外套是最上乘的安哥拉制品,衬以绿色的宽幅呢绒,缀有丝质贴花和精心设计的流苏。他其余的衣物皆是丝绸;还有他的高筒靴子,银质座鞍、宝剑、匕首、来复枪,无一不和他的声名赫赫相映衬。

他神气活现地走到我们的咖啡炉旁,确信每个人对自己的到来都热烈欢迎,哗众取宠地与阿里寒暄(和部落人待久了之后,觉得所有的农民都很聒噪),爽朗地拿鬼天气、老城堡和坏敌人说笑。他看起来约三十五岁,矮小壮实,面若银盆,胡须齐整,留着长而尖的上髭。活泼奔放的农人风格,使得他的圆眼睛看起来更圆,更大,也更乌黑。他极为热诚地投效我们,令我们非常高兴,因为他如雷贯耳的大名即是豪兰地区的一张通行证。在我摸清他的真实意图后,秘密地将他带至棕榈园,告诉他我想去查看他家乡的周边地区。他闻言兴高采烈,全程陪我前行,一路开心的像个骑上一匹好马的叙利亚人。我特别挑选了哈利姆(Halim)和法里斯(Faris)作为我的护卫,一同前行。

我们一路行经乌姆泰叶(Umtaiye),察看当地的道路、水井、熔岩区,穿过谢赫萨阿德(Sheikh Saad)的地盘,朝南直达塔拉勒的故乡塔法斯。第二天我们朝泰尔阿拉尔（Tell Arar）前进，这里靠近大马士革铁路线，又可监控德拉，是兵家必争之地。之后我们骑过地形复杂的丘陵区，到达巴勒斯坦铁路沿线的梅泽里布；同时也计划着，如人马、钱粮、武器齐备，下次应在此全面策动群众，一鼓作气取得胜利。或许来年春天，便能看到艾伦比大展神威。

第八十章

想要圆满完成对豪兰洼地的此次勘察，则必须前往该地区的重镇德拉。切断此城北、西、南三面的铁路，即可将其孤立；但若先攻克城内的铁路枢纽，再往外推进，则更事半功倍。但塔拉勒因受通缉，无法陪我进城。于是双方再三致谢后，我与他分道扬镳，沿着铁轨一路往南走到德拉附近。我们在此下鞍，男孩哈利姆牵了几匹小马前往德拉南部的尼斯比（Nisib）。我的计划是与法里斯绕过铁路车站和城镇，在日落后抵达尼斯比。法里斯是此行的最佳同伴，因为他是个其貌不扬的农夫，年纪足以当我的父亲，做派稳重体面。

当我们顶着日头在昨夜豪雨留下的泥地上涉过时，这做派似乎也要大打折扣。一地泥泞，我们打着赤脚，长袍下摆满是污渍，显然刚经历过一番风吹雨打。我穿着哈利姆的湿衣服，外罩一件破烂的豪兰式外套，上次炸毁贾玛尔火车留下的脚伤依然令我一瘸一拐。道路湿滑，举步艰难，必须将脚趾尽量张开，深深抓住地面；如此这般走上数英里令我苦不堪言。由于经常吃皮肉之苦，因此在领导阿拉伯起义期间，我并不将其放在心上；但纵使这样，在阿拉伯半岛不遭受肉体折磨的日子少之又少，使得我不断良心堕落，欺瞒蒙骗阿拉伯人，并对身负如此重任而感到疲惫不堪。

我们爬上巴勒斯坦铁路隆起的基堤,借由这地利俯视德拉车站:但此地过于空旷,无法有效地开展突袭。我们决定下到东面防线,便一路步行,观察德军的补给库存点,四散的铁蒺藜,刚开挖的战壕。土耳其军队在帐篷和厕所间来回出入,对我们视若无睹。

我们从车站最南端的机场一角进入城内。棚架下有几架老旧的信天翁(Albatros)飞机,周围有一些人在闲逛。其中有个叙利亚士兵开始询问我们来自哪一个村庄,以及我们家乡"政府机构"的情况。他大概有脱逃之心,想要打听一个落脚的地方。我们好不容易摆脱了他,转身要走,有人用土耳其语吆喝起来。我们装聋作哑继续前行,但一个士官追了上来,粗暴地抓住我的手臂,说:"我们大人要你。"当时围观者甚众,完全无法逃走或反抗,我只得顺从地跟着他走。他根本没有注意到法里斯。

我随他走过高大的围墙,进入搭建着多座小屋和几栋建筑物的营区。我们来至一座土屋前,屋外有一处泥土夯砌的平台,上头坐着个臃肿的土耳其军官,一条腿盘在臀下。士官将我带上前,叽里呱啦长篇大论地汇报了一番,其间他几乎没正眼瞧我。他问我的名字,我告诉他我叫艾哈迈德·伊本·巴格尔(Ahmed Ibn Bagr),是来自库奈特拉①(Kuneitra)的切尔克斯人。"你是逃兵?""我们切尔克斯人不服兵役。"他这时回头盯着我,缓缓地说:"你说谎。把他编入你队上,哈桑·丘威西(Hassan Chowish),再好好调教他一番,等候大人传唤。"

我被带入卫兵室,里头摆满了粗大的木头行军床,十二个身着脏乱制服的男人在上面或坐或躺。他们拿走了我的皮带和刀子,让我仔细冲

---

① 叙利亚西南部戈兰高地重要城市。

洗了一番,并给我吃的。我在这里待了一整天,无论如何他们也不放我走,但试着好言安抚我。什么当兵的日子也不坏啦,说不定明天就能放我走啦——如果我今晚能让大人高兴的话。他们口中的大人貌似是总督纳西(Nahi)。如果把他惹怒了,他们告诉我,我就会被拉至巴勒贝克①(Baalbek)的军营接受步兵训练。我故意装出一副"那是全世界最悲惨遭遇"的神情。

很快,天黑后有三个人来找我。这看起来是逃脱的良机,但其中一人全程将我牢牢抓住。我只恨自己身材矮小。我们穿过铁路,这里除了供发动机车间使用的专线外,还有六条铁轨。我们走过一道侧门,行经一条街道,再穿过一座广场,来到一栋独立的两层楼房前。外面站着个哨兵,黑暗的前门能瞥见几个吊儿郎当的身影。他们将我带至楼上大人的房间;或者应该说是他的卧室。他也是个肥头大耳的胖子,貌似也是切尔克斯人,穿着睡袍坐在床上,浑身大汗,发高烧般颤抖个不停。我被推进房间时,他低垂的头并未抬起来,只是挥手示意卫兵退下。他气喘吁吁地让我坐在他面前的地板上,之后便是一片沉默;我凝视着他硕大的头,根根头发竖立在头顶,和他脸颊上的黑胡茬一样短。终于他抬眼端详我,让我站起来,接着让我转身。我听命行事;他向后仰倒在床上,将我一并拽入怀中。当我搞清楚他的意图后,挣扎着又站了起来,暗自庆幸扭打起来,自己的力气尚能与之抗衡。

他皱起了眉头,说我如此细皮嫩肉,手脚纤美,还说他一定会免除我的出操和勤务,只做他的勤务兵,甚至还可以付我薪水,只要我愿意爱他。

我严词拒绝,他立即换了一副嘴脸,厉声喝令我脱掉内裤。我还在

---

① 位于黎巴嫩中部贝卡谷地,意为"太阳之城",以罗马时期的庞大古迹群著称。

设法拖延，他猛地揪住了我；我奋力将他推开。他双掌一拍，哨兵应声闯入，将我五花大绑起来。这位大人放出狠话威胁咒骂我，令卫兵摁住我，一点一点地扒掉我的衣服。他的眼睛骨碌碌盯住我不久前被子弹擦过，现已半愈合的枪伤，终于步履沉重地走上前，带着一脸按捺不住的神情，开始对我上下其手。我稍事忍耐了片刻，直到他已极尽猥亵；然后抬起膝盖狠狠朝他顶了过去。

他一个趔趄跌坐到床上，缩成一团痛苦地呻吟起来，那名哨兵则唤来一位下士和其他三人，将我手脚扣住。我动弹不得之后，那位总督又恢复了神气，朝我吐口水，发誓要我跪下求饶。他捡起拖鞋猛抽我的面颊，卫兵则配合他抓住我的头发向后拉扯，将我的脸暴露出来。他靠过来咬住我的脖颈，直到淌出血来。然后他吻了我。接着他拔出一个士兵的刺刀，我以为他要杀掉我，不由后悔万分：但他只将刀抵在我肋处，慢慢地朝里捅入，待到伤口很深了之后，再将刀刃拧转了半圈。剧痛的折磨令我不堪忍受，鲜血淌满了我半个身子，顺着大腿滴落。他看起来满意极了，用指尖蘸着血液在我的肚子上乱抹。

绝望之中我破口大骂。他脸色一变，僵立了一会儿，然后拿腔拿调而又意味深长地说："你必须明白，我知道你在想什么；如果你想好过些，就乖乖听话。"我一下子六神无主，和他默不作声地对视着，那些从未遇到过此类情况的卫兵一时无法参透双方这心理战的奥义，只能不自在地改变着姿势。但显然他也是在碰碰运气，因为他也没把握我是否会因此就范。我不敢再开口说话，因为一到危急关头我总是变得磕磕巴巴，于是最后我扬起了下巴，这在东方是"不"的信号；于是他坐了下来，低声让那个下士带我出去，让我好好学学规矩。

他们将我踢翻在楼梯口，把我拉直固定在一张卫兵用的长椅上，开始拳打脚踢。有两人用膝盖压住我的脚踝，反折到膝盖后方，还有两人则将我的手腕拧得咔啦作响，再将其和我的颈部朝木椅上猛砸。那个下士跑到楼下取来一只切尔卡西式的鞭子，是根黑色兽皮制作的圆条软皮鞭，握把处约有拇指粗（还裹了一层银），下部逐渐变细，坚实的末端收紧仅如一支铅笔。

他们见我抖个不停——我想部分原因大概是因为天冷——便将皮鞭在我耳旁甩得呼呼作响，嘲讽说挨不过十鞭我就会大声求饶，二十鞭便要恳请大人垂怜；说完他使尽浑身气力开始疯狂地鞭笞我，而我则咬紧牙关，忍受这如电线烧灼皮肤般的痛楚。

为了保持头脑清醒，我默数着鞭数，但二十下之后便数不清了，只觉得疼痛有如万钧重担，不是我想象中那种撕裂的利爪，而是自脊椎惊涛骇浪般捅入颅腔的庞然巨力，一阵阵互相惨烈撞击震荡，逐步将我全身击得粉碎。不知什么地方有座廉价时钟，走得踢踏作响，但却完全合不上他们落鞭的节拍，更令我焦灼崩溃。我翻滚扭动着，但却被死死摁住，无论怎么奋力挣扎也是徒劳。那名下士住手后，其他人过来接手，愿打多久便打多久，然后停下来一阵，为下一个该谁而争吵，或是休息片刻，用难以启齿的招数玩弄凌辱我。就这样反反复复，为时大概不超过十分钟。每次开始新一轮鞭打时，他们都会将我的头扳转过来，让我亲自观摩那重重一击，白色的肌肤顿时肿起如一道铁轨，再慢慢充血成猩红，鞭子随意抽在身上，伤口交汇处血迹斑斑。随着抽打的加剧，我已体无完肤，新伤叠加旧痕，鲜红化作乌黑，血肉一片模糊。不断升级的剧痛令我震颤不已，胆战心惊地等待下一击的到来。很快，我的决心被击溃，放声哭号起来，但意志力依然管住了嘴，只用阿拉伯语求饶，在他们停手之前，一阵呕吐仁慈地堵住了我的喉咙。

直到我已不成人形，他们才似乎感觉满意。我恍惚觉得自己离开了长椅，仰面躺在肮脏的地板上，我感到一阵解脱，天旋地转，呼吸困难，但却迷迷糊糊觉得无比舒适。我已做好被折磨至死的心理准备，仿佛已跳出其中，置身事外，不去在乎自己要如何抽搐尖叫。但我仍然知道，或是想象得出，我到底经历了什么。

我记得那名下士用钉靴踢我，叫我站起来；这不是幻觉，因为第二天我的身体右侧满是乌青和裂口，一根折断的肋骨使得每一次呼吸都如刀割般疼痛。我记得自己空洞地朝他微笑，因为感受到了一阵美味可口的暖意，大概是性的快感，让我心神荡漾；接着他扬起手臂，朝我腹股沟处结结实实地来了一鞭。这一下子几乎取掉我半条性命，我嘶叫起来，或许该说，想叫而又无法出声，只是张开嘴巴猛烈地战栗着。有人乐得傻笑不停。有一个声音高叫着："真可惜，你弄死他了。"又是一鞭落下，四周喧哗不已，我眼前发黑；但这一击似乎让我的灵魂自遍体鳞伤的躯体中缓缓抽离，摆脱了这无尽苦海。

从身上的瘀青判断，他们之后应该又毒打了我一顿；但接下来我只记得被两人拖着，一人拽住一条腿，好像要将我撕成两半，然后第三个跨骑在我身上。但这也比鞭笞好受多了。这时纳西又在召唤。他们朝我脸上泼水，擦拭掉一些血污，将不停呕吐求饶的我一路抬至纳西的床边。但此时他已对我避之不及，生怕这血淋淋的破烂玷污他的被褥，责怪他们下手太狠，滥用刑罚，将我糟蹋了；但这些手段于他们显然是司空见惯，错在于我太细皮嫩肉，和风餐露宿的阿拉伯人相比太不堪一击了。

于是，作为士兵中最年轻也最俊俏的一位，那个下士垂头丧气地被留下来服侍大人，其他人则抬着我走下逼仄的楼梯来到街上。夜晚的凉意贴上我滚烫的肌肤，充满恐惧的数小时后又看到满天星辰，让我再度失声痛哭。那些士兵现在已可以自由交谈，警告我说，当兵就必须对长官的淫威逆来顺受，否则就得付出这般代价，甚至还会更重。

他们抬着我走过一处开阔荒凉的黑暗地带，进入总督府后方一间单坡顶的木头小屋，房内有许多落满灰尘的被褥。一个亚美尼亚医务兵出现了，睡眼惺忪地替我胡乱清洗和包扎了伤口。然后所有人都离开了，最后离开的那个士兵在我身边稍事停留，操着德鲁兹口音悄声告诉我隔壁房间的门没上锁。

我神志恍惚地躺着，头疼欲裂，因寒冷而肢体麻木，直到曙光穿透小屋的缝隙，车站传来火车头的鸣笛声。阳光和汽笛，加之口干舌燥，让我逐渐清醒过来，发现自己已丝毫感觉不到疼痛。从小我就对疼痛惧怕不已，哪怕是一丁点儿。莫非此时我已被麻醉，神志失常？但甫一挪动，疼痛便锥心不已；我强忍着这痛苦，一丝不挂地站起来，跌跌撞撞，呻吟不止，怀疑自己是否身在梦中。回想起五年前，自己还是卡拉法提（Khalfati）一个怯生生的新兵，也曾发生过类似的事，但却远不如这次血腥。

隔壁是一间配药房，门上挂着一套劣质服装。我慢慢将其套在身上，肿起的手腕行动笨拙；然后我从药品中挑出氯化汞（Corrosive Sublimate），以防再次被捕时无物防身。窗户开在一面长长的空墙上，我手脚僵硬地爬了出去，颤巍巍地沿着大路向村庄走去，与数个早起的行人擦肩而过。他们并未注意到我，事实上我这身黑色呢绒外套、红色土耳其毡帽和拖鞋也无任何特别之处；但我却恐惧得差点像个白痴般要叫出声来。德拉是个充满邪恶与残酷的地方，感觉不到丝毫的人性，身后的街道上传来一个士兵的笑声，惊骇得我汗如雨下。

桥边有几口水井，旁边围着些男女。旁边一座水槽无人，我在其尽头用手舀了一点儿水，擦了擦脸；然后我喝了些水，如饮甘露；之后便沿着山谷乱走，一路朝南，并未引起注意。这山谷地势隐蔽，我们今后可以取道此地对德拉发起突袭，令土耳其人措手不及。就这样，我在逃跑途中解决了当初不远万里前来德拉想要解决的问题，只是为时已晚。

又走了一程，一个骑着骆驼的赛尔迪（Serdi）人从我身边走过，朝尼斯比方向赶去。我解释说自己要去那里办事，而且脚上有伤。他生了恻隐之心，让我和他共骑那匹瘦骨嶙峋的畜生，我便紧抓在座鞍后方一路颠簸，切身体会到那位和我同名的圣徒①身处火刑架上的滋味。他族人的帐篷就在村子前面，法里斯和哈利姆正在那里焦急地等候我的消息，并好奇地打听我到底出了什么事。哈利姆曾在夜里偷潜入德拉，没有听到什么风声，因此确信我们此行的目的并未曝光。我轻描淡写地编了一个靠贿赂和蒙骗安然脱身的故事，他们也答应对此守口如瓶，并嘲笑土耳其人头脑简单，容易上当受骗。

当晚我设法前去察看尼斯比附近的大石桥。我如今身心俱残，已对阿拉伯大起义不屑一顾（或者说，除了想要休养疗伤之外再无他念）；但既然战争已成为我的嗜好，出于习惯我还是会逼迫自己继续走下去。察看完毕后，我们骑上马，小心谨慎地骑往阿兹拉克，一路平安无事，只遇到了乌尔德·阿里（Wuld Ali）的劫掠队伍，他们在得知我们的身份后，丝毫没有为难我的人员和马匹。乌尔德·阿里尚未和我们结盟，这样的宽宏大量实属不易。他们的网开一面（立即放我们通过，好像我们是什么值得尊敬的大人物一般）暂时让我决定继续忍辱负重，而日后

---

① 即圣托马斯·贝克特（Saint Thomas à Becket），1118年—1170年，曾任英格兰国王亨利二世的大法官兼上议院议长，后被任命为坎特伯雷大主教，并因对抗亨利二世而被杀害。亨利八世在位期间，将其尸骨掘出焚烧。

也证明这确是我心头的一块顽石：在德拉的那一夜，我的尊严和清白就这样陷入万劫不复。

第八十一章

在我回到城堡前不久，塞勒海德①的德鲁兹埃米尔（Druse Emir of Salkhad）薛克利（Xury）刚刚抵达，首度前来拜会谢里夫阿里。他将埃米尔阿布德·卡德尔这个阿尔及利亚人离开后的经历做了一五一十的介绍。他从我们这里叛逃后，便马不停蹄回到自己村里，耀武扬威地举着阿拉伯大旗，七名骑士簇拥着他，不停对空鸣枪。村民受到了惊吓，土耳其总督也表示抗议，认为此举是对自己的侮辱。他经人介绍和阿布德·卡德尔会面，阿布德不可一世地坐在长沙发上，口中大放厥词，称谢里夫费萨尔已委任自己代管德鲁兹山区，在位的所有官员都将留任。第二天他继续到其他地方作威作福，不堪忍受的土耳其总督再次抗议。埃米尔阿布德·卡德尔拔出镶金的麦加长剑，誓称要砍下贾玛尔帕夏的项上人头。德鲁兹人纷纷唾骂他，称不得在他们的地盘上当着至高无上的总督大人的面如此出言不逊。阿布德·卡德尔反骂他们是妓女之子、苟合野种、狗娘养的、靠老婆卖淫获利的活王八，以及天字第一号皮条客，污言秽语喷得满屋都是。德鲁兹人怒不可遏。阿布德·卡德尔愤极拂袖而去，在马上高叫着自己只消跺跺脚，就会令整个德鲁兹山脉天翻地覆。

他在七名仆人的陪同下一路驰向德拉车站，进城时的排场与进入塞勒海德时如出一辙。土耳其人对他的疯癫早已见怪不怪，任其一番表

---

① 叙利亚南部一城市，位于德鲁兹高地正中。

演,甚至连他称阿里和我当晚将要炸毁耶尔穆克大桥时都无人相信。后来我们真的去了,他们才开始相信他的话,将他护送至大马士革。生性残暴的贾玛尔被他逗乐了,将其视为一大笑料,任他丑态百出。阿布德·卡德尔渐渐对他们唯命是从,再次被土耳其收买做密探,用以打击对付当地的叙利亚民族主义人士。

此时天气恶劣,雨雪交织,风暴不断;显然在接下来的一个月里,阿兹拉克除了宣传灌输阿拉伯大起义思想和建国理念之外亦无事可做。我对此并不热衷,如有必要,我都会不遗余力地游说疾呼,尽我所能令听众诚心所向;同时也意识到自己始终是个异乡客,以一个外来者的身份来宣扬阿拉伯国家的独立,是何等的不合时宜。这场战争总令我在旁观者的迷思中挣扎,要如何使人们真心将阿拉伯起义视为顺理成章,没有半分犹疑。我必须先说服自己,英国政府一定会信守承诺。尤其现在我疲累不堪,伤病缠身,一旦胡思乱想就会烦躁不安。贝都因人迟钝木讷,只会直截了当地对我高呼:"哎,劳伦斯",然后开门见山表明自己的需求,绝无半分恭维;送走他们,又来了圆滑的城市人,溜须拍马,开口闭口就是王子、大人、老爷、救星,半天进入不了主题,令人抓狂。这些虚妄的尊严仿佛决斗时的盔甲,其功效毋庸置疑,但却令人极不舒适,且卑贱下作。

我从不居恭自傲,且正好相反,我总是设法做到和蔼可亲,即使这样会让我们每天宾客盈门也在所不惜。我以身作则,树立简朴的榜样,力求清贫的生活。我没有自己的帐篷,厨子,贴身侍从,只有护卫,且他们全是战士,而非奴隶;但如今眼睁睁看着这些拜占庭商贾极尽奢华,一点点侵蚀我们安贫乐道之风!因此我愤而与之分道扬镳,决意南下,看看在这冰天雪地的死海之滨能否有用武之地,而敌人亦将此地视为分隔巴勒斯坦的一道天堑。

我将剩余的经费移交给谢里夫阿里，好让他继续维持到春季；印度将士也托付他一并照管。我们特意为他们购置了新的骑乘骆驼，以备冬季需要突然出勤行军；虽然土耳其即将攻打阿兹拉克的消息每天都甚嚣尘上，但年轻的阿里对此总是嗤之以鼻。他和我依依不舍地道别，并将自己一半的衣物分赠给我：衬衣、头巾、腰带、罩袍。我也将自己一半的衣物回赠与他。之后我仅带着拉海尔和两匹最出色的骆驼，往南进发。

我们在夜里离开阿兹拉克，骑入西天烂漫霞光，头顶一队白鹤振翅飞入夕阳，仿佛一支箭矢上的倒钩。这趟行程一开始就走得很吃力，进入布图姆旱谷（Wadi Butum）时夜色已深，路况益发艰难。平原到处都湿漉漉的，可怜的骆驼不停打滑跌倒，我们也跟着跌跌绊绊，但至少骑在座鞍上，不至于像它们那样狼狈。午夜时分我们穿过了加达夫（Ghadaf）令人胆战心惊的沼泽，累得无法再继续前进。加之在德拉遭受的非人折磨时常令我感觉眩晕；此时肌肉即刻变得红肿虚乏，绵软无力，一路跋涉已令我提心吊胆，因此停下歇息。

我们就着泥地躺下；黎明起身时浑身沾满干泥，两人对视不禁狂笑，泥块纷纷应声而落。风势凛冽，地面渐渐被吹干。如果想在护送伍德的人赶着物资驼队返回前抵达亚喀巴，路面干燥至关重要，更何况他们打算在一周内快行赶回。我身体懒怠，不想赶路，也是我强迫自己兼程的另一个（变态的）原因。中午前我们走得很不顺利，因为地表松散的燧石块让骆驼步履维艰，时常陷入红色的底层土中。过了中午，来到高地上方能走得轻松些，我们便顺势加快脚程，朝瑟莱萨克瓦特（Thlaithakhwat）那白色帐篷般的顶峰接近。

突然附近传来枪声,四个骑手从坡道上飞快朝我们冲将下来。我平静地勒住骆驼,他们见状便跳下坐骑,挥舞着手臂朝我们奔来。他们问我是何人,并主动表示自己是夏基(Jazi)的霍威塔特人。

这是赤裸裸的谎言,因为他们骆驼身上赫然打着法伊兹(Faiz)的烙印。他们在四码开外的地方用来复枪对准我们,喝令我们下鞍。我对他们大笑起来,这是在危机时刻对付贝都因人的一大绝招,令他们丈二和尚摸不着头脑。我问其中喊声最大的那个人可知道自己姓甚名谁,他瞪着我,以为我是个疯子。他靠近我,手一直放在扳机上,我俯身对他耳语,说他一定名叫"特拉斯"①(Teras),因为其他商人不可能像他这样无礼。说这些话时,我悄悄从斗篷下面用手枪指着他。

这是对他持枪的公然侮辱,但他未料到有人能这样堂而皇之地挑衅一个持枪的人,大为惊讶,一时间不敢轻举妄动。他退后一步,四下环顾,担心我们会有埋伏,否则不能如此处变不惊。我立即趁机缓缓骑走,后背一阵不寒而栗,招呼拉海尔跟上。他们便也放走了拉海尔,未动他一根汗毛。当我们走出一百码远之后,他们后悔起来,开始朝我们射击,但我们已经翻过分水岭进入下一个洼地,我们一路小跑穿越洼地后,便彻底脱离了险境。

日落时自山脊回头俯瞰北方平原,片刻便消逝在一片灰蒙之中,仅有几处还残余着零星辉光或炽焰般的一片猩红,那是即将熄灭的太阳在平原浅水池或雨水坑中的投影。这些呼之欲出的血红之眼在平原上如此醒目,隔着茫茫阴霾在数英里之外都能看见,似乎就高挂在遥遥天边,仿佛海市蜃楼。

日落后我们走了很久才走出拜尔,一路唯有扎营人的篝火摇曳。谷

---

① 意为"怪胎"。

底有时会反射出满天星斗的倒影,我们便在这昨日蓄积起来的雨水池中让上气不接下气的骆驼喝个痛快,再让它们休息上半小时。这样的夜路对人和牲畜都很辛苦。白天骆驼尚能看清崎岖不平的道路,行来亦颠簸不堪;而骑手也会随之晃动身体,以减少震荡对身体或大或小的冲击。但夜里一切都陷入黑暗,行来总是磕碰不断。我此时烧得厉害,更是怒火中烧,对拉海尔要求休息的呼声充耳不闻。这个年轻人由于精力过于旺盛,这几个月来一直令大家烦恼,他更借此嘲笑他人虚弱无能;所以这回我打算将他甩在后面,绝不留一点情面。天亮前他已经在不停地自怨自艾了,不过声音很轻,唯恐被我听到。

浓雾中杰佛的曙色仿佛太阳的一缕幽魂,令人难以察觉,地面没有留下光影,仅能以肉眼捕捉到闪烁不定的微光。珠灰色的地平线上,一切东西都毫无生气地立着,底部柔和地与地面融为一体。我们模糊的影子看不出轮廓:不禁令人怀疑脚下那隐约的污渍是否是自己的阴影。上午我们抵达了奥达的营地,并停下来前去问候,吃了些焦夫的椰枣。奥达没有替换的骆驼可以给我们,我们便继续上鞍,打算在入夜后穿越铁路。拉海尔如今已不再抗议,脸色苍白地走在我身旁,闷闷不乐,默不作声,赌气要和我比个高低,甚至将这种痛苦视作一种荣誉。

就算我们公平竞争,他想赢我也易如反掌,更何况我此时已近乎奄奄一息。高烧的逐渐减退以及长时间枯燥骑行的麻木不仁仿佛一种慢性的痛苦,每走一步都折磨得我无法自持,几乎要陷入昏迷。最后,我似乎终于达到了一直求而不得的毫无知觉的状态,且这种状态令人愉悦不已:对一个生而卑微的人来说,再没有什么能比神志恍惚更令其感到精神的解脱。现在我发现自己分裂成了好几个人。其中一个仍努力地骑着骆驼,并体恤地配合着骆驼那疲惫的步伐。另一个在右侧上空盘旋,好奇地弯腰询问这副躯壳到底在做什么。臭皮囊无可奉告，因为，说真的，他的意识只知道自己要继续前进；但第三人喋喋不休，不依不饶，指责躯壳自讨苦吃，对这样卖命的做法不屑一顾。

夜晚就在这样的自问自答中过去。前方初现的曙光映入我迷茫的眼中；罗姆的美景在道路尽头下方徐徐铺开，仿佛阳光照亮了一幅地图；而一路争论的不休的那些自我还在拷问这样的忍辱负重是否值得，到头来或许只是愚蠢地白忙一场，解决不了任何问题。空乏劳顿的躯体依然在顽强挣扎，对他们的辩论充耳不闻，这样做是正确的，因为分裂的自我所说所论，统统都是我在冷血无情时的所思所想；他们全都是我的本性。特莱希斯①（Telesius）曾因类似的经历导致精神分裂，如果他继续下去，继续探寻那濒临崩溃衰竭的底线，他便会看到自己纷繁庞杂的构想、念头、行为、感知都变成了独立自主的生物，将他团团围住，如秃鹫般对他虎视眈眈，从这副赋予它们生命的臭皮囊身边川流不息地涌过。

拉海尔拉住我的缰绳摇晃，拍打着我，将我的思绪从昏昏沉沉中唤回，高叫着我们走错了方向，正在朝阿巴利散的土耳其铁路前进。此言不虚，我们必须掉头走上一大截路才能安全抵达巴特拉。我们沿着陡峭的山路而下，然后经由哈菲拉旱谷（Wadi Hafira）蹒跚前行。谷中遇到一个勇敢的霍威塔特小男孩，年约十四岁，跳出来举枪拦住我们的去路，手扣在扳机上，要我们站住并解释来意；我们笑着照做了。少年面红耳赤，辩解说他一直留在谷中替父亲放牧骆驼，所以既没见过我们，也没听人讲述过我们的模样。他恳求我们不要将自己的失礼说出去，免得招人嘲笑。这桩小插曲打破了我和拉海尔之间的僵局；一路闲聊着骑至加阿。我们在这里的怪柳林下休息午睡，由于走错路需要折返回巴特

---

① 即贝纳迪诺·特莱希奥（Bernardino Telesio），1509年—1588年，意大利哲学家及自然科学家。

拉，已不可能在三日内从阿兹拉克赶到亚喀巴了。我们心照不宣地重归于好，而罗姆的壮丽景致绝对不容任何人因赌气而错过。

下午不久我们便进入了山谷；这里走得较为轻松，两人互相玩笑取乐，直到冬日长夜沉沉落下。当我们翻越卡斋尔（Khazail）山时，看到西天的低云给太阳罩上了一层面纱，饱览了一番英国式的绚烂黄昏。雾气自伊腾河谷的土壤中缓缓蒸腾，在每个洼地中凝聚起羊毛般的一大团白色。午夜时分，我们抵达了亚喀巴，在营地外一直睡到吃早饭的时间，我才前去拜访乔伊斯，发现护卫队尚未启程：实际上伍德也才刚回来没有几天。

稍后一道紧急命令唤我立即搭飞机前往巴勒斯坦。克洛伊尔（Croil）驾驶飞机将我送至苏伊士，我由此再前往艾伦比位于加沙后方的总部。他率战率捷，因此对我们耶尔穆克桥失利一事并不在意，我便只轻描淡写略作交代，再未提及任何不幸的惨痛细节。

就在我们谈话期间，切特伍德突然传话进来，称耶路撒冷已被攻克；艾伦比便准备按马克·赛克斯①（Mark Sykes）筹备的天主教模式正式入主该城。虽然我未对此次胜利立下半分功劳，但他依然对我关爱有加，令克莱顿带领我与他的参谋一道全天陪同参与这场盛会。他的贴身侍卫将自己多余的制服借给我，把我打扮得像个英军少校。达梅尼（Dalmeny）还借给我红领章，埃文斯（Evans）借给我高级军官的帽子；我就这样花里花哨地站在雅法②（Jaffa）城门的仪式队列中，留下了战地生涯最为辉煌高贵的一刻。

---

① 指陆军上校塔顿·本维努托·马克·赛克斯爵士，男爵六世（Sir Tatton Benvenuto Mark Sykes, 6th Baronet），1879年—1919年，英国旅行家，保守党政治家及第一次世界大战期间中东外交顾问，同时也是《赛克斯-皮科协议》的起草者之一。
② 以色列第二大城市，即今日特拉维夫-雅法，具有四千年以上的历史，是世界上最古老的城市之一。

卷七　死海战役

第八十二章至第九十一章

攻占耶路撒冷后,艾伦比为减轻右翼的压力,派我们执行一些小规模的任务。一开始进展顺利,但当到达死海后,恶劣的天气、人员的急躁以及部门之间的分歧使得我们的士气不断受挫,士气涣散。

和扎伊德之间产生误会后,我便撒手交权,返回巴勒斯坦汇报任务失败,请求调任他职。彼时艾伦比正雄心勃勃筹备着明年春季的一项重大计划,便立即将我送至费萨尔处,赋予我新的权力和职务。

第八十二章

凯旋仪式并不隆重——与其说是凯旋，不如说是艾伦比出于对该城在精神上的主导地位的一种重视和敬意——我们驱车返回谢伊（Shea）的总部。副官们忙进忙出，带来一大餐篮吃的，张罗了一桌花样丰富，精致可口的午餐。但这祥和气氛很快便被法国的政治代表皮科先生打破了，他经艾伦比允许，随克莱顿的队伍一道进入耶路撒冷，此时用笛声般悠扬的音调说道："那么明天，我亲爱的将军，我将采取必要的措施，在这座城内建立民事政府机构。"

这史上最勇敢的言论落地之后，仿佛开启了天国的第七封印，唯有一阵沉寂。我们大嚼沙拉、鸡肉蛋黄酱和鹅肝三明治的嘴全忘了合上，不顾满口滴油，齐齐望向艾伦比。而他自己一时也不知所措。我们开始担心这位偶像会委曲求全，但他逐渐涨红了脸，咽下嘴里的食物，将下巴高高抬起（我们就喜欢他这种态度），神情冷峻地说："军事区域唯一的当局只有总司令——即在下。""可是格雷爵士，爱德华·格雷爵士[①]（Sir Edward Grey）他……"皮科先生结结巴巴地说，但立即被艾伦比打断了："爱德华·格雷爵士所提议的政府机构，将在我对军事局势进行评估后，在情形允许的时候批准设立。"餐毕我们再度驱车，沐浴着难得一遇的阳光，沿着一路向我们致意的群山，来到下方的军营。

艾伦比和道内在军营告诉我，英军正在与拉姆列赫至耶路撒冷一线的土耳其部队鏖战，他们在险峻崎岖的山区遭遇了顽强的抵抗，炮火连

[①] 即法罗顿格雷子爵一世（1st Viscount Grey of Fallodon），法罗顿格雷准男爵三世（3rd Baronet Grey of Fallodon），1862年—1933年，嘉德勋章获得者，英国枢密院成员。他于1905—1916年担任英国外交大臣，在位长达十一年，是历史上无间断担任此职时间最长者。1916年5月16日，他代表英国签署了《赛科斯-皮科协议》。

天，弹如雨下。战况一度胶着，英军几乎无法推进。因此，他们要求我们偷偷向北前往死海，如可能，应一直推进至其最南端，以形成新的连续战线。幸运的是，我和费萨尔早已讨论过这一问题，他也一直为进军塔菲列做着准备，而拿下塔菲列，是推进至死海所必需的第一步。

此时正是打听艾伦比下一步行动的良机。他认为自己应按兵不动直至2月中旬，然后向耶利哥①（Jericho）推进。敌军已用驳船将大量粮食运至死海，他要求我对这一补给线保持关注，如能顺利拿下塔菲列，则我们的第二个目标便是断敌粮道。

我希望进一步完善该计划，便回答，如要令土耳其人不得安宁，我们应当在死海北端与他会师。如果他能将费萨尔每日所需的五十吨补给、物资、军火运至耶利哥，我们便可以放弃亚喀巴，将总部移至约旦河谷。阿拉伯正规军此时已壮大至三千余人，防守约旦河东岸绰绰有余。

艾伦比和道内都很赞成这一想法。称只要至耶路撒冷的铁路能在1月底通车运行，这些补给和物资应当不成问题，一旦铁路竣工，我们将能在两个月内完成移防。

这次谈话让我们对行动方向有了清晰的认识。阿拉伯军队应尽快抵达死海，于2月中旬前截断敌军在耶利哥的粮食补给线；然后在3月底前转移至约旦。由于第一项行动要一个月之后才能展开，且万事俱已准备就绪，我还能趁机放个假。于是我回到开罗待了一周，对绝缘电线和炸药进行试验。

一周后差不多该返回了，我便于圣诞节当日抵达亚喀巴，正好遇见英军驻亚喀巴的高级军官史纳吉正在举办圣诞晚宴，招待英国同胞。他

---

① 死海以北的古城。

将"亨伯号"后甲板隔开，摆上餐桌，足以容纳下舰上人员和二十余名客人。史纳吉对陆地上的军队给予了教父般的关爱，热忱地将舰上的军医和工作室借给我们使用，乐此不疲。

在起义早期，像他这样协助我们的还有"哈挺号"。有一次在延布，费萨尔顶着冬日雨雾从山区骑来，又冷又湿又累，狼狈不堪。船长林伯里派了艘汽艇到岸，邀请费萨尔登船，并在舰上备下了温暖的客舱，宁静的晚餐，还舒舒服服地泡了个澡。然后他躺在扶手椅上，抽着他常抽的烟，如在梦中一般对我说，他终于知道天堂看起来该是什么样了。

乔伊斯告诉我诸事进展顺利。毛路德获胜后，局势已明显改变。因为我们不断突袭马安南部的铁路，原本集结在阿巴利散的土耳其军队已防不胜防。阿卜杜拉和阿里也在麦地那附近如法炮制；而土耳其军队只得死守铁路进行防卫，从阿巴利散抽调兵力前去增援薄弱区域。

毛路德大胆地将哨站设在高原上，并开始掠袭马安来的补给队伍。由于高原严寒，雨雪不断，使得他的行动困难重重，甚至有手下因为缺乏避寒衣物而活活冻死。但相比之下，土耳其人员损失也不小，且在运输上遭受的打击更为惨重，在暴风雪和泥泞的夹击下，患兽疥癣的骆驼纷纷死亡。这样的损失造成了敌方的补给匮乏，不得不进一步撤走阿巴利散的驻军。

他们已无力守住这宽广的据点，终于因不堪毛路德的猛攻，于1月初撤退至穆雷格哈（Mreigha）。贝都因人在撤防途中拦截了他们，一举将走在最后的那个营围歼。此役令土耳其大举收缩，进一步败走至距马安仅六英里之遥的乌辛达（Uheida），而在我们的节节进逼下，旋即又逃至三英里外的塞姆纳。这样，在1月7日，毛路德已经将马安团团围住。

接连告捷令我们得到了十天的安闲；乔伊斯和我难得有这样的机会，便决定一起驱车沿着这片滩涂平原下至木达瓦拉，好好兜风庆祝一番。

如今车辆都安置在圭维拉，成为一个固定的营地。吉尔曼（Gilman）和多赛特（Dowsett）带领手下将士和五十名埃及兵，花了数月在伊腾旱谷大兴土木，修建了一条穿越峡谷的机动车道路。这项浩大的工程如今已能直达圭维拉，我们便开着劳斯莱斯，带着四天的备用轮胎、汽油和食物，展开了冒险之旅。

这片滩涂地相当干硬，极适合车辆行驶。驾车在这广袤天地高速奔驰，绕过柽柳林，沿着砂岩峭壁一路呼啸，仅在天鹅绒般的地面上留下淡淡的白色辙痕。驾驶员在憋了九个月后，总算可以再度驰骋一番，展开了疯狂的急速追逐。时速表一度飙升至六十五英里；对于在沙漠里折腾了数月，而维修保养工具和时间都有限的车辆而言，这样的表现已算不俗了。

从第一片平原进入第二片平原的狭窄沙地上，我们用灌木枝干铺设了一条木头路。这条路铺设完毕后，车辆经过时为防止被卡住，总会加大马力，在高低不平的圆木上危险地颠簸腾越，仿佛随时都能粉身碎骨。然而，我们知道这些对劳斯莱斯而言都是小菜一碟，只是苦了司机托马斯（Thomas）、罗尔斯（Rolls）和桑德森（Sanderson）。穿越这条道路时，猛烈地摔打使得方向盘经常震脱掌握，令他们大气不敢松一口，掌心也磨出了血泡。

我们停下来午餐，休息了一阵，然后又纵情狂奔起来，途中急转的时候一只瞪羚在平原上出现，不自量力地和我们两辆车追逐了好一段路。

第二片平原的终点便是迪斯（Disi）的加阿，这里路面变得崎岖起来，数英里之后才抵达第三处平原阿布沙瓦纳。我们在这片覆盖着坚实泥土的燧石平原上冲刺完最后的五十英里，然后原地宿营，在寒夜里开心地共享牛肉罐头、茶和饼干，围着篝火用英语谈笑风生，熊熊烈焰喷出如雨火星，将我们镀上一层金色。聊到倦了，我便以软沙为床，垫上两床毛毯，席地而卧。对我而言这样的待遇堪称度假，周围没有阿拉伯人，我不必装腔作势。

次日早上我们已经逼近木达瓦拉，发现通往分水岭的路面相当完美，圆满结束了此次勘察之旅。我们旋即返程，打算带领该地的装甲汽车，在载着山炮部队的塔尔博茨（Talbots）卡车的协助下，即刻发起进攻。

这支部队原本闲置，后在埃及被克莱顿将军发现，灵机一动派来援助我们。这些塔尔博茨卡车经过专门的设计，以适应高负荷的工作，配有两门十磅炮，由英国炮手负责操作。让这么优秀的炮手操作如此老朽的工具可谓大材小用；但他们的斗志似乎并未因武器的落后而受到丝毫影响。指挥官布罗迪（Brodie）是个沉默寡言的苏格兰人，不苟言笑，难动声色；无论面临多大的困难和艰险，都会驱策部下戮力以赴。无论多艰巨的任务，他们都会以惊人的毅力和必胜的决心完成使命。每次发生意外或遭遇危机，他们都会第一时间到位，吃苦耐劳，临危不惧，无怨无悔。

第二日，八辆装甲车耀武扬威从圭维拉启程，于日落时分浩浩荡荡抵达我们曾经在木达瓦拉后方驻扎的地点。这地方再好不过了，我们便扎营过夜，打算第二天早上去寻找通往铁路的道路。于是次日一早我们驾车四处搜寻，不放过任何一个险峻的山头，入夜后已越过木达瓦拉以北第二座车站，塔勒沙赫姆上方的最后一座山脊。

我们曾约略提及炸火车一事，但此地过于开阔，且敌军碉堡林立，便打算改挑我们藏身地点正对面的一处小据点动手。于是等到新年第一天的上午，天气若英国夏日般凉爽，我们愉快地用过早饭后，驱车沿着那多石的平原缓缓来到一座可以俯瞰土耳其阵地的小丘。乔伊斯和我下车爬上山顶，仔细观察。

乔伊斯负责指挥，而我首度以一个旁观者的身份参战。这种新鲜感相当过瘾，装甲汽车使得阵容看起来奢侈气派，将我们的将士纳入钢筋铁骨的保护之下，刀枪不入。因此我们也把这次战斗视作演习，像正规军最出色的将军般，在山顶简陋的会议地点正襟危坐，从望远镜里专注地观察着战况。

塔尔博茨卡车率先出动，气势汹汹地推进到我们山头下；而三辆装甲汽车则潜行至土耳其工事侧翼，仿佛嗅着线索的大狗。土耳其士兵纷纷冒出头来观望，对这些新奇玩意儿充满了善意的好奇，直至装甲汽车上的维克斯机枪突然转向，对准战壕开始发射子弹。这时土耳其人才意识到大事不妙，缩入掩体后方，胡乱朝装甲汽车还击。但此举就如同鸟枪打犀牛般徒劳，过了一会儿，他们又将注意力放在布罗迪的炮火上，展开了新一轮的射击，地上如撒胡椒般落满了密密麻麻的子弹。

他们显然不会束手就擒，我们显然也一时无法逼其就范。于是我们见好就收，对在铁路线这一番武力展示感到相当满意，同时也验证了地面的坚实程度足以承受机动车辆的高速碾压。尽管如此，我们的手下意犹未尽，为了让他们过过瘾，我们便朝南与沙赫姆反向而行。布罗迪在距沙赫姆两千码的地方选中了一个炮位，开始朝车站内不停开炮。

土耳其部队被炸得咬牙切齿，慢慢朝碉堡内撤退，而装甲汽车还在优哉游哉地朝车站的门窗扫射。我们本可轻取这座堡垒，且此举意义重大，但我们最终还是下令撤兵，返回之前藏身的山头。因为我们并未做好正式行动的准备，对采取何种战术和手段也毫无头绪，但纵使没有当机立断，此行还是令我们获益良多。

可以确定的是，从圭维拉出发，能够在一天内对铁路沿线展开行动，说明铁路交通已经完全在我们的掌握之下。阿拉伯半岛所有的土耳其士兵集合起来，也无法在开阔地带与一辆装甲汽车相抗衡。因此，麦地那也变得岌岌可危，朝不保夕。德国参谋已经意识到这一点，并在法尔肯海因视察过马安后，一再敦促土耳其弃守马安以南的各个据点；但冥顽不灵的土耳其当局将麦地那奉为这片国土上最后的圣地，是这个伊斯兰帝国皇权不可动摇的象征，需要誓死捍卫。意气用事之下，他们做出了不进行军事转移的决定。

英军似乎对麦地那也抱有奇怪的执念，糜集重兵，执意要夺下此城，并不惜耗费巨资和无数弹药，供阿里和阿卜杜拉自延布朝麦地那持续展开进攻。当我提议不妨反其道而行时，他们以为我只是在说俏皮话。所以，为了替我们在北方的不作为找个借口，我们故意装得力不从心，让他们以为阿拉伯人都是一群废物，无力切断马安附近的铁路线并切断其交通。这个理由令他们颇为满意，因为英国士兵一向对阿拉伯建国运动缺乏信心，认为阿拉伯人的战斗力不值一提。所以我们便顶着这样的恶名，顺水推舟，此举实属下下之策，但却最为省力。英军参谋自恃饱读兵书，对我的经验建议不屑一顾，完全无视阿拉伯非正规军自身的独特性和作战的非常规性；而我也实在懒得浪费唇舌去谆谆教诲，到头来却是为他人做嫁衣裳。

第八十三章

我们回到亚喀巴后,成天都忙于处理营内日常琐事。我大部分时间都专注于筹建一支私人护卫队,因为谣言已让我浪得虚名,身价与日俱增。我首次从拉比格和延布穿越荒野时,土耳其人只是好奇,之后逐渐感到恼火,甚至认为是英国人在主导和推动这场阿拉伯起义,就好像我们将土耳其人的办事效率归功于德国的影响一样。

但土耳其言之凿凿,对此深信不疑,并悬赏一百英镑缉捕一位英国军官,无论死活。后来,他们不单泛指英国军官,甚至指名道姓对我明码标价。我们攻占亚喀巴后,赏金已令人咋舌;在贾玛尔帕夏被轰得血肉横飞后,我和阿里已成为他们黑名单上的头号要犯;活捉赏金两万镑,尸体赏金一万镑。

当然,这样的开价只是哗众取宠;并未说明是金币还是现钞,也没人保证一定能兑现。但仍然,重赏之下,或许也有勇夫。我开始将自己的护卫队扩充成一支部队,凡遇到亡命之徒便收纳麾下,因为他们的胆量甘于令自己四处铤而走险。我需要的是强悍的骑士和无畏的求生者,为自己的本领自豪,且没有家眷的拖累。幸运的是,一开始我真的招募到三四个这样的狠角色,为后来加入的人树立了标准和榜样。

一天下午,我正在马歇尔(Marshall)的帐篷里静静地读书(我在亚喀巴时,大部分时间都和苏格兰军医马歇尔共宿一顶帐篷),沙地上无声无息走来一个艾格利人,他瘦削、黝黑,并且矮小,衣着却极尽华丽。他的肩上扛着一副考究精细的哈萨①(Hasa)鞍袋,那做工是我从未见过的。翠绿、绯红、雪白、亮橙和碧蓝交织的羊毛织锦上,各有五

---

① 今沙特阿拉伯东部绿洲城市。

道流苏镶缀两侧，五股飘带从鞍袋正中直垂至底部，上头满是纷杂的几何纹样、珠穗和缨饰。

这位年轻人满怀敬意地向我施礼，将那副鞍袋抛在我的地毯上，说了一句"你的"，便掉头离去，就像他出现时那样迅疾如风。第二天他再度出现，带着一副同样富丽的驼鞍，鞍尾伸出长长的黄铜角饰，上面爬满巧夺天工的传统也门雕纹。第三天，他又来了，空着双手，穿一件寒酸的棉衬衣，深深跪伏在我面前，说甘愿为我效命。没穿丝绸长袍的他看起来相当怪异，脸部因患天花而皱缩扭曲，由于没有蓄须，也看不出年纪；不过他的肢体有如少年般柔软灵活，举止也很有几分少年鲁莽的勇劲儿。

他长长的乌发仔细地编作六股，闪闪发亮分垂于脸颊两侧；无神的眼睛眯缝着，仅留一丝间隙。他的嘴唇肉感，宽大，湿润；使他的笑容带着几分愤世嫉俗的味道。我问他叫什么名字；他回答叫阿卜杜拉，姓纳哈比（Nahabi），也可以叫他绰号"大盗"，沿袭自他的强盗父亲，而他自己的强梁生涯并无建树。他出生于波雷达，幼年时离经叛道，饱受文明社会的打压排挤。及至稍长，因和一位有夫之妇有染被当场抓获，只得匆匆背井离乡，并在内志的埃米尔，伊本·沙特处效命。

这期间，他由于作伪证遭受了鞭刑和监禁，最后只能逃向科威特（Kuweit），并再度因偷香窃玉而被捕。出狱后，他迁至海尔（Hail），应召报名，成了埃米尔伊本·拉希德的扈从。不幸的是，他和上司相处不睦，甚至以驼鞭当众暴行犯上，而自己也反遭一顿毒打。在狱中度过了漫长的康复生涯后，他再度被形单影只地抛回无情的世间。

当时正值汉志铁路修筑期间，他便想前去碰碰运气，但因为在中午打盹被工头扣掉了薪水。作为反驳，他一刀砍下了工头的脑袋。土耳其政府将他逮捕，麦地那狱中的日子令他难以忍受，便设法从窗户逃跑，越狱至麦加，凭借正直可靠和驾驭骆驼的技术，在麦加和杰达之间替人跑腿送货。他靠着这份工作安顿下来，终于挥别年少狂浪的日子，将父母接到麦加，用替商人和盗贼运货赚取的佣金开了一家商店。

就这样过了一年丰衣足食的日子，他在一次运货途中遭遇盗匪伏击，骆驼和托运的物品被洗劫一空，为偿还物主损失，只得以自家商店抵债。这场变故让他所剩无几，只得投身行伍，成为谢里菲安（Sherifian）的一名骆驼骑警。由于胆识过人，屡建奇功，受人赏识升迁为一名颇有声誉的小警官，但也因为生性好斗，动不动就出言不逊，持械伤人而饱受非议；而这也正是他浪迹于阿拉伯半岛各个大城市都不得善终的原因。无数次，他总是因为玩笑、讥讽、好色和谎言而怒发冲冠，然后又沦为丧家之犬，终于，将怒火发泄在一名善妒的艾提巴人身上，在法庭上当着谢里夫夏拉夫的面，用匕首将其刺杀。

夏拉夫为以儆效尤，对他酷刑加身，差点要了他的狗命。痊愈后，他转投夏拉夫麾下效命。战争爆发后，他成为费萨尔手下艾格利人部队的总指挥，伊本·达克西的勤务兵。这期间他逐渐闯出些名气，但伊本·达克希在沃季赫因艾格利人的反叛而引咎辞职，转而担任起了外交使节的工作。军旅生活令阿卜杜拉怀念不已，伊本·达克希便写了一封推荐信，让他前来投奔我。

信中写道，两年来，此人都忠心耿耿，但目无尊长，实为寡廉鲜耻之辈。论阅历，艾格利人中无有出其右者，几乎每位阿拉伯王子他都曾侍奉过，也无一不因为忤逆犯上，胆大包天，在遭受鞭刑和监禁后被扫地出门。伊本·达克希称，纳哈比的骑术仅比自己稍逊一筹，是个骆驼专家，勇猛刚强，血性十足；显而易见，世间所有危险在他眼里都不足为惧。事实上，这就是世间最完美的仆从，我便毫不犹豫收下了他。

在跟随我期间，他只有过一次牢狱之灾。当时在艾伦比的总部，一名宪兵司令气急败坏地打来电话，称发现一个手持武器的野人坐在总司令的前门台阶上，他们将其押至警卫室，他乖乖就范，并在里面放开肚子狂吞橘子，仿佛要和谁一较高下，还声称自己是我的儿子，费萨尔的走狗之一。当时橘子可是紧俏水果。

阿卜杜拉就这样有了电话交谈的初体验，并告诉宪兵司令，如果所有监狱都有这样的设备，那住起来一定非常舒服，然后郑重其事地告辞。他被一路监控，在徒步抵达拉姆勒（Ramleh）前不准携带武器，之后才获得合法配剑、匕首、手枪和来复枪的许可证。他拿到许可证后做的第一件事，便是带着香烟重返警卫室，招待那些宪兵。

我让阿卜杜拉审核面试前来投效的人，也多亏他和另一名（拘谨而教条的）队长扎吉（Zaagi）慧眼识珠，替我网罗了一班江湖豪杰。亚喀巴的英国军人称他们为割喉部队；当然除非是在我的命令下，他们才会动手。或许在他人眼中，这些杀手只听命于我，似乎有点不成体统。不过如果我不在场，他们对马歇尔少校也还是很友善，经常拉着他大谈骆驼经，谈它们的血统和疾病，从天亮说到天黑。马歇尔对此非常有耐心，而他们之中总会有两三人，自第一缕曙光初现时起便聚精会神地坐在他的床边，好在他从梦中醒来后立即对其展开持续的教育。

队伍中一大半（九十人中有近五十人）是艾格利人，他们都来自内志乡村，黝黑强悍，在费萨尔的军中是一道夺目的风景，向来以善于照料骆驼闻名。即使相隔一百码远，他们也能叫出每头骆驼的名字，并将其集中起来放牧照管。艾格利人是典型的雇佣军，付出必须和所得成正比，也正是这样的唯利是图而导致他们声名狼藉。然而，阿拉伯大起义中最英勇的行为，也是一个艾格利人单枪匹马造就的，他曾两度从下水道游进麦地那，探听调查城内虚实后，给我们带回了完整详实的汇报。

我每月付给手下六镑的军饷，这是军中连人带骆驼的标准薪酬，但他们骑的骆驼都是我提供的，因此帮他们节省下了牲畜的开支，使得这份差事成为油水颇丰的肥缺，精英勇者趋之若鹜。出于工作的安排，我比大部分人要繁忙，每次出行都长途跋涉，风餐露宿，行色匆匆。对普通的阿拉伯人而言，骆驼一半是交通工具，一半是个人财富，舍不得像我这样日夜兼程，更别说这种方式连骑手自己也吃不消。

因此，我必须严格甄选骑士，再自掏腰包给他们配上骑乘牲畜。我们花重金收购那些最强壮有力，善于奔行的骆驼，看重的就是他们在旅途劳顿、精疲力竭之时过人的体力和脚程。而实际上，越是落蹄铿锵的骆驼，耐受力也更强。当它们过劳消瘦时，便会被送至骆驼医院进行调养，而骑手也同样随之休整一段时间。扎吉负责对每个人的身体状况进行评估，以确定是否适合上路，同时检查他们的鞍具是否齐备完好。

这些人都以身为我的护卫为荣，从而耀武扬威得几乎有一种职业部队的风范。他们打扮得仿佛一园万紫千红的郁金香，除了白色什么颜色都穿；因为我总是一袭白衣，他们不想抢了我的风头。他们能在半小时内就准备就绪，一气骑上六周时间，这也是长途所能携带的食物上限。随行带着辎重骆驼被视为耻辱。一声令下便走上一天一夜不在话下，并且丝毫不觉疲累方算得上荣耀。若有新人抱怨，还会遭到其他人言辞喝止，或是粗暴地打断他的话头。

如果我需要，他们打起仗来绝对舍生忘死，如恶鬼相见，甚至有时我不希望他们过于拼命，但只要见到土耳其人或者其他外人，他们也控制不住要大开杀戒。而最后的底线，便是护卫们自相攻伐。他们随时准备着迎接最丰厚的赏誉和最严厉的处罚。无论得到了奖赏还是惩戒，都要在营中大肆吹嘘一番。也正是这样的不可理喻使得他们能够赴汤蹈火，为他人所不能为。

阿卜杜拉和扎吉替我行使管理职责，要求极为严苛，绝不心慈手软，但仅有一人因吃不消而自愿要求退出。其他人虽然尚为青年，正是耽于享乐的时候，却也不甘平淡的生活，为了饱食三餐、挥洒历练、丰厚薪饷而出生入死，吃再多苦也心甘情愿。奴役，在精神和肉体向来势不两立的东方世界观里，与其他从属关系并无两样，已被视作理所当然。这些少年以供人驱遣为乐，并不在乎加之于肉体上的折磨；甚至觉得这样方为解脱，获得和思想一样无拘无束的自由；更甚至，他们认为身为奴隶的体验比身为主人更加酣畅淋漓，且不用日日为琐事劳心费神。

正因为如此，阿拉伯的主仆关系比我在别处见识到的都更为自由，也更加屈从。仆役害怕受到法律的制裁和管家的打骂，并不是因为担心自己会因此丧命，或遍体鳞伤；而是因为将其视为矢志效忠的象征和手段。他们自甘下贱，自愿对主人奴颜婢膝，粉身碎骨亦在所不惜，因为他们在精神上是平等的子民，双方是自愿的合同关系。这样似有还无的契约中并无任何蒙羞、不满和后悔的因素。

双方维系主仆关系期间，若仆人因体弱、怯懦或无能，导致无法履行职务，则会受到唾弃。体罚则是抵消这一耻辱的手段，伤痕既能排解，又是勋章，只要自己能熬过酷刑折磨，便值得堂而皇之进行炫耀。恐惧是懒惰者的强心剂，但我们这里并无懦夫，因为他们都由衷地热爱着这个民族——或者说热爱着费萨尔。为了建国这个目标，皮肉之苦不足为道，矢志不渝是发自肺腑，而非一味顺从。为了建国这个目标，人人当鞠躬尽瘁，无暇理会个人荣辱。为了建国这个目标，他们可抛头颅洒热血，奋不顾身；甚至，不惜赌上战友的性命：这是比牺牲自己还要难上数倍之事。

依我们之愚见，共同的理想似乎已经超越了个人需求，成为我们衡量世界的新准则。这种本能是否表明我们已全身心接受了某种生活模式，挣扎彷徨的自我欣然沉浸其中，终于找到了一生应为之奋斗的目标？然而，这种超越人性的特质，也使得理想变得短命。人们的准则可以视时而变，原始的激情来去匆匆，热度消散后我们只能选择那些难以管控的暴戾好事者继续推动这份事业。所以，理想总是趋于幻灭，只剩下追随者精疲力竭：曾经孜孜以求的东西沦为镜花水月。

尽管如此，阿拉伯人到现在还对这一理想坚持不懈，并甘愿为此接受严酷的军事管理。此外，他们来自三十个不同的部落，背负着血海深仇，若不是有我统领督管，恐怕每天都会有人互相残杀。彼此敌视使他们无法联合起来反抗我的权威；而他们不同的背景经历则给我提供了丰富的信息和资源，从亚喀巴到大马士革，从贝尔谢巴到巴格达，每个地方的局势人情都了解得头头是道。在我征战期间，这支队伍共有六十人壮烈牺牲。

为了最大限度地保证公平，我甚至要求自己和卫队同吃同住，一起承受无数的艰难险阻，旅途匆匆，自顾不暇。我和协约国的同僚们来自冰天雪地之土，在冬季不畏霜雪，略胜他们一筹；然而短暂的寒冷过去后，酷暑中我们只得甘拜下风。从耐力角度而言，双方势均力敌。多年征战，我早已变得粗枝大叶，学会了先一顿吃个够，然后两三天，甚至四天不吃东西；熬过这段日子后，又放开肚子暴饮暴食的本领。我的进食规律便是不按常规进食；也总是不按常理出牌，时时提醒自己不要墨守成规。

因此，我从生理上已很好地适应了沙漠生活，既不畏惧饥肠辘辘，也不担心饮食无度，任何东西都能下咽。行军途中我可以在两口井间滴水不进，也可以像阿拉伯人一般，今日有水今日尽，哪管明天口唇焦。

同样地，虽然我将睡眠视为世间最大的乐事，也依然能在座鞍上摇晃一整夜，聊以替代黑甜乡；也从未因为白天操劳过度而赖床不起。这样的毅力归功于我多年的自我管理（蔑视一切困难当属男子汉最值得学的一门功课），而这一能力出奇地适合当前环境。不过，显然，这种习惯一半来自后天的磨炼，一半来自外界的逼迫，就像阿拉伯人一样，是在人世多艰和贫苦困顿中不得不做出的选择，并非得来毫不费功夫。但我雄心勃勃，积极主动；而他们却心灰意懒，意气消沉，相较之下，反倒是我看起来更为吃苦耐劳，充满活力。

我并不敢探究自己能力和意志的极限。精神与物质相对立这种观点，即阿拉伯人所谓"摒弃自我"的理念基础，于我而言无济于事。我达成（如果说我达成了的话）自我摒弃的道路与之截然相反，因为我将精神和肉体视为不可分割的整体，即：我们的躯体，这个宇宙，我们的思维，以及各种感知，同为构成这个物质世界的一部分，这些共通元素就是四处游离聚合的小小血栓，以不同密度和不同模式进行排列组合。如果要将其割裂开来，我无法想象单凭原子的聚合体如何能实现自由思考。以我反常的价值观判断，就算抽象和具象应当对立，也不会比英国自由党和保守党之间的分歧来得严重。参与到这场起义中来，进一步强化了我的虚无主义（Nihilist）。这期间，我们经常能看到人们自我驱使或受人驱使，遭受耐力极限的残忍考验；却从未因此出现过体能的崩溃。崩溃的肇因皆为精神的脆弱侵蚀了肉体，而非肉体之无能难以操控意志。我们骑行时，已如肉身不存，知觉尽失；而每隔一段时间，兴奋感消退后，我们又重新体会到身体的存在，感受到这具躯壳的终极目标，并不是充当精神的媒介，而是最终腐化分解，烂于世间充当肥料，因而满怀敌意，深觉不齿。

第八十四章

在亚喀巴休整的日子里，让我们见识到远离战线后方腐败薄弱的一面，而整个基地的道德风气亦不敢恭维。最后我们终于遁入清新洁净的圭维拉山区，心情方为之一振。初冬的天气依然温热和煦，又或者连日多云，云层在九英里外的高原顶上氤氲盘踞，而毛路德便在那里警惕守护，风雨无阻。夜晚渐凉，裹着厚斗篷烤火更是格外过瘾。

我们在圭维拉等候我军对塔菲列展开行动的消息，那里聚居着大量的村落，是掌控死海南端的关隘。我们计划从西、南、东三面同时发兵；首战便是从东翼攻击汉志铁路最近的车站哲夫（Jurf）。这次战役由谢里夫纳西尔这员福将率领。贾法尔的参谋长努里·赛义德和他并肩作战，负责指挥一些正规军、一门大炮和若干机关枪，在杰佛发难。三天后，这一据点已被拿下。老谋深算的纳西尔一如既往，把突袭战术运用得风生水起。哲夫有三座石质建筑，外围筑以掩体和战壕，具有极强的防御能力。车站后方是一座矮丘，也有深沟高墙围绕，丘顶还有土耳其军两挺机枪和一门山炮。小丘后方那高耸陡峭的山脊，便是杰佛与拜尔之间的最后一道屏障。

这座山脊便是敌人的防御薄弱点，土耳其因为兵力不足，无法同时据守小丘和车站，而这座山脊能俯瞰铁路。纳西尔在一夜之间就占领了整个山头，并未打草惊蛇，然后截断了车站上下的铁路交通。几分钟后，当天色逐渐放亮，努里·赛义德在山脊边缘架设起山炮，只用了三发炮弹，便幸运地将下方小丘上土耳其人的大炮炸毁。

纳西尔兴奋难抑，本尼沙克赫人纷纷跳上骆驼，决定冲锋陷阵。努里认为此举过于疯狂，土耳其的机枪仍在战壕内发挥作用，但他的话对贝都因人而言只是耳旁风。绝望之下，他只得倾尽全力扫射土耳其的阵地，掩护本尼沙克赫人从主山脊脚下蜂拥挺进，一阵风般冲上小丘。土耳其人见到骆驼如洪水般迎面驰来，纷纷丢下来复枪向车站逃窜。阿拉伯方面仅有两人身负重伤。

努里火速下至小丘，发现土耳其的大炮并未受损。他掉转炮口，对准车站售票处直接开炮。本尼沙克赫人看到木材和石料被炸得乱飞，狂及而呼，再度飞身上鞍，大步流星杀向车站，土耳其人见状只能投降。包括七名军官在内的将近两百名土耳其士兵悉数被他们生擒。

贝都因人大赚了一笔：除了武器之外，另缴获二十五头骡子，停在车站内的七节车厢里全是要送给麦地那军官享用的山珍海味，有些部落人久仰大名却无缘得见，有些则更是闻所未闻。众人兴奋不已，甚至连不准染指战利品的正规军都分得一杯羹，再度品尝到橄榄、芝麻糊、甜杏脯和其他各式各样久未吃过的叙利亚本地甜点和蜜饯。

努里·赛义德品味不俗，将罐头肉食和酒类从那些野人手中抢救下来。有一节车厢中全是烟草，霍威塔特人并不吸烟，便由本尼沙克赫人和正规军分了个干净，从而使得麦地那守军因香烟匮乏饱受煎熬。而他们可怜的际遇也打动了费萨尔这个老烟枪，专门派驼队运送了一批廉价香烟至帖布克以示嘉奖。

尽情搜刮了一番之后，工兵在两部火车头下引爆了炸药，同时也将水塔、水泵和侧线的道岔都悉数摧毁。他们纵火焚烧车厢，破坏一座桥梁，但都是草草为之，敷衍了事；因为面对胜利阿拉伯人还是陋习难改，只顾着抢夺运送战利品，无心因公忘私。他们在车站后方宿营，半夜传来警报，自南方驶来一列火车，并在不远处停下，显然在天黑前已知道车站遇袭。奥达派出侦察兵前去一探究竟。

侦察兵还未回来，一名土耳其中士单枪匹马步行至纳西尔营中，表示愿意转投费萨尔麾下。他本是奉土耳其之命前来查看车站受损情况，并称救援火车上仅有六十人和一门山炮，如果他回车上谎报一切平安，或许可以不费一枪一弹将其一网打尽。纳西尔召来奥达，奥达又召来霍威塔特人，令他们悄悄前去设伏。但就在即将接近之时，侦察兵打算做孤胆英雄，独占头功，擅自朝车厢开火。敌军惊惧之下紧急倒车，一车人毫发无伤地逃向了马安，可谓哲夫一役仅有的遗憾。

这次突袭后，天气再次变坏，连降三日大雪。纳西尔的部队历尽千辛万苦才返回杰佛营地。这片马安附近的高原海拔在三千至五千英尺之间，北面和东面的风劲吹无阻。这些风来自中亚或高加索地区，沿途横扫过大沙漠，浩浩荡荡抵达以东①（Edom）低矮的山岭才遇到阻碍，因而刮得格外凶猛。余势在这些山脊盘踞不去，使得此地的冬天比下方的犹地亚②（Judaea）和西奈都要寒冷。

英军发觉贝尔谢巴和耶路撒冷外围冰冷异常；但我们的阿拉伯人居然还跑去那里避寒。当英军补给官无奈地发现我们的作战环境堪比小阿尔卑斯山时，已经太迟了。他们提供的帐篷甚至不够四分之一的士兵居住，没有制服，没有长靴，山地守军一人分不到两条御寒的毛毯。

---

① 即以扫的后代以东人曾居住的地方，为巴勒斯坦一古老地区，位于死海以南的西珥山。
② 巴勒斯坦中部山区，又称"耶路撒冷山地""哈利勒山地"，主要城市有耶路撒冷、哈利勒、腊马拉。

我们的将士就算不叛逃或者牺牲，在这冰天雪地里也会被冻得万念俱灰。

按我们的计划，将哲夫的捷报带给佩特拉的阿拉伯守军后，谢里夫阿布德·马因（Sherif Abd el Mayin）即刻领兵启程，翻越山头朝肖贝克的森林进发。这是寒霜冷雾中的生死之旅，这些农民裹着羊皮，赤着麻木的双足奔走于崎岖的山谷和险峻的峰脊，顶着莽莽杜松林中的暴风雪，头顶没有半片可供遮挡的树叶，在如有灰色铸铁般冷酷矗立的树干中穿行。天寒地冻，牲畜丧命，人员折损，但这些强悍的高地人早已习惯这样的冬季，依然义无反顾，勇往直前。土耳其人听闻他们逐渐逼近的消息，纷纷从树林间的堡垒工事里撤逃至周边的铁路总站，沿途都是他们慌乱之中丢弃的行李和装备。

森林铁路的总站房舍都是临时建筑，阿拉伯人在小山上居高临下，对方完全在火力掌控之下，无异于瓮中捉鳖。当敌军从坍塌起火的建筑内逃出时，成群部落人便冲上去，滚瓜切菜般将其砍杀。一支训练有素的正规土军在阿尔巴尼亚军官的指挥下，破釜沉舟一路杀至铁路主线，方得以逃脱；其余士兵非死即俘。在多风山谷上方白垩岩峰之上雄踞的蒙雷阿莱（Monreale）古堡，修筑于十字军东征期间，肖贝克的储备仓库就设在这里，此时也一并被阿拉伯人占领。阿布德·马因将自己的军事总部也设在古堡内，并派人传信给纳西尔。马斯特也一并收到了战报，立即将自己正在阿拉伯半岛享受冬日暖阳的莫特加人马集合起来，攀越山径，向东杀往塔菲列。

然而，纳西尔终究捷足先登，他自杰佛出发，一天之内便兵临城下，在旋风不止的夜色中挺进，于拂晓时出现在塔菲列借以防御的峡谷绝壁上，并向敌人喊话要求投降，否则便展开炮火猛攻。但这样的威胁只是徒劳，努里·赛义德已经将大炮运回了圭维拉。村子里仅有一百八十名土耳其士兵，但却有穆海辛（Muhaisin）人的支援；这些农人部落此举并非出于对土耳其的热爱，而是成心要和那位公开表示支持费萨尔的粗俗首领迪哈布（Dhiab）唱反调，因此对着纳西尔的部队没头没脑乱射了一阵。

霍威塔特人只得分散隐蔽在悬崖间与这些农民交火，一群鬼迷心窍的乡野村夫胆敢在太岁头上动土，和领地主人阿布塔伊家族对峙，令老雄狮奥达火冒三丈，便策马下山，一路奔过平原，去村子最东边查探情形。他在屋舍边放慢速度，朝他们挥手，声如洪钟地吼道："狗杂种，你们可认得奥达？"当他们发现战神之子大驾光临，顿时吓破了胆，一小时后，纳西尔便已坐在当地政府官邸内请惊魂未定的土耳其长官品茶，以宽慰他突逢变故的心情。

天黑后马斯特的人马驰来，莫加特人看着自己的血仇阿布塔伊人拔了头筹，懒洋洋卧在在城内最好的屋舍里，不由得咬牙切齿。双方的谢里夫在城内划出楚河汉界，让剑拔弩张的死对头各据一边，互不侵犯。斡旋已收效甚微，因为随着时间的流逝，纳西尔已经完全转向了阿布塔伊人一边，而马斯特则被贾兹人所同化。

天亮后，两派人马又开始叫骂不休；一整天就在剑拔弩张的气氛中度过；因为除了这两家不共戴天之外，穆海辛人也内讧不休，想要争当村里的头儿。而两拨不速之客的参与，使得局势更加错综复杂起来：一支是北非来的赛努西海盗团伙，被土耳其人驱赶至一处肥沃但疏于耕种、荒芜已久的土地上；另一拨人是聚居在郊区的数千名亚美尼亚人，1915年遭臭名昭著的土耳其青年党流放至此，他们一贫如洗而好惹是生非。

塔菲列的居民惶惶不可终日。我们和往常一样，粮食匮乏，也缺少运输工具，但他们却帮不上什么。他们有小麦或大麦，但都藏的死死的；也有辎重骆驼、许多驴子和骡子，也全赶到安全的地方去了。他们也能将我们赶走，但还算手下留情，因为找不到什么赶我们走的理由。当地人民对政务的漠不关心帮了我们大忙，建立起新制度来没有什么阻力；因为东方政府的建立很大程度上并非基于强权，而是靠着大部分人的将就、迟钝和麻木，方使得一小撮人能为所欲为。

费萨尔任命自己同父异母的弟弟扎伊德指挥军队朝死海推进。这是扎伊德首次在北方战场用兵，因此踌躇满志，力求有所斩获。贾法尔帕夏将军担任他的顾问。由于粮草匮乏，他的步兵、炮兵和机枪手都还耽搁在佩特拉；但扎伊德自己和贾法尔已经先行前往塔菲列备战。

城内一触即发的局势险些酿成惨剧。但关键时刻奥达的宽宏大量令麦塔布（Metaab）和安纳德这两位年轻的莫特加兄弟羞惭不已。他俩的父亲阿布坦（Abtan）当年被奥达的儿子所杀，这两位少年虽弱不禁风，却不自量要报这血海深仇，小鸡仔四处放话要干掉老雄鹰，奥达称如果他俩继续撒野，就要将他们押至集市公开处以鞭刑。此举颇为慷慨，因为两兄弟只有两名帮手，而奥达只需一声令下，人马便可血洗整个村庄。两人既逞了口舌之快，又保住了小命全身而退，得意扬扬地和我手下的惹事精拉海尔一道，潜入大街小巷吹牛炫耀去了。

扎伊德向奥达致谢并犒以重赏，并将他送回沙漠。穆海辛人那些心思颇为活络的头领则百般不愿地被请至费萨尔的营中做客。他们的死对头迪阿布如今已是我们的盟友，因为此时我们很遗憾地记起了一句谚语：一个无往不利的新政权最好的盟友不是其党人，而是其政敌。在扎伊德的金钱攻势下，城内的经济情况已逐渐好转。我们任命了一位军官统理政务，并将当地五个村子组织起来，以备进一步发起攻击。

第八十五章

尽管如此，这计划很快便流产了。我们还没将这些村子拉拢过来，便遭遇了土耳其的突然袭击，妄图将我们驱逐。这大大出乎我们意料，因为对土耳其而言，占领塔菲列，或者说尝试占领塔菲列都毫无必要。艾伦比刚刚入主耶路撒冷，土耳其此时的当务之急是死守约旦，以免被再下一城。除非耶利哥也惨遭陷落，或者说只要耶利哥还未陷落，塔菲列就只是个无足轻重的村落区域，根本不值得放手一争，甚至连我们自己都未重视这里；我们的目的只想扫清这一对敌推进途中的障碍。对兵力日渐枯竭的土耳其来说，为夺回此地浪费哪怕一兵一卒都是极其荒唐的。

但统领土军第四十八师和安曼①（Amman）战区的哈米德·法赫里帕夏（Hamid Fakhri Pasha）显然持不同意见，或是有军令在身。他集合了约九百步兵，编组成三个营（1918年1月，土耳其一个营的兵力已根本微不足道），外加一百名骑兵、两门山地榴弹炮，以及二十七挺机枪，分由铁路和公路抵达卡拉克②（Kerak）。他在此地穷尽所有运输力量，并招募了一整个系统的文职官员以备接管塔菲列的政务，然后向南对我们发动奇袭。

这确实令我们猝不及防。直到他的骑兵侦察队在荷萨旱谷（Wadi Hesa）与我们的巡逻人员交锋之后，我们才如梦初醒。这处宽广深邃的

---

① 今约旦首都，坐落于其北部七座山头之上，故有"七山之城"的美誉。
② 约旦中西部古城，位于死海以东。

峡谷是卡拉克和塔菲列，以及摩押①（Moab）和以东之间一道难以攻克的天堑。战至黄昏时分，我们的巡逻队败下阵来，土耳其已兵临城下。

贾法尔帕夏在塔菲列大峡谷南岸摆开阵势迎战；若土耳其继续进攻，便将村落拱手让之，转守后方高地。这计划在我看来漏洞百出，高地坡道全是死胡同，于攻于守都一样困难。土军可以转从东面入手；且一旦我们放弃了村子，即等于眼睁睁看着村民投入土耳其阵营，一并前来攻击我们。

然而，这一策略已是板上钉钉——扎伊德也别无良策——我们便在午夜时分下令撤离，仆役和随从开始打包行李。作战力量移防至南部山头，而行李队则从低地道路前往安全地点。撤退行动在城内引发了极大的恐慌，农民以为我们在逃命（我也所见略同），便也匆忙打点细软跑路。此时正值极寒，地面结了一层厚冰，走起来咔咔作响。狂风大作的暗夜里，逼仄的街道上满是胡乱冲撞的人群和沸反盈天的哭号，场面一片狼藉。

迪阿布谢赫告诉我们，城内这些居民惯常见风使舵，左右骑墙，借以彰显自己的忠心耿耿；但我却觉得这些人都是潜力无穷的英勇战士。为了证实自己的观点，我坐在屋顶上，或在漆黑的巷子里走动，裹紧斗篷以避人耳目，护卫躲在暗处随时准备护驾，终于了解到了当前的局势。人们陷入极度恐慌，几乎到了穷途末路之境，无论对人对物，一律打砸抢烧，无所不为；但却并未有任何支持土耳其的迹象。土耳其人卷土重来的消息令他们惊慌失措，若有任何领袖站出来领导抗争，他们定当赴汤蹈火，在所不辞。看到民意与我渴望坚守此地，决一死战的构想不谋而合，我非常满意。

---

① 历史上摩押人所居住的区域，曾为中东一古国。

我终于和贾兹族年轻的谢赫麦塔布和安纳德碰面,他们穿着华丽的丝绸衣服,一身流光熠熠的银色披挂。我派他们去将他们的叔叔哈穆德·阿拉尔(Hamd el Arar)寻来,要他骑往峡谷北侧,告诉当地仍在和土耳其激战的农民,我们会立即前往支援。哈穆德这位骁勇英武的骑士风度翩翩,心忧天下,立即在兵荒马乱之际竭尽全力召集到二十名亲信,领命飞奔而去。

看到他们快马加鞭在街道上疾驰,居民最后的理智终于崩溃。主妇们将细软家什胡乱捆扎起来,忙不迭朝门窗外抛去,顾不得家中男丁并未在外接应。孩童们被推挤踩踏,哭闹不堪,母亲也不分青红皂白跟着大声哀号。莫特加人一边跑一边朝天鸣枪给自己壮胆,这时,敌军来复枪迸射出的火星已依稀可辨,在黎明前最后的黑暗中,勾勒出北方巨崖隐隐的轮廓,仿佛在和城内一唱一和。我返身回到另一端的高地上,与谢里夫扎伊德商议对策。

扎伊德脸色凝重地坐在岩石上,透过双筒望远镜扫视着原野,搜寻敌军的踪迹。情势益发紧急,他却如此置身事外,漠不关心,气得我七窍生烟。若按正常的用兵之道,土耳其人绝对不应为了区区一个塔菲列而大动干戈,而纯粹是受贪婪的驱使。宁愿不拉屎也要做占据茅坑的牛槽之狗(dog-in-the-manger)正是土耳其人一贯的卑贱作风,本不值得作为对手。他们如此不可救药,让我们如何拿出敬意与之堂皇一战?他们的愚昧也使得我们士气低迷,因为他们既没有让我们士兵钦佩不已的勇气,也没有令我们将官心悦诚服的智慧。此外,在这样寒冷刺骨的清晨,我已一夜未合眼,盛怒之下做出了一个德国人般暴虐冷酷的决定:要让他们为此番扰乱我的心神计划而付出血的代价。

以推进速度来判断,他们的兵力想必不多。我们占尽天时地利人和，可以轻易将其挫败；但这对于盛怒之下的我尚不解气，必要以其人之道还治其人之身，甚至比他们还要高明，如他们所愿鏖战一番，玩弄够了再将其斩尽杀绝。我甚至可以搜肠刮肚，将那些已经遗忘生疏的兵书战法都拿出来，借此机会温习演练一番。

这着实卑劣，因为以局势和概率看来，协约国已胜券在握，本可大发慈悲，不必以草菅人命为乐。即使避而不战，我们也已胜券在握，以调遣中央部队为名，采取迷惑战术，我们前后至少有不下二十次机会可以不战而屈人之兵。但此时此刻，愤怒和自负令我决意要一展身手，让敌人和天下都见识见识我的厉害。扎伊德此时已明白退守高原实属下策，因而对我言听计从。

首先，我建议由阿卜杜拉带着两挺哈奇开斯机枪，前去探一探敌人的兵力和部署。待摸清大致情形，再商议下一步对策。好在扎伊德年纪虽小，也不失胆量和冷静，颇有职业军官的风范。我们看着阿卜杜拉越过河谷的对岸，一时间两军交火猛烈，然后枪声逐渐消逝。阿卜杜拉的出击大大激励了莫特加人的骑手和农夫，也对土耳其的骑兵展开了进攻，将其驱赶至第一座山岭后方，在平原上追击了一两英里远，再越过另一座山头，沿着坡道而下，直至进入荷萨盆地。

土耳其的主力部队就在盆地后方，士兵们刚熬过眠不安寝的一夜严寒，浑身僵直地准备再度上路，此时即刻就地还击，和阿卜杜拉胶着拉锯。我们只听得远方机枪哒哒作响，逐渐密集呈怒吼之势，间杂断续的炮弹炸裂声。但凭耳闻之，已如身临其境，之后捷报传来，令大家群情激昂。我想要扎伊德立即披挂上阵，指挥大军乘胜而进，但此时他却又小心翼翼不敢躁动，坚持要听到前锋阿卜杜拉传来的确切战报再做打算。

从兵法上来看，这根本就是画蛇添足，但大家都知道我只是投笔从戎一书生，并非正牌军人，因此都对我头脑一热时的谏言持三分怀疑。纵使如此，我执意此仗非打不可，便决定亲自出马以验证他们的决策失当。我看见自己的护卫正在路上翻检居民逃命时丢出来的财物，已经搜罗得盆满钵满，便命他们去牵我们的骆驼，带上哈奇开斯机枪火速赶往北岸。

我们的路向下进入一片无花果林，这些植物蓝色的虬曲枝干上遍布节瘤，光秃秃的，似乎上次开花发芽已经耗尽了元气。之后道路向东转，在山谷中盘绕许久方抵达山顶。我没有走这条路，而是直接朝崖顶攀爬。常年赤脚此时展露出一大新优势：脚底已磨出厚厚的老茧，不畏疼痛，在崎岖的岩块上亦能气定神闲，健步如飞，或许也是因为天气寒冷，肢体麻木，踩在碎石和裂口上也浑然不知。爬了一阵，浑身便热了起来，且大大缩短了时间，很快就抵达山顶，从其最后一道山脊处俯瞰台地。

谷岸最后一段在此变得平直，留有拜占庭时期的防御工事，看起来颇适合作为塔菲列的预备防线或者最后防线。毋庸置疑，我们并没有预备部队——我们浪迹四方，谁也不知道能召集到什么样的战士——但一声令下，天下英雄皆来归附，处处都是他们的用武之地。就在这时，扎伊德的贴身艾格利侍卫赫然映入眼帘，他们全都怯生生地蜷缩在一处洼地里。要想催他们行动，与解开他们的辫子一样困难，好一番摇唇鼓舌之后，我终于让他们在山棱线上一字排开。他们约有二十人，远远看着相当体面，仿佛一支大军的尖兵队伍。我将自己的印章交给他们充当虎符，命令他们将新人们全召集过来，尤其是我那些佩枪的手下。

而我则继续朝北向战场靠近，途中遇上正要去向扎伊德回报战况的阿卜杜拉。他的弹药已经告罄，五名属下在炮火中丧生，一挺机枪被炸毁。他认为土耳其人有两门大炮，扎伊德应当召集全部人马奋力一搏：我对他这番话再没有什么可说的，由他回去报告，让扎伊德大人自行定夺是否出兵。

在这段空档里，我便开始研究战场情况。这片小小的平原宽约两英里，四周青翠的山丘环绕，呈粗略的三角形状，我所处的山脊为这个三角的底边。通往卡拉克的道路横越平原，向下插入荷萨谷中，土耳其正沿着这条路往上攻打。阿卜杜拉方才就在西侧，也就是左侧的山岭进行阻击，目前的战线正位于该处。

我穿过平原时，炮弹呼啸而下，坚硬的苦艾草秆不停地扎我的伤脚。敌军设置的引信太长，因此虽然炮弹都飞向山脊，但大都要蹿到山脊后方老远才爆炸。有一枚炮弹落在我身旁，近得我从那滚烫的弹头都能估计出炮的口径。随着我逐渐靠近，着弹点也越来越近，待我抵达山边时，周遭全是四处飞舞的弹片。显然土耳其在某处设有观测点，我环顾了一番，看到他们正在远端卡拉克路的东侧崖壁上攀登，不久便可自侧翼包抄我军的西面山麓。

第八十六章

"我军"最后只来了约六十人，分成两队聚集在山脊后方，一队在山脚，一队在山顶。山脚那一队都是农民，统统徒步，气喘吁吁，狼狈不堪，但却是当天唯一让我觉得安慰的一幕。他们说自己的弹药已经告罄，只能等死了。我向他们保证，战争才刚刚开始，并指着那西面一座山峰称那里全是援军。我让他们火速返回营地，重新补充弹药，然后前去坚守。与此同时，我们会在目前这个位置坚守掩护，设法替他们争取到几分钟的撤退时间。

他们开心地跑走了，我则走上山顶，对另一拨人引经据典，搬弄兵书，告诉他们在彻底完成向新的作战阵地转移前，必须在阵地不断射击，保持火力。这群人的队长是年轻的麦塔布，一番血战后，身上仅余一条褴褛的内裤，一头漂亮的黑卷发凌乱不堪，满脸血污，神情憔悴。他正懊恼地双手互捶，嗓音嘶哑地唉声叹气着，因为这是为我们而战的第一仗，他本打算要好好露一手的。

我来得不是时候，防线正为土耳其所破；而当听我说只是来勘察地形时，他更是火冒三丈。他认为这是一种蔑视，高叫着什么你们这些基督徒居然赤手空拳上战场之类的话。我引用克劳塞维茨的话反唇相讥，称身为后备军，存在比作战更重要；但只换来他一阵狂笑，这笑声或许有理，因为我们藏身的这处小小河岸已经枪声大作。土耳其人发现我们就躲在后面，集中了二十挺机枪疯狂扫射起来。这处条状燧石堆积成的河岸仅四英尺高，五十英尺长，机枪声在另一侧震耳欲聋；头顶满是纷飞的子弹和碎片，扰得空气发出嗡嗡蜂鸣声，仿佛死神就在上方虎视眈眈。显然我们必须尽快逃离，由于没有骑马，我便先走一步，麦塔布承诺会在此地再撑上十分钟，替我断后。

竭力狂奔让我浑身发热。我数着步伐，以估量土耳其人需要追击的距离；因为莫特加人据守的山脊是此地唯一的据点，且南面防御空虚。如果我们以退为进，将其放弃，或许可以赢得此役。我们的骑兵冒死拖延了约十分钟，也一阵风地往回飞驰，并未有人员伤亡。麦塔布让我和他共骑一匹马，直到和艾格利人会师之后方才松了一口气。此时日正当午，我们正好能休息片刻，好好琢磨一下战局。

我们现在据守的山脊高约四十英尺，地形极易防守。我们有八十人，其他人还在陆续到达。我的护卫已经持枪到位；负责爆破的鲁特非（Lutfi）带着两名帮手激动地跑来，身后还跟着一百名艾格利人。整个场景热闹非常，宛若在举行野餐，而我们则一口一个"棒极了"，装出一副欢欣鼓舞的样子以迷惑他们，免得他们看出我们实际已经被逼得走投无路了。我们将机枪架设在山棱线上，下令可以对土耳其偶尔来个断点射，火力不必太猛，此举亦是效法马赛纳①（Massena）拖延敌军的权宜之计：稍加干扰，过犹不及。除此之外，我们便按兵不动，我躺在一处吹不到风的掩体中，在微微斜射的阳光中尽情酣睡了一小时。此时土耳其已占领先前那个山头，像一群鹅般神气地拉开了阵势。我们的人并未搭理他们，任其耀武扬威了一番。

下午三点左右扎伊德来了，带着马斯特、拉希姆和阿卜杜拉。他们率领着主力部队，共有二十名乘骡步兵、三十名骑马的莫特加战士、两百名村民、五支自动步枪、四挺机枪，以及埃及陆军友情提供的，曾在麦地那、佩特拉和焦夫辗转奋战过的山炮。看到如此盛大的军容，我便起身迎接。

土耳其看到我们人马甚众，便致以大炮和机枪的问候；但由于射程不够，根本也没打到啥东西。我们遵循运动战的策略，开始出动。拉希姆变身骑兵指挥官，率领着八十名骑着各色动物的士兵，绕过东面山脊，自敌军左翼包抄。兵书有云，毋攻一线，宁攻一点；而只要迂回得够远，再坚固的战线都可能出现薄弱点，从而被各个击破。拉希姆对我这个观点也极为赞同。

---

① 即安德烈·马赛纳（André Masséna），1758年—1817年，法国大革命及拿破仑战争期间的著名统帅，也是拿破仑帝国十八名开国元帅之一。

拉希姆笑称要将对方斩尽杀绝；但哈穆德·阿拉尔的表现则更佳。出发前他庄严地拔剑宣誓，称要为阿拉伯建国事业死而后已，并就此慷慨激昂地发表了一通演说。拉希姆带上五挺机枪和他一道出征，令人满意。

我们让中路部队四处走动，从而分散敌人对侧翼部队的注意力，而敌人的机枪则不断地对我们扫射，他们间隔隐蔽在左侧山脊，仿佛博物馆陈列的展品一般。这种战术荒唐至极，山脊是燧石质地，连只蜥蜴都藏不住。子弹打在岩石上激起飞溅的碎石，即刻能置人于死地。同时我们也已经估算出他们的距离，便仔细调节好维克斯机枪，但愿那些胡乱开枪的土耳其人自求多福；山炮也在适当的位置部署妥当，一旦拉希姆的部队就位，我们的炮弹就能轰炸他们的阵地。

就在我们待命之时，又有一百名爱玛（Aima）族的援军抵达。几天前，他们曾因军饷问题和扎伊德分道扬镳，但危急时刻还是决定不计前嫌，以大局为重。他们的加入使得我们决定舍弃福煦元帅的套路，立即分三路展开攻击。于是我们命令爱玛人携带三挺机枪，从右翼，即西侧进攻。接着我们从正面对敌军采取行动，以火力和跳弹袭扰其暴露的阵线。

敌人这时候发现再拖下去局势不妙。天色逐渐暗淡下去，日落后守方常常会占据优势。老将哈米德·法赫里便召集手下参谋和指挥部人员，令他们也拿起步枪和士兵一同作战。"我戎马生涯四十载，从未见过这般亡命狂徒。你们也一起上……"不过为时已晚，拉希姆的五挺机枪已经疯狂扫射起来，每挺机枪配有两名枪手。他们推进的速度极快，眨眼之间便占据了上风，土耳其的左翼陷入瘫痪。

常年在此地放牧的爱玛人对地形了若指掌，顶着土耳其的机枪火力,神不知鬼不觉地匍匐前进了三百码远。由于被我们中路的火力所牵制,敌人在他们突然近距离开火时才发现战线已被突破,整个机枪队被围歼,右翼溃不成军。我们见状,立即对骆驼骑兵和身旁的小兵们大喊冲锋。

扎伊德的管家穆罕默德·加西布（Mohamed el Ghasib）此时身先士卒,闪耀的长袍如浪花般在风中摇曳,艾格利人猩红的战旗在头顶飘扬。我们的中路部队、仆从、炮手、机枪手都在他的带领下如潮水般杀将过去。

这漫漫一天令我倍觉煎熬,此时一心只盼战役结束;但身旁的扎伊德却在兴高采烈地鼓掌,为黯淡的红色夕阳下那威风凛凛的队伍喝彩。一边是拉希姆的骑兵正以摧枯拉朽之势将敌军左翼逼入山坳;另一边则是爱玛人在大开杀戒,血洗右翼残部。敌人的中路正在朝峡谷中溃逃,我们的士兵或徒步、或骑马、或骑骆驼,跟在后面穷追不舍。一整天都龟缩在我们身后畏首畏尾的亚美尼亚人,此时也壮起胆来,拔出刀剑,呐喊着冲向土耳其人。

我想着此地到卡拉克路途遥远,还有荷萨的山涧横亘其中,道路崎岖难行,林木缠绕杂乱,山径逼仄狭窄,土耳其人必逃不过惨遭屠戮的命运。我本该为他们的命运而叹息;但当时余怒未消,加之一天劳心费神,我已无心再冒着夜色前往深山中劝阻阿拉伯人刀下留情。由于我决定大战一场,我们六百将士中有二三十人阵亡,而负伤者更是三倍于此。以占兵力六分之一的人员伤亡,只换来这次华而不实的胜利,因为区区一千名土耳其士兵的生死,根本左右不了整体战局。

最后,我们俘获了两门山地榴弹炮（是对我们大有用途的斯柯达炮）,二十七挺机枪,两百匹马和骡子,两百五十名战俘。依阿拉伯人的说法，敌军仅有五十人侥幸逃脱，这些疲惫的逃兵向铁路方向奔命，途中却遭遇阿拉伯人的截击，悉数被射杀。我们的人马很快就停止了追击，因为他们自己也疲惫不堪，浑身乏力，外加饥寒交迫。对将领而言，战役当时大概热血沸腾，但通常他们在战前就已经添油加醋设想过一番，而现实却远非那样美好，士兵平静而无足轻重地挤在一起，寻找那虚幻的理想。

今夜荣光所剩无几，只余一地残肢断臂，那都是我们阵亡将士的尸体，被抬着返回故里。

返程途中开始下雪，我们一直忙到很晚，费了九牛二虎之力才将伤员抬进城中。土耳其的伤兵只能躺在战场上，第二日必死无疑。整场战争就是一个错误，但也并未有人因此而责备我们。为了营救自己的战友，我们在暴风雪中铤而走险（想要克敌的念头令我们孤注一掷）；而如果我们的原则是不应为了屠杀土耳其人而搭上阿拉伯人的性命，那就更不应为了救土耳其人一命而危及自己人的安全。

第二天、第三天，雪愈下愈大。我们被困在风雪中，整日无所事事，百无聊赖。我们本应一路乘胜追击，打过卡拉克，让土耳其人带着战败的恐惧逃回安曼。结果，我除了能向巴勒斯坦的英军总部写一份报告供参谋人员参考外，我们的死伤和战果均无人问津。这份报告纯粹是为了哗众取宠，满纸强颜欢笑，佯装才疏学浅；想让他们认为我无非是个谦卑的门外汉，竭尽全力在邯郸学步；并不是那种跳梁小丑，而是效仿他们对福煦的理论频送秋波，就好像乐队随着总指挥的手臂，点头如捣蒜，一头扎入克劳塞维茨的血腥屠场。以这场战役为例，便是对兵书拙劣的生搬硬套，以证明其行之有效。这让总部颇为满意，天真地随声附和着我的戏谑，声称要颁发勋章对我的贡献予以嘉奖。如果能随意捏造，我们的队伍中还会有更多的英雄豪杰凭空而出，书就更加流芳千古的动人篇章。

第八十七章

荷萨之役唯一的收获，就是给我上了一课。无论是意气用事，还是稳操胜券，都不要再这样为了逞勇斗狠而打仗。而实际上，仅在三天后，我们通过阿卜杜拉·菲尔的协助，得到了一个极具重要意义的行动机会，可以扳回一局。他在我们下方死海南岸的一处平原扎营，那里溪水甘洌，植被丰茂，可谓世外桃源。我们将捷报送给他，并告知他我们计划突袭卡拉克内港，捣毁土耳其在那里的小型舰队。

他闻讯挑选了七十余名骑士，都是贝尔谢巴的贝都因人，在夜间沿着摩押山岭和海岸之间的暗礁前进，一直推进到土耳其人的哨位前；待到曙光乍现，能见度刚刚够骑手疾驰时，便从埋伏的灌木林中一跃而起，杀向土耳其停在港湾北面的汽艇和驳船，彼时船员仍在附近海滩和棚屋中酣睡，对此毫无警觉。

这些人都是土耳其海军，根本不懂陆上作战，更别提招架骑兵的攻击，直到冲锋的马蹄声鼓点般震耳欲聋方才从梦中惊醒，而战斗也旋即结束。茅屋被付之一炬，补给品被洗劫一空，船只则全被驶进深水区凿沉。我军未伤亡一人，生擒六十名战俘，凯旋荣归。1月28日，我们又成功拿下了第二个目标——截断死海的交通——比我们与艾伦比约定的时间提前了十四天。

在3月底前攻克耶利哥旁的约旦河口是我们的第三个目标；这任务当属顺理成章，但由于天气恶劣，加之荷萨一役的血腥阴影久久挥之不去，因此我们迟迟没有动作。塔菲列如今已局势稳定，费萨尔给我们送来了军火和食物。物价平稳，当地居民对我们的信任也与日俱增。卡拉克的部落人每天都与扎伊德保持接触，打算在他拔营时也投效麾下，一道南征北战。

但即便如此，我们还是束手无策。军队在严冬的威逼下只能龟缩在村子里，成天百无聊赖，除了呆滞地挤在一起取暖外无心恋战。确实，待在室内是最明智的选择。我曾两度到积雪厚重的高原上巡视，土耳其士兵的尸体、冻得僵硬的棕色制服碎片散落一地。想要在这里生存极为艰难，白天雪虽然会稍作融化，但夜间又立即冻成一片。风无情地划破肌肤，手指不听使唤，麻木不堪；脸颊如枯叶般瑟瑟抖动，直至彻底僵硬，失去知觉的肌肉绷得发疼。

要想骑着骆驼穿越风雪，牲畜在湿滑的路面上几乎寸步难行，必会招致众人的齐声反对；而随着日复一日的拖延，逐渐恶劣的气候抹杀了最后的希望。塔菲列地区的大麦开始紧缺，我们的骆驼无法到野外去放牧吃草，如今连人工饲料也吃不到了。我们不得不将它们赶到距营地一天路程远的，气候较为温和的戈尔（Ghor）去觅食。

要走上一天主要是因为道路曲折迂回，而戈尔离我们的直线距离实为六英里多一点儿，就位于营地下方五千英尺处，肉眼一望可见。发现山下湖边还有这么一片花园地，更加重了我们对这苦寒之地的怨念。我们被困在跳蚤横行的冰冷石头房子内，缺少柴火，没有粮食；冰渣混合着冻雨寒风封锁了街道；而下方的山谷里却阳光普照，绿草茵茵，鲜花盛开，牲畜奶水充沛，空气和煦得让人想把裹了一冬的斗篷脱掉。

我的护卫队境遇最为优待，扎吉为他们找来一间烂尾的空屋，有两个坚实的房间和一方庭院。我自己掏钱买了柴火，以及喂骆驼的谷物。

骆驼被圈在庭院一角,喜欢动物的阿卜杜拉会逐一爱抚它们,教它们记得自己的名字,然后让被叫到名字的骆驼从自己口中取食面包作为奖赏,好似接吻一般。但总的来说,我们过得并不开心,因为只要生火房子里就满是呛人的绿色浓烟,而通风的窗口只有我们自己拼凑成的板子,作为抵挡风雪的权宜。泥质的屋顶整日滴水淋漓,夜间石头地面上虱子泛滥,为了送上门来的鲜肉大唱赞歌。两间小屋内塞了二十八名汉子,酸臭的汗味阵阵扑鼻。

我的鞍袋内有一本《亚瑟王之死》,可以打发这令人作呕的时光。其余手下一身力气无用武之地,很快就按捺不住火气起了摩擦。他们的怒气通常都是日积月累的不满突然爆发,推搡拥挤把我也弄得火冒三丈;加之我臀部一处伤口在冰冻之下,本就疼得令我如坐针毡。日子一天天过去,大家关系日趋恶劣,每个人都污秽不堪,野蛮粗暴。

终于,生性粗野的谢拉拉特人阿瓦德和小马赫马斯(Mahmas)起了口角,三句话不合便拔刀相向。其他人及时将他们拉开,没有酿成惨剧,两人仅受点皮外轻伤,但却犯了护卫之间的大忌。由于双方公然斗殴,领队必须就地用刑予以惩戒,而其他人都到另一间屋回避。然而,扎吉的鞭声听起来太过刺耳,不由得让我心有戚戚,没打几下便制止了他。阿瓦德挨了几鞭,并无怨言,慢慢站起身来,垂着头踉踉跄跄走回自己睡的地方去了。

接下来该轮到马赫马斯了,他沉默寡言,有尖尖的下巴和额头,明亮的眼珠总是歪在内眼角,带着一种难以言喻的急躁。他其实还不算我的护卫,只负责照管骆驼;由于他眼高手低,自尊心过强,所以经常和同伴产生冲突。如果斗嘴时败下阵来,或遭人嘲笑,必会拔出自己的小匕首捅向对方。此时他正畏缩在房间一角泪流满面,咧着嘴赌咒发誓要和伤害自己的人彻底决裂。忍受痛苦向来被阿拉伯人视为男子气概和美德，并不会过问背后到底隐藏有多少伤心往事。因而马赫马斯的哭泣被视为胆怯，在我免除了他的刑罚后，他便羞愧地溜到夜色里躲起来了。

我为阿瓦德感到抱歉，他的坚强令我汗颜。尤其第二天早晨，我听见院子里传来一瘸一拐的脚步声，看见是他还在努力支撑着想要照料骆驼，更是令我无地自容。我叫他进来，打算赏他一条带刺绣的头巾作为他恪尽职守的嘉奖。他脸色阴郁地进来，惴惴不安做好了再度受罚的准备；但我一改态度，令他受宠若惊。到了下午，他已经又唱又叫，乐不可支：因为他发现塔菲列居然有傻子愿意花四英镑买下我送给他的礼物。

紧张的气氛容易迁怒他人，引发争端，因此我决定将队伍分开，并亲自外出筹集经费，以备天气好转之需。扎伊德已花光了从塔菲列进军死海的预留军费；一部分用来支付军饷，一部分购买补给品，剩下的则用来犒赏荷萨战役的有功之人。无论我们下一个战场在何处，我们都必需花钱在当地征募新兵，因为只有本地人才熟知当地地形，能全心为家园而战，以避免家庭和作物遭受敌人的践踏。

乔伊斯本该安排人给我送钱来，但这个季节交通极为不便，我势必只能亲自前往：离开肮脏混乱的塔菲列透透气也是好的。于是我们一行五人，挑了一个稍微放晴的天气上路。我们顺利抵达瑞希迪亚（Reshidiya），在攀爬后方的矮山时，也曾在云层上短暂地沐浴过一阵微弱的阳光。

下午又变天了，刮起强劲的北风和东风，让我们后悔来到这无处躲避的平原上。当我们涉过肖贝克的奔流时，下起雨来，起初先是滂沱阵雨，接着便不停不休，自我们左侧倾盆而下，雨势之大，将我们密密包裹，甚至感受不到风向。雨束投掷到地面，激起白茫茫的水花。但此时离天黑尚早，我们并未停下脚步，依然不停催促着战栗的骆驼前行。骆驼一路不停打滑摔倒，好不容易才穿越山谷。尽管困难重重，我们仍然以两英里的时速赶路；一路艰难反而令我们兴奋不已，身上也逐渐暖和起来。

我本打算连夜行军，但来到欧多赫（Odroh）附近时天降大雾，低低地笼罩在我们头上，云层压在雾气上，更给天地加盖了一层帷幕，在无风的空中扶摇升腾。眼前的景致似乎变了，远处的山看起来更小，近处的丘陵则放大。我们走得太偏向右方了。

这片开阔地带看起来似乎坚实平坦，实际地面腐朽不堪，骆驼每走一步，便陷入其中四五英尺深。这些可怜的畜生冻了一整天，又走得跌跌绊绊，弄得浑身瘀伤。于是，我们又遇上新的困难。跨下的牲畜一会儿乱跑几步，然后猛然停下，左右张望，裹足不前；或者试图往路旁逃窜。

我们不给它们脱逃的机会，鞭策它们一路前行，直到进入一处山棱线崎岖不平的多石山谷。四下一片漆黑，前面本不该有山的地方又隆起了一座高峰。整个世界又上了冻，连谷中的乱石都被裹在冰壳中。迷路之际还要连夜赶路实为愚蠢之举，我们便找了一块突出的巨石，躲在后面避避风雪，并让骆驼紧紧靠在一起，尾部朝风。如果面向寒风，它们或许会被冻死。我们依偎在骆驼身侧，希望能以此取暖睡着。

但这温暖，至少于我，迟迟没有到来，依然辗转难眠。我曾短暂地睡着了片刻，但很快就醒了过来，感觉似乎有手指缓缓抚过面颊。我抬眼望去，只见夜空中大片雪花狂舞。雪势持续了一两分钟；接着便下起雨来，之后又化作霜降，冻得我蜷缩成一团，浑身刺痛，动弹不得，只能眼巴巴熬到天亮。这白昼虽犹抱琵琶，步履珊珊，但总算是来了。我挣扎着从泥地里爬起来察看手下：每个人脸上都写满了无尽的痛苦和绝望的屈服。

这四个南方佬原本就不耐严寒，到了塔菲列后更是一病不起，要回到圭维拉休养，直至天气转暖再返回。但在这场风雪中，他们和爱钻牛角尖的公驼一样，打算就这样一卧不起，与世长辞；而且，虽然他们出于骄傲的自尊，绝对不开口抱怨，但却默默以各种行为让我明白，他们为了我做出了何等巨大的牺牲。他们不说话，也不动弹，更不回答我。要对付这些冻得不想起身的骆驼，最好的办法就是点一把火，慢慢替它取暖，待它高兴了自己便会站起来上路；但我却一把揪住这群蠢货里最聪明的那只领队，把它拽起来，让它知道自己仍有知觉，还能走动。其余的见状便都跟着起身，还有不识相的，我们便用脚又踢又踹。唯一的损失是一只被死死冻在地上的水袋，再也拔不出来。

在天光的照射下，地平线变得很近，我们也能看到正确的路线位于左方四分之一英里处。我们蹒跚地徒步上路，骆驼已经虚弱得驮不动人了（除了我的骆驼外，其它的骆驼都在旅程结束后死亡），而且地面过于泥泞，我们也和牲畜一样一路摔得四仰八叉。不过，德拉的那一套又派上了用场：迈步时将脚趾尽力张开，深深抓住稀泥。我们就用这种方式，手牵着手连成一队，继续前进。

空气冷得似乎要冻住一切，但其实并未结冰；风在夜间转了向，此时改从西面猛扑过来，仿佛一只凶狠的秃鹰。我的斗篷被吹得鼓胀，像船帆般反方向拖住我们。最后我们只好脱掉斗篷，方走得轻松了些，只留衬衣紧裹住身体，袍尾在风中不停拍打。暴风刮起白色的尘雾，旋扭着一路穿过山谷。我们的手指已失去知觉，我们只能凭借脏污中的红色血迹才发现已经被割伤；但我们的身体尚未冻僵，每场风暴来临时，还能支撑着在冰雹中筛糠般抖上几小时。我们不断扭转身体，让未受伤的一侧面对自然的鞭打，并将衬衣拉开远离肌肤，借以做暂时的抵挡。

临近黄昏，我们走了十英里路抵达阿巴利散。毛路德已经将人马带往低地平原，我们扑了个空；不过这样也好，我们浑身污泥，落魄不堪，青筋暴突，仿佛被剃光毛的猫。接下来的路好走许多，通往席塔山的最后两英里路冻得如铁般坚硬。我们重新骑上骆驼，它们气若游丝的鼻孔里喷着白烟，朝那片隐约可见的，仿佛远在云端的美妙、温暖、红色且舒适的圭维拉平原奔去。云层奇异地悬盖在这片洼地上，自我们站立的这座山头的高度，像凝乳般将天空一剖为二，我们不由得驻足观赏了好几分钟。每隔一小会儿，就有一小缕海浪泡沫般的碎云被吹散，如一团轻掷向我们的羊毛。立于绝壁之巅，能感觉到云层扑面；如果转身，则可看见那白色的裙裾在崎岖的山头拖曳而去，被山石撕裂成千丝万缕，化作点点灰白的颗粒，或是滴滴水珠，从此消散不见。

饱览这天上奇景之后，我们便开心地朝山下进发，在和煦的空气里沿着山路走到干燥的沙地上。但旅途远不如我们设想的那样顺利，伤口被血水浸润的滋味，远超过冻裂时的痛楚；而本已冻得麻木不知疼痛的脸颊，此时也开始恢复知觉。我们逐渐感受到脚部的皴裂和瘀伤，仿佛已烂成一滩稀泥。在冻泥里摸爬滚打，似乎并未觉得有什么严重；然而来到这温暖的含盐沙地，加重了对伤口的刺激。不堪忍受之下，我们只能再次爬上苦命的骆驼，机械地鞭打着它们朝圭维拉前进。这次，温暖的天气令它们感觉好受了一些，纵使无精打采，还是将我们安然送抵了目的地。

第八十八章

我在圭维拉的装甲汽车营地慵懒地度过了三个闲适之夜，和艾伦·道内、乔伊斯及其他人侃大山，也吹嘘一些在塔菲列的事迹。这些老友在我的好运面前，显得有几分黯然，因为他们两周前与费萨尔大张旗鼓地进军木达瓦拉，结果铩羽而归。一部分原因是正规军和非正规军无法合作的历史顽疾；一部分则是因为穆罕默德·阿里·贝达威这老家伙，带领本尼阿提耶人在进军途中，发现有水便擅自做主，高喊着"午休！"，然后就待了两个月没动身，沉溺在酒池肉林中乐不思蜀，快快活活当了一次及时行乐的阿拉伯人。在条件艰苦，资源紧缺的阿拉伯，食物是每个人难以抵挡的诱惑。稍不注意，哪怕是品尝一小口美味，都会在快感体验中沦陷。一池清水，一片树荫，都可被视作奢侈；越是难得一见，便越容易耽溺沉迷，并进一步延伸出对淫欲的渴求。他们这种故事总令我想起阿波罗尼奥斯①（Apollonius）的名句："得了吧，你们这些大数人②（Tarsus），只会如呆鹅般长踞河上，终日醉饮这白浪之水！"

亚喀巴给我送来三万镑金币，和一头奶油色的骆驼伍德黑哈（Wodheiha），这也是我现有牲畜里最好的一头了。它是艾提巴种，曾替原来的主人赢过多次竞赛；此外，它的体能状况极佳，丰腴但不会太胖，常年在北部燧石地面上奔走，脚底有坚实的胼胝，毛皮也厚重浓密。它并不算高，看起来相当壮实，但又驯顺温良，易于驾驭，只要轻拍座鞍相应一侧，它就会随之左右转向。因此我骑着它总无需驼鞭，路况好的话还能在座鞍上优哉游哉地看会儿书。

---

① 公元前262至前190年，是继欧几里德之后最重要的希腊几何学家，著有《圆锥曲线》。
② 一译塔尔索，位于今土耳其小亚细亚半岛东南部。

我的手下都在塔菲列或阿兹拉克，要不就在外执行任务，我只得问费萨尔借几名临时随从。他便将自己的两名艾提巴骑手，塞尔吉（Serj）和拉梅德（Rameid）借给我；为了协助我运送金币，还加派了谢赫莫特洛格的队伍押送。当初驾驶装甲汽车勘察木达瓦拉下方的帖布克平原时，莫特洛格发挥了很大作用。

那时莫特洛格是以赞助人的身份参与勘察，坐在福特厢式货车（Box-Ford）的行李堆上，居高临下为我们介绍地形地貌。司机在沙丘上全速狂奔，福特车有如乘风破浪的汽艇颠簸不定。车辆在一处急弯漂移了一百八十度，仅有侧方两轮着地，惊险万分。莫特洛格被倒栽葱甩出车外。马歇尔懊悔地停下车，跑回去查看，要为自己的疯狂驾驶道歉；但这位谢赫一边愁眉苦脸揉着脑袋，一边柔声说："别生我的气，我从没学过要如何坐车。"

那些金币每一千镑装作一袋。莫特洛格从二十名手下中拨出十四名，每人各押送两袋，我自己则负责最后两袋。一袋金币重达二十二磅，由于路况恶劣，两袋金币对骆驼已是足够的负担，且袋子在座鞍两侧摇晃，更加增添行走的难度。我们在午时动身，希望能在进入险峻山区前好好赶上一程。但事与愿违，出发后半小时便下起雨来，不停不休将我们淋成了落汤鸡，骆驼的毛受潮后变得卷曲，宛如落水狗。

就在这时，莫特洛格看见砂岩尖峰一角立着谢里夫法赫德的帐篷。尽管我急着赶路，他还是力邀在此留宿一夜，看看明日山里天气如何。我知道如此时为了休息一夜而动摇，之后极有可能继续耽搁下去，毁了这趟行程，便和他告别，带着自己两名手下以及六位前往肖贝克的霍威塔特人继续前行。

刚才一番推托已然耽误了时间，因此天黑时我们才抵达山路入口。

凄风细雨中，我们开始后悔刚才的高尚决定，对此时享受法赫德款待的莫特洛格羡慕不已，突然看见左侧有红光摇曳，方才发现萨利赫·伊本·谢菲亚带着手下一百名延布的自由人战士，在一顶帐篷和三个岩洞里扎营。萨利赫的父亲是可怜的宫廷小丑老穆罕默德，但他本人却是个少年英雄，在维克里为炫耀武力而攻下沃季赫一战中立下了汗马功劳。

"Cheyfent?（你好吗？）"我热忱地问候了两三声。这一朱罕纳族特有的礼节让他眼神一亮，低下头走近我，隆重地一口气连对我说了二十次"Cheyfent?"。我当然不愿被人比下去，因此也同样郑重其事地回应了十几声。他接着我的问候又继续说了二十多次。见状，我决定放弃深究在延布旱谷礼节中，致敬时到底可以重复多少次这种问题了。

纵使我浑身湿透，他还是邀请我进了帐篷，让我坐在他的地毯上，给我换上了他母亲亲手缝制的新衣，并传令准备热乎乎的肉饭。酒足饭饱后我们躺下，伴着他双层帆布制的麦加帐篷上的雨点声，心满意足地酣睡了一夜。

次日拂晓我们便启程，只胡乱吃了点萨利赫送的面包。开始爬坡时，塞尔吉抬头看了看，说道："这山戴着小圆帽。"原来每座山头都覆盖着浑圆的雪顶，艾提巴人见状，好奇地加快速度向上爬去，想要亲手摸摸这难得一遇的奇观。连他们的骆驼好像也少见多怪，低头伸长脖子对积雪嗅个不停，但两三次后便感觉腻了，再度转过头去漠不关心地看着前方。

一路无事，但好景不长；刚翻过最后一座山脊，东北方向刮来一阵凛冽的风，刺骨寒意扫得我们直哆嗦，赶紧背过身去找地方躲避。如果迎风而行，似乎会一命呜呼；但我们知道这根本不可能，只能强打精神，顶着飕飕风声推进到谷中第一个勉强可以避风的地点。赛尔吉和拉梅德肺部第一次被冷风刺得生疼,认为自己会缺氧而死,惊恐不已;而为了避免经过下一个友军营地时,他们再度为了是否留宿而良心挣扎,所以我干脆将队伍带到毛路德驻守的山头后方,如此一来就不会与那支不畏风吹雨打的部队相遇了。

毛路德的人马已在这海拔四千英尺的高地上不分昼夜地驻守了两个月之久,无人前来换防。山腰浅浅的战壕就是他们的居所,没有柴火可用,只能用稀疏潮湿的苦艾每两天烘焙一次面包充饥。除了类似英军那种夏季卡其制服外,他们再没有御寒的衣物。他们就这样睡在跳蚤丛生的水坑里,用六到八个空的或者半空的面粉袋扎成垫子,再将破烂的毯子拼起来聊以保暖。

半数以上的士兵因为寒冷和潮湿而丧命或受伤;但其他人依然坚守岗位,每天和土耳其前哨部队都有交火,双方仅是因为天气恶劣暂时没有形成大规模交锋。多亏了他们,更多亏了毛路德,以这样坚忍不拔的毅力和勇气,守护着我们的安全。

毛路德已是一名伤痕累累的老将,矢志不渝的爱国情操让他不惜与土耳其连番征战,并三番五次因此放弃自己的大好前程。如没有强大的精神信念支撑,一个人是无法斗志昂扬地在马安前线熬过长达三个月的数九寒冬,并且带领五百将士同仇敌忾,不屈不挠地共同出生入死。

而我们才出发了一天,便感觉吃不消了。阿巴利散山头的道路都已结冰,刁钻地风见缝插针,专往我们眼里吹,阻碍了视线;但麻烦才刚开始。二十英尺高的河岸底部满是湿泥,骆驼深陷其中动弹不得,只能无助地低低哀鸣着,似乎在说无法将我们送至岸上。我们跳下来想要帮它们脱身,结果自己先摔了个狗啃泥。最后我们不得不脱下用以御寒的珍贵的新长靴，赤脚牵引着骆驼，一路将其拉上河岸。

麻烦接踵而至，日落前我们至少下鞍二十次。有时是非下来不可，因为骆驼已经滑倒，肚子酒桶似的在地面骨碌碌翻滚，身上的金币随之叮当作响。如它们尚有体力，会因这一跤而大发雷霆；后来逐渐懊恼起来，最后变得战战兢兢。我们骑手也烦躁易怒，被狂风吹得心慌意乱。马安的北风可谓整个阿拉伯最锋利如刀的，而今天更是凛冽凶猛。风穿透我们的衣服，令人感觉不着一物，手指蜷作一团，握不住缰绳和驼鞭，腿也冻僵了，夹不住座鞍。所以当骆驼摔倒时，我们也随之飞了出去，重重地磕在地上之时，还保持着盘腿而坐的僵直姿态。

但此时并未下雨，风也十分干燥，因此我们还能持续朝北方前进。夜晚时分，我们已差不多抵达巴士塔（Basta）的小河边，这也说明我们的时速超过一英里。由于担心明天人员和骆驼太过疲惫，没有体力保持这样的速度，因此我敦促大家摸黑涉过溪流。水势渐涨，骆驼畏缩不前，只能靠我们徒步在三英尺深的冰冷水流中牵引而行。河后方的高地上，寒风继续仇敌般扭住我们不放；大约九点时，其他人全都哀号着趴在地上，不肯再走一步。其实我也几乎就要哭出声来；但只因为他们如此公然出丑，令我嫌恶，才将自己的酸楚强咽下肚，半推半就地顺从他们的意愿扎营。我们用九匹骆驼聚成一个方阵，然后舒适地躺在它们中间，安然聆听着萧瑟之风在耳畔拍打，犹如夜海行舟，波声万里。群星明亮璀璨，在头顶擦过的流云间时隐时现，似乎在不停变换着位置和图案。我们每人有两条毯子，一袋烘好的面包，足以抵御饥寒的魔爪，在这冰冷的泥地上进入梦乡。

第八十九章

天亮后我们精神抖擞地继续前进，天气变得柔和，覆满苦艾的凄凉山岭上空一片阴沉。这些岩层年代久远，山坡上已裸露出一条条风化严重的石灰岩。烂泥加上这些风化的坑洞，使得行路更为艰难。融雪在雾茫茫的山谷中沉缓地流动，最后湿漉漉的雪花又大片大片地从天而降。我们抵达孑然孤立的欧德罗（Odroh）遗迹时，天刚正午，看起来却如薄暮般暗沉；风时吹时偃，唯有厚厚云层和蒙蒙细雨自身边迟慢地飘过。

我转向右行，打算避开贝都因人设在肖贝克的营地；但队伍中的霍威塔特人却带领我们直奔而去。七小时里我们赶了六英里路，他们都已精疲力竭。其中两名艾提巴人非但累坏了，甚至已经撕破脸，扬言天塌下来都不能阻止他们去部落人的帐篷里休息。为此，我们冒着雨在路旁争执不下。

我个人觉得精力充沛，情绪高涨，认为根本没有必要接受部落民族的好意招待。以东地区时值寒冬，扎伊德已捉襟见肘，理当谢辞部落人抓紧赶路。肖贝克仅距我们十英里远，离天黑还有五个小时呢，因此我决定独自上路。安全问题不必担心，因为无论是土耳其人还是阿拉伯人都不会在这种鬼天气出门，路上只会有我一人。我将赛尔吉和拉梅德的四千镑金币一并取来，对着山谷咒骂他俩是懦夫；当然他们并不是。拉梅德已呼吸困难，塞尔吉则浑身疼得经不住骆驼的颠簸。当我自行离去时，俩人都气得破口大骂。

因为我骑的是最好的骆驼。虽然身负额外的金币，伍德黑哈依然健步如飞。途经平地我便坐在它身上，上下坡时则下鞍与之并肩同行，我俩总会滑稽地同时摔倒，它对此好像也不亦乐乎。

日落时雪停了；我们已抵达肖贝克河岸，可以看见河对面棕色的道路弯弯曲曲穿越山岭，直抵村落。我试着抄近路，但上冻的河岸让我看不真切，一脚误踏入薄冰（如刀刃般锋利），深深陷入下方的淤泥中，甚至让我担心要这样半沉半浮困在里面过夜；或者干脆整个没顶，还能死得痛快些。

　　伍德黑哈颇有灵性，坚决不肯步我后尘；但它也只是茫然无措地站在坚实的岸边，对我的一身污泥袖手旁观。不过，我还握着它的笼头，便设法哄劝它靠近了些。然后我猛然向后纵身，从这嘎吱作响的泥沼中跃起，同时伸手一捞，自头顶后方牢牢攥住骆驼蹄旁的距毛。它大吃一惊，连连后退，顺势将我拽了出来。我们缓步移至远离河床的安全地带，我犹豫着坐进冰冷的溪流中洗净一身臭泥烂浆，方才开始穿越谷地。

　　我打着寒战上了鞍，翻越山脊，来到一座漂亮的圆锥体山峰脚下，蒙雷阿莱（Monreale）古堡的环墙矗立其上，仿佛一座壁形金冠，在夜色的衬托下显得仪态万方。这里全是坚硬的白垩岩，结满了冰；盘山而上的道路两侧各有一英尺深的积雪。一路行来，只听得赤脚下冰块碎裂的寥落之声，送我来到城门前。为了做出进城的派头，我攀住伍德黑哈的肩头再度上鞍。但一跨上去便后悔不已，因为它已在城门拱石的磕磕碰碰下胆战心惊，我应该从它颈部侧身而上，方能减轻它对这陌生地方的不适和惊慌。

　　我知道谢里夫阿布德·马因此时当还逗留在肖贝克城内，便借着那在檐下的冰柱、围墙的投影、积雪的屋顶和地面上舞动的微弱的星光，在寂静的街道上大胆疾驰起来。厚厚的积雪让骆驼脚步迟疑，但我不以为意，因为这次夜行目的已经达到，且就算跌倒，雪地也可当作毯子。经过十字路口时，我在黑夜里大声吆喝问好，等了片刻，右侧一间陋室的小窗子里，方传来一个裹在厚厚棉被里的沙哑嗓音，向神抗议我扰了他的清梦。我向他打听阿布德·马因，他告诉我说他住在这座古老城郭另一头的总督府里。

我来到总督府后，再次叫门。大门赫然洞开，迸射出一道雾气冲腾的光线，照亮了飞旋的灰尘颗粒，几张黑色的脸在光后窥视着我，想要看清来者何人。我友善地叫着他们的名字问好，说我是来和他们的主人共享羊肉大餐的；这些奴隶闻言赶紧迎出，惊讶地喧哗着，将我扶下伍德黑哈的座鞍，并将它牵至自己栖身的臭厩棚里去歇息。一个奴隶在前掌灯，引着我由屋外的石阶走到房间门口，然后在一大群仆役的簇拥下，走过七弯八绕，屋顶漏水的过道，进入一个小小的房间。阿布德·马因就脸朝下躺在地毯上，借以呼吸底层流动的，最清新的空气。

我已双腿发软，一屁股在他身旁坐下，厚重外墙上有壁龛式的小凹窗，内置黄铜炭盆，燃烧着的木柴噼啪作响，散发着令人窒息的浓烟，我虚心学习阿布德·马因的姿势，以免被烟雾呛到。他翻出了一条缠腰给我，让我脱下身上的衣服挂在炭盆前烘烤。当木柴逐渐烧成红炭，便不会如先前那样刺眼呛鼻了。这时，阿布德·马因双手一拍，吩咐人速备晚饭，并奉上热腾腾香喷喷的"法扎瑞"（Fauzari）（哈里施地区对茶的俗称，亦是他的表兄，该城总督的名字）替我驱寒解渴，让我一杯接一杯开怀畅饮，直到用黄油炖煮的葡萄干羊肉端上桌来。

他一边做餐祷一边对我解释，明天如果不出去打劫，他们就要断炊了，因为他手下两百人马如今已钱粮两空，风雪交加也不能派信使去费萨尔处求援。这时，我也双手一拍，吩咐人取来我的鞍袋，当场支借给他五百英镑现款，待他的经费拨下来后再归还。他这一餐可谓获利不菲，我们便接着笑谈起我独自一人押送着重逾一百磅的金币，在寒冬跋涉的古怪行径,其乐融融。我多次谈到扎伊德和他一样,处于阮囊羞涩的困境;并提及耽搁在途中的塞尔吉、拉梅德和其他阿拉伯人。这位谢里夫闻言目光黯淡了下去,气得扬起驼鞭在空中猛挥。我也替他们找些借口辩护,说英国一年大部分时候都是如此湿寒气候,我自然习以为常。"天意阻人!"阿布德·马因说道。

过了一小时,他告退离席,因为他刚讨了位肖贝克娇妻。我们聊起了他们的婚姻观,其最终目的都是为了生儿育女;我对此颇不以为然,并引用了大数人狄奥尼索斯(Dionysus)的故事作为例证。

酒神年及六十尚未结婚引发了他们极大的震惊,因为生殖和排泄在他们看来是同样的身体自然机能,不可避免;他们有一半的戒律法令都在强调传宗接代,光宗耀祖。我问道,在情欲极盛,达至高潮时,如何能将这种快感寄托于子女?然后请他们设身处地替孩子想想,如果看到自己是一个血淋淋的瞎玩意儿,蠕虫般爬离母亲的身体,当作何感受!这些话让他们乐不可支,聊完后大家便裹着毯子暖和地入睡。大批跳蚤闻香而至,但我已习得阿拉伯人的避虫妙术,裸身而卧,反而少受其扰;至于满身瘀青伤痕,则因为我已过于疲惫而浑然忘却。

次日醒来我头疼欲裂,但依然坚持上路。众人都说天黑前我们到不了塔菲列,但还是找了两人陪我同行。尽管如此,我认为此行不会比昨日还艰难;便战战兢兢地自湿滑陡峭的小路下到平原,平原沿路全是罗马时代著名帝王题字的里程碑。

陪同我的两名胆小鬼走到平原后便打起了退堂鼓,返回了总督城堡。我继续前进,像前一日那样,交替骑驼和步行。但此程除了古道外,全都滑溜难行;这些古道亦是罗马帝国将土耳其人驱逐入沙漠的最后见证,抚今追昔,弥足珍贵。古道上可以骑骆驼,但历经十四个世纪的洪水冲袭，有些地方的路基已坍塌损毁，仍需要下鞍涉水而行。天又下起雨来，将我全身淋湿，接着又刮起徐徐冷风，我身上的白色丝袍逐渐冻成一件硬脆的盔甲，仿佛舞台上的骑士；或者像挂满厚厚糖霜的结婚蛋糕。

骆驼和我花了三个小时穿越平原，可谓神速；但麻烦仍未结束。正如向导所说，矮墙沟渠间那条蜿蜒通向山顶的小路，本就怪石林立，扑朔迷离，此时更是整体被积雪覆盖。我费尽九牛二虎之力，方转过前两个弯道。及膝深的雪逐渐让伍德黑哈失去了耐性，开始无精打采。但还是爬上一座陡坡，只在道路边缘踏空一脚。我连人带驼滚下十八英尺高的山腰，摔入一码深的积雪堆中。它呜咽着站起身来，浑身颤抖着静立不动。

如果是公驼遭此大挫，必将裹足不前，熬上几天后原地呜呼；这时我也担心母驼会因达到承受极限而重蹈覆辙，便靠近想将它拉走，但无济于事。然后我长时间地拍打它臀部，依然没有奏效。我骑到它身上，它蹲伏了下来。我跳下地，将它拽起来，并怀疑可能是积雪太厚了。于是我手脚并用，替它自雪中挖出了一条有模有样的小路，约一英尺宽，三英尺深，十八步长。积雪的表层已经冻硬，因此一开始我干得极为辛苦，先将表层弄碎，再将下面的雪掏出来。表层锋利的碎冰将我的手腕和脚踝割得鲜血长流，沿路结成了粉红色的冰晶，仿佛颜色极淡的西瓜瓤。

然后我走回伍德黑哈身旁，耐心地站了好一阵再爬上座鞍。这次它轻松地迈开了步子，在小路上一阵奔驰，回到了原来的大道上。这次我们更小心了，我徒步在前，用驼鞭探查路面，若积雪过深，便先开出一条路来。三小时后我们登顶，发现西麓劲风横扫。于是我们离开当前道路，取道崎岖的山脊谨慎前行，俯瞰着下方丹纳（Dana）村庄棋盘般整饬的屋舍，行至数千英尺下那阳光明媚、草木扶疏、清新盎然的亚拉巴（Arabah）。

翻过山头后，路程变得坎坷，终于伍德黑哈再次罢工。这次它是来真的了，因为天就要黑了；我突然意识到自己孤身一人，一旦入夜后被孤立无援地困在山顶，伍德黑哈这头血缘高贵的骆驼极有可能因此丧命。更别提我还带着沉甸甸的黄金，放眼整个阿拉伯半岛，我也找不出任何安全的地方，能将这六千英镑金币放在路边，上头摆着我的印章以示所有权，一夜过后依然安然无恙。于是我沿来时的路将它往后拖返了一百码，再上鞍驱策着它越过河谷。这次它积极配合，飞速穿过了山的北棱线，山下便是拉谢迪亚（Rasheidiya）的赛努西村落。

山的这一侧不但避风，而且整个下午都有日照，雪业已融化。浅雪下的路面潮湿泥泞，伍德黑哈纵蹄奔驰时滑了一跤，四仰八叉地趴倒在地。它就这样载着座鞍和我，一屁股向后溜滑出去一百英尺。它的尾部可能受伤了（雪地下尽是石头），到达平地时挣扎着站起来时不停地哼哼，像蝎子般不停甩动着尾巴。接着它以每小时十英里的速度沿着滑腻腻的小径向下方的拉谢迪亚跑去，一路疯狂地滑行俯冲，我在它背上吓破了胆，紧紧抓住鞍角，唯恐摔得粉身碎骨。

山下原本要前往费萨尔处的一群阿拉伯人都是扎伊德的手下，因风雪滞留此地，听得骆驼逼近，蹄声震耳，向村子直奔而来，不由得大声叫好。我向他们打听情况，他们说一切安好。我便重新上鞍，走完最后八英里路，抵达塔菲列，将信件和部分经费交给扎伊德后，欣然上床休息……度过了一个没有跳蚤的夜晚。

第九十章

早上醒来我发现自己几乎得了雪盲症，但心情愉快，情绪高涨。我四处转悠要找点事做，以打发等候其他人将金币送来前的这段空闲时间，最后决定亲自前去勘察通往卡拉克的路况，以及日后要进军约旦需要经过的地区。我交代扎伊德将莫特洛格押送来的两千四百英镑收好，眼下需要的日常费用自拿去花，其余的等我回来处置。

扎伊德告诉我塔菲列还有一个英国人。这消息令我惊讶万分，便前去与柯克布莱德（Kirkbride）中尉会面。他是个会阿拉伯语的年轻参谋，被迪兹派至阿拉伯前线搜集汇报必要的情报。这对我们来说是良好的联系开端，柯克布莱德的表现也值得赞许。虽然这名大男孩沉默寡言，忍辱负重，但已经和阿拉伯军官共事了八个月，行动起来果敢大胆，成为了大家无声的战友。

寒冬已经过去，即使在高原地区也可以开展行动了。我们穿越荷萨旱谷，一直骑行至约旦河谷的尽头，谷内充斥着艾伦比大军的喧哗之声。他们称土耳其依然掌握着耶利哥。这番调查让我们对未来吃了一剂定心丸，于是返回塔菲列。今后我们每一步行动都在朝着与英军会师靠近，且大部分行动都易如反掌。天气晴好，我们可以马上动手，并有望在一个月内完成任务。

我说这一切时，扎伊德只是漠然地听着。我看见莫特洛格坐在他身旁，便语带讥讽地恭贺他终于大驾光临，问他带来了多少金币，并再度重申我们应当如何展开行动。扎伊德打断我说："可那需要一大笔钱。"我说："用不着。"手中的资金不但够了，还绰绰有余。扎伊德回答说他囊中空空；在我瞠目结舌的瞪视下，他才面带愧色，支吾着说

"我带来的经费已经全花光了。"我以为他在开玩笑,但他继续说他向塔菲列的谢赫迪阿布、村民、贾兹地区的霍威塔特人以及本尼沙克赫人都各付了一大笔钱。

没有经费我们只能进行防守。扎伊德刚才列举的对象都是塔菲列的主要居民,彼此之间有血海深仇,使得我们无法向荷萨旱谷以北推进。当然,如果谢里夫开始进军,便会征召各地区的力量,并按月支付军饷;但军饷只会支付给真正服役上战场的人,否则只是有名无实,大家对此都心照不宣。费萨尔在亚喀巴有四万大军,但英国方面提供他的补助仅够支付一万七千人的薪水。其他没领到钱饷的人虽也常常讨要,但既然实际没有出力,因此也并不能理直气壮。但扎伊德说自己别无选择。

我惊骇万状,因为这意味着所有的计划和希望都化为乌有,和艾伦比并肩作战的许诺也无从兑现。扎伊德坚称钱已经全部花光,我后来去纳西尔处寻求真相,正因高烧卧病在床的他沮丧地告诉我,所有的事儿都搞砸了——扎伊德过于年轻羞怯,对付不了身边这群狡诈无能的顾问。

我想了一夜解决办法,但只觉茫然;天亮后只能派人带话给扎伊德,称他若不能将钱退回来,我必会离开。他将自己计划如何分钱的账目带回来给我。就在我打包行李时,乔伊斯和马歇尔来了。他们从圭维拉前来,想要给我一个惊喜。我将事情的前因后果告诉他们,说要返回艾伦比手下做事。乔伊斯前去劝说扎伊德,但一无所获,只得答应我向费萨尔详报此事。

乔伊斯会解除我的职务,遣散我的护卫队。这样,当天下午晚些时候,我便完成一切交接,仅带着四人,朝距离英军总部最近的贝尔谢巴出发。时值早春，沿着亚拉巴高地的坡道边缘而行，景致美不胜收，而我此时离情依依，更觉触景伤情。山涧峡谷中林荫满蔽，但俯瞰近旁山顶，险峻的脊线两侧，还只有东一块西一块的密草，补丁般缝缀着，想要盖住五颜六色的秃石。这些颜色有的是岩石所含矿物质的原色；其他的则是因融雪自崖壁流淌冲出的污渍，或顺着青翠藤蔓滴缀形成的钻石般闪烁的水链。

深谷上方一片巨岩上有一座名叫布塞拉（Buseira）的小村落，村民坚持要我们留下来吃饭。我很乐意，若是骆驼能在此吃一些大麦，我们或许能整夜赶路，于次日抵达贝尔谢巴。但为了不耽误行程，我没有进到村民家里，改在一处公墓的坟茔旁用餐。这些坟墓的砖缝里，有用水泥固定住的发辫，是前来吊唁者剪下献给死者的。餐毕我们便沿着弯弯曲曲的山路下到闷热的达哈尔（Dhahal）旱谷。谷地两侧的山崖贴得很紧，使得这一线深涧中几乎透不进星光，漆黑异常。顺万丈深渊而下令骆驼胆战心惊，我们便停了一阵，让它们舒缓因紧张而颤抖的前腿。接着骆驼走入一座长拱般的竹林，沿着林下及踝深的湍急小溪，哗啦哗啦涉水而行。竹叶瑟瑟低垂，一路拂过我们面颊，拱形空间里产生出怪异的回响，惊得骆驼匆匆小跑起来。

我们很快便走出竹林来到山谷外，在开阔的亚巴拉地区摸索前行。到达平原中央，我们才发现已经偏离正路——情况不妙，因为我前进的依据，仅是对三年前纽康贝地图残留的印象。我们花了半小时四处搜寻，想要找一条供骆驼登上悬崖的坡道。

最后总算找到一条路，接着便是一段泥灰岩质的，如迷宫般林立的蜿蜒小径，通往一处极为怪异、寸草不生的盐碱地，这里仿佛突然凝固的汹涌大海，滚滚波涛都化作坚实的土地，在半轮昏月的笼罩下一片灰暗。通过之后我们朝西走,直到可以看见哈斯布(Husb)地区树林那高擎的枝干指向夜空,也听见丰沛泉水自泉眼处汩汩而出。我们让骆驼略喝了几口,它们刚走下五千英尺高的塔菲列山地,马上还要攀爬三千英尺的坡路直达巴勒斯坦。

在穆拉旱谷(Wadi Murra)前的小丘脚下,我们突然发现一处新砌的篝火堆,巨大的原木还在燃烧着,散发出白色的热气。附近见不到人迹,显然这是一支军队生的火,且不是游牧民族的生火方式。火势尤旺,显然他们还没有走远;从火堆大小来看,人马甚众:出于谨慎,我们决定立即离开此地。实际上,这是英军福特车队的营火,在两位大名鼎鼎的马克(Macs)指挥官的率领下,前来勘察从西奈通往亚喀巴的车用道路情况。他们此时就躲在暗处,用刘易斯机枪严密监控着我们。

破晓时分我们爬上山径。天上下着毛毛雨,在经历了塔菲列的极端天气之后,这样的细雨令人倍感温柔。我们一路穿过舒缓的平原,于中午抵达贝尔谢巴,稀薄的残云一路在山头令人费解地停滞不前。此行走得极为顺利,上山下山将近有八十英里的距离。

我得知耶利哥刚刚被攻克,便前往艾伦比的总部。我在车站月台上遇见了贺加斯,向他坦承自己把事情搞砸了,并想来要求艾伦比在别处替我安插个小职务。我全身心地投入阿拉伯建国事业,却因为识人有误而留下个烂摊子;费萨尔的嫡兄扎伊德是罪魁祸首,我真心喜爱这个年轻人。但如今我在阿拉伯人面前已黔驴技穷,只想回到自己人队伍中寻求安全感:受人差遣,奉命行事,不用负责。

我抱怨说自从来到阿拉伯半岛,我不得不一直在做出抉择,提出要求,从未接受过命令;这样的自由自主,以及随之而来的繁冗琐事已让我厌倦透顶。这一年半以来我马不停蹄,每个月都在骆驼上跋涉近一千英里,更别提搭乘飞机那提心吊胆的经历,和在颠簸的车辆上横穿荒野的折磨。最近的五场战役中我均有负伤,由于深恐再遭皮肉之苦,我每次上战场都要逼迫自己鼓起莫大的勇气。我长期处于饥饿状态,最近则一直忍受寒冷的摧残;伤口因霜冻和污垢溃烂恶化成了久久未愈的脓疮。

如此种种,皆因我对肉体感受不屑一顾,且体质异常强健,终究能咬牙扛过去;但假装自己在领导其他民族崛起,发动一场全国性的斗争这一自欺欺人的行径已成我的心病:日日披着异族之服混迹其中,满口异族之言宣扬布道;下意识期待着阿拉伯人为之奋斗的所谓"承诺",在真的到来之时能得以兑现,方不愧对他们的浴血奋战。我也曾骗自己说,或许和平降临之际,或许发现阿拉伯人已能独立自主,可以无需教导地拿起言辞的武器,来捍卫自己的权力和尊严。与此同时,还要不停诱导他们参战,为了我们白白去送死,以粉饰自己犯下的错误。但如今,我头上的光环早已熄灭,荷萨旱谷一役毫无必要,冤魂无算,全归咎于我的自负专断。我的豪情壮志已荡然无存,独处让我备感不安,唯恐周遭的风,或是权势,抑或是欲念,一股脑儿将我空虚的灵魂吹得所剩无几。

第九十一章

贺加斯老谋深算,当下未置一词,只带我去和克莱顿共进早餐。用餐时我得知英国战时内阁已命施马茨(Smuts)前来巴勒斯坦,他传达的信息极大地扭转了局势。这段时间他们都在设法将我召去参加内阁会议,最后还派飞机前往塔菲列找我;但飞行员只抵达了肖贝克附近,并给当地阿拉伯人留下口信,但那些阿拉伯人又因为天气原因,并未出行传话。

克莱顿称，在新的局势下，势必不能就这样放我离去。东线战事刚刚启动，艾伦比告诉我，战时内阁亟需打破西线胶着之势，对他极为倚重。他至少要先拿下大马士革；如可能，接着还应尽快攻克阿勒颇。我们必须彻底击溃土耳其，将其驱除出战场，而东翼，也就是右翼，在约旦战场迟迟无法推进，令他倍感吃力。他一直想召我前去商议，让阿拉伯部队替他分担一些压力。

这样一来我已无处可逃，必须再度捡起那虚伪的幌子继续在中东活动。我一边对这折中的伎俩嗤之以鼻，一边又迅速钻入这身份与之融为一体。说是欺诈也好，闹剧也罢，但没人能否认我已信手拈来。所以我甚至都没有解释自己为何千里迢迢赶来此地，只是指出这个约旦计划似乎只顾及到了英国一方的利益。艾伦比表示同意，并问我是否依然能够执行。我回答说：现在不行，除非能先解决新出现的问题。

第一个问题便是马安。如不攻占马安，则无法继续推进。如提供阿拉伯正规军更多的运输力量，得以扩大其行动范围，他们便能在马安以北数英里处设立阵地，并永久性地截断铁路交通，以此迫使马安守军主动出击；在荒野交战，阿拉伯人能轻而易举击败土耳其军队。我们大概需要七百匹辎重骆驼，更多的大炮和机枪，以及，最后一点，在攻打马安时，确保不会有敌军自安曼实施侧翼夹击。

围绕这几点，我们研拟出一套作战计划。艾伦比向亚喀巴派遣了骆驼运输部队（Camel Transport Corps）[①]的两个分队，这支由英国军官指挥的埃及队伍曾在贝尔谢巴一役中有过杰出表现。这可谓一份豪礼，因为其运输能力足以将我们四千正规军顺利移防至八十英里外的新基地。

[①] 英军在第一次世界大战期间，为支援在埃及西奈和巴勒斯坦地区的部队而组建的骆驼骑士队伍。

大炮和机枪的要求也获得批准。至于如何在作战时掩护我们免遭安曼方面的攻击，艾伦比认为易如反掌。他为了确保自己军队侧翼的安全，打算立即攻打约旦后方的索尔特（Salt），并派一个旅的印度兵驻守。我留下来参加次日召开的军队作战会议。

这次会议决定阿拉伯军队即刻向马安高原推进，并将其攻占。英军则横越约旦地区，拿下索尔特的同时最大限度摧毁安曼以南的铁路；尤其要破坏大隧道。在安曼的阿拉伯军队该扮演何种角色引发了一番争论。博尔斯（Bols）认为阿拉伯人应当和英军一起进军。我则表示反对，因为索尔特的土耳其军队撤守后，必会在当地引发谣言和恐慌，我们在城外守株待兔，等他们自乱阵脚再出击，可达事半功倍之效。

负责此次进军行动的切特伍德问我，由于英军一向对穿裙袍的人抱有偏见，他的手下该如何分辨阿拉伯人是敌是友。此时我正身着裙袍坐在他们中间，便自然而然地回答，穿裙袍的当然不喜欢穿制服的。满堂哄笑消弭了分歧，大家一致同意待英军占领索尔特后，再由阿拉伯人协助戍守。一旦马安陷落，阿拉伯正规军便顺势推进，由耶利哥获取补给。七百匹骆驼此时也会一并行动，确保其能在八十英里的作战半径内自如地展开行动。当艾伦比自地中海—死海战线展开第二波大规模进攻，直取大马士革时，我们在骆驼的助力下，亦足以在安曼上方策应。

我的任务已经完成，便到开罗待了两天，然后乘飞机抵达亚喀巴，与费萨尔展开新一轮的合作。我告诉他，在我不知情的情况下，擅自将我凭一己之力为死海战役申请到的特别经费花光，是极大的不尊重。身为顾问遭此冒犯，我只能丢下扎伊德离开。

虽然艾伦比将我派了回来，但这并不意味着造成的损失得到了弥补。此举已使我们丧失了千载难逢的良机，一次极有价值的进军也沦为泡影。土耳其可在一周之内不费吹灰之力重夺塔菲列。由于担心丢掉塔菲列会使自己的声望受损,费萨尔对此痛心不已;并因我对塔菲列存亡漠不关心而大为震骇。为了安抚他,我指出此地如今于我们已无足轻重。他驻守地盘的两极,安曼和马安才是事关生死之点。不值得再为了守住塔菲列而浪费一兵一卒;事实上,如果土耳其接手这里,反而会削弱其在马安或安曼的兵力,对我们开展实际工作极为有利。

他闻言虽略感宽慰,仍火速派人前去警告扎伊德局势危急;但此举已是徒劳,六天后塔菲列重归土耳其之手。与此同时,费萨尔也对基地军费进行了重新规划。我告诉他一个好消息,称艾伦比为嘉赏我在死海和阿巴利散的表演,特拨放三十万英镑供我独立使用,还提供给我们七百匹骆驼运送人员和装备。

全军士气大振,因为辎重驼队终于可以使乔伊斯、贾法尔及无数阿拉伯和英国军官数月来悉心教导栽培的阿拉伯正规军在战地一展风采。粗略地拟定了行程表和行动计划后,我旋即搭船返回埃及。

卷八　希望破灭

第九十二章至第九十七章

　　为了配合艾伦比，我们研制出一套三路联合，一举横越约旦，攻占马安，并截断麦地那的计划。该计划太不自量力，结果没有任何一方能如约履行。因此，阿拉伯方面将作战重心从局势较为平和的麦地那铁路更多地转移至马安，土耳其在那里投放的兵力与整个阿拉伯正规军人数相当。

　　为了协助我们完成这一任务，艾伦比增强了我们的运输能力，扩大了我们的行动范围，提高了我们的机动性。马安固若金汤，我们久攻不下，因此只能全力截断其北部铁路交通，并阻截土耳其自安曼对守军进行增援的企图。

显然，土耳其对这套战术束手无策，但此时德国正朝弗兰德斯（Flanders）挺进，艾伦比必须抽调英军兵力前去支援；这样一来便失去了对土耳其作战的优势。他通知我们，自己已无法对土耳其展开进攻。

1918年整个东线战事陷入胶着，令我们难以忍受。我们计划加强阿拉伯军队的战斗力，以便于秋季在德拉和本尼沙克赫地区展开行动。如果此举能迫使敌人自巴勒斯坦抽调一个师来应对，则英军有望展开一次辅助性进攻，并在约旦峡谷低处的耶利哥附近和我们会师。经过一个月的筹备后，这项计划因风险过大而宣告流产，且我们也另有了更好的任务。

第九十二章

我在开罗待了四天，各项事务皆在有条不紊地运作当中。在艾伦比的善意相助下，我们的幕僚阵容壮大起来，有若干补给官、一名海运专家、一名军火专家、一个由艾伦·道内领导的情报分部，他曾和我联手制定了攻打贝尔谢巴的计划，此时已前往法国。道内是艾伦比赠予我们的最好礼物——比上千匹辎重骆驼还要珍贵。作为一个职业军人，他遇事总能四两拨千斤，因此意见能得到高层的重视。他善解人意，能立即体察到阿拉伯大起义与众不同的特质；且能运用军事素养得心应手地处理出现的问题。他将战争和起义视为一个整体，而我自延布时起，便梦想着每个正规军官都能有如此头脑。然而历经三年考验，唯有道内做到了这一点。

道内没有完全的直接指挥权力，因为他不会阿拉伯语，并且他的健康曾在弗兰德斯战场时严重受损。但他那种锦上添花的天分在英国人中是极为罕见的。作为一个陆军军官，他有相当高的教育水平和想象力。由于举止大方高雅，各种族和阶层的人都乐于成为他的朋友。他的教导让我们逐渐学会了战斗的技巧，纠正了我们以往仅凭经验，马虎粗放的作战方式。他井井有条的行事风格令我们也脱胎换骨。

阿拉伯运动一直以来都是草野莽夫的舞台，其前途和每个人肩负的责任一样缥缈。但从今以后，艾伦比已经将其纳入自己的全盘计划之中，牵一发则动全身；而一旦明白我们的成败会危及他手下其他士兵的性命，我们更不该辜负他的重望，精益求精，领导这场事业从一开始的激情冒险走向正轨。

为了配合艾伦比的第一波攻势，我和乔伊斯一起研拟出一套三路进军的方案。中路为贾法尔领导的阿拉伯正规军，负责占领通往马安北部的铁路。乔伊斯带领装甲汽车部队沿木达瓦拉潜行，并彻底摧毁当地的铁路运输，以实现我们孤立麦地那的意图。米祖克和我则在北面，待艾伦比3月30日进军索尔特时与之会师。时间颇为宽裕，我便决定前往肖贝克去见扎伊德和纳西尔。

此时春回大地，历经寒冬之后，世界格外明媚怡人，山野一片生机勃勃，美仑美奂令人如在梦中；在此时节，山顶尤为新绿茁壮，暖洋洋的正午令人昏昏欲睡，但日落后依然寒意刺骨。

世间万物都和我们一道恢复了活力，连昆虫也不例外。第一夜宿营时，我将自己的羊绒头巾铺在地上当作枕头，天亮时再拿起来一看，洁白的纤维之中藏匿了二十八只虱子。之后我们改睡鞍套，在鞍具装配完毕后，最后挂上这种鞣制过的熟皮套，以确保座鞍光滑吸汗。即使如此，也无法高枕无忧。骆驼身上爬满了扁虱，全都吃得脑满肠肥，一个个胀鼓鼓的,仿佛拇指粗细的灰蓝色小垫子,聚集在鞍套羊皮下。如果我们睡觉时翻身压到,便会炸裂成一滩滩棕色的血污。

此时空气和煦,还有充足的鲜奶可供饮用。阿兹拉克方面传来消息,称阿里·伊本·侯赛因和印度士兵一道恪尽职守戍卫在当地。一名印度兵死于严寒,我的艾格利侍卫达乌德也遭遇了同样的命运,他的挚友法拉吉亲口将这个消息告诉了我。

这两人从小一起长大,亲密无间:一起工作、一起睡觉,有难同当,有福同享,彼此坦诚相待,情深意挚。因此当法拉吉亲前来通报噩耗时,看到他满脸愁云惨雾,眼神灰暗,仿佛老了很多,我并不感到惊讶;且自那日起直至不再为我服务期间,他再未展露过笑颜。他变得前所未有的一丝不苟,精心照料我的骆驼、烹煮咖啡、打点我的衣物和座鞍,并每日三次按时祷告。其他人都尝试安慰他,但他总是一个人四下踯躅,落落寡欢。

从东方这片炽热之土来看,英国人对妇女的观念就好像北方的气候一样,让人没什么信心。在地中海地区,妇女存在的意义就一如精神世界的贫乏,仅是出于物质世界的需要,而她越卑微地驯服于这个世界,则显得越为重要。然而,对女性的这种共识否认了两性之间的平等,因此也抹杀了男女之间建立爱情、伴侣和友情关系的可能。妇女沦为从事体力劳动的工具,而男人只能在同性之间寻找精神寄托。为了满足人性的渴求,并不仅仅局限于肉体的接触,男人与男人之间的情谊就这样应运而生。

我们西方人置身于这复杂的时代,体内总有如僧侣般的渴求,上下求索那超越言语和感官,令我们感觉充实的事物;而也正是因为这样的追求,令我们寻之不得。反而是这些孩童般无忧无虑的艾格利人,并不在乎付出是否能得到回报，甚至彼此之间都不计较得失。我们因天性而逃脱不了肉欲的沉迷，只能设法借着一辈子的折磨来反省弥补；享受幸福是透支生命，会堕入地狱再还业债，清点自己账目上的善行与恶行，等待末日审判的到来。

此时我们在阿巴利散进展得很不顺利。我们原本打算趁艾伦比攻打敌人在安曼的基地之时，让阿拉伯军队在北方铁道线上布阵，以迫使马安守军出动，在开阔地带和我们交锋，争取将其一举歼灭。费萨尔和贾法尔赞成这个计划，但其他军官却倾向于直接攻打马安。乔伊斯指出他们在火炮和机枪方面的劣势，且人员素质也有待考验，因此截断铁路才是上上之策；但他们充耳不闻。毛路德摩拳擦掌，按捺不住想要立即采取行动，向费萨尔提交了一份备忘录，痛陈英军干涉阿拉伯解放事业带来的种种危险。而乔伊斯偏在这节骨眼上得了肺炎，动身前往苏伊士治疗去了。道内前来消弭战术分歧，他在军界声誉斐然，久经沙场，戎装凛凛，仪表非凡，是为我们解围的王牌。但他晚来了一步，阿拉伯军官众意已决，誓死为荣誉正面一战。

虽然英方手握经费、补给和运输等各项大权，但也认为应当赋予阿拉伯人自行决定的权力。尽管如此，如果人民懒散堕落，则必然其政府也如出一辙；这也是为何我们与这些自发参战的阿拉伯义勇军共事时，面对他们民主自治的要求必须慎之又慎的原因。我们对土耳其军队、埃及军队和英国军队都不乏了解，且各自都有值得尊重的地方。乔伊斯盛赞自己埃及部队的盛大阵容——将士们都军纪严明，钟爱机械化的行动方式，较之英国军队，在体格、敏捷度和操练上都更胜一筹。我嘉许土耳其部队的克勤克俭，要知道他们都是笨拙粗蛮，衣衫褴褛的农奴。至于英国军队的风范，人人都略知一二；当我们将这些部队做比较时，发现其服从性随着惩罚制度的严格程度而各有差异。

在埃及，士兵隶属于部队，远离舆论的监督。因此他们可以不受外界的干扰，一心勤学苦练，磨砺战技。土耳其士兵从理论上来说，听命于长官，身心皆然；但他们不堪折磨时便会设法当个逃兵。英国士兵是自愿应征入伍，但也和土耳其一样以绝对服从为天职，只不过当局会迫于较为发达的社会礼俗的压力，禁止对士兵进行直接体罚；但实际上，由于英国人富于反抗意识，采取负重训练或疲劳战术来惩罚他们，其效果和东方制度相比略显不足。

在阿拉伯正规军中，惩罚起不了任何作用；这也是阿拉伯部队有别于其他任何部队的最关键之处。他们没有正式的纪律，没有隶属关系，通常在即将发起攻击前，依个人主动性参与战斗；而且，每个人都将击败敌人为己任，这一点和意大利部队非常类似。在其他方面，他们算不上士兵，而是朝圣者，总希望能在朝觐之路上走得更远一点儿。

这个现状并未让我觉得不满，因为在我看来，纪律，或者说正式的纪律，只有在和平时期才算得上有用。这是一种特性，或者说标记，将士兵和普通人区分开来，并抹杀个体的人性。纪律最便捷的实现方法便是禁令，限制人们不得做这样那样的事；这样一来，只要手段足够严厉，便可遏制所有的不满和违抗。这是一个集体服从的过程，将大众的人格限制到最低，出于对绝对服从的追求，不允许个体的存在，也容不下第二意志。阿拉伯军队中并未对士兵强调他们应当服从长官的意志，因为对阿拉伯正规部队和非正规部队来说，这样的要求会让他们有片刻的迟疑，或思索；因为他们已经习惯于第一时间按个人意志行事。但其他正规部队却正好相反，已在一遍又一遍的操练中，将这种自我意识的蹂躏予以根除。教官力求让服从成为士兵的本能，一种精神的条件反射，听到命令便立即服从执行，将个人意志统一起来成为推动系统运转的动力。

如能增加敏捷度，这样的做法无可厚非；但这没有将伤亡情况考虑在内，再说远一点，也无法保证每个下属已完全丧失了自由意志，而是深深埋藏于心中，伺机有朝一日，能凌驾于长官的意愿之上；命令的有效性，是依级别高低次第向下宣贯执行，即使最后只有两名士兵幸存，较为资深那位依然享有指挥的权力。

这样做还有一个更大的缺点，即人出于嫉妒心，将权柄授予武断专横的长者，行事必然粗暴乖张，最后长期掌权总会滋生腐败，并因此使得下面人深受其害，由于他的猜忌狐疑而无端丧命。此外，我个人从不相信本能，因为那源自我们的兽性。和恐惧或痛苦相比，理性似乎更能令人们慎重小心；这一点也使我不重视和平时期对敏捷性的强调。

在战争期间，士兵心情会产生微妙的变化。每个战士在情急之下，都会对纪律加以修改、支持或囫囵接受。这种能激励人取胜的急切通常体现为对抗时的身体力行。战争便是由无数次关键时刻的奋力一搏所组成的。指挥官基于心理原因，总希望这种奋不顾身持续的时间越短越好；并非是因为士兵不愿舍生忘死——通常他们都会拼尽全力到最后一刻——而是因为每次这样的博命都会削弱其剩余的兵力。急切是一种紧张的精神状态，而且，一旦陷入高度紧张状态，人就会变得心力交瘁。

在和平时期，为激发斗志而营造战争气氛是危险的，就好像运动员过早服用兴奋剂一般。因此纪律应运而生，和所谓的"警觉性"（一个意味着限制和痛苦的，肤浅可疑的概念）一起，想要使士兵维持热血激昂。阿拉伯军队脱胎于战争，成长于战争，从不知和平的习惯，因此也不存在如何维持战斗力的问题。他们就这样一直奋战到停战,然后一败涂地。

第九十三章

乔伊斯和道内走后,我便和米祖克一起从阿巴利散出发。我们选了一个良辰吉日,以向这片巍峨的高原上盎然的春意致敬。一周以前此地仍暴风雪肆虐,皑皑积雪映得眼前一片白茫茫。如今地表新草茁壮;斜照的暖阳呈淡淡的稻黄色,使得微风更加和煦温柔。

我们随行还带着两千头色尔汗骆驼驮运军火和粮食。为了确保辎重队伍的安全,我们走得很闲适,打算在天黑后抵达铁路。有几个人走在前面,趁白天先去勘察铁路情况,以确保我们驼队能分批安全无虞地通过。

我带着一名护卫,米祖克带着一名艾格利人,各骑一头著名的竞速骆驼。风和日丽令他俩兴致高昂,不久便展开了追逐,互相叫嚣争执着。我的骑术不能与之相比(心情也同样),因此并未参与这些年轻人的活动,任他们放开速度朝北狂奔,自己则继续前行,想要摆脱往昔营地里种种喧嚣纷杂,尔虞我诈。景致奇绝的沙漠将我胸中窒闷荡涤一空,那广袤壮阔填补了我心灵的空乏茫然。人并非是因为精神的虚无才能体察到这样的宏伟气魄,而是因为逐渐充实才终尝壮丽之美。人生在世,微如蝼蚁,却依然能感知天地造化之功,如此浩瀚、如此美妙、如此强烈。

时近日落,铁路已依稀可见,在开阔地带的青草和灌木丛中一路迤逦。看到周遭一切正常,我便继续前行,打算在铁路另一侧停下,并掩护后续其他人通过。由于多次破坏过铁道交通,因此每每碰触到铁轨,总令我有点激动。

我骑向铁路基堤，骆驼踢着松散的碎石，这时，一个土耳其士兵自左侧长长涵洞的阴影处站了出来。毫无疑问，他已经在里面睡了一天。他两眼骨碌碌地上下打量着我和我手中的手枪，然后懊恼地看了看自己摆在数码远处墩石上的来复枪。他很年轻，体格敦实，但满脸阴沉。我盯着他柔声说道："神是慈悲的。"他知道这句阿拉伯话的意思，眼神因而一亮，仰起脸看着我，睡意浓重的表情里逐渐浮现出喜悦。

但他一言未发。我用脚压住骆驼毛发浓密的肩头，让它一路小跑，伶俐地跨过铁轨下到后方的斜坡。一路走来，这个土耳其小兵没有在背后对我放冷枪，算得一条好汉，我不由心生一股暖流，仿佛一条生命又因此得救。当走到安全处后，我回头而望，见他将拇指按在鼻子上，对我舞动着手指。

我生火煮咖啡，以此炊烟作为引导后面队伍的信号，等待大部队的鱼贯到来。第二日我们朝金兹旱谷前进（Wadi el Jinz），直抵洪水在泥坑里冲击形成的浅浅水池，池边缘长满茂密低矮的灌木。这水和泥灰岩质的山谷一样，呈灰色，但甘甜可口。我们在此过夜，因为扎吉猎得一只大鸨，希腊名将色诺芬曾盛赞其白肉鲜美。我们用餐时，骆驼也在一旁吃草，春季的牧草已有及膝高，多汁可口，令它们大快朵颐。

第四天我们轻松抵达目的地阿塔拉（Atara），盟友米法列赫、法哈德和阿德乎布都在此扎营。法哈德仍伤病未愈，但米法列赫却甜言蜜语出来相迎，难掩面脸贪婪之色，说话的声音都随之颤抖不已。

多亏艾伦比勇担重任，使得我们的任务极为轻松。我们只需在万事俱备之后，越过铁路抵达本尼沙克赫族的主要水源地瑟梅德。然后在他们骑兵的掩护下，一路推进至马德巴（Madeba），并在此设立总部；艾伦比则会在此期间肃清耶利哥至索尔特一线的道路。这样一来，我们可以在不费一枪一弹的情况下，与英军轻松会师。

此时我们只需在阿塔提尔（Atatir）待命，这里满眼苍翠，每个洼地都有可供长期饮用的水池，谷底百花争艳，令人愉悦异常。白垩岩的山脊因饱含盐分，因而一片贫瘠，上面冲蚀出条条水道，观之赏心悦目。攀上山顶，可以远眺南北两面，观察雨水如何汇聚成流，一路奔淌，在碧绿的山谷中如刷子般画出宽阔、清晰而有力的一笔白色。万物生长，每一天的景致都更加欣欣向荣，沙漠最终化作水草丰茂之地。风嬉闹着，在草地上如浪涌般互相推揉，将草丛抚平拉直成明暗不定的绸缎，泛着新鲜谷物脱壳后的光泽。坐在山岗上的我们被这样的风吹得直打战，心中期待着下一次的狂舞——有时迎面而来的是一阵温暖芬芳的气息，轻柔无比。挑剔的骆驼在草原上啃食了约一小时，然后卧倒慢慢消化，将胃里黄油味儿的草束一股股地反刍出来，细细咀嚼。

最后终于传来消息，英军已经占领安曼。我们在半小时内动身，穿越废弃的铁路线前往瑟梅德。稍后又得到消息，称英军正在败退，虽然我们已经提前警告过阿拉伯部队，可能会发生这样的事，但他们还是大为恐慌。接着又有信使来报，说英军刚从索尔特败逃。这一切都和艾伦比的计划背道而驰，我直截了当称这是一派胡言。此时又有一人飞奔而至，称英军围攻安曼两日未取得进展，仅破坏其南面少许铁路。谣言四起，互相矛盾，令我深感困惑，便派头脑最为冷静的阿德乎布前往索尔特，送信给切特伍德或谢伊，要他们亲自写一张便条说明局势。在此期间我们只得烦躁地在这片大麦新萌的田野间乱转，脑中狂乱地谋划构思着各种应对计划。

夜深时分，山谷里回荡起阿德乎布急促的马蹄声，他告诉我们贾玛尔帕夏打了胜仗,现已入主索尔特;之前当地凡热烈迎接过英军入城的阿拉伯人,皆被绞死。土耳其军队依然咬住艾伦比不放,一路追杀至约旦河谷。众人皆认为土耳其会重夺耶路撒冷。我深知英军的实力,认为这样的事不可能发生;但显然一切都乱了套,只能手足无措地再度溜回阿塔提尔。

这样的反转令人始料未及,令我深感忧虑。艾伦比的计划相当合理,却让我们在阿拉伯人面前颜面扫地。我之前信誓旦旦称英军将会如何大展神威,他们一向不予采信;而如今更是心思涣散,径自去享受明媚春光。北方来了一群吉普赛人,用驴子驮着一些补锅的材料沿路叫卖;这些流浪家庭吸引了他们的注意,泽本族人甚至逗趣儿地向他们打起了招呼,颇令我费解——后来我发现,这些吉普赛人除了出售手工艺品做小买卖外,女人也操持皮肉营生。

她们和艾格利人打得格外火热,生意很是兴旺了一阵子,因为我们的人都无比饥渴且出手阔绰。我也利用她们。安曼近在咫尺却做不了什么,甚至都不想进去看一眼,着实可惜。于是法拉吉和我便雇了三名嘻嘻哈哈的小妇人,仿照她们的装束打扮起来,潜入村子里。虽然最终我决定不攻打此地,但此行相当成功。我们仅在返程时,于桥边遇到一次麻烦。几个土耳其士兵前来搭讪,认为我们一行五人全是招揽生意的吉普赛女人,极尽挑逗之能事。我们立即效仿吉普赛女人,装作羞答答的样子并巧妙地脱身,没有露出马脚。之后我决定如要再深入敌营进行勘察,只穿英军制服,如此堂而皇之反而不会引起怀疑。

之后我决定将阿兹拉克的印度士兵调回费萨尔处,我自己也要回去。我们在一个清新的黎明动身,迎着第一缕朝阳醒来时,神志还因昨晚一夜思虑而昏沉疲倦。在这样的早晨,人总会有一两个小时沉浸在对外界声音、气味和色彩的直接感受中，无法用思维进行过滤或分析；这些因素的存在似乎是充分而必要的，无论多么粗鄙简陋都不会令人觉得不快。

我们沿着铁路向南走，期望能与阿兹拉克那群行动迟缓的印度兵碰头；我们这支小队骑的都是优良赛驼，一路从一个制高点飞奔至另一个制高点，以探寻印度兵的踪迹。这一天安宁无事，我们便放胆前行，避开沙漠中那些通往去年，或者过去千万年废弃营地的千头万绪的小路，翻越过重重燧石山脊；这些沙漠通道历经长年踩踏，地下的燧石和石灰石被磨得裸露，在沙漠中形成了永久的痕迹，直至地老天荒。

我们在法莱夫拉（Faraifra）看到八名土耳其兵组成的小队沿着铁道巡逻。我的人在阿塔提尔休养了好一阵，急着想要去攻击他们。我认为这样的行为过于鲁莽，但经不住他们吵吵嚷嚷，只得同意了。几个年轻人立即冲了过去。我命令其他的人穿越铁路，将敌军从藏身的涵洞中驱逐出来。位于右侧一百码远处的扎吉看清了我们的意图，也立即转头奔来支援。稍后穆赫辛（Mohsin）也带着自己的人马跟了上去，而我和阿卜杜拉则守住己方一侧，稳步向前推进，以对敌军形成双路夹击之势。

法拉吉一马当先冲在最前，无论我们如何叫喊、示意或对他头顶鸣枪警示，都不为所动。他回头环顾我们，依然没有停下冲锋的脚步，疯狂地冲向铁路桥，在扎吉带领人马越过铁路前，率先抵达桥头。土耳其人这时不再开火，我们估计他们大概是躲入了另一侧的基堤之下；但当法拉吉在桥拱下勒住缰绳时，传来了一声枪响，他不知是从座鞍上摔了下来还是跳了下来，旋即消失了。过了一会儿，扎吉来到基堤处就位，他的手下胡乱开了二三十枪，就好像敌军还在那儿负隅顽抗似的。

法拉吉让我担心极了。他的骆驼独自站在桥边，毫发无伤。他本人可能已中弹，或者去追击敌人了。我无法相信，他会刻意在没有掩护的情况下，就这样冲过去停下；但事实看起来就是如此。我派菲赫德（Feheyd）去告诉扎吉，尽快赶往桥的另一侧察看，然后我们也飞快地朝桥直冲而去。

我们两队人同时到达，发现一个阵亡的土耳其人，还有身体被洞穿，伤情极为惨烈的法拉吉，就躺在他从骆驼上摔下来的桥拱下方。他看来已陷入昏迷；但当我们下鞍时，他却向我们致意，然后便再未作声，独自沉浸在大限将至之人对死亡的静待之中。我们脱掉他的衣服，查看他的伤势，但也爱莫能助。子弹从他身体正中穿过，大概伤到了脊椎。阿拉伯人见状便断言，他只能再撑几小时。

他已动弹不得，但也没有任何痛苦的表现，我们便试着搬运他。大量的血缓缓涌出，淌了一地，将草地染得殷红，我们想要替他止血，但无能为力；过了一阵子，他让我们别管他，反正自己就要死了，而且乐得解脱，因为人生已再无他事值得眷恋。事实上，他也确如行尸走肉久矣，满腹悲伤疲累之人总有赴死之心，在放手奋力一搏之后，带着虚弱的胜利撒手而归。

我们正在法拉吉身边手忙脚乱之时，阿布德·拉提夫（Abd el Latif）高声示警。他看见约五十名土耳其人沿着铁路线朝我们挺进，接着很快，我们也听见北面传来轧道车的声响。我们只有十六人，所处地势也极为不利，因此我们必须带上法拉吉立即撤离。他们试着将他抬起，一开始用他的斗篷当担架，后来又改用毯子；但他此时已恢复了意识，疼得尖声惨叫，令我们不忍心再让他受苦。

我们不能就这样丢下他，任由他落入敌人之手，因为我们曾亲眼目睹土耳其人将我们的伤员活活烧死。为此我们在战前都一致约定，如有人身负重伤无法转移，则其他人要负责给他一个了断；但我从未料到，亲手杀死法拉吉的人可能会是自己。

我在他身旁跪下，在他脑畔将手枪低低指着地面，以免他看穿我的意图；但他想必已心里有数，睁开了眼睛，用青涩的内志少年那瘦骨嶙峋的小手紧紧抓住我。我少待了片刻，然后他说道："达乌德要生你的气了。"灰暗皱缩的脸上诡异地浮现出昔日的笑容。我回答："替我向他致意。"他正色回应道："神佑你平安。"然后终于疲惫地合上了双眼。

土耳其人的轧道车此时业已逼近，宛如一只摇摇晃晃的大甲虫，沿着铁路线朝我们冲来；我们朝山中撤退时，车上的机枪子弹猛烈扫射，子弹不停地擦过头顶。穆赫辛牵着法拉吉的骆驼，驼背上他的羊皮座鞍和装饰，还保持着他摔下前的形状。天快黑时我们停下，扎吉走来低声对我耳语，说大家都在争论明天该由谁骑法拉吉那匹出色的骆驼，而他也想获此殊荣。再失一名爱将已令我满腹酸楚；但如此壮烈的牺牲在其他人眼中，甚至不如一头骆驼来得重要，更令我悲愤交加，举枪用第二发子弹打死了那头可怜的牲畜，一了百了。

太阳业已西沉。窒闷的卡拉克山谷中月色凝固，高温吮吸着百花的芬芳，令空气无比浓浊。入夜后，西面吹来的风偷偷溜过沙漠，这个世界才再度开始呼吸。我们已经远离花草之地数英里，但突然随风传来一阵阵扑鼻香气，令我们再觉身坠百花丛中。然而，这香气很快消散，潮湿而干净的夜风尾随而至。阿卜杜拉给我端来了晚餐，那是米饭和驼肉（法拉吉的骆驼）。餐毕我们就寝。

第九十四章

次日上午,我们在金兹旱谷附近遇到了在一棵大树下休息的印度兵。时光仿佛倒流,重回一年前我们前去炸桥的时候,再度与哈桑·夏阿同行,穿越原野,一路听着维克斯机枪在骆驼上咔嗒作响,帮助队员重新捆扎松散的行李或座鞍。他们的骑术似乎没有长进,因此我们直到黄昏时分才穿过了铁路。

我心神纷杂,便告别印度军,连夜匆匆前行,以期平复些许思绪。我们就这样在寒冷的黑夜里逼近欧德罗,山头左侧的火光令我们停下了脚步。明亮的火苗不停蹿动,似乎是发自甲顿(Jerdun)方向。我们勒住缰绳,倾听那低沉的爆炸声,接着出现一股烈焰,越烧越旺后,旋即分作两股。或许是车站失火了,我们便加快速度,前去马斯特处一探究竟。

但他的营地已空无一人,原地只余一只豺狼。我决定继续赶往费萨尔处,便顶着逐渐高升的太阳,以最快的速度奔驰。一路蝗虫泛滥——虽然稍远观之,它们在空中发出点点银光的翅膀颇为壮观。不知不觉中夏季已悄然降临:这也是我在中东的第七个炎暑。

就在我们逐渐接近时,听见前方塞姆纳枪声不断。许多部队正缓缓沿着这座可监控马安的新月形高地往上爬,并停在山脊下方。显然我们已经攻占了塞姆纳,我们便朝这新据点骑去。在通往高地的平原上,我们遇见一匹驮着担架的骆驼,牵骆驼的人指着担架说:"毛路德帕夏。"我奔上前去,大叫道:"毛路德受伤了吗?"因为他们是我们部队中最出色的军官,也是最赤诚不二的忠臣;身为一个不屈不挠的爱国斗士,任何溢美之词用在他身上都不过分。这位老将虚弱地在担架上回答道："是的，劳伦斯大人，我受伤了。但感谢神，不碍事。我们已经攻下塞姆纳了。"听说我正前往那里，他激动地从担架上支起身来，虽然几乎看不见东西，言语困难（他膝盖上方的大腿骨碎了），将一个个地点指给我看，告诉我如何在山腰防御。

我们抵达时，土耳其人开始朝山头胡乱开炮。努里·赛义德接替毛路德坐镇指挥。他冷静地立于山头，大部分人在炮火的威胁下，都会增快语速，并故作轻松自如。但在这种情况下，努里却是益发镇定，扎伊迪则会变得烦躁。

我问贾法尔在哪里。努里说他应当在午夜时分发起对甲顿的袭击。我告诉他夜里曾看到火光，必定是已经奏捷。就在我俩为之高兴时，信使来报，称俘获了若干俘虏和机枪；车站和三千根铁轨皆被摧毁。如此丰功伟绩，足以让北方铁路瘫痪数周。接着努里还告诉我，昨日黎明他还突袭了加迪尔哈吉（Ghadir el Haj）车站，将之翻了个底朝天，炸毁了五处桥梁和一千根铁轨。这样一来，南方的铁路也被截断。

午后战事逐渐平息，战场一片死寂，双方都不再胡乱开火。他们说费萨尔已移至乌辛达。我们涉过洪水泛滥的溪流，来到毛路德休养的临时医院。满脸红胡须的医生马哈茂德颇有自信，认为不必截肢便能治愈毛路德。费萨尔在山脊最险处背光而立，太阳给他修长的身影笼上了一圈光晕；并透过绣花的丝绸头巾，给他戴上了一顶金冠。我让骆驼跪下，费萨尔展开双臂叫道："老天啊，你还好吗？"我回道："荣耀和胜利都归于神。"然后他引着我进入自己的帐篷，交换消息。

费萨尔已从道内处获悉英军在安曼落败一事，且比我知道的更多更详细；也知道天气恶劣，局势混乱，以及艾伦比如何在危急关头致电谢伊，当机立断下令撤军，明智地将损失降到最低；但英军依然一败涂地。

乔伊斯仍在医院里，但已逐渐康复；道内已在圭维拉整装待命，随时可以率领所有作战车辆向木达瓦拉发起攻击。

费萨尔向我询问塞姆纳和贾法尔的情况，我将自己知道的都告诉了他，并传达了努里对战事的看法和预测。努里一直抱怨阿布塔伊人整日无所事事，但奥达对此矢口否认；我不由想起首次攻打阿巴利散高地时，奥达在我的激将法下愤然冒死一战的往事。费萨尔今日初次得知，但旧事重提，令奥达痛心不已。他赌咒发誓自己今日已竭尽全力，但天时不予人便，故未取得佳绩；而面对我的不依不饶，他更是愤懑难平，从帐篷中拂袖而去。

梅纳德和我随后几日都在观察局势。阿布塔伊族占领了车站以东两处前哨阵地，萨利赫·伊本·谢菲亚则攻克了一处防御工事，缴获一挺机关枪，俘虏二十名敌军。这些战果让我们得以在马安周边自由活动；且贾法尔于第三日猛烈炮轰南面山岭，努里·赛义德则同时率兵扫荡车站，但就在他们推进至目标时，负责掩护的法国炮兵却停火了。我们正乘着福特车四处观战，想要第一时间获悉得胜的消息，努里一身戎装，戴着白手套，叼着石楠烟斗，前来找我们，要我们回去敦促炮兵指挥官皮萨尼上尉（Captain Pisani）速速开炮支援。我们找到皮萨尼时，弹尽粮绝的他正绝望地乱搓手。他告诉我们，自己曾一再要求努里不要在这弹药匮乏的节骨眼上采取行动。

我们也束手无策，只能眼睁睁看着自己的人马冒着枪林弹雨，从火车站又冲了回来。穿卡其制服的身影一路散乱，东倒西歪，哀鸿遍野，死伤无算，以谴责的目光瞠视着我们。这些残缺不全，血肉模糊的身躯不听使唤，只能无助地躺在地上。我们目睹了全过程，脑中在冷静地盘算着对策，但却听不见一点儿声音：由于意识到失败，我们的听力已被大脑暂时屏蔽了。

事后我们才了解到，此次步兵斗志高昂的表现令所有人为之钦佩，他们在机枪的掩护下充分利用地形，奋勇作战，令指挥变得相当容易，因此仅有三名军官丧生。马安之役向我们展示了阿拉伯军队在英军受挫之时，仍可独当一面的能力。这让我们今后的作战计划变得更为灵活自主，因此即使落败也可谓因祸得福。

4月1日一早，贾法尔明智地决定，自己不能再让队伍白白送死，率领部队撤回塞姆纳据点休整。他与土耳其军队的指挥官曾是大学旧友，便给他送去一封劝降书，让他放弃抵抗。对方答复说自己乐于投降，但奈何上级有令，必须战至弹尽粮绝。贾法尔便建议双方休战，让敌军在此期间抓紧消耗弹药；但土方依然犹豫不决，直至贾玛尔帕夏从安曼调来援军，重新夺回了甲顿，并向这座被围困的城池运送了大批粮草和弹药。而铁路则一直瘫痪了数周之久才被修复。

我毫不犹豫搭车前去与道内会合。一个正规军军官第一次全权指挥游击战，并大规模使用装甲汽车这样复杂的先进武器装备，令我惴惴不安。而且道内不会说阿拉伯语，他的骆驼专家皮克（Peake）和军医马歇尔阿拉伯语也并不流利。他的队伍混杂了英国人、埃及人和贝都因人，而后两者向来形同水火。因此我于半夜抵达他位于塔勒沙姆赫上方的营地，毛遂自荐要当他的翻译。

他热情地接纳了我，还带我去巡视前线（and took me round his lines）。他们的阵容相当壮观：机动车辆在一处，装甲汽车在另一处，皆排列得整饬有序；外围有哨兵和巡逻队层层把守，并架设好了机枪严阵以待。甚至连阿拉伯人也已经驻扎在山后方的待机地域，充当后援，只是我们看不到也听不到罢了。谢里夫哈扎阿（Hazaa）和道内不知施了什么法术，能让他们乖乖原地待命，不再乱窜。如此井井有条令我咋舌不已，差点脱口而出，万事俱备，只欠敌人了。

谈话中，他进一步展示了自己的计划，更令我佩服得五体投地。他采用严格正规的军事术语和号令，将时钟归零①，按部就班地将各部的行动——安排妥当，每个单位都有指定的任务。我们（装甲汽车队）将于黎明时分，从占据有利地势的山丘出发，攻打"平原阵地"。我和乔伊斯上次遭遇挫败时，就坐在这座山头相视苦笑。装甲汽车需保持紧密队形，在天亮前"占领车站"，并奇袭夺取战壕。按作战计划，一号车及三号车将于零点后1.5小时②，摧毁在作战地图（比例尺1/250000）上标注的桥梁A和桥梁B，而其他车辆此时则需在哈扎阿和阿拉伯军队的支援下，朝岩石哨站进发（零点后2.25小时）③。

霍恩比和爆破人员乘坐编号为40531和41226的塔尔博茨卡车，跟在上述部队之后，在这些队伍午餐时，前往摧毁桥梁D、E及F。午餐后，待日头偏西，视线可以透过海市蜃楼进行观察，即零点后8小时整④，大部队将攻打南方哨站；装甲汽车上的重机枪，以及布罗迪位于瞭望山的十磅炮，将一道为东面的埃及部队和北面的阿拉伯部队提供火力掩护。

攻下这座哨站后，主力部队继续转进塔勒沙姆赫，届时布罗迪会从山的西北麓炮轰这座车站，同时（零点后10小时）⑤，英军飞机也将自罗姆滩涂平原起飞，轰炸车站；而装甲汽车则自西面进逼。阿拉伯人尾随车辆推进，皮克则率领骆驼军团自南方哨站下山。计划中要求于零点后

---

① 军事时钟显示为00：00。
② 军事时钟显示为01：30。
③ 军事时钟显示为02：15。
④ 军事时钟显示为08：00。
⑤ 军事时钟显示为10：00。

11.5小时[①]占领车站，但最后并未如愿以偿，反而成了一出笑剧。原因在于愚蠢的土耳其人乱了阵脚，提前十分钟便匆匆投降，使得这个天衣无缝的计划未能成功。

我直言不讳地问，如此复杂的计划，哈扎阿是否能领会。他们告诉我，他并无任何表可以对时同步（对了，我现在是否应该清零对时了？）因此，他将在车辆朝北推进时，随之率军挺进，接着再根据实际传达的命令展开后续行动。我便偷偷溜出去，找了个地方藏起来睡了一小时。

拂晓时分，我们看着车辆悄然驶近一片静默的沙地战壕，惊慌失措的土耳其人高举着手从中奔出。这行动就如猴子摘桃般容易。霍恩比带领两辆劳斯莱斯装甲汽车一阵猛冲，在桥A下安置了一百磅炸药，将之化为齑粉。我和道内正在第三辆车上督阵，差点被爆破的巨浪掀了起来。我们循声赶至现场，让霍恩比省着点炸药炸涵洞。后面几座桥也悉数被炸成了碎片。

在炸毁桥梁B时，装甲汽车上的机枪集中火力扫射岩石哨站的矮护墙，这一圈厚厚的石墙（在晨光下长长的影子相当显眼）位于陡峭的山顶，车辆难以攀登。哈扎阿已准备就绪，踌躇满志，摩拳擦掌。土耳其人被四挺机枪的火力吓得动弹不得，阿拉伯人刚发起冲锋，就将其拿下，第二颗桃也顺利摘下。

这时，其他单位处于空档期，霍恩比则继续动作，而我也以助理工程师的身份披挂上阵，助其一臂之力。我们乘坐劳斯莱斯，载着两吨火棉沿铁路线而下，所到之处硝烟四起，遍地开花。车上的队员负责掩护我们安置炸药，有时也借助车辆进行掩护，以免在滚滚烟尘中被呼

[①] 军事时钟显示为11：30。

啸飞舞的碎片击中。一次一块重达二十磅的燧石砸在机枪塔上,所幸只留下一个凹坑,没有造成任何伤亡。众人纷纷利用机会在爆破时拍照留念。这场战役可谓奢华,爆破更是其中浓墨重彩的一笔,我们更是乐在其中。悠闲地用过午餐后,我们前往"南方哨站"观战。该据点也在计划时间内被成功拿下,但过程和最初构想有些出入。哈扎阿和他手下的阿姆兰人(Amran)由于过于激动紧张,根本无法保持冷静,像皮克和埃及兵那样交替掩护,逐步推进;反而将其视为一次障碍赛跑,驱赶着骆驼直冲上山丘,越过防御工事直扑战壕。早就兵困马乏的土耳其人见状,干脆厌烦不已地直接投降。

接下来便是当天的重头戏,攻击车站。皮克从北侧进击,多次冒着枪林弹雨指挥手下挺进;这样的情形并不多见,因为他们并不是誓死想要拔得头筹的勇士。布罗迪和往常一样,精准地向目标开炮,飞机则在头顶冷酷无情地盘旋,向战壕内投下尖声呼啸的炸弹。装甲汽车顶着浓浓烟雾穿行,大军压境,土耳其人只得举起白旗,垂头丧气地束手就擒。

我们发动劳斯莱斯,阿拉伯人跳上骆驼,皮克那些手下如今也胆壮了几分,奋力向前冲击,几路人马从四面八方汇集至车站。我们的车队捷足先登;而我则抢到了车站的站铃,那是大马士革出产的黄铜精品。第二个人抢到了检票的打孔器,第三人则将检票印章收入囊中,土耳其人只得困惑地愣在一旁看着我们,发现自己在我们眼里甚至没有这些小玩意儿重要,更是愤懑不平。

一分钟后,随着一声号叫,贝都因人蜂拥而至,展开了他们有史以来最疯狂的劫掠扫荡。车站内两百支来复枪,八万发子弹,大量的炸弹、食物和衣物全被洗劫一空,每个人都连抢带砸,大获其利。一头倒霉的骆驼在进入车时，不幸误触土耳其人预先布设的地雷，让原本一片混乱的场面变得更加失控，处处人仰马翻，慌乱不已，大家都以为布罗迪又开了一炮。

休息期间，埃及军官找到了一间尚未受损的仓库，便派一队卫兵把守，因为他们也饱受缺粮的折磨。哈扎阿手下那群饿狼此时意犹未尽，并不认为埃及部队有权参与瓜分他们的战利品，于是双方展开了火拼；但经过一番斡旋，我们让埃及部队先行搬运他们所需的口粮，之后便是众人八仙过海，各展神通，七手八脚差点将库房墙壁挤破。

沙赫姆车站的战利品如此丰厚，就连贪得无厌的阿拉伯军队，十人里也有八人心满意足。次日早晨，仅有哈扎阿带着少数几人留下，和我们一起展开进一步的行动。按道内的计划，下一个目标是拉姆列赫车站；但由于该据点尚未侦察过，故作战步骤仍在筹划当中。因此，我们派韦德驾驶装甲汽车，另一辆车随后作为接应，悄悄驶向车站。他小心翼翼地逐步推进，没有发出任何声响，在未惊动任何人的情况下进入了操场。由于土耳其人在车站内埋设了大量地雷，路面上布满了绊发雷和触发雷的引线，他们一路都胆战心惊。

车站被关闭了，韦德向大门和百叶窗发射了半单链的子弹，没有任何动静，便悄悄下车在建筑周围搜查。最后他发现车站空无一人，但堆满了不计其数的美食，足以犒劳哈扎阿及其几位忠心耿耿的手下，好让他们继续不离不弃地支持我们作战。我们花了一天时间，炸毁了数英里长的铁路，直到认为造成的破坏足以让土耳其最大的抢修队忙上两个星期才作罢。

第三天我们推进木达瓦拉，但并未对其报太大希望。阿拉伯人已经带着战利品离去，皮克的人手也并不恋战。尽管如此，木达瓦拉的敌人很有可能像拉姆列赫一样,自乱阵脚,不战而降,所以发起攻击的前夜,我们就睡在车站附近。精力充沛的道内派哨兵在外围警戒,而这些哨兵和他们的指挥官一样活力十足,效仿白金汉宫卫兵花里胡哨的那一套表演,在我们枕头前来回踢着正步,直到我起床后,方才将沙漠中担任警戒的艺术授予他们。

早晨我们便一路引擎轰鸣,风风火火地穿过铺满沙粒和燧石的平原,前去查看木达瓦拉的情况。东方的太阳还未高升,自我们身后投来淡淡的光辉。这朦胧的光线阻碍了我们的视线,直至靠近车站时,我们才发现站内停着一列很长的火车。这到底是援军,还是撤兵?不久,他们发动四门大炮对我们展开了猛轰,其中两门更是火力强大、准头极佳的奥制轻型山地榴弹炮。他们隔着七千码的距离,把我们轰得狼狈不堪,只得落荒逃到远处的洼地避难。随后我们远远兜了一个大圈子,绕到当初和扎尔一道炸毁第一列火车的地方,将当时土耳其人午睡的那座大桥炸毁。之后我们再度返回拉姆列赫,一路炸毁无数铁路和桥梁,以确保彻底瘫痪交通,让法赫里无法修复;与此同时,费萨尔派出穆罕默德·德黑兰攻打我们和马安之间尚未受到攻击的各个车站。一天之后,道内也来到山下区域接应他们,携手作战。这样,马安自木达瓦拉八十英里长的距离,及其间的七座车站,全都落入我军之手。这一行动也使得在麦地那死守的敌军弃城投降。

英军从美索不达米亚又调来了一位军官——杨,以壮大我们的参谋队伍。他是一名极具专业素养的正规军官,有长期而丰富的作战经历,且阿拉伯语相当娴熟。他的角色是与我合作,整合阿拉伯各部落的力量,从而使得我们能够更广泛、更高效地展开对敌行动。为了让他在新环境中能如鱼得水,我便将召集联合扎伊德、纳西尔和米祖克,前往截断马安以北八十英里长铁轨的任务交予他,自己则前往亚喀巴搭船前往苏伊士,与艾伦比讨论后续行动计划。

第九十五章

道内接见了我,我们在前往艾伦比的军营前对简报进行了讨论。博尔斯将军看见我们,开心地微笑着说:"话说,我们攻打索尔特一切顺利"。看见我俩一脸惊诧,他继续解释说,本尼沙克赫族的族长一天早上抵达耶利哥,表示愿意提供在瑟梅德的两千族人,即刻与我们展开联合行动;第二天博尔斯在洗澡时便想出了一个计划,并当场拍板定案。

我问那位本尼沙克赫族的族长是谁,他答曰:"法赫德。"他这样的做法完全是在我的地盘上借机揩油,令我火冒三丈。我知道法赫德凑齐四百人马都有困难;更遑论瑟梅德现在并没有部落人的半顶帐篷:他们全都已经南迁,前去投效杨了。

我们匆忙赶往总部一探究竟,遗憾地发现博尔特所言不虚。临时奉命的英国骑兵已在泽本族谢赫们的空口承诺下,出发前往摩押山地;这些谢赫都是贪婪之辈,曾为了从艾伦比处分得一杯羹而举兵攻打耶路撒冷,但全是光说不练的假把式。

这个季节已再无其他部落人可供总部调用。武神道内的哥哥盖伊·道内(Guy Dawnay)是耶路撒冷进军计划的拟定者,此时已调至海格(Haig)营中;曾负责制定秋季攻打大马士革计划的巴塞罗缪(Bartholomew),仍在切特伍德手下谋事。因此艾伦比麾下数月来一直职位空虚,缺乏能将理念和实际调兵遣将相结合的人才。

显而易见,这次行动以惨败收场,我则一直待在耶路撒冷,为博尔斯和耶路撒冷总督史铎斯的此次失误抱怨不已。本尼沙克赫人要么在自己的帐篷区无所事事，要么都去投效杨了。肖维尔将军（General Chauvel）[①]得不到任何一方的帮助，只能眼睁睁看着土耳其人再度打通他后方的约旦河谷，截断了他的后路。多亏艾伦比的警觉，及时发觉苗头不对，才令大军慌乱撤逃，虽然避免了进一步的伤亡，但仍损失惨重。此次挫败给英军上了一课，学会了在费萨尔面临困境时耐心等待时机；也使土耳其人意识到安曼地区是他们的薄弱点；同时，本尼沙克赫人也察觉到英国人的不可理喻之处：他们或许不是英勇的斗士，但却敢于在身处劣势时背水一战。因此，在某种意义上而言，看似是一连串意外事件引发的安曼大败仿佛重蹈了历史的覆辙，但对各方而言皆是塞翁失马。与此同时，费萨尔一直向本尼沙克赫族示好，想要在其支援下独立作战的如意算盘也就此落空。这个谨慎而富足的部落只会和切实可靠的盟友联手卖命。

我们的行动如果仅是面对单纯的敌人，则非常好办；如今却因为盟友的旁生枝节而骑虎难下。我们只能向艾伦比搬救兵，这令他大为不悦。德军对法国的进犯已经抽调了他不少兵力。他还必须守住耶路撒冷，但却不能再有任何伤亡，更是在数月内无法发起进攻。陆军部许诺将美索不达米亚的埃及部队调派给他，并从印度征召一批新兵。在这些力量的充实下，他能重建一支印度模式的军队；或许，在夏季之后，他可以再度投身战场，但此时我们都只能按兵不动。

这些话是艾伦比在5月5日亲口告诉我的，斯马茨（Smuts）选择在这一天大举北伐，作为攻克大马士革和阿勒颇的序幕。按这一安排，我们

[①] 即亨利·乔治·肖维尔爵士（Sir Henry George Chauvel），1865年—1945年。他在第一次世界大战期间担任澳大利亚皇家部队的高级将领，是第一名获得中将头衔和高级将军职务的澳大利亚人，也是第一位领导军队独立作战的澳大利亚人。

在第一阶段便要遭遇久攻不克的马安；艾伦比的无兵可用，更令我们深陷敌众我寡的泥潭。此外，安曼的土耳其人便能得空将我们从阿巴利散驱逐回亚喀巴。局面如此不利，联合行动——或者说互相指责——的重任一如往常又落到了我的头上。但艾伦比还是施以援手，为我们减轻了不少负担。他在约旦建立了无数的桥头堡，让敌军倍感威胁，认为他又要第三次大举来犯，因此牵制住安曼的敌军，使其不敢轻举妄动。为了增强我们的实力，他还提供了大量我们必需的技术装备。

我们借机要求不断对汉志铁路展开空袭。萨蒙德将军[①]（General Salmond）被召来，他也和总司令一样慷慨援助，且言出必行。皇家空军也没闲着，自此开始不断骚扰安曼，直至土耳其战败投降。我们捉襟见肘之时还能极大地钳制住敌军的行动，得益于轰炸给铁路交通造成了极大的混乱。下午茶时，艾伦比提起西奈的"帝国骆驼旅"[②]（Imperial Camel Brigade），遗憾地表示由于财政吃紧，不得不将这支部队裁撤，并将其人员充作骑乘后备力量。我问道："你打算如何处理他们的骆驼？"他笑了，说："去问Q。"

我乖乖地穿过满是灰尘的花园，闯进军需处长（Quartermaster-General）——也就是沃尔特·坎贝尔爵士[③]（Sir Walter Campbell）——典型的苏格兰佬——的办公室——再次重复了我的问题。他坚定地表示这些骆驼已经被指定为新建的第二个印度师的运输力量。我解释说想调用其中两千头，他一开始顾左右而言他；后来又说一旦开了口子，我就会得寸进尺。我据理力争，但他似乎不为所动，"Q"天生就是这样一

[①] 即皇家空军元帅，约翰·梅特兰德·萨尔蒙德爵士（Sir John Maitland Salmond），1881年—1968年。
[②] 即ICCB（Imperial Camel Crops Brigade），是英国于第一次世界大战期间的1916年12月，在中东建立的乘驼步兵旅。第一次世界大战结束后，该部队于1919年5月解散。
[③] 即沃尔特·坎贝尔中将，1864年—1936年。他在第一次世界大战期间于1918年7月起，担任在约旦的帝国骆驼旅军需官。

个抠门的人。

我返回艾伦比处,当着他幕僚的面大声说,现有两千两百头骑乘骆驼,一千三百头辎重骆驼可供使用。现在它们全都暂时调拨做运输工具,但,很明显,骑乘骆驼就是骑乘骆驼。参谋们吹起了口哨,摆出一副足智多谋的模样,仿佛他们也一样质疑是否骑乘骆驼可以用来驮运行李。只要略施小计,甚至做做样子,我就能如愿以偿。每个英国军官为了面子问题,都装作很懂动物。因此,当得知沃尔特·坎贝尔爵士当晚被邀请和总司令共进晚餐时,我一点儿不感到惊讶。

当晚,Q和我就分坐在艾伦比左右两侧,在上汤时,艾伦比便开始提起骆驼。沃尔特爵士跳起来嚷嚷道,骆驼旅的解散是千载难逢之事,正好能增强某某部的运输力量;这是天赐良机,因为骆驼向来是东方人垂涎之物。他夸张的表演却弄巧成拙,艾伦比是弥尔顿①(Milton)的忠实读者,对这样的表演风格谙熟于心,认为他的台词并没有什么说服力。沃尔特并不关心运输力量是否得到增强,这只不过是行政管理部门的恋物癖罢了。

艾伦比朝我眨眨眼说:"你要这些骆驼作何用途?"我热切地回答说:"转运一千人马去德拉,日子随您挑。"闻言他微笑着对沃尔特·坎贝尔爵士摇摇头,故作悲伤地说:"Q,你输了。"于是胜者得意扬扬,败者垂头丧气。这些骆驼的作用不可估量,是一份千金不换的礼物,意味着取之不尽,用之不竭的机动性。阿拉伯部队将如虎添翼,胜利唾手可得。

第二天一早我便出发,来到阿巴利散凉爽的营地中见费萨尔。我们天南海北聊着历史、部落、迁徙、情感;还有春雨、牧草,没完没了。

---

① 即英国诗人约翰·米尔顿(John Milton),1608年—1674年,代表作为《失乐园》。

最后，我才谈到艾伦比已经拨给我们两千头骆驼。费萨尔倒吸一口气，抓住我的膝盖问："怎么会？"我便将整个故事和盘托出。他跳起身吻我；然后大声击掌。黑奴赫吉里斯的身影立即出现在帐篷门口。"快点，"费萨尔大叫着，"叫他们来。"赫吉里斯问他们是谁。"噢，法赫德、阿卜杜拉·菲尔、奥达、莫特洛格、扎尔……""不需要叫米祖克吗？"赫吉里斯温顺地问。费萨尔大骂他是个傻瓜，这黑奴才立刻跑开了；我则说："一切都快结束了，不久你就该让我走了。"他对此话表示抗议，称我必须和他待在一起，不能像我在乌姆列治时说的那样，待到攻下大马士革时。但我本人是真的想离开了。

帐篷外传来急促的脚步声，然后戛然而止，族长们纷纷正色，肃穆地整理好衣冠，方才进得帐来。他们挨个静坐在地毯上，随意地问道："愿神保佑，您可好？"费萨尔也挨个回答说："赞美神！"所有人都莫名其妙地瞪着他眉飞色舞的样子。

待所有人都到齐后，费萨尔告诉他们神给他们送来了制胜的武器——两千头骑乘骆驼。我们作战从此可以畅行无阻，直到获得最后的胜利。大为惊诧的众人交头接耳；人人都尽量表现出一名大人物的风范，想要极力保持镇定；但止不住拿眼睛打量我，揣测我在这件事情上扮演的角色。我说："多亏了慷慨的艾伦比……"扎尔立即代表众人插嘴说："神佑你和他长生。"我回敬道："胜利与我们同在，"然后站起来对费萨尔说，"容我先行告退，去将这消息告诉乔伊斯。"其他人在我身后爆发了热烈的讨论，七嘴八舌地议论着如何采取行动。这或许有点孩子气，但对每个人来说，这将是一场精彩的战役，身在其中的每个人并没有意识到自己在不知不觉中已走向胜利。

这两千头骆驼同样让乔伊斯倍感欣慰。我们畅想着该如何将它们投入战斗：如何从贝尔谢巴迁运至亚喀巴；到哪里能找到供这么大一群骆驼放牧两个月的草地；如果要跟着我们四处征战，如何让它们戒掉吃大麦的习惯。

但这些都不是当务之急。眼下我们必须先设法一个夏天都要在高原上稳住阵脚，以围困马安，并使铁路保持瘫痪状态。这将是极为艰巨的任务。

首当其冲的便是补给问题。原有的补给安排刚被我打乱。埃及骆驼运输队一直在亚喀巴和阿巴利散之间稳定地运输物资，但运输能力和行军速度都远不如我们预期那样乐观。我们曾敦促他们提高载重和速度，但军纪无情，为了减少牲畜的折损率，对这些指标都有严格的限制。其实只要将运输效率稍作提高，便可使运输能力翻倍；因此，我提议接管这些骆驼，将那些埃及骆驼兵遣送回去。

我的想法让本就人手吃紧的英军方面气得乱跳；几乎是当场就蹦了起来。一时间到哪里去找这么多骆驼骑手？大家都急得晕头转向。补给、运输、军火、发薪水、基地总指挥这些工作，到目前为止都是高斯列特一人独揽。过重的任务对他来说可谓折磨。于是道内找来了斯科特，这个爱尔兰人是基地指挥官最佳的人选。他脾气好，能力强，积极性高，亚喀巴从此被管理得井井有条。布莱特接管了军火事宜，他大概是个军士，或者军士长。而杨则负责起了运输和军需事务。

杨可谓殚精竭虑，在奈玛特（Naimat）、贺加亚（Hejaia）及本尼沙克赫几个氏族的地盘上来回奔波，在纳西尔、米祖克和费萨尔之间不停奔走，努力将这些力量联合起来共同作战。有时候，他这种高强度的工作风格会令阿拉伯人无法忍受。而掌管运输，能让他的才干得到更好的发挥。他全力投入，以扭转混乱的局面。在队伍缺乏库存、座鞍、书记员、兽医、药品和骑手的情况下，要想组织一支运作有序的辎重简直是不可能完成的任务；但杨凭借自己那种近乎残酷的铁腕作风，几乎将目标全部实现。多亏了他，我们才解决了阿拉伯正规军在高原的补给问题。

这段时间，阿拉伯起义的力量都在逐步壮大。费萨尔终日坐于帐内，不厌其烦地对各族阿拉伯人宣扬建国理念。亚喀巴一片繁荣，甚至连野外战事都进展顺利。阿拉伯正规军第三度攻克了甲顿，这座伤痕累累的破车站几度失而复得，大家都习以为常。我们的装甲汽车正好撞见一支自马安出击的土耳其突袭队，将他们打得抱头鼠窜，从此打消了出击的念头。扎伊德率领乌辛达以北半数的部队，也来势汹汹。他昂扬的斗志与儒雅温文的费萨尔相比，更对职业军人的胃口；因此这一文一武两兄弟配合无间，将各路英豪都吸引至阿拉伯起义的旗帜下。

但北方的阴云仍未散去。安曼由一支强大的土耳其部队专门驻守，一旦补给问题得到解决，随时可以驰援马安。而补给的运输全部依赖大马士革的铁路，随着我们在巴勒斯坦的皇家空军（Royal Air Force）的持续轰炸，补给品一直未能如愿运抵敌人营中。

为了抗击这支劲旅，我们最出色的游击队领袖纳西尔已奉命在扎伊德出兵前，对铁路进行破坏。他与霍恩比带着大批炸药，在荷萨旱谷扎营，在皮克受过专业训练的埃及骆驼部队的协助下，大肆进行爆破。在艾伦比恢复元气之前，我们必须争分夺秒，抓紧战斗，而只要纳西尔持续对土耳其陆军展开神出鬼没的游击战，便可给我们争取到一个月喘息的时间，这对我们来说大有助益。如果他失败了，马安的敌人便很可能突围而出，重新在阿巴利散集结，大肆展开屠戮。

第九十六章

纳西尔按照以往方式对荷萨车站发起攻击，先于前一晚切断南北两向的铁轨，然后待到天光足够亮的时候便展开猛烈炮轰。炮手是拉希姆，使用的是麦地那、沃季赫和塔菲列那些老古董克虏伯炮。当土耳其的防御被削弱后，阿拉伯人便朝车站发起冲击，本尼沙克赫人和霍威塔特人都争先恐后，想要抢立头功。

当然，很显然，这种战术一向不会给我方造成伤亡。霍恩比和皮克已将车站变为废墟，他们炸掉了水井、水塔、火车头、水泵、建筑、三座桥梁、全部车厢，以及约四英里长的铁路。两人的爆破工作持续了两天，造成的破坏规模似乎是前所未有的。我便打算亲自前去查看。

有十二名手下与我同行。经过拉谢迪亚（Rasheidiya）山岭下方时，我们来到了谢杰拉特塔亚尔（Shejerat el Tayar）这棵著名的孤树旁。我的豪兰随从在它那多刺的枝条下勒住骆驼，树枝上挂满了无数旅人留下的衣裳碎片。穆罕默德说："该你了，穆斯塔法。"穆斯塔法极不情愿地从座鞍上爬下来，开始一件件脱掉衣服，直至近乎全裸，然后弓着身子在碎石堆上躺下。其他人也下得地来，各自折了一根树上的刺，肃穆地排成一列，将这些如黄铜般锐利坚硬的刺深深地扎进他的肉中，并任其留在那里。这样的仪式惊得艾格利人合不拢嘴，但不等其他人结束，他们也立即猴子般蹦下来，邪恶地淫笑着，拿起刺朝人身上最痛的部位扎去。穆斯塔法一声不吭地颤抖着，直到穆罕默德以称呼女性的词法对他说："起来吧。"他凄惨地将刺从体内拔出，穿好衣服后重新上鞍。阿卜杜拉并不知道他为何受这样的惩罚，而豪兰人的态度看似也并不乐意我知其缘由。我们来到荷萨，找到了纳西尔，由于不少人已死于敌军的空袭，为了避免再造成伤亡，他带着六百人马藏身在崖壁的灌木丛中。曾有一枚炸弹落入水池内，将正在饮水的十一匹骆驼悉数炸飞，尸体和七零八落的夹竹桃花瓣一起在水井边围了一大圈。我们写信给空军少将萨蒙德，要求他发动报复性反击。

铁路仍在纳西尔的掌控之中，霍恩比和皮克只要还有炸药，便会去捣毁铁路。他们的爆破技术有如切割一般，并发展出了一套新的铁路爆破方式，能将整段路段炸翻，仿佛刀切一般。从北部的苏丹尼到南部的焦夫，爆破范围越来越大，足足绵延了十四英里。纳西尔对持续爆破的重要性相当清楚，因此全力保障爆破工作的开展。他在两片石灰岩之间寻得一处舒适且可以躲避空袭的洞穴，两侧的岩壁如牙齿般紧密咬合连接，在青翠的山腰间才裂开一线。此时，山谷中的热力和苍蝇还未成气候，其间还有潺潺水源，牧草肥美丰盛。山谷后方便是塔菲列，一旦纳西尔面临严重威胁，只需送个口信，村民们就会骑上自家的小烈马，一路马铃叮当飞奔而来，给予支援。

我们抵达的那天，土耳其派出了一支由骆驼部队、骑兵和步兵组成的队伍，妄图以一次反扑便重夺法莱夫拉。纳西尔立即予以迎头痛击，对土耳其人前锋部队展开机枪扫射，同时阿布塔伊人则沿着唯一可以藏身的，约一百码长的破烂护墙发起冲锋，截获了敌人所有的骆驼和若干马匹。一旦将骑乘牲畜暴露在贝都因人的视线中，那就绝对会被掳走。

随后我同奥达一道前行，在接近山谷分岔处时，听见头顶传来梅赛德斯引擎的震动和轰鸣声。在这巨大的噪声面前，万物似乎都凝固了；甚至连小鸟和昆虫都噤若寒蝉。我们匍匐来到巨大的落石下藏身，听见第一枚炸弹落在山谷下方十二英尺深夹竹桃林下皮克的营地里。接着飞机朝我们这边飞来，第二枚炸弹落得离我们更近；而最后一枚就正位于我们面前那群掳获来的骆驼身旁,一声巨响扬起滚滚尘土,令人肝胆俱裂。

当浓烟尘土散去后,我们看到有两匹骆驼中弹,在地上痛苦地挣扎。一个整张脸被炸掉的人,鲜红的血液自脖颈喷涌而出,尖叫着朝我们的岩石跌跌撞撞地跑来。他盲目地在岩石间攀爬冲撞,伸出双臂四下地摸索着,痛苦的几近疯狂。过了一阵子他无声地躺下,我们四散躲避的人方才趋近探视:但他已经死亡。

我返回纳西尔处,他正和本尼沙克赫族族长米斯加尔(Mithgal)的兄弟纳瓦夫·法伊兹(Nawaf el Faiz)安全地待在岩洞里。纳瓦夫为人狡诈,极爱面子,为了维护自己在公开场合的命运,私底下不惜采取一切卑鄙的手段;但这时他处于狂乱之中,这是法伊兹家族的通病;他们都是一样的反复无常,虽口若悬河,眼神却游移不定。

我与他在战前即相识,一年前又秘密恢复联系,那时我们三人在日落后,偷偷潜入他们家族在兹扎(Ziza)附近的豪华帐篷里休息。法瓦兹(Fawaz)是法伊兹家族的长辈,是个德高望重的阿拉伯显要,也是大马士革委员会成员,在争取独立的团体中颇受景仰。他对我极尽恭维和友善,以大餐宴请我,并在谈话结束后取出自己最华丽的被褥供我使用。

我睡了一两个小时,突然有人隔着带烟味儿的胡子对我低声耳语。此人便是法瓦兹的兄弟纳瓦夫,他告诉我,法瓦兹看似友善,实则已派流星马前往兹扎通风报信,军队很快就会前来捉拿我,到时候我们将插翅难逃。我的阿拉伯随从闻言立即找地方躲藏备战,决意做最后的困兽之斗,至少在死前也要拉几个敌人陪葬。这样同归于尽的战术令我反感,如果真要进行贴身肉搏,我绝无任何胜算。比起死亡或战败,被触碰的嫌恶感更令我无法忍受；这大概是因为我少时曾与人激烈格斗，让我对肢体接触留下了挥之不去的恐惧；也可能是我向来推崇智慧，贬抑肉体，因此并不将肉体的毁灭视为人生第一要紧之事。

我低声向纳瓦夫寻求建议。他蹑手蹑脚爬出帐外，我们拖着几件要紧行李尾随其后，并将物品装入他的小鞍袋里。他自己的帐篷就在隔壁，后方跪伏着几匹骆驼，座鞍业已装配妥当，我们便小心地跨了上去。纳瓦夫牵出自己的牝马在前方带路，大腿上夹着一支来复枪，带领我们穿越铁路逃入沙漠，然后指示我们如何依照星座的方向前进，抵达目的地拜尔。几天之后，谢赫法瓦兹便传出了死讯。

第九十七章

我向费萨尔解释，纳西尔截断铁路的行动可以再持续一个月；就算后面土耳其能摆脱他的威胁，也还再需要一个月才能朝我们所在的阿巴利散进军。到那时候，我们新来的骆驼也基本适应了环境，可以和我们一起作战了。我建议他要求自己的父亲，侯赛因国王，将目前阿里和阿卜杜拉手中的正规部队全部调至亚喀巴。有了这股力量的支持，我们的正规军将扩充至一万名。

我们可以将其兵分三路。一路持续对马安形成钳制之势。另外一千兵力配以新调拨来的骆驼，攻击德拉至大马士革一带。余下的两千至三千步兵，可以进行第二次远征，朝本尼沙克赫族地区推进，与艾伦比在耶利哥会师。长途突击的骑兵队一旦攻克德拉或大马士革，便可迫使土耳其从巴勒斯坦抽调一个师，甚至是两个师的兵力，以重新打通战线。我们用这样的方式削弱敌人的力量，便可使艾伦比至少有能力将战线推进至纳布卢斯①（Nablus）。一旦纳布卢斯陷落，便可切断土耳其赖以增援摩押的侧翼交通线，被迫撤退至安曼据守，将约旦拱手相让。实际上，我也建议策动豪兰地区的阿拉伯人前去攻克耶利哥，将此地作为我们夺取目标大马士革的终点站。费萨尔赞成这一想法，并让我替他送信给自己的父亲，推荐这一计划。但不幸的是，由于费萨尔近来战绩赫赫，且受到英国方面的大力资助，功高震主，令这位老人心生妒意，并不愿意采纳他的意见。为了应付国王，我只得搬出他的两位金主温盖特和艾伦比，双管齐下。我打算亲自前往埃及，敦促他们致函侯赛因国王，向他施压。我抵达开罗后，抽调南部正规军和由阿拉伯人独立发动攻击这两个想法都得到了道内的首肯。我们便在温盖特面前大力鼓吹这一策略，并最终说服了他。他致函侯赛因国王，强烈建议增强费萨尔的兵力。我进一步敦促他在信中对老国王明确表态，要想持续获得经费，就必须把我们的建议当回事；但他拒绝以紧缩银根来要挟对方，只是尽量措辞委婉，但麦加那位多疑的老人一定无法理解这其中的弦外之音。

但如今我们已经所获颇丰，便前去找艾伦比，请求他帮助我们向老国王施压。我们在总部感受到了截然不同的氛围。这里虽一如往常充满着勃勃活力和希望，但合作精神却被提到了一个前所未有的高度，且渠道更为顺畅有序。奇怪的是，艾伦比缺乏识人的眼光，很大部分是因为他身居高位，才干过人，使得下属的出色似乎变得没那么必要；但切特伍德却不甘如此，再次安插了巴塞罗缪担任他的参谋长，在他的队伍中坐第三把交椅。巴塞罗缪和道内一样，并不擅长处理外国事务，但却更精于应付错综复杂的局面，军事素养也更高，思虑更谨慎周密，而且是个和蔼友善的团队领导者。

---

① 巴勒斯坦城市，即古代示剑（Shechem）。

我们将准备在秋季展开行动的计划向他做了详细陈述，希望借着我们的攻势，能争取到他稍后全力的支持。他微笑着听完，说我们来迟了三天。一支新军已准时从美索不达米亚和印度调派至此，目前正在紧锣密鼓地训练当中。他们已在6月15日的一次秘密会议上达成一致，这支军队在9月已具备展开全面持续进攻的能力。

我们终于拨云见日，重现生机；于是我们前去艾伦比处，他开门见山地告诉我们，自己将于9月底展开全面攻击，以完成斯马茨的计划，甚至包括大马士革和阿勒颇。我们如今需要负责拟定出春季进军的计划，如何凭借新得到的两千头骆驼突袭德拉。具体行动时间和细节，则需要根据巴塞罗缪的规划，花数周时间仔细敲定。

由于数次功败垂成，令我在如此大好的局势面前亦不敢过于肯定。因此为了留有余地，我还是让艾伦比协助我，敦促阿里和阿卜杜拉的正规军移防至费萨尔处；当这些事都办妥后，我出发前往吉达，但却无功而返。国王早已风闻我的意图，以斋月为由躲在麦加，对我避而不见。我们通了电话，每当谈及关键问题时，侯赛因国王便假装信号不佳予以回避。我本就心事重重，再无情绪任他胡闹，便毅然挂断了电话，将费萨尔、温盖特、艾伦比交予我的信函原封不动地放回包内，搭下一艘船返回了开罗。

卷九　最后的僵持

第九十八章至第一百零六章

　　印度和美索不达米亚的迅速增援，立即增强了艾伦比的实力，且超出了他在秋季组织进攻的预期。双方已成均势，这意味着如要取胜，他必须巧妙地设计圈套误导土军，让其认为威胁潜伏在约旦之外。

　　为助艾伦比一臂之力，我们可以按兵不动六周，造成不堪一击的假象，诱使土耳其军队前来进犯。

　　然后，阿拉伯人在这关键时刻截断巴勒斯坦的铁路。

　　如此虚张声势的连环计需要精准地拿捏时机，因为倘若土耳其过早撤兵巴勒斯坦，或过早攻打约旦以外的阿拉伯军队，都会破坏双方势均力敌的局面。艾伦比借调给我们帝国骆驼骑兵旅的部分兵力，让我们摆脱了危机四伏的劣势；朝德拉进军事宜也在紧锣密鼓地筹划中，唯一的阻挠便是心怀不满的侯赛因国王。

第九十八章

7月11日，道内和我再度与艾伦比及巴塞罗缪进行会谈，在他俩宽大的度量及无私的信任下，我们得以了解到一名将军的思维模式。这是一次难得的体验：那种高度的专业性、令人放心，令我获益匪浅；因为我在阿拉伯人这场四不像的战争中，也勉强算是一名将军。博尔斯正好在休假，没有参与计划的制定。沃尔特·坎贝尔爵士此时也不在营中；巴塞罗缪和副官埃文斯打乱编制，重组了大军的运输队，以增强其灵活性，能够持续追击。

艾伦比把握十足。出击前，他已校阅过秘密集结待命的大军，并告诉他们自己确信，在他们的帮助下，三万土耳其人将沦为阶下囚；而且这将是改写整个战局的大好机会！巴塞罗缪则忧心忡忡。他认为在9月完成整个部队的重组实为铤而走险，且就算他们已经准备就绪（事实上有些旅是组建以来第一次出征）我们也不可一厢情愿地认为一切能如愿以偿。这一计划只能在拉姆列赫总站对面的沿海地区生效，因为只有此处能够储放军需补给。这一点如此不言自明，虽然土耳其人目前不予理会，但绝无可能一直视若无睹下去。

艾伦比计划在9月19日之前，将大批步兵和所有骑兵集结于拉姆列赫下方的柑橘和橄榄林中。与此同时，他希望在约旦峡谷的这番兵力展示能诱使土耳其人将兵力集中于此地。索尔特的两度遭袭，使得土耳其人格外留意约旦以外的动静。当地但凡有风吹草动，无论是阿拉伯人还是英军，土耳其人都会采取严密的防范措施，足见其慎戒之至。沿海地区是真正的危险所在，敌人反而荒谬地只有少数兵力镇守。让他们在这致命的误导下一直维持当前态势，是取胜的关键。

在迈纳茨哈根得手之后，原本被将军们视为雕虫小技的欺瞒战术，此时已成为艾伦比的主要战略。因此，巴塞罗缪将埃及所有的报废帐篷都搭了起来（在耶利哥附近）；还要将兽医站所有的病患牲畜迁往此地；只要能寻到合适的地方，就搭起假营地，插上假马和假人；在河流上搭建更多的通行桥；集中所有俘获来的大炮轰击敌军的地盘；并在适当的日期，组织非作战人员沿着道路进军，扬起滚滚灰尘，给敌人造成我们即将发动最后攻击的假象。同时，皇家空军将派出数以百计的最新式战斗机，足以在一段时间内压制敌方开展空中侦察。

巴塞罗缪希望我们在安曼一侧见机行事，全力支援。但他也一再警告我们，即使万般筹谋，成功与否依然悬于一线，因为土耳其只要将海岸防线后撤七八英里，便可轻松地摆脱困境，让我们前功尽弃。届时，英军就如同旱地搁浅的鱼一般，手中掌握的所有铁路、重炮、堆场、物资、营地全都无用武之地；而且下次也再没有橄榄园可供大军藏身了。因此，他虽然一面保证英军将全力以赴，同时也再三要求我们传达他的意见，要为阿拉伯方面考虑好退路。

抱着对前景的正面预期，我和道内带着满脑子构想返回开罗。这时，亚喀巴方面传来消息，称据守高原抗击土耳其人遇到了困难，因为敌人不久前已将纳西尔驱逐出荷萨，并对阿巴利散虎视眈眈，意欲在8月底展开进攻，而此时我们也正打算进军德拉。除非我们能牵制住土耳其人两周时间，否则之前的计划都将泡汤。我们必须想法应对这燃眉之急。

在这个节骨眼上,道内灵机一动,想起帝国骆驼骑兵旅还留有一个营的兵力,或许总部愿意将其借调给我们,以迷惑敌人的视听。我们致电巴塞罗缪,他了解了我们的意图后,立即将其上报至此刻在亚力山德亚的博尔斯及艾伦比。在几番电报往来之后,我们如愿以偿。巴克斯顿上校及手下三百人马可前来为我们效劳一个月,但有两个附带条件:第一,我们必须立即拟定作战计划;第二,不得造成该部队任何人员伤亡。巴塞罗缪觉得自己必须为冠冕堂皇而又体贴温馨的第二条向我们致歉,因为这太缺乏英雄气概了!

我和道内坐下来好好研究了一番地图,测算出巴克斯顿需要领兵从苏伊士前往亚喀巴;接着取道罗姆,夜袭攻克木达瓦拉;之后转行拜尔,摧毁安曼附近的铁路桥梁和隧道;最后于8月13日返回巴勒斯坦。他们此行当可让我们再高枕无忧一个月,在此期间可以好好让两千匹新来的骆驼适应当地的牧草,以及如何驼运巴克斯顿部队所需的粮秣。

就在制定计划的时候,亚喀巴方面又传来了更详细的计划。这一图文并茂的提议,是由杨借鉴6月阿拉伯在豪兰地区独立行动的经验,替乔伊斯拟定出来的。他们一一解决了两千匹骆驼和士兵从阿巴利散进军至德拉所需的粮草、弹药、饲料和运输问题,并将所有的资源都列入考量,打算11月,在所有辎重卸载集结完毕后展开行动。

即使艾伦比尚未完成大军的部署,这一计划亦因其自身的缺陷而注定失败。它需要阿拉伯正规军立即对阿巴利散进行增援,而侯赛因国王已经拒绝了这一要求;而且11月已渐入寒冬,豪兰地区的道路会变得泥泞难行。

但天气和兵力或可见仁见智,艾伦比已打定主意在9月19日发起攻势，并希望我们在他动手前两至四天先行开展辅助打击。按他的说法，只要9月16日有"三个男人与一个孩子带着手枪往德拉前方一站"，即可算满足他的要求；此举甚至比他一周前或一周后带领千军万马前去攻城更有威慑力。事实上，他并不在乎我们的战斗力如何，也根本未将我们列入他的战斗力量。在他看来，我们存在的意义更多是精神上、心理上给敌人造成压力；迫使其将注意力集中在约旦战线。作为一个英国人，我完全同意这一观点；但身处阿拉伯阵营，我认为扰乱敌军和正面作战同样重要，一方面是为了取得联合的胜利，另一方面也为了建立阿拉伯人的自尊，若不是自己打下的江山，则不能称之为完满。

因此我毫不犹豫地将杨的计划束之高阁，转而开始制定我们自己的计划。由德拉前往阿巴利散需要两周时间；切断三处铁路再撤回沙漠重整兵马，还需要一个星期；我们的突击队必须随身携带三周的口粮补给。我脑海中已在想象着可能出现的局面——过去两年我们就是这样度过的——所以我立即向道内估算，在沿途没有前兵站或物资运输队的情况下，两千头骆驼单程能够负担五百名正规骑乘步兵、一个配备法式六十五毫米口径速射山炮的炮兵连、相当数量的机枪、两台装甲汽车、工兵、骆驼侦察兵以及两架飞机，足以保证我们完成任务。这似乎是对艾伦比三个男人和一个小孩理论较为广义的解读，我将这一计划上报给巴塞罗缪，并得到了总部的首肯。

当我返回营地，告诉杨和乔伊斯他们精心策划的计划未被采用后，他们颇为沮丧。现在才对他们点破这计划本末倒置，似乎为时已晚；便改弦更张称主要是艾伦比已恢复了实力。按我的计划——需要他们提前采取行动作为铺垫——在未来的一个半月内，由英国的骆驼部队环环相扣地展开大量复杂的"破坏性"劫掠，并对德拉的土耳其部队展开大规模突袭。

乔伊斯认为我此举犯了大错。让外国部队参与这样的战斗，在阿拉伯人看来是对他们的羞辱；且一个月后他们再打道回府，更是雪上加霜。而对我的构想，杨更是生硬地还以一句"不可能"了事。抽调骆驼部队，便意味着占用了辎重骆驼的资源，而这些骆驼本来可以助我们攻取德拉的。我贪心地脚踏两条船，最后只会一无所获。我据理力争，双方吵得面红耳赤。

我首先驳斥了乔伊斯对骆驼部队参与阿拉伯游击战的论点。这支部队将于某天早晨抵达亚喀巴——不会引起阿拉伯人的注意——并且同样不着痕迹地匆匆离去前往罗姆。从木达瓦拉至齐思尔桥，一路行来都是黄沙大漠，更不可能和阿拉伯正规军相遇，也不会有村落察觉他们的行踪。如此神出鬼没，敌人的情报机构只会认为我们现存的骆驼旅力量已全部移至费萨尔前线。费萨尔获得如此惊人的兵力增援，必将使得土耳其人大为担心铁路的安危；从而将巴克斯顿在齐思尔的出现，视为在开展初步的侦察，进一步坐实了短期内我们即将攻打安曼的谣言。乔伊斯被我说得哑口无言，只得表示赞同。

至于杨提出的运输困难，我丝毫不以为意。他初来乍到，便武断地称我的问题难以解决；殊不知这样的事在他看来困难重重，对我来说则不费吹灰之力，甚至根本算不得难题。至于如何解决骆驼部队的辎重和行程的问题，正是他这个陆军军官的本职和专长；虽然他并不做任何许诺（嘴上只是一个劲说办不到），但明显骆驼部队非但能够做到，甚至还可以比规定时间提前两三天完成任务。突袭德拉是另一桩买卖，在此不必混为一谈，我就这样，抓住自己计划的特性和装备的情况，逐一驳斥了他的意见。

我将到达拜尔后所需的草料取消，这是物资中最为累赘的一项。杨立即讥讽我对骆驼的忍耐力过于乐观；但今年阿兹拉克的德拉地区水草丰茂，适宜放牧。然后我将人员发起第二次攻击和回程所需的口粮也全部删减，杨大声嘲笑说大概人越饿打仗越勇猛。我解释说我们可以在当地解决温饱，但杨认为当地物产贫瘠，我则认为当地资源丰富。

　　杨说出征后返程需要十天，如何能空着肚子完成这段漫漫旅程；但我并不打算战后返回亚喀巴。他大概要追问我，到底觉得我们是能胜利还是战败？我则会指出每个人跨下都有一只骆驼，如果我们一天只杀六匹骆驼，便可供全队饱餐。但他对此并不满意，我又进一步删减了他的汽油、车辆、弹药及其他物资，直至刚好够用，绝无冗余，正好能和我的计划相吻合。他立即搬出正规军那套还击，我便老调重谈，称我们在如此艰苦的条件下能打败土耳其，靠的就是不循常规。杨的计划之所以无法实现，正是因为过于循规蹈矩。

　　作为取代，我们将派一支由一千头骆驼组成的队伍前往阿兹拉克，并于9月13日前完成集结。16日我们将围困德拉，并截断那里的铁路。两天后我们撤退至汉志铁路以东，静待艾伦比采取行动。为了以防万一，我可以在德鲁兹山脉购买大麦，并存储在阿兹拉克。

　　努里·夏兰将率领一支鲁瓦拉人的队伍伴我们同行；此外还有色迪叶赫人、赛拉辛人和塔拉勒·哈雷辛（Talal el Hareidhin）率领的来自"洼地"（Hollow Land）的豪兰农民。杨认为这根本就是盲目地冒险，我俩狗咬狗，一嘴毛，乔伊斯在旁边坐山观虎斗，看得不亦乐乎，按捺不住也想参与论战，只是怀疑我没有心情应付。但无论如何，他俩都会全力支持我，因为最终计划已经盖棺论定；道内也出力帮忙组织调度，从总部借拨给我们一名经验丰富、足智多谋的参谋斯特林（Stirling）。

斯特林爱马成癖，很快就和费萨尔和其他族长打成一片。

我们给一些阿拉伯军官颁发了英军的勋章，表彰他们在马安之役中的英勇表现。这些来自艾伦比的嘉奖激励了阿拉伯正规军的士气，努里帕夏自告奋勇要担任远征德拉的总指挥，论胆识、威望和临危不乱，他的确是理想的人选。他立即着手从正规军中挑选出四百名最优秀的战士组建队伍。

法军指挥官皮萨尼也获得过军功十字勋章（Military Cross），并且正在积极地争取杰出服务勋章（D.S.O.）①，因此亲自携四门施耐德炮上阵杀敌。这些炮是布雷蒙德走后，库斯（Cousse）转赠给我们的；皮萨尼为此也和杨争得不可开交，想要一半的骆驼供他运输炮弹、骡子饲料、作战人员，以及他的私人厨房。整个营地忙得热火朝天，一切都进展顺利。

我们几个英国人之间的分歧争端令人烦恼，但也在所难免。阿拉伯事务此时已益发错综复杂，非我们凭一己之力就能解决和掌控的。但接下来这一仗大概也是最后一搏，只要大家互相忍让，或许便能毕其功于一役。这只是我们内部的矛盾，也多亏了乔伊斯的宽宏大量，无论我多么专横霸道，我们依然能以良好的团队精神共事，不致分崩离析。而我也依然保持着高度的自信，如有需要，仍能独自担起重任。我每提及此话，他们都认为我过于自命不凡；但我的信心并不在于将一件事做得尽善尽美，而是能在出现问题时及时采取对策补救，而不是束手无策，任其自生自灭。

---

① 即Distinguished Service Order。

第九十九章

此时7月已接近尾声,我们必须在8月底之前远征德拉。于此同时,必须有人担任巴克斯顿的骆驼部队的向导,协助他们顺利完成任务;还得知会努里·夏兰;装甲汽车需要熟悉通往阿兹拉克的道路,还要替飞机物色合适的着陆场。这是忙碌的一个月。我们优先处理离我们最远的努里·夏兰,请他8月7日前来杰佛和费萨尔会面。巴克斯顿的军队排在第二位,我密函告知费萨尔他们即将抵达的消息。为了确保没有伤亡,他们攻打木达瓦拉的消息属于高度机密。我将亲自带领他们穿越霍威塔特人位于亚喀巴边界的地盘前往罗姆,完成最为艰险的第一段行军。

因此我赶到亚喀巴接待巴克斯顿,他让我向各个连队逐一说明行程,并告诉他们,由于协助作战的盟友天性缺乏耐心,因此并未强求他们前来协助。我恳求这些将士,如果不得已和他们并肩作战,尽量对双方的差距装作视而不见;一方面他们比阿拉伯人更富于教养,因此亦更少持偏见;另一方面也是因为对方人数不会很多,希望宽容对待。一番谆谆教导之后,我们便启程前往窒闷的伊腾峡谷,从内志那红色巨岩下方穿过,再翻越伊姆兰(Imran)那乳房般高耸的山坡——这缓缓隆起的山地,便是攀升至雄绝罗姆的前奏——直至穿越库扎里(Khuzail)岩壁间的巨大裂隙,来到中间的泉水边,享受那醍醐灌顶般的清凉。这里的景色独树一帜,地势高耸如云,人类立于山脚之下,渺如世间微尘。

这支部队在罗姆初尝和当地阿拉伯人共饮一池水的滋味,体验并不愉快。但他们都很温和,巴克斯顿更是在苏丹服役多年,会说阿拉伯语,了解游牧民族的脾性;他很有耐心,性格和蔼,善解人意。哈扎阿协助我们劝诫阿拉伯人，帮了大忙，与队伍同行的斯特林和马歇尔，也和本尼阿提耶人相当熟识。多亏他们从中联络斡旋，英军也大度体谅，行事谨慎，双方得以相安无事。

抵达罗姆后，我留下来和他们共度了第一天，看着这些健康的小伙子，穿着衬衫短裤，仿佛笨手笨脚的学童般，无拘无束地在这我曾独享其深幽之美的山崖间徜徉，恍然如在梦中。三年的西奈生活，已经将他们的脸晒得黝黑，蓝色的眼珠闪烁不定，犹疑地迎向贝都因人黑眸狂热的凝视。除此之外，这些脸庞宽大，眉骨低垂，体格粗大的士兵，立于线条精炼，历经无数世代近亲繁殖，物竞天择优胜而出的阿拉伯人身旁，尽显一个英国佬的原始、朴素和坦率之色。虽然这些小伙子和欧洲大陆的士兵相比，对方显得更为笨拙呆滞；但在灵活敏捷的内志人的衬托下，高下立现。

之后我在六名护卫的陪伴下，穿越凌空而立的伊腾峡谷，返回亚喀巴。这些护卫沉默寡言，从不发问，对我如影随形，走在自己家乡的一草一木，一沙一石间，宛如回顾故里般自如；这样的乡愁也突然向我袭来，令我感觉在这群阿拉伯人当中如此格格不入，更别说我还在利用他们的崇高理想和对自由的热爱，将他们作为协助英军得胜的工具，更让我觉得心无所依。

时已入夜，笔直的西奈沙洲出现在前方，日头正在低沉而下，万丈霞光充斥眼帘，更觉目眩神迷，因为此刻我已万念俱灰，前所未有地渴望看到英国那阴沉的天空。眼前的日落如此猛烈，如此激昂，如此野性；一阵风般搅动沙漠的所有色彩——夜复一夜，每天都兴高采烈地上演着这充满力与热的奇迹——而我只期盼着虚弱、寒冷和灰色的朦胧，一个不要如此透明清晰，是非分明的世界。

我们这些久居异国他乡的英国人,总是将记忆中的祖国作为荣耀的铠甲,而这个奇怪国土上的居民反而并不将它放在心上,因为最爱英国的人,通常也最不喜欢英国人。但在这里,在阿拉伯,出于战争的需要,我只能出卖自己的诚信来换取它的延续,别无选择。

我其余的护卫都在亚喀巴集合,准备迎接胜利,因为我已经答应那些豪兰手下,在他们从土耳其手中解放的村子里大举欢宴;而这日子已为时不远了。因此,这是我们最后一次,在海岸多风的岩脊边列队检阅,阳光下闪烁着璀璨的热浪,和我手下这些改头换面的战士交相辉映。他们共有六十人,扎吉很少一次将这么多人全部召集起来,我们一路朝圭维拉棕色的山脊骑去时,他一直忙着让人马保持艾格利人的列队方式:中路和侧翼各就其位,左右两翼扮演诗人和歌者,一路行来乐声不断。我不愿像阿拉伯王子那样派出旗手亮出大旗,令他们深感伤心。

我骑着加扎拉,这匹祖母级的老骆驼此时又焕发了英姿。它的幼崽新近夭折,骑在我身旁的阿卜杜拉将那小东西的皮剥下,风干后挂在自己座鞍后面,仿佛一个毛绒绒的尾巴。在扎吉的号子指挥下,我们一开始走得很顺利,但一小时后,加扎拉便高仰起头颅,步子变得烦躁,如一个舞剑者般忙乱。

我试着催促它,但阿卜杜拉挥舞着斗篷冲了过来,拿着那块小骆驼皮从座鞍上跳下来,将加扎拉面前的碎石踢得四下飞溅。老骆驼站住了,柔声哀鸣起来。那片小小的皮毛就铺在它面前,阿卜杜拉将它的头拉下来凑了上去。它停止了悲泣,嘴唇在这片干燥的皮毛上蹭了三次;然后它再次仰起头颅,呜咽了一声,大步向前跨行。一天之内,这样的场景重复了数次;但那天过后,它似乎便将一切都忘却了。

西登斯(Siddons)的飞机停在圭维拉等我。努里·夏兰和费萨尔希望我立即返回杰佛。空气稀薄,气流颠簸,我们就这样命悬一线地拂过西塔(Shtar)顶峰。我坐在飞机上,想着我们或许要机毁人亡,甚至希望我们能机毁人亡。从高空粉身碎骨可谓痛快地解脱;虽然我并不希望这样的事故发生,但绝非是出于恐惧,因为我已经心力交瘁,再无心恐惧;也不是出于顾虑,因为我们的生命都在自我掌握之中,要去要留可自行决断;这完全是出于习惯,因为最近我变得唯利是图,唯有在对我们的事业有利时,才会铤而走险。

我忙着理清自己的思路,因为我的本能和理性又展开了激烈的争斗。本能念叨着"死亡",但理性说,那只能切断思绪的枷锁,让其不受拘束;最好是寻求精神的毁灭,一种让头脑在纷杂世事间慢慢萎缩的死法。死于事故比自杀更居下流。如果我可以毫不犹豫赌上性命,又何苦令之蒙羞?然而生命和荣誉已不能兼得,也无法互相换取;而说起荣誉,一年前,当我在阿拉伯人面前信誓旦旦,称英国会信守承诺时,不就早已丧尽了吗?

难道说,荣誉就像西比尔①(Sybil)的叶子,失去的越多,剩下的就越弥足珍贵?残余的部分是否能和整体相提并论?我的秘密只要隐而不宣,便无需担负任何责任。不顾肉体的痛楚,卖命地日夜奔劳,却未能打消思绪的探寻,到头来还是无止尽的质疑和询问,扰得我头晕眼花,一刻也无法停止思索。

但我们终究还是活着抵达杰佛,我平静地与费萨尔和努里会面,不曾露出半点焦虑。努里甘愿无偿加入我们这支年轻的队伍,简直不可思议。因为他太老了,半截入土,疲倦不堪,满身阴郁之色,常怀悲戚之心,仅余脸上一丝苦笑。他粗糙的睫毛上方,眼睑厌烦地耷拉着,头顶

---

① 希腊神话中的女巫,因被阿波罗所爱,故而赐予她预言的能力,而她将预言都写在棕榈叶子上。

的阳光穿过这皱巴巴的皮，给他的眼窝中点亮一星残光，仿佛他正在这火坑中慢慢燃为灰烬。只有他那染得毫无生气的黑发，失尽光彩的面容，纵横交错的皱纹，泄露了他已到古稀之年的秘密。

这位领袖身处正式交谈场合中依然沉默寡言，由围在身旁的部落首领代为发言，这些声名贯耳的谢赫皆穿着自己的高级丝绸或费萨尔赠送的华服，行动迟缓如公牛，衣袍如妇人般瑟瑟作响。为首的是范斯（Fans）：一个哈姆雷特式的人物，永远无法原谅努里谋杀了自己的父亲，索坦姆（Sottam）。他瘦削矮小，拖着长长的胡须，面色苍白得极不自然，面临外界的攻击责难依然举止从容，态度温和，语气中饱含蔑视。"原来如此！（*Yifham*）"他惊讶地对我尖声说道，"他会说我们的阿拉伯话。"特拉德和苏丹也在场，双目圆睁，神情肃杀，言辞尖锐；他们全都是位高权重之人，骑兵队伍的伟大领导者。当然还有悖逆反叛的米吉希姆（Mijhem），被费萨尔叫来与自己的叔叔握手言和，叔叔极不情愿地和这位阴鸷矮小的侄子坐在一起，无论米吉汗如何谄媚阿谀都难掩满脸难耐之色。

米吉希姆同样是著名的领袖，打起突袭战来与特拉德平分秋色，只是内心残忍而脆弱。他旁边是特拉德的兄弟哈利德，一个健壮开朗的骑手，面容和特拉德酷似，却尚未完全长大成年。德鲁兹·伊本·杜格米冲过来欢迎我，让我想起了他在内布克时的忘恩负义：这个阴险恶毒，长着鹰钩鼻的独眼龙体型巨硕，凶残卑劣，但骁勇异常。卡法吉（Khaffaji）也来了，努里老来得子，对他相当宠溺，他仗着自己父亲的声望，认为自己不需要做出任何建树便可以和我建立平起平坐的友谊。他还年轻，因此跃跃欲试，把即将投身的战场视为一次冒险，并对自己尚待一试的武器颇为自豪。

卡法吉多年的玩伴本德尔（Bender）是个乐呵呵的小伙子，当着众人面扭住我不放，央求我收他进入私人护卫队。他从结拜兄弟拉海尔处听说过很多护卫队的悲欢离合，天生甘愿为奴的思想驱使着他，也想用热血换取一时风光。我百般推托，他却更为低声下气了，我只得低声告诉他自己不是国王，不敢让努里·夏兰的仆从效劳。努里眼神沉郁地和我对视了片刻，以示嘉许。

拉海尔就坐在我的身旁，穿着艳丽夺目的衣服，孔雀般炫耀着自己的活力和健美。他借众人交谈时，悄声将各族长的姓名告诉我。他们则不必问我是谁，因为我的衣着和相貌本就在沙漠中独树一帜。作为唯一一个不蓄须的人，我已臭名远扬，再加上总是一身可疑的雪白丝绸长袍（至少最外层），金色和猩红相间的麦加头绳，腰配金匕首，更是令人印象深刻。凭借这身打扮，以及在公开场合与费萨尔平起平坐，我的身份不言自明。

费萨尔已多次在这样的氏族议会上说服新部落，点燃他们的信念之火；这一重任也多次落在我的身上，但我俩从未像今天这样并肩作战，站在各自的立场，互相支持，配合无间：进展就像孩子游戏般容易，鲁瓦拉人很快就在我们双重攻势下感化了。只言片语就打动了他们。他们全神贯注，屏息凝神，细长的双眼中闪烁着信仰之光，目不转睛地看着我们。

费萨尔先简略地向他们谈及国家主义，引导他们联想起阿拉伯历史和语言；然后他会沉默片刻，因为这些谈话大师都是文盲，语言好比鲜活美味，要一道道奉上，方令他们乐于字斟句酌，细细品鉴，回味其中深意。接着寥寥数语，将费萨尔的精神宗旨展露无遗，他们的伙伴和领袖，为了国家自由鞠躬尽瘁；然后又是一阵沉寂，让众人徜徉在他帐篷的日与夜中，想象他如何诲人不倦，布道讲学，发号施令，广交豪杰。接着，他们感知到了这个虚拟形象背后的一点思想，他凛然独坐，清心寡欲，与世无争，金身不坏，美玉无瑕；虽超凡入圣，却甘愿为缥缈的理念死而后已，心无旁骛，目不斜视，一心一意，不成功，便成仁。

当然这是个理想中的形象，不是血肉之躯，但却也不是凭空捏造，因为他已全身心投入到一个切实的理想中，散尽千金，竭尽全力。费萨尔在帐篷中深居简出，保持一个领导者的神秘；而实际上，他是这个国家最得力的仆人和工具，而非其主人。然而，这尘世浑浑噩噩，再没有谁比他更为高贵。

他继续施展魔力，呼吁他们揭竿而起，反抗已穷途末路，还在负隅顽抗的敌人，让他们明白困兽虽斗，皆是徒劳。而我们这些清心寡欲者则在寂静的沙漠中优哉游哉，以逸待劳，直至时机成熟，便将其一举歼灭。

我俩的谈话如一列快车，巧妙地带他们在尘封已久的思绪中奔驰，让他们亲历那种激奋昂扬，自己得出结论，而非受到我们的影响。很快，我们便看出他们已经心动，便以退为进，任由他们发挥意见，热烈地交换着心中共鸣，直到空气开始沸腾，他们结结巴巴地首次表达出心中的激情，以及对不可预知未来的向往。最后我们反成为了落后的一方，而他们则化身为发起者，急切地等待我们的回应，忘却之前我们的那些手段和伎俩，希望我们能充分理解他们强烈的信念。但最后还是努里简单的一个"好"字，一言九鼎，盖过了所有人的千言万语，给这场谈话画上了句号。

布道游说时，需要解决的就是紧张情绪。我们尽力消除对方的种种疑虑，告诉他们我们的支持将会细水长流，源源不断，而非感情用事。

我们要的不是为糊口而效忠的人，也坚决不会让口是心非的部落沽名钓誉。金钱只是一种保证，是锦上添花，而非奠基石。要想靠收买拉拢人心，就意味着将这场起义建立在利益的基础上；但我们的追随者必须完全虔诚，不得掺杂半点个人杂念。甚至连我自己，一个异乡人，一个目中无神的骗子，在别人的国度吹鼓国家主义，模仿他们，对这崇高理想俯身为奴；尽管我天生缺乏表演才能，只是东施效颦，也感觉到从自我的敌视和无尽拷问里得到了释放。

我当然无法长时间欺骗自己的本性，但我扮演的角色依然左右逢源，除了乔伊斯、内斯比和穆罕默德·德黑兰外，似乎无人看破我的伪装。对于人的本能而言，任何事只要博得两到三人的相信，便会产生不可思议的效力，任何个体的快乐和性命，或许都将成为牺牲品。而对于人的理性来说，为国家主义而战和为宗教而战一样虚伪，并无半点值得前赴后继之处：无论是想要为之而奋战，还是真的流血搏命，都和美德扯不上丝毫关系。生命是彻底的私人之物，任何人在任何情况下，都不得假借他名对另一人施暴；尽管选择死亡是一个人最后的自由意志，而这么做的唯一目的也只是为了免遭更多折磨。

阿拉伯人穷己之力，只为达成我们所愿，因为在这个危机四伏的国度，行为即等同于意愿，非如此不能有所斩获。我在领导上的过失和盲目（急于找到一条让他们投效的捷径），使得他们对结局满怀憧憬，而想要接近这缥缈的幻想之光，恰好需要永无止尽的奔劳。我们这群人在时势中搜寻着希望，一如在灯杆下闻嗅不休的臭狗。这空中楼阁下只有我一个奴仆，却将把他人从神坛前拉开作为己任。

在生命或思想面前，我看重目标尤甚，这不无讽刺；接二连三执行任务，处理瞬息万变的事件是重中之重，更令我表里不一。总行违心之事，我已不堪重负。我此生早有企盼——以某种富于想象力的形式进行自我表达的能力——但却因散漫随性，终无法取得这一技能。却在最后关头，凭借扭曲病态的幽默感，因缘际会地将自己打造成为行动的巨人，在阿拉伯起义洪流中分得一席之地。这天造地设的主题本就是浩然史诗，只待慧眼妙手着墨一二，便给了我借文学这种最无技巧的艺术形式进行发泄的机会。于是我变得只会激动地炫技，全然不顾这史诗的基调于我，以及我这一代人而言都格格不入。英雄主义在我的记忆里没有任何痕迹，所以我无法对奥达这样的人产生任何共鸣。他看起来就如兰姆的群山般不可思议，马洛里（Mallory）般古老久远。

我是阿拉伯人中的幻灭主义者，怀疑论分子，对他们廉价的信仰嫌妒不已。我的伪装和我浑然一体，瞒天过海，早已化作伪君子的头面。而我们当中快乐的人，当属无知者、肤浅者和受骗者。我们的骗局给予了他们无上荣耀，我们的自尊就是他们的酬金，让他们从中获得对自己生命价值最深刻的认识。我们越是谴责和鄙视自己，这些傀儡越是能无不讽刺地以之为荣。由于他们过度信任他人，在无情的真相面前，甚至无法阐明他们的动机。他们是我们的玩物，全心全意对抗着敌人，在我们的目的面前如糟糠草芥，随风而散。但他们从不是糟糠，而是最英勇，最单纯，也最快乐的人。我在故我信？① 是否大多数人都会接受被扭曲的正义？短视大众献身的祈愿年复一年累加，大概连最百般不愿的偶像也会戴上神的光环，每当有人默默向其跪拜时，这圣光便又增亮了几分。

---

① 原句为拉丁文"Credo quia sum?"来源于德尔图良（Tertullianus）的名言：因为荒谬，所以相信（Credo quia absurdum）。

第一百章

　　我的心绪就在这尘垢遍布的问题中踟蹰徘徊,不时灵光一现,照射新的念头如灰粒般迎光飞舞。于是我明白,这种宁愿默默无闻,也不愿受人膜拜的想法,无非是掩耳盗铃,只能在虚假的安宁中暂且栖身。以奉命行事为借口忍耐,抑或因为这是一种职责——认为事情就会随之变得简单。军人承受痛苦并非自愿,但意志却必须扮演工头,直到苦力晕厥,从而保证自己的安全,并将他人置于险境。为自己都不相信的事业献身或许算得上英豪之举;但让别人为我营造出的太虚幻境由衷去送死,实属灵魂骗子。因为他们对我们的话深信不疑,时刻准备为之而慷慨赴死;他们的行为在此情况下称不上壮烈,更像是一种该死的刚毅,合情合理,方能无功无过,得失相抵,皆大欢喜。而创造出一套信息,再睁大眼睛为这自创的形象而死亡——这就更加伟大了。

　　整个起义似乎非借生死无以表达。通常,疼痛让我们能感知肉体。在习惯了长期的痛苦后,快乐来临时便更刻骨铭心;但我们忍耐折磨的潜力似乎胜过承受欢愉。麻木不仁总是恪尽职守。人与生俱来拥有这两种情绪,但因为痛苦里旋涡遍布,使其百味杂陈。

　　我们的判断之舟常常因为虚荣而触礁,认为忍耐终可赢得救赎,或者这种救赎能惠及整个民族。这种错误的粉饰滋养了强烈但转瞬即逝的满足,我们身陷其中,替他人假设出种种痛苦、经历和人格。这便是胜利,以及一种膨胀的情绪;我们避开了自己的荒淫,实现了几何学般的圆满,并抓住了一个稍纵即逝的"回心转意"。

　　然而,我们代人受罪实际上只是为了自己,或至少这样对我们有利;且唯有借助在感官和动机上的自我说服,方能回避这不堪的真相。

奉献自我的牺牲者将这难得的献祭机会据为己有；自愿背负他人的邪恶来使自身圆满，世间焉有比这更踏实、更骄傲、更快慰之事。和所有的完美一样，其间总包藏着自私。每次机会只能有一个替罪羊，夺走这个机会，便夺走了其余人应得的苦难。这个替罪羊雀跃开怀，而同伴的男子气概则为之蒙羞。谦卑地接受这实实在在的解脱，令他们不再完美：他们因不必为此付出代价而欣慰，这是一种罪恶，将他们沦为了陪衬附庸。还有一部分罪恶源自对仲裁者的连带伤害，他在人群中的独善其身之道，大概便是鹤立鸡群，俯瞰其他人争取救赎者的清名。一条路通向自我圆满，一条路则是自我牺牲使友邻完美。豪普特曼（Hauptmann）[①]曾告诉我们，索取当和给予同样慷慨；但我们看起来却更像蜂巢里挨挨挤挤的巢房，若要发生改变，或是增大膨胀，都会令所有人为此付出代价。

替他人受难，简单来说就是表现出伟大感。世间最崇高之举，莫过于在十字架上凝视世界。这种骄傲和狂喜，远超你所能想象。但每个十字架都已物有其主，迟来的人被剥夺了全部机会，只能可怜地蹀行舜趋：且循规蹈矩是最卑贱下流之举。因为牺牲的神圣全仰赖奉献者纯真的灵魂。

最真挚的救赎必当是毫无所求且满怀赤子之心的。当替罪者意识到自己行为背后的动机和随后来临的荣耀时，这两样东西也就随之对他不名一文。于是乎，一个自省的利他主义者将一部分对自己没有价值的，事实上是有害的东西据为己有，因为他若消极被动，自己的十字架便很可能被转授给另外无辜的人。通过消耗复杂的自我为代价，将单纯的人

[①] 即Gerhart Johann Robert Hauptmann，1862年—1946年，德国剧作家、小说家，是自然主义戏剧最重要的倡导者，1912年获得诺贝尔文学奖。

从这种邪恶中拯救出来，当属现代人的一大贪婪。此人绞尽脑汁，无论如何替他人受难，也难以分享融入他们的信仰，而这些人只会不甚其解地看着他，也许还会出于强大的男人自尊心而倍感羞耻；或者连羞耻也感觉不到，并因这无知遭受加倍的惩罚。

是否这种羞耻也是一种自我牺牲，本身也理应加以承认和赞许？因为人无知就让他们去送死，公理何在？至少从尚苟活于世之人的觉悟和悔恨来看，对正确道路的盲目追随和愚蠢效仿，其惩罚之烈，胜于有意行恶。城府深重的人知晓自我牺牲会大大提升救赎者，贬斥被救赎者，并在看清这一点后退而居其次，也许能让一个愚蠢的兄弟替他披上那虚伪的高贵，并因更迟的恍然大悟承受更重的惩罚。这条欺诈之路是歪斜的巷弄，领导者永无可能正步直行，只能环环相套地继续蒙骗，后继者在这无耻的动机面前要么望而却步，要么变本加厉。

然而，我不能因为阿拉伯人天性的弱点，或固有的虚伪，便默许自己的欺骗行为：尽管很显然，想要骗人，我必须有些许兴趣，若干天赋，否则如何能这般成功地欺世盗名，并连续两年将他人精心策划和逐步推行的骗局领导得风生水起。阿拉伯起义一开始与我并无半点瓜葛，但这事业逐渐成为始作俑者的烫手山芋之后，我却要在最后关头站出来为之负责。到底从何时起，我由从犯摇身一变化作主谋，到底哪些罪名应被宣判成立，已非我所能置喙。但可以肯定的是，自进军亚喀巴之日起，我便因深陷这场运动而懊悔不迭，饱经无尽的酸楚侵蚀折磨，不得片刻安闲，却依然无法与之一刀两断。因此，我的意志摇摆不定，抱怨喋喋不休，永无宁日。

第一百零一章

当晚我搭乘西登斯的飞机返回圭维拉，并在抵达亚拉巴后，立即不顾夜色前去告诉唐奈，人生本已圆满，只是稍纵即逝。次日早上，我们从侦察机飞行员处听说了巴克斯顿的军队在木达瓦拉的推进情况。他们决定在拂晓前，依靠轰炸机的掩护，兵分三路发起攻击：一路夺取车站，另外两路则攻克主堡。

据此，我们在午夜前便在地面铺设了白布条，作为基准点的引导标志。发起进攻的时间设在三点四十五分，但最后因为路太难找，所以他们一直摸索到天光渐亮才开始攻打南部堡垒。一番狂轰滥炸之后，我们的人轻松将其占领——这时才发现攻打车站的部队已抢先告捷。敌人的中央碉堡即刻有所警觉，但战败已成定局，土耳其守兵在抵抗了二十分钟后旋即缴械投降。

坐拥大炮的北部碉堡则看起来斗志昂扬，朝车站和我们的部队肆意炮轰。巴克斯顿在南部碉堡的掩护下，指挥布罗狄的火炮，凭借异常精准的技术连番还击。西登斯也驾驶着飞机投弹，以助一臂之力，同时骆驼部队则操控刘易斯机枪，自北、东和西面猛烈扫射碉堡城墙。清晨七点，最后一名敌军黯然投降。我方四人阵亡，十人负伤。土耳其方面阵亡二十一人，一百五十人被俘，还缴获了两门野战炮和三挺机枪。

巴克斯顿立即令土耳其战俘用水泵汲水给自己的骆驼饮用，而他的手下则四处炸毁水井，破坏机械泵（Engine-Pumps），截断了两千码长的铁轨。薄暮时分，他们将大水塔也炸得粉碎，原野上只留一堆乱石。稍后不久，巴克斯顿对手下高呼"齐步——走！"（Walk—March），四百匹骆驼齐刷刷站立，发出地动山摇的嘶吼，朝杰佛进发。道内欣喜万分地前往阿巴利散去问候费萨尔。艾伦比派他给费萨尔捎去警告，恳请他暂且按兵不动，因为英军此番推进实属冒险之举，一旦功败垂成，阿拉伯人很有可能错误地被困在约旦的另一侧，无法解救。他还特别请求费萨尔，不要擅自进军大马士革，但依然要蓄势以待，静候时机成熟。

这一番深思熟虑，谆谆切切也是因我而起。在总部的一个晚上，我因恼羞成怒口不择言，称自己认为1918年似乎是最后机会，无论德拉或拉姆列赫局势如何，都应当占领大马士革；就算得而复失，也好过从未染指。

费萨尔明智地对道内的教诲致以微笑，答复说即使天塌下来，也会设法在秋季攻下大马士革，且如果英军此时无法协助作战，他为了减少伤亡，或许会自行和土耳其单方面媾和。

费萨尔和土耳其接触已有相当时日，贾玛尔帕夏首先派人前来打通联络。若在清醒的时候，贾玛尔也是个本能的穆斯林，对他而言，麦加的反叛无非就是一次声讨和审判。他已经做好准备，愿意尽其所能地弥合这种信仰上的分裂。出于这个原因，他的信函尤为发人深省。费萨尔将这些信函送去麦加和埃及，希望他们也能和我们一样读懂字里行间的弦外之音：但对方只是流于文字的表面含义，并命令我们答复，此时唯有刀剑可行公道。这立场确是冠冕堂皇，但战争中，如此天赐良机不容错失。

诚然，与贾玛尔和解已绝无可能。他曾砍下叙利亚太多德高望重之士的头颅，如果我们与他握手言和，将愧对先烈的一腔热血；但如果能在回函中微妙地表明这一态度，我们或许可以进一步分化土耳其政府与宗教间的阵营。

我们将目标特别对准了土耳其总参谋部中的反德组织，该组织的领袖穆斯塔法·凯末儿（Mustapha Kemal）[1]是推动"土耳其化"政策的狂热分子，还不至于反对阿拉伯人在奥斯曼帝国统治下建立自治行省。因此，费萨尔发去了一封策反性质的回函，并积极与对方保持密切的联系。土耳其士兵开始对重传统轻策略的虔信派怨声载道。国家主义者撰文称，费萨尔的所作所为，仅是将他们对土耳其理所当然又不可避免的民族自觉，以一种不成熟而惨烈的方式，付诸实践。

舆论和民意的持续发酵，对贾玛尔的决策产生了影响。一开始，他同意让汉志自治。接着，叙利亚也获得了批准；然后便是美索不达米亚。费萨尔似乎并不满足，因此贾玛尔狗胆包天的副官（趁自己上司在君士坦丁堡时）擅自把自由的金冠授予了麦加的侯赛因。最后，他们答复我们，先知家族想要担任伊斯兰世界精神领袖的要求，在他们看来也是合乎情理的！

这些信函虽不乏滑稽，但却在分化土耳其参谋阵营方面起到了决定性的作用。守旧的穆斯林将谢里夫视作不可饶恕的罪人。现代主义者认为他是一腔赤诚但缺乏耐心的国家主义者，被英国华而不实的诺言所蒙骗。他们都渴望通过辩论让他重回正道，而避免兵戎相向。

《赛科斯-皮科协议》便是他们最有力的王牌，这份英国、法国和俄国瓜分土耳其的旧日协议，已被苏俄公诸于世。贾玛尔在贝鲁特的一场晚宴中获悉了这桩龌龊卑鄙的交易，我们的名誉也一度受到损害。这是罪有应得，因为我们和法国都妄想这样含糊其辞，各执一词的方式，足以粉饰掩盖双方政策上的分歧。

---

[1] 即穆斯塔法·凯末儿·阿塔图尔克（Mustafa Kemal Atatürk），1881年—1938年，土耳其军官，革命家，土耳其共和国的建立者。他于1923年担任土耳其共和国首任总统直至1938年逝世，他在思想上推行世俗化和国家主义，其政治主张和理论逐渐演变为后来的"凯末儿主义"。

幸运的是，我早已将条约一事私下告知费萨尔，并说服他，要想挣脱这不公正的枷锁，就当全力协助英国，使英国在战争结束后，出于愧疚而无法对他背信弃义；而且，如果阿拉伯人进展如我所期，才能有底气为自己发声，不至于任人宰割。我恳求他不要像他的父亲一样，轻信他人的承诺，而要仰赖自己杰出的表现。

巧的是，英国内阁在这节骨眼上又推波助澜，对阿拉伯人，或者说对开罗那七个蠢货组成的野班子委员会承诺，称阿拉伯人可以保留战争期间从土耳其手中收复的领土，实行自治。这令人雀跃的消息传遍了整个叙利亚。

为了给垂头丧气的土耳其打气，同时让我们见识见识自己许起诺来有多慷慨，英国最后拿出了A、B、C、D四份函矢相攻的文件，分别授予谢里夫费萨尔、自己的盟国、阿拉伯委员会和罗斯柴尔德勋爵（Lord Rothschild）①。这位勋爵是政坛刚刚雀起的新贵，英国向以他为代表的犹太复国主义者承诺，给予他的同胞在巴勒斯坦某些语焉不详的实惠。老努里·夏兰皱着睿智的鼻子，迷惑不解地拿着这些文件前来问我，到底应当相信哪一份。我一如既往地信手拈来："日期最近的那份。"言出必行，恪守承诺的埃米尔对我的避重就轻一笑置之。但至此以后，他便全力协助阿拉伯人和英国共同作战，只是警告我说，有朝一日若他出尔反尔，也是因为只有日期最近的承诺才算数。

纵使如此，向来顽固强硬的贾玛尔依然抱着一线希望。艾伦比在索尔特战败后，他派埃米尔穆罕默德·赛义德，即臭名昭著的阿布德·卡德尔的兄弟，来和我们会谈。他缺乏教养，粗俗卑鄙，肆意妄为，和自

---

① 即莱昂内尔·华特·罗斯柴尔德（Lionel Walter Rothschild），1868年—1937年，罗斯柴尔德家族后裔，第二代罗斯柴尔德男爵，英国皇家学会会员，著名财阀，银行家，政治家和动物学家。也是英国第一个取得终身贵族称号的犹太人。

己的疯子哥哥一样狡诈多端，却贪生怕死。他毕恭毕敬地立于费萨尔面前，传达贾玛尔期望和平的意愿。

费萨尔称他来得正是时候。如果土耳其从安曼撤兵，并将这一省交予阿拉伯人统治，阿拉伯军队便愿意效忠贾玛尔。这个如跳梁小丑般的阿尔及利亚人认为自己此行取得了重大成果，匆忙赶回大马士革回报，贾玛尔气得差点将他绞死。

这一消息令穆斯塔法·凯末儿大为警觉，恳求费萨尔不要中了贾玛尔的圈套，承诺待阿拉伯人攻克首都之日，不满土耳其统治的异议人士必将联合倒戈，这样便能利用这些反叛省份作为基地，攻打恩维尔帕夏及其在安纳托利亚的德国盟军。穆斯塔法希望能联合托鲁斯山脉以东的土耳其军队，实现自己直接进军君士坦丁堡的愿望。

随着事态的演变，最后这盘根错节的多头谈判终究宣告流产，并未向埃及或麦加走漏半点风声，因为我们首先便不信任他们。我担心费萨尔的脚踩两条船会让英国立场动摇。但考虑到浴血奋战的阿拉伯人应得的公平权益，我们也不能断了和土耳其和解这条后路。如果我们在欧洲战场败北，和土耳其握手言和便是阿拉伯人唯一的出路。且我还有一桩心病：英国极有可能先发制人，抢在费萨尔之前寻求媾和，但谈判对象不是激进的国家主义者，而是保守的土耳其政府。

英国政府已就此斡旋良久，并未知会阿拉伯这微不足道的盟友。我之所以能准确知悉这些过程和提议（都将把千万与我并肩作战的阿拉伯人推上死路），都是避开官方的正式渠道，私下打探而来。至少有不下二十次，我都是在友人的垂怜而非政府的帮助下苟全性命：政府的翻云覆雨和金人三缄，即刻让我以牙还牙，竭力打探激励的同时，又守口如瓶。

第一百零二章

和谈之后，我们便可以再次正大光明展开行动。乔伊斯和我决定再策划一次装甲汽车队的远征行动，目标对准阿兹拉克，以期破坏远至德拉的铁路。于是我们来到杰佛城外迎接凯旋的骆驼部队，那整饬有序的队伍正赶在日落前，浩浩荡荡地穿越耀眼的平原，军官将士无一不因木达瓦拉大捷，和沙漠生涯的无拘无束而喜气洋洋。巴克斯顿说他们已对环境相当适应，可以开拔去任何地方。

他们需要先休整两日，再从库房中支取四天的粮草，按杨的估算，这刚好够我们跋涉至奥达的营地。因此，次日一早，乔伊斯和我便钻进汽车，由技艺高超的罗尔斯驾驶，纵情驰入拜尔旱谷，奥达的族亲阿尔万（Alwain）便驻扎在谷中的水井旁，这个面颊光滑，忧郁寡言的男人在此隐居，只为远离奥达身边的恩怨情仇。

我们只在此逗留了几分钟，为巴克斯顿的人马安排了一个安全的藏匿地点，接着便捎上一个年轻狂放的谢拉拉特人作为向导，继续前行。对于惯常骑骆驼的他而言，给一辆五吨重的装甲汽车挑选路线似乎并无用武之地；但他对道路的了如指掌或许能帮助其他车辆日后自行前往此地。

厄哈（Erha）高原路况极佳，开阔的燧石原野上偶见块块硬土地面，我们加大马力，极速狂奔至金兹旱谷那绿草如茵的源头洼地。

阿布塔伊人正在这里放牧，驱赶着无数骆驼扬蹄万里。他们衣衫褴褛，披头跣足，手持步枪，高唱战歌。听到我们车辆的轰鸣声后，骑士们便潮涌般迎来，发出急促的呼号，驱赶蛰伏在草丛下的牲畜和伙伴。我们尾随一队疾如流星的五人小组，朝北奋起直追，不出十分钟便赶上了他们。他们仪态万方地喝令骆驼跪下行礼，并亲热地上前问好——这也是他们唯一能做的事，血肉之躯终究不能胜过驾驶机械的快手。这些贾兹地区的霍威塔特人全是如假包换的土匪，但现在都一团和气，大声喧哗着，对在这里和我不期而遇表示惊喜。我却表现得略为冷淡，命令他们立即回到自己营地去。他们只得垂头丧气朝西离去。

我们沿着乌姆卡鲁格河谷（Um Kharug）的东岸而行，发现路面虽然相当坚实，但遍布支流河床，因此依然走得很慢；而且洪水冲刷后留下的旧日河床里积满了湿沙，软烂无比，必须铺上灌木枝叶才能通行。夜色将临时，我们进到山谷中草木茂密的区域，是个适宜驼队放牧休息的扎营点。

第二天清晨，北方清冽的空气夹杂着沙漠中吹来的新风，令我们神清气爽，便决定先吃顿热乎乎的早饭，再赶往乌卡鲁格与德黑瓦（Dhirwa）的交汇处，横跨宽阔的德黑瓦盆地，再穿越那低矮的分水岭直抵杰沙（Jesha）。这些纵横交错的浅河道都是流经安曼后汇入色尔汗，因此我打算前往安曼；如果这里路况适宜车辆通行，那么一旦阿兹拉克告急，则安曼便是我们的下一个避难所。我们每次制定作战计划时，总是为将无数的"如果"列入考虑而不停争执。

一夜的休息让罗尔斯和桑德森劲头十足，在杰沙低矮的橙黄色山脊间灵活穿越，奔入无边的大峡谷。到了下午，我们已能看见石灰岩质的河岸，便沿着那灰色坡地转入色尔汗的水源边。这水源是我们每次撤退的安全保证，因为敌人的机动性再强，也无法从阿兹拉克和安曼同时进逼安曼。

我们用这池水灌满水箱，接着向西翻越空旷的山脊，将法拉吉和达乌德曾嬉戏过的这池污水远远抛在身后，避免勾留太久遭遇夜行的强梁打劫。我和乔伊斯坐下来观赏落日，看着天色由灰泛起粉红，再化作赤色；接着逐渐成为炫目难耐的猩红，更有几抹色彩，烈如火，沉似雷，几欲浸透这天旋地转的静谧，浓重令人恐惧，无法呼吸。我们的人此时便打开肉罐头，煮茶，再连同饼干一道摆在聊作餐桌的毛毯上。

餐毕我们取出更多的毯子，裹在里面舒舒服服地进入了梦乡。

次日我们快速穿过甘达夫（Ghadaf）的三角洲地带，直到进入一片朝东面和西面无边绵延的泥土平原，这里离阿兹拉克古堡旁的沼泽地有七英里。

今天的海市蜃楼镶着一圈朦胧的铁灰蓝色，那是柽柳林带受热气蒸发后悬于半空的投影。我想找寻麦加贝（Mejaber）的泉水，沿着长满林木的河床潜行应当不会被发现，因此罗尔斯便驾车越过这宽阔而颠簸的沟渠。道路在眼前飞逝，身后仅留一股魔鬼般摇曳的烟尘。

最后我们奔上一座风吹积形成的沙丘，在丘顶一片新长的柽柳里间戛然减速，踩得刹车吱吱抗议。车辆在林间坚实的路面上迂回穿梭，直至冲出重围，进入一处荆棘植物密布的湿沙地，停于艾因阿萨德（Ain el Assad）山丘后方，隐没在高耸的芦苇丛里，晶莹的水珠沿着这些植物生气勃勃的茎秆滑落。

我们缓缓越过山岗顶部，来到对面的大水池，才发现水源地空无一人，只有一团海市蜃楼悬浮在空地上方。但这里的地表长满灌木，热气无法积聚，阳光将这山谷照得如这一泓清水般通明，四下荒无人迹，只有被发动机声惊吓到的野鸟和瞪羚，正惊慌失措地集群逃窜。

罗尔斯驶过这罗马人留下的鱼塘，沿西侧的熔岩区绕行，沿着现已长满草木的坚实沼泽地，来到肃穆古堡的蓝色墙壁前。古堡四周的棕榈树发出柔和的声响，这片寂静背后，隐藏的或许是恐惧，而非安详。引着轰鸣不休的车辆，和穿着卡其制服的北方佬，列队来到这里，深入这最隐秘的世外桃源，令我深感愧疚；但我拗不过自己的雄心，因为历史背景永远是风景画，人物才是当下的真实写照。我们的队伍充满生气，存在感十足（穿着制服的英国军队那确切的存在感），给落寞的阿兹拉克增添了巨大的荣耀。

我们站了片刻。乔伊斯和我一道爬上了西塔楼，我们一致认为将阿兹拉克在作为工作基地方面有综合性的优势；但让我遗憾的是，此地缺乏牧草，因此不能作为两次突袭之间的驻扎地。接着我们越过泥土平原，来到北部高突的部分，这里是飞机降落的好地点，便于西登斯从空中支援。除了这些优势之外，此地还具有绝佳的能见度，飞机在两百英里的高空，也能看见下方新基地那琥珀色的掩体，在阳光下闪闪发亮。

我们返回艾因阿萨德和装甲汽车会合，全速穿越空旷的燧石沙漠。下午已过半，炽热无比，待在金属板下更是浑身滚烫；但驾驶员还是咬牙坚持上路，日落前便抵达了杰沙山谷中的分水岭，找到了一条比来时更好走的近路。

我们逼近阿玛里南部不远处时，被夜色阻挡了脚步，便在旷野的山岗顶宿营，德鲁斯山脉吹来的徐徐凉风满是百花的香气，对饱经煎炙的肌肤来说，更是弥足珍贵。更令人快乐的是能裹着厚厚的毛毯，惬意地蜷缩在车厢角落，和同伴共饮热茶。

此行对我来说相当惬意，因为一路无需担负任何责任。此外还有一个谢拉拉特男孩作伴，毫不保留地对我袒露自己的想法。因为我穿着和他一样的衣服，说着和他一样的方言。他这个赤贫的流浪者，之前从未受过体面的待遇，英国人的礼遇让他受宠若惊，从未对他拳脚相向，也没有半点呵斥胁迫。

他说每个士兵都像是一家人,他们的衣服裁剪合身,露出四肢,看起来干劲十足,令他感觉齐心协力。而他自己则衣袍宽大,披着头巾和斗篷。士兵们则只有短袖短裤,绑腿靴子,却丝毫不畏风雨侵袭。确实,他们成日里穿着这些衣物挥汗如雨,开着沾满尘垢的汽车奔波,这一身行头已经如干皱的树皮般,和他们融为一体。

后来大家都剃干净胡须,穿上统一的制服;这令平时靠衣服分辨人的他傻眼了。要想把他们区分开来,就必须了解每个人的特性,就好像即使他们脱光了,也能依体型辨认。他们的食物不用烹煮,喝热的东西,很少互相交谈,但却会因冷不丁一句话,一句毫无人性的废话,爆发出莫名其妙的大笑。他认为这些人全是我的奴隶,整日劳作,罕有享受,但对谢拉拉特人来说,乘车这样风一般的奔驰已是莫大的奢侈;每天都能吃肉罐头更是令他艳羡不已。

第二天早上,我们继续匆匆翻山越岭,在下午抵达拜尔。倒霉的是,橡胶轮胎无法承受装甲汽车的重量,每在燧石地面上颠簸,便会稍稍陷入,使得三档驾驶格外困难。我们只得不断用千斤顶撬起车辆,更换温度过高的轮胎。天气燥热,我们心急如焚,如此反复不由得怒火中烧。一直熬到中午,抵达慕黑威尔角(Ras Muheiwir)的大山脊,我才安抚驾驶员说,后面的路将好走多了。

我的话得到了验证。非但路面平坦,轮胎也更耐用了,沿着蜿蜒的山脊前进,大家心情都为之一松,顺着那绵长的曲线从东至西来回绕行,一会儿向左俯瞰通往色尔汗浅浅山谷,一会儿向右远眺汉志铁路。炫目艳阳下,那些闪闪发亮的小点就是铁路沿线的白色车站。

黄昏时分我们来到山岭尽头,以四十英里的时速轰鸣着冲入哈迪(Hadi)山谷。我们穿过奥沙吉(Ausaji)深沟到达拜尔井时,天已经快黑了，山谷里篝火摇曳；由杰佛出发的巴克斯顿、马歇尔和骆驼部队，经过两日的徐行，正在此扎营。

他们正在愤懑不平，因为拜尔现在依然只有两口水井，且都已经被占用了。其中一口由霍威塔特人和本尼沙克赫人共用，以便给他们那六百匹骆驼取水。这些骆驼正跋涉前往东南方的牧场，一天下来已口干舌燥。另一口井旁则挤满了上千名前往亚喀巴德鲁兹和叙利亚的难民、大马士革商人及亚美尼亚人。这一大群不合时宜的流民推挤吵闹，将水井死死围住，根本无法前去汲水。

我们坐下来和巴克斯顿召开作战会议。杨已履行诺言，为他们的人员和牲畜拨放了十四天的物资。目前剩余的粮草仅够人员维持八天，骆驼吃十天。补给队的骆驼夫出于对沙漠的恐惧，几乎要从杰佛叛逃，在杨施加高压下才勉强随行。这一路行来，巴克斯顿已经丢失、被窃或是变卖了很多粮草。

我怀疑是那些怨声载道的亚美尼亚人干的，但赃物已经无法追回，我们只得调整计划。巴克斯顿将队伍的物资删减到最低，轻装上路，而我们则将两部装甲车减为一部，并更改路线。

第一百零三章

我稍加协调，便帮助骆驼部队在四十英尺深的水井中取到了水，巴克斯顿及三百名手下对此感恩戴德。他们仿佛给整个山谷带来了生气；而霍威塔特人从未想过世界上能有如此多的英国人，忍不住死死盯着他们打量。我为自己的同胞而自豪，他们干练剽悍，有条不紊，自给自足。阿拉伯人站在他们身旁，反倒像是这片土地上的异乡人；而且和巴克斯顿交谈乐趣横生，他善解人意，学识渊博，英勇果断，只不过大部分时间都要忙于这次长征的筹备事宜。

由于这天是我三十岁生日，我便一人独处，花数小时分析自己的心理立场。四年前，我曾立志在三十岁时成为将军，获颁爵位，现在看来已是荒谬。这俗世的尊荣（如果我能活过接下来的四周）如今已唾手可得——只是我在阿拉伯立场上的表里不一，已让我对这粗鲁的雄心索然无味；此时此刻，我只期望能留下一个好名声。

这样的期望令我深深怀疑自己的诚信。只有演技非凡的演员才能迷住他人的双眼，赢得赞誉。面对追随我的阿拉伯人、信任我的艾伦比和克莱顿，以及甘愿为我献出生命的护卫队，我不禁开始怀疑，是否自己建立的声誉，都和我本人一样，全是借着欺诈而浪得虚名。

但我已名声在外，再要想推却婉拒赞扬，只会被视作虚怀若谷，妄自菲薄；而且人都有浪漫情怀，总是善于被传奇经历打动。羞愧是一种行为，而谦逊是一种观点，众人将二者混为一谈，令我光火。我并不谦逊，只是因自己的尴尬立场、异族外貌和孤僻个性而感觉羞耻；这让我身边没有亲友，只有熟人。我便是一个整体，棱角分明，不知变通，生硬死板，宛如水晶。

和他人相处，我总是觉得自己不够深思熟虑，因此更加口若悬河——外行硬充专业选手。每打一仗都殚精竭虑，因为我并不是军人；我的行为也因此夸张极端，因为我也并不是个实干派。这些全是刻意为之，而我疏离的自我意识又总是跳出界外，以批判的眼光审视着我的所作所为。

除此之外，我还要面临饥饿、疲劳、高温或严寒，以及与野兽般的阿拉伯人为伍的考验。这些都造就了反常的病态。我的笔记本里没有事实和数据，而是满纸面对当下情形的心态、幻想和自我诘问，随着骆驼跋涉颠簸的节奏，用抽象的字句予以表达。

在拜尔度过的这个生日，出于对自己的忠诚，我开始剖析自己的信仰和动机，在自我的一片黑暗中摸索。羞惭的自我质疑戴着面具出现在我面前，通常是一副漠不关心或轻浮蔑视的形象，令我迷惑不解。我知道这表面的宁静只是假象，却依然苦苦思索，绞尽脑汁；因为无论我如何努力让自己舍弃外物，毫无眷恋，但总会不时爆发出难以抑制的强烈兴趣，令自己也骇异不已。

我对自己的能力和本质有清醒的认识，只是不了解它们到底是何性质。我渴望受人欢迎——如此强烈，如此神经质，以至于从来不愿向他人友善地敞开心扉。这件事对我如此重要，以至于容不下半点闪失，因此畏缩不前，不敢尝试；此外，我还有一套严苛的标准，亲昵行为对我而言是羞耻的，除非别人也能以同样的语言，同样的礼仪，出于同样的原因，做出令我心悦诚服的完美回应。

我既期待扬名立万，又深恐被人发现自己追求名誉。要出人头地的想法让我倍觉不齿，便将所有名誉都拒之门外。我和贝都因人一样，珍视自己人格的独立，但由于缺乏想象力，只能从他人眼中获取自我的形象，从他人口中得知自己的评价，从而建立起自我印象。这种对自我的过度探听和窥视，是对我纯洁内心的无尽骚扰。

我对低级生物敬而远之，因为那是智商不足的真实体现。如果他们强行要和我交流，我便会憎恶他们。将手放在一个生命体上对我而言是种亵渎；而他们反过来触碰我，或者很快便对我产生兴趣，更会令我不寒而栗。这就好比原子之间的排斥性，六个角互朝相反方向进行，方能凝结成一片完整的雪花。要是我的思想不那么专制，则我必定是行为上的暴君。我渴望掌控妇女和动物，每当看见一名军人和女子在一起；又或是一个正在逗弄小狗的人，我都会自叹弗如，因为我也希望自己能像他们那样肤浅，那样熟稔；但我性格的狱卒总是将我拉了回来。

感知和幻觉总是在我内心冲突不断，强大的理性总是能占据上风，但却并未强大到能战胜感情，或者抑制住自己对其他人物或事物的倾慕；或许爱的真谛就是去爱为自己所不齿的那一部分。而我也只能期冀，自己能将荣华富贵视为幸福快乐，虽然无法对它投降，但还能试着麻醉自己的灵魂，任那些逆耳忠言将自己萦绕，借以保持苦涩的清醒。

我喜欢深藏的自我本性，并以深挖自己的下限为乐。看起来堕落确有下限，一种不会逾越的安全尺度。而谈及升华，似乎永无止境，但兽性确有准绳，不得越雷池一步。这准绳令人心满意足。手中的权威、多年的资历和伪善的尊严，益发让我不敢放任下流；但我年轻时，曾在塞得港度过了卑微的两周，白天和其他各国的流浪者一道，靠给轮船添煤为生，夜晚便蜷缩在德雷赛（De Lesseps）的防波堤旁睡觉，浪涛在身边澎湃不已，那自由的滋味至今令我回味不已。

的确，我潜伏的意志总是在蠢蠢欲动，等待着爆发的机会。我的头脑如野猫般唐突而安静，我的感官则是站在猫爪子上的烂泥，而自我（无时无刻不让我意识到他的存在和他的羞耻）一直在对那畜生说，突如其来是相当失礼的行为，靠杀戮为生更是粗鄙不堪。只有用紧张和犹豫将其缠绕笼罩，才不会那么令人生怖；然而它是真正的野兽，而这本书便是它肮脏污秽的皮毛，被风干后，再填充得结结实实，任人参观凝视。

我的头脑灵活，因此并不信任专家，因为他们往往都是智力高墙内的囚徒，摸透了这监牢内铺设的每一块石头。而我却能弄清这些石头来自哪一座采石场，修筑它们的工匠又能拿到多少薪酬。我随心所欲地否定这些专家，因为物质总是为目的服务，而意志就是胸有成竹的向导，带领我们从众多的途径中选出一条，走向成就。而肉体起不了什么作用。

我挑选过许多任务，翻检比较，再三思量，最后搁置一旁；因为我缺乏执行力。构思似乎比行动更牢固可靠，利己主义的野心时时光顾我，但却从不久留，因为我那自己批判的性格总是对它带来的成果吹毛求疵。无论我身在何方，都想要左右身边事务，但却没有一桩具体事件是自愿参与。诚然，我将自己视为普通人的大忌，总是漫无目的地左右摇摆，任其所用。

我亦步亦趋，并无主见；实际上，我甚至都懒得跟随。只是出于懦弱，我才没有进行"精神自杀"，即某种用永无止尽的繁杂任务，缓慢扼杀思想火炉的办法。我曾将他人的想法发扬光大，协助他们，但却从来没有自己的想法，因为我并不赞成创造。若其他人想出了点子，我便会前去效劳，加以优化，使其尽善尽美；因为，如果创造是种罪恶，那狭隘或半途而废的创造，必定是既罪恶又可耻。

我总是在工作中努力服务他人，因为出面领导太过招摇。服从命令节省了思考时间，免除许多痛苦，还能有效冷藏自己个性的意愿，麻木不仁的行动就可将自我湮灭。从未找到一个可以将我物尽其用的上司，当属我的一大失败。因为这些上司无论是出于无能，还是软弱，或是个人好恶，全都对我过于放任；仿佛他们无法察觉对我这个病态的灵魂来说，自甘为奴是最大的奖赏，代人受苦则是最值得炫耀的徽章。相反，他们给我种种许可，让我有恃无恐，恣意妄为。能让盗贼垂涎的果园必有护园人、看门狗、高墙大院、铁网围绕。予取予求那是何等的乏味！

费萨尔勇敢、虚弱且无知，努力想要完成天才、先知，或是江洋大盗才能从事的事业。我出于同情协助他，这一动机使得二人双双蒙羞。艾伦比最接近我心目的主人形象，但我却不得不避开他，因为恐惧甚至不敢趴下，唯恐看到这伟人露出泥捏的脚，说出友善的话语，从而将我的忠诚击得粉碎。但他对我们确是偶像般的存在，自身的伟大和敏锐的本能混合迸发出五彩光芒，使其具有强烈的个人特质。

这些特质就像勇气一般，无法独立存在，必须和另外一种好的，或坏的媒介相混合，方能展现出来。艾伦比的伟大是另一种展现方式：自信，是性格的一小方面，而非智慧。这让他其他平凡的特质都显得多余：智慧、想象力、敏锐、勤勉，全都相形见绌。他不能以我们的标准进行评判，就好像轮船船首是否尖锐，不能以刀刃为判断标准。他天生伟大，无需更多优势。

别人的赞誉让我对自己又绝望又妒忌，因为我接受了自己的表面价值；然而，就算再说上十倍的好话，在我看来依然分文不值。我就是自己绕不开的军事法庭，因为对我来说，行动的成功需要依赖对机遇的把握。而一个良好的声誉则需要事先周密考量，有所预见，有所准备，并努力经营。自我深知溢美之害，强行将他人不切实际的赞扬进行贬抑。这是我以自己专业的历史能力，对大众评判采信的证据的报复，天地何其宽广，那些知道自己的好意被贬得一文不值的人却也无处申诉。

当一件事唾手可得，我便不再想要拥有；有所渴欲方令我快乐。和正常人的野心一样，我朝思暮想的每件事，都是有志者事竟成，当欲望占据头脑，我便会奋斗进取，直到目标近在咫尺，然后再转身离去，因自己能力得到了验证而心满意足。我不停追逐，只是为了证实自我，肯定自我，并不在乎别人是否知道。

万事之初都具有独特的吸引力，驱使我孜孜不倦，挖掘释放自我，并寻找新鲜的媒介投射展示自己的个性，从而满足观察自己赤裸裸阴暗面的好奇心。他人的漠不关心静如止水，最能将隐藏的自我映照得一清二楚。人们经过考量形成的评判，无论是基于对过去的总结还是对未来的预见，都不如第一印象来得有价值，那是初次接触陌生人时本能的感受。

我的很多行为都源于这种极其自我的好奇心。置身于陌生人的队伍中，我会举止稍有放纵，借此观察对他人产生的影响和效果，将身边的人当作智力灵性的测试靶；直到连我自己都不知道这样的恶作剧是何时开始，又该何时结束。这样的促狭之举也让我和他人保持不愉快的距离，以免我一时兴起，将他们统统得罪；而且，他人感兴趣的很多事物，都被我下意识所排斥。他们和我谈论食物和疾病，游戏和享乐；但在我看来，承认这具皮囊的存在已是种堕落，更毋需放大他的种种弱点和缺陷。看到他们将本该挂上十字架的肉体沉湎于享受，我深觉羞耻。是的，千真万确，我不喜欢这个能被我感知到的"自我"。

第一百零四章

就在我思绪逐渐明朗之时，托威哈人（Toweiha）的营地里发生了骚乱，人们喊叫着向总部奔来。我振作精神，准备调停阿拉伯人和骆驼部队之间的纷争，但实际上却是两小时前有一队沙玛尔人前来打劫，虽被塞拉拉特人赶走了，但却窃走了八十匹骆驼，大家纷纷要求还以颜色。我当然无法推托，便牵来四五匹备用骆驼，派几名有亲友遭劫的手下，协助前去讨回公道。

巴克斯顿的人马在下午三点左右动身，我则待到晚上，监督手下给三十匹埃及骆驼装载上六千磅的火药后才出发。押送火药运输队这个恼人的任务，由我极不情愿的护卫队代劳。

我们判断巴克斯顿会在哈迪（Hadi）不远处宿营，便朝那个方向前进，但却没出现营火，也没发现路上留下的足迹。我们冒着从赫尔蒙山①（Hermon）吹来的凛冽北风，不顾脸被吹得变形，登高寻望。远处漆黑的山坡一片死寂，且我们这些城市人习惯了呛人的炊烟，身体的汗味，或是新挖泥土的腐气，这股沙漠劲风的气息令我们不知所措、心神不安，甚至觉得危机四伏。因此我们往回走了一段路，在山脊边找了一个避风的地点扎营。

第二天早上，我们在开阔的荒野里搜寻了五十英里远，正纳闷为何会和同伴走失，达希尔（Daher）突然在哈迪一侧高叫着，称看见巴克斯顿的人马正从东南鱼贯而来。他们老早就迷了路，便一直扎营到黎明。我的手下对向导沙列赫（Slaeh）谢赫好一顿嘲讽，竟然会在施莱苏克瓦特和拜尔之间迷路，就好像英国人也能在大理石拱门（Marble Arch）和牛津圆环（Oxford Circus）②之间走丢一样荒谬。

但这依然是个美好的早晨，阳光热烈地洒在背上，清风扫过面庞。骆驼部队迈着雄健的步伐，翻越过三座覆满霜雪的山头，进入青翠的德尔瓦（Dhirwa）谷地。这支队伍已经一改初到亚喀巴时的死板笨拙，拘谨局促，头脑灵活，善于观察的巴克斯顿在长期的观察后，已经积累了大量非正规战役的经验，并因地制宜，对手下的训练规则做了按需调整。

---

① 黎巴嫩-叙利亚边界上的雪山，位于大马士革以西，为地中海东岸最高峰，曾被尊为圣峰。
② 这两处都位于牛津街上，此处意指两地距离很近。

他改变了原有的纵队队形，将两个重装连的正式编制打散；他还改换了行军次序，舍弃原来整齐的列队方式，将队伍分成小组，能根据路况迅速集中或者分散队伍。他削减了单兵的负重，改进了装载方式，使得骆驼能走得更快更远。他不再让步兵一小时休息一次（好让骆驼排尿！），而是减少了休息次数，也不像以前那样频繁地打理牲畜。过去士兵要像照料哈巴狗那样，花很大功夫梳理打扮这些骆驼，每次休息还要用鞍垫噼里啪啦拍打驼峰一番，替它们按摩放松；而现在则只抓紧让它们吃草。

这样一来，我们的帝国骆驼骑兵旅变得更加敏捷、机动、耐劳和安静，只有集体上鞍时例外，那时三百匹雄驼会齐声嘶鸣，声浪在夜色中激荡数英里远。每一次行军都让他们的驾驭技术得到了提升，增进了与牲畜的感情，更坚韧顽强，更精干强悍，更迅速灵活。他们就像度假的大男孩般轻松自如，并且军官和属下打成一片，气氛融洽。

我的骆驼从小接受阿拉伯式的调养，以屈膝方式走路，落蹄摇曳，每一步都比普通骆驼跨得大一些，步速也更快一些。巴克斯顿的骆驼按其自有方式行走，步伐并不会受骑手的影响。这些骑手都穿着金属包头的长靴，配着木头和钢质的曼切斯特式驼鞍，不会直接接触骆驼。

因此，虽然我每次出发时都和巴克斯顿并肩，最后总会和五名随从遥遥领先；特别是我骑着巴哈（Baha）时，更是优势明显。这匹牲畜体型高硕，骨架粗壮，身姿笔挺，由于曾被子弹击穿下颚，它的叫声如同绵羊，便有了这个名字。它出身良品，但性格急躁，简直像半只野骆驼，对常规行军极不耐烦。相反，它总是高抬着鼻子，迎风甩动鬃毛，大步流星跑得不亦乐乎，令我手下的艾格利人疲于奔命，累得腰酸背痛，而我却笑得前仰后合。

这样，我们总会领先英国部队三英里，提前寻找一块丰茂的草地，或长满多汁荆棘的地点放牧，在和煦的空气中休息，让骆驼尽情吃草，直到大部队赶来；骆驼部队浩浩荡荡，走来时是一道绝美的风景。

刺眼的燧石山脊热气蒸腾，投射出一片海市蜃楼，透过这片幻影，起初映入眼帘的，只有一大列棕色麻点在随着气流摇曳。待渐渐走近后，这片棕色便会分成无数左摇右摆的小组；一会儿融合，一会儿分开。直到最后来到我们身旁，我们能分辨出每个骑手的模样，就像银色气海中半身入水的大群水鸟，运动员般健硕的巴克斯顿走在最前头，趾高气扬地引着这一队晒得黝黑，欢声笑语的卡其色队伍前进。

他们骑骆驼的方式千奇百怪，看起来颇为异样。虽然座鞍笨重，但有些人依然坐姿自如；有的人屁股悬在外面，身体前倾，活像阿拉伯农民；有的则歪在座鞍上，像是骑马的澳大利亚牛仔。我的手下看见这副怪样，总忍不住要大加嘲弄一番。我告诉他们，从这三百人中选出四十名骑手，定能比费萨尔营中四十名猛将更善骑、善战、善吃苦。

我们在慕黑威尔角旁午休了一两个小时，虽然今日热度不如八月埃及那样酷烈，但巴克斯顿仍不希望手下一路过于疲劳。骆驼被放开吃草，我们便躺下休息，吃午饭，并设法打个盹儿，因为大批苍蝇自我们离开拜尔时起，就叮住我们浑身的汗味追随至此。这时，押送火药的护卫们也来了，为担任这种低级工作而怨声载道，仿佛这辈子从未受过这等奇耻大辱，还高声怨天咒地，生恐全世界不知道我对他们做出了此等暴虐无道，人神共愤之举。

更让他们苦不堪言的，是跨下的索马里骆驼。这种骆驼最高时速也仅有约三英里，巴克斯顿的队伍时速接近四英里，我的骆驼则超过五英里，因此扎吉和他的四十名风火大盗不得不在蜗牛背上忍气吞声，除了换骆驼，或是减轻辎重，别无他法。

这让我们好一番讥讽，嘲笑他们是牲畜贩子和苦力脚夫，并说等他们终于挪到集市上，一定会买他们的货物，直到最后他们也忍不住苦笑起来。第一天落后，他们便每天入夜后继续赶路（也只能走一小会儿，因为这些患有眼疾的牲畜都有夜盲症），不吃早饭，也不午休，才能跟上我们。这些衣着华丽的绅士忍辱负重，将这些火药完好无缺地送抵目的地，可谓表现卓越；而作为阿拉伯半岛能找到的最好的骆驼骑手，只有他们才衬得上这华丽的行头，也只有他们才能完成这艰巨的使命。

当晚我们在甘达夫扎营。装甲汽车队在此超过了我们，那个谢拉拉特向导兴高采烈地坐在炮塔舱盖上，笑得合不拢嘴。一两个小时后，扎吉的人马也到了，汇报一切平安，只是要求巴克斯顿不要一路当场宰杀那些走不动的骆驼，免得他的手下不停因为路上有肉为借口，时时要求停下来大吃一顿。

英国人总是将走不动的骆驼射杀，令阿卜杜拉困惑不解。我对他说，如果有同伴在战役中重伤，阿拉伯人同样会亲手给战友一个了断；但阿卜杜拉反驳说，此举只是为了伤员免遭敌人更多折磨，因此不得不行心狠手辣之事。他坚信人都宁愿选择在沙漠里慢慢渴死，也不愿意被即刻打死；确实，在他看来，慢慢死去是极大的人道，反正已经万念俱灰，不会再为失败而怨念满怀，人反而能展露天性，得悟大道，受神垂怜。而英国人认为，除了人之外，给动物一个速死反而更加人道，简直是荒谬至极。

第一百零五章

次日，我们和前一天一样，稳定前进了四十英里。明天一过，我们就要开始攻桥行动。我从押运行李的队伍中抽调走一半人手，让他们赶在大部队之前，到各山头占据有利地形。他们进展得很顺利，但却没有派上用场，因为上午十点左右我们接近穆阿嘎（Muaggar）时，已经能看到先遣队伍，便满怀希望地坚定前进。这时，一架土耳其的飞机自南方飞来，一路跟随队伍盘旋，然后越过我们往安曼方向去了。

中午，我们步履沉重地抵达穆阿嘎，藏身于一座罗马时代的殿宇基座下。我们的瞭望员在山头放哨，隔着已经收割完毕的平原远眺汉志铁路。我们透过望远镜观察，层层山坡上的灰色石头宛如一群群正在吃草的绵羊。

我们派出手下的农民到下方村子里打听消息，并警告当地人不要出门。他们回报说，情形对我们不利。打谷场上全是土耳其士兵，税收官正在骑乘步兵的护卫下核查收成。这样的队伍有三支，共计四十人，夜晚就宿营在距大桥最近的三个村落中——这些村落是在这一地区活动的必经之路。

我们召开了紧急会议。飞机或许已经发现了我们，或许没发现。最坏的情况，敌人会加强大桥的戒备，但我对此并不担心。土耳其人会认为我们是三度突袭安曼的先遣队，因此更可能将兵力朝安曼集结，而非抽调到别处。巴克斯顿的手下骁勇善战，且拟定了完善的行动计划，可谓胜利在望。

但攻占大桥的代价是个未知数，或者说这座桥值得多少英军为它搭上性命，巴塞罗缪的要求，是骆驼部队不得有任何伤亡。

这些骑骡步兵的出现，意味着撤退时的威胁。骆驼部队需要在离大桥约一英里处下鞍（那些聒噪的骆驼！）徒步前进。进攻时必然会有骚动，更毋庸提三吨重的火药炸毁桥墩时的巨响，都会震动整片地区。村落里的土耳其巡逻队如果瞎摸乱走，正好发现了我们拴骆驼的地点——后果不堪设想——或者，至少会趁我们撤离时，在难走的松软地段拦截我们。

　　炸毁大桥后，巴克斯顿的人马无法就地分散，自行返回穆阿嘎。在夜战中，这样如群鸟各飞，势必会有人遭到阻截产生伤亡。因此，我们必须等他们返回后一同撤退，这样一来很可能会造成更大的损失。整场战役也许会折损五十人，而我认为拿下那桥的价值，最多抵得上不超过五条人命。炸毁桥梁只是为了给土耳其造成恐慌，为我们大部队8月30日进军阿兹拉克扫清道路。今天已是20日，整个7月我们一直面临着土耳其大举来犯的威胁，现在看来这种威胁似乎已经消除殆尽。

　　巴克斯顿同意我的看法，我们便决定收队撤离，即刻返回。这时已有更多的土耳其飞机从安曼方向飞来，将穆阿嘎以北的山头围得水泄不通，想要搜寻我们的踪迹。

　　计划的改变让士兵们失望不已，抱怨纷纷。他们一路长征，希望能建功立业，早日完成任务，好在看不起他们的埃及军方面前扬眉吐气。

　　为了不无功而返，我派萨利赫和其他几个族长到村中游说，放出消息，虚报我们的兵力，并称我们是费萨尔大军的侦察队，要在下个月初一举攻克安曼。这是最让土耳其害怕的传言，也是他们猜测已久的行动，更是令他们惴惴不安的举措。于是他们派出骑兵，如临大敌般推进至穆阿嘎，并且从当地村民口中进一步证实了自己的担忧。村民说附近山顶上到处都是肉罐头的空壳，山坡上也留下了装甲汽车纵横交错的车印。多得数不清！他们被吓破了胆，我们就这样不费一兵一卒，让他们长达一周都不敢轻举妄动。而炸毁大桥，最多换来他们两周的按兵不动。

我们等到夜深后才动身，前往五十英里外的阿兹拉克。我们把这次突袭当作远足，给自己打气，并聊起沿途的古罗马遗迹和加萨尼（Ghassanide）地区的猎场。骆驼部队久经训练，夜间行军已是家常便饭，依然能保持和白天一样的行军速度，也不会有人迷路或走失。今夜清辉满天，我们一直走到东方泛白，午夜时分还经过了喀拉内赫（Kharaneh）那孑然孤立的宫殿遗址，但也没有心思进去瞻仰一番。可能也是由于月色过于皎洁，照得四下白如霜雪，将我们的心境也映得冰冷空洞，在驼鞍上懒得动弹，就想这样静静地坐着。

我一开始担心会遭遇打劫的阿拉伯土匪，他们可能会因不知道骆驼部队而盲目展开攻击；因此我令手下在队伍前方半英里远的地方探路。我们一路前行，渐渐感受到夜鸟自脚下飞起，黑压压一大片。鸟群逐渐变得庞大，仿佛遮蔽了整个地面，集群升空时密不透风，但却没有半点声音，在我们身边缭绕盘旋，仿佛一大团羽毛在风中无声地打转，令人眩晕。它们疯狂地拍打翅膀，搅起空中的气流，弄得我们迷乱不堪。这些鸟数量之巨，行动却又如此死寂，令我手下恐惧不已，取出来复枪朝这片黑云一通乱射。走了两英里后，夜晚才又恢复了空寂；最后我们在一处气味馥郁的苦艾丛中歇息，一觉睡到太阳刺破眼帘。

我们一直走到下午，才疲惫不堪地抵达库赛尔阿姆拉（Kusair el Amra），这里曾是古埃及"牧人王朝"[①]（Shepherd King）哈里施国王

[①] 即西克索斯王朝。西克索斯人约在公元前1650年推翻了国力衰弱的埃及第十三王朝，之后建立了第十五、十六两个王朝，统治了中和下埃及长达一百多年。

的狩猎行宫，这位国王也被吟游诗人视为保护神。他的行宫如今遗世而独立，在枝条摇曳的丛林掩映下，更显得仪态万方。巴克斯顿将那荫凉昏暗的大厅设作指挥部，我们则四处闲逛，研究那斑驳脱落的壁画，互相打趣笑闹，并不想做认真的研究。有些士兵在宫殿其他房间内落脚，大部分人则带着骆驼在外面树下歇息，舒展筋骨，午休过夜。飞机没有再出现——我们藏得很好。明天我们就能赶到阿兹拉克，可以获取新鲜的水，我们自拜尔出发时携带的水，经过一路跋涉，已经发臭，令人不堪下咽。

阿兹拉克也是历史悠久的胜地，绿洲中当之无愧的女王，美景更胜阿姆拉几分，还有碧澈的活水与清泉。我早就向队伍许诺，到了那里便可以畅快沐浴一番；这些英国士兵自亚喀巴起就没有洗过澡，闻言更是望眼欲穿。当然，阿姆拉也是个舒适的地方。看到这从未见过的宫殿和壁画，他们惊奇地问我加萨尼王到底是何方神圣，我也只能大略提起他们的那些诗歌和残酷的征战故事；但这段历史如此久远，一切听起来都是那么缥缈恍惚。

第二天，我们不急不徐地前往阿兹拉克。在翻越最后一道熔岩和卵石交织的山脊时，麦贾巴墓园的环形轮廓映入眼帘。为防止沿途遭遇不测，我便带领手下向这座庄严典雅的陵园前进，趁机可以赶在大部队抵达之前，体验片刻这里的静谧安宁。这里让人顿觉安全无虞，我甚至会担心人们从此趋之若鹜，让阿兹拉克失去这与世隔绝，珍藏千年的幽寂，再度被尘世纷杂的潮汐所淹没。

但我这两份担心终究是杞人忧天，甚至近乎愚蠢。阿兹拉克没有阿拉伯人出没，美好清幽一如往昔，且晚些时候，当波光粼粼的水池里满是游泳嬉戏的白色躯体，更让此地增色不少。柔风缓缓穿过水边的芦苇荡，令欢悦的笑闹和水花扑溅声更加清晰悦耳。我们挖了一个很大的坑，将火药埋在下面，待9月远征德拉时取出使用。之后我们便四下徜徉漫步，采集灌木丛中鲜红的浆果。这种浆果甜美多汁，我的手下突发奇想，将其命名为"谢拉里葡萄"。

我们在这里休整了两天，尽享水池带来的新鲜与清凉。巴克斯顿和我一道造访古堡，将当年戴克里先①（Diocletian）和马克西米安②（Maximian）的祭台做了详尽的勘察，我们本打算留书，将乔治五世国王③（King George the Fifth）的英名也好好称颂一番，但成群的苍蝇扰得我们坐立不安，随后更因为一桩意外毁了全部心情。一个阿拉伯人在古堡的水池中射鱼时，来复枪不慎落地走火，将苏格兰骑兵队④（Scottish Horse）的罗恩中尉（Lieutenant Rowan）当场打死。我们将他安葬在麦贾巴墓园里，但愿我有朝一日，也能安享这里一尘不染的平和与宁静。

第三天我们经过阿玛里，穿越杰沙，抵达我已日渐熟悉的施莱舒克瓦特附近。我们进入哈迪时，更是对这里了如指掌，便连夜赶路。翻越长坡时，队伍在我身后雷鸣般高喊口号："我们吃饱喝足了吗？没有。""我们精神抖擞吗？是的。"待到喊累了，便不再有人开口，只有装备行李在木质驼鞍上发出七零八落的碰撞声——每人配有十一或十五件装备，整装上路时，便一股脑儿塞在巨大的阿拉伯式鞍袋内，然后朝驼背上一甩完事。

---

① 244年—312年。作为罗马四帝共治制度的建立者，他将国家权力彻底从元老院手中剥离出来，是罗马第一位真正意义上的皇帝。

② 约250年—310年。285年任罗马帝国副帝，286年被戴克里先任命为同朝皇帝。退位后因发动叛变，最终被迫自杀。

③ 1865年—1936年。英国皇帝，温莎王朝的开创者，现时在位的英国女王伊丽莎白二世的祖父，别号水手国王。

④ 英国地方自卫队下属的义勇骑兵团，成立之初是为了支援第二次波尔战争，后在第一次世界大战和第二次世界大战期间都发挥了重要作用。

我出神地盯着身后这一列肤色黝黑的队伍，不知不觉在哈迪和拜尔之间迷了路，但还是凭借星辰判定方向，坚持走到黎明时分（只有抵达拜尔才有吃的，因为士兵的应急干粮昨日便已耗尽），天光乍破时，我们已身处一座林木葱茏的山谷中，这里定是拜尔无疑；但我的经验尚无法确定水井是在我们的上游还是下游。我向巴克斯顿和马歇尔致歉，并没头没脑地乱找了一阵，误打误撞遇见了在沃季赫结盟的老朋友，沙格·伊本·夏兰（Sagr Ibn Shaalan），他从一条小路骑来，并给我们指明了方向。一小时之后，骆驼部队便回到了井边的营地，领到了新的粮草。而且营中那位老谋深算的埃及军医萨拉马早就算定了我们今日会返回，提前将蓄水池灌满了水，足以让一半的骆驼即刻畅饮一番。

由于巴克斯顿已返回安全地点，到处有老朋友照顾，不再需要我的协助，我便打算乘坐装甲汽车前往阿巴利散。于是我们沿陡坡疾驰入杰佛平原，以六十英里的时速进行穿越。我们的车一马当先，身后扬起滚滚烟尘，遮蔽了同行另一辆车的身影，一直奔到平原南端，还看不到他们的踪迹。我们推测大概是轮胎出了问题，便停下等待，凝视着来时路上那片斑斑绰绰的蜃影。这暗色热气悬浮于地面和苍白的天空之间（越高反而天色越蓝），变幻莫测，总让我们误以为看见了同伴。好在这片灰蒙中终于出现了一个旋转的黑点，后头还拖着一条长长的尘尾，在阳光下闪闪发亮。

这奋起直追的驾驶员便是格林希尔（Greenhill），他尽情飞驰，任滚烫的车壳在热气中搅起旋涡。车体金属温度太高，当在柔软热沙地面颠簸时，车上的组员裸露在外的手臂和膝盖总会被烫伤。这些沙面如厚厚的地毯，静静等候着深秋的风前来扫荡，形成呛人的沙暴，被吹向那不知所终的远方。

我们的车就停在这深深的沙地上等候，队员们在沙丘上用汽油生火，替大家煮茶——军用茶，茶叶如洪水般涨满了容器，加入罐头炼乳后变成难看的黄色，但却颇为解渴。我们一边喝着，另一辆车也驶了过来，汇报说他们在高速穿越这炽热平原时，贝尔丹（Beldam）牌油管炸裂了两根。我们给他们倒茶，嘲笑他们用油污的手去擦脸上的灰尘，只会越抹越黑。他们看起来仿佛老了几分，眉毛、睫毛和脸上的毛孔全覆上了一层灰色，唯有汗水流淌过的地方才会冲洗出一条条污黑的沟痕，露出晒红的皮肤。

他们匆匆喝完茶（太阳已经西沉，前面还有五十英里的路程），将茶渣倒在地上，茶汁立即像水银般，在沙面上散作点点小珠，直到沾满尘粒，渗入地下，给这片缥缈的灰毯留下无数小洞。我们穿过荒废的铁路抵达阿巴利散，驻扎在那里的乔伊斯、道内和杨告诉我们一切进展顺利。实际上，他们已经准备就绪，正要分头行动。乔伊斯前往开罗去看牙医，道内返回总部，向艾伦比汇报我们士气高昂，齐心协力。

第一百零六章

有船从吉达前来接乔伊斯，还捎来了麦加的信函。费萨尔打开了他的《吉卜拉报》（侯赛因国王的宪报），被一则皇室公告吸引了目光。这则公告显示，有一群傻瓜将贾法尔帕夏尊为阿拉伯北方军总司令，但这一军衔并不存在，更明确点说，整个阿拉伯正规军中就没有比上尉还高的军衔，而贾法尔谢赫居然顶着这样子虚乌有的头衔，要开始行使职权了！

这篇公告是由侯赛因国王（得知艾伦比已向贾法尔授勋后）自行颁

布的,并未事先告知费萨尔;这一举措是对北方城市的阿拉伯人、叙利亚及美索不达米亚官员的打压,侯赛因国王本就嫌恶他们我行我素,更担心他们功高震主。他很明白,这些人奋起作战,并非是为了让他一统江山,而是为了争取自己领土的独立自治,而这位老人日渐权力熏心,几乎到了失控的地步。

贾法尔闻讯,立即前来向费萨尔提出辞呈,各师的长官和参谋,以及团长、营长等部属也随之纷纷要求解甲归田。我恳请他们不要将一个七十岁老人的儿戏放在心上,麦加有今日的地位,全仰仗他们的伟大贡献;而费萨尔也驳回了他们的辞呈,指出所有的任命都应当由他签署方能生效(因为他父亲也从未批准过他手下任何人服役),他将全权负责解决这份公告的全部问题。

费萨尔便拍电报向麦加求证,并收到了一份谴责他为卖国贼和法外之徒的回电。作为回应,他即刻卸下了亚喀巴前线的指挥权。侯赛因国王指派扎伊德继任,遭到了断然拒绝。侯赛因在发来的密码电报中怒不可遏,而阿巴利散经营多年的军事基地眼看就要毁于一旦。道内在船启航之前,抽空从亚喀巴给我打来电话,忧心忡忡地询问是否一切努力就要付诸东流。我回答说现在事态命悬一线,但我们或许还有转机。

我们面前有三条路可选。第一,向侯赛因国王施压,请求他收回成命。第二,置之不理,该干嘛干嘛。第三,正式扶植费萨尔从父亲名下独立。每一个方案都在英国方面和阿拉伯人之间有支持者。我们和艾伦比通电话,请求他出面化解争端。侯赛因国王顽冥不灵且老奸巨猾,想要说服他道歉,很可能会花费数周时间斡旋。通常情况下,等个几周对我们不是问题;但今日局势已到生死存亡之秋,按计划,在三日之后必须向德拉进军。我们必须设法如期发动这场战役,同时等待埃及方面找出解决之道。

我办的第一件事,便是火速通知努里·夏兰,称我无法前去他在卡夫的部落进行会晤,但新月升起的第一天起,我便会在阿兹拉克听候他的差遣。这是逼不得已的权宜之计,因为努里很有可能对我的爽约起疑;而如果得不到鲁瓦拉族的帮助,我们9月16日进军德拉的优势也会丧失殆尽。然而,我必须冒这一相对较小的风险,因为没有费萨尔和正规军,以及皮萨尼的火炮支援,我们连发起战役的资格都没有。而为了安抚军心,我只能在阿巴利散静观其变。

我的第二项举措,是向阿兹拉克派遣运输队——补充行李、粮食、汽油、弹药。杨一如往常,虽然不赞同我的计划,依然尽职尽责地打点好了物资。这世界上能拖住他脚步的,唯有他自己。我永远忘不了在一次联席会议之后,努里·赛义德遇到一群阿拉伯军官时那张容光焕发的脸,并替他们鼓气说:"伙计们,别担心;侯赛因国王和英国佬说话的态度,就和对我们是一样的!"如今,他正在监督各梯队按计划——其实不全是按计划,比原定时间推迟了一天——由指派的军官带队启程。由阿拉伯族长直接向手下发号施令是我们一贯的原则,因此从未出现过违法命令的先例:所有人都如绵羊般乖乖听令行事。

我的第三个任务便是应付军中的叛乱。谣传已遍布军中,尤其是炮兵对此误解甚重,有一天下午甚至和军官产生了冲突,纷纷将炮口对准了军官的营帐。好在炮兵指挥官拉希姆先发制人,提前将炮闩都卸了下来,堆在自己的帐内。我瞅准这个尴尬的当口,前去和士兵谈判。他们一开始相当紧张,最后还是好奇心占了上风,同意和我对话。因为长久以来,我在他们眼中都是个怪人,一个半贝都因化的英国佬。

我告诉他们,这样的高层矛盾只是茶杯里的风浪,产生不了什么影响,众人都为之莞尔。他们一心向往的是大马士革,而非麦加,也并不在乎军营外发生了什么。他们担心的是数日未见到费萨尔,生怕他被卸了兵权。我承诺会立即将费萨尔找回来。当他们亲眼看见费萨尔带着扎伊德,神情自若地搭乘博尔斯那辆被专门漆成绿色的沃克斯豪尔(Vauxhall)返回时,悬着的心终于落地。

我做的第四件事,便是率领队伍按时启程,向阿兹拉克进发。为了达到这一目的,必须先确保让深受士兵信赖的军官们一一到位。足智多谋的斯特林这时闪亮登场。努里·赛义德和其他军人一样,极具建功立业的野心,也打算抓住这个绝处逢生的机会,和斯特林一拍即合,决定在得到侯赛因国王道歉之前,立即向阿兹拉克动身。如果最后没有得到满意的答复,他们再回来,或者干脆不再效忠;如果事情最后得到了妥善解决,我也向他保证一定给北伐军这次名不正言不顺的行动一个满意的说法,在侯赛因国王面前长长他们的威风。

士兵们一开始还装腔作势,满嘴牢骚。我们只得打开天窗说亮话,称粮草军饷兹事体大,只有整个军队照常运转,才能予以拨放。他们终于勉为其难答应了,包括骑骡步兵、机枪队、埃及工兵、格呼卡人(Ghurkas)、皮萨尼的炮兵这些特殊部队在内,全都根据斯特林和杨规划好的行程一一开拔,仅比预定行程晚了两天。

最后一件事,是重建费萨尔的权威。若想要在德拉和大马士革之间大举用兵,没有他都是空谈。我们可以攻打德拉,这也是艾伦比对我们的期望;但要想拿下大马士革——这也是我对阿拉伯人的期望,也是我不辞辛劳,鞠躬尽瘁协助他们的原因——则需要费萨尔亲临前线,和我们并肩战斗,再不会因军事任务所劳心费神,只需做好准备,待我们将这城池拱手奉上,尽享其带来的政治价值。最后他提出,愿意接受我的指挥。

至于麦加方面是否道歉,艾伦比和威尔逊正在全力斡旋,与侯赛因国王频繁通话。如果最后事与愿违,我打算向费萨尔提议,直接投效英国政府,并许诺英国会支持他一路入主大马士革。这并不是痴人说梦,但如有一丝转机,我绝不希望闹到这一田地。阿拉伯人一路走来,这场起义已是名垂青史,我不愿意在胜利与和平在望之际,这一伟大事业却因内讧而分崩离析。

侯赛因国王此时原形毕露,强词夺理,推诿狡辩,浑然不知自己给北伐大业带来了何种巨大的伤害和阻挠。为了让他清醒,我们向他发出了一份直白的声明,更令他气昏了头,报以激烈的唾骂和谴责。他这封电报由埃及以无线电发给我们在亚喀巴的接线员收,再由汽车送至费萨尔处。阿拉伯人使用的密码很简单,我在将信交给费萨尔之前,都先将密码改动打乱,以删除其中一些会造成严重恶果的不当措辞。就靠着这样拙劣的把戏,来安抚军队的情绪,避免造成不必要的抵触情绪。

这移花接木的伎俩坚持了数日,麦加方面始终紧收口风,拒不认错,反倒变着花样将那封措辞严厉的电报予以重申。最后,他们传来一封冗长的信函,前半部分半推半就表示歉意,并同意撤回之前那份造成重大错误的公告;后半段依然是陈词滥调,以另一种形式替自己辩护。我将后半段直接删除,在信首标上"加急"字样,送往费萨尔营中,当时他正和幕僚们围坐成一圈开会。

秘书将电报解码后交给费萨尔。我先向众人稍作暗示,引起他们的注意,所有人都眼巴巴地看着费萨尔,等候听闻电报的内容。他出乎意外地盯着我,因为这封信措辞如此温和,完全不像出自他那位暴躁顽固的父亲之口。接着他回过神来,大声朗读这份致歉信,并在结尾激动地称这份电报"挽救了所有人的荣誉"。

众人爆发出一阵欢呼,费萨尔趁机弯下腰对我耳语道:"我的意思是,这挽救了几乎是所有人的荣誉。"我也故作糊涂,回答说:"我不明白您的意思。""我答应最后一次进军听从你的智慧,难道这还不够吗?""这样一来你会有失尊严。"他低声说:"你总是以我的利益为重的。"然后精神抖擞地跳起来,说道:"现在,大人们,赞美神,开始行动吧。"

我们在三小时后便拟定好了行程,并安排好了接替我们驻守阿巴利散的军队。我终于可以离开。乔伊斯刚从埃及返回,费萨尔答应他最迟会在12日,和马歇尔前往阿兹拉克与我会合。当我登上劳斯莱斯汽车向北进发时,整个营区内都洋溢着一片喜气,希望努里·夏兰带领的鲁瓦拉族依然能与我们携手,共同攻打德拉。

卷十　华厦终成

第一百零七章至第一百二十二章

我们由飞机、装甲汽车、阿拉伯正规军和贝都因人组成的机动部队在阿兹拉克集结，意欲截断德拉外围的三条铁路。南部铁路截断点靠近马夫拉克；北线铁路截断点在阿若尔①（Arar）；西线铁路截断点在梅泽里布。我们绕过德拉，顶着敌方飞机轰炸的威胁在沙漠中会师。

艾伦比于次日发起攻势，几小时后便将土耳其部队打得落花流水。

为寻求空中支援，我搭乘飞机前往巴勒斯坦，并

---

① 靠近今日伊拉克，以水草丰盛闻名，是著名的牧场。

收到了往北推进，展开第二阶段战斗的命令。

我们迂回到德拉后方，以迫使守城军尽快弃城。巴罗将军①（General Barrow）也加入了战斗；我们在他的配合下，一路推进至基斯威②（Kiswe），与澳大利亚骑兵部队③（Australian Mounted Corps）会合。这支联合部队轻取大马士革，如入无人之境。城内乱象横生，如何平息化解颇费了我们一番功夫；直到艾伦比赶来才将所有问题处置妥当。之后，他批准我离去。

第一百零七章

山重水复中能拨云见日，转危为安，我的喜悦难以言表。我、温特顿和纳西尔紧抓住彼此的手，倾诉感激之情，并肩前行。最近刚加入我们的温特顿勋爵（Lord Winterton）是巴克斯顿骆驼部队里久经沙场的军官；纳西尔这名老将自麦地那起事之日起，就一直勇当排头兵，最后关头也自然是打头阵的不二人选。他在麦地那、沃季赫、亚喀巴和塔菲列都立下了赫赫战功，且不辞辛劳，长期奋战在荒山野岭，是最有资格率兵攻打大马士革的人。

一部小型福特车吃力地跟在我们身后穿越扬尘，而我们的大车不但马力更足，对地形也已经了如指掌。我曾为自己从阿兹拉克到亚喀巴只用了三天而扬扬自得；如今开车只需两日，且劳斯莱斯坐起来比骆驼轻松多了，一天下来不会因为腰酸背疼而难以入睡。这大将般的待遇如此

---

① 乔治·德·西蒙斯·巴罗爵士（Sir George De Symons Barrow）（1864—1959），时任第四骑兵师师长。
② 位于叙利亚境内，离大马士革约13公里远。
③ 即隶属于沙漠骑兵军（Desert Mounted Corps）的澳大利亚骑兵师（Australian Mounted Division）。该部队于1917年在埃及成立时，曾被称作帝国骑兵师（Imperial Mounted Division），由骑乘步兵、轻骑兵和义勇骑兵联合组成，下辖两个轻骑兵旅、两个义勇骑兵旅和一个骑炮旅。

舒适，不免让人有几分惭愧。

装甲汽车部队的惬意生活也再度引起了我的关注；由于免除了身体的奔波操劳，因此他们有更多精力坐下来从事脑力活动。而我们骑骆驼的人出发时间不是凌晨便是深夜，导致睡眠不足，身心疲惫。很多时候，我们一天要在骆驼上待二十二个小时，入夜后每个人轮流值班带队，其他人则一头栽在座鞍上，睡得不省人事。

而这也并不是真正的不省人事：即使睡得再沉，我们的脚还是会压住骆驼的肩头，指挥其继续前进。如果坐骑趔趄了一下，或转了方向，身下的平衡产生些微的改变，骑手就会惊醒。另外，我们还得忍受风吹雨打，霜雪骄阳；粮食和饮水匮乏，随时都会遇上阿拉伯土匪和土耳其士兵。和部落人一起风餐露宿了几个月，我已将这些视为家常便饭，早就处变不惊；虽然在外来人眼中，这几乎如疯子般鲁莽，但却是我们日常生活的真实写照。

此时沙漠已一改旧颜，变得忙碌嘈杂。所行之处不再渺无人烟，随时能看到稀稀拉拉的骆驼队伍，载着士兵、部落人和行李，往北缓缓穿越无垠的杰佛平原。我们呼啸着超过这些队伍（为了准时在阿兹拉克集结），优秀的驾驶员格林大展车技，有一次速度曾高达每小时六十七英里。纳西尔在车内紧张得大气不也敢出，只能在超越友军队伍时向他们挥手致意。

我们抵达拜尔后，班尼沙克赫人如惊弓之鸟，称土耳其人在前一天突然向西进发，由荷萨进入塔菲列。我闻言哈哈大笑，米法列赫认为我肯定疯了，要么就是搞不清楚状况。如果土耳其人此举再提前四天，我们就无法进军阿兹拉克，但此时我们已经动身，敌人或许会前往攻打阿巴利散，圭维拉和亚喀巴——求之不得！我们之前大肆散布要进军安曼的流言，已经令他们风声鹤唳，不敢动弹，此时更是中了我们的调虎离山之计。他们每朝南部调拨一人，便损失一人的战斗力，甚至可以说是十个人的战斗力。

我在阿兹拉克遇见了努里·夏兰的几名仆人，还有一部克罗斯利（Crossley）汽车，载着一名空军军官、一名飞行员、一些飞机零件和一座帆布机库，供掩护我们会师的两架飞机使用。我们第一夜就睡在飞机场上，遭受了一只大驼蝇的猛烈袭击，这昆虫甲壳坚硬，叮起人来赛过大黄蜂，对准我们裸露在外的肌肤，一直战斗到日落才罢休。接着老天大发慈悲，送来了夜的清凉，抚慰我们刺痛不已的伤口——刚喘了一口气，风却突然改了念头，携满苦涩的沙尘，热辣辣地吹了我们三个小时，连眼睛都难以睁开。我们用毯子盖住脑袋躺下，依然无法入睡。为了不被活埋，必须每隔半小时起身抖落积沙。午夜时分风终于停歇，我们再度整理自己汗湿的小窝，打算安心睡一觉——就在这时，一大群蚊子载歌载舞飞来，和我们纠缠到天亮。

因此，天亮后我们搬至麦贾布山岗上扎营，这里位于水源西面一英里处，下方一百英尺便是沼泽地，四面来风。我们歇了一小会儿，便开始搭建机库，稍后下山，在那白光潋滟的水池里洗澡。珍珠白色的水面倒映着天空，反射出月华般柔和梦幻的色彩。"真是享受！"我一边尽情游动，一边高叫着。"可是你干嘛老在水底下扑腾个不停？"温特斯顿泡了一会儿问道。这时，一只驼蝇在他背后咬了一口，令他恍然大悟，赶紧跟着我一头扎入水中。我们不停地划水，拼命保持头部湿润，借此阻止那群灰色昆虫靠近；但饥饿的它们所向无敌，并不将水放在眼里，五分钟后就把我们逼上了岸。我们浑身上下被那匕首般锋利的嘴咬了二十个大包，血流不止，只得七手八脚地穿上衣服，落荒而逃。

纳西尔站在一旁笑话我们，随后我们一道前往碉堡午休。阿里·伊本·侯赛因当年住过的角楼，是这片沙漠里唯一还有屋顶的建筑，里面凉爽宁静。风不停摇动屋外的棕榈叶，发出落雪般瑟瑟的声响。此地太靠北方，结出的枣子很不理想，因此没有人来打理；但它们的茎叶依然粗壮，低垂的枝条投下一片惬意的荫凉。纳西尔静静地坐在树下的地毯上，他丢在地下的烟头缓缓吐出一缕灰烟，在和煦的空气中飘荡，最后散入树叶间隙的点点阳光中，消失不见。"我很高兴。"他说道。我们都很高兴。

　　下午来了一辆装甲汽车，协助我们完成了布防，虽然敌人不大可能前来骚扰，但这依然是必要的工作。有三个部落掩护着在我们和铁路之间的旷野，德拉敌军的机动部队只有四十名骑兵，安曼则一个都没有。加之土军至今没有掌握我们的动向，有一架飞机曾于9日早晨飞过我们上空，敷衍地转了一圈后便离去，很可能没有发现我们。我们的营地位于山顶上，视野开阔，通往德拉和安曼的道路一览无余。白天，我们十二个英国人全都懒洋洋地和纳西尔及他的奴隶四处闲逛，晒太阳，看风景，想事情；晚上则呼呼大睡——至少我是呼呼大睡——趁着那些即将在阿巴利散和我们一同杀敌的战友，以及下个月将要和我们一决生死的敌人都还未出现之前，好好享受这段难得的时光。

　　这弥足珍贵的一部分是因为我自己，此行前往大马士革令我心绪难平（而且我们已经浮想联翩了）。我能感受到身后阿拉伯人的紧张激昂，多年来宣扬布道的事业已达到最高潮，这片土地上的人紧密团结在一起，正奋力奔向那历朝历代的首都。我坚信，这件我亲手锻造出的武器，足以达成我的最终目标，甚至于那些为常规战争的阴影所笼罩而拒绝接受我想法的英国同僚，我似乎已将他们都抛诸脑后。我的胸有成竹令自己无法与他们为伍。

很久以后,我才听说温特顿每天都在拂晓时分起床,检视地平线,唯恐基地因我放松警惕而遭遇不测;长久以来,在乌姆泰叶和谢赫萨阿德的英军都认为我们是孤注一掷。实际上我知道(也坚称),我们的处境和世界上所有身处战争的人一样安全。因为他们对这事业引以为傲,从未对我的计划有过半点怀疑。

这些声东击西的计划,看似攻打安曼,实则是为了切断德拉的铁路;此外没有下一步行动,因为我已习惯审时度势,根据实际情况再随机应变。

大众总是将荣誉归于将军,因为他们只能看到命令和结果:就连福煦(在实际掌兵之前)也说,战之能胜,在将军也;但实际上,将军并不会这样想。1918年9月的叙利亚一仗,或许算是英国有史以来方法最为科学的完美战役,武力的作用被降到最低,最大限度地依赖智谋取胜。但全世界,尤其是参战的士兵,都认为这是艾伦比和巴塞罗缪的功劳;但这两位却无法苟同我们的观点,因为他们知道,自己的战略设想刚付诸实践就被敌方看穿,而自己的手下常常是在浑不知情的情况下,前赴后继地成就了他们的功业。

攻克并控制阿兹拉克作为我们计划的第一步,已经顺利完成,迷阵就此布下。我们将"圣乔治的骑兵"——也就是金币——数以千计地送往本尼沙克赫地区,将他们收获的大麦全数购走,并要求他们对此守口如瓶,这些谷物便是我们的牲畜,以及和我们并肩作战的英国盟军两周的口粮。塔菲列的狄阿布——那个智商不足的愣头青——立即将这个消息传遍了卡拉克。

除此之外,费萨尔还要求泽本族人前往拜尔效命;霍恩比此时(或许还为时尚早）也穿上阿拉伯服饰，混迹于阿拉伯人中，积极筹备攻击马德巴（Madeba）。他计划待19日艾伦比一发动攻势，便随之响应，并希望能牢牢控制耶利哥，这样即使我们未能如愿占领德拉，还可以回头去支援他的行动。这样一来，我们便不再是声东击西，而是双重攻势。但是，土耳其人推进塔菲列，令这计划彻底破产，霍恩比不得不在肖贝克进行死守。

我们计划的第二步便是德拉，必须拟定完善的攻城策略。我们决定先破坏安曼附近的铁路，以此切断安曼对德拉的增援，同时进一步强化我们要进攻安曼的假象。在我看来，这一先期作业（由埃及工兵具体实施爆破）可以由格鲁卡人负责，将他们分出去执行爆破还不至于影响大部队的主要行动。

这一主要行动便是切断豪兰地区的铁路，使当地交通瘫痪至少一周。可以选择的方案有三个：第一，是沿着我在冬季曾和塔拉尔走过的路线，向德拉以北进军，截断大马士革的铁路；接着穿越该地区前往耶尔穆克铁路。第二，从德拉以南行至耶尔穆克，1917年11月，我曾和阿里·伊本·侯赛因走过这条路。第三则是直接攻入德拉城内。

想要执行第三个方案，必须先要空军在白天猛烈轰炸德拉车站，其效力应与重炮威力相当，才能保证我们能以少胜多。萨尔蒙德（Salmond）对此跃跃欲试，但这还要取决于他是否能及时召集来足够的重型轰炸机。9月11日，道内会乘飞机抵达此地，对行动计划拍板定案。在此之前，我们只得将各个计划都纳入均等考虑。

说到援军，我的护卫队已率先抵达，并兴冲冲地于9月9日奔往色尔汗旱谷：人人兴高采烈，养精蓄锐，在鲁瓦拉人油腻大餐的滋养下，吃得比骆驼还膘肥体壮。他们回报说努里即将完成准备工作，决意和我们联手作战。又有新的部落加入的消息传来，群情激昂，欢声一片。

10日，亚喀巴派来了两架飞机，驾驶员墨菲（Murphy）和朱诺（Junor）抵达后，马蝇们蜂拥而至，围着他们的细皮嫩肉安了家。11日，乔伊斯和斯特林带领其余的装甲汽车抵达，但费萨尔还没来。马歇尔明天将负责护送他回营，马歇尔意志坚定、风趣诙谐且极有分寸，有他在万事便大可放心。杨、皮克、斯科特-希金斯，以及行李队也悉数抵达。阿兹拉克人头攒动，池塘里到处是欢声笑语，人们不分高矮胖瘦，白肤褐颜，都尽情在这片清凉中戏水打闹。

11日，巴勒斯坦调来的飞机也就位了。不幸的是道内再度病倒，顶替他的那位参谋（还是个新手）严重晕机，还忘了把应转交给我们的文件带来。接连的失误令他顿时慌了手脚，再也顾不上保持英国人的绅士风度；而当看见我们在这片一无所有的沙漠里粗枝大叶地应付着，没有警戒哨或瞭望哨，没有通讯兵，没有哨兵或电话，也没有任何像样的储备、防线、掩体和基地时，更是目瞪口呆。

震惊之余，他连最重要的口信也忘了交代：艾伦比在9月6日突然灵机一动，对巴塞罗缪说："何必非要为了麦苏狄赫①（Messudieh）大伤脑筋？让骑兵直捣阿弗列赫（Afuleh）和拿撒勒②（Nazareth）不就行了。"于是整个计划改弦更张，原本已敲定的目标被充满未知数的进军所取代。我们对此一无所知，但在对飞行员百般盘问后，我们才搞清楚萨蒙德给这些轰炸机下的命令，以及能给我们提供多少支援。他们的实力达不到支援我们强攻德拉的要求，因此我们要求他们在我们绕道德拉向北推进时，对德拉实施牵制性轰炸，以协助我们切断大马士革的

---

① 奥斯曼帝国最重要的铁路枢纽站点之一。
② 位于巴勒斯坦地区北部的一座古城，相传是耶稣的出生地。

铁路。

次日，费萨尔率领阿拉伯正规军、努里·赛义德手下的精兵、杰米尔（Jemil）的炮兵、皮萨尼那群街头小贩般的阿尔及利亚兵，以及其他要担任"三个爷们儿和一个男孩"这一艰巨任务的单位，浩浩荡荡抵达营地。灰蝇们如今得到了两千匹骆驼的款待，再也无暇顾及朱诺和他手下那几个已被吸得半干的机械师。

当日下午，努里·夏兰现身，特拉德、哈利德、帕里斯、杜里兹，以及卡法吉皆陪同左右。奥达·阿布塔伊也来了，与之同行的还有穆罕默德·德黑兰。泽本族的法赫德与阿德乎布、塞拉因族族长伊本·贝尼、瑟狄叶赫族的伊本·戈吉（Ibn Genj）也全到了。索尔坦附近的阿德万（Adwan）族族长，马吉德·伊本·苏丹，也不辞千里地赶来，探听我们是否真的要攻打安曼。晚些时候，北方的夜色里枪声不断，我们的老朋友塔拉勒·哈雷辛带着四五十位村民，一阵风般骑进营地。和我们久别重逢，他红润的脸上洋溢着喜悦之情。德鲁兹人、叙利亚城民、伊萨维叶人（Isawiyeh）、哈瓦奈赫（Hawarneh）人也纷纷加入我们。甚至连为冒险失败（大家都尽量避开这个不吉利的话题）撤退所准备的大麦都陆续运来了。所有人都意气风发，只有我是个例外。纷至沓来的人马让我再也无法享受阿兹拉克的宁静与惬意，我便下到谷中偏僻的艾因埃萨德，在昔日驻扎过的怪柳林中独自躺了一天，聆听风拨动那落满尘土的树枝，弹奏出宛若英国树林般熟悉的乐章。这声音告诉我，我已对阿拉伯人厌倦透顶；这些闪族的肉体凡胎，却达成了我们望尘莫及的成就和高度。他们心灵手巧，足以看穿我们的本质，明辨是非；而两年来我却可耻地混迹于他们当中，沽名钓誉！

今天我终于下定决心，卸下这虚伪的外衣，让自己的表演告一段落。无论花上一周、两周还是三周，我一定要卸下这千斤重担。我的精神早已崩溃；能招摇撞骗这么久还未被揭穿，已是万幸。

乔伊斯接替了我的工作。他任命皮克率领负责爆破任务的埃及骆驼部队，史考特-希金斯率领格鲁卡士兵，在两辆装甲汽车的掩护下，前去截断伊夫登（Ifdein）的铁路。

此行计划在夜晚，由史考特-希金斯那些身手矫健——我是说徒步的时候，因为他们骑上骆驼就跟麻袋一样笨重——的印度兵向堡垒发起冲击。皮克则一直实施爆破，待到黎明时分进行爆破。装甲汽车负责在天亮时接应他们向东撤退，穿过平原；我们的大部队届时也正好由此经过，向阿兹拉克以北进发，前往距德拉下方五十英里远的乌姆泰叶，那里有雨水蓄积成的大池，可以设为进军基地。这先期作业相当重要，我们派鲁瓦拉人充当他们的向导，满怀期盼地目送他们离开。

第一百零八章

天刚放亮，大部队便启程了。队伍中有一千人是原阿巴利散的守军，其中有三百名努里·夏兰的游牧骑手。此外，他还带来了两千名鲁瓦拉骆驼骑兵，并应我们的要求将其部署在色尔汗旱谷。在决战之日前一天才兴师动众，将大批贝都因人聚集在豪兰村落中，似乎并不明智。这些马上骑兵的身份不是谢赫，便是谢赫的仆从，私产颇丰，但依然服从军令。

我在阿兹拉克耽搁了一整天，与努里和费萨尔共商军机。但乔伊斯临走前，将"蓝雾"（Blue Mist）汽车留给了我，因此我次日一早就赶上了队伍，那时他们正在吉安昆纳地区崎岖不平的草场上吃早饭。逃离水草贫瘠的阿兹拉克，骆驼们自然欢天喜地，放开胃口在草丛中大嚼起来。

乔伊斯传来了不好的消息。由于和爆破地点附近驻扎的阿拉伯人起了冲突，皮克未能顺利抵达铁路，现已归队。我们已经为捣毁安曼铁路预留了炸药，着实被这意外将了一军。我便放弃汽车改乘骆驼，携带一部分炸药先行。大部队则绕开西面难走的熔岩地带；而我、艾格利人和其他骑术精湛的人，走一条土匪常用的捷径，直插乌姆杰玛（Um el Jemal）废墟附近的开阔平原。

如何破坏安曼的铁路让我绞尽脑汁，不知道哪个方案才是又快又好的上策，而这片谜一般的废墟更加深了我的疑惑。这些罗马时期留下的边疆城市，乌姆杰玛、乌姆苏拉布（Um el Surab）、乌姆泰叶，似乎都是胡乱搭建的产物。这些建筑从古至今都饱受战火的摧残，与周遭环境格格不入，似乎是对其建造者愚钝的一种控诉；这种愚钝可谓是对人（罗马人）权的一种粗野宣告：罗马人理当千秋万代居住在自己的产业里。要在这样的荒蛮之地修筑意大利风格的建筑，唯有从乖顺的地方横征暴敛，更充分暴露了政治的反复无常、乏味愚蛮。前人炫耀功绩的房子纵使熬过了岁月的洗礼，这微不足道的荣耀也不值得夸耀。

乌姆杰玛看起来咄咄逼人，粗野狂放，而它远方的铁路依然完好无损，令人意气消沉，以至于我无心关注头顶的空战。墨菲正驾驶着布里斯托尔战斗机①（Bristol Fighter），和敌方一架双座飞机斗得难解难分。布里斯托尔战机受损严重，但最后敌机终于起火坠毁。我们的部队虽看得大呼过瘾，但墨菲发现机身遭遇重创，阿兹拉克能力有限，无法

---

① 英国布里斯托尔飞机公司在第一次世界大战期间制造的一种双翼双座战斗机，有时也充当侦察机。这种飞机于1916年首飞，在第一次世界大战期间得到广泛应用，第一次世界大战之后继续在很多国家的军队中服役，最终在20世纪30年代完全退役。

修复，只得第二天一早前往巴勒斯坦维修。这样一来，我们本就势单力薄的空中力量只剩下一架B.E.12，这老掉牙的机型早就被淘汰出空战，甚至无法执行侦察任务。但当时我们全部人马只顾着庆祝击落敌机，直到晚些时候才意识到这一点。

我们赶在日落前抵达乌姆泰叶。大部队落后我们五到六英里，于是我们待骆驼一喝足水，便即刻朝西面山下四英里远的铁路进发，打算进行一次快速爆破。借助暮色的掩护，我们一路走得很顺，更令我们高兴的是，这条路也便于装甲汽车通行，且正前方就有两座不错的桥梁。

这些发现使我决定暂时按兵不动，改日清晨带领装甲汽车和更多的炸药，再一举将那座大一些的四拱桥梁捣毁，让土耳其人好好忙上一阵子，我们则在对德拉发起首次突袭时不必担心有援军从安曼赶来；这样一来，也算了了皮克一桩未酬的夙愿。我们满心欢喜，顶着逐渐浓重的夜色返回，为装甲汽车勘测最佳的路线。

我们爬上最后一座山脊，乌姆泰叶就藏在这巍峨的分水岭后，与铁路彻底分隔开来。清新的东北风吹向我们的面庞，带着温暖的气息和千里之外的尘土味道；从山头远眺，三小时前我们停留的那些古迹废墟完全换了一个模样，我们不由得惊讶地勒马驻足。洼地里点点夜火初举，宛如节庆时分的灿烂灯河，火焰还在摇曳的烟雾中忽明忽暗。人们围聚在火边烤饼或者煮咖啡，另外一些人则赶着嘶鸣不休的骆驼来往于水边。

我骑向英军那黑黢黢的营地，与乔伊斯、温特顿和杨围坐，告诉他们明早的首要大事。英国士兵躺在我们身旁抽烟，听到这样的命令都默不作声，早已将生死置之度外。这是英国人一种典型的反应，就如同喧哗笑闹的阿拉伯人一样，这都是民族特性的体现。在危险面前，一个种族内敛,一个种族外放。

隔天一早,阳光刚驱走拂晓的寒意,队伍就开始用早餐,我们召集阿拉伯领袖们开会,告诉他们这条线路适于车辆作战;并决定由两部装甲汽车下山攻桥,而大部队则继续向大马士革铁路线上的泰尔阿拉尔进发。此地距德拉以北四英里远,明天,即9月17日清晨,他们要攻克那里的哨站,占领铁路,等待我们的装甲汽车完成爆破后前来会合。

大约在下午两点,我们正驱车前往铁路,一群我方的轰炸机整齐地飞向德拉,准备进行首次空袭。德拉到目前为止从未遭受过空袭,因此那里的守军既无防空知识,亦毫无防备,且没有防空武器,被炸得方寸大乱,损失惨重。敌人遭遇惨痛打击,士气和被炸毁的铁路一样,破碎得不成样子;直到发现我们的大军已从北面逼近时,他们还在忙着挖防空掩体。

我们的两辆后勤车和两辆装甲汽车一路颠簸,穿越过乱石岗中的簇簇草丛,终于来到山脊后方的目的地。桥南侧的高地上,矗立着一座石头碉堡。

我们将后勤车留下断后。我则携带一百五十磅装好引信的炸药,改乘其中一辆装甲汽车,打算直奔位于下方峡谷的桥梁,利用桥拱抵御来自碉堡的火力,成功设置并引爆炸药。这期间,另一辆装甲汽车则积极作战,向碉堡近距离射击,掩护我的行动。

两部车依计划同时出击。七八名土耳其守军发现我之后,惊惶地抓起来复枪爬出战壕,在没有任何掩蔽的情况下朝我们冲来:此举要么是慌不择路,要么就是吓昏了头,不然纯粹就是动物般无所畏惧的勇气。

几分钟后,另一辆车也加入了战斗。此时四名土耳其士兵来到桥边朝我们开火,在我们机枪手一波快速扫射下,一个人当场毙命,另一人中弹；剩下的二人刚拔腿跑了几步，才恍然大悟，只得乖乖回来投降。我们拿走了他们的来复枪，将他们押回山谷上方的后勤车处，驾驶员正在目不转睛地观战。这时，碉堡也被攻克了，五分钟内攻下桥梁和周边道路，且未有人员伤亡，令我们非常满意。

乔伊斯驾驶着自己满载炸药的后勤车下到桥梁处，和我忙活了一番，匆忙而高兴地将炸药设置完毕。这座桥长八十英尺，高十五英尺，桥头立有一尊闪亮的白色大理石纪念碑，镌刻着阿布德·哈米德苏丹的大名。我们在桥拱的排水孔里曲折地塞了六枚炸药，精确地将所有的桥拱炸碎。这次教科书般的爆破是绝佳的完美范例，桥的框架看似完好，实则摇摇欲坠，因此敌人在修复时还要多费一番工夫，先将桥身整个推倒，再着手重建。

爆破结束后，敌人的巡逻队已经逼近，我们必须撤离。基于搜集情报的考虑，我们将那几个俘虏也一并带走。但好景不长，由于我们太过得意，在经过第一条水道时，并未将车下一条裂隙放在眼里，后勤车重重颠簸了一下，车身朝一侧歪了下去，后轮因承受不了重量而抛锚了。

车子反向弹簧附近的底盘已经断裂，除了送去大修没有别的办法。此地距铁路仅三百码远，敌人十分钟就能赶来，眼看就要损失一辆车，我们绝望地面面相觑。在沙漠中，一辆劳斯莱斯可谓价值连城；尽管我们违背了设计者的初衷，将它驶离了平整的康庄大道，转而载运着沉重的物资和四五个乘客，不分昼夜在崎岖的荒野飞驰了十八个月之久，但这依然是我们车队九辆汽车中，第一个遭此大难的。

这些车辆能在如此恶劣环境下顺利行驶，多亏了我们得力能干、经验丰富的司机罗尔斯，但这位技艺娴熟的机械师此时也欲哭无泪。军官和士兵们，不管英国人、阿拉伯人还是土耳其人，全挤在他身边，焦急地盯着他。他虽然只是一个二等兵，但在这危急时刻，众人的生死都系在他的身上，不由得令他咬紧了腮帮，一脸肃杀。最后他说，只有一个办法，或许我们可以将弹簧断掉的那半截用千斤顶架起来，设法用楔子塞在车的踏脚板下进行固定，使其尽量维持在原来的位置。再用绳子捆绑拉紧，踏脚板这片薄薄的角铁或许还能承受这股额外的重量。

我们的每部车上都带有一截木条，以便在车辆陷入沙地或泥泞时用来垫轮胎。若有三根这样的木条，便足够撑起弹簧。我们没有锯子，只能用子弹打穿木条，然后再徒手折断。土耳其人听到枪声，犹疑地停止了前进，走在前面的乔伊斯也闻声返回，助我们一臂之力。我们将行李辎重都转移到他的车上，用千斤顶架起弹簧和底盘，塞入木楔，绑紧绳子，再放下千斤顶（车子和木楔子配合得天衣无缝），摇动引擎，一溜烟跑了起来。每当遇到石块和沟渠时，罗尔斯都小心翼翼地放慢速度，而我们全体成员，包括俘虏，都下车步行，一边高呼给他打气，一边帮助清理路面。

回到营地后，我们用缴获的电话线将楔子加固，使其紧紧地附着在底盘上，再将弹簧和底盘也绑了个结结实实，确定看起来足够牢固之后，再度用它来装载行李。脚踏板就在这样的负重下任劳任怨，照常运转了三个星期之久，并一直开进了大马士革。威哉罗尔斯，壮哉劳斯莱斯！一人一车，胜过沙漠中的千军万马！

由于修车耽搁了好几个小时，因此我们在乌姆泰叶留宿，只要在黎明前动身，便不会耽误明日在大马士革与努里·赛义德会师；而且我们还要告诉他，那座大桥已被炸毁，安曼铁路将会瘫痪长达一周。土耳其失去了这条增援德拉最迅捷的道路，我们已无后顾之忧。甚至连苦守阿巴利散的扎伊德也可以松一口气，因为在铁路修复之前，攻打他的土耳其军队只能滞留在塔菲列。我们的最后一役可谓开门见彩。

第一百零九章

我们按时于黎明前启程，跟随斯特林留下的车辙前行，迫切地想要赶在他们开战前与之会合。但遗憾的是，一路走得很不顺利。一开始就是一段陡峭的下坡路，接着是布满尖锐玄武岩的崎岖平原，我们只得硬着头皮缓慢挪行。随后我们又驶上刚开垦过的坡道，夏季早期的红色泥地龟裂处深达一码，宽足有两三英寸的大口子，将车轮死死卡住。五吨重的装甲汽车只能以一档低速行驶，也依然举步维艰。

上午八点左右，我们追上了阿拉伯大部队，他们已经在铁道近旁的山顶上布阵，准备攻击位于我们和塔勒阿拉尔高地之间的一座负责护桥的小堡垒，从塔勒阿拉尔的山头往下俯瞰，德拉的乡野尽收眼底。

特拉德率领鲁瓦拉族的骑手们沿长坡冲下山，穿越长满甘草的河床，杀向铁路。杨驾驶着福特车尾随其后。在山头观战的我们本以为可以不费一枪一弹就拿下此地，但就在众人紧张凝视之时，不知道何处有一座土耳其哨站突然猛烈开火，而我们那些一马当先的勇士，原本还威风凛凛地站在垂涎已久的铁道线上（正暗自盘算接下来要如何大展神威），瞬间一哄而散。

努里·赛义德立即将皮萨尼的火炮对准山下，轰了几发炮弹。鲁瓦拉骑士和其他将士重新发起冲锋，轻松占领了碉堡，仅有一人阵亡。也就是说，上午九点，大马士革铁路沿线南部十英里已尽在我们掌握。能控制巴勒斯坦至汉志的唯一铁道线，如此天赐幸运令我难以置信，曾对艾伦比许下的诺言实现得如此简单，又如此迅速。

阿拉伯人如激流般从山顶涌下，黑压压登上了塔勒阿拉尔的圆顶，俯瞰他们的平原，那一片镶着绿边的原野在若有似无的朝晖中，大部分仍沉浸在阴影里半梦半醒。德拉、梅泽里布和噶扎尔（Ghazale）这三座居于要冲的车站，仅凭肉眼皆清晰可辨。

但我看得比其他人还远一点：向北直望大马士革，这是土耳其的大本营、他们与君士坦丁堡和德国唯一的联络点，如今已被切断；南眺安曼、马安和麦地那，交通业已瘫痪；西边的利曼·冯·桑达斯（Liman Von Sandars）①在拿撒勒已陷于孤立；同时被切断的还有纳布卢斯，以及约旦河谷。今天，9月17日，这个实现诺言的日子，距艾伦比全力发起总攻还有四十八小时。土耳其应该会在这四十八小时内调整部署，以应对新出现的危机；但在艾伦比发动之前，他们不敢轻举妄动。巴塞罗缪曾说过："只要在我们动手前告诉我他是否抵达了奥贾（Auja）铁路，我就能告诉你此役的成败。"确实，艾伦比已在此地；赢已成定局。问题在于，我们能赢多少。

我希望能立即摧毁整条铁路，但攻势似乎已经停止。正规军的任务已经完成，努里·赛义德正在阿拉尔山头架设机枪，以防德拉方面的敌军突围。可是为什么没人进行爆破？我跑下山，发现皮克的埃及部队正在忙着吃早饭。这份闲心堪比当年玩儿草地保龄球的德雷克（Drake）②，令人叹为观止。

不过一小时后，他们已经再度整装出发，开展一系列的爆破；而法国的炮兵也已经带着火药下山，想要炸掉附近的一座桥梁。他们对此并

---

① 即奥托·维克托·卡尔·利曼·冯·桑德斯（Otto Viktor Karl Liman Von Sanders），1855年—1929年，德国将领，第一次世界大战期间担任奥斯曼土耳其帝国的顾问及军事将领，曾于1918年指挥奥斯曼土耳其军队参与了西奈和巴勒斯坦战役。
② 即弗朗西斯·德雷克爵士（Sir Francis Drake），1540年—1596年，英国伊丽莎白一世统治时期最著名的航海家、奴隶贩子、海盗。1588年，他率海军迎战西班牙无敌舰队之前，利用等待潮汐变化的时间，在普利茅斯港悠闲地玩儿草地保龄球。

不上道，但第二次尝试后也还是取得了一些效果。

趁海市蜃楼还未升起，我们以高倍望远镜从塔勒阿拉尔山头仔细查望，想要了解土耳其对我们近日的行动有何反应。第一个发现便令人不安。他们的机场上人头攒动，一架接一架的飞机被拖了出来，光我就数了八九架。除此之外，一切都尚在意料之中。几个步兵奔入阵地，大炮也开始朝我们轰鸣；但我们离他们足有四英里远呢。火车头开始冒出腾腾热气，但火车尚未武装完毕。我们身后通往大马士革的区域依然平静如画；右侧的梅泽里布也毫无动静。主动权在我们手中。

我们希望能进行六百次爆破，采用"郁金香"方式，使六公里长的铁轨陷于瘫痪。"郁金香"是皮克和我专门针对捣毁铁轨发明的爆破方式。每十公尺铁轨为一段，在每一段正中央的铁轨枕木下安置三十盎司火药。钢制的枕木呈空心盒状，被爆破膨胀的气体充满后，便会形成一个气囊，将中部枕木整个向上掀起。如果炸药埋置得恰到好处，金属不会断裂，而是在空中形成一个两英尺高的曲拱，状如花蕾一般。这股抬升的力量可以将铁轨拉高三英寸，轨道宽度拉近六英寸；加之轨座紧紧钳住了轨道底缘，整个轨道被剧烈地向内拉扯扭曲。这样严重的三倍变形使得铁轨无法修复，一次可以损坏三至五根枕木，将地基掘出一条深沟。达成这些效果只需要一发炸药，引信点火，引爆时间极快，至于第三枚导火索刚点着，第一枚便已炸开，碎片残渣漫天飞舞。

这样六百次爆破的威力，足以让土耳其人忙上一个星期。这大概才是对艾伦比"三个汉子并一个男孩带着枪"较为广义的解读。我返回大部队所在地时，两件事发生了。皮克进行了第一发爆破，黑烟如一株杨树，直插云霄，并没有发出太大的噪声；接着，土耳其的第一架飞机开始升空。努里·赛义德和我隐蔽在山的南麓，借助一块大石头背后极深的天然裂隙藏身。大家都静静等待着轰炸，但那只是一架前来侦察我们实力的法尔兹（Pfalz）侦察机，盘旋一阵之后便返回德拉报信去了。

这肯定不是好兆头，因为随后接连出现了三架双座战机，四架侦察机，外加一架腹部漆成黄色的老式信天翁飞机，围着我们头顶打转，有的投放炸弹，有的用机枪向我们俯冲扫射。努里将哈奇开斯机枪架在岩缝里，一阵还击。皮萨尼也竖起四门山炮的炮管，发射榴霰弹，给敌人造成了不小的威胁。在这样的干扰之下，敌人散开了包围圈，飞到高处躲避后再度折返，不知道该先应付哪个。

我们将大部队和骆驼分散，非正规军不用我们费心便已自行鸟兽散。要想在这片连兔子都无处藏身的旷野里保全性命，我们就得最大限度地分散，让敌人失去打击目标；看到数以千计的人马在山下四处奔逃，我们不禁忧心忡忡。站在山顶观望，占地两平方英里的大军骚乱翻腾，人畜醒目无助地到处溃散，还有炸弹那沉闷而散漫的浓烟（似乎安静得无法与爆炸的喧嚣声联系在一起），又或是机枪扫射在地面溅起飞扬的尘土，都给人一种奇异的感觉。

局面似乎已炸开了锅，不过埃及兵依然继续安置着炸药，就好像刚才吃早饭那样有条不紊。四个分队正在按"郁金香"模式挖坑，皮克则带领手下一名军官挨个将埋设完毕的炸药点着。"郁金香"方法只需用到两块火药，引爆时不会产生漫天烟火，因此上空的敌机似乎并未发现蹊跷，至少他们没有特别地集中轰炸爆破区域；而这支队伍就这样一路炸过去，逐渐地脱离了危险区域，进入了宁静的北方。我们沿着被摧毁的电报线路去找他们，未受到破坏的区域，电报线杆都还整齐地挺立着，将电报线绷得笔直；但在皮克身后，所有的东西都东倒西歪，一片狼藉。

努里·赛义德、乔伊斯和我召开了一次会议，讨论该如何挺进至巴勒斯坦铁路所经的耶尔穆克河区域，将大马士革和汉志铁路截断。根据情报中对当地敌军实力的描述，恐怕得倾尽全部兵力才能拿下这一仗，而在大量敌机严防死守的情况下，率领大队人马行军不是明智之举。只要来到空旷区域，敌人就能把我们炸个精光；其次，如果土耳其人鼓起勇气出城迎战，皮克的爆破部队休想迈出德拉一步。此时敌人尚畏缩不前，但随着时间的推移，也可能恢复军心。

就在我们犹豫不决时，问题居然不可思议地迎刃而解。因战机受损而返回维修的墨菲，将德拉敌军的飞机情况告诉了独自留守在阿兹拉克的B.E.12飞行员朱诺。朱诺便自告奋勇接替布里斯托尔战斗机飞行员，继续按原计划执行空中任务。因此，正当敌人铁桶般将我们困住时，他这个程咬金便突然杀了出来。

我们心情复杂地关注着战斗，因为他那架老掉牙的飞机令人绝望，在对方的侦察机和双座战斗机面前根本只能任人鱼肉；但他来得突然，趁对方措手不及之时，以两挺机枪猛烈扫射。敌人分散开来，仔细打量这个不速之客。朱诺向西飞过铁路，他们也紧追不舍，因为飞行员都有一个了不起的职业病，无论地面目标多么重要，也还是无法放弃空中的对手。

我们终于转危为安。努里抓紧这个机会集合了三百五十名正规军，带着皮萨尼的两门炮，催促他们火速骑往塔勒阿拉尔山后，展开第一阶段的行军，直至梅泽里布。只要飞机半小时之内不再来犯，便不大可能察觉我们军队人数的变化，也不会发现分散的人马正沿着各个山坡和洼地向西汇集。从空中俯瞰，开垦过的田地宛如一块块被褥，加之地面长满长长的玉米秆和高及驼鞍的蓟类植物，给我们提供了绝佳的隐蔽条件。

　　正规部队出发后，我们派农民游击队上路，一个半小时之后，我再召集自己的护卫队启程，希望能赶在其他人前面抵达梅泽里布，但此时敌机的声音再度响起；而且出乎我们意料的是，在敌机的三面夹击之下，朱诺也安然无恙地出现在枪林弹雨之中。他出神入化地驾驶着飞机翻滚盘旋，勇敢还击。虽然对方一时还未得手，但如此以寡敌众，只有死路一条。

　　我们抱着渺茫的一线希望，冲到铁路边一处碎石较少的空地上，希望他能平安着陆。随着朱诺越飞越低，所有人都在卖力地清理着地面。他向我们发出讯号，显示自己的燃油已经耗尽。我们狂乱地忙活了五分钟，接着向他打出了降落讯号。他刚朝空地俯冲过来，风向突然变了，对他迎头劲吹；而这条胡乱打扫出来的跑道无论怎么看都太窄了。朱诺着陆得相当完美，但怪风再度刮了起来，将起落架也吹歪了，整架飞机在乱石堆上翻了个底朝天。

　　我们冲过去营救他，但朱诺自己爬了出来，除了下巴割了条口子外毫发无伤。他将飞机上的刘易斯机枪和维克斯机枪，以及配套的大量曳光弹都搬了出来。这时土耳其的一架双座战机已经朝我们俯冲过来，并在飞机残骸附近投下一枚炸弹。我们赶紧把东西全丢到杨的福特车上，溜之大吉。

　　五分钟后，朱诺又主动请命。乔伊斯让他自己驾驶一辆福特车，他便豪气冲天地沿着铁道线飞驰到德拉附近，将那里的铁轨炸了一个大缺口后才被土耳其人发现。接二连三的挑衅弄得敌人发疯，对他一通乱射；而他也不甘示弱，在福特车内以牙还牙，并第三次安然无恙地虎口逃生。

第一百一十章

我的护卫排成长长的两列,在山坡上等候。乔伊斯和努里·赛义德的一百名手下、鲁瓦拉人、古卡人,以及汽车部队都留在塔勒阿拉尔,负责掩护前去摧毁巴勒斯坦铁路的队伍穿过荒野。我的部队看起来很像贝都因人,所以我决定正大光明地抄捷径前往梅泽里布,因为我们已经落后太久了。

不幸的是,我们还是引起了敌人的注意。一架飞机偷偷飞到我们头顶进行轰炸:一枚、两枚、三枚,都没打中;第四枚就落在队伍当中,我的两名下属应声摔倒,骆驼被炸得血肉模糊,躺在地上挣扎不起。幸而骑手并未受伤,即刻跳到队友骆驼上与之共骑。另一架引擎失灵的飞机越过我们头顶飞走了,接着又是两枚炸弹落地,吓得我的坐骑团团乱转,我也差点被震飞出座鞍,右肘传来一阵火辣辣的麻木。我感觉自己受了重伤,顿时呼天抢地哭了起来:不甘心眼看胜利在望,却要功亏一篑。鲜血顺着我的胳膊流淌,其实我要是不低头查看伤口,或许还能骗自己没事,继续上路。

我的骆驼被机枪打得东奔西窜。我紧紧抓住鞍头,才发觉自己原本以为被炸断的胳膊还能动弹。我用左手将斗篷甩到一侧,探触伤口——只摸到一小块滚烫的金属碎片,小到在穿透厚厚的斗篷褶皱之后,已无法再对肉体造成实质性伤害。我如此惊慌失措,可见当时精神已过度紧张。说来也怪,之前我从未在空袭中受过伤。

由于路况早已谙熟于心,我们拉开队伍大步前进,只在遇见年轻农人时才会停下来,告诉他们我们要前去攻打梅泽里布。田间小径上挤满了这样的小伙子,徒步从各个村子里跑来帮助我们。由于常年和精瘦黝黑的沙漠人口相处，这些心甘情愿的乡下男孩在我们看来都活泼热情，面颊红润，头发整齐地束在一起，手脚胖乎乎的，近乎女孩子气。为了便于劳作，他们将袍子卷到膝盖上，一些胆子更大的还会追随我们身旁奔过田野，跟我的手下背后开玩笑。

我们一抵达梅泽里布，德鲁兹·伊本·杜格米便赶来会见，告诉我们努里·赛义德的士兵就在我们后面两英里处。经历了漫长炎热的一天，且还有很多事情要做，我们便给骆驼喝水，自己也一番畅饮。此时，我们从古堡后方越过湖面远眺，对面法式风格的铁路车站里似乎有什么动静。

曾有几个白胖农家小伙子告诉我们，土耳其军队在大批集结。但这送到眼前的肥肉难以拒绝，我一天下来已经舟马劳顿，便托词说需要好好休息一下以待关键时刻上阵，且我的目标是大马士革，这样小菜一碟的任务便改由阿卜杜拉带领人马出击。他在车站发现了谷物和面粉，还有一点儿库存的武器、马匹和饰品。这让我的随从兴奋了起来，不停有人飞奔过草地加入打劫队伍，就好像苍蝇闻见了蜜；塔拉尔更是一如往常般健步如飞。我们涉过一条溪流，一起穿过对岸及膝高的草丛，直到离那座土耳其车站三百码远才停下。我们可以在炸毁塔勒谢哈布下方那座大桥之前，先攻克这里。塔拉尔冒失鲁莽地继续前进，土耳其人开始出现在左右两侧。"没事儿，"他说，"我认识车站站长。"但当我们走到车站前两百码处时，二十支来复枪齐齐对我们开火，响声震天。我们屁滚尿流退到蓟草丛中，蹑手蹑脚爬了回去，幸好无人受伤，塔拉尔一路咒骂个不停。

我的手下听到他在叫骂，便从河边赶来和我们会合；但我们担心车站里有机枪，便将他们遣了回去。努里·赛义德已按时抵达，同行的还有纳西尔,和我们一起研究对策。努里认为,如在梅泽里布有所耽搁,或许会错失攻打桥梁这个更大目标的机会。我表示同意,但觉得这煮熟的鸭子也是桩相当划算的买卖,因为皮克一路摧毁铁路主线,足以瘫痪交通一个星期,而这一个星期过后,局面又将发生变化。

于是皮萨尼高兴地架起大炮,朝车站没头没脑一通乱炸。在火炮的威力之下,还有二十挺机枪从我们头顶掩护,努里昂首阔步,戴着手套,披挂战刀,前去受降,生俘虏残敌四十余人。

数百名豪兰农民疯狂地腾空而起,扑向这油水丰厚的车站你争我夺。男女老少都奋不顾身,疯狗般见到东西就打成一团。门板和窗户、门框和窗框,甚至就连楼梯台阶都被撬得一干二净。一枚充满希望的炸弹正好命中保险柜,里面全是邮票。被炸开的还有一列停在旁轨上的长车厢,堆满了各式各样的货品。数以吨计的战利品被席卷一空,满地只余残骸碎片。

杨和我切断了电报线,这个车站是土耳其重要的联络网点和地方主交通站,准确地说,是巴勒斯坦驻军和家乡的主要联络枢纽。一想到在拿撒勒的利曼·冯·桑达斯因打不通电报而咬牙切齿,我们便乐得心花怒放。我们故意剪得很慢,带着隆重的仪式感。由于土耳其人缺乏主动性,所以打仗离不开"领导",而捣毁了电报线,他们就将变成群龙无首的乌合之众。剪完电报线后,我们又栽种起了"郁金香";种得不多,但也足够让他们头疼不已。就在忙活时,德拉飞来一架轻型飞机,沿着铁路线巡逻,被爆破的响声和浓烟吓了一跳,即刻飞了回去。稍后,另一架飞机又前来打探我们的动向。

在缴获的车皮中,有两列平板车厢塞满了送给德军的罐头。向来鄙视罐装和瓶装食物的阿拉伯人几乎将这些吃的都毁了;但我们还是抢救出一些汤瓶和肉罐，稍后努里·赛义德还给我们拿来了一些瓶装芦笋。他正好看见一个阿拉伯人得意扬扬打开一瓶，看了看里面装着的东西，便慌乱地对他尖叫："猪骨头！"吐着唾沫丢掉了，努里便赶紧将剩余的瓶子悉数塞到自己的鞍袋里。

车皮上载的都是巨大的汽油罐，后面拖着几车柴薪。众人扫荡完毕之后，我们在日落时将整座车站付之一炬，正规部队和部落骑手则沿着湖泊返回出水口旁茂密的草地上。

蜿蜒的车厢熊熊燃烧着，照亮了我们的晚宴。着火的木料光芒万丈，汽油猛烈的火舌和爆炸声直上云霄，蹿得比水塔还要高。我们让手下烤饼，吃饱喝足，好好休息一阵，再去夜袭西边三英里处的谢哈布大桥。我们本打算趁天黑时就动手，但最后还是觉得该先填饱肚子，结果又有一批客人到访——大概一半的豪兰群众看到了我们的营火，循声而来。

这些人都是我们的眼线，因此要好生招待。我的任务是接见每一个带来消息的人，要他知无不言，言无不尽，之后再将听来的千头万绪在头脑中重组成一幅完整的图像。只有综合考虑信息，才能做出明确的判断；但他们人多口杂，各执一词，逻辑混乱，东扯西聊，让我败下阵来。

不断有人从北方赶来，有的骑马，有的骑骆驼，有的徒步，摩肩接踵，数以百计，难掩满腔赤诚。他们都认为这一战后，天下将定，只要在此次夜袭中拿下德拉，官员开门献城，纳西尔便功德圆满。一旦我们入主德拉，接下来便是控制铁路车站的水源，当然这也是指日可待。但是，如果稍后土耳其人卷土重来，反复拉锯战之后，我们可能会再度被逐出城外，失去德拉和大马士革间这些平原居民的支持，而这些人正是我们夺取最后胜利必不可少的资源。这方面的利弊需要谨慎平衡，此前我们也早已做过论证，因此大家还是一致反对占领德拉，并不得不找出各种借口婉拒我们盟友的万丈豪情。

第一百一十一章

接待工作进展缓慢，临近尾声时，又来了一名新客人：塔拉谢哈布人的少年族长。他的村落是前往桥梁的门户。他向我们描述了地形特点，还有驻扎的大批敌军及其部署情况。如果他所言不虚，那么问题显然比我们想象的要严峻得多。我们对他的话颇为怀疑，因为他才过世的父亲一向对我们怀有敌意，而子承父业之后，态度突然转变，一心投效我们。尽管如此，谈话结束时，他提议一小时后将自己的一名朋友，也就是守军的一名指挥官带来见我们。我们让他回去找这名土耳其人，并让手下再等一小时，静观其变。

少年很快便领来一名亚美尼亚上尉。这名军官一见到我们，便竭尽全力地向我们痛陈自己政府的种种暴政，同时也显得紧张不安。我们费尽口舌，才让他知道我们已经了解了他的心意。他说自己手下的中尉和一些士官，都对土耳其政府忠心耿耿。他建议我们进军至村落近旁潜伏，仅派出三四名最强的战士躲在他的房内。他会挨个召唤下属前去见他，每进房一个，我们的伏兵就擒获一个。

这听起来简直就是冒险故事里的情节，得到了我们热烈的响应。现在是晚上九点，我们十一点便能准时包抄到村落外围，等待少年谢赫引导我们的精兵前往这位军官的居所。这两名叛军闻言满意地离去，而我们则将在累倒在骆驼身边呼呼大睡的属下叫醒。此时四周一片漆黑。

我的护卫着手准备炸桥所需的甘油炸药，我则在自己口袋里塞满雷管。纳西尔派人前往各个骆驼分队，通知行动事项，让他们各自上鞍，并确保骆驼保持安静，不要高声嘶鸣引来麻烦。于是大军忙活起来，组成长长的两列，沿着一条自山顶蜿蜒而下的灌溉沟渠，小心地走下陡峭曲折的山坡。如果此计是个圈套，那这光秃秃的山径便是死路一条：逼仄迂回，泥泞湿滑，左右两侧都无路可逃。因此我和纳西尔带着手下走在最前面，令他们眼观六路，耳听八方。我们前方便是瀑布，那怒号的水声再度让我想起与阿里·伊本·侯赛因从山谷另一侧攻打此桥，却落得铩羽而归的难忘夜晚。今夜除了更靠近目标之外，一切都如此雷同，使得流水的声音听来分外沉重。

我们如履薄冰，打着赤脚缓缓前行，悄无声息，全副武装的大军蛇形身后，全都屏息静气。他们也没有发出声音，因为骆驼夜行时向来安静，装备和座鞍也捆扎牢固，不会发出碰撞和摩擦声。一片寂静衬得黑夜益发浓重，山谷两侧飒飒低语的风声听起来也更加恐怖。河流的湿气迎面吹来，寒意袭人；这时拉海尔迅速从左边跳出来抓住我的胳膊，将从山谷中袅袅升起的一股白烟指给我看。

我们跑到山崖边向下窥视。由于山谷中弥漫着灰色的水雾，我们只能隐约看见这股苍白的烟气自雾层中盘旋而上。下方什么地方便是铁路，我们停下了脚步，唯恐此行有诈。我们三人一步步爬下湿滑的山腰，直至可以听见下方的响动。突然那股白烟转了方向，伴随着机车节流阀开启的喘息声消散在空中，稍后刹车吱嘎作响，引擎响了一阵后又再度安静下来。下方一定停着一列火车，确定这一点后，我们便加速向村子下方的山头前进。

我们在山颈处一字排开，等了五分钟、十分钟，难熬极了。月亮还没有出现，暗夜沉郁得仿佛凝固了一般，既没有狗吠声，也听不见哨兵巡逻的动静，连我们焦躁不安的人马都不敢轻举妄动。最后我们命令所有人悄悄下鞍，静坐在地上，想不明白这样耽搁是为哪般，土耳其部队为何如此戒备森严，山谷下方那列静候的火车又是在搞什么名堂。吸饱了水汽的羊毛斗篷变得僵硬而沉重，令人浑身战栗。

过了许久之后，黑暗中出现一个亮点。那个少年谢赫揭开自己的褐色斗篷，亮出里面旗帜般的白色衬衫向我们走来。他低声告诉我们计划失败了。一名德国上校，以及德国和土耳其驻扎在阿弗列赫的后备部队刚乘火车（就是峡谷中停着的那列）抵达此处，他们都是利曼·冯·桑达斯派来支援人心惶惶的德拉的。

那名亚美尼亚军官因擅离职守而被关押。车站上机枪林立，哨兵则频繁地在周边道路上巡逻。实际上，离我们不到一百码远的路上就有重兵把守，双方近在咫尺却毫不知情，这样难得一遇的事令我哑然失笑。

努里·赛义德提议全力出击，强攻此地。我们有足够的炮弹和照明弹，而且人多势众，有备而来，胜算很大。这的确是个好机会，但我衡量的却是拿下这目标产生的伤亡是否值当，而通常这样的代价都过于昂贵。当然，战争中的大部分行为都会付出昂贵的代价，而我们应当追随那些勇于付出的优秀榜样，将其贯彻到底。但内心深处，我还是认为原来的进军计划更为重要，便向努里表示反对。今日我们已经两度截断大马士革至巴勒斯坦的铁路；而阿弗列赫抽调军力来此，更是正中艾伦比下怀。我们的表现已经足够，无需再节外生枝。

努里考虑了一阵后终于同意了。我们向那位一心想要帮助我们的少年道别，返回到大队中，一路低声告诉他们悄悄撤退。然后我们一队人握着来复枪［我那支刻着金色铭文的李恩菲尔德（Lee-En-Field）来复枪是达达尼尔战役的战利品,是恩维尔几年前赠送给费萨尔的]断后,掩护大部队撤回安全地点。

说来也怪,撤退反而成了今晚最艰巨的一刻。任务已经结束,我们却按捺不住要将那些破坏我们好事的德国人教训一番的冲动。捣毁他们的营地易如反掌,而这些看似凛然不可侵犯的德国佬到时候便会猴子般手忙脚乱,只能朝雾气迷蒙的山坡上胡乱开枪。纳西尔、努里和我都不约而同萌生了这样的想法,然后又各自因为这样孩子气的念头而羞愧,互相提醒不要忘了肩负着更大的重任。午夜过后,我们抵达了梅泽里布,就这样平白错失攻桥的良机,胸中实在愤懑难平。于是我组织手下两队人马,在塔拉尔手下的指引下,越过谢哈布地区,在无人值守的后方荒野捣毁了两处铁轨。爆破的回声四下震荡,令车站的德军风声鹤唳,一夜无眠。他们点起火把搜寻周边区域,以防有人突袭。

看到他们如我们一样忙了整夜,却无功而返,令我们快活了一些,这样一来,他们白天必定会无精打采。前来投效的盟友依然络绎不绝,亲热地吻着我们的手,宣誓效忠。他们骑着瘦削结实的小马在雾蒙蒙的营区内排成一列,穿梭于数百名沉睡的士兵和心神不宁的骆驼之间。这些牲畜整夜都在忙着反刍白天吃下的野草。

皮萨尼的另一门大炮和努里·赛义德的其余人马于拂晓前自塔勒阿拉尔赶来。我们写信给乔伊斯,告诉他我们明天便会向南折返,取道尼斯比,完成环绕德拉一圈的任务。我建议他直接返回乌姆泰叶等我们,因为那里水源充沛,牧草肥美,且位于德拉、德鲁兹山脉和鲁瓦拉沙漠之间的中点,应当是个扎营待命,静候艾伦比捷报的好地方。驻守在乌姆泰叶,便意味着截断了驻扎于约旦后方的土耳其第四集团军(我们的特别目标)前往大马士革的通道;而且一旦敌人将受损的铁路修复完毕，我们还可以就近立即重新进行破坏。

第一百一十二章

我们强打精神开展这一天的行动，召集人马歪歪倒倒地向梅泽里布车站走去。我们放的火已经烧尽，只余凌乱废墟。杨和我随意地安放着"郁金香"，队伍则在松软的路面上跌跌绊绊前往雷姆哲，尽量远离德拉和谢哈布地区。土耳其飞机在上空嗡嗡作响，寻找我们的下落，因此我们让农民队伍穿越梅泽里布地区返回各自的村落。这样一来，敌军飞行员汇报称我们的兵力声势浩大，或有八九千人之众，且似乎正在向四面八方扩散。

为了进一步迷惑他们，法国炮兵耍了一个长引信的花招，在我们离去数小时后将梅泽里布的水塔炸毁。此时谢哈布的德军正出发前往德拉，这一声没头没脑的惊雷着实把这些呆头鹅吓得立即撤了回去，直到下午才敢出来。

这时我们早已远走高飞，匀速向尼斯比推进，在下午四点左右抵达当地的山头。我们让乘骡步兵稍事休息，炮兵和机枪手则马不停蹄前往第一座山脊备战，车站便位于山脊下方的一片空旷之中。

我们将大炮隐蔽妥当后，便要求他们准确地打击两千码外的车站建筑。皮萨尼的部下互相较劲比赛，因此没多久，车站的屋顶棚架便已经千疮百孔。机枪手在炮轰期间已经推进到左侧前方，朝战壕内一阵猛射，引发了对手的顽强反击。但我们的部队有天然屏障作为掩护，且背对下午明晃晃的日头，视线极佳，因此并无伤亡。当然，敌人也没有。这一切不过是虚张声势，我们并不想要这座车站，村子北面的大桥才是真正的目标。我们所在的这座山脊呈长角状一直延伸到此桥，俨然一道天然堤坝，两侧分别立着村子和大桥。土耳其人设了一座小碉堡守卫大桥，另外还有一些配备来复枪的士兵驻扎在村子里，以备换防和支援。

我们将皮萨尼的两门火炮和六挺机枪，对准那座虽小但战壕很深的桥头碉堡，希望能用火力将里面的士兵逼出来；另外还布置了五挺机枪朝村子里扫射。十五分钟后，村子里的长老们都惊慌失措地跑来找我们，努里和他们达成了停火协议，条件是即刻将驻扎在村民家中的土耳其人赶走。他们满口答应，这样一来，车站和村子里的敌人就无法联手攻击我们了。

我们向两侧都加大了火力，四面交锋打得热闹非凡，亏得我们有二十五挺机枪，土耳其方面也旗鼓相当。最后我们将皮萨尼的全部四门大炮都调来对付碉堡，一阵轰鸣之后，守军们纷纷从炸毁的战壕里爬出来，穿过大桥溜至铁路的基堤背后藏身。

这座路基有二十英尺高，如果敌人想在此负隅顽抗，守住大桥，那我们必会付出惨重的代价。但我们推测他们肯定会朝车站内逃窜，便令一半的护卫带着炸药，沿着我们架设机枪的山脊向前，推进至碉堡前咫尺之地。

这是个美丽的夜晚，金黄的晚霞柔光万缕，照得一切无与伦比的安静祥和；将我们的炮火衬托得更加耀眼。逐渐消逝的天光斜挂在山岭，温柔地将一切模糊到只剩隐隐约约的轮廓。接着，太阳沉了下去，地平面被阴影覆盖，黑暗尚未完全吞没世界的罅隙里，满地燧石朝西的切面全都折射出夺目的冷光；如同火海中的黑色钻石。

我的手下似乎认为这不是个送死的好时候，因此第一次犹豫起来，不愿顶着敌人的子弹冲出掩护去冒险。他们很累了，骆驼也达到了极限；更何况他们很清楚，只要有一颗子弹击中甘油炸药，他们就全会被送上西天。

我使出了激将法，但并未奏效；最后我只好丢下他们，从队伍里挑出最年轻羞涩的赫梅德，让他和我一道登上山顶。他如临噩梦般浑身发抖，但还是安静地服从了命令，和我骑到山岭最远端仔细勘察桥梁的情况。

努里·赛义德就在那里，一边吸着石楠根制的烟斗，一边给炮兵鼓劲儿。炮火没有片刻停歇，桥梁、村落和车站之间的道路都已经被炸成焦土。努里兴高采烈地提议将攻桥改为攻打车站，但我却不想这么做。我们就这么站在山头，冒着纷飞的炮火理论了十分钟，子弹有的飞过我们头顶，有的和我们擦肩而过，或者像行动迟缓但怒气满腔的大蜜蜂，在我们耳旁嗡嗡舞动，吓得赫梅德在座鞍上缩成一团。有几枚子弹正中燧石，发出刺耳的声响，飞溅的碎片扬起一阵烟尘，在光线的照耀下形成了一片透明的纱幕。

努里还是同意竭尽全力掩护我朝大桥挺进。我便打发赫梅德骑我的骆驼返回后方，告诉其余的手下，如果再不跟着他穿越危险区域前来见我，那下场将比挨子弹还要惨，因为我一定要搞清楚碉堡是否已完全弃守了。

就在他们依然畏首畏尾之际，铁面无情、眼光非凡、勇敢无畏的阿卜杜拉和扎吉到了。听说这些人胆敢违逆我的命令后，他俩怒发冲冠地冲向这群懦夫，将他们逼过山肩，结果也只有六人被子弹擦伤而已。碉堡确实已人去楼空，我们便下马，向努里发出停火的信号。四下一片死寂，我们高度戒备地走过大桥，发现所有敌人都已经撤退了。

我们匆忙将炸药堆在约五英尺厚，二十五英尺高的桥墩下。这牢固的建筑是我炸毁的第七十九座桥梁，也是最具有关键战略意义的一座，因为我们即将在桥对面的乌姆泰叶地区活动，直至艾伦比大军前来接应。所以，我决定将其炸得片瓦不留。

努里催促着步兵、炮手和机枪手抓紧这段时间，在夜色的掩护下越过铁路线，并命令他们在深入沙漠一英里处集结，等待我们完成爆破后赶去会合。

但庞大的骆驼队伍想要跨越铁路，得花上很长时间。我们握着火柴，焦躁不安地坐在桥下等候，一旦有任何动静（无论队伍是否全部通过），就得立即将大桥引爆。所幸一切顺利，一小时后努里给出了信号，半分钟后（我最喜欢用六英寸长的导火索！），我刚连滚带爬地冲进土耳其的碉堡里，八百磅炸药冲天而起，稀里哗啦的碎石在漆黑的夜空中漫天抛撒。我离爆破点仅有二十码远，耳朵顿时失去了知觉，大概在通往大马士革的半路上都能听得见这巨响。

努里呼天抢地地找到我。他在给出"全员通过"的信号后，才发现少了有一个连的乘骡步兵。好在我那些贪生怕死的护卫队急于挣回表现，便在塔拉尔·哈雷丁的带领下登上山坡四下查看，努里和我则站在炸出的大窟窿边打着手电筒，以便引导他们返回。

半小时后，马哈茂德不可一世地领着走丢的的队伍回来了。我们对空鸣枪，将其他搜寻人员召回，一起骑行了两三英里，进入通往乌姆泰叶的开阔地带。前方将是一段崎岖的道路，冰碛地表上满是散碎滑溜的玄武岩，我们便乐得歇息，和士兵们围在一起倒头大睡。

第一百一十三章

可是纳西尔和我似乎已经与黑甜乡无缘。随着尼斯比爆破的巨响，我们已威名远播,如同在梅泽里布放的那场火一般,越烧越猛,呈燎原之势。我们刚躺下,访客便从三个不同的地区纷至沓来,找我们了解最新的局势。流言称我们只是四处打劫,并不想守住攻克的据点,稍后便会撒手离去,就如同当年英军撤出索尔特一样,任由昔日的当地盟友沦入敌人报复的魔掌。

当晚不停地涌来新访客,围在我们营地周围,用农民特有的请命方式,失魂落魄地哀号着;捧着我们的手啜泣,坚称我们是他们至高无上的主人,他们是我们最谦恭卑微的仆人。可能我们接待的礼数已不如往常那般周全,而他们的报复方式便是喋喋不休地纠缠,让累得半死的你无法睡觉,只能咬牙挺住。我们已经奔劳了三天三夜,思考、下令、执行;而现在,好不容易第四个晚上有半路休息的机会,还要白白浪费在无精打采地敷衍应酬上,实在苦不堪言。

我们越发察觉到他们的意志消沉,纳西尔终于忍不住将我拉到一旁耳语,称他们如此怨声载道,定是有人居间煽动挑唆。我派出护卫队中农民出身的人,混入村子里打听消息;从他们的回报来看,这样的人心惶惶,大概是由于乔伊斯昨日带领装甲汽车队返回途中,首次驻扎在太伊贝(Taiyibe),期间不知道出于什么原因,使得居民们产生了恐慌,认为我们要将他们抛给卷土重来的土耳其人,自己逃之夭夭。

我召来阿齐兹,与他一道穿越崎岖复杂、堆满乱石的熔岩区,直奔太伊贝。当时那些煽动居民的长老正围聚在族长的小屋中密谋,我们突然闯进门时,他们正在讨论该由谁前去向土耳其求饶。他们原以为做得神不知鬼不觉,看见我单刀赴会,尴尬地不知道该如何是好。我们天南海北不着调地闲扯了一个小时,问问农作物和耕田的价格,又喝了一阵子咖啡,然后起身告辞。我们走后,他们又七嘴八舌地商议起来,但这些骑墙派此时似乎已经站在了我们一边，并未向敌人透露半句口风；尽管第二天他们的村子因为临时变卦而遭到了土耳其人的炮轰，也依然坚持与我们同谋，不为所动。

我们返回时天还没有亮，便躺下睡觉，这时铁道方向传来一声巨响，同时一枚炮弹在我们睡觉处的后方炸了开来。土耳其人出动了一列架着野战炮的装甲火车，我已经困得发狂，宁愿冒险待在原地睡觉；但大部队已经睡了六个小时，开始整装出发了。

我们仓促地穿过那段可怕的熔岩区，一架飞机出现了，在我们头顶盘旋，以协助炮手校正着弹点。接着，炮弹准确地落到队伍中来，我们走到哪里，就跟到哪里。我们将速度加快了一倍，并命令队伍四下散开。那架在空中指引目标的飞机突然抖了一下，转弯朝铁路飞去，仿佛已经降落了。这时又有一发更为幸运的炮弹命中，炸死两匹骆驼；之后便失去了准头，在敌军盲目地丢了五十枚炮弹后，我们终于脱离了险境，全力奔向太伊贝，打算以牙还牙。

炮声也惊动了驻守在乌姆泰叶的乔伊斯，赶紧跑出来迎接我们。豪兰各个村落和部族的代表聚集在他高大的身后，以五花八门的方式表示效忠，无论实际表现如何，嘴上至少也得拍几句马屁。我径自去找乔伊斯和温特顿，将这些人打发给纳西尔应付，恶心得他想吐。我汇报了飞机着陆的事，并建议出动装甲汽车，在自己家门前打他们一个落花流水。就在这时，空中又出现两架敌机，并在第一架飞机相同的位置着陆了。

不过此时早饭已经就绪，我们有好一阵子没好好吃过早饭了，便坐下来就餐。乔伊斯一边吃一边讲述自己途经太伊贝时，当地居民是如何朝他开火的，可能是抗议他这么个异乡佬跑来捅了土耳其人的马蜂窝后却要拍屁股走人，留下他们收拾残局。

吃完早饭，我们开始征集一部装甲汽车，志愿前去打探敌人飞机的下落。所有人都竞相请命，踌躇满志，令我哽咽得说不出话来。最后乔伊斯挑了两部汽车——朱诺和我各乘一部——前往五英里外的山谷，那些飞机降落的位置似乎就在谷口。

我们驾驶着汽车悄然前进。在距离铁路约两千码处，山岭开始逐渐平缓，展开成一处平坦的草场，三架飞机就停在草场的另一端。我们大喜过望，加速冲将过去，却被一道大河沟挡住了去路，平直的河堤满是龟裂，完全无法通行。

我们发疯般沿着河堤的对角线狂奔，直到距飞机仅一千两百码。我们刚停车，两架飞机便开动了。我们立即猛冲，并朝他们开火，但他们已经将我们抛在后面，升空后还在我们头顶盘旋轰鸣了一阵，以示嘲笑。

随着我们逐渐接近，第三架飞机急得团团转，飞行员和观察员拼命地转动螺旋桨，想要飞起来。最后实在抵挡不住我们雨点般的子弹，飞机一头扎进了铁路旁的保护渠里。我们一共朝机身发射了一千五百发子弹（敌人不得不在下午将其焚烧），然后返回营地。

倒霉的是，返程途中那两架逃脱的飞机已抵达德拉，再咬牙切齿地回来找我们算账。其中一个驾驶员是个笨蛋，在高空投下四枚炸弹，落地点偏到了爪哇国。另一架飞机则低空盘旋，每次投弹都经过仔细观察。弹着点越来越近，我们毫无还手之力，只得在石堆间缓慢穿行，仿佛罐头里坐以待毙的沙丁鱼。其中一枚炸弹飞溅的碎弹片打穿了车身，幸好只擦伤了我们的膝盖。另一枚则击碎了一个前轮，差点儿将整辆汽车掀翻。

我们在四面楚歌中孤军奋战，终究还是平安返回了乌姆泰叶，将击毁一架飞机的好消息告诉了乔伊斯。土耳其人已经知道，他们的这个停机场已经被我们发现，无法继续使用；且德拉也将遭到我们装甲汽车同样的威胁。稍后我躺在一辆车的阴影里睡着了，就算整个沙漠的阿拉伯人找来，或是敌人飞机的轰炸都无法打断我的美梦。在执行任务时，人们通常会高度亢奋，忘却了疲劳；但今天的第一回合战斗已经圆满结束，是时候好好休息一下，放空脑子，准备应付下一次行动。我一如往常，倒下便一觉睡到下午。

从战略角度出发，我们的任务是控制乌姆泰叶，由此掌控通往德拉的三条铁路。如果我们能再坚守上一周，即便艾伦比没有进展，我们依然能够牵制土军的行动。但从战术上而言，乌姆泰叶危机四伏，仅靠正规军队驻扎，而没有游击队在外围协防，完全无法守住。再加上如今空袭不断，没有空军的支援，我们的实力将会逐渐被削弱。

土耳其人至少有九架飞机，我们的营地就位于敌人机场十二英里外的开阔沙漠中，靠近唯一的水源地，是周边骆驼和马匹的重要放牧区域。土耳其人刚才的轰炸，足以让充当我们耳目的非正规军产生动摇，过不了多久便会解散还乡，届时我们将一无所有。太伊贝也是同样的情况，作为抵御德拉方面第一道防线的村子，如今也在轮番轰炸下自身难保。如果我们想在乌姆泰叶站稳脚跟，就必须设法安抚太伊贝。

很显然，要求艾伦比派飞机增援已成为我们的当务之急，他之前已经安排好一架新飞机于后天前往阿兹拉克。我认为自己如果亲自前去游说，或许能争取到更多支持，然后在22日返回营地。乌姆泰叶尚可撑过这段时间，因为我们为了迷惑敌机的侦察，经常迁至一座古罗马时代便形成的村落，乌姆苏拉布（Um el Surab）躲避。

无论是在乌姆泰叶还是在乌姆苏拉布，掌握主动权是确保安全的关键。由于农民信心动摇，德拉方面已暂时无法开展行动，只能从汉志铁路上下功夫。一百四十九公里处的桥梁差不多已修复完毕，我们必须再次将其摧毁，同时破坏南边的另一座桥，截断抢修火车的道路。根据温特顿昨天的勘察，攻克第一座桥需要足够的人马和弹药。第二座桥则应突袭拿下。我便去和护卫队讨论，看看是否可以在我们前往阿兹拉克途中将其炸毁。

但队伍里情况不大对劲。护卫们全都红着眼，畏首畏尾，抖如筛糠。最后我才得知，早上我离开后，扎吉、阿卜杜拉和其他族长将他们毒打了一顿，作为对在尼斯比违抗命令的惩罚。他们有权这样做，因为在塔菲列起，我就将纪律管教的权利下放至连队；但他们现在浑身是伤，已无法执行任务。他们因为贪生怕死招致了惩罚，但高压手段会进一步煽动队伍中个性较为叛逆的人，且周围目睹用刑的人也会因此愤愤不平，从而心生反意。如果当晚和我一起执行任务，很可能因余愤难平而意气用事，从而将我、他们自己，甚至是敌人推入万劫不复的境地。

因此，我向乔伊斯建议改派埃及部队和古卡人返回亚喀巴，并另外要求他给我一辆装甲汽车，跟随他们前往途中第一站，铁路，看看能做点什么。我们去找纳西尔和努里·赛义德，告诉他们我将于22日和战机一起返回，这样我们就能有空中侦察和作战的力量了。同时我们要给予太伊贝金钱补偿，弥补土耳其人轰炸给他们带来的损失，安抚他们的情绪；乔伊斯负责在乌姆泰叶和乌姆苏拉布准备好机场，以便我们的飞机降落。

当晚的爆破工作简直一塌糊涂。我们在日落时出发，抵达一处开阔的山谷，离铁路仅三英里远。马夫拉克车站可能会对我们造成危险，我的装甲汽车和朱诺驾驶的福特车将负责警戒那个方向，以防敌袭。埃及部队则直接前往铁路执行爆破。

我失去了方向，在迷宫般的山谷里转了三个小时，依然没有抵达铁路，也看不见埃及部队的踪影，也无法返回出发点。最后我们看见一点儿亮光，便直奔而去，发现自己就在马夫拉克车站的前方。我们赶紧返回，寻找地方隐蔽，听见车站北部传出一阵引擎的咣啷声。我们跟着那断断续续的白烟行驶，希望能在火车通过大桥之前赶超过去；但我们还没追上火车，远方就腾起了火光和巨响：皮克已经将三十份炸药引爆了。

一些骑兵从我们身边狂奔而过，向南冲去。我们朝他们开火，接着那列巡逻的火车也掉转方向，以最快的速度往回撤。我们和火车并肩飞驰，用维克斯机枪扫射，朱诺的刘易斯机枪打出一串绿色的曳光弹，划破了黑夜。枪声刺耳，机车长啸，我们依然能听见土耳其人被这亮光吓得高声号叫。他们胡乱展开了还击，我的装甲汽车打了个喷嚏，顿时停住不动了。我们车队的所有车辆中，唯有我这辆油箱尾部没有覆盖装甲，正好被一枚子弹打穿。我们花了一小时才解决了漏油问题。

接着，我们再沿着已恢复平静的铁路来到被炸毁的轨道和涵洞处，但没有发现任何战友。于是我们往回开了一英里，并扎营留宿，在天亮前我总算好好睡了三小时。一觉醒来精神倍觉饱满，也辨认出了方向。或许正是因为连续五天没有睡觉，导致我失魂落魄迷了路。我们全速前进，赶上了埃及部队和古卡人，并在午后抵达了阿兹拉克。费萨尔和努里·夏兰正急切地等待我们的消息。向他们详细说明局势后，我便前往临时搭建的野战医院去找马歇尔。所有的伤员都得到了他悉心地照料，但伤病人数远远低于他的预计，因此还能空出一副担架给我睡觉。

天刚亮，乔伊斯意外地出现了。他决定利用这段时间，前往阿巴利散协助扎伊德和贾法尔对抗马安，并进一步加强霍恩比在本尼沙克赫人中的影响。这时，巴勒斯坦派来的飞机抵达，带来了艾伦比连获大捷的喜讯，令人惊喜万分。他势如破竹，打得土耳其人节节败退，溃不成军。战局已经扭转，我们赶紧将消息传给费萨尔，并建议他抓住这个大好时机，发起全面反击。一小时后，我平安抵达巴勒斯坦。

空军让我驾驶一辆车从拉姆列赫开至总部，而艾伦比大人面不改色地坐在办公桌前，唯有博尔斯每隔十五分钟前来回奏捷报的时候，眼中才会绽出异彩。艾伦比在发兵前就稳操胜算，这些捷报几乎都在意料之中；但从科学上来说，身为一名将军，无论怎样精心谋划，都不能保证自己错综复杂的策略在瞬息万变的战场上能万无一失，更无法掩饰战术生效后内心的窃喜；尤其是采用如此离经叛道的作战方式取胜，更进一步证明了自己高瞻远瞩和独辟蹊径；还要打破兵书的条条框框，使后勤管理与前线完美衔接；还要综合运用自己手中精神、物质、军事和政治上的资源，倾其所有地提供支持。

他向我简述了下一步行动。拿下具有历史意义的巴勒斯坦，被击破的土军退守山中，希望能增大我们追击的难度。这全是妄想！巴塞罗缪和埃文斯已准备再展开三路攻势：一路由柴特尔（Chaytor）领导的新西兰兵越过约旦直抵马安；一路由巴罗的印度军队自约旦杀往德拉；肖维尔的澳大利亚士兵从另一路穿过约旦前往库奈特拉。柴特尔将会驻守马安，巴罗和肖维尔在攻克第一个目标后，继续攻打大马士革。我们则需要协助这三路人马作战，在与他们会师之前，不得擅自进军大马士革。

我一一陈述了自己的看法，以及由于缺乏空中优势导致的困境。他听完后按了一下铃，几分钟后萨蒙德和伯顿（Borton）便前来和我们共商对策。他们的飞机是艾伦比的重要作战力量（因为这位大将无论指挥步兵、骑兵、空军、海军还是装甲汽车部队，或是运用欺敌战术和游击战术，全都得心应手），而且都圆满完成了任务。如今天上已没有土耳其飞机——当然我们那边除外，我赶紧补充。萨蒙德称这样更好，他们可以派两架布里斯托尔战机前往乌姆泰叶供我们差遣。你们有零配件吗？汽油呢？一滴也没有？那飞机咋送过去？只能自己飞过去？一支自给自足的航空作战单位？那是什么东西！

尽管如此，萨蒙德和伯顿都是勇于尝试的人。他们设法让D.H.9和亨德里—佩奇运送物资，艾伦比则微笑着坐在一旁静听，深信问题终能解决。他和空军向来广开思路，所以配合无间，机动灵活，能确保沟通的充分和迅速。土耳其军队在撤退途中，被皇家空军打得抱头鼠窜，电话和电报线路也被炸毁，补给车队受困，步兵队伍更是七零八落。

两位空军主管转向我，询问我们是否有理想的降落场地，以供满载物资的亨德里—佩奇飞机（Handley-Page）①降落。我曾在机库里一睹这架庞然大物的尊容，虽然毫不犹豫地回答"有"，但也建议明天最好派个专家和我一道，乘布里斯托尔飞机前去现场确认一下。专家应当可以在午时返回，不耽误亨德里飞机于下午三点出发。萨蒙德站起身道："那没问题，长官，我们会竭尽全力。"我便离去用早饭。

艾伦比的总部环境优美：凉爽、通风、窗明几净，没有苍蝇，和风在屋外的树林里穿梭，弹奏着悦耳的曲子。坐在铺着一尘不染台布的餐桌前喝着咖啡，身旁还有勤务兵伺候，令我倍感罪恶，因为前方的战士们在乌姆泰叶只能如蜥蜴般栖身在石缝里，啃死面饼充饥，等待着下一

---

① 由亨德里·佩奇有限公司在第一次世界大战期间设计生产的双引擎双翼重型轰炸机。这种飞机是英国当时最大的飞机，也是当时世界上最大的飞机之一。英国派遣了两架这种飞机前往中东地区执行任务。

轮的轰炸。阳光照亮空气中的微尘，穿透枝叶间的缝隙，在地面筛出斑驳的光点，令我烦躁不安；因为久居于严峻荒凉的沙漠中，花花草草看起来格外突兀，生机勃勃的田野更是显得脑满肠肥，庸俗不堪。

但克莱顿、迪兹和道内，以及空军的参谋们都对我非常友善；而总司令的活力和勇气更令人如沐春风，一洗我长期的疲劳和积郁。巴塞罗缪在地图上指指点点，向大家阐明即将开展的行动。我补充了自己对敌情的了解，因为我便是他手下最出色的情报官；而纵观大局，无论我们在那弹丸之地进展如何，都已胜券在握。然而，我还是觉得阿拉伯人手中握有一个选择权，可以将这场胜利改写成为另一场胜利，又或者，再铤而走险一次，将一切盖棺论定。我这么说，并不是因为他们真的有所选择；但当一个人的肉体和心灵都如我般千疮百孔，便会本能地寻找避险之道。

第一百一十四章

黎明前，两架布里斯托尔飞机和一架D.H.9飞机已经在澳大利亚部队的机场上准备就绪。我的老战友罗斯·史密斯被挑选出来驾驶全新的亨德里—佩奇，这样的新型飞机全埃及独一架，是萨蒙德的心头肉。他愿意将自己的宝贝借给我们低空穿越敌军防线，仅为完成行李运输这样的低级任务，可谓用心良苦。

我们一小时后便抵达乌姆泰叶，发现大军已经转移；我于是带领飞机转向乌姆苏拉布。队伍就在此地，车队在外围形成防御圈，阿拉伯人听见头顶引擎大作，一时不知是敌是友，正在四散躲藏；聪明的骆驼们在草场上散开，大快朵颐。杨看清了我们飞机上的标志，立即打出着陆信号，并在他与努里·赛义德清扫出来的停机场上释放了一枚烟雾弹。

罗斯·史密斯一着陆就急着丈量这片空地的面积，考虑如何改善缺陷；车队司机正在张罗早饭时，他面带喜色地前来加入我们，称这片场地可以满足亨德里—佩奇飞机的降落要求。杨告诉我们，老营地昨天和前天都遭遇了猛烈的空袭，炸死了一些正规军和皮萨尼的几名炮手，令每个人都惶惶不可终日，因此大家连夜转移至乌姆苏拉布，只有中午和晚上才去乌姆泰叶汲水，但白痴的土耳其人还在继续轰炸那里。

我还听温特顿讲述炸铁路的故事：在某个晚上发生了一件好笑的事，他遇上一个不认识的士兵，用蹩脚的阿拉伯语向他解释自己的进展如何如何顺利。这名士兵感谢了主的仁慈，然后消失在黑暗中；过了片刻，机关枪开始从左右两侧向他们扫射！不过此时温特顿已经完成了爆破任务，因此安然无恙地全身而退。纳西尔也来见我们，汇报人员伤亡情况，并称部落人马都已经整顿完毕，有的要前来加入我们，有的则已经打道回府——当然都是传言。阿拉伯人看到三架飞机闪亮登场，已恢复了信心，连声称颂英国的同时，不忘对自己的勇气和坚韧大加赞扬。我也同时告诉他们，艾伦比已取得了史诗般的胜利——纳布卢斯、阿弗列赫、贝散（Beisan）、塞马克（Semakh）和海法皆成为囊中之物。听众热血沸腾，塔拉尔更是按捺不住，激昂陈词；鲁瓦拉人也吵着要立即进军大马士革。甚至连我那些刚挨过扎吉毒打的护卫们，也眨巴着蒙眬的双眼，强打精神，忘记了浑身伤痛，开心地在众人面前吹嘘起来。整个营地斗志昂扬，信心百倍。我打算向费萨尔和努里·夏兰提议，一鼓作气，毕其功于一役。

这时大家正在吃早饭，空气中弥漫着香肠的味道。我们围坐成一圈，正要大吃一顿，破塔楼上的瞭望员高叫着"飞机来了！"，一架飞机便从德拉方向飞来。我们的澳大利亚飞行员连忙手脚并用地冲向引擎尚未冷却的飞机，瞬间将其发动。罗斯·史密斯和观察员跳进一架飞机，猫上树般蹿上了空中。彼得斯（Peters）紧随其后，第三名驾驶员则站在D.H.9型飞机旁边，眼巴巴地望着我。

我假装没领会他的意思。刘易斯机枪、斯卡夫环形活动枪架、准星、可调节的瞄准环、照准器，以及让机枪在可转动的平行导轨上升降的球形把手；要想在空中射击，要么根据自身和敌机的相对速度和方向，通过一侧或者另一侧的瞄准环来瞄准。理论我都明白，甚至还能背诵其中一些步骤；但这都是纸上谈兵，若没有经过实际操练，一切都是派不上用场的假设。不，无论这位飞行员将如何看我，我都不会升空作战。他是个澳大利亚人，就是天性乐观喜爱冒险，而不像阿拉伯人，我必须豁出命去配合不可。

他出于尊敬，并不敢开口要求；只能在观战当中不时对我投来责怪的目光。敌方只有一架双座战机和三架侦察机。罗斯·史密斯盯住了最大的那架战机，双方猛烈扫射了五分钟后，敌方的德国飞行员突然朝铁路方向一头栽了下去。随着低处山岭背后一闪，一道浓烟刺入天空，坠落地点同时腾起一阵蓬松的黑云。阿拉伯人欢叫着"啊哈！"五分钟后，罗斯·史密斯凯旋，兴奋地跳下飞机，高呼阿拉伯前线打起仗来真带劲。

香肠还没有冷，我们赶紧趁热吃早饭，喝茶（我们仅剩的英军物资，只拿来招待贵客），但还未来得及品尝德鲁兹山脉出产的葡萄时，瞭望员又挥舞着斗篷尖叫："一架飞机！"这次彼得斯抢先一步，罗斯·史密斯第二个升空，只有特雷尔（Traill）闷闷不乐站在一旁待命。但这次敌人相当胆怯，很快就逃之夭夭，彼得斯一路追到阿拉尔附近，对敌人穷追猛打。后来,当我们朝阿拉尔附近进军时,才发现那架敌机已经坠毁,两具德国人的尸体都被烧成了焦炭。

罗斯·史密斯大概希望能永远留在阿拉伯前线,且最好土耳其飞机每半小时就来犯一次;这样痛快的任务令彼得斯眼馋不已。但他还是需要先驾驶亨德里—佩奇返回,将汽油、食物和零配件运来。第三架飞机则飞往阿兹拉克,将昨天留下的观察员接走;而我也正好搭乘这架飞机,前往拜会费萨尔。

对于乘飞机出行的人来说,时间变得相当充裕;我们在离开阿兹拉克仅三十小时后,又再次返回。我令古卡人和埃及部队与大部队会师,在北部开展新的爆破任务。接着和费萨尔及努里·夏兰挤进那辆绿色的沃克斯豪尔,奔向乌姆苏拉布去见识那架亨德里—佩奇飞机的再次降临。

我们充分利用这辆大马力车的强项,在平整的燧石路面和泥地平原上跑得飞快。但好景不长,有人来报当地的塞拉因营地发生了骚乱,需要我们前去处理。但我们要求他们的战士前往乌姆泰叶支援,所以这样的耽搁也不算完全的损失;我们还要求他们沿着铁路散布我们获胜的消息,还要放出阿杰隆山区道路将会被封锁的留言,以切断土耳其残部安全撤退的路线。

做完这一切后,我们继续火速北上。在距乌姆苏拉布不足二十英里处,我们看见一个单枪匹马的贝达威人正匆匆向南狂奔,灰色的头发和胡须在狂风中飞舞,塞在腰带里的衬衣在身后被吹得鼓胀起来。他改变方向,骑到我们身边,扬起瘦骨嶙峋的胳膊,高呼着"世界上最大的飞机!",然后继续朝南边疾驰,向各部落传递这个不可思议的消息。

亨德里飞机凛然不可侵地矗立在草地上,布里斯托尔飞机和D.H.9飞机栖息在它两翼之下，仿佛刚学会飞翔的雏鸟。阿拉伯人围在周围啧啧称赞："他们总算是给我们派来了这架飞机，其他飞机都是小崽子。"天还没黑，费萨尔拥有大飞机的消息就传遍了德鲁兹山脉和豪兰低地，人人都已知道，胜利女神已经站在了我们这边。

博顿也亲自乘这架飞机前来和我们并肩作战。我们和他聊了一阵，我的人则忙着从飞机的挂弹架和机舱里卸下多达一吨的汽油；布里斯托尔战机的燃料和零配件；我们部队定额的茶、糖和口粮；以及捎给我们的信件、路透社电报和药品。和我们约定对德拉和马夫拉克展开夜袭后，这架大飞机于黄昏时分再度振翅高飞，前往拉姆列赫，去给已被我们炸得千疮百孔的铁路添上最后的致命一击。

而我们的任务则是继续通过爆破截断铁路。艾伦比已下令我们持续骚扰和牵制土耳其第四集团军，直到切特尔将他们逼出安曼，并在他们撤退时予以拦截。敌人的败退只是时间问题，而我们也同样十拿九稳，将在下周控制我们营地和大马士革之间的平原地区。费萨尔于是决定让努里·夏兰在阿兹拉克的鲁瓦拉骆驼骑兵并入我们的队伍。届时，我们的兵力将壮大为四千人，非正规军超过总人数的四分之三；但冷酷世故、沉默寡言的老努里治兵严苛，军令如威，因此这些人作战相当骁勇。

努里可谓沙漠世界里的一株奇葩，从不会争辩，只有"要"和"不要"，没有商量的余地。当别人表达完意见之后，他便会言简意赅地宣布自己的意愿，然后静待服从；而他人的服从，在他看来即意味着忌惮。他年迈而睿智，也就是说，他厌倦又失望；他老得令我讶异，这么一个耄耋之年的人怎么会愿意加入我们这样一腔热血的队伍。

第二天我在纳西尔的帐篷中歇息，身边围满了农民访客，想从他们五花八门包罗万象的消息里理出一点儿头绪。我休息的日子里，努里·赛义德和皮萨尼带着两门火炮，斯特林、温特顿和杨则驾驶装甲汽车，带领一支大军，浩浩荡荡地向铁路进发，采取强硬的军事手段肃清了沿途的敌军，炸毁了一公里的铁路。土耳其人修建了一座木桥，用以替代我和乔伊斯在第一次攻打德拉前炸毁的那座大桥，也再度被摧毁。努里·夏兰身披黑色呢绒斗篷，亲自率领他的鲁瓦拉骑士一路狂奔。在他的督战下，部落人个个奋不顾身，勇不可挡，连努里·赛义德都对他们赞不绝口。

第一百一十五章

努里今日的行动是对土耳其人的最后一击，土军在此之后便放弃了重建安曼和德拉之间铁路的念头。我们尚不知道这一点，但依然面临着敌机轰炸的威胁，并急着破坏更多的铁路。第二天黎明，温特顿、杰米尔和我乘汽车前往马夫拉克车站以南的铁路进行勘察，遭遇了机枪的疯狂扫射，其火力比之前任何一次交锋都要猛烈。稍后我们俘虏了对方的机枪手，才发现这里驻扎了一支德国机枪部队。我们只得先稀里糊涂地撤退，前往更远处一座漂亮的大桥下手。我打算驱车前往桥下，借助桥拱的掩护，在桥墩处安置炸药。于是我便带着六十磅火药，搭乘一辆装甲汽车，命令驾驶员推进至桥拱下方。

温特顿和杰米尔开着另一部车跟在后面，充当支援。"火力真猛啊。"杰米尔咕哝着。"我们要去的地方火力更猛。"温特顿回答道。就在我们缓慢通过一处不起眼的地带时，子弹开始没头没脑地飞来。我们避开袭击继续前进至距河岸五十码处，车上载的子弹足够我们的机枪打上一星期，这时有人从铁路后方向我们掷来一枚手榴弹。

这突发情况使得我的原定计划泡了汤。一是车辆后部装着火药，一旦沾上火星，我们全都得进火坑；再者，装甲汽车完全无法对付手榴弹的攻击。于是我们又一头雾水地退了回去，既好奇又好笑，不明白这一段铁路到底有何特别，居然如此戒备森严。在我们的想象里，"挫败"应当是个矮小结实，怒气冲冲的男子，紧锁的眉头下双眼圆睁，四处张望，积极寻找解决问题之道；而"胜利"则是站在他身旁的纤细女子，皮肤白皙，甚至有点懒散。我们必须在入夜后再试一次。我们返回乌姆苏拉布，发现纳西尔很乐意将营地再度迁回乌姆泰叶。由于乌姆泰叶是我们进军大马士革的首站，我们闻言高兴极了，立即展开移防，心中暗喜今夜有了一个不炸铁路的借口。取而代之的活动则是和大家围坐在一起，讲述各自的故事和经历，等待亨德里—佩奇飞机轰炸马夫拉克车站。飞机如约而至，对停满车厢的铁路侧倾泻下数以百磅计的炸弹，直到下方沦为一片火海，土耳其人再也无力还击。

之后我们就寝，将当晚最佳故事奖颁给了恩维尔帕夏的一则轶事：土耳其重夺夏克育（Sharkeui）后，恩维尔和杰米尔王子在一名得力幕僚的陪同下，搭乘一艘小蒸汽轮船前去视察。当地的土耳其人已经被保加利亚人屠杀殆尽，保加利亚农民在屠杀结束后也搬走了。这样一来，帕夏抵达时，根本找不到人可杀。一位胡子灰白的老人被带上船充当替死鬼，恩维尔对他百般折磨，最后自己都厌倦了，便示意两名了不起的副手将汽轮的锅炉门打开，说道："丢他进去。"老人尖叫着扭动身子，拼命抵抗，但还是被两名强壮的军官推进火炉。炉门猛地合上，旁观者都转过头去，觉得恶心极了，想要赶紧离开这地方，但恩维尔止住了他们，还侧着头仔细聆听火炉里的响声。于是这些人只得和他一道倾听,直至锅炉里迸出噼啪一声,他才点头微笑着说:"他们的头总是会炸开,就像那样。"

车站的大火烧了一夜,第二天又烧了整整一天,火势越来越旺。阿拉伯人自昨日起就流言不断,称这是土军溃败的证明。他们说安曼的第四集团军已散作流寇,正如洪水般四下逃窜。本尼哈珊族一路追截脱队的士兵和落单的分队,还称他们就如同3月迁徙的吉普赛人般狼狈。

我们召开了一次委员会。我们阻截第四军的任务已经完成,侥幸逃脱阿拉伯人追杀的残兵败部在抵达德拉之后,应防止土耳其人将散兵游勇重新集结成后卫力量。因此我提议挥师北上,穿过塔勒阿拉尔,于明日黄昏时分跨越铁道线,进入谢赫萨阿德村。我们很熟悉周边的地形,且水源充足,视野辽阔,如果遭受直接袭击,从西面或背面,甚至西南面都可安全撤退。此地不但截住了从德拉通往大马士革的交通,也同时可以封锁通往梅泽里布的道路。

塔拉尔热烈地附和我的意见,努里·夏兰点了点头,纳西尔和努里·赛义德也表示同意。于是我们准备拔营。装甲汽车无法和我们同行,它们必须留守阿兹拉克直至德拉被攻陷,以备我们进军大马士革之需。布里斯托尔战机在成功肃清敌机之后,也同样需要返回巴勒斯坦,传达我们即将移师谢赫萨阿德的消息。

飞机盘旋离去,我们追逐着机尾在天空划出的轨迹,发现已被炸成废墟的马夫拉克车站扬起一大片尘云。一架飞机折返回来,投下一张字迹潦草的纸条,告诉我们一大队来势汹汹的骑兵正从铁路出发,朝我们直扑而来。

这消息糟透了,我们毫无作战准备。没有汽车,没有飞机,一个连的乘骡步兵已经出发,皮萨尼的骡子也全驮着行李跟着队伍走了。我赶去找努里·赛义德，他和纳西尔站在山顶的灰堆里，一时拿不定主意是战还是逃。最后大家似乎觉得跑显得更聪明，因为谢赫萨阿德才是更占天时地利的据点。于是我们匆匆催促正规军上路。

但想要就这样一走了之并不可能。努里·夏兰和塔拉尔便率领鲁瓦拉骑士和豪兰骑士迎了上去，以拖住敌人的追击速度。途中他们意外遇见了盟友，四辆装甲汽车在前往阿兹拉克途中发现了敌人的动向。原来，这并非是前来攻打我们的骑兵，而是一队瞎摸乱撞想要抄近路返乡的敌人。我们就这样俘获了数百名口干舌燥的土耳其人，收缴了大批牲畜；在平原大道上被拦截，令敌人恐慌不已，甚至砍断了辔头，骑着没有缰绳的马逃命。恐慌的情绪顺着铁路蔓延，败兵们遭遇阿拉伯人的阻击时，在数英里远处就丢盔弃甲，甚至连来复枪都不要了，没命地狂奔向自以为安全的德拉。

但我们还是被这插曲耽误了行程；因为没有足够多当地氏族的骑手同行作保，我们穿着卡其制服的正规骆驼部队夜经豪兰地区时，会被村民当作土耳其士兵，休想前进一步。于是我们在下午晚些时候停止行军，等待塔拉尔、纳西尔和努里·夏兰赶来。

等待的这段时间里，有些人开始回顾分析我们的行军计划，并质疑再度穿越铁路，将大军置身于谢赫萨阿德这样危险的区域，拦截撤退中的土耳其主力部队的明智性。终于在午夜临近时分，我正裹着毯子躺在士兵中间，尚未睡着，萨宾（Sabin）走来对我说，我们已经做得够多了。艾伦比只是指派我们盯住第四集团军，我们也确实目睹了这支军队的溃散，我们的任务已经完成；应当荣归东部二十英里处的波士拉（Bosra），内斯比·贝克里正在那里集结德鲁兹战士，准备助我们一臂之力。我们应当和他们一道静候英国攻克德拉，并在取得最终胜利的时候等待应得的奖赏。

我将这样的看法当作耳旁风,因为一旦我们撤回德鲁兹山脉,就等于在获得胜利前停止战斗,留下艾伦比独自承担最后的重任。阿拉伯人的荣誉是我疯狂想要实现的目标,将不惜一切代价协助他们去争取。他们参战是为了争取民族的自由,依靠自己的力量浴血奋战并收复古都,便是他们对自由最好的诠释方式。

"责任"和歌颂责任的人一样,都是可怜虫。从德拉后方推进至谢赫萨拉德给土耳其造成的压力,显然比任何部署到位的英军都要大得多。土军由此失去了在大马士革一侧进攻的能力,我们如果能实现这一点,就算牺牲几条人命也在所不辞。控制大马士革意味着东线战役的结束,而且,我也确信这会将全面战役带入尾声;因为同盟国之间互相依赖,他们作战链条上最弱的一环——土耳其——被攻破,整个战线也将土崩瓦解。因此,基于各种明智的理由,无论是从战术上、战略上、政治上,甚至道德上的考量,我们都应当继续作战。

顽固的萨宾并没有被说服。他返回去找皮萨尼和温特顿,和他们展开了辩论;为了让迷迷糊糊躺在一旁毯子上的努里·赛义德也加入会谈,他说得很慢。

他还是一再从军事层面强调:任务已经完成,汉志铁路又危机四伏。今日行程受阻,已无法在今晚穿越铁路。而想要在明天白天做此努力,根本就是发疯。德拉方面会派出数以千计的士兵,将这条铁路从头到尾都死死封锁。就算我们能侥幸通过,也只会身处更大的险境。他还说,自己被乔伊斯指派为此次远征的军事顾问,虽然极不愿意挑明,但作为一个专业的军官,指出部队所面临的问题是他的责任。

如果我是正规军的军官,肯定会对萨宾将其他人都贬成非正规军的言论感到不快。但我还是任由他发牢骚,每当觉得他的话会得罪对方的时候,都只能默默叹口气。到最后我濒临崩溃,只说想要睡觉,因为明天要起个大早穿越铁路,且我打算带着护卫队,和贝都因人一起打头阵。虽然我还不知道他们现在何处,努里·夏兰和塔拉尔到现在还没赶来,也是奇怪。但无论如何,我现在就要睡觉了。

身为下级军官的皮萨尼久居行伍,相当得体地称自己定会奉命行事。我很喜欢他这一点,并告诉他在和我并肩作战的十八个月里,应该看得出我不是个鲁莽行事的人,希望能打消他一些疑虑。他以法国人特有的幽默回答说,在他看来我一直都行事鲁莽,但却极具军人本色。

温特顿除了猎狐之外,其余时候都本能地选择战队实力较弱,且风险更大的一方。谈话期间,努里·赛义德都默不作声地躺着,假装睡着了;但萨宾走后,他翻了个身,小声问道:"他说的是真的吗?"我回答,我不认为在下午穿越铁路有任何非同寻常的风险,而只要小心提防,应当能避开谢赫萨阿德的陷阱。他闻言满意地躺了回去。

第一百一十六章

夜深时分,纳西尔、努里·夏兰和塔拉尔追上了我们。队伍会师后继续前进,沐浴着醉人的轻风,穿过北部富饶安乐的村庄。肥沃田野里的稻谷已经收完,秸秆没有一并被割掉,而是被连根拔起。现在地里满是孩童那样高的蓟草,已干黄枯萎。风将它们空瘪的根部折断,再将枝蔓凌乱的顶端吹向地面,缠成一团乱麻,它们就这样一株株互相纠结着,直到变成一个巨大的草球,在休耕的田野中如逃犯般亡命天涯。

骑着驴子出来打水的阿拉伯妇人奔向我们,高叫着前不久有架飞机降落在附近，机身上带着和谢里夫骆驼一样的圆环标记。皮克骑过去查看，发现是一架由澳大利亚飞行员驾驶的布里斯托尔飞机，他们的散热器在飞越德拉上空时被击中了。遇到友军自然令他们惊喜交加。将飞机修补好后，我们又让那些妇人给散热器加满了水，让他们安然返回。

随时都有男子前来投效我们，每一座村落里都有大胆的年轻人跑出来加入我们的行列。我们保持着紧密的队形，沐浴着金色的阳光，难得享受这样少见的齐聚一堂又团结协力的机会。很快，我们的队伍就成了一种身份的象征，一个有机体，置身其间的每个人都与有荣焉。为了和群众热烈的气氛打成一片，我们胡乱地讲着淫荡的笑话。

中午时分我们走进了一片瓜田。大部队扑了上去，我们则赶到前方勘察铁路的情形，这段铁路相当荒凉，在日头照耀下闪烁着不定的光芒。我们正散开查探时，一列火车驶过。这段铁路昨夜才抢修完毕，这是通过此地的第三列火车。我们拉开两英里长的队伍穿过了铁路，没有遭遇任何情况，便开始大搞破坏，每个有炸药的人都随便炸点什么。新加入我们的数百名队员热情满怀，即使从未受过爆破训练，也炸了个痛快。

我们的去而复返显然令茫然的敌人大为讶异：我们必须乘胜追击，巩固战果。于是我们去找努里·夏兰、奥达和塔拉尔，问他们各自在本地的力量都能做些什么。精力充沛的塔拉尔愿意去攻打北方的大粮仓厄兹拉（Ezraa）；奥达负责南面的枢纽车站辛贝特加扎拉（Khirbet el Ghazala）；努里则令手下沿主路向德拉大举进兵，以期和土耳其人正面交锋。

这可谓三条妙计。族长们便各自分头行事，我则率领其余部队继续前进，在苍凉的月色下，穿过谢赫米什金（Sheikh Miskin）荒废已久的殖民地。地面上沟渠密布，拖住了大家的脚步，因此我们只得在一片杂木丛生的平地上扎营，等天亮再走。为了抵挡豪兰泥地的湿气，有些人生起火来；有些人则直接睡在露气凝重的泥窝里。走散的人扯开喉咙，以阿拉伯农民特有的尖锐嗓音高声呼唤同伴。月亮沉了下去，世界变得一片漆黑，冰冷异常。

我唤醒了护卫，和他们一道快马加鞭，在拂晓时抵达谢赫萨阿德。当我们从岩地进入林地后的平原时，大地已被初升的朝阳唤醒。晨曦将橄榄园点亮，闪烁着点点银光，右边一座大山羊毛帐篷里走出人来，邀请我们前去做客。我们问这是谁的帐篷，"伊本·施美尔（Ibn Smeir）的。"他们回答说。这下问题棘手了，拉希德·伊本·施美尔碰巧是努里·夏兰的死对头，两家互不退让。我们立即派人前去警告纳西尔。所幸伊本·施美尔此时并不在帐中，因此他的家属反倒算是我们的临时客人，而作为主人的努里必须得遵守待客之道。

这下大家才如释重负，因为队伍里各个氏族之间，已有数百对宿敌，仅是忌惮费萨尔的威望，才暂时互不侵犯。如何让他们既相忍为国，又不冤家路窄，还得公平考虑立功作战的机会，免得某一方心生不满，已着实让我们焦头烂额。如果派往法国作战的英军的每一个师，或者说每一个旅之间，都像这样互为死敌，见面眼红，那法国战线必定寸步难行。尽管如此，这些人已经相安无事了两年之久，再忍几天就能熬到头了。

夜袭的部队满载而归。驻守厄兹拉的阿尔及利亚人阿布德·卡德尔，原本就兵力薄弱，仅有些聊以充数的家丁、志愿者和少数军队。塔拉尔达到后，志愿者立即倒戈加入，部队则闻风而散，阿布德·卡德尔只得带着仅剩的几名家丁不战而逃。我们的人忙着瓜分他留下的丰厚财物，没闲工夫继续穷追猛打。

奥达也得意扬扬地来了。他如风卷残云般拿下了辛贝特加扎拉车站，掳获了一架列车、两门大炮，以及两百名俘虏，其中还有几个德军。努里·夏兰的战绩则是四百名俘虏、若干骡子和机枪。我们将战俘里的土耳其小兵分散到各个偏远村落里，让他们自行谋生。

一架英国飞机在我们头顶徘徊不去，搞不清我们到底是不是阿拉伯部队。杨向其打出地面信号，他们便投下一则信息，称保加利亚已向协约国投降。我们从不知道巴尔干半岛地区也在打仗，因此这则消息没有任何意义。但毫无疑问，不仅是整次世界大战，就连我们这样的局部战役也进入了尾声。历尽千辛万苦，每个人都能摆脱战争的阴影，重新回归正常的生活，将疯狂的日子付诸脑后：因为对我们大多数人来说，这是此生经历的第一场战争，它的结束意味着安宁与太平。

所有的人马都已归队，纷纷在小树林里寻找最佳的地点下鞍歇息，一时拥挤异常。他们或傍着无花果树，或在棕榈林下，扰起一群群如黑云般的飞鸟，发出高低不同的惊叫声。牲畜饮水的小溪旁绿植茵茵，百花芬芳，鲜果垂累，对于常年游荡在燧石沙漠中的人而言，可谓一大奇观。

谢赫萨阿德地区的居民怯生生地围上来，想要一睹费萨尔大军的风采，这久闻大名的传奇部队，名字个个都如雷贯耳——塔拉尔、纳西尔、努里、奥达——如今居然就在他们村子里。我们也对他们上下打量，暗自羡慕他们富足的田园生活。

大部队舒展筋骨，稍事歇息的同时，我们五六个人又出发了，越过南部平原上的废墟，前去勘察周边的安全状况。令我们大吃一惊的是，有一小队穿着制服的正规军就在废墟的另一边——土耳其人、奥地利人、德国人——还有八匹背着机枪的驮畜。他们被艾伦比击溃后，一路从加利利逃命至此，想要前往大马士革；虽然满脸绝望，但也显得百无牵挂，走得优哉游哉，认为方圆五十英里内不会遭遇任何敌人。

为了让疲惫的人马好好休息，我们并未惊动大军，只让德鲁兹·伊本·杜格米和卡法吉带着其余几家族人，骑上骆驼悄然从一条侧路逼近他们。狭路相逢，军官们都立即奋起反抗，当然也立即一命呜呼。其余的人纷纷丢下武器，不到五分钟全身就被洗劫一空。废墟庭院和露天兽栏间的水槽似乎是个很好的牢笼，我们便依次把他们押了过去。谢赫萨阿德真是个得来全不费功夫的好地方。

东方远远出现三四个向北移动的黑点。我们派霍威塔特人前去察看，一小时后他们笑着回来，每个人牵着一头骡子或是驮马；这些牲畜都瘦骨嶙峋，疲惫不堪，浑身瘀青，一看就知道是败军逃命时的坐骑。霍威塔特人根本不屑费事将那些被英军击溃，手无寸铁的小兵押回来，扎尔嗤之以鼻地冷笑着说："我们将他们送给村子里，去伺候孩子们了。"

西方传来了新的消息，称有几小股土耳其残部被肖维尔击败后，已逃窜入本地村落。纳西尔令昨晚在谢赫米什金刚加入的奈恩（Nairn）人全副武装前去尽力拦截。我们期盼已久的全面起义此时已如奔流，每一次获胜都会扬起更为热烈的反抗大潮。两天时间里，我们的武装力量大概就已扩充至六万人。

我们就这样四下追击逃往大马士革的败兵；最后发现横亘于德拉前方的山岗顶上冒出了浓烟。有人跑来向塔拉尔通报，称德军已纵火烧毁飞机和库房，并集结完毕打算弃城而去。一架英国飞机给我们投下信息，表示巴罗的部队已抵达雷姆哲附近，另有两支土耳其部队，分别有四千人和两千人，正各自从德拉和梅泽里布朝我们所在的方向逃窜。

我认为这六千人皆是从德拉溃败的第四集团军，以及拦截巴罗受挫的第七集团军。如果能将他们悉数歼灭，我们在此地的任务便功成圆满。但在我们搞清楚敌情以前，必须守住谢赫萨阿德。因此，我们打算放过那支拥有四千兵力的大股敌军，仅由哈利德带领他的鲁瓦拉人，并若干北方农民进行盯梢，从后方和侧翼不断进行骚扰。

第一百一十七章

距离较近的那支两千人的部队，我们似乎更有把握。我们可以派出一半的正规部队和皮萨尼的两门大炮。塔拉尔很焦急，因为这支部队的路线直穿他的村子塔法斯。他决定让我们的人全速赶往此地，抢占村落南侧的山头。但我们早已兵困马乏，"全速"的定义只能见仁见智。我带着护卫队向塔法斯骑去，希望能在村子后方找到一块隐蔽的阵地，对敌人展开阻击，在大部队赶来前牵制住他们。半路我遇见一群阿拉伯骑手，正赶着一大批战俘朝谢赫萨阿德前进。他们的手段相当残忍，战俘的后背被鞭打得皮开肉绽；但我理解他们的心情，因为这些都是德拉警察营的土耳其人，多年来骑在周边农民头上作威作福，犯下的恶行罄竹难书。

这些阿拉伯人告诉我们，这支土耳其部队是贾玛尔帕夏的枪骑兵团，已经进入了塔法斯。我们接近时，发现敌军已占领村子（村子里不时传出零星的枪声），并宿营在此，炊烟自屋舍间袅袅飘散。我们所在一侧的高地上，有一群侥幸逃生的老弱妇孺躲在及膝高的蓟草里，纷纷讲述着土耳其人一小时前闯进村子时，是如何的丧尽天良。

我们潜伏下来，观察动静，发现敌人开始朝村外撤离。他们井然有序地向米什金拔营，枪骑兵负责开路和断后，中间则是混编的步兵队伍，机枪在侧翼警戒，火炮和大批运输力量被围在正中心。当队伍远离村舍时，我们开始射击，作为回应，他们将两门野战炮对准了我们。和往常一样，他们的炮弹都打得太远，总是安全地从我们头顶飞过。

努里带着皮萨尼赶来了。奥达·阿布塔伊摩拳擦掌地骑在队伍最前头，塔拉尔听完族人对土耳其暴行的控诉后，已气得发狂。此时，全部土耳其人都已经撤出了村子，我们跟在后面偷偷溜进去查看，好给五内俱焚的塔拉尔一个交代；步兵此时已就位，架起哈奇开斯机枪猛烈扫射敌人；皮萨尼也开动一半的火炮，用高爆弹将敌人的后卫炸得一塌糊涂。

我们小心翼翼地靠近村子，一切都静静地躺在白色的烟雾里，鸦雀无声。茂盛的草丛里似乎有些灰色的影子，应当是高耸于地面上的尸堆。显然这里没有活口，我们避开了目光；但其中一堆里摇摇晃晃跑出来一个小小的身影，仿佛想躲开我们。那是一个三四岁的孩子，肮脏罩衫的一侧已经被染红，脖子和身体连接处撕开一条大口子，汩汩冒着鲜血，或许是被长矛刺伤了。

那孩子跑了几步，然后站住了，用难以置信的力气（此外便是一片死寂）朝我们哭喊道："别打我，爸爸。"阿布德·阿齐兹哽咽了一声——这是他的村子，这女孩或许是他的族人——跳下骆驼，踉跄着扑跪在孩子身旁的草地上。孩子被他突如其来的举动吓坏了，举起手臂想要大叫；但她没有发出声音，反而在地上瘫成一团，鲜血再度从她的衣服上喷射出来；然后，我觉得，她死了。

我们走过男男女女的尸体，发现了另外四名死去的婴童，整个村子在日光的衬托下，景象惨绝人寰；我们现在才明白，这里的寂静便意味着死亡和恐怖。村子外围筑有一道低矮的土墙作为羊圈，上面挂着一个红白相间的东西。我靠近一看，发现是一个女人屁股朝天地趴在那里，一把刺刀从她赤裸的双腿间穿出，就这样将她钉死在墙头。她是个孕妇，身旁还躺着其他尸体，总共约有二十人，死法各不相同，但都受尽凌辱。

扎吉爆发出一阵歇斯底里的狂笑，在高地午后的温暖日光和清新空气里，这笑声听起来格外孤独。我说："谁杀的土耳其人最多，谁就是最出色的勇士。"然后大家便转头追向撤离的敌人，沿途射杀掉队的士兵，全然不顾他们的跪地求饶。一个受伤的土耳其士兵半裸着身体，已无法站立，坐着向我们开火。阿卜杜拉掉转骆驼放过了他，但扎吉咒骂着冲了过来，用自动手枪朝那人的胸膛发射了三枚子弹。血浆四溅之时，那人的心脏还在跳动，扑通、扑通、扑通，节奏越来越慢。

塔拉尔也看到了村里的惨状，发出受伤野兽般的哀号；然后骑着自己的牝马奔向高地，浑身乱颤地坐在那里，死死盯住山下的土耳其队伍。我想跟过去安慰他，但奥达挽住了我的缰绳。只见塔拉尔缓缓拉下头巾盖住了面庞；然后好像猛地回过神来，猛夹坐骑的肚子开始狂奔。他在座鞍上压低身子，左右摇摆，朝敌人的大部队直扑过去。

骑下缓坡，穿越洼地，这是一段漫长的道路。我们就这样呆若木鸡地定在原地，看着他一路飞驰，由于双方已经没有交火，哒哒的马蹄声此时听起来异乎寻常的响亮。两边人马都在等着他，而他就这样在沉寂的夜色里直冲至敌人咫尺之遥。然后他在座鞍上挺直了胸膛，高喊自己的作战口号："塔拉尔！塔拉尔！"震耳欲聋地连呼两声后，对方的来复枪和机关枪顿时响起，他和他胯下的牝马顷刻满身弹孔，倒在了枪骑兵面前。

奥达看着这一切，面色冷漠而狰狞。"真主怜悯他，我们将会替他报仇。"他抓起缰绳缓步走向敌人，满腔仇恨的农民也被我们召集了起来，分头包抄撤离的土军。奥达心中的战神之狮一旦觉醒，便所向披靡，无往不胜，巧妙地将土耳其残部驱赶入一片险恶的地形，并将他们截成了三段。

第三段人数最少，大部分是德国与奥地利机枪手，环绕在三辆汽车周围，还有一小撮骑兵和几位军官。他们稳扎稳打，数次将攻势凌厉的我们逼退。阿拉伯人已杀红了眼，大汗淋漓，喉咙干哑；他们难以遏制内心复仇的火焰，手抖得甚至无法射击。这是我投身战场以来，唯一一次下令不留活口。

最后我们先抛下这一股顽强的敌人，赶上去追杀前头的两股人马。那些人已六神无主，到日落时分，除了最小的那支队伍还在负隅顽抗，其他敌人已被杀光。缴获的物资帮了我们大忙。一开始，大批前来助阵的农民只能五六人合用一把武器；接着有的人抢来了一把刺刀，另一个则得到了一把剑，第三个有了手枪。一小时之后，徒步的人都骑上了驴子。再后来，每个人都分到一支来复枪和一匹马。入夜时，马背上已装满了战利品，肥沃的平原上尸横遍野，血流成河。塔法斯的惨剧让我们大开杀戒，甚至连已倒下的人和马匹都要对准脑袋再补上一枪；仿佛他们的死亡和鲜血能让我们泄愤一般。

只有一队助战的阿拉伯人并不知道我们格杀勿论的军令，俘获了中段的两百名敌军。但这些人并没有苟延残喘太久。我过去询问为何没有杀掉他们，也愿意保全他们的性命，作为塔拉尔惨死的目击证人；但有个人躺在他们身后大叫着，阿拉伯人便脸色惨白地陪我过去察看。那是我们队伍中的人,他已奄奄一息,一条大腿被炸得粉碎,鲜血浸透了身下的土地。但即便如此,敌人也没有放过他,还采取当下流行的折磨手段,用刺刀将他的一侧肩膀和另一条完好的大腿钉在地面上,就仿佛在收集昆虫标本一般。

他意识还很清醒。当我们问他:"哈桑,是谁干的?"他便将眼光投向那群挤作一团、自知命不久矣的战俘。我们开火时,没有一个人发出声音。最后,他们停止了蠕动,哈桑也死了;我们重新上鞍,满身肃杀地缓缓骑回家(家就是我那条要骑上三四个小时才能抵达的,放在谢赫萨阿德的毛毯),太阳西沉,寒意彻骨。

然而,我浑身伤痕累累,疼痛和厌倦令我坐立不安,满脑子只想着塔拉尔。他是如此了不起的领袖,出色的骑士,礼貌的朋友,可靠的旅伴;就这样想了一阵子,我命人牵来另一匹骆驼,在一名护卫的陪同下摸黑出行,前去和追击德拉撤出的那股较大敌军的阿拉伯人会合。

四下已经全黑了,南面和东面一直刮来阵阵劲风,我们只能靠着风中传来的枪声,以及偶然闪现的炮火判断方向,终于找到了交战地点。山谷间遍布土耳其人,盲目地想要朝北逃窜,阿拉伯人则在后面紧追不舍。借着夜色的掩护,我们的人胆子更大了,和敌人之间的距离也一再逼近。随着战况发展,每一个村子都自发加入了围剿敌人的行列,凛冽的夜风中充斥着枪声、叫喊声、土耳其人的集体开火声、战马的狂奔声,以及双方小队人马短兵相接之时狂乱的惊呼声。

这支部队曾打算在日落时宿营,但穷追猛打的哈利德根本不给他们喘息的机会。有些人继续前进,有些人则留了下来。很多士兵累得倒头就睡,顾不上死活。他们已经变成一盘散沙,在炮火的攻击下一小撮一小撮地抱头鼠窜,随时准备着开枪射击,无暇分辨是敌是友。而阿拉伯人也是一团乱麻，个个草木皆兵。

德国部队是混乱战场中唯一的例外；这是我此生第一次，对杀害我袍泽的敌人肃然起敬。在这离家两千英里之遥的异乡，前途未卜，无人引路，面对足以让最坚强的勇者也濒临崩溃的绝境，他们依然临危不乱，队形整饬，军纪森严，在土耳其人和阿拉伯人狂乱的洪流中如装甲车般左冲右突，面不改色，默不作声。遇到攻击，他们便立即停下，就地占领阵地，有条不紊地还击，绝不轻率鲁莽，绝不哭喊哀号，绝不犹豫退缩。这是一支光荣之军。

最后我找到了哈利德，让他撤走鲁瓦拉人，将这伙残敌交给时间和村民慢慢处置。南部或许还有更艰巨的任务在等着我们。黄昏时分，德拉已成为一座空城的流言已经传遍了整个平原，哈利德的兄弟特拉德正带领安纳泽（Anazeh）人半数的精兵强将前去打探虚实。我担心他会受挫，城里势必还有未撤离的土耳其部队，且还有大量敌人沿着铁路线或者穿越伊尔彼德（Irbid）山脉，不顾死活地朝德拉撤退。巴罗目前还滞留在雷姆哲，按照他最后一次向我们汇报的情况，除非他已经和敌军脱离了接触，否则必定还在和敌人的后卫部队激战。

我要哈利德前去支援自己的兄弟。他朝着下风方向高呼了一两个小时之后，数百名士兵便骑着马和骆驼向他奔来。他在前往德拉的途中遭遇了好几股土耳其残敌，不得不借着微弱的星光且战且走，当他最终追上特拉德时，发现他已占据了安全有利的地形，并在后来的黎明时分一举拿下了车站，攻入战壕，将少数几个负隅顽抗的土耳其士兵彻底歼灭。

鲁瓦拉人在当地居民的协助下展开了扫荡，营地的库房已经着火，但即便如此，他们依然冒着生命危险，专挑火势旺的地方下手，抢出了丰厚的战利品;因为这是一个令人类失去理智的疯狂之夜,纵使身边死伤枕藉,他人的性命渺如草芥,仅在翻覆之间,但自己似乎不可能就这样一命呜呼了。

谢赫萨阿德当天夜里警报不断,到处充斥着枪声和喧哗声,农民扬言要处死战俘,为塔拉尔和他的村子报仇。说得上话的谢赫们都在带领随扈抗击土耳其人,阿拉伯阵营里一时群龙无首。下午交战时的大开杀戒,唤醒了蛰伏已久的派系宿仇,纳西尔、努里·赛义德、杨和温特顿为了平息事态,已忙得焦头烂额。

我半夜回营时,特拉德的信使也刚从德拉赶来。纳西尔接见了他,而我则只想大睡一觉,因为我已经在驼背上骑了四天四夜;但纵使身体疲乏至极,心神依然不得安宁,因此大约在凌晨两点,我又再度骑上第三匹骆驼,迎风沿着塔法斯走过的小路,穿越漆黑的村落,朝德拉奔去。

努里·赛义德和属下也在这条小径上,替骑乘步兵队伍开路,我们的队伍匆匆赶上他们后,一起行军直至天光乍现。此时我已心急难耐,加之天气寒冷,更是无心和大部队一起稳步前行,便放开自己的骆驼——高大伟岸、桀骜不驯的巴哈——让它在平原上如火车头般纵情狂奔,害得我那些精疲力竭的属下在后面苦追不上。就这样,在天亮时分,我独身抵达了德拉。

纳西尔正在市长官邸里,他任命了一位军事长官和一支警察队伍,在城内展开了全面搜查;我又补充了若干建议,派人在水泵和机车棚周围守护,并清点工具车间和库房剩余的物资。通过一小时的会谈,我便针对当下的情况和可用的资源(如果不失守的话)建立起了一套公共程序,听得纳西尔晕头转向。

我询问巴罗将军的情况，一个刚好从西边进城的人告诉我们，英军曾向他开火，并摆开了攻城的阵势。为了避免误伤友军，扎吉和我骑上布威比（Buweib）山，印度机枪手已在山顶上布置了坚固的阵地，对我们一番扫射，很自豪能遇上如此华丽体面的猎物。但最后，一个军官带着一些英军骑兵现身了，我便上前自我介绍。他们确实已经围住了德拉，而就在我观望倒霉的努里·赛义德进军车站时，英国的飞机便对他猛丢炸弹，作为对从谢赫萨阿德向德拉赛跑落后者的惩罚。但为了避免伤亡，我赶紧跑去寻找正乘车四处巡视前哨的巴罗将军。

我告诉他我们的队伍已经在城内驻扎了一夜，他听到的枪声是在对天庆贺。他没给我好脸色，但我能体谅他，毕竟他落后我们一天一夜才抵达这里，一路喝的都是雷姆哲浑浊的井水，虽然地图上标注的湖泊和河流就在前方的梅泽里布，且逃窜的敌人就在这条路上，但他既然奉命进军德拉，就必须来到德拉。

他让我和他并肩骑行，但他的马匹讨厌我的骆驼，因此他的僚属都只得跳进水沟里，将体面的大路让给我独行。巴罗称自己必须在村落里设置哨站维持治安，我委婉地解释说阿拉伯人已经有了自己的军政府。查看水井时，他又说要派工兵前来检修维护水泵，我则回答说欢迎英军前来协助，我们已经生起了锅炉，希望能一小时内抽上水，供他的队伍饮马。他感觉我们似乎已经在此当家作主了，便从鼻子里哼了一声，说自己只要掌管那几座火车站就行了。我将正徐徐出发驶往梅泽里布的火车指给他看（就是当时那位少年谢赫阻止土耳其人炸毁塔勒谢哈布大桥的那座车站，如今已在阿拉伯人的控制之下），请求他指示手下的哨兵，不要干涉我们在铁路线上的正常活动。

巴罗既没接到任何接管阿拉伯人的指令，也不知道阿拉伯军队的情况。这也是克莱顿有意为之，好让我们全权处置自己攻占的据点；因此巴罗刚进城时，看到我理所当然将他视为客人的态度，虽然迷惑不解，但依然视阿拉伯人为被征服的对象。待到他发现自己并没有太多选择，也只得听之任之。和他交谈的短暂时间里，我绞尽脑汁，充分兼顾双方立场，以防充满成见的英国人一来就犯下大错，自以为是大发慈悲的救世主，却往往是在帮倒忙，剥夺了本地人民学习担负民族重任的资格；而这一资格，是这些饱经奴役和摧残的人民多年不懈抗争，付出血的代价才换来的。

　　我早已充分了解过巴罗，做好了如何应付他的准备。他曾在几年前公开宣扬过自己的理念，认为无论战争还是和平时期，"恐惧"都是激励普罗大众行动的主要因素。如今"恐惧"在我看来，是一种被高估的低劣动机，很容易失控；且是一种有害的激励，最后只会得不偿失。我无法苟同他这种危言耸听的迂腐论调，巴不得立即与他分道扬镳。对于不可避免要产生冲突的事，我出于本能，更是偏要先去招惹，因此，我越发刻意刁难，咄咄逼人。

　　巴罗放低了姿态，要求我替他张罗粮草，以示屈服。这么一来，双方很快就相处融洽。我在广场上向他展示从纳西尔那被烧得黢黑的总督府阳台上垂挂下来的丝质三角旗，旗下站着个哈欠连天的卫兵。巴罗立正站好，笔挺地敬了一个军礼，令围观的阿拉伯将士激动不已。

　　我也投桃报李，严格要求和约束新成立的政府，不得出现政治方面的逾越行为。我们要求所有的阿拉伯人将印度部队视为客人，应处处给予方便，多加支持，尽量满足他们的需求。这样的指令造成了啼笑皆非的后果，村里所有的鸡都不翼而飞，更有三个印度骑兵垂涎纳西尔旗杆上的银质球形把手和枪头，连旗带旗杆全部偷走。英国军官行礼，印度士兵偷窃，两者的云泥之别更是加深了阿拉伯人对印度人的歧视和敌意。

与此同时，我们在各地都掳获了大批俘虏和枪炮。数以千计的敌军被扣押，有些被我们移交给英军处置，由英军再次清点人数；其余大部分战俘则安插在村落里搭伙寄宿。费萨尔在阿兹拉克得知了我们大获全胜的消息，一天后乘着沃克斯豪尔，率领一队装甲汽车抵达。他在车站内安顿下来，我前去汇报人事任命情况，汇报完毕后，整个房间因为轻微的地震而摇晃起来。

第一百一十八章

巴罗的人马此时已水足饭饱，准备前往大马士革附近与肖维尔会师，然后合力攻城。他要求我们担任右翼，这正是我期望已久的机会，因为纳西尔就在汉志铁路沿线牵制住撤退的土耳其大军，通过夜以继日的追击不断消耗他们的兵力。我还有很多事情要办，因此又在德拉多待了一晚，趁机享受了一下大军离去的安宁；因为车站位于旷野边缘，驻扎在车站周围的印度兵举止无礼，让我大为恼火，此时终于摆脱了他们，实为解脱。踽踽独行的个体是沙漠的精髓所在，他们是孤旅之子，与世隔绝，宛如神游墓中。而这些部队聚在一起，仿佛行动迟缓的羊群，不配与这样广袤自由的世界为伍。

我打心底看不起这些印度部队，认为他们难成大业；而他们似乎也察觉到了周围敌视的态度，行事自觉小心，颇有卑躬屈膝之态，而不像贝都因人那般不顾一切，恣意妄为。而英国军官对待属下的态度令我的护卫们大为震骇，人与人之间如此等级森严，待遇不均是他们从未见过的。

我在德拉遭受过泯灭天良之痛,对这里恨之入骨,因此每晚都和手下睡在老机场上。我的护卫就待在烧焦的机库旁,一如往昔般吵吵闹闹,如永不停息的海浪在翻腾;今晚是我们的最后一夜,阿卜杜拉给我端来了盛着米饭的银碗。晚饭过后,我茫然地思考着要何去何从,但脑中只是混沌,所有的梦想都如蜡烛,被胜利的强风吹灭。目标就在触手可及的前方,过去的两年奋斗则紧贴在身后,其中多少辛酸,都已付谈笑中。无数名字在我脑中穿梭,个个都令人深思翻跹:辉煌瑰丽的兰姆、华美灿烂的佩特拉、人迹罕至的阿兹拉克、整洁清新的巴特拉。但物是人非,彬彬有礼者已被死神带走,只剩下这些聒噪之辈,令我痛心不已。

我辗转难眠,便在天亮前叫醒斯特灵和司机,一行四人驾驶着博尔斯后勤车"蓝雾",沿着从未有车辆驶过的肮脏道路开往大马士革。这条路上挤满了巴罗骑兵师的运输和后卫部队,我们便改道穿越乡野,直达法国铁路。这条老铁路的道渣虽然略显崎岖,但却畅通无阻,因此我们加足了马力。

中午,我们看见一条小溪边竖着巴罗的军旗,他的队伍正在饮马。我的护卫队就在附近活动,因此我改骑骆驼去见他。他和所有保守古板的骑士一样,总是低看骆驼一眼;也曾在德拉宣称,自己的骑兵只需急行军三天便可抵达大马士革,我们的骆驼绝对跟不上这样的速度。

因此,当我精神抖擞地骑来时,他大吃一惊,并问我何时离开的德拉。听到我回答"就今天早上"时,他的脸垮了下来。"你今晚在何处扎营?""大马士革。"我轻松地骑过他身旁,把他彻底得罪了。这样的恶作剧也令我感到很过意不去,因为他向来对我有求必应;但这是一场豪赌，赌注之大远非他所能理解，而只要我们能赢，我并不会在乎个人的毁誉。

我返回去找斯特林，继续乘车赶路。每经过一座村子，我们都会给英军的先头部队留下字条，告诉他们我们的去向，以及距离敌人还有多远。巴罗那种慎之又慎的带兵方式令我和斯特林难以忍受：每个空寂的山谷都要侦察派兵进行搜索，每座荒凉的山头都要逐步推进，即使经过友军地区也要重兵警戒。这样步步为营的正规作战，和我们摸索出的随机应变的游击战法大相径庭。

在抵达基斯威之前，一路都不会出现险情。基斯威即是肖维尔的驻扎地，也是汉志铁路和我们这条路的交汇处。纳西尔、努里·夏兰和奥达都带领各自的部族在铁路沿线作战，我们优哉游哉的这段时间里，他们一直在持续不断地袭击对三天前飞机在谢赫阿萨德附近发现的那支四千人的队伍（实则将近七千人）。

我们逐渐驶近，开始听见枪声，不断有炮弹从山脊后方飞向我们的右侧，那里正是铁路所在的位置。很快，一支约有两千人的土耳其部队出现了，衣衫不整，时走时停，不断以山炮还击。我们加速前去和追击的队伍会合，蓝色的劳斯莱斯在开阔路面上显得极为抢眼，一些阿拉伯骑手踉跄着越过灌溉的沟渠，从敌人后方向我们狂奔过来。我们认出了纳西尔，他胯下那匹赤褐色的种马已征战千里，依然英气勃发；和他一样精神抖擞的，还有老努里·夏兰及三十名随扈。他们告诉我，这支七千人马的敌军残部如今只剩下眼前这一撮，鲁瓦拉人正从两翼疯狂夹击，奥达则带领阿布塔伊人翻越马尼亚山脉（Jebel Mania），前去和老朋友乌尔德阿里族会合，并在当地设下埋伏。他们希望能成功将这支队伍逼入山中的埋伏圈，我们此时出现，是不是意味着英国援军终于来了?

我告诉他们,英军的大部队就在后方,只要能牵制住敌人一小时……纳西尔朝前眺望,找到了一座木质的农庄,便召唤努里·夏兰全速前往,截击土耳其人。

我们往回开了三英里,找到前锋的印度部队,告诉那位年迈暴躁的上校,阿拉伯人给他们送来了一份天大的厚礼。完美的行军节奏被打乱,似乎让他不大高兴,但最后还是派出一支骑兵中队慢慢穿过平原,前去应战。土耳其人用轻型火炮对他们实施火力拦截,有一两发炮弹落到队伍旁边,那位上校立即下令撤退,把我们吓得乱蹦(因为纳西尔为拖住敌人,此时已身处险境,急需援助)。斯特林和我勃然大怒,冲过去哀求他不要被山炮吓住了,那玩意儿的威力还不如一把好手枪;但无论如何软硬兼施,威逼利诱,这老头也不肯再往前一步。我们只得再次继续往后狂奔,寻找更高阶军官的协助。

一位红帽墙(Red-Tipped)①副官告诉我们,格雷戈里将军(General Gregory)②就在附近。我们谢了他一番,印度部队如此临阵脱逃,令斯特林这样的军官颜面扫地,几乎羞愧地要哭出来。我们捎上了这位朋友,找到了将军,并将车子借给这位旅长,让他火速前去通知骑兵出战。另一人则快马加鞭,通知骑炮兵一起出击。于是,在最后一缕天光从山头滑落,乌云覆盖大地之时,英军的炮火终于响起,米德尔塞克斯(Middlesex)义勇骑兵杀将出来,和阿拉伯部队一起冲向土耳其的后卫;接着,在夜色里,敌军开始溃散,抛下武器,抛下辎重,抛下所有家当,冲向山坳口,翻过马尼亚的两座山头,奔向自以为是无人之境的

---

① 第一次世界大战时,英军参谋军官军帽上的帽墙为红色,以标识身份。
② 查尔斯·莱文奇·格雷戈里(Charles Levinge Gregory)(1870—1944),时任第十一骑兵旅旅长,该旅隶属于第四骑兵师。

山后方。

然而，奥达正在这无人之境守株待兔；当晚，这位老将血洗敌军，杀伐劫掠直至天亮。两年来一直让我们举步维艰的土耳其第四集团军，此时终告覆灭。

格雷戈里出师得胜，令我们欢欣鼓舞地去面见纳西尔。我们在午夜前开车抵达约定的地点基斯威，大批印度部队也接踵而至，这里立刻变得人满为患，根本找不到地方扎营休息。

我被这场起义，以及参与者的种种不同意见所包围，与他们一样不得片刻安宁。夜晚遮掩了我的肤色，让我来去自如，不会引起阿拉伯人的注意；但此时身边全是英国同胞，我反而与他们格格不入，更显得孤单异常。装甲汽车部队和我很亲近，因为他们人数不多，且与我相处已久；而他们数月来身居旷野，饱受风吹日晒，和其他英国士兵相比，已变得与众不同。面对这一大群不熟悉的队伍，英国人、澳大利亚人和印度人，他们也感觉到局促和羞怯；肮脏就是他们的独特标志，身上穿了数周未洗的衣服满是汗渍，似乎已成为我们的第二套皮肤了。

但这些陌生的士兵都是真正的军人，对于打了两年游击战的人来说，绝对是新鲜事物。而我此时方才对制服的秘密恍然大悟，穿上它，便可以使一群人变得团结一致，正气凛然，不带半点个人色彩，将集体凝固成一个笔挺的人。制服如死亡般不可动摇，将军人隔离在普通生活之外，象征着他们已将意志和躯体卖给了国家；而签约服兵役者的命运，也并不比自愿从军者好到哪里去。有些人天生是亡命之徒，有些人为饥寒所迫，还有的人渴望冒险，认为这才是军旅生涯的精彩之处；但对所有军人来说，想要获得满足，就必须先忍辱负重；因为在爱好和平者的眼中，从军即意味着泯灭人性。倾慕军服的妇人皆是淫荡之辈，和普通劳动者相比，士兵的军饷从来不是用于养家糊口，而是寻欢作乐，他们的钱如果不用来买醉消愁，便等于铺张浪费。

罪人难逃酷刑。奴隶如果愿意，尚且有得到自由的机会；但军人已将身体二十四小时卖与主人，且思想和情感也受到操控。犯人被绳之以法，还可以对将他送入监牢的法律和外面的社会恨之入骨；但士兵若心怀不满，便不是个称职的军人，确切地说，不是个军人。他的情感只能随着棋盘上的国王所动。

战争有何等奇异的魔力，令我们全都以作践自己为己任！澳大利亚士兵举止随意粗鲁，虽然穿着文明世界的外衣，却像只猴子，玩笑打闹时总是将我撞倒。他们今晚势不可挡，过于自信所以变得漫不经心。可是，他们灵活的身躯虽散漫随意，吊儿郎当，眼中却满是衰老和幻灭；可是，我能感觉到他们的急躁和空虚，以及肤浅的本能。他们好大喜功，就好像半出鞘的剑一般令人不安。是的，令人不安，却不是令人惧怕。

英国人并不相信本能，也不像澳大利亚人那样粗心随意。相反，他们谨慎自持，察言观色，小心翼翼几乎到了懦弱的地步。他们衣着整齐，行事安静，总是羞涩地两两而行。澳大利亚人群聚谈笑，独自走路；英国人总是成双结伴，这是士兵之间独有的友谊表达方式，是一种无关情欲的袍泽之情。他们将这种关系称作"融为一体"：这种战时对温情的憧憬和渴望，只能在两人之间喃喃传递，却深切得令人心碎。

阿拉伯人则代表着另一个世界，在这些士兵周围神色严峻地凝视着。为了完成自己那罪恶的使命，我已混迹于他们之中两年之久。今晚，我和他们的距离比自己的部队还要亲近，这种感觉令我厌恶，也令我羞愧。这种突如其来的反差和思乡之情混杂在一起，更加剧了我的敏感和憎恶，让我在除了看见种族的差异，听见语言的不同之外，甚至学会了分辨他们的气味：阿拉伯人棉布衣袍上是挥之不去的浓烈汗酸味；英国士兵羊毛衣料上热烘烘的尿臊味则闻起来阴郁凶残：混合着令人喘不过气的辛辣氨水味，以及石脑油发酵的激烈气味。

第一百一十九章

战争结束了，但阿拉伯人说路上还很危险，我们便留在基斯威过夜，谁也不想在马上就要进入大马士革的当口，不明不白枉死在黑暗里。积极的澳大利亚人认为这场战役是点对点的，不到大马士革就不算完成任务；但实际上，此时我们全都得听艾伦比的调度，仰仗他的天赋伟才和巴塞罗缪的苦心孤诣，方才结出胜利的累累硕果。

依照他们的战术计划，澳大利亚部队将赶在南面队伍入城之前穿越铁路，驻扎在大马士革的北面和西面；至于我们，则要带领阿拉伯部队静候姗姗来迟的英军，因为艾伦比从未怀疑过我们是否能完成他交付的任务，百分之百的信任就应当换来百分之百的服从，他对此有十足的信心。

他希望我们能一起见证入城的时刻，一来他深知大马士革对阿拉伯人意义深远，并不仅仅是个战利品。二来也是出于谨慎的考虑。协约国军队在经过敌区时，受到了友好的欢迎，皆是沾了费萨尔起义的光，要人出行无需重兵警戒，管理城镇无需驻扎守军。围困大马士革时，澳大利亚士兵或许会在情急之下无视我们，抢先攻城。而如果有任何人想要阻拦，局势便会岌岌可危。我们有一个晚上的时间，说服大马士革居民接纳英军为盟友。

这么短的时间里，即使不能扭转人们的观念，也必须要改变他们的行为；但数月以来，费萨尔的大马士革委员会都在研究如何在土耳其溃败之后接管政权，我们后来者只需与他们联系，告诉他们协约国的动向，以及所需要的支持即可。因此纳西尔待到夜深之时，派了一名鲁瓦拉骑士进城寻找大马士革委员会的主席阿里·利萨，或是他的助手苏克里·阿尤比，告知他们明天即要解放全城，希望他们能即刻组建临时政府。事实上，当天下午四点前他们就已经成立了临时政府。阿里·利萨此时并不在城中，土耳其在肖维尔杀来之前的最后关头将他调走，前去指挥从加利利撤退的大军。但苏克里意外地得到了穆罕默德·赛义德和阿布德·卡德尔这对阿尔及利亚兄弟的支持，并在他们随从的协助下，于日落前在市政厅悬挂起了阿拉伯人的大旗，而此时德国和土耳其最后一支梯队正在列队撤出城外。他们说，走在队伍最后的一个将军还讽刺地朝着这面旗帜敬礼。

我劝下了要进城的纳西尔。当晚城内局势必定一团混乱，且明天一早正大光明地入城，也显得更为名正言顺。他和努里·夏兰制止了第二波想要入城的鲁瓦拉骆驼骑手，他们今天早上和我一道离开德拉，奉命前往大马士革协助已在城内的鲁瓦拉谢赫们。就这样，到午夜就寝时，我方已有四千名武装人员驻扎在城内。

我明天有很多事要办，应当好好睡一觉，但就是睡不着。两年的出生入死，前途未卜，终于将事态推至大马士革的顶峰，我脑子里挤满了之前被实践过和被推翻过的种种构想。而基斯威本身就林木繁茂，植被旺盛，人口拥挤，处处密不透风，俨然是蛰伏在我们眼前的未来的缩影。

德国人撤出大马士革时，将带不走的物资和军火都付之一炬，因此每隔几分钟,我们都会被爆炸声惊醒,天空被火焰照得如同白昼,大地也随之震颤;弹药库爆炸时,我们会睡眼惺忪地向北观望,炮弹被抛飞至极高处后,自己再像火箭般炸开了花,在惨白的夜空中赫然划下一条条黄色光束。我转向斯特林喃喃地说:"大马士革烧起来了。"不愿相信这座伟大城市获取自由的代价是化为灰烬。

黎明时我们驱车来到山头的绿洲,向下俯瞰大马士革城,深恐北面真的只余一片焦土;却反而发现在一片青翠绿云的簇拥下,城市的倒影不改往昔的美丽,随着河水的波光潋滟闪烁,仿佛朝晖里的一粒珍珠。昨夜的喧嚣只留下一股阴郁沉闷的黑色浓烟,从汉志铁路终点站卡丹姆(Kadem)旁的仓库上方柱子般僵直地插入天空。

我们沿着水田当中笔直的河堤前进,农人刚开始一天的劳作。一个骑士风驰电掣地追来,查看过我们的头巾后,开心地行了一个军礼,并递上一串金黄的葡萄。"好消息:大马士革向您致敬。"他是苏克里派来的。

我们将这消息带给就在后方的纳西尔,希望他能风风光光地进城,享受这五十场血战后应得的荣誉。他同努里·夏兰一道快马加鞭,顷刻就没了踪影,只余扬尘在空气和水花中氤氲不散。为了让他先行一步,斯特林和我找了一条清凉的小溪,停下来擦擦洗洗,剃剃胡须。

一些印度兵偷偷打量着我们和我们的车,以及驾驶员身上皱巴巴的军用短袖短裤。我全身上下都是地道阿拉伯装束;斯特林虽然戴着头巾,其余皆是英国参谋官打扮。这支印度部队的士官愚钝暴躁,把我们当成战俘逮了起来,等他终于弄明白我们的身份后,我们也差不多该上路去追纳西尔了。

我们静静地沿着长长的街道一路驶向巴拉达(Barada)河畔的政府

大楼。人行道上、马路上、窗户前、阳台上,或者房顶上,到处都挤满了人。很多人在哭号,少数几个在低声欢呼,胆子大的则喊着我们的名字;但大部分人只是默默观望着,唯有眼中闪烁着喜悦的光芒。从城门到市中心的这段路,仿佛一声绵长的叹息,为起义划上了句点。

市政厅则是另一番光景。激动的人群将台阶和楼梯挤得水泄不通:嘶喊着、拥抱着、舞蹈着、高唱着。他们挪出一条路让我们进入前厅,眉开眼笑的纳西尔和努里·夏兰正端坐厅中。我的老敌人,阿布德·卡德尔和他的兄弟,穆罕默德·赛义德则分立两旁,让我一时目瞪口呆。穆罕默德·赛义德上前一步,高呼他们作为老埃米尔阿布德·卡德尔的孙子和萨拉丁家族的苏克里·阿尤布一道,在卑躬屈膝的土耳其人及德国人的见证下,于昨日共同组建了临时政府,并拥戴侯赛因为"阿拉伯国王"。

就在他夸夸其谈之时,我望向苏克里。他虽不是个政客,但深受人民爱戴,由于他曾遭受过贾玛尔的残酷折磨,大众甚至将他视为一个烈士。他告诉我,整个大马士革城里只有这一对阿尔及利亚兄弟站在土耳其人一边,直到敌人败退。接着,他们带领手下的阿尔及利亚人冲入正在暗中接管事务的费萨尔委员会,强行要求掌权。

他们都是狂热分子,脑子里只有教义,没有逻辑;我又转向纳西尔,希望借他的威望将这些人的企图扼杀在摇篮之中;但这时又出了一个乱子,大厅里的人群尖叫着,被一股力量推得东倒西歪,桌椅也被扫得七零八落。这时一声熟悉的长啸划过,吓得全场鸦雀无声。

人群中的空地里,奥达·阿步塔伊正和德鲁兹族的族长苏丹·阿特拉什(Sultan el Atrash)打得天昏地暗。他们的手下也冲上去助阵,而我则跳过去赶走他们,和同来劝架的穆罕默德·德黑兰撞了个满怀。

我俩合力将二人拉开，设法让奥达后退一步，好让侯赛因·阿特拉什（Hussein el Atrash）趁机将体型较小的苏丹推过人群，避到另一个房间里。

怒极攻心的奥达已失去了理智，什么话也听不进去。由于其他房间都锁上了，我们只得把他拉至市政府最大的主厅，这个房间开阔无比，装饰华丽，金碧辉煌，静得像一座坟墓。我们将他摁在一张椅子上，任他七窍生烟地怒吼着，直到嗓子都哑了；他的身体拼命扭动挣扎着，两臂疯狂地挥舞，想要抓住什么东西当武器；他满脸赤红，头巾也掉了，长发披散下来遮住了双眼。

先动手打人的是苏丹，老奥达一生桀骜不驯，必不能受此等奇耻大辱，发誓要血洗德鲁兹一脉。扎尔也带着胡斯比（Husib）进了房间，我们四五个人合力将他擒住，花了半小时才让他安静下来听我们说话。又劝说了半小时后，他终于同意将这桩恩怨交与我和穆罕默德处理，若三天内给不出令他满意的答复，则必要以牙还牙。我出得房间，立即命人火速护送苏丹·阿特拉什偷偷出城；接着再回头寻找纳西尔和阿布德·卡德尔，继续解决政府掌权问题。

但他们都已经走了。阿尔及利亚人将纳西尔劝到自己家中歇息做客，真是谢天谢地，因为我还有更为紧要的事待办。我们必须向公众证明，旧政府已经倒台，改由民族政权掌权：苏克里是我们实现这一点的秘密武器，他便是总督的最佳人选。因此我搭乘"蓝雾"四处游街，在市民中进一步树立扩大苏克里的权威，便是革命的有力标志。

我们刚进城时，民众便已夹道数英里前来欢迎，此时更是人山人海。城内二十五万居民，不分男女老少似乎都来到了街上，只为激动地看我们一眼。大马士革被狂喜的浪潮所淹没，男子欢呼着将塔布什帽

（Tar-Bushes）[①]抛向空中，女人们则扯下了面纱。房主们将鲜花、壁毯和地毯铺在路面上让我们走过，他们的妻子则倚在格子窗后面又笑又闹，拿着浴勺朝我们泼香水。

苦行的托钵僧跑前跑后替我们开路，以拦住狂热的人群；我们的士兵齐声高喊着"费萨尔、纳西尔、苏克里、劳伦斯"的口号，盖过了人群的喧哗和妇人的尖叫。声浪伴随着我们走过广场，经过集市，穿越东门，沿城墙一周，再回到梅丹（Meidan）；呼号声始终一路如高墙般萦绕，不曾散去。

他们说肖维尔进城了，我们便将车队开至城市南郊与他会合。我向他描述了城内万众欢腾的盛况，并要他在城外暂候一天，和我互相讨论和了解双方的需求，以防新成立的政府尚不能完全有效地运作。在此期间，公共安全由我全权负责，只求他将人手留在城外，因为今晚是这座古城六百年来首次欢庆光复，以免和情绪过于高涨的群众之间产生不必要的冲突和误会。

肖维尔犹豫再三，还是拗不过我的胸有成竹，勉为其难地接受了我的领导。他和巴罗一样，上级并没有指示他攻下城后应当如何处置；既然我们已经捷足先登，了解了局面，目标明确，筹划周详，且掌控了资源，他也别无选择。他手下负责技术工作的参谋长戈德温（Godwin）是个军人，乐得不参与地方政府的文职工作。他的承认也进一步肯定了我们的主导地位。

而肖维尔接下来的要求更进一步确认了我们的主导权：他希望能自由地在城里转转。我爽快地答应了，他趁热打铁，继续让我行个方便，放他的部队明日正式进城。我回答说当然没问题，并和他一起划好了进

[①] 也作"Tarboosh"，穆斯林男子戴的红色无边圆塔帽。

城路线。这时我脑子里灵光一现，回想起巴罗在德拉向阿拉伯军旗敬礼时，我手下心花怒放的样子，便将这则逸事讲给肖维尔听，希望他明天经过市政厅时也能依葫芦画瓢。我这个随意的想法在他看来却具有相当的象征意义：他身为军人，无法向英国国旗之外的任何旗帜敬礼。我其实是为他这个死脑筋着想，因为如果他经过阿拉伯人的旗帜时，众人对他视若无睹，反而会让他颜面扫地。我们在这个问题上拉锯了好一阵，周围不明就里的群众依然欢呼个不停。最后我建议说干脆大军避开市政厅走另一条路，比如说，从邮局经过。失去耐心的我本来是在说笑，但肖维尔却信以为真，将其视作锦囊妙计；不过这样一来，我好歹也能在阿拉伯人面前交差。至于"进城"的方式，他决定要"游行穿越"，即他不是走在队列中间，而是在最前头；或者是他要走在队伍中间，而不是走在最前头。反正我忘了，也可能是没听清，不管他有什么花样，就算他在队伍里匍匐前进，或者从大军头顶飞过，或者将自己劈成两半各走一边，我都不在乎。

第一百二十章

里里外外还有一大摊子要紧的事待办，大家却都在这里等着我研究场面文章。扮演这种角色是痛苦的体验，此外，一番讨价还价才达成的愿望，品尝起来很不是滋味，给双方的兴奋都泼了一盆冷水。英国当初对阿拉伯人信口做出的承诺是识途的飞鸟，此时已自动归家，更令他们不知所措。但无论如何，事实证明，我替阿拉伯人规划了正确的道路。再过十二小时，阿拉伯人便可以站稳脚跟，以一个有利的态势来面对漫长的政治角力和贪婪的利益鲸吞，这样或许能够在列强的虎视眈眈中保全自身，杀出一条血路。

我们偷偷溜回市政厅，想继续和阿布德·卡德尔谈判，但他始终没有出现。我派人去找他和他的兄弟，还有纳西尔；他们敷衍塞责地答复说大家都在睡觉。我也早该去睡了，但我没有这样做，和四五个人一起来到一间俗不可耐的客厅，坐在花里胡哨的金色椅子上，围着矫揉造作的金色桌子，胡乱吃了点东西。

我给传信人下了最后通牒，他于是离去，几分钟后，那对阿尔及利亚兄弟的一个表兄出现了，烦躁不安地说他们就在来的路上。这显然是撒谎，但我回答说好吧，如果半小时还没到，我就要派英军去细细搜查一番。他闻言立即跑开了，努里·夏兰淡淡地问我打算怎么办。

我说我要罢黜阿布德·卡德尔和穆罕默德·赛义德，指派苏克里接任他俩的职位，直至费萨尔到来；我之所以没有采取强制手段，只是为了顾及纳西尔的感受，而且如果真的引发了反抗，我也没有足够的兵力进行镇压。他又问是否可以叫英军来帮忙，我说当然可以；但遗憾的是，他们一旦来了或许就不会离开。他沉吟了一阵后说："如果你想放手去做，可以用鲁瓦拉人，事不宜迟。"说完便出去召集手下的人马。阿尔及利亚人已经带着护卫来到了约定地点，眼中杀意腾腾；但他们沿途看见了努里·夏兰乌压压的部落大军，广场上严阵以待的努里·赛义德的正规军，还有我那些杀人不眨眼的护卫队在市政厅前来回巡逻走动。他们虽然知道游戏已经结束了，但整个会谈依然火药味儿十足。

我依仗自己是费萨尔代表的身份，宣布废除他们建立的大马士革国民政府，并任命苏克里帕夏·阿尤布担任军事总督；努里·赛义德担任军队指挥官；阿兹米（Azmi）担任民兵指挥官；杰米尔担任公安局长。穆罕默德·赛义德恶狠狠地称我这个基督徒和英国佬不配和他们谈判，并寻求纳西尔的支持。

可怜的纳西尔爱莫能助，只能无奈地坐着观看两方朋友对战。阿布德·卡德尔冲上前将我痛骂了一番，激动得七窍生烟，满口都是些迂腐的宗教道理，毫无理智，因此我没搭理他。这让他更是恼羞成怒，突然拔出匕首向我逼来。

奥达闪电般抓住了他，老战神早上一架的余怒未消，正巴不得找人出气。此时若是能把哪个倒霉鬼拆个七零八落，自然是不亦快哉。阿布德·卡德尔一下子蔫儿了，努里·夏兰则趁机对着地毯（巨大无比且色彩艳丽的地毯）说："鲁瓦拉人都是我的手下，没有什么好说的。"就此结束了辩论。阿尔及利亚人愤然起身，拂袖而去。有人劝我说应当把他们抓起来枪毙，但这样会显得我被他们那虚张声势的伎俩吓住了，而且我也不想在阿拉伯人面前开政治谋杀的先例。

我们开始着手工作。大家的共同目标是建立一个阿拉伯政府，这个政府具有广泛基础和民族特色，并能将起义运动的热情和自我牺牲精神转化到和平建设中去。旧政府中一些较为高瞻远瞩的人物需要保留，派到基层去带领全国那九成安于现状、不具备反抗精神的人口，而他们的安居乐业，正是新政府得以顺利运作的基础。

而反抗者，尤其是那些成功的造反分子，既是难以驾驭的臣民，也是不懂治国的官员。此时费萨尔不得不将战友情谊摆在一边，改而起用那些曾经辅佐过土耳其的得力之士。纳西尔毫无政治智慧，看不穿其中的利害关系。努里·赛义德则深知其中三味，努里·夏兰亦然。

他们很快便集合了一批核心幕僚，齐心协力开始运作。历史告诉我们，这一过程是极其乏味的：任命、就职、各部门的例行公事。首先是给警察队伍选出一个指挥官和一批助手，接着划分辖区、拨发薪饷、采买装备、订购制服、明确责权。行政机器各司其职地运转起来。接着需要解决用水问题。人畜的尸体堵塞了水渠，污臭不堪，一名检查员带领一队劳工解决了问题。应急法案也起草完毕。

白日将尽，街道上的一天却尚未结束，依然兴奋喧腾。我们选了一位工程师管理发电厂，命令他当晚无论如何都要给城里供上电。街灯的重新点亮，是社会走上正轨最具标志性的证明。他完成了任务，虽然新警察也恪尽职守，很多热心的谢赫也帮忙安排人手巡逻；但这些笃定的灯光，是胜利后的第一个夜晚一切平安的最大功臣。

接下来是卫生问题。街道上全是溃军留下的杂物、推车、汽车、行李、物资以及尸体。土耳其军队中斑疹伤寒、痢疾和糙皮病肆虐，撤退的途中随时有人倒毙。努里把流浪汉都集合起来，组建了一支清扫队，先把最脏乱的道路和空地清理干净；并把军医派到各个医院里去，许诺如果明天能找到药品和食物，就会立即送来。

然后是消防。城里的消防车都被德国人捣毁了，军需仓库的火至今没有扑灭，有危及全城之势。我们紧急寻找了一批机械师和受过训练的消防人员，敦促他们奔赴火场，控制险情。还有监狱。狱警和囚犯此时都已逃之夭夭，苏克里顺水推舟宣布大赦，无论民事犯、政治犯，还是军事犯，全都一笔勾销。市民武装必须予以解除——至少要先收缴他们手中的来复枪。我们发布了缴枪令，警察闻言喜上眉梢，欢声笑语地执行任务，这样一来，我们就能在三四天内建立起完善的行政机制，无需担心还有不法之徒在背后捣鬼。

赈灾工作。贫民们已经饿了好几天，军用仓库中抢救出来的粮食应优先分发给他们，之后便要用以供应全城。城里的粮食只够支撑两天，大马士革再无任何存储。只要我们能重建威信，肃清道路上的流寇，用掳获的牲畜填补土耳其人带走的驮运力量，便很容易临时从周边村镇搞来粮食。英军的牲畜概不外借，因此我们只得抽调自己军队的运输牲畜。

常规的粮草供给必须依赖铁路运输。需要立即召回扳道工、火车司机、锅炉工人、机修工人、车站人员，并安排上岗。再来处理电报线路：基层员工都还在，只缺主管人员，还要派巡检人员重新架通线路。哨岗最近一两天还用不着，但我们自己和英军急需卫兵站岗；商业市场也需要维持秩序，使得店铺能安心开业，大众能持有可接受的货币进行交易。

货币是个严重问题。澳大利亚士兵将此地唯一通行的数百万土耳其纸钞洗劫一空，然后当成废纸一掷千金。一个士兵让一个少年替自己牵了三分钟马，便给了他五百镑的钞票作为报酬。杨试着用从亚喀巴带来的剩余金币填补缺口，但新的物价标准尚未确定，还需要发印新钞；而没有报纸来将这一切公诸于众，干什么都是白搭。此外，既然接管了土耳其政府，阿拉伯人就必须延续以往的财政和资产记录，包括人口登记。然而原来的政府职员们都放假欢庆解放去了。

除了断粮，我们还需要征用民间资源，以应对物资短缺的威胁。肖维尔四千匹战马对粮草望眼欲穿，如果从我们这里得不到帮助，他必须自行解决，这样势必会对我们的权力造成影响，好不容易点燃的自由之火又要如风中残烛般岌岌可危。叙利亚局势的稳定全要仰仗他的军威，我们必须得留条后路。

百废待兴，这一晚忙得人晕头转向。我们粗略地划分了下职权（过于仓促，经常所用非人），大刀阔斧砍掉一些目前还顾不上组建的部门，算是完成了框架搭建。老练世故的斯特林、精明能干的杨、果断干脆的柯克布莱德（Kirkbride）一起集思广益，帮助阿拉伯官员们共度难关。

我们的目的就是要搭起门面，而非充实细节。一切进展得相当顺利且迅速，以至于我在10月4日离开大马士革时，叙利亚人在没有任何外部协助的情况下，在满目疮痍的废墟上建立起了实际的政府机构，并在各列强不断的质疑和反对声中顽强地运作了两年之久。

稍后我独自坐在房间里，想要厘清当天纷乱的思绪。喜气洋洋的城市中，千家万户的灯火里，潮湿温润的夜色下，穆安津们（Muedhdhin）①开始召唤大家做最后的晚祷。近旁一座清真寺里的嗓音尤其甜美，如铃声般飘入我的窗口。我发现自己正在不由自主地聆听他的呼唤："真主至大，万物非主，唯有真主，穆罕默德是他的先知。到祈祷者中来，到平安界中来。真主至大，万物非主——唯有真主。"

结尾时他将嗓子压低了两个音阶，几乎像是在交谈，柔和地补了一句："他今天如此善待我们，哦，大马士革的人们。"喧闹平息了，在重获自由的第一个夜晚，每个人似乎都在听从他的召唤，开始默默祈祷。此时只有我神游在这万籁俱寂的停顿中，眼睁睁地看着自己的孤独，和卷入这场运动的稀里糊涂：因为在所有的听众里，只有我觉得这是种悲哀，只有我觉得那段召唤了无意义。

第一百二十一章

一个市民颤抖着叫醒我，称阿布德·卡德尔发动了暴乱。我正巴不得这些阿尔及利亚蠢货自掘坟墓，便派人去找努里·赛义德。阿布

---

① 也作Mu'adhdhin，意为"唤礼者""宣礼员"，是清真寺每天按时呼唤穆斯林做礼拜的人。

德·卡德尔召集起人马，称那两个谢里夫不过是英军的傀儡，此时不为伊斯兰和哈里发的名誉而战，更待何时。头脑简单的士兵们只要稍加煽动，向来都言听计从，对此话深信不疑，立即向我们发难。

当晚论功行赏时，德鲁兹族由于行动过于拖泥带水，没有得到我的嘉奖，此时便倒向阿布德·卡德尔一边。他们宗派观念强烈，并不在乎什么伊斯兰、哈里发、土耳其或是阿布德·卡德尔；但反基督徒的暴动则意味着可以趁火打劫，或许还能杀几个马龙派教徒。因此他们都拿起了武器，并开始抢劫商店。

我们在天亮前都没有行动，因为我们人手不足，只能倚靠火力优势，而在黑夜中开火，傻子都能和正常人势均力敌。曙光乍露之时，我们便带领人马来到郊外的高地上，将暴民朝市中心的河岸方向驱赶，此地的街道和桥梁相接，便于控制局势。

这时我们才发现这场暴乱的规模根本算不上威胁。努里·赛义德的机枪对准他们一番扫射，打得所有人动弹不得，我们的镇压队伍即刻展开了围剿。震耳欲聋的枪声吓得德鲁兹人丢下战利品，朝巷道中逃窜。穆罕默德·赛义德没他哥哥胆大，在家中束手就擒，关押在市政厅内。我真想一枪解决了他，但还是按捺住性子，等到另一个兄弟落网再说。

不过，阿布德·卡德尔逃回乡间去了，暴乱在中午时分平息。事件刚发生时，我曾找过肖维尔，他立即派出了骑兵支援。我向他致谢，并要求再增派一个连的骑兵到土耳其军营（最近的哨站）待命。但最后因骚乱规模太小，没有再劳烦他们插手。

这次暴乱的最大赢家是旅馆中的一位记者，我们的机枪正好对着旅馆的一堵墙扫射。记者正苦于自己错过了太多大起义中的血雨腥风，因为我们总是南征北战，令他们踏破铁鞋无觅处；但此时得来全不费工夫，现成的新闻就在自己卧室窗户下面，便奋笔疾书，大发电报，甚至惊动了远在拉姆列赫的艾伦比，专门给我送来一份报纸的特稿。这份特稿中回顾了两次巴尔干战役和五次亚美尼亚大屠杀的过程，称其规模均无法与今日的杀戮相比：街道上尸体遍布，水沟里倒毙无算，巴拉达河血流漂杵，将城内所有的喷泉都染成了红色！我附上了一份死亡名单作为答复，五人遇害，十人受伤。而其中三名死者是柯克布莱德用左轮手枪处决的。

德鲁兹人被逐出城外，城民收缴了他们的全部马匹和来复枪。这些大马士革居民是我们用来应急的国民警卫队的成员，他们巡逻至下午，使得整座城市看起来又陷入了战争状态，直到一切趋于平静，路面交通也恢复了；小贩们一如往常，推着糖果、冰镇饮料、鲜花和汉志小旗四处叫卖起来。

我们继续规划搭建城内的公共服务体系。我自己遇上了一件好玩儿的事，一名西班牙领事正式前来拜会，他操着一口纯正的英语自我介绍，称自己曾在十七个国家担任过领事（包括所有的参战国，唯独不包括土耳其），一直想找到本城的合法当局，但都无功而返。

午饭时，一名澳大利亚医生恳请我出于人道，关注一下土耳其医院的情况。我在脑中飞快地回忆了一下城内的三所医院：军事医院、人民医院以及传教士医院，然后告诉他我们已尽全力照顾所有的病患。阿拉伯人没有药，肖维尔的药也只够自己使用。他详细描述了一大片污秽至极的建筑区，里面堆满尸体和将死之人，且没有一个卫生官员或护士过问。大部分人患的是痢疾，但肯定也有几例伤寒，但愿不会有斑疹伤寒或霍乱出现。

他的描述让我想到了土耳其军营，里面驻扎有两个连的澳大利亚骑兵，以备城内维稳之用。我问他大门可有卫兵守护。他说有，就是那个地方，但里面全是土耳其病患。我便过去和卫兵交涉，但卫兵并不相信一个单枪匹马徒步走来的人。他们奉命不得让任何当地人入内，以防产生报复性屠杀——这是对阿拉伯人作战方式产生的误解。最后我改用英语和他交谈，终于可以穿过那间小警卫室，看见后院有两百名战俘狼狈不堪地挤在一起，全都形如槁木，绝望无助。

我朝军营的大门内那满布尘埃的走廊高声叫喊，没有人回答。偌大的营地一片荒芜，阳光下只有一地狼藉。卫兵告诉我，昨天有一千名战俘从这里迁至城外的另一处营区，之后便再无人进出。我来到走廊的另一端，看见左侧有一间拉着百叶窗的大厅，外面虽然阳光刺眼，里面依然暗无天日。

我跨进去时，一股恶臭迎面扑来；此时眼睛也适应了黑暗，看到一幅令人作呕的画面。石板地面上整齐地排列着尸体，一具挨着一具，有的全身穿着制服，有的只余内衣，有的则一丝不挂。他们大约有三十人，身上爬满老鼠，已被啃噬得血肉模糊。除了少数几具尸体像是刚死亡一两天之外，其他必定都已经有些时日了，腐烂的肌肉呈现出黄色、蓝色和黑色。很多尸体肿大得有普通人两倍甚至三倍宽，黑洞洞的嘴裂在浮肿的头颅上，还带着硬邦邦的胡茬。其余尸体柔软的部分已经凹陷，个别的已经涨裂开来，只剩下一摊液体。

里面更深处还有一个大房间，隐约传来呻吟声。我从垫子般的尸体上踏过，他们被粪便污染成黄色的衣服在脚下发出干裂的声响。这屋子里的空气阴寒沉滞，病榻上穿着制服的士兵无声无息，安静得仿佛全都死了。每个人都僵直地躺在那臭气熏天的小木板床上，任由粪便渗透被褥，滴落在水泥地板上，凝结成一堆硬壳。

我撩起长袍下摆，在夹缝中小心前行，免得被一地屎溺弄脏光脚。突然传来一声叹息，我猛地转身，和一双睁得老大的圆眼珠四目相对。他摊开四肢，干皲的嘴唇嗫嚅着："阿曼，阿曼（可怜可怜我，求求你）。"几个棕色的影子也试图举起手来，然后又无力地跌回床铺上去，发出枯叶般萧瑟的震颤声。

所有人都无力说话，但全都在喃喃低语，仿佛执行命令一般整齐，令我忍不住发笑。显然最近两天有人来过，让他们练就了这样的本能，每当好奇的澳大利亚骑兵朝大厅内窥视时，他们便会一起发出低声的哀求，直至对方离去。

我穿过拱门奔入花园，澳大利亚部队就驻扎在花园另一头的栅栏后。我问他们要一个工作小队，遭到了拒绝。工具？没有。医生？都忙着呢。柯克布莱德来了，据说土耳其医生就在楼上。我们破门而入，发现大房间里有七个穿着睡衣的人，正坐在凌乱的床铺上熬太妃糖吃。我们很快就让他们明白，最好放聪明点，去将生者和死者隔离开来，并在半小时内清点好人数向我汇报。体型健硕的柯克布莱德脚蹬长靴，是个完美的监工；而我则去找阿里·利萨帕夏，要他将四名阿拉伯军医调一名给我们。

军医抵达后，我从俘虏营挑出五十名手脚健全的人，买了饼干给他们吃，逼着他们组成劳工队，然后将土耳其人的工具分发给他们，让他们去后院挖一座公墓。选址遭到了澳大利亚军官的抗议，因为花园会被臭气熏得无法居住。我立即反唇相讥："老天有眼，希望如此。"

让这些和病患一样又累又病的土耳其俘虏来工作非常残忍，但事态紧迫，我们别无选择。经过内部淘汰赛，他们当中的一些胜出者充当起了士官的角色，队伍在这些人的拳打脚踢下，终于乖乖就范，动手在花园一侧挖出一个六英尺的深坑。我们本想再挖深一点，但已经触到了下方的水泥地面；我于是让他们把坑再扩宽一些就行。附近有很多生石灰，正好用来覆盖尸体。

医生报告说有五十六人死亡，两百人已回天乏力，还有七百人病情较轻。我们组织了一个担架队搬运尸体，有些尸体很容易抬动，有的则已化成烂泥，必须用铲子清理。担架队的体力完全无法承受如此大的劳动强度，因此在整个掩埋工作完成之时，坑内又多了两具尸体。

坑挖得太小了，但很多尸体已呈泥浆状，因此每一具新投入的尸体都会深陷进去，挤压得下方的尸体如果冻般朝两侧滑动。大家忙到午夜都还没有结束，自四天前从德拉出发，我总共睡了不到三小时，此时已支撑不住，便提前离开休息。柯克布莱德（还是个大男孩，这几天一人当两人用）留下来完成最后的掩埋工作，并用石灰混合泥土回填到墓中。

一堆急事还在旅馆里等着我：判处一些人死刑、任命一个新法官，如果第二天火车还不能运行，则大麦就会短缺。当然还有肖维尔的抱怨，一些阿拉伯骑兵居然如此纪律散漫，没有对澳大利亚军官敬礼！

第一百二十二章

所有麻烦在早上接踵而来，一一解决之后，临时政府终于驶上了正轨。装甲汽车开进了城，英国战友的沉着冷静极大地鼓舞了我。皮萨尼也来了，这位战场上的好汉面对瞬息万变的政局，一时六神无主，令我忍俊不禁。为了应对时代更迭的惊涛骇浪，他只能更加恪尽职守。大马士革已恢复正常，商店纷纷开业，街道上的小贩在讨价还价，有轨电车穿梭来往，谷物、蔬菜和水果供应充足。

街道开始洒水，清洗打仗三年来被军用卡车污染的路面。群众们散漫慵懒，但满心欢喜，也有许多未佩带武器的英军在城内闲逛。和巴勒斯坦之间的电报联络已经接通，阿拉伯人昨夜攻克的贝鲁特也恢复了联络。早在沃季赫之时，我就告诫过他们，如果占领了大马士革，不妨将黎巴嫩留给法国，以便于我们得空拿下的黎波里；因为作为港口，的黎波里远比贝鲁特重要，且英国人也愿意居间协调，诚心帮助阿拉伯人争取此地。所以，我对他们的短视感到痛心，但同时也对他们自觉羽翼强健，可以摆脱我的管束而感到欣慰。

就连医院的情形也在好转。我曾敦促肖维尔接管医院，但他并不愿意。一开始我认为他是想拖垮我们，给自己接管城镇制造机会。但后来我觉得，那段时间我被杂事扰得发狂，导致神经过分紧张，对谁都敌意眈眈，才是造成双方不合的主要问题。最后一回合显然是肖维尔赢了，也使我看到了自己的卑鄙，因为听说我要离去后，他还特意与戈德温驱车前来，感谢我在困难关头给予的援助。纵使如此，医院还是在努力地自我改善。五十名战俘将庭院清理干净，烧掉了污秽的垃圾杂物。另一队劳役重新在花园里挖了一个更大的墓坑，一旦有人死亡便即刻进行掩埋。其他人则在病房内检视，给每个病患擦洗，帮他们换上干净衣物，并将床垫较干净的一面翻过来使用。除了垂危者外，我们还找到了适合所有病患的食物，每个病房都安置有几个会说土耳其语的看护，以便及时听候病人的差遣。我们整理出来一个房间，重新粉刷消毒，打算将病情较轻的人搬进去，然后再逐一清扫他们腾出来的地方。

按这样的速度，三天内一切都会有序地运作起来，就在我自豪地巡视着这一片欣欣向荣之时，一名少校军医大步流星地走来，问我是否会说英文。他一脸嫌恶地看着我的长袍和凉鞋,说:"你是负责人吗?"我挤出谦虚的傻笑,说差不多算是,他便勃然作色:"可耻,丢人现眼,太野蛮了,活该被枪毙……"对这劈头盖脸的痛骂,让我狂笑不已,我只能如小鸡般咯咯吱吱应答着;就在我沾沾自喜于自己的力挽颓势,沉浸在情况好转的喜悦里时,却没头没脑挨了这么一通叱责,实在是滑稽异常。

这位少校昨日不曾来过这间停尸房,没有闻过那股恶臭,没有目睹过我们埋葬那些腐败至极尸体的惨状。那场景总是将我从梦中惊醒,汗流浃背,瑟瑟发抖。他瞪着我,咕哝着"该死的畜生"。我再度大笑起来,他扇了我一个耳光后扬长而去,留下我在原地,对此我更多的感受不是生气,却是羞惭,因为内心深处我觉得他是对的,而且任何一个成功煽动弱者反抗主人的人,价值观都已经被玷污,以至于得胜之后,认为世间再没有半点纯洁之物。但无论如何,一切都将成为过眼云烟。

当我返回旅馆时,这里已里三层外三层围满了人,旅馆门口停着一部灰色的劳斯莱斯,我认得那是艾伦比的车。我跑进旅馆,看见他就和克莱顿、康沃利斯以及其他要人站在那里。他言简意赅地嘉许了我在战后混乱的局面中,力排众议,名不正言不顺地插手阿拉伯人在此地和德拉建立政权的事务。他进一步承认了阿里·利萨·里卡比军事总督的地位,同意他在上级阿拉伯军队司令费萨尔的领导下,主管阿拉伯和肖维尔军队的大小事务。

艾伦比还让我接管医院和铁路。十分钟后,所有令人抓狂的问题都迎刃而解。恍惚中,我感觉孤身作战的仓促岁月已经远去,艾伦比再次以一己之力挑起了世界的重担,在这如梦似幻的安心时刻,我终于可以放开双手,让艾伦比去主持所有的决定和善意。

有报告称，从德拉发出的费萨尔特别专列刚刚抵达。杨立即亲自前去向他传递口信，而我们则在窗外一波波雷动的欢呼声中静候他的到来。两位领袖在胜利的中心初次会晤，占尽天时地利之机；而我则继续充当二者的翻译。

艾伦比交给我一封外交部的电报，上面承认了阿拉伯作为参战国的地位；他让我向埃米尔翻译电报的内容，但没有一个人理解这些英语作何意义，更别提要译成阿拉伯语了。看到前来欢迎的民众如此拥护爱戴自己，费萨尔已喜极而泣，将那封电报丢在一边，不停感谢总司令给予的信任，方成就了他和阿拉伯大起义的今日。俩人站在一起，产生了奇异的对比：费萨尔有一双灵活的大眼睛，苍白憔悴，仿佛一柄利刃；艾伦比身量高大，满面红光，情绪高昂，是大国实力的绝佳代表，任尔东南西北风，也能谈笑风生。

费萨尔走后，我向艾伦比提出了最后一个（我想也是第一个）私人要求——离开。他一时并未答应，但我据理力争，提起当年他对我做的承诺，并指出如果我不在场，新法令推行起来会更为轻松。终于他同意了；而我在那一刹，也意识到了自己将对此悔恨终生。

后 记

我刚到阿拉伯时，并不认为大马士革是最终目标：但攻占此地之后，我才明白自己已失去了动力。私欲，是我在整个事件中最强大的激励，这一点虽然在书中没有提及，但我知道，它一直在两年的战争生涯中如影随形。回顾那些日子，强烈的痛楚和欢愉就像摩天高塔，或许最引人关注：但无论如何粉饰掩藏，这强烈的动机依然如空气般将我萦绕，化作维持生命必不可少的元素，直至临近结局。然后它死了，在我们抵达大马士革之前。

另一个推动我的因素便是好战求胜之心，坚信若没有阿拉伯的协助，英国便无法取得土耳其战场的胜利。当大马士革被攻陷后，东线战事——或许整场大战——便会走入尾声。

接着就是好奇心的驱使。我在孩提时代就读过《奔腾不息的巴比伦河》（*Super Flumina Babylonis*），从此便渴望参与一场民族主义运动。得到了大马士革之后，我却开始恐惧。只要手握大权三天以上，独断专行便已牢牢根植在我的心中。

剩下的还有历史野心，但将这点视为动机有些牵强附会。在牛津求学时，我就梦想着有生之年能赶上重建新亚洲的机会，时间不可阻挡地将这个机会带到了我面前。从麦加到大马士革，从大马士革到安纳托利亚，随后再到巴格达，接着还有也门。而我对于这场运动所起的开创作用，在某些人眼中看来皆为庸庸碌碌，不啻为痴人说梦。

图书在版编目（CIP）数据

阿拉伯的劳伦斯回忆录 /（英）托马斯·爱德华·劳伦斯著；李茜译. —长春：吉林出版集团股份有限公司，2017.10
　　书名原文：Seven Pillars of Wisdom
　　ISBN 978-7-5581-2891-2

Ⅰ.①阿… Ⅱ.①托…②李… Ⅲ.①劳伦斯（Lawrence, Thomas Edward 1888—1935）—回忆录 Ⅳ.①K835.615.2

中国版本图书馆CIP数据核字（2019）第175481号

阿拉伯的劳伦斯回忆录

著　　者	[英]托马斯·爱德华·劳伦斯
译　　者	李　茜
创　　意	吉林出版集团·北京汉阅传播
总 策 划	崔文辉
策划编辑	齐　琳
责任编辑	曲珊珊
封面设计	晴晨时代
开　　本	710mm×1000mm　1/16
字　　数	550千
印　　张	46.75
版　　次	2020年6月第1版
印　　次	2020年6月第1次印刷
出　　版	吉林出版集团股份有限公司
发　　行	北京吉版图书有限责任公司
地　　址	北京市西城区椿树园15-18号底商A222
	邮编：100052
电　　话	总编办：010-63109269
	发行部：010-63104979
官方微信	Han-read
邮　　箱	beijingjiban@126.com
印　　刷	三河市元兴印务有限公司

ISBN 978-7-5581-2891-2　　　　　　定价：98.00元（全二册）
版权所有　侵权必究